Christa Schäfer-Lichtenberger

Stadt und Eidgenossenschaft im Alten Testament

Christa Schäfer-Lichtenberger

# Stadt und Eidgenossenschaft im Alten Testament

Eine Auseinandersetzung mit Max Webers Studie
»Das antike Judentum«

Walter de Gruyter · Berlin · New York
1983

Beiheft zur Zeitschrift für die alttestamentliche Wissenschaft

Herausgegeben von Georg Fohrer

156

*CIP-Kurztitelaufnahme der Deutschen Bibliothek*

**Schäfer-Lichtenberger, Christa:**
Stadt und Eidgenossenschaft im Alten Testament : e. Auseinandersetzung mit Max Webers Studie »Das antike Judentum« / Christa Schäfer-Lichtenberger. – Berlin ; New York : de Gruyter, 1983.
(Beiheft zur Zeitschrift für die alttestamentliche Wissenschaft ; 156)
ISBN 3-11-008591-7
NE: Zeitschrift für die alttestamentliche Wissenschaft / Beiheft

©
1983

by Walter de Gruyter & Co., vormals G. J. Göschen'sche Verlagshandlung – J. Guttentag, Verlagsbuchhandlung – Georg Reimer – Karl J. Trübner – Veit & Comp., Berlin 30
Printed in Germany
Druck: Werner Hildebrandt OHG, Berlin 65
Bindearbeiten: Lüderitz & Bauer, Berlin 61

# VORWORT

Die vorliegende Studie wurde im Wintersemester 1979/8o von
der Theologischen Fakultät der Ruprecht-Karls-Universität
Heidelberg als Dissertation angenommen.

Für die Veröffentlichung wurde die inzwischen erschienene
Literatur, soweit sie mir zugänglich war, nachgetragen, die
Arbeit etwas gekürzt und geringfügig überarbeitet.

Mein Lehrer Herr Professor Dr.Rolf Rendtorff hat ihre Entstehung als geduldiger Gesprächspartner und kritischer Leser
begleitet und mich ermutigt, das alttestamentliche Forschungs-
feld von den weniger begangenen soziologischen Pfaden her zu
erkunden. Ihm sei hierfür ganz herzlich gedankt.

Herrn Professor Dr.Frank Crüsemann danke ich für das
Interesse an dieser Arbeit, hilfreiche Anregungen und schließlich das Korreferat.

Die Soziologie Max Webers habe ich in der Schule von
Herrn Professor Dr.Wolfgang Schluchter buchstabieren gelernt.
Für seine engagierte Anteilnahme, die diese Arbeit in vieler-
lei Hinsicht gefördert hat, bin ich ihm sehr dankbar.

Danken möchte ich auch Herrn Professor D.Dr.Georg Fohrer D.D.
für die bereitwillige Aufnahme der Studie in die Reihe der
'Beihefte zur Zeitschrift für die alttestamentliche
Wissenschaft'.

Frau Irmhild Plenkers verdanke ich die Reinschrift des
Manuskripts.


Heidelberg,                     Christa Schäfer-Lichtenberger
im Juli 1982

# INHALTSVERZEICHNIS

VORBEMERKUNGEN ZUR PROBLEMSTELLUNG

Die an der Sozialgeschichte Israels interessierte Alttesta-
mentlerin steht vor der doppelten Schwierigkeit, daß sie einmal der Sozialgeschichte ihr Recht lassen muß, also historisch nicht naiv sein darf, zum anderen dabei auch nicht soziologisch naiv werden soll, und das am wenigsten dort, wo
- wie bei Max Weber - die Welt des Historischen selbst in
die soziologische Reflexion einbezogen wird.

Historische und soziologische Naivität sind, seit die Soziologie selbst das Thema der Geschichtswissenschaft[1] wurde,
miteinander verkoppelt, und beide sind zu vermeiden.

Sozialgeschichte richtig betreiben, heißt soziologisch und
historisch vorgehen. Es wäre soziologisch naiv zu glauben,
das, was uns aus der Geschichte überkommen ist, sei so etwas wie ein einfach Vorliegendes, ein handliches Faktum und
nicht selbst ein Unabgeschlossenes, das ob seiner Unabge-
schlossenheit vorläufig und keineswegs fertig und also auf
seine Fragwürdigkeit hin soziologisch anzugehen sei. Historisch naiv wäre es zu glauben, daß soziale Phänomene historisch greifbar würden, ohne daß dies eines Rekurses auf die
Strukturbedingungen menschlichen Zusammenlebens bedürfe.

Soziologie und Sozialgeschichte Israels haben einen gemeinsamen Erfahrungsgegenstand, weisen aber die Alttestamentler
auf zweierlei Zugangswege und letztendlich auch Erkenntnis-
aussichten hin. Erhebt die Sozialgeschichte zunächst rein
historisch die sozialen Phänomene als 'bruta facta', so bedarf sie doch zu ihrem Verständnis der soziologischen Interpretation. Dabei gerät die Sozialgeschichte leicht in die
Gefahr zu übersehen, daß die soziologische Interpretation
mit einem spezifischen Bezugssystem arbeitet, das unhistorisch insofern ist, als es mit den Regelmäßigkeiten sozialer

---

1  Zum Verhältnis von Geschichte und Soziologie gibt es eine intensi-
   ve Debatte, vgl hier nur die Sammelbände von Wehler (1972.1973)
   und Baumgartner/Rüsen (1976).

Figurationen rechnen muß, mithin damit, daß die Rahmenbedin-
gungen der untersuchten Prozesse konstant seien. Hier gilt
es jener historischen Naivität zu begegnen, die aus ihrem soziologischen Wissen ein Gerüst von festen Kategorien gezim-
mert hat und bereithält, alles was ihr je unterläuft, an diesem Kanon zu messen, es zu kanonisieren, so es ins Gerüst
paßt, und zu verwerfen, wo nicht.

Zuerst stellt sich also die Aufgabe, jenen soziologischen
Kategorien und Typologien selbst nachzugehen, ihre Genesis
aufzudecken und die Grenzen ihrer Aussagefähigkeit zu er-
spüren. Die Soziologie so mit der Historie konfrontierend,
verwandelt sich das drohende, alles unter sich begrabende
Kategoriengerüst in eine heuristisch fruchtbare Stricklei-
ter, die im Falle ihres Ungenügens zwar auch der Auflösung,
aber nicht mehr der Zerschlagung bedürftig, nur neu zu knüpfen ist. Gelingt es, in der Sozialgeschichte sich derart
soziologische Typen dienstbar zu machen, so wachsen ihr
fortwährend  - in Entwurf und Konstruktion -  neue, der Soziologie abgelauschte, an der Historie überprüfte Verste-
henstypen zu.

Nur wenige wagten es bisher, sich dem alttestamentlichen
Felde vom soziologischen Pfade her zu nähern[2]. Den Versuch,

---

2  Außer Betracht bleiben hier die Arbeiten von Alttestamentlern wie
   Alt, de Vaux, Pedersen u.a., die zwar sozialgeschichtlich orientiert sind, aber keine soziologischen Analysen im eigentlichen
   Sinne liefern.
   Den umfassendsten Umwurf  - in Hinblick auf die vorstaatliche Zeit
   Israels - legte Gottwald (1980) vor. Interessante Einzeluntersu-
   chungen stellen die Arbeiten von Halligan (1975) und Frick (1977)
   dar. Eine Auseinandersetzung mit dem monumentalen Werk von Gottwald
   kann hier nicht geführt werden. Wo sich sachliche Berührungspunkte
   zwischen seinen und meinen Thesen ergeben, werde ich auf sie eingehen. Die Dissertation von Frick (1977) ist theoretisch abhängig
   von dem soziologischen Funktionalismus G.Sjobergs. Frick versucht,
   eine funktionale Kausalanalyse zu liefern, und ordnet seinem Ziel
   'Verständnis alttestamentlicher Geschichte als Sozialanthropologie'
   die Texte unter. Eine einigermaßen gerechte Einschätzung der Arbeit
   erfordert zuvor die Auseinandersetzung mit dem Funktionalismus von
   Sjoberg. Das kann hier nicht geleistet werden. Halligans Dissertation (1975) bietet eine Sammlung von  - dem Kenner vertrauten -
   Vor-Urteilen über die Bewertung der Stadt in der israelitischen Geschichte. Leider gelingt es ihm nicht, in dieser Hinsicht Dtr kritisch zu befragen. Auch werden seine Aussagen durch die wenig reflek-
   tierte Zugrundelegung von J als Textbasis relativiert.

das Feld ganz abzuschreiten, unternahmen eigentlich nur zwei,
jeweils aus ihrem Fache abirrende Wanderer, der Alttestamentler Antonin Causse und der Soziologe Max Weber.

Blieb Causse mit den so gewonnenen Erkenntnissen weitgehend
ungestört, so wurden Max Weber doch unbesehen einige der her-
vorgebrachten Früchte abgenommen und ohne Herkunftsangabe
auf dem alttestamentlichen Markt zur Schau gestellt. Die So-
zialisierung der wenigen, gut erreichbaren Früchte des 'Antiken Judentum' ist psychologisch verständlich. Weniger einsichtig scheint, daß 'Du groupe ethnique à la communauté
religieuse' von Causse Dornröschen gleich immer tiefer ins
Verschwiegene geriet[3]. Dabei bietet Causse mit seinem durch-
gängigen Interesse an der primitiven Mentalität und ihrer
Entwicklung in Israel eine leicht nachvollziehbare sozio-
psychologische Interpretation des Alten Testaments an.

Causse gründet sich soziologisch auf Durkheim und Lévy-
Bruhl. Von Durkheim, dem Altmeister der französischen Soziologie, entlehnt er sein Verständnis der kollektiven Bewußtseinsformen als dem logischen Resultat der Unabhängigkeit
einer sozialen Gruppe von einer Zentralinstanz. Als Komple-
ment dient ihm hierzu die Theorie Lévy-Bruhls von den drei
Perioden der Bewußtseinsformen. Vor allem die Unterscheidung
von prä-logischen und logischen Bewußtseinsformen verwandelt
sich bei Causse in ein universelles Entwicklungsprinzip der
Geschichte, mit dessen Hilfe er die geistesgeschichtlichen
Grundstrukturen des Alten Testaments nachzeichnet. Methodologisch voll ausgereift in seiner eigentümlichen Rezeption
der französischen Soziologie ist sein Hauptwerk über die Entwicklung der israelitischen Gesellschaft 'Du groupe ethnique
à la communauté religieuse' von 1937, das hier ob seiner Un-
bekanntheit skizziert werden soll.

Causse versucht in diesem Werk, die Hauptideen des AT analog den bei
Durkheim und Lévy-Bruhl entlehnten Kategorien zu interpretieren.
Gleich zu Beginn des Buches stößt man auf die These, daß die primiti-

---

3  In neuester Zeit  - 1978 -  wurde es von einem modernen Prinzen
   aus Amerika, ST Kimbrough, wieder wachgeküßt.

ven, von Israel gesammelten Erzählungen um den Klan kreisen und den Begriff des Totems illustrieren. Das Individuum werde zur Zeit dieser Sammlungen noch nicht in der Gruppe unterschieden. Die israelitische Gesellschaft werde in diesem Stadium durch die mystische Solidarität charakterisiert. Diese Solidarität manifestiere sich in dem mystischen Band des Gottesbundes. In der psychisch-physischen Einheit, die daraus resultiere, hätten Aktion und Reaktion eine gemeinsame Basis, da ja für die prä-logische Mentalität eine mystische Macht auf die Gruppe einwirke. Die Primitiven treffen keine Unterscheidung zwischen dem Natürlichen und dem Übernatürlichen, fragen also auch nicht nach der Differenz zwischen Ursache und Wirkung, die für sie dann auch so gar nicht bestehen kann.

In der Zeit nach der Landnahme ändert sich die ökonomische Struktur Israels radikal, aber der Kult bewahrt noch einen Teil seiner primitiven Spontaneität. Die Monarchie hätte nicht eingeführt werden können ohne die magische Vorstellung von dem Führer, in dessen Persönlichkeit das Leben der Gruppe inkarniert ist.

Durch die Zentralisation der Autorität und der kultischen Aktivitäten beschleunigt die Monarchie die Zerstörung der mystischen Solidarität, die das vorkönigliche Israel zusammenhielt. Man schreitet nicht nur zu einer neuen gesellschaftlichen Ordnung vor, sondern auch zu einer höheren Stufe der Religion: der Individualismus und damit die logischen Bewußtseinsformen beginnen zu erscheinen.

Die Propheten erheben sich  - noch ganz von der primitiven Mentalität geprägt und unter dem Banner der mystischen Bundessolidarität -, um gegen die Ungerechtigkeit der neuen Ordnung zu protestieren.

In dem von Causse ausgearbeiteten Entwicklungsschema führt das Dtn von der prä-logischen zur logischen Mentalität. Das Dtn repräsentiert den Sieg der logischen Mentalität und des Individualismus über die prä-logische Mentalität und den Kollektivismus.

Causse' soziologische Analyse besticht in ihrer durchkonstruierten Präzision; sie verdankt dieses einem in sich geschlossenen Interpretationsmodell. Doch läßt das wiederum die Anwendbarkeit einer sozio-psychologischen Theorie der Entwicklung der Bewußtseinsformen auf historische Fragestellungen problematisch werden. Zudem scheint es, als habe Causse die monumentale Geschlossenheit seines Werkes mit einer verkürz-

ten Rezeption der seine Studien fundierenden soziologischen
Theorien erkauft.

Causse vermittelt dem aufmerksamen Leser den Eindruck, als
seien die prä-logische und die logische Mentalität nicht für-
einander verständlich und würden in der Entwicklung der israelitischen Gesellschaft zwei chronologisch aufeinander
folgenden Stadien entsprechen. Dagegen hat Lévy-Bruhl betont, daß die primitive Mentalität nie vollständig aus dem
Leben einer Gesellschaft verschwinde. Auch versteigt er sich
nicht zu der Behauptung, daß eine Gesellschaft sich chronologisch von einem Stadium der Irrationalität zu einem Stadium
der Rationalität entwickele[4]. Causse vermischt die bei Lévy-
Bruhl noch reinlich geschiedene primitive Mentalität mit den
prä-logischen Bewußtseinsformen. Die primitive Mentalität
ist nach Lévy-Bruhl nicht durch das Fehlen der Verbegriffli-
chung ausgezeichnet, sondern durch den Umstand, daß sie der
Affektivität größere Bedeutung zukommen läßt, als es die logische Mentalität gestattet.

Bezieht man die Interpretation von Causse auf die ursprünglichen Thesen bei Lévy-Bruhl zurück, dann entbehrt auch sein
Verständnis der Prophetie, als getragen von der prä-logischen Mentalität, zwar nicht der Phantasie, hängt aber theoretisch in der Luft. Der Individualismus ist nach Lévy-Bruhl
eher eine interne Veränderung der mentalen Strukturen als
ein Übergang von den prä-logischen zu den logischen Bewußtseinsformen. Der von Causse unternommene Versuch, aus der
chronologischen Abfolge der Pentateuchquellen eine Chrono-
logie der israelitischen Mentalität zu rekonstruieren, führt
sich angesichts der israelitischen Geschichtskonzeption
selbst ad absurdum. Denn das prä-logische Schema erliegt der
Konfrontation mit dem israelitischen Bewußtsein der Geschichte als einem Handlungsfeld Jahwes. Diese uns überlieferte
Zuversicht ist nicht erst im logischen Rahmen des Dtn aufge-
treten, sondern bereits im Miriamlied und im Deboralied hör-
bar.

---

4  Vgl. Lévy-Bruhl 1925, 1931, 1935[2]

Das Stufenmodell von Causse, das auf einem Mißverständnis
der zugrunde liegenden soziologischen Kategorien beruht,
scheint für eine sozialgeschichtliche Problemstellung wenig
fruchtbar[5]. Die Interpretation sozialer Konflikte als Konflikte zwischen Bewußtseinsformen immunisiert sich gegen widerstrebende historische Überlieferungen. Systemüberschrei-
tende neue Einsichten und Perspektiven erlaubt sie nicht.
Methodisch bietet Causse nur ein systemimmanentes Vorgehen
an, das zudem gegen eine Revision seines Ansatzes im Laufe
der Untersuchung gefeit ist. Man kann nicht umhin, diesem
soziologischen Vorgehen eine gewisse historische Naivität
und Blindheit zu attestieren[6].

Diese Gefahr ist bei Max Weber durch seine idealtypische
Begriffsbildung so nicht gegeben. Denn der idealtypische Begriff enthält in sich ein Moment kontinuierlicher Wandlung.
Als historischer Grenzbegriff bedarf er der Konfrontation
mit der empirischen Wirklichkeit und entsteht so erst aus
dieser Begegnung. Erweist sich ein Idealtypus in diesem Prozeß als Verzeichnung der Wirklichkeit, so birgt die Auseinandersetzung selber den Kern einer neuen, der Wirklichkeit
angemesseneren Begriffsbildung in sich. Weber stellt hier
ein begriffliches Präzisionsinstrument bereit, das der Sozialgeschichte unentbehrlich ist[7]. Steuert doch der Sozial-
geschichtler im idealtypischen Rekurs zwischen Skylla und
Charybdis, der historischen Blindheit und soziologischen
Naivität, sicher hindurch.

---

5 Schottroff (1974 S.55) wirft Causse zu Recht soziologischen Deter-
  minismus vor.
6 Daher ist mir auch der von Kimbrough (1978) mit viel Energie unternommene Wiederbelebungsversuch nur noch psychologisch verständlich.
  Für eine sozialhistorische Arbeit am Alten Testament tragen die
  Arbeiten von Causse wenig aus. Eine andere Frage wäre es, wollte
  man mit Hilfe dieser Methode eine Ideengeschichte des Alten Testaments schreiben. Nur käme man dann heutzutage nicht an der inzwischen sehr differenzierten psychologischen Forschung zur Entwicklung des Erkennens vorbei. Hier sei nur exemplarisch auf Piaget
  (1975) verwiesen.
7 Vgl hierzu Hughes 1960/61; Martindale 1959; Watkins 1972; P. Meyer
  1973. Weder Begriff noch Methode wurden von Max Weber in die Wissenschaft eingeführt. Das Konzept entsprang einer ausgedehnten Diskussion um den Wissenschaftscharakter der Geschichtsschreibung,
  vgl hierzu Janoska-Bendl 1965 S.17ff.

Weber entwickelt mittels der Konstruktion von Gegentypen
ein Bild der Gesellschaft des antiken Judentums, das von seinem Ansatz her fragmentarisch bleiben muß. Gerade dieser
fragmentarische Charakter des 'Antiken Judentums' fordert
zum Nachdenken der vorgezeichneten Strukturen auf. Der nicht
überschätzbare Vorzug des 'Antiken Judentum' vor 'Du groupe
ethnique à la communauté religieuse' liegt für den Alttestamentler darin, daß er, auf Webers Spuren wandelnd, zugleich
der Geschichte und der Soziologie begegnet.

Der langen Vorrede kurzer Sinn - die Auseinandersetzung
mit Max Webers Ansatz hat die vorliegende Arbeit entstehen
lassen, die darob als Ausweis seiner Fruchtbarkeit verstanden werden möchte.

Die Frage, womit der Anfang dieser Arbeit zu machen sei,
beantwortet sich nun von selbst. Nach dem forschungsüblichen
<u>Präliminarium</u>, in dem die Vorgänger auf diesem Felde der
Auseinandersetzung mit dem 'Antiken Judentum' dingfest zu
machen sind, werden zu Anfang, <u>im ersten Kapitel</u>, einige
Überlegungen zur <u>Geschichtsphilosophie und Methodologie Max</u>
<u>Webers</u> stehen. Daran schließt sich ein Überblick zu den
<u>inhaltlichen Begriffsbildungen des 'Antiken Judentums' an</u>
(Kap. 2).

Alldieweil der von der 'Wissenschaftslehre' Max Webers und
der alttestamentlichen Exegese gleichermaßen sich herleitende
Geist methodologisch empfindsam geworden, wird die Auswahl
der mit dem Alten Testament zu konfrontierenden Idealtypen
auf die beiden Typen <u>'Antike Stadtherrschaft' (Kap. 3)</u> und
'Eidgenossenschaft' (Kap. 4) eingegrenzt. Beide Typen werden
in <u>Kapitel 5 miteinander verglichen</u>, um dann in den folgenden <u>Kapiteln (6 - 9) der alttestamentlichen Feuerprobe</u> ausgeliefert zu werden.

Das exegetische Interesse gilt dabei mehr dem Alten Testament als dem Schrifttum Max Webers. Max Weber wird hier
nicht um seiner selbst willen thematisiert, sondern dient
als Zugangsweg zu den genannten Problemen der israelitischen
Gesellschaft.

## 0. DAS 'ANTIKE JUDENTUM' IN DER DISKUSSION

Das 'Antike Judentum' wurde erstmals in den Jahren 1917 bis 1919 im Archiv für Sozialforschung abgedruckt[1]. In der literarisch greifbaren Forschung ist es auf geringe Resonanz gestoßen. Von seinem ersten Erscheinen an bis zum Jahre 1980 läßt sich nicht einmal ein Dutzend Aufsätze - ausführliche Besprechungen eingeschlossen - nachweisen, die sich mit ihm beschäftigen[2]. Die meisten Publikationen zum 'Antiken Judentum' fallen unmittelbar in die Zeit der ersten Auflage der gesammelten Aufsätze des 'Antiken Judentum' von 1921[3] oder erschienen im Kontext der Übersetzungen des Werkes ins Englische[4] oder Französische[5].

In jüngster Zeit hat das 'Antike Judentum' wieder mehr Beachtung gefunden[6]. Von den wenigen Soziologen, die seinerzeit das Werk überhaupt bemerkten, wurden die Aufsätze zum antiken Judentum teils mit zurückhaltender Zustimmung[7] aufgenommen; teils wurden einzelne Begriffe, die die Sicht des antiken Judentums bei Weber bestimmen, einer kritischen Sichtung unterzogen[8]. Allein Bendix widmet dem 'Antiken Judentum'

---

1　Zur Publikationsweise vgl Schluchter 1981 S.13 A 8.
　　Das 'Antike Judentum' sollte Teil einer umfangreicheren Studie zur Religionssoziologie werden, in deren Verlauf das Judentum bis zur Herausbildung des Rabbinats untersucht werden sollte. Außerdem plante Max Weber, den Gegensatz zwischen asiatischer und vorderorientalischer Religion anhand konkreter historischer Beispiele näher zu untersuchen. Vgl hierzu Winckelmann 1981 S.221f.
2　Hahn (1966 S.157) bemerkt ausdrücklich, daß die soziale Geschichte Israels nicht ohne Rückgriff auf ein soziologisch erprobtes Instrumentarium erforscht werden kann.
3　Caspari 1922; Hintze 1922; Schiper (1924) 1959; Guttmann 1925
4　Berger 1963
5　Raphael 1970
6　Im Herbst 1979 fand im Haus der Werner-Reimers-Stiftung in Bad Homburg eine Tagung über das 'Antike Judentum' statt. Die dort gehaltenen Vorträge und ihre Publikation (hrg von W.Schluchter 1981) haben die Diskussion um das 'Antike Judentum' aufleben lassen. Vgl auch Neusner 1981; Rodd 1979 SJTh 32; ders. 1981 JSOT 19.
7　So Hintze 1922
8　So etwa Guttmann (1925) für die Begriffe 'Bund', 'Stadtherrschaft' und 'Paria'.

- im Rahmen seines Referates der Weberschen Schriften -
eine ausführliche Darstellung[9]. Bendix systematisiert den oft
nicht durchsichtigen Gedankengang des 'Antiken Judentum'
durch die Unterscheidung historischer Sachverhalte von Glau-
bensinhalten[10]. Eine kritische Beschäftigung darüber hinaus
unterbleibt jedoch; sie würde wohl auch nicht der Intention
seines Werkes entsprechen[11].

Der einzige Aufsatz, der sich in neuerer Zeit ausgiebiger
mit dem 'Antiken Judentum' befaßt, wurde vom französischen
Übersetzer des Werkes, von F.Raphael[12], geschrieben. Raphael
begnügt sich im wesentlichen mit einem Referat der Hauptli-
nien des 'Antiken Judentum', vor allem der das Werk bestim-
menden religionsgeschichtlichen Idealtypen 'Bund', 'Prophetie' und 'Paria'. Zwar weist er wiederholt auf die begrenzte
Reichweite des methodologischen Ansatzes hin, doch vermißt
man die bei einem Soziologen zu erwartende kritische Reflexion dieses Verfahrens anhand der von Weber verwandten
Idealtypen. Auffällig ist auch sein Desinteresse an den
sozialgeschichtlichen Idealtypen.

Bezeichnend für die Komplexität, die mangelnde Durchsich-
tigkeit der Argumentation und die sich daraus ergebende
schwierige Verständlichkeit des 'Antiken Judentum', auf die
Übersetzer und Rezensenten[13] gemeinsam verweisen, ist auch,
daß die wenigen Aufsätze, die sich, abgesehen von den ex-
pliziten Besprechungen des Werkes, mit dem 'Antiken Judentum'
befassen, ausschließlich sich auf drei Begriffe des 'Antiken
Judentum' beziehen.

Die Anwendung des Typus 'Pariavolk' auf die Situation des
nachexilischen Judentums hat verständlicherweise die höch-

---

9 Bendix 1964 S.156-199
10 Ders. a.a.O. S.169
11 Käsler (1979)S.128-136) bietet eine nacherzählende Zusammenfassung
   des 'Antiken Judentum'. So ist es nicht verwunderlich, wenn er
   Max Weber vorwirft, daß dieser im zweiten Teil des 'Antiken Judentum' im Narrativen steckenbleibe.
12 Der Aufsatz ist jetzt auf Deutsch erschienen in Schluchter (hrg)
   1981 S.224ff. Zitiert wird hier nach dem französischen
   Original (197o).
13 Vgl Raphael (197o S.298), der den Stil beklagt; Guttmann (1925
   S.198), der auf die Mängel der Disposition verweist.

sten literarischen Wogen erregt[14]. Daneben finden nur noch
der Charisma-Begriff und der 'Prozeß der Rationalisierung'
in diesem Zusammenhang das Interesse soziologischer Forscher.
Berger[15] versucht mit Hilfe des Weberschen Charisma-Begriffes, die Kultprophetie à la Uppsala auf ein gesichertes so-
ziologisches Fundament zu stellen. Wax[16] beschäftigt sich
mit dem 'Prozeß der Rationalisierung', der dem 'Antiken Judentum' zufolge eine Wirkung der prophetischen Ethik ist. Wax
konstatiert, daß durch die Aufhebung der magischen Weltsicht,
die eine Folge der Rationalisierung ist, eine neue Auffassung der Zeit durch die Prophetie aufgebracht wurde. Die Prophetie löse den Übergang aus von dem durch natürliche Zyklen
bestimmten Zeitverständnis zu einer Auffassung der Zeit als
einer idealen Ordnung.

Die selektive Rezeption des 'Antiken Judentum' auf soziologischer Seite wird nicht nur in der Darstellung von Bendix
deutlich, sondern leider auch in den Arbeiten von Parsons.
Parsons erwähnt in seinem historischen Abriß der Soziologie[17] zwar Webers Studien zu China und Indien, jedoch nicht
das 'Antike Judentum'. Allerdings verwendet Parsons in einer
späteren Studie einige Annahmen Webers für seine Konzeption
der Saatbett-Gesellschaft[18].

In der alttestamentlichen Forschungsgeschichte verlief die
'Karriere' des 'Antiken Judentum' nicht sehr viel anders.
In Anmerkungen oder Nebensätzen[19] und in Forschungsgeschich-
ten wird es zustimmend aufgenommen[20], doch führt sogar die
ausdrückliche Anerkennung der Einzigartigkeit des Werkes[21]

---

14  Der "Begriff ist historisch ungenau und nicht frei von ideologi-
    schen Konnotationen" resumiert Schluchter (1981 S.52) die Debatte.
    Vgl Liebeschütz 1964; Taubes 1964; Shmueli 1968; Cahnman 1974;
    Fleischmann 1981.
15  Berger 1963
16  Wax 1959
17  Parsons 1967 S.500ff
18  Ders. 1975 S.151ff
19  Gressmann 1924 ZAW 42 S.17 A 1; Causse 1937 S.9 A 1; H.G.May 1944.
    Es gibt aber auch noch moderne Forscher im Alten Testament (so
    z.B. Brueggemann 1979 JBL 98), die, obwohl sie explizit ihr sozio-
    logisches Interesse betonen, Max Weber nicht zu kennen scheinen.
20  Hahn 1966² S.159ff; Albright 1946 S.59; Kraus 1956, S.294ff
21  So Kraus 1956 S.294

nicht zu einer ernsthaften Auseinandersetzung mit ihm. Dieses ist um so mehr verwunderlich, als es ein offenes Geheim-
nis zu sein scheint, daß die beiden Größen der alttestamentlichen Forschung, A.Alt und M.Noth, in ihren sozialgeschichtlichen Untersuchungen zu einem erheblichen Teil Hypothesen
verwenden, die so zuerst von Weber geäußert wurden[22]. Für
Alt sei hier nur auf die Transhumanz-Vorstellung[23] und die
Thesen zur Entstehung Israels[24] verwiesen. Auch Noths Theorie der Amphiktyonie der 12 Stämme, die für Jahrzehnte Geschichte und Theologie des Alten Testaments gleichermaßen
beeinflußte, läßt sich bis ins 'Antike Judentum' zurück
folgen[25]. Das 'Antike Judentum' fiel auch bei anderen Forschern auf fruchtbaren Boden. Die Arbeiten von Eichrodt[26],
Lurje[27], Menes[28], Hempel[29], North[30] und Neher[31] machen nicht
zu unterschätzende, teils unbefragte Anleihen bei Max Weber.
Das gilt auch für das Werk von Gottwald[32].

Seltsamerweise ist diese Partizipation am 'Antiken Judentum' nicht zu einer kritischen Erörterung der Weberschen Methode und seiner Thesen gediehen[33]. Man erntete zwar im rei-

---

22  Vgl Kraus 1956 S.376
23  Vgl.von Alt 'Die Landnahme der Israeliten in Palästina'(KS I
    S.89ff) und 'Die Staatenbildung der Israeliten in Palästina'
    (KS II S.1ff) mit Weber AJ S.10f.
24  Vgl Alt 'Der Gott der Väter' (KS I S.1ff) mit Weber AJ S.87ff.
25  Vgl Noth 'Das System der 12 Stämme Israels' mit Weber AJ S.90ff.
26  Eichrodt 1967[8]
27  Lurje 1927 BZAW 45 - die Annahme von der politischen Herrschaft
    der städtischen Geschlechter ist von Weber übernommen worden.
28  Menes 1928 BZAW 50 - das Recht als Niederschlag sozioökonomischer
    Konflikte ist eine Konzeption, die im AJ (S.66ff) vorgelegt wurde.
29  Hempel 1938 übernimmt von Weber die Annahmen zur Rolle des Bundes-
    heerbannes und der Bedeutung der Bundesschlüsse zwischen Bauern
    und Viehzüchtern (vgl AJ S.46ff. S.90ff).
30  North 1954 hat aus dem AJ den Eigentumsbegriff und die Vorstellung
    von der Seisachthie entlehnt.
31  Neher 1950 übernimmt die von Weber entworfene Bundes-Vorstellung
    (AJ S.81ff) und legt sie seiner Interpretation der Theologie des
    Amos zugrunde (S.40ff, S.157ff).
32  Gottwald 1980
33  Schottroff (1974, VF 19) sieht wohl, wo bei Max Weber anzusetzen
    wäre, kommt aber  - im Rahmen seines Überblicks - verständlicher-
    weise nicht über kritische Bemerkungen hinaus. Auch die in jüng-
    ster Zeit erschienenen Aufsätze von E.Otto (1981 BN 15) und
    L.Schmidt (1982 KuD 28) bringen in dieser Hinsicht keinen Fort-
    schritt; dh nach wie vor mangelt es an Arbeitern im Weinberg des

chen Garten des 'Antiken Judentum', fragte aber lieber nicht,
von welchem Baum der Erkenntnis die wohlgeformten Früchte
stammten.

Eine bemerkenswerte Ausnahme unter den alttestamentlichen
Forschern bildet jedoch W.Caspari. Seine sich auf das 'An-
tike Judentum' beziehenden Arbeiten verdienen es, näher in
Augenschein genommen zu werden.

Sieht man einmal von den Aufsätzen, die sich einzelnen
Fragestellungen innerhalb des 'Antiken Judentum' widmen[34],
ab, dann ist hier seine Schrift von 1922 "Die Gottesgemeinde
am Sinai" hervorzuheben. Diese Arbeit von Caspari ist seit
dem Erscheinen der ersten gesammelten Ausgabe des 'Antiken
Judentum' die einzige Untersuchung gewesen, die wenigstens
den Versuch einer Befragung des 'Antiken Judentum' vom Stand
der alttestamentlichen Forschung her unternimmt. Daher möchte ich seine Position zum 'Antiken Judentum' skizzieren.

Casparis Hauptthese ist die Annahme, daß die Ursprünge
Israels auf religiösem Gebiet zu suchen sind[35]. Daher unter-
zieht er vor allem Webers Vorstellungen zur Militärorganisation der vorstaatlichen Zeit Israels einer kritischen und
detailreichen Analyse. Es gelingt ihm, an wesentlichen Punkten nachzuweisen, daß Weber, verglichen mit dem damaligen
Stand der Forschung, mit noch nicht eingelösten oder auch
nicht verifizierbaren soziologischen Hypothesen arbeitet.
Caspari weist u.a. nach, daß Vorstellungen wie die, daß Mose
bereits ein Volk vorfand[36], Jahwe von Anfang an ein Kriegsgott war[37] oder der Bund in seiner rechtlichen Form ein die
Beziehung Jahwe/Israel von Anfang an prägendes Element
war[38] oder gar in der Richterzeit ein organisierter Heerbann bestand[39], reine Annahmen sind.

---

'Antiken Judentum', während die Zahl der Kostproben sammelnden
Spaziergänger sich erhöhte.
34 Caspari ZAW 39.1921 S.174ff; ders. 1921 Der Gott der Plebejer;
ders. 1922 Orgiastik und alttestamentliche Weissung; ders.
1922 Das Alter des palästinensischen Kolonats.
35 Caspari Die Gottesgemeinde am Sinai 1922 S.83
36 Ders. a.a.O. S.10
37 Ders. a.a.O. S.112ff
38 Ders. a.a.O. S.137ff
39 Ders. a.a.O. S.15ff

Sein Hauptargument gipfelt in dem Vorwurf an Weber, daß dieser in seinem Verständnis der Entwicklung des vorexilischen
Staats- und Heereswesens sich von seiner Konzeption des
Pariavolkes leiten läßt, dabei aber den Einfluß realer politischer Faktoren unterschätz .
    Casparis Argumentation orientiert sich an den Hauptgedan-
ken des 'Antiken Judentum'. Eine systematische Analyse des
'Antiken Judentum' fehlt seiner Kritik, von der aus er eine
dem 'Antiken Judentum' gegenüber eigenständige Position hätte gewinnen können. In seinen Anmerkungen folgt er kritiklos
Webers oft sprunghaften Überlegungen und übersieht so den
bei Weber angelegten systematischen Zusammenhang zwischen
den einzelnen historischen Idealtypen. Häufig gelangt Caspari so nur zu einer Konfrontation der alttestamentlichen Befunde mit den Thesen Webers[40]. Seine im einzelnen berechtig-
te und kenntnisreiche Kritik bleibt dem 'Antiken Judentum'
insofern äußerlich, als sie sich nicht auf die das Werk fun-
dierende Methode, das idealtypische Verfahren, einläßt. M.E.
mißversteht er die dieser Methode inhärenten Intentionen,
wenn er meint, die Unangemessenheit der von Weber erarbeiteten Interpretationstypen dadurch erwiesen zu haben, daß er
ihm ein falsches Verständnis einiger alttestamentlicher Elemente der verwendeten Typenbegriffe nachweist. So ist verständlich, daß Casparis auch quantitativ massive Kritik am
'Antiken Judentum' nicht die unkritische Rezeption desselben
in der alttestamentlichen Forschung verhindern konnte.
    Denn es ist ihm weder gelungen, die Webersche Begriffs-
bildung in Frage zu stellen noch sie für die Sozialgeschichte Israels kritisch weiter zu entwickeln. Eine wesentliche
Rolle spielte sicher hierbei, daß mit Detailkritik, und sei
sie noch so ausführlich, die in ihrer Geschlossenheit überzeugenden Konzeptionen Webers zur israelitischen Sozialgeschichte nicht zu erschüttern sind.

---

40  Besonders deutlich wird dieses an den sachlich verdienstvollen
    Aufsätzen von Caspari ZAW 39, 1921 S.174ff und 1922 'Das
    Alter des palästinensischen Kolonats'.

# 1. ÜBERLEGUNGEN ZUR GESCHICHTSPHILOSOPHIE UND METHODOLOGIE BEI MAX WEBER

Die Mängel der bisherigen alttestamentlichen Rezeption[1] des
'Antiken Judentum' haben gezeigt, daß der stillschweigende
Verzicht darauf, die das Werk fundierenden theoretischen Voraussetzungen und Methoden zu verstehen, teilweise zu gravie-
renden blinden Flecken führt[2]. Man läuft querbeet durch das
'Antike Judentum', orientiert an den für den Alttestamentler
gerade erkennbar blühenden Blumen und übersieht dabei die
systematisch angelegten Wege sowie die konkreten Strukturen,
die sie bilden. So verschenkt man die vom 'Antiken Judentum'
her sich bietenden Chancen, von den Hauptwegen ausgehend
neue Zugangsmöglichkeiten zur Sozialgeschichte Israels zu
finden. Webers Konzeption kann für die Erforschung des Alten
Testaments fruchtbar gemacht werden, wenn sie zur Orientierung auf dem ungeheuren Meere alttestamentlicher Überlieferungen dient. Ausgewählte Begriffe des 'Antiken Judentum'
sollen als Mittel der Erforschung alttestamentlicher Traditionen verwendet werden. Dazu ist es sinnvoll, zunächst die
theoretischen und methodologischen Implikationen dieser
'Mittel' darzulegen[3].

---

1  Die alttestamentliche Forschung schwankt zwischen den beiden Extre-
   men 'kritiklose Rezeption' und 'detailwütige Besserwisserei'.
2  Dieser Vorwurf ist nicht nur für die alttestamentlichen Fachwis-
   senschaftler gültig, auch für die Soziologen gilt er noch.
   "Eine Rekonstruktion der Weberschen Methodologie, die die Praxis
   seiner Verfahrensweisen in den materialen Forschungen zu analy-
   sieren und die mit ihr verbundene Begriffsbildung zu explizieren
   hätte, um beides daraufhin mit der von ihm ausformulierten Theorie
   seiner Methode zu vergleichen, gehört zu den vordringlichsten
   Desiderata der Weber-Forschung." stellt Zingerle (1981 S.6) fest.
3  "Für Vertreter dieser Disziplinen (alttestamentliche Wissenschaft,
   Archäologie und Geschichte des Vorderen Orients, Judaistik, Indo-
   logie, Sinologie und entsprechende Fachzweige), die in der Regel
   auf Aspekte der entsprechenden Einzelstudie zur WERW eingehen,
   ohne andere Teile, sei es der Religionssoziologie, sei es anderer

Daher werde ich  - noch vor der Erläuterung der Hauptthesen des 'Antiken Judentum' -  auf die Konstitution von
'Wirklichkeit und Tatsache' bei Weber eingehen, die ge-
schichtsphilosophischen Voraussetzungen[4] sowie die methodologischen Vorgehensweisen an Hand seiner Aufsätze zur Wissenschaftslehre[5] nachzeichnen.

---

Werkbereiche Webers,heranzuziehen, erweist sich Webers Begrifflich-
keit häufig als eingebautes Rezeptionshindernis. Es wirkt sich in
zwei typischen Formen aus. Zum einen wird die besondere typologische Prägung von Ausdrücken, deren Bedeutung zunächst aufgrund all-
gemeinsprachlicher Gepflogenheiten auf der Hand zu liegen scheint,
verkannt; ... Im anderen Falle ist man sich des konstruierten Charakters der... typologischen Prägungen bewußt, geht aber einer
Auseinandersetzung mit ihnen aus dem Wege..." Zingerle 1981
S.189f. Die von Zingerle festgestellten zwei Typen der Rezeption
der RS lassen sich auch in der alttestamentlichen Wissenschaft
nachweisen. Gerade die Arbeiten von Caspari zum 'Antiken Judentum'
legen die Notwendigkeit des methodologischen Zugangs dar.

4  Max Weber Gesammelte Aufsätze zur Wissenschaftslehre 1951[2] zit. WL.
   Auf die allgemeine, geschichtsphilosophische Debatte jener Zeit
   kann hier nicht näher eingegangen werden. Zum Thema 'Historie/So-
   ziologie' bei Max Weber vgl u.a. Bendix 1975 S.331ff; ders. 1982
   S.9ff. 36ff; Braudel 1977; Dux 1971; G.Roth in Roth/Schluchter
   1979 S.119ff. 144ff; Schluchter 1979 S.15ff.
5  Hier wird nur die Position Max Webers dargelegt und nicht der Versuch unternommen, die zu diesem Thema in den letzten 20 Jahren innerhalb der Sozialwissenschaften geführte Debatte nachzuzeichnen.

1.1   Die Bestimmung der Begriffe 'Wirklichkeit' und
      'Tatsache'


## Wirklichkeit als Kulturwirklichkeit

Weber geht in Nachfolge des Neukantianismus und in Anschluß
an Rickerts Wertphilosophie davon aus, daß die Erkenntnis
individueller Erscheinungen nur dann logisch sinnvoll ist,
wenn man die Voraussetzung trifft, "daß ein endlicher Teil
der unendlichen Fülle der Erscheinungen allein bedeutungsvoll sei"[6].

Kulturwissenschaftliche Erkenntnis strebt nach der sicheren Zurechnung einzelner konkreter Kulturvorgänge der historischen Wirklichkeit zu konkreten historisch gegebenen
Ursachen[7]. Ihr Ziel ist die Erkenntnis der Wirklichkeit in
ihrer Kulturbedeutung und in ihrem kausalen Zusammenhang[8].
Erkenntnis der Wirklichkeit ist immer Erkenntnis einer Kulturwirklichkeit.

Alle wissenschaftliche Erkenntnis geht davon aus, daß nur
ein endlicher Teil des untersuchten Gegenstandes wesentlich
im Sinne von wissenswert sei[9]. Diesen begrenzten Teil kann
man nur gewinnen, wenn man über feste Gesichtspunkte verfügt, von denen die Erkenntnis ausgehen kann. Die Zurechnung eines konkreten Erfolges zu einer konkreten Ursache
wird erst dann möglich, wenn aus der 'Unendlichkeit von ursächlichen Momenten', die das Zustandekommen des einzelnen
Vorgangs bedingt haben, eine Auslese getroffen werden kann.
In dem Stoff selber sind keine Anhaltspunkte vorhanden, da
nicht die 'sachlichen Zusammenhänge der Dinge', sondern die
'gedanklichen Zusammenhänge der Probleme' die Arbeitsgebiete

---

6  WL S.177
7  WL S.168
8  WL S.174
9  WL S.171

der Wissenschaften bestimmen[10].

Die Auswahl des Gegenstandes und der Untersuchungsperspek-
tive wird allein durch die Art unseres Forschungsinteresses
bestimmt[11]. Alle Erkenntnis der Kulturwirklichkeit ist eine
Erkenntnis unter spezifisch besonderen Gesichtspunkten[12].
Allgemeingültige Werte, auf die der Forscher rekurrieren
könnte, sind nicht verfügbar. Einziger transzendentaler Wert
ist nach Weber wohl, "daß wir Kulturmenschen sind, begabt
mit der Fähigkeit und dem Willen, bewußt zur Welt Stellung
zu nehmen und ihr einen Sinn zu verleihen"[13].

Bestimmte Erscheinungen müssen wir dazu als bedeutsam be-
urteilen können. Denn Erkenntnis von Kulturvorgängen ist nur
möglich auf der Grundlage der Bedeutung, die sie für uns
haben. Diese Bedeutung hängt ab von den Wertideen, unter denen wir die Wirklichkeit im jeweiligen Fall betrachten. Erst
die Beziehung auf Werte verleiht den individuellen Bestandteilen der Wirklichkeit für uns Bedeutung. Das historische
Individuum kann nur durch die Beziehung auf Wertideen konstituiert werden. Die Erkenntnis historischer Individuen ist
demgemäß logisch notwendig an die Beziehung auf Wertideen
gebunden.

Kulturerscheinungen berühren unsere Interessen insoweit,
als sie unseren "Erkenntnistrieb unter Gesichtspunkten erre-
gen, die hergeleitet sind aus Wertideen, welche das Stück
Wirklichkeit, welches in jenen Begriffen gedacht wird, für
uns bedeutsam machen"[14]. Unter den besonderen Gesichtspunkten, von denen unsere Erkenntnis ausgeht, versteht Weber
universelle Kulturwerte.

Objektive Analyse der Wirklichkeit, dh Analyse unter Absehung von einseitigen, kulturbedingten Wertideen, ist nicht
möglich. Der Grund liegt auch in der Beschaffenheit des Er-
kenntniszieles der Wirklichkeitswissenschaften: "Wir wollen
die uns umgebende Wirklichkeit des Lebens... in ihrer Eigen-

---

10  WL S.166
11  WL S.271f
12  WL S.181
13  WL S.180
14  WL S.181

art verstehen - den Zusammenhang und die Kulturbedeutung ihrer einzelnen Erscheinungen in ihrer heutigen Gestalt einerseits, die Gründe ihres geschichtlichen So-und-nicht-anders
Gewordenseins andererseits."[15] Kulturwissenschaftliche Erkenntnis ist insofern an 'subjektive' Voraussetzungen gebunden, als sie Bestandteile der Wirklichkeit untersucht, denen
wir Kulturbedeutung beilegen. Jene Wertideen aber, von denen
wir der Wirklichkeit her Bedeutung zumessen, sind, was aus
ihrem Charakter als Kulturwerte folgt, historisch wandelbar[16].

Nach Weber kann die Logik nicht mehr leisten, als die Bedingtheit des historischen Interesses durch Wertgesichtspunk-
te aufzuzeigen. "Für die strikt auf dem Boden der Methodik
verweilende Betrachtung ist der Umstand, daß gewisse individuelle Bestandteile der Wirklichkeit als Objekt historischer
Betrachtung ausgelesen werden, schlechterdings nur durch den
Hinweis auf dies faktische Vorhandensein eines entsprechenden Interesses zu begründen."[17] Das 'Was' der Forschung ist
nach Weber nie objektiv bestimmbar. Allerdings bedeutet das
nicht, daß jeder Forscher willkürlich verfahren kann. Denn
für das 'Wie', die Erkenntnis kausaler Zusammenhänge, ist
der Forscher an die Normen unseres Denkens gebunden. Nur der
Ausgangspunkt  - die Auswahl und Abgrenzung des Stoffes und
die Richtung und Reichweite der Fragestellung - ist subjek-
tiv durch Werte bedingt. Nur hier spielen Wertbeziehungen
eine Rolle. Die Untersuchung bleibt jedoch an objektive Normen, vor allem an die formalen Operationen kausaler Zurechnung gebunden. "Denn wissenschaftliche Wahrheit ist nur, was
für alle gelten will, die Wahrheit wollen."[18]

Weber folgt in der Begründung seines methodologischen Verfahrens im Prinzip den Methoden Rickerts[19].

---

15  WL S.170f
16  WL S.262
17  WL S.254
18  WL S.184 - Weber nimmt hier an, daß über die Wahl der Methoden,
    die geeignet sind, zur wissenschaftlichen Wahrheit zu gelangen,
    unter den Forschern Einigkeit besteht.
19  Vgl hierzu Freyer 1930 S.155; Schelting 1922 S.644ff; Janoska-
    Bendl 1965 S.17ff; Schluchter 1978 S.447f, der auch auf die Be-
    deutung Emil Lasks für Weber hinweist. Vgl auch Schluchter 1979
    S.23ff.

Die Bestimmung, was historisch bedeutsam ist, wird nach
Rickert[20] durch die Beziehung des historischen Individuums
auf Werte entschieden. Ein historisches Individuum wird überhaupt erst durch diese Bezugnahme konstituiert[21]. Die Auswahl des betreffenden Gegenstandes beruht auf der Entscheidung, ob er einen allgemeinen und anerkannten Wert verkör-
pert[22]. Rickert geht von einer Theorie objektiver und allge-
meingültiger Werte aus. In diesem Punkt liegt die entscheidende Differenz zu Weber[23]. Bei Weber bleibt die Frage, was
diese Werte bedingt und konstituiert, offen. Solches Fragen
verweist er in das Gebiet der Geschichtsphilosophie bzw der
'Psychologie des historischen Interesses'[24].

Aus dem Umstand, daß er von 'universellen Kulturwerten'[25]
bzw auch von 'Werten, die für eine Epoche charakteristisch
sind'[26], spricht, läßt sich wohl entnehmen, daß die Wertwahl
faktisch nicht willkürlich, sondern durch die jeweilige Kultur vorgegeben ist. Bedenkt man, daß alle Werte für Weber
nur als historische, mithin wandelbare Ideen vorstellbar
sind, dann wäre die Antwort auf die Frage nach der Wertent-
stehung weniger in einer Geschichtsphilosophie als in einer
kritischen Theorie der Kultur verbunden mit einer Theorie
der Sozialisation zu suchen[27].

## 'Historische Tatsache' und 'objektive Möglichkeit'

Auch kulturwissenschaftliche Erkenntnis ist kausale Erkenntnis in dem Sinne, als es um die "Zurechnung konkreter Erfolge
zu konkreten Ursachen"[28] geht.

Aber nur durch die wertbeziehende Reduktion der unendlichen Fülle konkreter Erscheinungen auf ihre wesentlichen
Bestandteile wird kausale Analyse überhaupt möglich.

---

20  Rickert 1929[5]
21  Ders. a.a.O. S.320ff
22  Ders. a.a.O. S.328ff, 339ff
23  Vgl hierzu Schelting 1934 S.232ff
24  Zu den philosophischen Voraussetzungen vgl Schaaf 1946 S.41ff
25  WL S.181
26  WL S.260
27  Vgl u.a. Habermas 1973; Döbert/Nunner-Winkler 1975; Geulen 1977
28  WL S.179

"Unsere eigentliche Frage ist ... : durch welche logische
Operationen gewinnen wir die Einsicht und vermögen wir sie
demonstrierend zu begründen, daß eine solche Kausalbeziehung
zwischen jenen 'wesentlichen' Bestandteilen des Erfolges und
bestimmten Bestandteilen aus der Unendlichkeit determinieren-
der Momente vorliegt."[29] Nun wird die logische Struktur
einer solchen Annahme durch die Operationen bestimmt, die
notwendig werden, wenn ihre Gültigkeit im Zweifelsfall zu
demonstrieren ist[30]. Die kausale Zurechnung vollzieht sich
in Gestalt eines Gedankenprozesses, welcher eine Serie von
Abstraktionen enthält. Entscheidend ist, daß wir von den tatsächlichen kausalen Komponenten des Verlaufes eine oder
einige in ihrer Richtung uns abgeändert denken und uns fragen, ob unter den dergestalt abgeänderten Bedingungen des
Hergangs der gleiche Erfolg oder ein anderer zu erwarten gewesen wäre. Durch die denkende Konstruktion eines in bezug
auf eine oder einige Bedingungen abgeänderten Verlaufes
schaffen wir uns 'Phantasiebilder'. Diese Phantasiebilder
stellen die verschiedenen Möglichkeiten des historischen Verlaufs unter geänderten Bedingungen dar. Gerade der Aufweis,
daß in einer bestimmten historischen Situation mehrere objektive Möglichkeiten des Verlaufs vorlagen, dient dazu, die
kausale Relevanz der Faktoren, die den tatsächlichen Hergang
beeinflußten, abzuschätzen.

Untersucht man mittels der Kategorien 'objektive Möglichkeit' und 'adäquate Verursachung' die politische Situation in Syrien-Palästina vor
dem Ausbruch des syrisch-ephraimitischen Krieges gegen Juda, dann ergibt sich folgendes: Die Gesandtschaft des Ahas an die Assyrer war kausal irrelevant für die Tatsache des assyrischen Feldzuges, kausal relevant war sie für den Zeitpunkt der Ausdehnung des Feldzuges auf Israel.
Gleichfalls kausal relevant war die Gesandtschaft für die im Jerusalemer Kultus durchgeführten Veränderungen.

---

29  WL S.273
30  WL S.278; vgl dazu Schelting 1934 S.262, der eine ausführliche Dar-
    stellung der im Zweifelsfall logisch notwendigen Operationen gibt.

Dieser zum Erweis der Gültigkeit einer Hypothese erforderli-
che Gedankenprozeß kann als eine Art 'Experiment' verstanden
werden. Bei konstanten Randbedingungen  - eine Eigentümlich-
keit der Historie - wird eine systematische Variation der
Bedingungsvariablen unternommen, die zu möglichen Effekten
führt. Diese nennt Weber dann 'Möglichkeitsurteile'. Mit Hilfe von Isolationen und Generalisationen wird das Gegebene so
weit in seine Bestandteile zerlegt, bis jeder von diesen in
eine 'Regel der Erfahrung' eingefügt und also festgestellt
werden kann, welcher Erfolg von jedem einzelnen von ihnen,
bei Vorhandensein der anderen als 'Bedingungen', nach einer
Erfahrungsregel zu erwarten gewesen wären.

Die Kategorie 'der objektiven Möglichkeit' bedeutet hier
nur die Bezugnahme auf ein positives Wissen von Regeln des
Geschehens, dh nach Weber auf unser nomologisches Wissen.
Jedes historische Urteil ist ein derart kategorial geformtes
Gedankengebilde. Sachlich empfängt es seine Gültigkeit dadurch, daß wir zu der 'gegebenen Wirklichkeit' unser nomologisches Wissen hinzubringen. Die kausale Entwicklung der Bedeutung eines historischen Individuums erfolgt durch die
Isolierung und Generalisation seiner wesentlichen Bestandteile und die Konstruktion von Möglichkeitsurteilen.

Die Frage nach der Geltung der Möglichkeitsurteile stellen, heißt fragen, ob bei der Variation oder Ausschaltung
einer oder einiger mitbedingender Faktoren nach unserem nomologischen Wissen der Ablauf der Ereignisse eine irgendwie
anders gestaltete Richtung hätte nehmen können. Der Grad
der Begünstigung bzw der Hemmung eines bestimmten Erfolges
durch bestimmte Faktoren kann nach Weber zwar nicht stati-
stisch bestimmt werden, aber doch durch den Vergleich mit
der Art, wie andere Faktoren ihn 'begünstigt' haben würden,
generell eingeschätzt werden. Bei hinreichender Abänderung
der Faktorenkonstellation in der Phantasie ist eine relative Bestimmung des Grades der 'objektiven Möglichkeit' denkbar.

"Solche Fälle der Beziehung bestimmter, von der geschichtlichen Betrachtung zu einer Einheit zusammengefaßter und
isoliert betrachteter Komplexe von 'Bedingungen' zu einem

eingetretenen 'Erfolg', welche diesem letztgenannten logischen
Typus entsprechen, wollen wir ... adäquate Verursachung nennen und ... von 'zufälliger' Verursachung da sprechen, wo für
die historisch in Betracht kommenden Bestandteile des Erfolges Tatsachen wirksam wurden, die einen Erfolg herbeiführten,
welcher einem zu einer Einheit zusammengefaßt gedachten Bedin-
gungskomplex nicht in diesem Sinne 'adäquat' war[31].

In diesem Gegensatz von zufälliger und adäquater Verursachung handelt es sich nicht um Unterschiede der objektiven
Kausalität des Ablaufs historischer Vorgänge, sondern nur
darum, daß ein Teil der im 'Stoff' des Geschehens vorgefundenen Bedingungen abstrahiert und isoliert wird zu einem Gegenstand von Möglichkeitsurteilen. Es findet eine isolieren-
de und abstrahierende Betrachtung von Zusammenhängen statt,
die so in der Wirklichkeit keine Entsprechung hat. "Um die
wirklichen Kausalzusammenhänge zu durchschauen, konstruieren wir unwirkliche."[32]

---

31  WL S.286
32  WL S.288

## 1.2 Das idealtypische Verfahren

Die Verwendung der Kategorien 'objektive Möglichkeit' und 'adäquate Verursachung' führt zur Konstruktion von kategorial geformten Gedankenbildern, die unwirkliche Kausalzusammenhänge repräsentieren. Die logische Funktion und Struktur der Idealtypen wird von den beiden verwendeten Kategorien bestimmt.

Von der Verwendung des Idealtypus her lassen sich verschiedene Aspekte an ihm beobachten, die methodologisch bedeutsam werden.


### 1.2.1 Der Idealtypus als historischer Grenzbegriff

Der Idealtypus ist eine Folge des Bemühens, die Bedeutsamkeit einer Kulturerscheinung schärfer herauszuarbeiten. Die begriffliche Formung komplexer historischer Zusammenhänge führt nach Weber zwangsläufig zur Bildung von Begriffen, die den Charakter von Idealtypen an sich tragen[33].

Die Bildung eines Idealtypus erfolgt "durch einseitige Steigerung eines oder einiger Gesichtspunkte und durch Zusammenschluß einer Fülle von diffus und diskret, hier mehr, dort weniger, stellenweise gar nicht, vorhandenen Einzelerscheinungen, die sich jenen einseitig herausgehobenen Gesichtspunkten fügen, zu einem in sich einheitlichen Gedankenbilde"[34]. Bestimmte Züge des historischen Individuums werden "einseitig in ihren Konsequenzen gesteigert zu einem in sich widerspruchslosen Idealbilde zusammengefügt"[35]. Diese

---

33  WL S.202.
   Zur realen Geltung religiöser Typologie vgl Weber RS I S.536ff;
   Küenzlen 1980 S.124.
34  WL S.191
35  WL S.191

Züge treten durch die Steigerung aus ihrer Kontextgebunden-
heit in ihrer Eigenart heraus. Das Mittel der Steigerung wesentlicher Bestandteile des historischen Individuums impliziert auch, daß zufällige Momente ihrer Verursachung ausgeschieden werden. Steigerung ist  - interpretiert man Weber
immanent - eine Folge der Anwendung der Kategorien 'objektive Möglichkeit' und 'adäquate Verursachung'. "Solche Begriffe
sind Gebilde, in welchen wir Zusammenhänge unter Verwendung
der Kategorie der objektiven Möglichkeit konstruieren, die
unsere, an der Wirklichkeit orientierte und geschulte Phantasie als adäquat beurteilt."[36]
Das Verfahren der Steigerung scheint gegenüber denen der
Isolierung und Generalisierung von Elementen der Wirklichkeit
ein Mehr zu enthalten[37]. Der Hauptakzent bei der Steigerung
liegt auf dem 'einseitig in ihren Konsequenzen', was deutlicher als 'Isolierung und Generalisierung' auf die kausalen
Zusammenhänge abzielt. Steigerung strebt unmittelbar die
Verdeutlichung der Zurechnung eines konkreten Erfolges zu
einer konkreten Ursache an[38].

Beschrieben wird der Idealtypus als Gedankenbild, das bestimmte Beziehungen und Vorgänge des historischen Lebens zu
einem in sich widerspruchslosen Kosmos gedachter Zusammenhänge vereinigt. Idealtypen sind Phantasiebilder, gewonnen
durch Abstraktion aus der Realität[39]. Dem Charakter nach
handelt es sich um Utopien[40], die sich von der Wirklichkeit
durch ihre begriffliche Reinheit unterscheiden[41]. Herausragendes Kennzeichen des Idealtypus ist seine logische Vollkommenheit[42]. Für die Wirklichkeit nimmt er die Bedeutung

---

36  WL S.194
37  Anders Janoska-Bendl 1965 S.38
38  Dahinter zeichnet sich wohl das später für den reinen Typus be-
    deutsam gewordene Schema der maximalen Rationalität ab, vgl auch
    Oppenheimer (1925 S.42), der das scheinbare Dilemma 'Steigerung
    von Elementen der Wirklichkeit' auflöst in eine Steigerung von
    Sinnbedeutungen. Seine Auffassung läuft meiner parallel, da nach
    Weber  Sinn nur rational verstehbaren Handlungen/Beziehungen zu-
    kommt.
39  WL S.275
40  WL S.190
41  WL S.191
42  WL S.200

eines rein idealen Grenzbegriffes an, "an welchem die Wirklichkeit zur Verdeutlichung bestimmter bedeutsamer Bestandteile ihres empirischen Gehalts gemessen, mit dem sie verglichen wird"[43].

In konsequenter Durchführung seines wertphilosophischen
Ansatzes bestimmt Weber den Idealtypus nicht als Ziel, sondern als Mittel der Forschung[44]. Idealtypen sind begriffliche Hilfsmittel der Erkenntnis. Der idealtypische Begriff
dient dem Zurechnungsurteil. Er ist keine Hypothese, weist
jedoch der Hypothesenbildung die Richtung und dient der Erprobung einer Hypothese[45]. Wieweit es sich um ein Gedanken-
spiel oder um eine wissenschaftlich sinnvolle Begriffsbildung handelt, das entscheidet sich am Erfolg "für die Erkenntnis konkreter Kulturerscheinungen in ihrem Zusammenhang, ihrer ursächlichen Bedingtheit und ihrer Bedeutung"[46].

Der Idealtypus stellt den Versuch dar, historische Individuen oder deren Einzelbestandteile in genetische Begriffe
zu fassen. Der Zweck dieser Begriffsbildung liegt darin,
die Eigenart von Kulturerscheinungen verstärkt herauszuarbeiten. Idealtypische Begriffsbildungen zeichnen ihre wesentlichen Gesichtspunkte nach, und zwar so, daß diese in
ihren Besonderheiten herausgehoben werden. Dazu bedarf es
der Konfrontation des Empirischen mit dem Idealtypus.

Neben der Zurechnungsfunktion und derjenigen, der Darstellung schärferen Ausdruck zu verleihen, unterscheidet Weber
noch diejenigen der Messung und Vergleichung[47]. Idealtypen
werden als begriffliche Mittel zur Messung und Vergleichung
der Wirklichkeit mit ihnen benutzt[48]. Sie stellen Konstruktionen zur Messung und systematischen Charakterisierung von
individuellen Zusammenhängen dar. Systematisch führt die
Verwendung des Idealtypus in diesem Sinne zur ordnenden

---

43  WL S.194
44  WL S.179.193.208
45  WL S.193.203; zum Verhältnis von Hypothese und Idealtypus vgl
    oben S.18ff
46  WL S.193
47  Vgl Oppenheimer 1925 S.38
48  WL S.199

Überwindung der Mannigfaltigkeit der Kulturwirklichkeit. In seiner Aufgabe als Maßstab liegt der einzigartige heuristische Wert des Idealtypus[49]. Die empirische Wirklichkeit wird mit dem Idealtypus verglichen bzw mit ihm konfrontiert[50].

Solche Idealtypen sind nicht nur im logischen Sinne, sondern auch im praktischen Sinne vorbildliche Typen. In dieser Bedeutung sind sie dann auch nicht mehr logische Hilfsmittel, sondern Werturteile[51].

Idealtypen können aber als historische Darstellung des empirisch Gegebenen betrachtet werden, doch dann sind sie nur von relativer Gültigkeit, dafür aber von hohem heuristischen Wert. In der Geschichte ist die idealtypische Konstruktion lediglich das Mittel, "planvoll die gültige Zurechnung eines historischen Vorganges zu seinen wirklichen Ursachen aus dem Kreise der nach Lage unserer Erkenntnis möglichen zu ziehen"[52]. Idealtypen dienen hier als 'Nothäfen', mit deren Hilfe man sich auf dem 'ungeheuren Meere der empirischen Tatsachen' zurechtfindet[53]. Ein Fortschreiten der wissenschaftlichen Forschung zieht eine Überwindung des Idealtypus nach sich, sofern er als empirisch geltend oder als Gattungsbegriff gedacht ist. Jedoch ist den historischen Disziplinen neben der Vergänglichkeit aller Idealtypen auch die Unvermeidlichkeit ständiger Neubildungen eigentümlich. Die Synthesen, mit denen die Geschichte arbeitet, sind nur relativ bestimmte Begriffe. Sobald sie jedoch zu in sich widerspruchslosen Gedankenbildern entwickelt werden, wandeln sie sich zum abstrakten Idealtypus, der die Wirklichkeit aus einer bestimmten Perspektive beleuchtet. Dieser abstrakte Begriff ist kein Schema, in das die Wirklichkeit restlos eingeordnet werden könnte[54]. Denn die Prinzipien seiner Bildung führen dazu, daß die wesentlichen Bestandteile der Wirklichkeit überzeichnet, nebensächliche und zufällige Momente aber

---

49  WL S.205
50  WL S.202, 212
51  WL S.199f
52  WL S.204
53  WL S.206
54  WL S.207

ausgeschieden werden. Idealtypische Konstruktion und tatsächlicher Verlauf der Geschichte sind streng zu unterscheiden[55]. Die idealtypische Begriffsbildung bringt es mit sich, daß von derselben Kulturerscheinung zahlreiche Utopien sich entwerfen lassen, von denen keine der anderen gleicht, keine aber auch in der empirischen Wirklichkeit als tatsächlich geltende Ordnung beobachtet werden kann[56].

Ob der historisch empirische Verlauf dem idealtypisch konstruierten entspricht, das ist erst mit Hilfe dieser Konstruktion zu untersuchen[57]. Liegt eine Entsprechung zwischen Idealtypus und 'Tatsachen' nicht vor, und vorausgesetzt, der Idealtypus war richtig konstruiert, dann wäre die Abweichung der 'Tatsachen' vom Idealtypus zu erklären. Der Idealtypus hat, indem er seine Unwirklichkeit manifestierte, seinen logischen Zweck erfüllt, zur schärferen Erfassung der Wirklichkeit zu führen.

## 1.2.2   Der reine Typus

Im Objektivitätsaufsatz wie auch in dem Aufsatz über 'Objektive Möglichkeit und adäquate Verursachung in der historischen Kausalbetrachtung' wird der Idealtypus als historischer Grenzbegriff entwickelt. Weber weist ausdrücklich alle Beziehungen zu den Gesetzesbegriffen und auch den generellen Typen ab[58].

In seinen späteren Schriften tritt nun deutlich die Tendenz hervor, kulturtheoretische Begriffe als eigenständige Erkenntnisziele zu proklamieren. Bereits in der Auseinandersetzung mit Eduard Meyer betont Weber die Möglichkeit, die Historie als "ethnographisches Material für die Gewinnung allgemeiner Begriffe, Analogien und Entwicklungsregeln, für die Vorgeschichte nicht nur unserer, sondern 'jeder' Kultur"

---

55  WL S.195
56  WL S.192
57  WL S.203
58  WL S.178

zu benutzen[59].

Eindeutig wird ein Wandel in seiner Auffassung von der
Funktion des Idealtypus in seinem Aufsatz von 1913 "Über
einige Kategorien der verstehenden Soziologie"[60] und in seiner soziologischen Kategorienlehre, die "Wirtschaft und Gesellschaft" einleitet. Als Aufgabe der Soziologie gilt, die
durchgehenden allgemeinen Handlungszusammenhänge des gesellschaftlichen Lebens zu formulieren. Daher werden die soziologischen Typenbegriffe als generelle Regeln des Geschehens
bestimmt[61]. Gegenüber den historischen Begriffen sind die
soziologischen Typen relativ inhaltsleer. Dafür bieten sie
eine gesteigerte Eindeutigkeit der Begriffe.

Methodisch geht Weber vom Begriff des Verstehens aus, den
er in seinem Aufsatz "Über einige Kategorien der verstehenden Soziologie" aufgreift und präzisiert.

Als Optimalfall sinnhaften Verstehens gilt ihm zweckrationales Handeln. Denn die verstehende Soziologie differenziert
nach den typisch sinnhaften Bezogenheiten des Handelns. Das
Zweckrationale dient ihr als Idealtypus, um die Tragweite
des Zweckirrationalen einschätzen zu können[62]. Weber legt
dem zu verstehenden Handeln ein zweckrationales Schema zugrunde, um das reale durch Irrationalitäten beeinflußte Handeln als 'Abweichung' von dem bei rein rationalem Verhalten
zu erwartenden Verlauf zu verstehen[63]. "Solche idealtypischen Konstruktionen ...stellen  dar, wie ein bestimmt ge-
artetes menschliches Handeln ablaufen würde, wenn es streng
zweckrational ... und eindeutig nur an einem Zweck ...
orientiert wäre."[64] Vorausgesetzt wird eine Handlungssitua-
tion, in der der Handelnde unter Zuhilfenahme alles verfügbaren nomologischen Wissens über diese Situation rational
ein Ziel anstrebt. In diesem Fall liegt zunächst ein subjek-
tiv zweckrationales Handeln vor. Objektiv zweckrational oder

---

59  WL S.265
60  Vgl. Tenbruck 1959 S.579f
61  WuG[5] S.9
62  WL S.430
63  WuG[5] S.3
64  WuG[5] S.4

richtigkeitsrational ist es erst, wenn ein Beobachter, der
über das ausreichende nomologische Wissen verfügt, vom Stand-
punkt des Beobachters aus zu dem Urteil kommt, daß der Handelnde objektiv rational vorging, um sein Ziel zu erreichen.
Die Richtigkeitsrationalität bestimmt sich immer vom Stand-
punkt des 'besserwissenden' Beobachters her. Richtigkeits-
rationales Handeln ist ein solches, das der Idealtypus vor-
schreibt. Der Idealtypus wird zum Modell des richtigkeitsrationalen Handelns.

Der Richtigkeitstypus wird zum Maßstab des empirischen
Verlaufes. Er erklärt die Identität oder die Differenz des
realen Verlaufes mit dem objektiv richtigkeitsrationalen
Handeln. Die Richtigkeitsrationalität dient der Soziologie
als Idealtypus[65]. Jene idealtypischen Konstruktionen sozialen Handelns sind in einem bestimmten Sinn wirklichkeits-
fremd und in der Realität so wenig anzutreffen "wie eine phy-
sikalische Reaktion, die unter Voraussetzung eines absolut
leeren Raumes errechnet" wurde[66]. Je eindeutiger die soziologischen Idealtypen konstruiert sind, desto weltfremder
werden sie. Dafür werden sie für die soziologische Forschung
terminologisch, klassifikatorisch sowie heuristisch mit stei-
gendem Grad der Wirklichkeitsfremdheit bedeutsam.

Vor allem in den in 'Wirtschaft und Gesellschaft' enthaltenen Aufsätzen entwickelt Weber nun Idealtypen sozialen
Handelns als Richtigkeitstypen.

Jedoch enthält der soziologische Richtigkeitstypus insofern noch ein historisches Moment, als die Werte, die seinen
logischen Kern bilden, aus der Wirklichkeit gewonnen werden[67]. "Und es hängt durchaus von den Wertbeziehungen ab,
inwieweit gerade ein Richtigkeitstypus als Idealtypus zweck-
mäßig wird."[68]

Der Begriff des Idealtypus ist bei Weber mehrdeutig.
Schelting[69] unterschied in seiner Studie von 1922 zwei Be-

65  WL S.436
66  WuG⁵ S.10
67  Vgl Freyer 1930 S.152
68  WL S.438
69  Schelting 1922 S.701ff

deutungen des Idealtypus: den kausal-realen Typus und einen
akausalen-ideellen Typus. Jedoch wollte er nur den kausal-
realen Begriff, der Webers Richtigkeitstypus entspricht,
überhaupt als Idealtypus verstanden wissen.

Pfister[70] knüpfte mit seiner Unterscheidung von historischem und soziologischem Idealtypus an Scheltings Überlegungen an. Im Gegensatz zu Schelting möchte er beide Typen als
Idealtypen gewertet wissen. Pfister versteht den soziologischen Idealtypus als Möglichkeitstypus. Denn dieser Typus umfaßt im wesentlichen raumzeitlich unabhängige Aussagen über
möglichen gemeinten Sinn bzw Aussagen für die Chance des
Eintretens zweckrational zu erwartender Handlungen.

Der historische Idealtypus unterscheidet sich vom soziologischen vor allem durch sein Objekt, ein empirisch gegebe-
nes Konkretum.

Oppenheimer[71] bezieht die Gegenposition zu Schelting. Von
seinem Vorverständnis aller Sinngebilde als historischer ausgehend, will er nur den historischen Idealtypus gelten lassen. Doch kann Oppenheimer aufgrund seines weiten Vorver-
ständnisses von sinnhaftem Handeln eigentlich alle Schattie-
rungen des Idealtypus bei Weber  - die Richtigkeitstypen
wie auch diejenigen Typen, die der historischen Darstellung
schärferen Ausdruck verleihen -  darunter fassen.

Janoska-Bendl[72] weist darauf hin, daß die inhaltliche Differenz in der idealtypischen Begriffsbildung sich in der Verwendung der Begriffe 'Idealtypus' und 'reiner Typus' wider-
spiegele. Während im Objektivitätsaufsatz durchgehend der
Ausdruck 'Idealtypus' gebraucht ist, überwiegt in den soziologischen Studien die Verwendung des Ausdrucks 'Typus' bzw
'reiner Typus'. Janoska-Bendl zieht Webers Definition des
Verstehens

"Verstehen heißt in all diesen Fällen: deutende Erfassung: a) des im
Einzelfall real gemeinten (bei historischer Betrachtung) oder  b) des
durchschnittlich und annäherungsweise gemeinten (bei soziologischer

---

70  Pfister 1928 S.138ff
71  Oppenheimer 1925
72  Janoska-Bendl 1965 S.46

Massenbetrachtung) oder c) des für den reinen Typus (Idealtypus) einer
häufigen Erscheinung wissenschaftlich zu konstruierenden ('idealtypischen') Sinnes oder Sinnzusammenhangs."[73]

zum Verständnis des idealtypischen Begriffs heran und kommt
so zu einer Dreiteilung des Idealtypus. Sie unterscheidet
Idealtypen im engeren Sinne als Modelle sozialen Handelns
von maximaler Rationalität (= soziologischer Typus) von den
Idealtypen im weiteren Sinne als Begriffsstenographie oder
Überzeichnung. Der Idealtypus im weiteren Sinne ist bezogen
auf: a) historische Individuen in Form von genetischen Begriffen und b) auf raumzeitlich nicht festgelegte, wieder-
holbare Erscheinungen[74].
Vergleicht man das Verständnis des Idealtypus, das dem Objektivitätsaufsatz zugrunde liegt, mit der Auffassung vom
reinen Typus in der soziologischen Kategorienlehre, dann lassen sich hinsichtlich der Funktion mindestens zwei Idealtypen unterscheiden. Im Objektivitätsaufsatz überwiegt die
Verwendung des Idealtypus als historischer Grenzbegriff.
Allerdings finden sich, besonders was seine Funktion als
Maßstab betrifft[75], erste Ansätze zur Bildung des soziologischen Idealtypus. In den späteren methodologischen Schriften
tritt ebenso eindeutig der 'reine Typus' der Soziologie, der
rationale Richtigkeitstypus hervor. Sowohl was die Funktion,
als auch was die Verwendung des reinen Typus betrifft, kann
man von einer Entwicklung in Webers Methodologie sprechen.
Der Idealtypus hat sich von einem anfänglichen Hilfsmittel
zur Feststellung der empirischen Wirklichkeit zu einem Typen-
begriff gewandelt, der generelle Regeln des Geschehens ausdrücken soll. Dann aber ist der reine Typus nicht mehr
Hilfsmittel der Erkenntnis, sondern ihr Ziel[76].

---

73  WuG[5] S.4
74  Janoska-Bendl 1965 S.55
75  WL S.199
76  Vgl hierzu Antoni (1950 S.161ff), der an diesem Punkt Weber inner-
    halb der Soziologie den maßgeblichen Einfluß für die Überwindung
    des traditionell historischen Denkens und für die Entwicklung
    soziologischer Sichtweisen zuschreibt.

Besonders deutlich wird diese Entwicklung vom Idealtypus
als heuristischem Mittel der Historie zum generellen Verstehenstypus sozialer Interaktionen an den verschiedenen Fassungen Webers zur Herrschaftssoziologie in 'Wirtschaft und Gesellschaft'. Die historisch letzte Fassung[77] zeichnet sich
durch weitgehende Formalität und historische Abstraktion gegenüber der ersten Fassung[78] aus. Die Historie spielt in der
letzten Fassung nur noch in Form von Belegen eine Rolle.
Der Tendenz nach stehen die Herrschaftstypen der letzten
Fassung den reinen Typen der 'Soziologischen Grundbegriffe'
nahe[79].

Für das 'Antike Judentum' bleibt zu fragen, wie weit sich
diese Verflüchtigung der Historie aus dem idealtypischen Begriff methodologisch in ihm widerspiegelt.

Es ist zu untersuchen, welchem Idealtypus die in diesem
Werk verwendeten Begriffe zuzurechnen sind. Eine Klärung der
Methode des 'Antiken Judentum' kann manchem Mißverständnis
vorbeugen und Aufschluß darüber geben, ob das Werk als Sozialgeschichte Israels gedacht war  - so wird es von den
Alttestamentlern gelesen -  oder als Soziologie des antiken
Judentums zu verstehen ist. Letztlich läßt sich die Frage
nach der Methode nur beantworten, wenn zugleich Webers Aufnahme und Interpretation alttestamentlicher Traditionen untersucht wird. Eine Exegese dieser Überlieferungskomplexee
und die Analyse ihrer Verwendung ist notwendiger Bestandteil
einer derartigen Fragestellung.


1.2.3   Zum Verhältnis von historischem Idealtypus und
        Hypothese


Weber grenzt den Idealtypus in zweierlei Hinsicht ein: als
ideales Gedankengebilde ist der Idealtypus streng von der
Geschichte zu unterscheiden; dieses bedeutet jedoch keines-

---

77  WuG$_5^5$ S.122ff; vgl dazu Schluchter 1979 S.122ff
78  WuG$^5$ S.541ff
79  Vgl Tenbruck 1959; Mommsen 1974 S.202f

falls, daß er eine historische Hypothese vorstellt.

Im Rahmen einer historischen Arbeit scheint es mir geboten
zu sein, die Beziehung zwischen Idealtypus und Hypothese näher zu beleuchten.

An zwei Stellen innerhalb der Wissenschaftslehre - von
denen die folgenden Überlegungen ihren Ausgang nehmen - ist
das Verhältnis von Idealtypus und Hypothese explizit ausgesprochen.

Der negativen Bemerkung, daß der Idealtypus keine Hypothese
ist, aber der Hypothesenbildung die Richtung weisen will[80],
steht die Hervorhebung seiner spezifischen Funktion in diesem Zusammenhang, "daß der Idealtypus der Erprobung einer
Hypothese dient"[81], gegenüber.

Hypothesen lassen sich nach Weber als Möglichkeitsurteile
bestimmen[82]. Es handelt sich bei ihnen um theoretische Aussagen, deren Geltung für eine spezifische Wirklichkeit behauptet wird. Idealtypen sind demgegenüber als Begriffe gefaßt.

Um das Verhältnis von Idealtypus und Hypothese zu erläutern,
erscheint es mir sinnvoll, das von Weber selbst entwickelte
Beispiel für die 'Erprobung einer Hypothese' nachzudenken.
Im Anschluß an seine Ausführungen zu der Darstellung von Ent-
wicklungen als Idealtypen kommt Weber auf einen möglichen
Zusammenhang zwischen streng handwerksmäßig organisierter
Gesellschaft und kapitalistischer Wirtschaftsform zu sprechen.

"Man kann z.B. zu dem theoretischen Ergebnis gelangen, daß in einer
streng 'handwerksmäßig' organisierten Gesellschaft die einzige Quelle
der Kapitalakkumulation die Grundrente sein könne. Daraus kann man dann
vielleicht... ein rein durch bestimmte einfache Faktoren ... bedingtes
Idealbild einer Umbildung der handwerksmäßigen in die kapitalistische
Wirtschaftsform konstruieren. Ob der empirisch-historische Verlauf der
Entwicklung tatsächlich der konstruierte gewesen ist, wäre nun erst mit
Hilfe dieser Konstruktion als heuristischem Mittel zu untersuchen im

---

80   WL S.190
81   WL S.203
82   WL S.274ff

Wege der Vergleichung zwischen Idealtypus und 'Tatsachen'. War der Idealtypus 'richtig' konstruiert und entspricht der tatsächliche Verlauf dem
idealtypischen nicht, so wäre damit der Beweis geliefert, daß die mittelalterliche Gesellschaft eben in bestimmten Beziehungen keine streng
'handwerksmäßige' war. Und wenn der Idealtypus in heuristisch 'idealer'
Weise konstruiert war ... dann wird er zugleich die Forschung auf den
Weg lenken, der zu einer schärferen Erfassung jener nicht handwerksmäßigen Bestandteile der mittelalterlichen Gesellschaft in ihrer Eigenart
und historischen Bedeutung führt." [83]

Weber geht von der Aussage aus, daß die mittelalterliche Gesellschaft eine streng handwerksmäßig organisierte war. Bei
dieser Aussage handelt es sich um eine Hypothese, in der ein
Idealtypus - 'streng handwerksmäßig organisierte Gesellschaft' - vorkommt. Der Hypothese liegt die Annahme zugrunde, daß die dem Kapitalismus historisch vorausgehende Wirtschaftsform in ihren realen Bestandteilen adäquat vom Idealtypus erfaßt wird. Weitere Voraussetzungen, die aber nicht
überprüft werden, sind: a) in einer streng handwerksmäßig
organisierten Gesellschaft ist die einzige Form der Kapitalakkumulation die Grundrente und b) die Faktoren, die die Umbildung dieser Gesellschaftsform in eine kapitalistische beeinflußten, sind bekannt.

Soll erforscht werden, wie die empirische Entwicklung zum
Kapitalismus verlief, dann wäre zunächst mit Hilfe der als
bekannt vorausgesetzten Faktoren und dem Idealtypus 'streng
handwerksmäßig organisierte Gesellschaft' ein idealtypisches
Bild des Verlaufs zu zeichnen. Mittels des so gewonnenen
Idealtypus des Entwicklungsprozesses ist durch Vergleichung
dieses Idealtypus mit den 'Tatsachen' zu bestimmen, ob der
faktische Hergang dem konstruierten entsprach. Stimmt der
reale Verlauf mit dem idealtypischen nicht überein und war
der Typus heuristisch richtig konstruiert[84], dann war die
Ausgangshypothese falsch. Dieser Schluß ergibt sich daraus,

---

83  WL S.203
84  Richtig konstruiert ist ein Idealtypus, wenn die in ihm behaupte-
    ten Zusammenhänge unserer Phantasie als objektiv möglich und un-
    serem nomologischen Wissen als adäquat erscheinen.

daß sowohl die jetzige Wirtschaftsform, der Endpunkt der
konstruierten Entwicklung, als auch die Faktoren, die zu der
früheren Wirtschaftsform hinzugekommen sind, als fest und bekannt gelten. In diesem Fall hätte der neu gebildete Idealtypus des Entwicklungsprozesses, gerade indem er seine Unwirklichkeit manifestierte, seinen Zweck erfüllt. Der Nachweis seiner Unwirklichkeit führt zur Verwerfung folgender
Hypothesen: a) die idealtypische Konstruktion gibt den faktischen Hergang adäquat wieder, b) die mittelalterliche Wirtschaftsform war eine streng handwerksmäßig organisierte.
Hypothesen werden hier also durch die Inbeziehungsetzung
eines bestimmten Idealtypus mit einem konkreten historischen
Sachverhalt gebildet. Nicht der Idealtypus selber ist die
Hypothese, sondern die Behauptung, daß die im Idealtypus be-
schriebenen Zusammenhänge den realen entsprechen. In diesem
Sinne weist der Idealtypus dann der Hypothesenbildung die
Richtung.

Der Idealtypus ist nicht falsifizierbar. Dies ergibt sich
aus dem Umstand, daß er keine Hypothese ist, sondern beansprucht, Maßstab der Wirklichkeit zu sein, sowie aus seiner
logischen Vollkommenheit. Seine Eigenart besteht gerade darin, daß er als Konstruktion ja auch nicht mit den meisten
Bestandteilen der Wirklichkeit übereinstimmen kann.

"Das Kriterium für die theoretische Richtigkeit kann   -
abgesehen von der logischen Widerspruchsfreiheit - nach Weber immer nur der Bezug auf Gesichtspunkte sein, die für den
Forscher subjektive, für die Epoche zeitbedingte Geltung
besitzen."[85]

1.2.3.1   Implikationen für die Auseinandersetzung mit dem
          'Antiken Judentum'

Eine kritische Beschäftigung mit dem 'Antiken Judentum' muß
sich an den Idealtypen orientieren, die Webers Werk bestimmen. Damit ist das methodologische Vorgehen weitgehend vor-
gezeichnet.

---

85  Janoska-Bendl 1965 S.87

Die Idealtypen, die das Werk kennzeichnen, sind zu erheben
und darzustellen. Zur Hypothesenbildung wird dann jeweils ein
relevanter Idealtypus - z.B. 'antike Stadtherrschaft' - her-
ausgegriffen und in Beziehung gesetzt zu dem betreffenden
historischen Sachverhalt - in diesem Fall zu der gesellschaftlichen Organisation der israelitischen Stadt in der
Richterzeit.

Zu überprüfen ist die Hypothese, daß die israelitische
Stadt dieser Zeit entsprechend dem Idealtypus 'antike Stadtherrschaft' organisiert ist. Dazu ist der Idealtypus 'antike
Stadtherrschaft' in seinen bei Weber verwendeten Bestandteilen zu rekonstruieren, und das von Weber verarbeitete historische Material ist zu erheben. Denn die Angemessenheit des
Idealtypus 'antike Stadtherrschaft' ist mit davon abhängig,
daß die im Idealtypus enthaltenen Faktoren denen entsprechen,
die den 'historischen Sachverhalt' konstituieren. Der
rekonstruierte Idealtypus bietet bestimmte Zugangsmöglichkeiten zum 'historischen Sachverhalt'. Er ist ein heuristi-
sches Mittel zur Erfassung des 'historischen Sachverhalts'.

Die sich hieraus ergebenden Fragen führen zur Untersuchung
der historischen Überlieferungen zum Komplex 'Israelitische
Stadt der Richterzeit'.

Daran schließt sich mittels der exegetisch-historisch gewonnenen Informationen die Bildung eines Idealtypus 'Israelitische Stadt der Richterzeit' an. Dieser neue Idealtypus
ist dann mit dem Ausgangstypus 'antike Stadtherrschaft' zu
vergleichen.

Weichen beide Idealtypen in ihren wesentlichen Bestandteilen voneinander ab, dann ist die Ausgangshypothese "die
israelitische Stadt der Richterzeit ist dem Typus 'antike
Stadtherrschaft' zuzuordnen" falsch. Der Erweis der Unangemessenheit des Idealtypus 'antike Stadtherrschaft' wird
aber im gleichen Zuge zur Bildung eines neuen, der historischen Überlieferung angemesseneren Idealtypus geführt
haben.

## 2. IDEALTYPISCHE BEGRIFFSBILDUNG IM 'ANTIKEN JUDENTUM'

Bezeichnend für Webers methodologisches Vorgehen - auch in seinen Aufsätzen zur Wirtschaftsethik der Weltreligionen - ist die Untersuchung eines historischen Phänomens mittels der Bildung von Begriffen, deren Inhalte als Gegensätze aufeinander bezogen sind.

Sowohl seine Chinastudie als auch diejenige über Indien gleichen in der Anwendung dieses Verfahrens den Aufsätzen zum antiken Judentum.

In der Studie über China[1] beschreibt Weber die chinesische Sozialgeschichte im wesentlichen am Leitfaden des Gegensatzes zwischen autonomen ländlichen Siedlungseinheiten und städtischen Verwaltungszentren, die der kaiserlichen Zentralverwaltung unterstehen. Demnach ist die chinesische Gesellschaftsgeschichte geprägt von der Auseinandersetzung zwischen der patrimonialen Herrschaftsform, die ihren Ausdruck in einer zentral geleiteten kaiserlichen Bürokratie findet, und einer autonomen Sippenverfassung[2]. Der Unterschied zwischen ländlichen und städtischen Siedlungseinheiten werde zudem stereotypisiert durch die alle Gesellschaftsstrukturen durchdringende Sippenorganisation.

Auch im 'Antiken Judentum' bestimmt die Wahl der begrifflichen Gegensatzpaare die Darstellung der israelitischen Gesellschaftsgeschichte. Hier bildet dieses Verfahren die Ausgangsbasis für eine am sozialen Wandel orientierte Geschichtsschreibung. Die Auswahl der an diesem Prozeß maßgeblich beteiligten Gruppierungen und ihre historische Erfassung in idealtypisch überzeichneten Begriffen führt zur kausalen Nachzeichnung des für die israelitische Gesellschaft typischen Entwicklungsverlaufes.

---

1  RS I S.276ff; vgl Zingerle 1972; ders. 1981 S.166ff
2  RS I S.375f

## 2.1 Gegensatztypen im 'Antiken Judentum'


Im folgenden werden die von Weber zur Erfassung der israelitischen Gesellschaft gebildeten Idealtypen anhand ihrer charakteristischen Merkmale skizziert.

Den Ausgangstypus seiner Untersuchung stellt der Begriff
des 'Paria' dar. Weber wendet diesen Begriff  - durchaus in
pointierter Absetzung von dem Pariatypus der Indienstudie[3] -
auf die nachexilische Situation des jüdischen Volkes an.
Seine Darstellung des vorexilischen Judentums orientiert
sich an der Frage, welche Entwicklungsbedingungen innerhalb
der vorexilischen Gesellschaft zur nachexilischen Paria-
situation hinführten. Das Erklärungsmodell des Paria bestimmt die erkenntnisleitenden Interessen der Untersuchung
der vorexilischen Gesellschaft[4].

Die Frage, wie das jüdische Volk zu einem Pariavolk geworden ist, verfolgt Weber durch die akzentuierte Beschreibung
ausgewählter sozialer Gegensätze der vorexilischen Gesellschaft. Die konfligierenden Gruppen werden begrifflich als
historische Idealtypen entwickelt, die in ihren Gegensätzen
aufeinander bezogen sind. Diese Methode  - 'Geschichtsschreibung' mittels korrespondierender Gegentypen -  bestimmt den Verlauf der Argumentation. Das Verhältnis der
einzelnen Typen untereinander ist durch ihre spezifischen
Charakteristika und die sich hieraus ergebenden Interessen-
gegensätze bestimmt. Die wesentlichen Züge der vorexilischen
Sozialgeschichte entwickelt Weber an dem von ihm postulierten Interessengegensatz Stadt/Land, der die israelitische

---

3 AJ S.5f
4 Hier stellt sich sogleich die Frage, wieweit die Wahl des Ausgangstypus die Darstellung der vorexilischen Sozialgeschichte
präformiert. Eine Antwort erfordert nicht nur eine Analyse der
Einzelbegriffe, sondern auch die Konfrontation dieser mit den
historischen Sachverhalten.

Gesellschaftsstruktur forme. Zugleich stellt dieser Gegensatz bei Weber ein äußerst wirksames Moment des Wandels der
israelitischen Gesellschaft dar.

Die Auffassung, daß die Beziehung zwischen städtischen
und ländlichen Siedlungen von antagonistischen Herrschaftsinteressen geprägt ist, legt zwar nicht die Auswahl der historischen Idealtypen fest  - diese orientiert sich an den
'bruta facta' der Historie -,  beeinflußt aber ihre inhaltliche Gestaltung sowie ihre Verwendung innerhalb der dem
'Antiken Judentum' eigentümlichen Erkenntnisperspektive.

Laut Weber entsprechen dem Land/Stadt Antagonismus zwei
widerstreitende Herrschaftsformen, die 'antike Stadtherrschaft' und die 'israelitische Eidgenossenschaft'. Weber
identifiziert also den Interessengegensatz mit einem begrifflichen Gegensatz.

Beide Interessengruppierungen sieht Weber in einem gemeinsamen Gegensatz zu den nichtseßhaften Gruppen der Beduinen
stehen. Die Beduinen, die keinen Ackerbau und keine befestigten Orte noch zeitlich andauernde Herrschaftsverbände
kennen, bilden innerhalb der Sozialstruktur den Gegenpol zur
städtisch organisierten Bevölkerung. Die einzige andauernde
Form organisierten Zusammenhalts unter den Beduinen ist die
Sippenverfassung. Herrschaftsbildungen, die einzelne Sippen
übergreifen, beruhen fast immer auf der Anerkennung des Charismas eines durch militärische Leistungen herausragenden
Anführers.

Die städtisch verfaßte Gesellschaft ist für Weber in ihren dominierenden Zügen der genaue Gegentypus der nomadischen
Gesellschaft. Im Regelfall repräsentiert die städtische Gesellschaft einen Herrschaftstypus, an dessen Spitze ein Patriziat steht, das in erbcharismatischen Sippen verfaßt ist.
Hervorragendes Merkmal der Stellung des Patriziats ist seine
militärische Dominanz über die umwohnenden Landbewohner.
Ausübung und Aufrechterhaltung der patrizischen Macht wird
ermöglicht durch den Umstand, daß allein das Patriziat in
der Lage ist, die fortschrittlichste Waffe  - die Streitwagen -  anzuschaffen und zu führen. Ökonomische Voraussetzung
zur Haltung und zum Ausbau der Überlegenheit ist zum einen

die Konzentration des Grundbesitzes in den stadtsässigen
Adelssippen, zum anderen die Monopolisierung des Rechts durch
den stadtsässigen Adel.

Dem stadtsässigen Patriziat steht die landsässige Bauernbevölkerung gegenüber. Einesteils gehören die Bauern dem Bereich der Stadtherrschaft an, andernteils sind sie jedoch in
einem von Weber als 'Eidgenossenschaft' bezeichneten Verband
organisiert. Diesem Verband kommen ursprünglich nur kultische
Funktionen zu. Der Herrschaftsform nach ist die 'Eidgenossenschaft' so etwas wie ein charismatisch geleiteter Bauernbund.
Bedeutsamstes Merkmal dieses Bundes sind die Partnerschaft
der von den Bundesangehörigen verehrten Gottheit am Bund
und die von ihr garantierten Sozialordnungen des Bundes.

Die halbnomadischen Kleinviehzüchter gehören als Gerim der
israelitischen 'Eidgenossenschaft' an. Weitere für den Bestand konstitutive soziale Gruppen sind die levitischen Priester, die Nasiräer und die Kriegspropheten.

Weber erfaßt die für die jeweilige Herrschaftsform relevanten sozialen Gruppen, wobei er die Unterschiede zwischen
den Gruppierungen betont, die Differenzierungen innerhalb
der Einheiten weitgehend ausblendet.

Das Verhältnis der beiden  für die jeweilige Herrschaftsform typischen Gruppen, der Patrizier und der Bauern, bekommt die Funktion eines propulsiven Moments in seiner Darstellung von der Entwicklung der israelitischen Gesellschaft.
Weber schreibt dabei dem Dualismus innerhalb der 'plebejischen Schicht', Bauern versus Viehzüchter, eine einflußreiche Rolle zu. Gemeinsam ist den seßhaften Teilen der Bevölkerung die Frontstellung gegen die Nomaden.

Zu Beginn der israelitischen Geschichte bestehen diese
Sozialgebilde  - Patriziat, Bauernschaft, Kleinviehzüchter,
Nomaden -  nebeneinander in einer Art von labilem Gleichge-
wicht.

Für Weber zerstört die Einrichtung der Monarchie das prekäre Gleichgewicht in diesem sozialen System. Die Monarchie
brachte die Begünstigung des Patriziats unter Hervorhebung
der Stadtherrschaft mit sich. Die Schaffung einer einheitlichen Militärmonarchie mit der im Besitz der Streitwagen

befindlichen patrizischen Schicht an der Spitze des Staates
verstärkte die bereits in der Frühzeit in Ansätzen bestehende Überlegenheit der Patrizier. Die Machtverhältnisse wurden
auf Dauer stereotypisiert, was eine Hierarchisierung der Sozialstruktur nach sich zog.

Die verschiedenen Stadien der Entwicklung der israelitischen Gesellschaft finden ihren Niederschlag in den Rechtssammlungen. Das Recht konserviert den jeweiligen Stand der
Auseinandersetzung der um die Herrschaft konkurrierenden
Gruppen. Das Bundesbuch versucht einen Ausgleich zwischen
den Interessen des Patriziats und der plebejischen Schichten zu verankern. Weber bemerkt als besonders auffällig, daß
in dem kodifizierten Recht Gesetze überwiegen, die die Interessen der ansässigen Bauern schützen, und solche Gebote,
die den Schutz von Sklaven und Metöken zum Inhalt haben.
Das Bundesbuch ist demnach das Resultat eines erfolgreichen
Widerstandes der Bauern und Kleinviehzüchter gegen das Patriziat[5].

Im Gegensatz zum Bundesbuch ist das Deuteronomium bereits
von stadtstaatlichen Verhältnissen geprägt. Es spiegelt wesentlich verschobene gesellschaftliche Machtpositionen wider.
Der einstmals freie Bauer des Bundesbuches hat als Schuld-
ner dem stadtsässigen Patrizier seinen Erbbesitz überlassen
müssen. Er bewirtschaftet nun den ihm früher selbst gehörenden Acker als Pächter oder Kolone des Patriziers. Die Verschärfung der antiken Klassengegensätze findet auch ihren
Ausdruck in dem erheblich gestiegenen Anteil an Bestimmungen, die dem Schutz des landlos gewordenen Bauern, der sich
als Lohnarbeiter verdingen muß, dienen.

Das Heiligkeitsgesetz entstammt nicht der Realität, sondern theologischer Konsequenzmacherei. Doch kann es als radikale Reaktion auf die bedrückenden Klassengegensätze, die
sich im Deuteronomium widerspiegeln, verstanden werden. Das

---

5  AJ S.68. Weber sieht besonders im Prozeß-, Sklaven- und Metöken-
   recht Parallelen zur Gesetzgebung der griechischen Aisymneten und
   römischen Dezemvirn gegeben. Deren Gesetze stellen eine Reaktion
   der Oberschicht auf die in sozialen Kämpfen angemeldeten Bedürfnisse der Unterschichten dar.

Heiligkeitsgesetz versucht, die Entstehung antagonistischer
Schichten im Ansatz zu verhindern. Als geeignete Maßnahmen
zur Verhinderung einer Aufspaltung der israelitischen Gesellschaft in Klassen werden eine grundsätzliche Änderung des
Bodenrechts und eine umstürzende Neubestimmung des Schuld-
rechts angestrebt.

## 2.2 Historische Idealtypen, die die Sicht des antiken Judentums bestimmen

Zu den historischen Idealtypen, die Webers Verständnis der
Sozialgeschichte des antiken Judentums exemplarisch werden
lassen, gehören der Typus 'antike Stadtherrschaft' und der
Typus 'israelitische Eidgenossenschaft'.

Beide Herrschaftsformen durchziehen als Grundtypen seine
Darstellung der israelitischen Gesellschaftsgeschichte. Der
Wandel der Sozialstruktur in der vorexilischen Zeit ist demnach die Folge der Dynamik ihrer konfliktgeladenen Beziehung.
Allerdings verändern sich beide Herrschaftstypen in ihrem
Verhältnis zueinander, sobald sie einem gemeinsamen Herrschaftsverband, dem davidisch-salomonischen Patrimonialstaat,
untergeordnet werden. Aus ihrem ursprünglichen Nebeneinander
wird durch die Einführung einer dritten Größe, der israelitischen Monarchie, die Unterordnung der einen Herrschaftsform
'Eidgenossenschaft' unter die andere Form 'antike Stadtherrschaft'. Die Monarchie verwendet Prinzipien des Herrschaftstypus 'antike Stadtherrschaft', um sich den Typus 'Eidgenossenschaft' unterzuordnen und letztlich den in ihm repräsen-
tierten Verband aufzulösen. In dem Maße wie der Typus 'Eidgenossenschaft' seine reale Basis durch die politische und
sozioökonomische Entwicklung verliert, gewinnen die ihn be-
gleitenden religiösen Vorstellungen an Relevanz. Innerhalb
der sozialen Gruppen, die durch den einsetzenden sozioökonomischen Wandel ihres Einflusses und ihrer Selbstbestimmungs-
chancen beraubt werden, erfahren die sich am Jahwebund
orientierenden religiösen Glaubensinhalte eine Aufwertung.
Die Entwicklung der Jahwereligion und des jahwistischen
Kultes verläuft umgekehrt proportional zur politischen und
sozioökonomischen Karriere der beiden Staaten Israel und
Juda.

Die Arbeit wird sich im weiteren Verlauf auf die Untersuchung der beiden Typen 'antike Stadtherrschaft' und 'Eidgenossenschaft' konzentrieren.

Diese beiden Typen sind konstitutiv für Webers Interpretation der sozialen Verhältnisse des vorexilischen Judentums.
Deutlich wird dieses u.a. an seiner Sicht des vorexilischen
Rechts als Spiegel antiker Klassengegensätze, seiner Auffassung von der älteren Prophetie als Gelegenheitsprophetie mit
spezifischen militärischen Funktionen im Rahmen der 'Eidgenossenschaft' und vor allem in der Beschreibung des gesellschaftlichen Gegensatzes zwischen Patriziat und Plebejat.
Auch sein Verständnis der Propheten als Demagogen und Verfechtern einer plebejischen Ethik beruht auf seiner Interpretation der vorexilischen Sozialgeschichte im Lichte dieser beiden Herrschaftstypen.

# 3. DER IDEALTYPUS 'ANTIKE STADTHERRSCHAFT'

Im folgenden wird der Idealtypus 'Antike Stadtherrschaft' in
seinen Grundzügen, so wie er im 'Antiken Judentum' vorliegt,
nachgezeichnet. Dann wird der so rekonstruierte Idealtypus
mit Webers Überlegungen in früheren Schriften zur Soziologie
der Stadt verglichen. Dieser Vergleich ist der Ausgangspunkt für die Erhebung der historischen Elemente, die den
Typus 'Antike Stadtherrschaft' prägen. Daran anschließend
werden einige Fragen und Probleme skizziert, die sich aus
der Anwendung des Typus auf die israelitische Sozialgeschichte ergeben.

## 3.1 'Antike Stadtherrschaft' als Herrschaftstypus in Palästina

Die Konzeption der 'Antiken Stadtherrschaft' wird hier in
systematisierter Form dargestellt und interpretiert. Die
Interpretation[1] erstrebt eine Verdeutlichung der Grundlinien
des Typus.
  Die syrisch-palästinensischen Städte gehören nach Weber
zur Organisationsform der Vollstädte. Als Kriterien der Vollstadt[2] gilt dabei die Erfüllung folgender Merkmale:

1) Die Stadt ist Marktort für das umliegende Gebiet.
2) Sie ist befestigt und verfügt über einen eigenen Wehrverband.

---

1 Interpretationen, die hier von Webers Überlegungen in WuG[5] S.727ff
  ausgehen, sind im Text durch eine engere Schrittweite der Typen
  gekennzeichnet.
2 AJ S.16ff

3) Die Stadt ist Sitz des Lokalgottes und eines von Priestern versorgten ständigen Kultes.
4) Sie ist Sitz eines monarchischen oder oligarchischen
   Herrschaftsträgers.

Von der vorisraelitischen Zeit bis in die Königszeit hinein
lassen sich verschiedene Kategorien von Städten unterscheiden. Zu einer befestigten Hauptstadt gehört eine Reihe von
Landstädten; beiden sind Dörfer als politische Dependenzen
zugeordnet[3]. Aller politische Einfluß liegt in den Händen
der in der Hauptstadt ansässigen Herrensippen. Nur die hier
wohnhaften 'Großen' gehören zu den politisch vollberechtigten Sippen[4].

In letzter Konsequenz können nur die Bürger der Vollstadt als politisch
vollberechtigt angesehen werden. Denn einzig der in der Stadt ansässige
Patrizier kann all der Vorteile und Vorrechte teilhaftig werden, die
ihm die Stadtsässigkeit bietet: Teilnahme am Wehrverband als Vollkrieger, Beteiligung an der Herrschaft über Stadt und Land, Ausübung des
Rechts, Verwertung ökonomischer Chancen, die sich aus der Stadtsässigkeit ergeben.

Die Stadtsässigkeit wird ihrer Vorteile wegen vom Patriziat
gesucht[5]. Sie ist die Voraussetzung zur Ausbeutung der landsässigen Bauern. Das Verhältnis zwischen Stadtpatriziat und
Landbevölkerung wird durch den Kampf des Patriziats um Sicherung und Ausbau seiner politisch-rechtlichen, militärischen und sozioökonomischen Überlegenheit bestimmt[6].
   Die Herrschaftsform kann als erbcharismatisches Patriziat[7]
bezeichnet werden. Entweder steht ein erbcharismatischer
Fürst als primus inter pares an der Spitze der Stadt oder
die Ältesten der patrizischen Sippen beherrschen sie. Im
ersten Fall kann man nicht von Monarchie im strengen Sinne
sprechen, der Fürst herrscht nicht als Individuum, sondern in

---

3 AJ S.18f
4 AJ S.22f.26f
5 AJ S.26
6 AJ S.27
7 AJ S.21.25

Abstimmung mit seiner Sippe. Die Stadt erscheint als eine
Oligarchie der Familienhäupter der Fürstensippe.

Die stadtsässigen Patrizier sind aufgrund ihrer überlege-
nen rechtlichen und ökonomischen Position als einzige in der
Lage, die Fortschritte der Militärtechnik zu nutzen. Allein
ihre Schicht stellt die Streitwagenkämpfer[8], da sie als einzige in der Lage ist, Angehörige für den Militärdienst als
Vollkrieger freizusetzen. Nur der Streitwagenkämpfer ist
Vollkrieger (Gibbor/Ben Hail)[9]. Die Teilnahme am Wehrverband
als Vollmitglied ist an die Selbstequipierung gebunden. Diejenigen, die sich der technisch am weitesten entwickelten und
effektivsten Kampfwaffe bedienen können sowie zu ihrem Erwerb
ökonomisch in der Lage sind, gelten als Vollmitglieder des
Verbandes. Die Bauern dienen den Patriziern nur als Fußvolk
und militärische Hilfstruppe. Militärisch unterstehen sie dem
Oberbefehl des Patriziats.

Die waffentechnische Überlegenheit des Patriziats hält die Bauern in
ihrer rechtlichen und ökonomischen Abhängigkeit fest. Der Besitz und
die Verfügung über die wirksamste Waffe stabilisiert das politische
Machtgefüge. Die machtmäßig unterlegene Gruppe hat, solange sie waffen-
technisch nicht gleichziehen kann, keine Möglichkeit, das Herrschafts-
verhältnis zu verändern. Die bestehenden Machtstrukturen treten im Laufe
der Zeit immer reiner hervor.

In der ökonomischen Sphäre erfährt das bestehende Herrschafts-
verhältnis seine konstant sichtbare Ausprägung[10]. Der stadtsässige Patrizier ist der Grundherr, der seinen Großgrundbesitz durch Hörige, Kolonen und Schuldsklaven bewirtschaften
läßt. Die stadtsässigen Patriziersippen beherrschen ökonomisch die Bewohner des umliegenden Landes. Die Patrizier leben in der Stadt von den Renten ihres Grundbesitzes. Der
wirtschaftliche Charakter der Stadt wird dadurch bestimmt,
daß sie Konsumentenzentrum ist. Die Mittel zur Bewucherung
des Landes beziehen die Patrizier aus ihrer Beteiligung am

8   AJ S.27
9   AJ S.29
10  AJ S.30

Handel[11]. Die Stadtsässigkeit bietet ihnen die Gelegenheit
zur Teilnahme am Handel und damit die Chance, den durch den
Großgrundbesitz erwirtschafteten Mehrwert im Handel zu kapi-
talisieren. Dazu kommen noch die Einnahmen aus den Markt-
und Handelszöllen.

Die Beteiligung am Handel und ihre Institutionalisierung in Form von
Handelsgeschäften, die nicht mehr ausschließlich der Verwertung eigener
Überschüsse dienen, führt zu einer zweiten, vom Landbesitz unabhängigen
Einnahmequelle. Erst die Einnahmen aus aktivem und passivem Handel sichern die ökonomische Überlegenheit des Patriziats auf Dauer gegenüber
der freien Bauernschaft. Die Bauern, die weitgehend für den Eigenbedarf
produzieren, sind im Fall von wirtschaftlichen Notlagen wie Viehverlust
oder Mißernte darauf angewiesen, vom Patriziat das fehlende Kapital zu
leihen. Da sie von Anfang an als nicht stadtsässige Bürger keinen eigenen Zugang zum Recht haben, sind sie der ökonomischen Übermacht des
Gläubigers wehrlos ausgesetzt. Der ökonomische Aspekt der Beziehung
stadtsässiges Patriziat/landsässige Bauernschaft bildet ein dynamisches
Element in dieser Beziehung. Die Folge war allerdings eine fortschreitende Stereotypisierung des wirtschaftlichen Ausbeutungsverhältnisses.

Diese Entwicklung führt zwangsläufig zum typisch antiken
Klassengegensatz: einerseits das Patriziat, das über Handel
und Grundbesitz verfügt, andererseits der sein Land als Höri-
ger oder Schuldsklave bewirtschaftende Bauer[12].


3.1.1   Soziale Strukturen


Stadt- und Landbevölkerung gehören einem beiden gemeinsamen
sozialen System, der Sippenverfassung, an[13].
Die Stadt wird von den ökonomisch voll wehrfähigen erbcharismatischen Sippen regiert[14]. Diese Sippen sind auch interlokal

---

11  AJ S.26
12  AJ S.27. Weber redet an dieser Stelle von den "typischen Erschei-
    nungen der frühantiken Polis"; vgl ders. a.a.O. S.33.
13  AJ S.19.22.30
14  AJ S.25. "Wenn so die vollentwickelte altisraelitische Stadt ein
    Verband der ökonomisch wehrfähigen erbcharismatischen Sippen war...

angesessen. Die Ältesten sind die Vertreter der vollberechtigten Sippen. In ihren Händen liegt die reale Macht. Sie
halten Gericht und regeln die Verwaltung. Neben den Ältesten
spielen die Häupter der Vaterhäuser, bei ihnen handelt es
sich um die Familienhäupter der wehrhaften Sippen, noch eine
einflußreiche Rolle[15]. Die ökonomisch voll wehrhaften Sippen
bilden das Patriziat. Das Patriziat regiert die Stadt entweder als Aristokratie, alle erbcharismatischen Sippen sind
untereinander gleichberechtigt, oder eine Sippe gewinnt die
Vorherrschaft und beherrscht die Stadt in der Gestalt eines
ihrer herausragenden Mitglieder[16]. Die Sippen unterscheiden
sich hauptsächlich hinsichtlich ihrer ökonomisch bedingten
Wehrfähigkeit und ihrer erbcharismatisch bedingten Position
im Machtgefüge[17].

Land- wie stadtsässige Sippen gehören einem beide umfassenden städtischen Herrschaftssystem an[18]. In diesen Herrschaftsverband können fremde Sippen aufgenommen werden.

Das System ist hierarchisch gegliedert[19]. Die Position des einzelnen
Mitglieds wird bestimmt durch die soziale Stellung seiner Sippe. Das
Ansehen der Sippen und ihre Teilhabe an der Macht bestimmen sich wiederum nach dem Grad ihrer Wehrfähigkeit, dem Ort ihrer Ansässigkeit und
ihrem Erbcharisma. Der Grad der Wehrfähigkeit ist eine direkte Folge
des erwirtschafteten Einkommens der Sippe.

---

Politisch entspricht dieser Zustand etwa dem, was für die helle-
nistische Geschlechterstadt und für Rom in der Zeit der Aufnahme
der gens Claudia in den Bürgerverband gegolten haben muß."
15  AJ S.22
16  AJ S.21
17  AJ S.30
18  Weber setzt voraus, daß der Bereich städtischer Organisation sich
    soweit erstreckte, wie die Beduinen räumlich ferngehalten werden
    konnten (S.43). Da die Bauern der Fronknechtschaft des städti-
    schen Patriziats am meisten ausgesetzt waren (64), werden sie auch
    dem städtischen Organisationssystem angehört haben. An einer
    Stelle (AJ S.19 A 1) kann er sogar von "vollentwickelten israeli-
    tischen Stadtstaaten" reden.
19  Das ergibt sich aus seiner Unterscheidung von erbcharismatisch
    voll wehrfähigen Sippen von wehrfähigen Sippen, die politisch
    nicht vollberechtigt sind. Ferner existieren noch die minderbe-
    rechtigten Sippen der Gerim (vgl AJ S.25.40.43).

Ein bedeutsamer Faktor, der sich neben der Sippenverfassung
auf die Sozialstruktur auswirkt, ist die Verfügung über
Grundbesitz. Grundbesitz und Stadtsässigkeit sind die beiden
Voraussetzungen, die für den uneingeschränkten Zugang zum
Recht erfüllt sein müssen[20].

Außer dem Stadtpatriziat und der Bauernschaft lassen sich
als gesellschaftlich relevante Gruppierungen noch die Kleinviehzüchter[21] und die Handwerker[22] anführen. Kleinviehzüchter und Handwerker bilden die Gruppe der Gerim. Die Gerim
sind nicht in Sippen, sondern in Ortsverbänden organisiert[23].
Am Grundbesitz sind sie nicht beteiligt, gehören auch nicht
zu den vollberechtigten Mitgliedern des Wehrverbandes[24].
Die Gerim leben in einem festen Rechtsverhältnis zur seßhaften Bevölkerung.

Die Kleinviehzüchter sind die natürlichen Bündnispartner
der Bauern gegen die Beduinen einerseits, das Patriziat andererseits. Sie befinden sich im Übergang zur Seßhaftigkeit.
Die politische Interessenidentität zwischen Bauern und Wanderhirten wird allerdings überlagert von ihrem ökonomischen
Dualismus[25]. Das Anwachsen der seßhaften Bauernbevölkerung
führt zur Verringerung der Weidereviere. Dies hat den Zerfall
der Viehzüchterstämme und ihre Entmilitarisierung zur Folge.

Der Verbreitungsgrad der städtischen Organisation hängt
von der allgemeinen politischen Machtlage und davon ab, wie
weit es gelang, die Razzien der Beduinen in das besiedelte
Land zu unterbinden[26].

Der gemeinsame Hauptfeind der Hirten und Bauern ist das
wehrhafte Patriziat der Städte. Bauern und Viehzüchter er-
streben neben der Herrschaft über die Karawanenstraßen die
Sicherung ihrer Abgaben- und Fronfreiheit vom Patriziat.
Hauptinteressenten des Kampfes sind die Bauern, da sie der
Fronknechtschaft am meisten ausgesetzt waren.

---

20  AJ S.66.68f
21  AJ S.46ff
22  AJ S.34ff
23  AJ S.40
24  AJ S.43
25  AJ S.46f.62ff
26  AJ S.43

## 3.2 Webers Darlegungen zur 'Soziologie der Stadt' und der Typus 'Antike Stadtherrschaft'

An zwei Stellen seines Werkes äußert sich Weber zur Soziologie der antiken Stadt[27], zum einen in seinem Artikel von 1909 'Die Agrarverhältnisse im Altertum'[28], zum anderen in einem Kapitel in 'Wirtschaft und Gesellschaft' mit der Überschrift 'Die nichtlegitime Herrschaft (Typologie der Städte)'[29], das posthum veröffentlicht wurde.

Der im 'Antiken Judentum' vorliegende Typus der 'Antiken Stadtherrschaft' weist auffällige Berührungen mit dem Typus der 'antiken Geschlechterstadt' aus 'Wirtschaft und Gesellschaft' auf[30].

### 3.2.1 Siedlungs- und Staatstypen der Antike

Den Abriß zur Stadt- und Staatssoziologie der Antike in seinem Artikel von 1909 könnte man auch unter die Überschrift 'Von der städtischen Organisation zur staatlichen Verfassung

---

27 Die Wirkungsgeschichte der 'Soziologie der Stadt' steht im umgekehrten Verhältnis zur theoretischen Bedeutung dieser Abschnitte, vgl hierzu Zingerle 1981 S.146ff.

28 GASW S.1ff. Der Artikel wurde ursprünglich für das 'Handwörterbuch der Staatswissenschaften' 1909 verfaßt.

29 WuG[5] S.727-814

30 Das Kapitel (WuG[5] S.727ff) wurde posthum veröffentlicht, im 'Archiv für Sozialwissenschaft und Sozialpolitik' 1921, Bd 47 S.621ff, unter dem Titel 'Die Stadt'. Die engen Berührungen, die es mit dem 'Antiken Judentum' aufweist, lassen eine Entstehung dieses Kapitels im Zusammenhang mit dem 'Antiken Judentum' wahrscheinlich werden. Teilweise scheint das Stadtkapitel Vorstudien zum AJ zu enthalten, was z.B. die Geschlechterstadt betrifft, teilweise auch gerade hinsichtlich seiner Darlegungen zur 'Stadtgemeinde' enthält es eine durchdachtere Konzeption zur Stadt als im AJ. Zwischen den beiden Schriften scheint ein gegenseitiges, recht diffiziles Abhängigkeitsverhältnis zu bestehen, das im einzelnen erst noch untersucht werden müßte.

der antiken Gesellschaft' stellen, wenigstens was den Entwurf der Einleitung betrifft.

Weber stellt hier sieben Typen städtischer und staatlicher
Herrschaft vor, die unterschiedlichen und zum Teil aufeinander und auseinander folgenden Organisationsstadien entsprechen. Es handelt sich um die Typen Bauerngemeinwesen (1),
Burgherrschaft (2), Adelspolis (3), Fron- und/oder Tributkönigtum (4), autoritärer Leiturgiestaat (5), Hoplitenpolis
(6) und Bürgerpolis (7). Diese Stadien stellen nach Weber
universelle Phänomene der Stadt- und Staatsentwicklung dar.
Sie sind historisch voneinander abhängig[31].

Der erste Typus, das Bauerngemeinwesen[32], gehört nur zu
den ferneren Vorläufern der Stadt. Bezeichnend für diesen
Typus ist das Zusammenwohnen von Ackerbürgern in Haus- und
Dorfgemeinschaften, das weitgehende Fehlen ökonomischer,
sozialer und militärischer Differenzierungen, die Ausübung
von Herrschaft durch den Sippenverband und die Ältesten
sowie den Mangel an überdauernden politischen Institutionen, die unabhängig von Verwandtschaftsbeziehungen sind.

Vom ersten Typus lassen sich keine direkten Verbindungs-
linien zu den folgenden Organisationsstadien der Stadt ziehen. Der zweite Typus, die Burgherrschaft, besteht historisch neben dem Typus des Bauerngemeinwesens[33]. Die Burgherrschaft ist der 'Urtypus', aus dem sich alle weiteren
städtischen Herrschaftsformen ableiten lassen. Die Entstehung des Burgenkönigtums unterliegt bestimmten ökonomischen
Bedingungen, vor allem ist sie an grundrentenfähigen fruchtbaren Boden und die Möglichkeit zu Handelsgewinnen gebunden. In Ansätzen liegt hier eine Differenzierung nach Ständen vor zwischen dem Burgherrn, dem Kreis, der seine Gefolgschaft bildet, und den Bewohnern des umliegenden, von der
Burg beherrschten Landes. Die Burgherrschaft ist die Grundlage der antiken Stadtentwicklung.

---

31  GASW S.35
32  GASW S.35f
33  GASW S.36f

Typ 3, die antike Adelspolis[34], entwickelt sich aus der Burgherrschaft durch die Emanzipation des Lehensadels des Burgkönigs von seiner Vorherrschaft. Dieser Adel konstituiert
sich als eine autonome städtische Gemeinde, die von den adeligen Geschlechtern verwaltet wird. Die Geschlechter grenzen
sich aufgrund erbcharismatischer Vorzüge und einer allen gemeinsamen ritterlichen Lebensführung von der übrigen Bevölkerung ab. Herausragendes Merkmal der gesellschaftlichen Verhältnisse ist die Differenzierung in zwei bestimmte Klassen,
in eine adelige Gläubiger- und Grundherrenschicht, der die
breite Schicht der schuldversklavten Bauern gegenübersteht.
Vom Typus des Burgkönigtums kann noch eine andere Entwicklung ihren Ausgang nehmen. Für den Fall, daß es dem Burgherrn
gelingt, die ökonomische und militärische Macht in seiner
Hand zu konzentrieren und so Herr seiner Gefolgschaft zu werden, entsteht das Fron- bzw Tributkönigtum (Typ 4)[35]. Bei
diesem Prozeß spielen vor allem die verkehrswirtschaftlichen
Verhältnisse eine Rolle. Unter dieser Herrschaftsform verliert die Stadt ihre politische Autonomie. Bezeichnend für
diese Herrschaft ist das Entstehen einer bürokratischen Verwaltung.

Der fünfte Typus, der autoritäre Leiturgiestaat[36], entwik-
kelt sich mit steigender Rationalisierung der staatlichen
Bedarfsdeckung aus der einen Variante des vierten Typus, dem
Fronkönigtum. Typ 4 und Typ 5 gemeinsam ist, ganz ähnlich
wie auch dem Typ 3, der antiken Adelspolis, eine Klasse von
Bodenwucher treibenden Adelssippen und die Existenz einer
Klasse von bewucherten und schuldversklavten Bauern.

Verschiedene Übergangsstufen verbinden den Typ der Adelspolis mit Typ 6, der Hoplitenpolis[37]. In der Hoplitenpolis
ist die Herrschaft der Geschlechter zugunsten der Teilnahme
aller Vollbürger an der Herrschaft durchbrochen. Die Vollbürgerschaft ist an zwei Kriterien gebunden, den Besitz von
Land in einer bestimmten Mindestgröße und die Teilnahme am

---

34  GASW S.37f
35  GASW S.38f
36  GASW S.39
37  GASW S.40ff

Heerverband als sich selbst equipierendes Mitglied. Die
Hoplitenpolis wird von der freien Ackerbürgerschaft getragen.
Sie versucht, den Klassenkampf zwischen grundbesitzendem
Adel und von Grundbesitzverlust und Verarmung bedrohter Bauernschaft durch feste Rechtsbildung zu schlichten. Dieses
führt zu mannigfaltigen stadtwirtschaftlichen Bestimmungen,
die eine weitere Differenzierung der Bürgerschaft verhindern
sollen. Die Schuldsklaverei wird in der Hoplitenpolis weitgehend durch die Kaufsklaverei abgelöst.

Typ 7, die demokratische Bürgerpolis[38], stellt das letzte
Stadium städtischer Herrschaftsform dar. Sie folgt aus der
Ablösung des Vollbürgerrechts von der Pflicht zur Selbstequipierung und der Zulassung aller Vollbürger zu den Staatsäm-
tern. Die in der Hoplitenpolis durch militärische Interessen
und Sippenrechte noch eingeschränkte Freiheit des Bodenver-
kehrs wird in der demokratischen Bürgerpolis wiederhergestellt. Die Bauernschaft sinkt in die Stellung von Parzellen-
pächtern ab.

Der antike Stadtstaat wird dann von der universellen Militärmonarchie abgelöst. In ihr tritt die ländliche Grundherr-
schaft mit dem Grundherrn als Ortsobrigkeit und den an den
Boden gebundenen bäuerlichen Kolonen hervor[39].

Graphisch läßt sich die Aufeinanderfolge der städtischen/
staatlichen Organisationsstadien etwa wie folgt verdeutlichen:

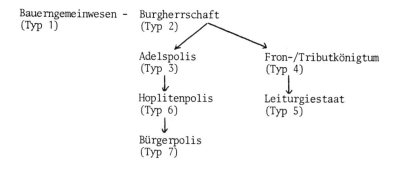

Bauerngemeinwesen -    Burgherrschaft
(Typ 1)                (Typ 2)

Adelspolis              Fron-/Tributkönigtum
(Typ 3)                 (Typ 4)

Hoplitenpolis           Leiturgiestaat
(Typ 6)                 (Typ 5)

Bürgerpolis
(Typ 7)

---

38  GASW S.40ff
39  GASW S.42f

Von Typ 2 gehen zwei Entwicklungsrichtungen aus, deren Entstehen von verschiedenen Prinzipien - Charisma und Rationalisierung - beeinflußt wird. Die von Typ 2 über die Typen 3, 6, 7 verlaufende Reihe kann als die aristokratisch-demokratische Linie bezeichnet werden. In eigentümlicher Weise wird diese Richtung durch die Aufeinanderfolge von Gegentypen - die Adelspolis (3) ist der Gegentypus zur Burgherrschaft (2), Typ 6, die Hoplitenpolis, ist der Gegentypus zur Adelspolis (3) - bestimmt. Vor allem das Auftreten der Gegentypen ist eher durch revolutionäre charismatische Bewegungen bedingt als durch Rationalisierungsprozesse. Bei den Rationalisierungsprozessen steht die Entwicklung der Militärtechnik im Vordergrund. Allein Typ 7, der Endtypus der aristokratisch-demokratischen Linie, geht überwiegend durch Rationalisierung aus seinem vorangehenden Typ 6 hervor.

Die von Typ 2 über Typ 4 und Typ 5 verlaufende Entwicklung repräsentiert den monarchischen Zweig. Die Entstehung dieser Herrschaftsformen wird vorangetrieben durch eine sich steigernde Rationalisierung der ihnen eigenen Herrschaftsmechanismen, vorwiegend des Bürokratisierungsprozesses. Hier handelt es sich bereits um das Aufkommen staatlicher Organisationsformen, innerhalb deren städtische Herrschaftsformen zur Bedeutungslosigkeit herabsinken.

Gegen Ende seiner Einleitung zu den 'Agrarverhältnissen im Altertum' bemerkt Weber, daß der israelitische Herrschaftsverband in dieser Typologie keinen Platz findet, da es sich bei Altisrael um eine "militärisch als Hoplitenverband, konstituierte Samtgemeinde von Bauernschaften"[40] handele, die Weber zufolge allerdings immer sekundär, unter teilweiser Aufnahme von städtischen Institutionen auftritt.

Auf die Entwicklung des israelitischen Herrschaftsverbandes geht Weber dann gesondert ein und versucht, sie an Hand der vorexilischen Rechtssammlungen typologisch nachzuzeichnen[41]. Danach entsprechen dem Bundesbuch in etwa Zustände, wie sie Typ 3, die antike Adelspolis, kennzeichnen. Das

---

40  GASW S.43
41  GASW S.83ff

Deuteronomium entstammt in groben Zügen Typ 4 und teilweise
Typ 5.

In diesem konkreten historischen Fall wird die Entwicklung
von Typ 3 (Adelspolis) zu Typ 4 (Fron-, Tributkönigtum), die
an und für sich nach der in der Einleitung skizzierten Abfolge der Typen nicht eintreten kann, getragen durch das Auftauchen charismatischer Führer wie Saul und David. Die charismatische Herrschaft nimmt hier eine vermittelnde Funktion ein.
Man vermißt an dieser Stelle jedoch ein Eingehen auf die in
der Einleitung betonte Sonderstellung des israelitischen
Herrschaftsverbandes. Dieser trägt, verwendet man einmal die
von Weber entworfene Typologie, Züge von Typ 1 (Samtgemeinde
von Bauernschaften) und Typ 6 (Hoplitenverband). Es bleibt
zu fragen, wieweit die monarchische Entwicklung Israels ein
notwendiges Ergebnis der Auseinandersetzung heterogener Typen, nämlich der Typen Bauerngemeinwesen/Hoplitenpolis und
Adelspolis, ist.

Methodologisch bemerkenswert an diesem Artikel zu den
'Agrarverhältnissen im Altertum' ist, daß hier die typologische Methode dem Ziel der historischen Analyse, der Heraus-
arbeitung der Eigenart der behandelten historischen Gegen-
stände,untergeordnet ist. Das typologische Verfahren bringt
hier eine bestimmte historische Entwicklung zur Darstellung.
Diese idealtypischen Begriffe dienen der orientierenden
Klassifikation der nach militärischen Aspekten geschiedenen
Organisationsformen[42]. Die Ausrichtung an der Entwicklung
der Militärtechnik und der Organisation des Heereswesens bei
der Abgrenzung der Typen ist auffällig. Dieser zum bestim-
menden Kriterium der Typenbildung gewordene Faktor ist wohl
eine Folge der weitgehenden Orientierung an der griechischen
und römischen Verfassungsgeschichte.

Doch bereits bei der idealtypischen Interpretation des
historischen Materials werden erste Ansätze sichtbar, so bei
der Interpretation des Bundesbuches im Lichte von Typus 3,
die auf eine mögliche Resistenz des verwandten Begriffs der
widerstrebenden Historie gegenüber hindeuten.

---

42  GASW S.43f

Um dieses zu konkretisieren, soll hier Webers Deutung des Bundesbuches skizziert werden.

Das Bundesbuch birgt nach Weber noch Kunde aus der Zeit vor der Stadtsässigkeit der israelitischen Stämme[43]. Nichtsdestotrotz tragen seine Bestimmungen einen ähnlichen Charakter wie viele der zum Ausgleich der Ständekämpfe im Okzident erlassenen Gesetze[44], die dem Ausgleich der Folgen der Schuldknechtschaft der landsässigen Bauern durch die städtischen Adelssippen dienen sollten. Da aber auch Weber nicht ernstlich davon zu reden vermag, daß der kanaanäische städtische Adel hier das Patriziat, die Israeliten die aufständische, von Kaplänen organisierte Plebs darstellen, so hat das Bundesbuch doch zumindest eine Entwicklung zur Knechtung der Bauernschaft durch die stadtsässigen Geschlechter vor Augen und sucht sie  - quasi prophylaktisch -  zu verhindern.

Der idealtypische Begriff tendiert manchmal dazu, wie sich hier an der Verwendung von Typ 3 zeigt, in der konkreten Anwendung seinen historischen Charakter ab- und dem konkreten historischen Individuum gleichsam ein Modellkleid überzustreifen. Die Behauptung des Typus wird in diesem Fall mit einer historischen Spekulation bezahlt.


3.2.2   Soziologie der Stadt

In den 'Agrarverhältnissen im Altertum' skizzierte Weber im wesentlichen unter militärischen Aspekten eine Typologie der antiken Stadt, insbesondere in ihrer Form des Stadtstaates. In 'Wirtschaft und Gesellschaft'[45] versucht er im Vergleich antiker Stadtformen mit mittelalterlichen Stadtformen die Grundzüge städtischer Gesellschaft zu entwickeln. Dabei werden vor allem die ökonomischen und politisch-administrativen Gesichtspunkte berücksichtigt. Im Zentrum seiner Überlegungen steht hier die Stadt und nicht der Stadtstaat, darin

---

43  GASW S.84
44  GASW S.87
45  WuG⁵ S.727ff

liegt die entscheidende Differenz zu den betreffenden Passa-
gen in den 'Agrarverhältnissen im Altertum'.

### 3.2.2.1  Grundzüge städtischer Gesellschaft

Die Stadt ist eine relativ geschlossene Siedlung, deren Bewohner zum überwiegenden Teil von nichtlandwirtschaftlichen
Einkommen leben[46]. Zu einer Stadt im ökonomischen Sinne gehört, daß ihre Bevölkerung einen wesentlichen Teil ihres All-
tagsbedarfes auf dem Markt und mit Hilfe des Marktes deckt.
Drei mögliche Arten[47] der Entstehung einer Stadt werden von
Weber unterschieden:

1) Die Gründung einer Stadt in Anlehnung an einen Fürstenhof.
2) Landesfremde Eindringlinge schließen sich in einer eigenen Siedlung zusammen.
3) Einheimische Zwischenhandelsinteressenten schließen sich
   an einem verkehrsgünstig gelegenen Ort zu einer Siedlung
   zusammen.

Allen Ursprungsformen gemeinsam ist, daß es sich um eine Zusammensiedlung bisher ortsfremder Zuzügler handelt[48]. Wesentliches Merkmal der so entstandenen Siedlung ist die Existenz
eines lokalen Marktes als ökonomischem Mittelpunkt der Ansiedlung.
   Den drei Entstehungstypen stehen gleichfalls drei ökonomische Grundtypen[49] gegenüber:

1) die Konsumentenstadt
2) die Produzentenstadt
3) die Händlerstadt

Diese ökonomischen Typen befinden sich jeweils in einer mehr
oder minder großen Affinität zum politischen Ursprung der
Stadt.
   Die Konsumentenstadt folgt weitgehend dem Typus der Für-
stenstadt. Ihr Markt dient hauptsächlich der Versorgung des

---

46  WuG$_5^5$ S.727
47  WuG$_5^5$ S.728
48  WuG$_5^5$ S.746
49  WuG$^5$ S.729

fürstlichen Hofes und anderer, von ihm direkt oder indirekt
abhängiger Großhaushaltungen. Die Großkonsumenten sind eine
Gruppe von Beamten, Grundherren und politischen Machthabern,
die ihre aus patrimonialen und politischen Machtverhältnissen stammenden Einkünfte in der Stadt verzehren. Die Erwerbschancen der Gewerbetreibenden und Händler sind abhängig von
der Kaufkraft der Großkonsumenten.

Der antike Typus der Produzentenstadt ist die Gewerbestadt[50], in der am Ort eine Vielfalt von Handwerksbetrieben
besteht, deren Erzeugnisse nach auswärts versandt werden. Die
Konsumenten der Gewerbestadt sind wesentlich die ansässigen
Massenkonsumenten, Arbeiter und Handwerker.

Der Typus der Händlerstadt unterscheidet sich von der Gewerbestadt dadurch, daß in der Händlerstadt wieder die Kaufkraft der Großkonsumenten für die Marktwirtschaft bedeutsam
wird. Allerdings ruht in der Händlerstadt die Kaufkraft der
Großkonsumenten, im Gegensatz zu derjenigen in der Konsumentenstadt, auf ihren Gewinnen aus Zwischenhandel und/oder der
stillen Beteiligung am Handel in Form der commenda und so-
cietas maris.

Die antike Stadt ist eng mit der Landwirtschaft verbunden,
da der antike Vollbürger über einen Ackeranteil verfügt, der
zu seiner Ernährung und militärischen Ausrüstung ausreichend
ist. Zudem stellt die Investition in landwirtschaftlichen
Besitz die bevorzugte Kapitalanlage der städtischen Groß-
handelsschicht dar.

Das Verhältnis zum umliegenden Land wird durch die Stadtwirt-
schaftspolitik bestimmt. Die Stadt ist ein wirtschaftsregu-
lierender Verband, in dessen Politik das Interesse an kontinuierlicher und billiger Massenernährung vorherrschend ist
sowie das Bemühen, die Stabilität der Erwerbschancen der Gewerbetreibenden und Händler zu garantieren[51].

Zum politisch-administrativen Begriff der Stadt gehört,
daß sie in irgendeinem Sinn eine autonome selbstverwaltete
Gemeinde mit abgegrenztem Stadtgebiet ist[52]. Ein weiteres

---

50  WuG$^5$ S.730
51  WuG$^5$ S.732
52  WuG$^5$ S.732

wesentliches Merkmal ist ihr militärischer Charakter. Die
Stadt der Antike ist eine besondere Art von Festung und Gar-
nisonsort[53]. Vorläufer dieser Festungsstadt ist die herr-
schaftliche Burg. Insofern die Stadt Festungsstadt ist, bildet sie einen eigenen Wehrverband. Bewohner und Anwohner sind
dem Stadtherrn zu militärischen Leistungen verpflichtet. Das
Verhältnis zwischen der politischen Festungsbürgerschaft und
der ökonomisch bürgerlich erwerbenden Bevölkerung wirkt sich
wesentlich auf die Entwicklung der städtischen Verfassung
aus[54]. Dabei ist die politisch-administrative Struktur des
Herrschaftsverbandes, innerhalb dessen sich die Stadtentwicklung vollzog, von nicht zu unterschätzendem Einfluß.

Die Stadt als Gemeinde trägt Verbandscharakter[55]. Die vollentwickelte antike Stadt war ein als Verbrüderung entstande-
ner oder so gedeuteter Verband, eine Konföderation von Per-
sonenverbänden teils sippenhaften, teils militärischen Charakters[56]. In der antiken Polis galt der einzelne zwar als
Bürger, aber ursprünglich nur, soweit er Mitglied einer der
konföderierten Sippen war. Kennzeichen dieses Verbandes war
die Verehrung eines Lokalgottes und die sakrale Gemeinschaft
aller Vollbürger[57]. Die Stadt war als Verband gegen jeden,
der den anerkannten und aufgenommenen Sippen nicht angehörte,
sakral exklusiv, sowohl gegen die landsässigen Umwohner als
auch gegen die städtischen Plebejer. Nur die Geschlechter-
sippen, eventuell noch die Berufsverbände sind Träger des
Verbandshandelns in der asiatischen und orientalischen Stadt.
Ursprünglich tragen die Sippenältesten, später die Chefs der
Honoratiorensippen, Selbstverwaltung und Gerichtsbarkeit der
Stadt[58].

Eine Siedlung, die im ökonomischen, politisch-administrativen und militärischen Sinne als Stadtgemeinde bezeichnet
werden kann, weist sechs konstitutive Merkmale auf[59]:

---

53  WuG$_5^5$ S.733
54  WuG$_5^5$ S.735
55  WuG$_5^5$ S.736
56  WuG$_5^5$ S.744
57  WuG$_5^5$ S.746f
58  WuG$_5^5$ S.737
59  WuG$^5$ S.736

1) Die Stadt ist Festung und ein eigener Wehrverband.
2) Sie verfügt über einen Markt. Die Siedlung trägt einen gewerblich-händlerischen Charakter.
3) Sie hat ein eigenes Gericht und teilweise eigenes Recht.
4) Sie ist ein eigener Verband.
5) Sie besitzt zumindest teilweise Autonomie und Auto- kephalie. Die Vollbürger sind in Form ständischer Pri- vilegien an der Verwaltung der Siedlung und der Bestel- lung der Behörden beteiligt.
6) Die Stadt hat einen Lokalgott und/oder einen gemeinsamen Kult aller Vollbürger[60].

## 3.2.2.2    Die antike Geschlechterstadt

In Hinblick auf den im 'Antiken Judentum' vorliegenden Typus 'Antike Stadtherrschaft' ist der Typus 'Antike Geschlechter- stadt' von besonderem Interesse[61]. Dieser Typus ist analog dem Typus 'antike Adelspolis' gebildet.

In einer Bemerkung streift Weber die Verhältnisse in Palästina. Er ord- net die israelitischen Stämme zur Zeit der Staatenbildung unter dem Typus der 'antiken Adelspolis' ein. "Der kanaanäische Städtebund war eine Einung der wagenkämpfenden stadtsässigen Ritterschaft, welche die Bauern in Schuldknechtschaft und Klientel hält; wie in der Frühzeit der hellenischen Polis."[62] Aus seiner Interpretation des Bundesbuches[63] folgt, daß es sich bei diesen Bauern um Israeliten handelt. Juda hat sich seiner Typologie nach zu einem monarchisch regierten bürokrati- schen Stadtstaat entwickelt, in dem die ehemaligen Herrschaftsträger, die patrizischen Gibborim der Städte, zu königlichen Sarim wurden. Die Häupter der patrizischen Sippen, die sogenannte Honoratiorenverwaltung, treten unter der Königsherrschaft zurück und tauchen als königliche Beamte wieder auf[64].

---

60  WuG[5] S.744.747. Der Kult wird zwar unter den Kriterien auf S.736 nicht mit erwähnt, doch ist die kultische Vergemeinschaftung der Stadtbürger nach Weber unerläßlich für den Verbandscharak- ter der Stadt.
61  WuG[5] S.768ff
62  WuG[5] S.738
63  GASW S.87
64  WuG[5] S.739

Partiell spielen noch Momente der Plebejerstadt für die soziologische Interpretation des antiken Judentums eine Rolle[65].

Die antike Stadt ist ihrem Ursprung nach eine Siedlungsgemeinschaft von Kriegern[66]. Sie entstand an der Seeküste aus vormaligen Stadtkönigtümern.

Der reale oder fiktive Ursprung der Stadt wurde von der Überlieferung auf den Synoikismus der patrizischen Geschlechter in oder an einer Burg bezogen. Die Zusammensiedlung der Geschlechter erfolgte entweder nach freier Vereinbarung oder auf Befehl des betreffenden Burgkönigs. Die Ablösung des gentilcharismatischen Königtums hat vermutlich militärische Ursachen. Das Aufkommen des ritterlichen Wagenkampfes und die Aneignung der militärtechnisch fortschrittlichsten Waffe stärkten die politische Machtposition der Adelsgeschlechter und führten zur Aufhebung des königlichen Herrschaftsmonopols. Wesentlich für die Gründung der Polis war die Verbrüderung der Geschlechter[67]. Die Polis war ein in Phylen und Phratrien gegliederter Kultverband. Die Zugehörigkeit zur Polis setzte die Mitgliedschaft in diesen Institutionen voraus. Die Phratrien waren im wesentlichen Kultverbände, denen auch die Überprüfung des Indigenats und damit die Kontrolle der Wehrpflicht oblag. Die Phylen waren Verbände zur Übernahme öffentlicher Lasten und zur Verteilung von Land. Denn der antike Stadtbürger war Ackerbürger. Er besaß ein volles Ackerlos, das ihn ernährte und ihm die Erfüllung seiner militärischen Pflichten und Aufgaben ermöglichte. Die Eigenwirtschaft deckte den normalen Alltagsbedarf.

Innerhalb der Bürgerschaft unterschieden sich die Aktivbürger von den Passivbürgern. Aktivbürger waren diejenigen, die die Ämter besetzen konnten, dazu gehörten die Angehörigen der adeligen Geschlechter. Der Adel war jedoch interlokal verbreitet. Der Schwerpunkt seiner Macht lag aber in der

---

65  Da dieser Typus jedoch mehr in die Interpretation der israelitischen Eidgenossenschaft durch Weber hineinspielt, werde ich ihn erst unter dem betreffenden Abschnitt behandeln.
66  WuG[5] S.771
67  WuG[5] S.769

Stadt. Der Adel regierte die Stadt mittels einer Vertretung
von Honoratioren[68].

Der freie Landbewohner und der städtische Plebejer waren
nicht nur von aller politischen Macht, sondern auch von der
aktiven Teilnahme am Recht ausgeschlossen. Nur der in der
Polis ansässige, in ihren Phylen und Phratrien organisierte
Bürger nahm an der Stadtgewalt teil[69].

Außerhalb des städtischen Bereiches waren die Bewohner des
offenen Landes in Dörfern ansässig, die zu politisch labilen
Stammesverbänden gehörten. Das flache Land war der Stadt gegenüber politisch rechtlos[70]. Zudem versuchten die antiken
Städte, andere Städte in ihre Abhängigkeit zu zwingen und
sie in die Stellung von Periökensiedlungen zu drücken, dh
sie in einen ähnlichen Status zu versetzen, wie ihn die landsässigen freien Bauern des städtischen Umlandes innehatten.

Die antiken Städte waren die Träger der höchst entwickelten Militärtechnik. Daher fanden sie bei der Entstehung
und Ausweitung ihres Machtbereiches keine außerstädtischen
politischen Militärgewalten, die mit ihnen um die Ausbeutung
des flachen Landes hätten konkurrieren können.

Auch auf dem ökonomischen Felde beherrschte der Adel als
Grundherr und Gläubiger die Bauern, als Geldgeber den Handel[71]. Die grundherrliche Macht des Adels hat ihren Ursprung
in den städtischen Gewinnchancen. Unmittelbare Quelle seines
wirtschaftlichen Vermögens ist die durch die Stadtsässigkeit
gebotene Beteiligung am Handel und an der Reederei. Das in
diesen Beteiligungen erwirtschaftete Kapitel wurde zur Bewucherung der politisch rechtlosen landsässigen Bauern eingesetzt. Der Kapitalakkumulation in der Stadt lief die Bildung
von Großgrundbesitz auf dem Lande parallel. Die Anhäufung
des fruchtbaren Bodens im Besitz der Geschlechter wurde durch
das Schuldrecht und die mangelnde Rechtsselbständigkeit der
landsässigen Siedler erheblich begünstigt.

---

68  WuG[5] S.772
69  WuG[5] S.771
70  WuG[5] S.772
71  WuG[5] S.770.773

Der ökonomischen Struktur nach waren die Geschlechter eine
Schicht von Rentnern[72]. Der typische Patrizier war weder
Kaufmann noch Großhändler. Er lebte in der Stadt von den Renten seines ländlichen Besitzes und betätigte sich als Gelegen-
heitsunternehmer und Kapitalgeber. Die wichtigsten Geschäfts-
formen der Antike, commenda und Seedarlehen, sind auf solche
Kapitalisten zugeschnitten. Systematische Erwerbsarbeit war
für den Patrizier verpönt. Sie kollidierte nicht nur ideell
mit seiner ständisch bestimmten Lebensführung, sondern auch
mit den Anforderungen des ritterlichen militärischen Lebens.
Die antike Stadt war demzufolge im wesentlichen eine Konsumentenstadt.

Im Herrschaftsverband der antiken Geschlechterpolis entstand der typisch antike Klassengegensatz: stadtsässige wehrhafte Patrizier stehen verschuldeten landsässigen Bauern
gegenüber[73].

Charakteristika der antiken Geschlechterstadt

Zu den Voraussetzungen dieser Stadtgesellschaft gehört die
Gründung der Stadt in Küstennähe durch fremde Eroberer und
ihre Vergemeinschaftung als Kultverband.

Politisch-administrativ zeichnet sie sich durch die Bildung einer Klasse von Vollbürgern aus, die in Aktiv- und Passivbürger zerfallen. Die Herrschaft wird allein durch die
Aktivbürger, die Patriziersippen, ausgeübt. Nichtstadtsässi-
ge Sippen sind rechtlich unselbständig und politisch abhängig von der Stadt.

Ökonomisch bedeutsam sind folgende Merkmale: Die Stadt ist
Marktort. Der Markt dient dem Austausch der in Eigenwirtschaft erarbeiteten Überschußprodukte und der aus den Renten
stammenden Erzeugnisse. Kleinhandwerk hat sich in der Stadt
angesiedelt. Der Handel ist eine Form des Gelegenheitserwerbs
für den Adel. Die Stadt ist Rentner- und Konsumentenstadt.

Militärisch ist die Stadt durch die Festung gekennzeichnet.
Sie ist Sitz der Schicht, die über die höchstentwickelte

72  WuG$_5$ S.772.774
73  WuG$_5$ S.784

Militärtechnik verfügt. Die Stellung des einzelnen Stadtbürgers innerhalb des Wehrverbandes entschied über seine politisch-rechtliche Position als Stadtbürger.

## Geschlechterstadt und Stadtgemeinde

Der Typus der antiken Geschlechterstadt entspricht in fast
allen wesentlichen Punkten dem von Weber entworfenen Idealtypus der Stadt. Einige Abweichungen sind hauptsächlich historisch bedingt. Zum Teil gehen sie auf Webers methodisches
Unterfangen zurück, den Idealtypus 'Stadt' durch die Gegenüberstellung der beiden Typen 'mittelalterliche Stadt' und
'antike Stadt' unter Einbeziehung ihrer konkreten historischen Ausprägungen zu gewinnen.

So fällt auf, daß bei den möglichen Entstehungsanlässen
der antiken Geschlechterstadt die Zwischenhandelsinteressen
eine geringe Rolle spielen. Auch überwiegen bei ihrer ökonomischen Klassifizierung die Züge der Konsumentenstadt. Gewerbe und Handel sind erst in Ansätzen entfaltet.

Die weitgehende Übereinstimmung des Typus 'antike Geschlechterstadt' mit dem Typus 'antike Adelspolis' kann als
Beleg dafür gelten, daß Weber diese Herrschaftsform zu den
staatlichen Organisationsbildungen rechnete. Die antike Geschlechterstadt ist daher eher dem Typus 'Stadtstaat' als dem
Typus 'Stadtgemeinde' zuzuordnen, denn sowohl politisch wie
militärisch ist die Geschlechterstadt autonom. Auch beherrscht sie das umliegende Land, evtl auch andere Städte,
und ist keinem übergeordneten Herrschaftsverband unterstellt.

Gerade dieser Umstand unterscheidet die antike Geschlechterstadt wesentlich von der mittelalterlichen Stadtgemeinde
nördlich der Alpen. Denn für eine Stadt als politisches und
soziales System ist die Frage der gemeindlichen oder staatlichen Verfassung nicht nur für ihre Binnenstruktur, sondern
auch für ihr Verhältnis zu anderen Siedlungen von Bedeutung.
Die Stabilität der innerstädtischen Strukturen ist abhängig
von dem sie umfassenden politischen System im Falle ihrer
Verfaßtheit als Stadtgemeinde bzw von ihren außenpolitischen Beziehungen in dem Fall, in dem Stadt und Staat identisch sind.

## 3.3 Vergleich des Typus 'antike Geschlechterpolis' mit dem Typus 'antike Stadtherrschaft'

Weber deutet selbst innerhalb des 'Antiken Judentum' auf Übereinstimmungen zwischen der städtischen Organisation Israels
und der Verfassung der antiken Polis mehrmals hin[74].
Vergleicht man seine soziologischen Darlegungen zur Polis,
insbesondere diejenigen zum Typus 'antike Geschlechterstadt',
mit jenen zum antiken Judentum, dann erhärten gerade diese
Arbeiten zur Polis die Vermutung, daß der Typus 'antike
Stadtherrschaft' von den Arbeiten zur Polis beeinflußt worden ist. Das Modell der antiken Geschlechterstadt weist der
Interpretation der israelitischen Siedlungsverhältnisse die
Richtung.

Weitgehende Ähnlichkeiten liegen vor in der Bestimmung der
Stadt als Festungsstadt und ihrer Auffassung als eines Wehrverbandes. Auch die Organisation des Militärwesens stimmt in
beiden Typen überein.

Der ökonomische Charakter der Stadt wird in beiden Situationen durch die Konsumenteninteressen der Großgrundbesitzer
geprägt. Die gesellschaftlichen Verhältnisse sind in der
Polis wie in der israelitischen Stadt durch den Gegensatz
adeliger Grundherr/verschuldeter Bauer bestimmt. Diesem Klassengegensatz korrespondiert das Rechtsgefälle zwischen Stadt
und Land, das nur die rechtliche Kehrseite der politischen
Dominanz der Stadt ist.

Zwar überlagert der ökonomische Klassengegensatz alle son-
stigen gesellschaftlichen Konflikte innerhalb des antiken
Judentums  - nach Ansicht von Weber -,  doch bleiben die In-
teressengegensätze zwischen ansässigen Bauern und wandernden
Viehzüchtern, die so in der Polis nicht vorhanden sind, nicht
ohne Auswirkungen auf das Sozialgefüge. Auch der Antagonismus

---

74 AJ S.17.19.22.26.27

zwischen seßhafter und nomadisierender Bevölkerung ist dem
Typus 'antike Stadtherrschaft' eigentümlich und findet in den
antiken griechischen Verhältnissen so keine Entsprechung.
Verglichen mit der 'antiken Geschlechterstadt' fällt an der
'antiken Stadtherrschaft' die durchgängige Sippenorganisation auf, die im letzteren auch noch die landsässigen bäuerlichen Sippen mitumfaßt.

Die wichtigste Differenz zwischen der israelitischen Stadt
und der antiken Polis besteht darin, daß die israelitische
Stadt Stadtgemeinde innerhalb eines größeren Herrschaftsverbandes ist, während die griechische Polis keinen übergeordneten Staat kennt.

Alle weiteren Unterschiede zwischen den beiden Typen können
zwar als in der Grundstruktur des Ausgangstypus bereits angelegte Differenzierungen betrachtet werden, sind aber auch
mitbedingt durch den andersartigen Verfassungscharakter.

In 'Wirtschaft und Gesellschaft' kennt Weber explizit neben der Organisationsform Stadt nur noch die des Dorfes[75].

Im 'Antiken Judentum' bildet er drei Kategorien: Vollstadt,
Landstadt, Dorf[76].

Der Begriff der Vollstadt spielt in 'Wirtschaft und Gesellschaft' keine Rolle, wird auch kein einziges Mal erwähnt.
Die Vollstadt des 'Antiken Judentum' entspricht mit Ausnahme
eines Kriteriums der Stadtgemeinde aus 'Wirtschaft und Gesellschaft'. Denn die Vollstadt ist Hauptstadt, ein Aspekt,
der in den Überlegungen zur Stadtgemeinde nicht vorkommt und
den der Staatsverband der Polis nicht kennen kann, da er immer nur eine Stadt umfaßt. Die Einführung des Begriffs Vollstadt hängt zum einen mit der Funktion der betreffenden Stadt
innerhalb des Staatsverbandes zusammen, zum anderen mit der
Bildung der zweiten Kategorie 'Landstadt'.

Die Anwendung des von der Adelspolis abgeleiteten Ideal-

---

75  WuG[5] S.768. Die Periökenstädte unterscheiden sich nach Weber ge-
    sellschaftlich nicht von den anderen Geschlechterstädten. Bei ih-
    nen handelt es sich nur um Städte, die politisch ihre Unabhängig-
    keit verloren haben. Ihre Bürger nehmen nur in Hinblick auf die
    Bürger der herrschenden Polis eine mindere Stellung ein.
76  AJ S.18f

typus 'antike Stadtherrschaft' auf die israelitischen Siedlungsverhältnisse erzeugt zwangsläufig die neue Kategorie
der minderberechtigten Landstädte. Ungleich zum Staat der
Polis war in Israel/Juda immer mehr als eine Stadt vorhanden.
Da Weber die für sein Modell überzähligen israelitischen
Städte nicht einfach in den Status von Dörfern versetzen
konnte, mußte er bei der Übertragung des Typus die neue Klasse der Landstädte einführen. Gerade die Behauptung der Grundstruktur des Typus 'antiker Stadtstaat' bei ihrer Anwendung
auf territorialstaatliche Verhältnisse zieht die Umwandlung
der Hauptstadt in die Vollstadt und die Abwandlung der übrigen Städte in Landstädte nach sich. Die Kategorie der Landstadt wird dann nach dem Schema der Periökenstadt gebildet.

Diese Notwendigkeit wäre nicht entstanden, hätte Weber dem
'Antiken Judentum' den Idealtypus 'Stadtgemeinde' unterlegt
und nicht den Typus des antiken Stadtstaates[77].

---

77  Vgl die Kriterien, die Weber für die Vollstadt gibt (AJ S.17) mit
    denen für die Stadt (WuG[5] S.736.744.747).

## 3.4  Die historischen Bestandteile des Typus 'Antike Stadtherrschaft'


Die Übereinstimmungen zwischen den Typen der 'Antiken Stadtherrschaft', der 'Antiken Geschlechterstadt' und der 'Antiken Adelspolis' lassen deutlich werden, woher Weber die historischen Bausteine seines Modells bezog : aus dem reichen
Steinbruch der römischen und griechischen Verfassungsgeschichte. Mag er hierbei auch sich an E.Meyer[78] orientiert haben,
so wirft dieses doch die Frage nach der Angemessenheit des
verwendeten Baumaterials auf.

Die von Weber benutzten Begriffe wie 'Stadtpatriziat/Plebe-
jat' verweisen auf die römische Gesellschaft. Dagegen stammt
eine Bezeichnung wie 'Metoike' aus der athenischen Geschichte. Der Begriff 'Perioike' wiederum ist typisch für die innenpolitischen Verhältnisse Lakedaimons. Der Gegensatz zwischen Stadt und Land, der bei Weber zusammenfällt mit dem
von Vollbürger und minderberechtigtem Bürger,läßt sich in
Ansätzen in der Geschichte Spartas, aber auch in dem Verhältnis Roms zu seinen italischen Bundesgenossen wiedererkennen.

Methodisch ist gegen die Verwendung historischer Paradigma
aus verwandten Bereichen zur Interpretation und Erklärung
der israelitischen Gesellschaft nichts zu sagen. Allein es
bleibt doch zu untersuchen, wie hoch der Grad der Verwandtschaft sei, ob die herangezogenen Phänomene aus der griechisch-
römischen Antike in der israelitischen Sozialgeschichte ihre
Entsprechung finden; andernfalls sie diese mehr verdunkeln
als erhellen würden.

Lassen sich strukturelle Ähnlichkeiten zwischen der Entwicklung der Stadtgemeinde Roms und dem judäischen Stadt-

---

78  E.Meyer Die Israeliten und ihre Nadhbarstämme 1906. Die Orientierung an den ihm vorgegebenen Kulturwerten  - vgl WL S.168ff -
wird hier sichtbar.

staat[79] aufweisen? Sind etwaige Übereinstimmungen eine hin-
reichende Basis für Analogieschlüsse, die die lückenhafte
Überlieferung über die sozialen und ökonomischen Entwicklungs-
prozesse der israelitischen und judäischen Gesellschaft
sinnvoll ergänzen können?

Eine Antwort auf diese Fragen könnte eine Erörterung jener
Merkmale der Organisationsform der antiken Staaten und Städte
bringen, die der inhaltlichen Auskleidung des im 'Antiken
Judentum' vorliegenden Typus 'Antike Stadtherrschaft' dienten.

Daher werde ich zunächst die Verfassungsgeschichte Roms in
groben Umrissen schildern, da die beiden Begriffe 'Patriziat'
und 'Plebejat' aus der Entwicklung der römischen Verfassung
stammen. Auch ist der Antagonismus beider Gruppierungen konstitutiv für die Bildung des Idealtypus 'Antike Stadtherrschaft'. Im Anschluß werden relevante Erscheinungen der athenischen und lakedaimonischen Sozialgeschichte, die in dem
Idealtypus sich spiegeln, näher in Betracht gezogen.


### 3.4.1    Die Entstehung von Patriziat und Plebejat in Rom

Die Stadt Rom[80] verdankt ihren Ursprung dem Synoikismus der
patrizischen Geschlechter.

An politischen Gewalten erscheinen in der Zeit der Monarchie der König, die Bürgerversammlung und der Senat. Das
Königtum war ein Wahlkönigtum. Der König wurde vom Senat gewählt und war an die Beachtung der Verfassung sowie der Beschlüsse des Senats und der Kurienversammlung gebunden.

Der Senat bestand aus der Gesamtheit der patrizischen Ge-
schlechtsältesten. Er hatte weitreichende Befugnisse, außer
der Wahl des Königs ein Vetorecht bei Verfassungsänderungen
und bei der Aufnahme neuer Bürger sowie bei der Erklärung
von Angriffskriegen. Während der Königszeit bestand inner-

---

79  Vgl AJ S.24f
80  Bei der Darstellung der folgenden historischen Sachverhalte
    stütze ich mich im wesentlichen auf die Werke von Bengtson (1967),
    Vogt (1973[6]), Mommsen,Th. (1976) und Gelzer (1943).

halb der Bürgerschaft, zu der nur die Angehörigen der verfaßten Geschlechter gehörten, staatsrechtlich und privatrechtlich volle Gleichheit.

Die wichtigste Bürgerleistung war der Heeresdienst. Nur die
Bürger hatten das Recht und die Pflicht, Waffen zu tragen.
Die Bürgerschaft ist identisch mit dem Heeresaufgebot.

Innerhalb der römischen Bürgergemeinde standen von Anfang
an neben der Bürgerschaft die Klienten, die entweder als
Schutzleute einzelner Bürgerhäuser oder auch der Gemeinde
sich in Rom angesiedelt hatten. Die Klientel setzte sich aus
den Freigelassenen römischer Familien und den freien Bürgern
latinischer Stämme, die in Rom Handel und Gewerbe betrieben,
zusammen. Klienten besaßen kein Bürgerrecht, doch war ihre
persönliche Freiheit gesetzlich geschützt.

Die latinischen Bündnisgenossen waren privatrechtlich den
römischen Bürgern gleichgestellt und konnten sogar Grundbesitz in Rom erwerben. Die Freigelassenen waren privatrechtlich unselbständig und bedurften der Vermittlung ihres Pa-
trons sowohl im Rechtsprozeß als auch beim rechtsgültigen
Abschluß von Geschäften. In der Verfassungsreform des Servius
Tullius wurden die Klienten   - die Römer nannten sie Plebs -
erstmals zu den ökonomischen und militärischen Lasten der
Gemeinde herangezogen. Die Wehrpflicht wurde auf alle Grundbesitzer unabhängig von ihrer staatsrechtlichen Position ausgedehnt. Je nach Größe des Grundbesitzes wurden die wehr-
pflichtigen Nichtbürger in Volldienstpflichtige, die mit
voller Rüstung zu erscheinen hatten, und minder Dienst-
pflichtige eingeteilt. Zu den sechs alten patrizischen Rei-
tergarden wurden zwölf neue hinzugefügt, die aus dem begüter-
ten Teil der Plebs gebildet wurden. Diese Aufteilung der
Plebs in unterschiedliche vermögensrechtliche Heeresklassen
zeigt, daß von Anbeginn an innerhalb der römischen Plebs
große ökonomische Unterschiede bestanden und daß sie, ökonomisch betrachtet, keine einheitliche Klasse bildete. Der
neuen Heeresordnung parallel erfolgte die Katastierung des
Grundbesitzes und die Beaufsichtigung des Landerwerbs und
Landverkaufs. Das Recht zur Kriegserklärung ging auf das
Heeresaufgebot über, in dem jetzt patrizische Bürger und

plebejische Nichtbürger stimmberechtigt waren. Allerdings wurde in den Zenturien nach Vermögensklassen abgestimmt. Die Ritter hatten zusätzlich das Vorstimmrecht und gemeinsam mit
der 1.Klasse, den Volldienstpflichtigen, auch die Mehrheit.

Nach der Abschaffung der Monarchie wurde das gesamte Plebejat in die Bürgerschaft aufgenommen. Die Plebejer wurden in
die Kurien eingeschrieben, dh ihnen wurde damit rechtlich erlaubt, sich nach Geschlechtern zu organisieren. Alle politischen Befugnisse der alten Bürgerversammlung, der Kurie,
kamen jetzt dem Heeresaufgebot zu. Der Senat kooptierte eine
Anzahl von Plebejern aus dem Ritterstande. Doch blieben die
Altbürger im Senat allein zur Rede und den verfassungsmäßigen Staatshandlungen berechtigt  sowie zu den bürgerlichen
Ämtern zugelassen. Auch gewisse wirtschaftliche Vorteile.
wie die Nutzung der Gemeindeweide, wußten sie sich zu sichern.

Unter der Monarchie war der Eintritt ins Patriziat, das
damals mit der Bürgerschaft identisch war, rechtlich keinem
verschlossen. Mit der Aufnahme der Plebejer in die Bürgerschaft begannen sich die Geschlechter der Altbürger in einen
patrizischen Geschlechtsadel umzuwandeln, der zudem der
Selbstergänzung unfähig wurde, da der Adel das Recht der gesonderten Versammlung, durch die Aufnahme der Plebejer in
die Kurien, aufgegeben hatte.

Unter der Monarchie waren alle Bürger staatsrechtlich
gleichgestellt. Unter der Republik waren alle Bürger nur
noch privatrechtlich gleich. Staatsrechtlich zerfielen sie
in die Klasse der plebejischen Passivbürger und die Klasse
der patrizischen Aktivbürger.

Die folgende römische Geschichte wurde bestimmt durch den
Kampf des Plebejats um die staatsbürgerliche Emanzipation
und Zulassung zu den Gemeindeämtern. Ein wichtiger Meilen-
stein auf dem Wege dorthin war die Sonderorganisation der
Plebs unter dem Tribunat und die Aufzeichnung des geltenden
Rechts durch die Dezemvirn. Ferner spielte die Ablösung der
alten gentilizischen Kurienversammlung durch die Organisation der Tribus  - es wurden vier städtische und 17 ländliche Tribus gebildet - eine Rolle. In den Tribus stimmten
alle grundsässigen Bürger ab - unabhängig von der Größe

ihres Grundbesitzes -, darin unterschieden sich die Tribus
von der Zenturienversammlung.

Aus der römischen Verfassungsgeschichte bleibt festzuhalten, daß der Begriff 'Plebejer' keine ökonomische Position,
sondern eine staatsrechtliche Stellung eines minderberechtigten Bürgers umschreibt.

### 3.4.2  Die Siedlungsweise der nordwestgriechischen Einwanderer und die Entstehung der Polis

Die einwandernden nordwestgriechischen Stämme[81] siedelten
sich zu Anfang in Dörfern an. Die entstehenden Dorfgemeinschaften waren mit den einwandernden Sippengemeinschaften
identisch. Der Zusammenhalt gegenüber der unterworfenen Bevölkerung erforderte die gruppenweise Ansiedlung und verhinderte das Entstehen von Einzelhöfen. Meist begnügte man sich
aber damit, zum Schutz Zufluchtsstätten auf hohen und unzugänglichen Berggipfeln anzulegen.

Die Besiedlung der kleinasiatischen Küste durch die Ionier
nahm einen anderen Verlauf. Da die Kolonisten nicht in geschlossenen Stammesverbänden, sondern nur in mehr oder minder fest zusammengefügten Scharen kamen, bauten sie von Anfang an feste Plätze und Burgen auf, als notwendige Ausgangsbasis für eine fortschreitende Kolonisation des Landes.
Im kleinasiatischen griechischen Gebiet wohnte der freie
Bauer in einer befestigten Stadt. Hier stand die Städtebildung zu Beginn der Ansiedlung.

In der mykenischen Zeit hatten sich schon an viele der
von den Fürsten erbauten Burgen Siedlungen angelehnt. Auf
der griechischen Halbinsel entwickelten sich die bedeutendsten Städte wie Theben, Athen, Argos im Anschluß an alte
Fürstenburgen[82].

---

81  Die Darstellung der griechischen Geschichte ruht weitgehend
    auf den Werken von Busolt (1926 S.758ff) und Bengtson (1960
    S.99ff).
82  Vgl dazu Schuchhardt (1908), der von einer Abfolge 'Gutshof mit
    Fluchtwall/Fluchtburg - Burg - Stadt' ausgeht. Vgl ders.1929

Mit dem Aufkommen der festen Siedlungsweise lockerte sich
der Stammeszusammenhalt unter den Nordwestgriechen. Die lokalen und regionalen Interessen begannen die Stammesinter-
essen zu überlagern, je länger die Seßhaftigkeit dauerte.
Die einzelnen Abteilungen und Gemeinden wurden selbständig
und schufen sich eine vom Stammesverband autonome Verwaltung.
Mehrere Dorfgemeinden schlossen sich in Verbänden auf gleichberechtigter Basis zusammen[83]. Einzelne Gemeinden wandelten
sich zu Ackerbaustädten, die versuchten, ihren Einflußbereich auf die Nachbargebiete auszudehnen.

Die zweite Phase der Seßhaftigkeit ist vom Synoikismus geprägt. Die Synoikismen unterschieden sich danach, daß entweder von allen beteiligten Gemeinden eine neue Stadt als gemeinsames Zentrum ihres Stadtstaates begründet wurde oder
daß die Gemeinden in eine bereits bestehende Stadt als Demen
aufgenommen wurden. Hauptmerkmale des Synoikismus sind die
Vereinheitlichung des öffentlichen Lebens, dh der Regierung,
Verwaltung, Rechtsprechung, bürgerlichen Erziehung und die
Aufnahme aller Bürger bisher getrennter Gemeinden als Bürger einer Polis[84].

Von der Stadt (ἀστύ) wurden die Dörfer (κωμαῖ) unterschieden. Die Dörfer besaßen meist eine kommunale Selbstverwaltung, aber keine staatliche Selbständigkeit. Ihre politische
Stellung zur Stadt war von den Umständen ihrer Aufnahme in
den Stadtstaat abhängig[85]. Waren sie von der Stadtgemeinde
annektiert worden, so galten ihre Bewohner als minderberechtigte Staatsangehörige. Hatten sie dagegen am Synoikismus
oder der allmählichen Entwicklung des Stadtstaates gleichberechtigt teilgenommen, so waren sie staatsrechtlich den
stadtsässigen Vollbürgern gleichgestellt.

83  Vgl Gschnitzer 1969; Tritsch 1929
84  Näheres dazu bei Ehrenberg 1937, ders. 1969
85  Vgl Ernst Meyer 1976 S.68ff

3.4.2.1  Das Verhältnis von Stadt- und Landbewohnern
         in Athen

Der Staat der Athener[86] war ursprünglich gentilizisch verfaßt. Die Athener gliederten sich in vier Phylen, die für
administrative Zwecke in lokale Trittyen zerfielen. Die Phylen umfaßten eine Anzahl von Phratrien. Die Phratrien waren
bei der Ansiedlung zusammengeblieben, so daß die Dorfgemeinschaften anfangs den Sippengemeinschaften entsprachen.

Die athenische Polis umfaßte alle bürgerlichen Einwohner
Attikas, sowohl diejenigen, die ihren Wohnsitz auf dem Lande
hatten, als auch jene, die in Athen selber ansässig waren.
Die Stadt-Land-Grenze fiel nicht zusammen mit einer ökonomischen Klassenbildung oder staatsrechtlichen Trennung zwischen Nicht-Bürgern und Bürgern[87].

Die politische Einigung Attikas geht der Sage nach auf den
Herrn der Burg von Athen zurück. Der Überlieferung zufolge
siedelte Theseus zwangsweise die Behörden und die Räte der
übrigen Poleis nach Athen um.

Tatsächlich hatte der Landadel seinen Wohnsitz in der
Stadt, seitdem sich dort mehr und mehr das staatliche Leben
konzentrierte. Die Dörfer waren noch zum Teil nach eupatri-
dischen Geschlechtern benannt, die vormals dort ihren Wohnsitz hatten. Im 6.Jh hatte sich in Attika eine Klasse von
Großgrundbesitzern herauskristallisiert, deren Kern der in
Athen wohnhafte Adel war. Diesen Grundherren gehörte der be-
deutendste Teil der fruchtbaren attischen Ebene. Ihre Güter
wurden von abhängigen Bauern bewirtschaftet, die den sechs-
ten Teil ihrer Ernte abliefern mußten. Trotz ihrer wirtschaftlichen Abhängigkeit erscheinen die Hektemoroi als Mitglieder des Demos und wurden zu den Athenern gerechnet[88].
Die Besetzung der Ämter in Regierung, Verwaltung und Rechts-
wesen war den adeligen stadtsässigen Geschlechtern vorbehalten.

---

86  Vgl zum folgenden Busolt 1926 S.939ff
87  Vgl Humphreys 1972 S.766 A 18
88  Es gab auch noch eine rechtlich unfreie Landbevölkerung, die zu den
    Nachkommen der unterworfenen Vorbewohnerschaft gehörte, vgl Lotze
    1959 S.48ff.

Die abgabenfreie Bauernschaft befand sich hauptsächlich
an der Küste, im Binnenland und zusammen mit den Hirten im
Hochlande. Die Bildung der Gesellschaftsklassen folgte der
natürlichen Gliederung des Landes und fand in regionalen
Parteibildungen ihren Ausdruck.

Zur attischen Bürgergemeinschaft gehörten von Anfang an
- anders als in Rom und Sparta - neben dem Adel auch die
freien Umwohner, Bauern, Hirten, Lohnarbeiter und die
Hektemoroi, die letzteren zwar als minderberechtigte Staatsangehörige, doch standen sie nicht außerhalb des Staatsverbandes. Die Ausübung der politischen Rechte und die Besetzung
der Ämter oblag allein dem Adel. Zivilrechtlich und kultrechtlich war die nichtadelige freie Bevölkerung mit dem
Adel gleichgestellt.

Die Einrichtung der Naukrarien Mitte des 7.Jh zog die Bildung von Steuerklassen nach sich, in die alle Grundbesitzer
unabhängig von ihrem Stand eingeschrieben wurden. Kriterium
für die Einteilung der Klassen war die Höhe des Ernteertra-
ges des Feldbesitzes.

Die Zensusklassen waren auch für die Verpflichtung zum
Kriegsdienst maßgebend. Nur die grundbesitzenden Bürger waren zum regulären Dienst und zur Stellung einer Rüstung verpflichtet. Dafür wurden Adelige und Bürger ohne Unterschied
der gleichen Steuer- und Wehrpflicht unterstellt.

In der solonischen Verfassung (594/593) wurden die noch
bestehenden Amtsvorrechte des Adels aufgehoben und auf die
drei obersten Klassen ausgedehnt. Die Zulassung zu den Ämtern war nur noch von der Steuerklasse abhängig. Die Stadtsässigkeit spielte auch faktisch keine Rolle mehr. Die von
den Ämtern ausgeschlossene Klasse der Theten erhielt Wahl-
und Stimmrecht in der Gemeindeversammlung und die Befähigung
zugesprochen, am neugeschaffenen Volksgericht teilzunehmen.

Die kommunale und politische Neueinteilung durch Kleisthenes (508/509) beseitigte radikal alle noch bestehenden politischen Unterschiede zwischen Stadt- und landsässigen Bürgern. Die gentilizische Gliederung, die die ständische
Schichtung begünstigte, wurde durch die rein territoriale
Einteilung des Staatsgebietes und der Bürgerschaft in 100

Demen mit eigenen Gebieten und 10 Phylen (Landbezirken) ersetzt. Die Landbezirke bildeten die Grundlage der politischen
und militärischen Organisation. Die Gliederung in Demen lehn-
te sich an bestehende dörfliche und städtische Siedlungsverhältnisse an, manche Demen wurden auch neu gebildet. Zwischen
den Demen und Phylen wurden als mittlere Verwaltungsebene
30 Trittyen eingeführt. Drei Trittyen wurden zu einer Phyle
zusammengefaßt. Jede Phyle bestand aus einem städtischen Bezirk, einem Kreis des Küstenlandes und einem des Binnenlandes.
Dadurch wurden nicht nur die Unterschiede zwischen stadtsässigen und landsässigen Athenern beseitigt, sondern auch die
regionalen Parteiungen zum Ausgleich gebracht. Alle Bürger
wurden jetzt zu 'Städtern'. Die Stadt selber bildete keine
eigene Stadtgemeinde mehr und hatte auch keine gesonderten
Stadtkörperschaften. Alle gemeinsamen öffentlichen Einrichtungen waren in Athen. Bezeichnend für diese Neugliederung
ist, daß es in den Landbezirken keine besonderen Vororte
mehr gab. Die Phylenmitglieder traten zur Erledigung der Ver-
waltungsangelegenheiten ihrer Phylen in Athen zusammen. Alle
Phylen wurden gleichmäßig an Verwaltung und Regierung des
Stadtstaates beteiligt.

### 3.4.2.2   Die rechtliche Stellung der nicht-bürgerlichen Bevölkerung

Die nichtbürgerliche Bevölkerung[89] umfaßte die Sklaven, Freigelassenen und Metoiken.

Die Sklaven besaßen keine eigene Rechtspersönlichkeit, wa-
ren aber kultrechtlich den Bürgern gleichgestellt. Gegen
Mißhandlung durch Fremde und vor Tötung durch den eigenen
Herrn waren sie strafrechtlich geschützt.

Die Rechtsstellung der Freigelassenen war gesetzlich geregelt. Sie erhielten kein Bürgerrecht, aber Wohnrecht. Perso-
nenrechtlich war ihre Position erheblich eingeschränkt. Sie
waren zu bestimmten vertraglichen Leistungen an den ehemaligen Herrn verpflichtet und konnten bei Nichterfüllung wieder

---

89  Vgl Busolt 1926 S.979ff

versklavt werden. Ihren Freilasser mußten sie als Prostates
anerkennen, dessen Aufgabe darin bestand, sie in öffentlichen
Angelegenheiten und bei Gericht zu vertreten. An die Staats-
kasse hatten sie eine jährliche Kopfsteuer, die gleiche wie
die Metoiken, zu zahlen und zusätzlich das Triobolon.

Die Hauptmasse der ortsansässigen freien, nichtbürgerlichen
Bevölkerung bildeten die freigeborenen Fremden, die Metoiken.
Metoiken hatten Wohnrecht in einem Demos erlangt, ohne jedoch
staatsrechtlich Mitglied dieses Demos zu werden. Fremde waren
nach einer bestimmten Aufenthaltsdauer verpflichtet, sich
unter die Metoiken aufnehmen zu lassen. Hierzu bedurften sie
der Vermittlung eines bürgerlichen Prostates, dessen ferne-
res Mitwirken dann auch im Verkehr mit den Behörden und Ge-
richten erforderlich war. Die Metoiken hatten jährlich das
Metoikon zu entrichten, sie wurden zu besonderen Kriegs- und
Vermögenssteuern herangezogen und partiell auch der militärischen Dienstpflicht unterstellt. Dafür gewährte ihnen der
Staat vollen Zivilrechtsschutz, unbeschränkte Ausübung von
Handel[90] und Gewerbe und Kultfreiheit. Das Recht, Grund-
eigentum zu erwerben, konnte ihnen als Privileg verliehen
werden. Die Metoiken stellten aufgrund ihrer rechtlich be-
günstigten Position den größten Anteil der handel- und gewerbetreibenden Bevölkerung Athens.

Einige Daten aus der nordwestgriechischen Stadtgeschichte
sind in Hinblick auf den Idealtypus 'antike Stadtherrschaft'
bemerkenswert.

Die griechische Stadt kennt zwei unterschiedliche Entste-
hungsweisen. Auf der griechischen Halbinsel entstand die
Stadt in der Regel durch Synoikismus, während sie in den
Kolonisationsgebieten Kleinasiens eine Zusammensiedlung
einer mehr oder minder geschlossenen Eroberergruppe bildete.

Die Polis war von Anfang an als Staat konzipiert.

Der Wohnsitz des Bürgers  - sei er auf dem Lande oder in
der Stadt - war staatsrechtlich irrelevant. In der Anfangs-

---

90  Zur Handelspolitik vgl Hasebroek 1966

zeit war die Stadtsässigkeit nur soweit von Belang, als sie
die Übernahme öffentlicher Ämter erleichterte. Alle Verfas-
sungsreformen verfolgen nebenbei auch noch das Ziel, die
faktische 'Vorherrschaft' des Stadtbürgers aufzuheben.

Die Polis kennt unterschiedliche Grade des Bürgerrechts,
abgestuft nach Einkommen. Eine der Polis eigentümliche Besonderheit ist der Status des Metoiken, der zivilrechtlich
privilegiert ist, aber keine Staatsbürgerrechte genießt.
Staatsrechtlich steht der Metoike unter dem Theten, der zur
niedrigsten Bürgerklasse gerechnet wird.


### 3.4.3    Die Siedlungsweise der dorischen Einwanderer

Die Gründung des Staates von Sparta geht auf die Einwanderung der dorischen Stämme im 11.Jh zurück[91].

Die Dorer kamen als geschlossener Verband ins Land und eroberten die lakonische Ebene von den Gebirgen bis zur Küste.
Das eroberte Land wurde von ihnen in Landlose (κλᾶροι) gleichen Ertrags aufgeteilt und unter die Einwanderer verlost.
Dieses an die Spartiaten verteilte Land umfaßte einen Komplex von Grundstücken mit beschränktem Eigentumsrecht. Die
κλᾶροι waren unverkäuflich und unteilbar. Erst in späterer
Zeit konnten sie durch Schenkung oder freie Testamentsver-
fügung veräußert werden.

Die einheimische Bevölkerung blieb auf den κλᾶροι wohnen,
geriet aber in den Stand einer hörigen Bauernschaft. Sie
bildete die Schicht der Heloten. Die Bewohner der angrenzenden Gebirgsgegenden wurden im Laufe der Ansiedlung auch
unterworfen. Jedoch wurden sie nicht helotisiert, sondern
in den Status von Perioiken, minderberechtigten Staatsangehö-
rigen des lakedaimonischen Staates, versetzt.

Das Staatsgebiet gliederte sich in Bürgerland und in das
Perioikengebiet. Die Perioiken bewohnten zahlreiche kleine
Städte. Auf dem Bürgerlande wohnten die Heloten in kleine-

---

91  Vgl Bentson 1960 S. 49ff; Busolt 1920 S.122ff; Busolt 1926
    S.633ff

ren Ansiedlungen. Spartiaten hielten sich dort nur vorübergehend auf.

### 3.4.3.1  Entwicklung der Verfassung und Stellung der ver-
schiedenen Bevölkerungsklassen zueinander

Sparta bestand aus fünf dörflichen, unbefestigten Siedlungen,
die in Art lokaler Phylen die Basis der politischen und militärischen Organisation des Staates bildeten.

Der Verfassung nach war Sparta eine erbliche Doppelmon-
archie[92]. Die Monarchen waren innenpolitisch weitgehend einflußlos. Ihre wichtigsten Aufgaben lagen im Bereich der
Außenpolitik und Kriegführung.

Die Innenpolitik wurde bestimmt durch die von der Gemeindeversammlung gewählten Ephoren und den Rat der Alten.

Staatsrechtlich waren alle Spartiaten politisch gleich[93].
Als Vollbürger galt jedoch nur derjenige, der in einer der
fünf dörflichen Siedlungen seinen ständigen Wohnsitz hatte
und an der bürgerlichen Lebensführung teilnahm.

Die Gemeinde der Spartiaten bildete unter ihrer Vorherrschaft mit den Poleis der Perioiken den Staat der Lakedaimonier. Die Zugehörigkeit zur Gemeinde der Spartiaten hing von
der bürgerlichen Geburt, der Teilnahme an der bürgerlichen
Erziehung, dem ständigen Wohnsitz in Sparta und der bürgerlichen Lebensführung ab. Ein berufsmäßiges Erwerbsleben war
dem Vollbürger untersagt. Alle Vollbürger waren Vollkrieger.
Ihre einzige staatsrelevante Aufgabe und Verpflichtung bestand in der ständigen Übung und Ausübung des Kriegshandwer-
kes. Für ihren Lebensunterhalt hatte die Gemeinde durch die
Verteilung der κλᾶροι gesorgt.

Die Heloten gehörten zur altachaeischen dorisierten Vorbevölkerung. Sie bewirtschafteten die κλᾶροι und hatten eine
vom Staat festgesetzte Abgabe an ihren jeweiligen Herrn zu
zahlen[94]. Aus diesen Abgaben bestritten die Spartiaten ihre

---

92  Vgl Busolt 1926 S.671ff
93  Vgl Busolt 1926 S.653ff; Ehrenberg 1924; Ehrenberg 1933
94  Vgl Lotze 1959 S.26ff

Haushaltung, die Kosten der Syssitien und der Kriegsausrüstung. Staatsrechtlich gehörten die Heloten dem Staat der
Lakedaimonier nicht an. Mehrere Helotenfamilien bewirtschafteten einen κλᾱρος selbständig. Die Hälfte aller Bodenfrucht
und eine entsprechende Menge der übrigen Erzeugnisse waren
abzuliefern. Eigentum an Mobilien konnten sie erwerben.
Privatrechtlich und strafrechtlich waren sie insofern unge-
schützt, als sie unter bestimmten Bedingungen von ihren Herren ohne Gerichtsbeschluß getötet werden konnten. Doch durf-
ten die Heloten weder verkauft noch freigelassen werden.
Allerdings besaß die Gemeinde ein Freilassungsrecht. Zum
Militärdienst wurden Heloten als Leichtbewaffnete und Waf-
fenträger herangezogen und mußten ihren jeweiligen Herrn ins
Feld begleiten.

Die Perioiken wohnten in unbefestigten Städten, die in den
angrenzenden Gebirgsbezirken der lakonischen Ebene lagen.
Diese Städte galten als untertänige Gemeinden, deren Bürger
staatsrechtlich ohne Rechte waren, dafür aber privatrechtlich
und strafrechtlich vollen Schutz genossen. Jede Perioiken-
gemeinde hatte ihr eigenes Gemeindebürgerrecht, eigene Verwaltung und eigenen Kult. Ihre Selbstverwaltung war auf kommunale Angelegenheiten beschränkt und unterlag der Oberaufsicht durch Sparta. Regelmäßige Abgaben wie die Heloten hatten die Perioiken nicht zu leisten. Doch waren auf dem Gebiet einiger Städte Krongüter eingerichtet worden, die von
den Perioiken zu bewirtschaften waren und von denen sie Abgaben an die Könige zu zahlen hatten. Die bemittelten Perioiken, die über einen entsprechenden Grundbesitz verfügten,
der eine Selbstausrüstung ermöglichte, waren zur Heeresfolge
als Hoplit verpflichtet. Dazu kamen noch Leistungen für die
Kriegsflotte. Die Perioiken erfreuten sich im Gegensatz zu
den spartiatischen Vollbürgern weitgehender Handels- und Ge-
werbefreiheit.

Die Geschichte des lakedaimonischen Staates hat die Grundzüge für den Idealtypus 'Antike Stadtherrschaft' bereitge-
stellt. Besonders deutlich wird dieses im Hinblick auf die
ökonomische Differenzierung der drei Bevölkerungsklassen

und die konstitutive Bedeutung des Militärwesens für den
Staatsaufbau.


### 3.4.4  Antike Sozialgeschichte und ihre Verwendung im Idealtypus 'Antike Stadtherrschaft'

Die Diskussion der betreffenden historischen Erscheinungen
aus der römischen und griechischen Sozialgeschichte führt
zu der Erkenntnis, daß Weber sein Illustrationsmaterial teils
ohne Berücksichtigung des spezifischen historischen Kontex-
tes verwendet, teils auch entsprechend dem idealtypischen
Zweck uminterpretiert.

Daher sollen einige Schwierigkeiten erörtert werden, die
sich für seine Interpretation der Rechtssphäre, des sozioökonomischen Bereichs und des Militärwesens hieraus ergeben.
Die Kriterien für die Vollstadt treffen auf Rom und auf die
Poleis nordwestgriechischer Herkunft zu, nicht aber auf Sparta. Dagegen findet seine Unterscheidung von Hauptstadt/Land-
stadt/Dorf sich ansatzweise in der Siedlungsgeschichte des
lakedaimonischen Staates wieder. Die Gliederung der Siedlungen in die 'Hauptstadt' Sparta - abhängige Perioikenorte -
dorfartige Helotenortschaften[95] enthält auch das von Weber
für israelitische Verhältnisse behauptete Rechtsgefälle vom
Vollbürger über den freien Passivbürger bis zum rechtlich
hörigen Bauern.

Der römischen Geschichte hat Weber zwar die Begriffe 'Plebs'
und 'Patriziat' entlehnt, doch die so bezeichneten historischen Sachverhalte finden sich in dem für die israelitische
Sozialgeschichte konstruierten Idealtypus 'Antike Stadtherrschaft' so nicht wieder. Plebs und Patriziat sind als
Stände in einem gemeinsamen Prozeß sozialer Differenzierung
und Voneinander-Abgrenzung entstanden. Für die römische Plebs

---

95  Von Dörfern der Heloten kann man nicht sprechen. Denn diesen An-
    sammlungen lokal benachbarter Wohnstätten mangelte ein wesent-
    liches Merkmal kommunaler Einheiten: Organisation als lokale Ge-
    meinschaft, die bis zu einem gewissen Grade die Interessen der
    Zusammensiedelnden gemeinschaftlich einer außenstehenden Größe
    gegenüber verfolgen kann.

ist typisch, daß sie weder militärisch noch ökonomisch eine
geschlossene Einheit bildet. Webers Verwendung des Begriffs
'Plebs' ist insofern irreführend, da der Begriff im 'Antiken Judentum' nicht nur zur Kennzeichnung bürgerlich deklas-
sierter Gruppen, sondern auch militärisch und ökonomisch
zweitrangiger Schichten dient.

Die Abhängigkeit des Vollbürgerrechts vom Ort der Ansässig-
keit läßt sich im Sinne Webers nur für die Verhältnisse des
lakedaimonischen Staates nachweisen. Nur hier spielt die
'Stadtsässigkeit' die von Weber für den Idealtypus 'Antike
Stadtherrschaft' angenommene Hauptrolle. Daneben steht
allerdings als gleichwichtig die Abkunft von den dorischen
Eroberern. Auch ist Sparta im Sinne Webers eigentlich keine
Stadt.

Sowohl in der Geschichte des frühen Roms wie auch der der
nordwestgriechischen Poleis überwog die Bedeutung der Sippenzugehörigkeit die des Wohnsitzes. Die Aufnahme der Plebs
in die römische Bürgerschaft erfolgte bezeichnenderweise
durch ihre Eingliederung in die bestehenden Sippenverbände.
In der attischen Geschichte entsteht faktisch ein Unterschied
zwischen Land- und Stadtsässigkeit, was die Ausübung der politischen Macht in Athen betrifft. Denn die Teilnahme an der
Regierung und Verwaltung des Stadtstaates erforderte die
ständige Anwesenheit in der Stadt. Rechtlich waren
die in der politischen Praxis bevorzugten städtischen Eupatriden den landsässigen Adelssippen gegenüber nicht höher-
gestellt. Doch wurden die politischen 'Vorzüge' des attischen Stadtbürgers durch die Demokratisierung der Verfassung
und die Neuorganisation des gesamten Stadtstaates unter
Kleisthenes aufgehoben. Die Reform des Kleisthenes beseitigte die aus der Stadtsässigkeit sich ergebenden politischen
Vorteile durch die Aufhebung der Stadtgemeinde Athen als
politischer Einheit. Weder für Rom noch für Athen hat es
eine staatsrechtlich relevante Differenz zwischen Land- und
Stadtsässigkeit gegeben.

Die Behauptung dieser Differenz als konstitutiv für die
israelitische Sozialgeschichte kann sich auch auf die lake-
daimonische Analogie nur sehr beschränkt berufen, da die

historischen Voraussetzungen der betreffenden Gesellschaften sich in wesentlichen Punkten unterscheiden.

Sowohl für die Wirtschaft Roms als auch für die Athens
spielte die Grundbesitzakkumulation der Aristokratie eine
große Rolle. In keiner der beiden Städte bildete sich ein
handeltreibendes Patriziat aus. Patrizier wie Eupatriden beteiligten sich am Handel ausschließlich als Darlehensgeber.
In Rom war der Handel die Domäne der plebejischen Ritter,
in Athen beherrschten die Metoiken[96] den Handel. In Lakedaimon war den spartiatischen Vollbürgern ohnehin jegliche
Teilnahme an Handel und Gewerbe untersagt. Aktive Träger von
Handel und Gewerbe waren hier die Perioiken. Sowohl für das
republikanische Rom wie auch für die vorhellenistischen
griechischen Stadtstaaten war dieser Zustand  - Beherrschung
des Geschäfts- und Erwerbslebens durch nicht vollberechtigte
Staatsangehörige (Plebejer, Perioiken) und Fremde (Metoiken) - typisch.

Die Gleichsetzung der attischen Metoiken[97] mit den israelitischen Gerim scheint mir nicht angemessen zu sein. Der Be-
deutungsbereich des Begriffes 'Metoike' ist enger als der
des 'Ger', zumal auch durch die explizite ökonomische Funktion die Position des Metoiken im gesellschaftlichen Leben
präziser bestimmt ist.

Ähnliches gilt auch für die Übertragung des Begriffs des
'Perioiken' auf den israelitischen Landbewohner[98], die das
gemeinte historische Individuum eher verdunkelt als erhellt.
Der Begriff des 'Patrizier' in seiner militärischen Bedeutung als Vollkrieger entstammt zwar der Verfassungsgeschichte Roms, verweist aber gerade in seinen militärischen Merkmalen eher auf die Geschichte Lakedaimons. Nur im lakedaimonischen Staat war die Stadtsässigkeit im ausgezeichneten
Sinn als die Ansässigkeit der Bürger in der 'Hauptstadt'
Sparta unabdingbare Voraussetzung für die Teilnahme am Wehrverband als Vollkrieger. Kriterium für die Vollbürgerschaft

---

96  Vgl Hasebroek 1966 S.21ff
97  Vgl AJ S.69
98  AJ S.19

war die berufsmäßige Kriegerschaft[99]. Die strikte Scheidung
zwischen spartiatischen Vollbürgern, minderberechtigten
Perioiken und rechtlosen bäuerlichen Heloten ist die unmittelbare Folge der kriegerischen Eroberung des Eurotastales
und Messeniens durch die eingewanderten Spartiaten. Spartiaten einerseits, Perioiken und Heloten andererseits gehörten
ethnisch verschiedenen Bevölkerungen an. Die Herrschaftsstellung der Spartiaten gründete sich auf die militärische
Unterwerfung der Peloponnes. Die Behauptung ihrer Position
als Herrschaftsvolk hängt an der Wahrung ihrer militärischen
Überlegenheit. In Sparta führte diese Notwendigkeit zur Zusammensiedlung der Spartiaten und ihrer Konstituierung als
Berufswehrverband. Die wirtschaftliche Ausbeutung der alt-
achaechischen Bevölkerung und ihre Helotisierung ist die
unmittelbare Folge ihrer militärischen Niederlage und nicht
das Ergebnis eines durch Schuldknechtschaft und Grundbesitzakkumulation bestimmten sozioökonomischen Wandels der Gesellschaft.

Der militärische Aspekt der Beziehung Patriziat-Bauern-
schaft im Idealtypus 'Antike Stadtherrschaft' spiegelt weitgehend das spartanisch-lakedaimonische Vorbild wider. Betrachtet man die historischen Voraussetzungen dieses Modells
und vergleicht sie mit den Vorgängen des israelitischen Land-
nahme- und Siedlungsprozesses, dann werden wesentliche Unterschiede sichtbar. In Lakedaimon wanderten die Unterdrük-
ker ein, während in Palästina  - bleibt man einmal bei Webers Identifizierung von Bauernschaft mit Israeliten und
Stadtbevölkerung mit Kanaanäern -  die Einwandernden sich
sozusagen eine militärische Oberherrschaft 'suchten'. Der
Analogie nach  - einwandernde Stämme = siegreiche Eroberer
= Herrschaftsgruppe -  wäre das Verhältnis Kanaanäer/Israe-
liten aber umgekehrt zu bestimmen. Die Überlieferung für
die vorkönigliche Zeit zeigt jedoch die kanaanäische Stadtbevölkerung selten in abhängiger Position, häufiger unabhängig und teils auch als militärisch überlegen.

---

99 AJ S.32

Daher müssen die historischen Vorgänge der israelitischen
Landnahme und ihre Auswirkungen sich von der Eroberung der
Peloponnes durch die Dorer erheblich unterscheiden.

Mit gewisser Wahrscheinlichkeit läßt sich dieses bereits
aus dem Bild schließen, das sich uns in Jud 1,27ff bietet.
Jud 1,27ff zeigt, daß die Israeliten eben nicht wie die dorischen Stämme in einem militärischen Zug als ein großer und
geschlossener Stammesverband das Land besetzten. Die Israeliten zerfielen in mehr oder minder geschlossen auftretende
Gruppierungen, deren Zusammenhalt nach der Landnahme sich
bald auflöste. Jedenfalls lassen sich die Herrschaftsverhältnisse in Palästina in der vorstaatlichen Zeit Israels kaum
anders deuten.

Auch das Gewicht des Faktors 'Militärgewalt' für die Behauptung der Herrschaftsstellung der Spartiaten sowie seine
konstitutive Funktion für die staatsrechtliche Position des
einzelnen Bürgers leitet sich von dem singulären historischen Vorgang der dorischen Eroberung her. Da dorische und
israelitische Einwanderung in Voraussetzungen und Auswirkungen sich beträchtlich unterscheiden, kann dem Faktor 'Mili-
tär' für die Bildung der sozioökonomischen Klassen in der
vorstaatlichen Zeit Israels nicht die zentrale Rolle zukommen, die er im Staatsaufbau Lakedaimons spielte. In der
staatlichen Zeit Israels werden aber andere gesellschaftliche Momente wirksam, die die Klassenbildung beeinflussen.

## 3.5 Probleme und Fragen, die sich aus der Anwendung des Idealtypus 'Antike Stadtherrschaft' auf die israelitische Sozialgeschichte ergeben

In einem ersten Durchgang (3.5.1 - 3.5.3) skizziere ich die Fragestellungen, die sich aus der unmittelbaren Konfrontation des Idealtypus 'Antike Stadtherrschaft' mit der israelitischen Sozialgeschichte ableiten lassen, unabhängig davon, ob diese Probleme im Verlauf der Arbeit weiter verfolgt werden können. Im zweiten Schritt (3.5.4) werde ich dann einige Fragen bündeln, die auf dem Hintergrund der alttestamentlichen Überlieferung und dem derzeitigen Forschungsstande einen erarbeitbaren Gegenstandsbereich bilden.

### 3.5.1 Die Klassifizierung der Städte

Weber setzt verschiedene Kategorien von Siedlungen voraus, die sich durch rechtliche und politische Ungleichstellung auszeichnen. Die Definition der Vollstadt und seine Annahme. daß die verschiedenen Arten von Siedlungen sich in einem hierarchischen Verhältnis zueinander befinden, implizieren, daß es im Sinne Webers nur eine Vollstadt - die Hauptstadt - geben kann. Denn nur diese erfüllt die von ihm angeführten Kriterien. Allen anderen Städten fehlt ein wichtiges Merkmal. Sie sind nicht Sitz eines zentralen politischen Machtträgers. Da die rechtliche und politische Position eines Stadtbewohners davon abhängig ist, welche Position seine Stadt innerhalb der Hierarchie einnimmt, wären bei einer Veränderung der Hierarchie - eine Landstadt rückt in die Position der Vollstadt auf - entsprechende Auswirkungen rechtlicher und politischer Natur für die betroffenen Einwohner zu erwarten. Derartige, durch den Ort der Ansässigkeit der Sippe bedingte Differenzen sollten sich auch im ko-

difizierten Recht nachweisen lassen. Konkret wäre der Frage
nachzugehen, welche Rolle der Ort der Ansässigkeit in Rechts-
theorie und Rechtspraxis spielt.

Die Hierarchie 'Hauptstadt-Landstädte-Dörfer' setzt voraus, daß Zentralisationsbestrebungen und Bemühungen zur Vereinheitlichung der Regierung und Verwaltung diesem Zustand
vorausgingen. Fraglich erscheint, ob diese Tendenzen nicht
bereits die Existenz einer monarchischen Zentralinstanz implizieren. Andernfalls wären die Bedingungen aufzuweisen, unter denen eine aristokratisch verfaßte Oligarchie diesen Prozeß der Hierarchisierung auslösen kann. Sind solche Voraussetzungen in der vormonarchischen Zeit Israels vorhanden?
Im Zusammenhang dieser Problemstellung wäre auch zu untersuchen, ob innerhalb des Herrschaftsverbandes 'Eidgenossenschaft' Ansätze für eine derartige Ausdifferenzierung rechtlich und politisch unterschiedener Klassen von Siedlungen
gegeben waren.

Auch wenn die von Weber postulierten sozialen Differenzierungen  - analog der Differenzierung der Städte -  im Recht
keinen Niederschlag gefunden hätten, müßten sich zumindest
für bestimmte kritische Situationen innerhalb der Entwicklung einer Stadt und der Beziehung der Städte untereinander
Hinweise für die angenommenen Unterschiede finden lassen.
Eine solche kritische Situation stellt der Übergang von
einer Hauptstadt zu einer anderen dar.

In dieser Phase wäre einerseits der Verlust von Privilegien bisher bevorzugter Adelssippen zu erwarten und dazu
parallel ein gesellschaftlicher Aufstieg bestimmter Sippen
in der neuen Hauptstadt; andererseits ist aber auch bei der
Möglichkeit der Übersiedlung des Adels in die neue Hauptstadt mit entsprechenden Veränderungen der sozialen Struktur
der neuen Hauptstadt und derjenigen der aufgegebenen Hauptstadt zu rechnen.

Äußere Anlässe wie Motive, die zur Verlegung des Regie-
rungssitzes führen, beeinflussen die Auswirkungen auf die
gesellschaftliche Struktur der betroffenen Städte. Ein Wechsel der Hauptstadt innerhalb der gleichen herrschenden Dynastie dürfte einer durch Revolution und Aufkommen eines

neuen Herrscherhauses bedingten Verlegung des Machtzentrums
unähnliche soziale Begleiterscheinungen nach sich ziehen.
Ein Wechsel der Hauptstadt unter Zurücklassung wesentlicher
Teile des Adels in der früheren Hauptstadt könnte sich u.a.
auch in der Rivalität beider Städte ausdrücken.

Im Laufe der israelitisch-judäischen Geschichte haben verschiedene Städte die Funktion der Hauptstadt übernommen.
In Juda wurde die Hauptstadt nur einmal, von Hebron nach
Jerusalem, verlegt. Eine Untersuchung der Beziehung dieser
beiden Städte könnte zur Klärung möglicher sozialer Veränderungen beitragen, die sich an die Wahl einer neuen Hauptstadt
anschließen. Hier drängt sich die Frage auf, ob sich in der
Vorbereitung des Absalom-Aufstandes Anzeichen für einen Dualismus zwischen Jerusalem und Hebron in der frühen Königszeit finden lassen. Dieser Gegensatz könnte auch sichtbar
werden an der Existenz konkurrierender, sich nach ihrem jeweiligen Herkunftsort konstituierender Herrschaftsgruppen.
Im Reich Israel wechselte die Hauptstadt mehrmals. Zunächst
wurde Sichem unter Jerobeam I. als Regierungssitz ausgebaut.
Noch unter Jerobeam I. wurde der Sitz der Regierung nach
Thirza verlegt. Omri ließ dann in Samaria eine neue Hauptstadt gründen. Doch erscheint unter den Omriden in der Überlieferung eine zweite Stadt  - Jesreel -  als Sitz des Kö-
nigshauses. Nach der Revolution des Jehu wird Jesreel nicht
mehr als Residenz erwähnt. Dieser Umstand läßt vermuten,
daß Jesreel die unter den Omriden wahrgenommenen Funktionen
als königliche Residenz verloren hat. Ergibt sich so indirekt die Bedeutung Jesreels für die Dynastie Omris, dann
bleibt noch zu fragen, welche Umstände in dieser Zeit Jesreels Bedeutung begründet und aufrechterhalten haben.

Bedenkenswert scheint die Überlegung von Alt[100], daß beide Städte verschiedenen Bevölkerungsgruppen als Hauptstadt dienten. Jesreel repräsentierte den israelitischen, Samaria den kanaanäischen Bevölkerungs-
teil. Abgesehen davon, daß die Existenz zweier gleichberechtigter
Hauptstädte in der Geschichte singulär ist, wird dann unerklärbar,

---

100  Alt KS II, S.123ff; KS III S.243ff.258ff.373ff

warum ausgerechnet eine von 'altisraelitischen' Gruppen getragene Revolution zur Aufgabe der israelitischen Hauptstadt Jesreel führte. Die
Repräsentanz-Hypothese verhält sich auch widersprüchlich zur omridi-
schen Innenpolitik. Die Innenpolitik dieser Dynastie zielte auf den Ausgleich beider Gruppen ab. Die Etablierung unterschiedlicher Hauptstädte
für die beiden Gruppen hätte den bestehenden Dualismus nur verstärkt.
Die Hervorhebung Jesreels könnte auch darin begründet sein, daß Jesreel
die zeitlich erste Hauptstadt der Omriden während des Bürgerkrieges
war und dieses während der Aufbauphase von Samaria auch blieb. Die geschlossene Übersiedlung der herrschenden Schicht, die mit der Dynastie
Omri verbunden war, kann an den sich aus der Neugründung Samarias ergebenden Hindernissen gescheitert sein[101].

Thirza wird für die erste Hälfte der Regierungszeit Omris
als Hauptstadt genannt. Nach der Gründung Samarias spielt
Thirza keine Rolle mehr in der Überlieferung. Dieses auffällige Verschwinden Thirzas aus den Annalen Israels läßt vermuten, daß die in der alten Hauptstadt ansässigen herrschafts-
relevanten Gruppen mit der Gründung Samarias dorthin versetzt worden sind[102].


3.5.2   Zum Verhältnis der Städte

Weber leitet die soziologische Entstehung der Vollstadt von
der Burg eines kriegerischen Häuptlings her[103]. Die Entwicklung einer Stadt aus dem Herrensitz heraus zu einer Hauptstadt sollte sich spezifisch von der Entwicklung der Landstadt abheben. Für die Landstädte müßte sich das Fehlen bestimmter, für die Vollstadt eigentümlicher Charakteristika
nachweisen lassen, wobei die der Hauptstadt eigentümlichen
Attribute als Kennzeichen der Auswirkungen des Herrensitzes
auf die Stadtgeschichte zu verstehen wären.
    Auch ist zu untersuchen, welche Momente innerhalb der

---

101  Zum Stadtstaat Samaria vgl weiter unten S.31off
102  Ein Vergleich der Größe der Regierungsviertel von Thirza, Jesreel
     und Samaria wäre aufschlußreich.
103  Vgl GASW S.35ff

Sozialstruktur der Landstädte ihre Abhängigkeit der Hauptstadt gegenüber stabilisieren. Im Hinblick auf die Hauptstadt
stellt sich die Frage nach den Bedingungen, die die Kontinuität des Herrensitzes in dieser Stadt garantieren.

Webers Annahmen über den Ursprung und die Entwicklung der
Vollstadt gipfeln in der Vorstellung eines Modells hierarchisch geordneter Siedlungsverhältnisse. Bereits seine Aus-
gangshypothesen, die zu diesem Modell hinführen, erschweren
- im konkreten Anwendungsfall - das Verständnis für Veränderungen dieser Verhältnisse. Soziologisch sind Verschiebungen innerhalb der Machthierarchie kaum erklärbar. Denn den
Nicht-Vollstädten mangeln von ihrem Ursprung her wichtige
Merkmale, die sie für eine Bestimmung als Hauptstadt benötigten[104]. Bei der Anwendung seines Modells auf die frühe
israelitische Sozialgeschichte werden etwaige ethnische Unterschiede zwischen Land- und Stadtbevölkerung bedeutungslos.

Der größte Teil der Bauern ist als außerhalb der Städte
ansässig in unbefestigten Siedlungen wohnhaft zu denken.
Die Beziehungen zwischen Stadt und Land sind im wesentlichen friedlicher Natur. Grundsätzliche Unterschiede zwischen
Land- und Stadtbevölkerung liegen in der ungleichen Verteilung ökonomischer und politisch-rechtlicher Chancen. In der
Militärverwaltung sind die unbefestigten Orte von den befestigten Siedlungen und diese wiederum von den Festungsstädten zu unterscheiden.

Die in den Dörfern ansässigen Bauern wie auch die in den
Städten wohnhafte Bevölkerung gehören dem gleichen Herrschaftsverband - dem Stadtstaat - an. Doch sind die nicht-
stadtsässigen Mitglieder des Stadtstaates ohne Einfluß auf
die Verwaltung und die Gerichtsbarkeit der Stadt. Die Landstädte sind zwar 'Städte', befinden sich aber in irgendeiner Form der Abhängigkeit von der Vollstadt. Eine derar-

---

104  Dem Modell liegt ein relativ statisches Bild der Beziehung
     gesellschaftlicher Gruppierungen zugrunde. Die miteinander
     im Konflikt befindlichen Gruppen befinden sich machtmäßig
     in festen Positionen. Machtverschiebungen finden allenfalls
     innerhalb der Gruppen statt.

tige Abhängigkeit sollte sich auf einem für die Selbständigkeit der Stadt relevanten Bereich dokumentieren. Sei es,
daß die Landstädte in ihrer Selbstverwaltung in wichtigen
Bereichen der Verwaltung der Hauptstadt untergeordnet sind,
dh daß in diesen Punkten die Verwaltung der Landstädte zentral gelenkt wird; sei es, daß zwischen der herrschenden
Schicht in den Landstädten und der Herrschaftsschicht in der
Hauptstadt enge verwandtschaftliche und ökonomische Beziehungen bestehen. Die Form der Abhängigkeit bestimmt sich
nicht zuletzt danach, welche Herrschaftsform innerhalb des
betreffenden Herrschaftsverbandes dominant ist.

Zu prüfen wäre, inwieweit die Unterschiede hinsichtlich
der Machtverteilung zwischen den Städten größer sind als
die Unterschiede zwischen verschiedenen Bevölkerungsgruppen
einer Stadt. In diesem Zusammenhang stellt sich die Frage,
unter welchen Voraussetzungen ein Wechsel des Wohnortes
horizontal  - von einer Landstadt in die andere - und ver-
tikal  - von einer Landstadt in die Hauptstadt - innerhalb
der Hierarchie möglich ist. Welche Institutionen können auf
derartige Positionsveränderungen einer Sippe im Machtgefüge
Einfluß nehmen? Besteht die Chance für den Aufstieg einer
Sippe, dann ist auch mit entsprechenden Abstiegsmöglichkei-
ten zu rechnen[105]. Die Durchlässigkeit des Herrschaftssystems zeigt sich u.a. an der mehr oder minder festen Geschlossenheit seiner Untereinheiten. Unter geordneten Herrschaftsverhältnissen kann damit gerechnet werden, daß Institutionen vorhanden sind, die über die Aufnahme einer Sippe
zu gleichem Recht in eine Stadt entscheiden[106]. Die Ansiedlung einer Sippe in der Hauptstadt  - bei der postulierten
Differenz zwischen den beiden Stadtformen - erfordert das
Wirksamwerden anderer Kontrollmechanismen als in den übrigen Städten.

---

105  Vgl die Absetzung Äbjathars und seine Verbannung nach Anathot
     (1.Reg 2,26f).
106  Z.B. die Verhandlungen der Sichemiten mit Jakob (Gen 34) und
     die Aufnahme Gaals in Sichem (Jud 9,26).

### 3.5.3    Das Verhältnis der Bevölkerungsschichten


### 3.5.3.1    Der militärische Aspekt

Der Aufbau des Militärwesens wird nach Weber durch das Prinzip der Selbstequipierung bestimmt. Jeder einzelne Heeresan-
gehörige ist für die Anschaffung und Unterhaltung seiner
Kriegsausrüstung selbst verantwortlich. Nicht nur für die
benötigten Kriegswerkzeuge, sondern auch für das erforderli-
che Training im Umgang mit ihnen haben die Mitglieder des
Heeres zu sorgen.

Aus diesem Umstand folgt, daß leitende Positionen innerhalb
der Militärhierarchie von den Mitgliedern der ökonomisch po-
tentesten Schicht okkupiert werden. Voraussetzung für die
Einnahme dieser Positionen ist die Verfügung über die technisch fortschrittlichste Waffe. Hierzu ist zum einen ein be-
trächtlicher Aufwand an ökonomischen Mitteln wie auch an er-
forderlicher Übungszeit für die Handhabung der komplizierten
Waffen notwendig.

Die Vorstellung von der Selbstequipierung als für alle Mitglieder des Militärverbandes verbindlich bestimmt Webers
Verständnis des Militärwesens und von daher auch seine Auffassung des stadtstaatlichen Herrschaftsverbandes. Denn diese Grundannahme kennzeichnet bereits die Entwicklung der Typologie der Stadt in seinem Aufsatz zur 'Agrargeschichte des
Altertums'[107]. Sie beherrscht sowohl das Bild der Polis vom
Typus der 'antiken Adelspolis' wie auch die Typen 'Hoplitenpolis' und 'demokratische Bürgerpolis'.

Die Wirksamkeit des Prinzips der Selbstequipierung wäre
erst für die israelitische Militärgeschichte nachzuweisen.
Dabei wäre zu untersuchen, inwiefern unter den Voraussetzungen eines Territorialstaates die Bedingungen für die Selbstausrüstung des Heeres noch gegeben sind; denn konstitutiv
für dieses Prinzip sind stadtstaatliche Verhältnisse. Zugleich taucht die Frage auf, wie sich innerhalb eines terri-

---

107  Vgl GASW S.35ff

torialstaatlichen Herrschaftsverbandes das Verhältnis von
monarchischer Zentralinstanz zur Selbstausrüstung des Heeres
verhält. Die staatliche Zentralinstanz hat ein Interesse an
der Verfügung und Kontrolle der Waffen. Dieses kann zur Einschränkung der Selbstausrüstung, etwa zu einer Beschränkung
auf die Ausrüstung mit leichteren Waffen, führen[108].

Das Prinzip der Selbstequipierung, sofern es für alle zulässig ist, gefährdet bestehende Machtverhältnisse, da es
den jeweiligen Herrschaftsträger von der Zustimmung des Militärverbandes abhängig macht. Es sei denn, die herrschende
Schicht monopolisiert eine Waffe, die unter allen voraussseh-
baren Umständen geeignet ist zur militärischen Unterdrückung
der unteren Schichten. Diese für die Aufrechterhaltung des
Prinzips der Selbstausrüstung notwendige Zusatzannahme trifft
Weber, wenn er die Streitwagenwaffe als das militärisch fortschrittlichste Unterdrückungselement begreift, das auch unabhängig von den Einsatzbedingungen in jedem Fall die überle-
genere Waffe darstellt. Läßt sich die Ergänzungshypothese
- militärisches 'Superwaffenmonopol' - nicht durchgängig behaupten, dann ist entweder die Geltung des Selbstausrüstungs-
prinzips für alle militärischen Ränge in Frage gestellt oder
aber die Behauptung in Zweifel zu ziehen, daß Stadtpatriziat
und Bauernschaft (Plebs) Mitglieder eines Herrschaftsverbandes sind[109]. Es kann davon ausgegangen werden, daß die an
der Herrschaft befindliche Gruppe innerhalb ihres Verbandes
versuchen wird, Möglichkeiten, die ihr Machtmonopol bedrohen, auszuschließen. Eine solche Möglichkeit aber stellt die
Teilnahme der beherrschten Schicht am Militärverband mit
eigenen Waffen dar, zumal wenn diese Schicht jederzeit in

---

108  Die Eigentumsrechte an den Streitwagen und die Verfügung über
     sie lagen in den monarchisch organisierten Staaten des Alten
     Orients zumeist bei der Zentralinstanz, vgl auch 1.Reg 9,19.
109  Der Ausgang der Auseinandersetzungen in Ri 4 läßt die Streit-
     wagenwaffe keineswegs als die überlegenste Waffe unter allen Ein-
     satzbedingungen erscheinen. Gleichfalls sprechen die Ereignisse
     dagegen, daß die kämpfenden 'Patrizier' und die israelitischen
     'Aufständischen' dem gleichen Wehrverband angehörten.
     Als die Philister die Israeliten unterworfen hatten, sorgten sie
     für eine Entwaffnung der unterworfenen'Plebejer' (1.Sam 13,19f).

der Lage ist, sich neu zu bewaffnen. Das von Weber weitgehend als befriedet geschilderte Verhältnis zwischen Patriziat
und Bauernschaft setzt die Entwaffnung der Bauern voraus.
Dem patrizischen Vollkrieger steht dann nicht ein waffentech-
nisch weniger versierter bäuerlicher Halbkrieger gegenüber,
sondern eher ein vom Waffenbesitz ausgeschlossener bäuerlicher Nicht-Krieger.

Außerhalb von stadtstaatlichen Herrschaftsverbänden trifft
man auf das Prinzip der Selbstausrüstung und Selbstversorgung
nur noch innerhalb von Lehnsverbänden und in kurzlebigen
charismatischen Vergemeinschaftungen. Historische Parallelen
stellen das mittelalterliche Lehnswesen, die Kampfverbände
nomadischer Gesellschaften, die charismatisch organisierten
Militärverbände zu Beginn der Ausbreitung des Islams und jene zu Beginn der Kreuzzüge sowie das primitive Heerkönigtum
von Eroberervölkern dar.

## 3.5.3.2    Der ökonomische Aspekt

Die ökonomische Schichtung entspricht der militärischen Differenzierung in zwei grundsätzlich zu unterscheidende Lei-
stungsklassen. Sie stabilisiert das militärische und politische Machtgefüge.

Wichtigstes Produktionsmittel ist der Bodenbesitz. Der
fruchtbare Ackerboden der Ebenen und Täler ist überwiegend
im Besitz der städtischen Oberschicht. Die Bauernbevölkerung, die auf den weniger ergiebigen Böden des Berglandes
sitzt, ist ökonomisch von dem Stadtpatriziat abhängig. Die
Wirtschaft wird bestimmt vom Interesse des städtischen
Adels, sich den fruchtbaren Boden anzueignen und den Handel
zu monopolisieren. Die Vorstellung von einer scharfen wirtschaftlichen Scheidung der Bevölkerung in patrizische Oberschicht und bäuerliche Unterschicht beruht auf einer Reihe
von Annahmen, die im folgenden expliziert werden sollen.

Der Verkauf von Ackerland ist rechtlich zulässig. Der
Grundbesitz darf auch an Sippenfremde veräußert werden. Das
Eigentum an Grundbesitz ist über Generationen hinweg garan-
tiert. Das setzt voraus, daß das politische Machtgefüge

stabil ist, dh es finden weder Eingriffe fremder Mächte von
außen in die soziale Ordnung statt, noch nennenswerte soziale Revolutionen im Inneren. Verschiebungen der Eigentumsverhältnisse bewegen sich fast ausschließlich in Richtung auf
die Bildung von Großgrundbesitz. Dieses impliziert, daß
Grundsteuern entweder nicht existieren oder bedeutungslos
sind, dh in keinem Verhältnis zum Umfang des Besitzes stehen. Grundbesitz ist nicht an die Übernahme öffentlicher
Lasten und Pflichten gebunden. Innenpolitisch bedingte Um-
verteilung und Neuaufteilung von Ackerland spielt keine Rolle. Das geltende Erbrecht ist so gestaltet, daß es die Aufteilung von Großgrundbesitz verhindert und seine Bildung begünstigt. Dieses kann seinen Ausdruck darin finden, daß entweder alle Erben das ungeteilte Erbe gemeinsam bewirtschaften oder aber das Recht kennt nur einen bevorzugt Erbenden.
Das Bestehen von Großgrundbesitz auf Dauer ist davon abhängig, daß Arbeitskräfte in ausreichender Zahl zur Verfügung
stehen[110].

Das Patriziat tritt ökonomisch als eine einheitliche
Schicht von handeltreibenden Großgrundbesitzern den ausschließlich von der eigenen Landwirtschaft und vom Handel
ausgeschlossenen Bauern gegenüber. Sowohl was das Kredit-
geschäft betrifft,als auch hinsichtlich der Praxis des
Landerwerbs besteht keine Konkurrenz im Geschäftsverhalten
der Patrizier untereinander. Was wiederum voraussetzt, daß
keine 'freie Marktwirtschaft' vorliegt, sondern eine ständisch orientierte Wirtschaftsform. Daher kann mit der Möglichkeit von kartellähnlichen Absprachen hinsichtlich der
Zinssätze und der Bodenpreise gerechnet werden. Die Zinssätze müßten im Vergleich zu den Bodenpreisen auf einem relativ hohen Niveau liegen. Der Wettbewerb unter den adligen
Großgrundbesitzern kann auch durch gewisse geographische
Beschränkungen der Sphären möglichen Landerwerbs begrenzt
worden sein. Dieses ließe sich durch die räumliche Konzentration des Grundbesitzes verschiedener Patrizierfamilien

---

110 Allerdings ist das Vorhandensein von überschüssigen Arbeitskräf-
    ten allein noch kein Indiz für bestehenden Großgrundbesitz.

in geographisch deutlich abgrenzbaren Gebieten nachweisen.

Die im Ackerbau erwirtschafteten Überschüsse, soweit sie wirtschaftlich relevant werden, stehen zur Verfügung des Patriziats. Sie dienen zum einen der Versorgung der städtischen Bevölkerung mit Nahrungsmitteln, zum anderen bilden sie die Basis des Handels. Zu klären wäre, wieweit der palästinensische Handel auf unverarbeiteten Agrarprodukten beruht bzw ob Verarbeitungsmöglichkeiten für bestimmte Erzeugnisse bestanden und genutzt wurden[111]. Im letzteren Fall ist zu untersuchen, wer die Verarbeitung organisiert, über Werkzeuge und Handwerker gebietet und wo die Verarbeitung stattfindet[112]. Wirtschaftlich bedeutungsvoll ist der Handel nur für das Patriziat. Die Teilnahme am Handel ist gebunden an die Stadtsässigkeit und die Verfügung über in der Landwirtschaft erwirtschaftete, handelsrelevante Mehrproduktion.

Vorausgesetzt in Webers Konzeption des Handels ist, daß so etwas wie ein Eigenhandel , dh Handel mit eigenen Erzeugnissen, im wesentlichen Umfange bestand. Ferner wird angenommen, daß der Zugang zum Handel nur einer bestimmten Schicht offensteht. Alle Angehörigen dieser patrizischen Schicht haben von vorneherein durch die Chance der Teilnahme am Handel ein ökonomisches Plus gegenüber den Angehörigen der plebejischen Schicht.

Der Handel ist keine Angelegenheit eines räumlich definierten Kollektivs wie einer 'Bürgerschaft einer Stadt' oder gar Zentralinstanz, sondern einzelner patrizischer 'Individuen'. Es existiert auch keine Zentralinstanz, die regulierend und kontrollierend in den Handel eingreift.

Die palästinensischen Städte wären demnach nicht nur Durchgangsstationen des Handels, also am Passivhandel beteiligt, sondern nehmen aktiv mit eigenen Erzeugnissen am Handel teil. Eine Möglichkeit, dieses zu belegen, bestände im Nachweis

---

111  Hier wären Verzeichnisse israelitischer Handelsgüter (z.B. 1 Reg
     5,25; Ez 27,17) heranzuziehen sowie archäologische Befunde über
     die Verteilung und Konzentration von Handwerks- und anderen Ver-
     arbeitungsbetrieben zu befragen.
112  Gab es freie Handwerker, Königshandwerker oder waren die Handwer-
     ker Leibeigene im Dienste 'adliger' Sippen? Oder bestanden ver-
     schiedene Organisationsformen des Handwerks nebeneinander her?

von einheimischen Handelshäusern, die in größeren Städten
entlang der Verkehrsrouten ansässig waren[113].

Wichtigster Eckstein in der Konzeption der palästinensischen Wirtschaft ist die Annahme, daß nennenswerte und für
den Handel relevante Überschüsse produziert wurden. Dieses
landwirtschaftliche Mehrprodukt diente der patrizischen
Schicht nicht nur zur Beschaffung höherwertiger Verbrauchs-
güter, wie Kriegsausrüstung und Luxuswaren, sondern war neben seinem Zweck als Mittel zum Eintausch dieser Güter vor
allem zur Bildung von Kapital bestimmt. Das im Handel gewon-
nene Kapital wiederum stellte die Grundlage für die Bewucherung der Bauern dar. Die Bauern waren im Fall von wirtschaftlichen Notlagen zur Erhaltung ihrer Existenz auf die Bereitstellung von Darlehen durch das Patriziat angewiesen. Für
diese Darlehensgeschäfte bedurfte das Patriziat einer von
der Landwirtschaft unabhängigen Einnahmequelle. Eine derartige Möglichkeit bot der Handel.

### 3.5.3.3   Der soziale Aspekt

Kennzeichnend für das soziale System ist eine deutliche Trennung von Patriziat und Plebs. Diese Hierarchie innerhalb des
Systems fällt mit dem Merkmal Stadtsässigkeit/Landsässig-
keit zusammen. Beide Gruppen partizipieren an der Sippenverfassung und sind gemeinsam in einem Wehrverband organisiert.

Verschiedene Faktoren militärischer, ökonomischer und charismatischer Natur bedingen, daß Ober- und Unterschicht als
ständisch geschlossene Einheiten einander gegenüber stehen.

In dieses Modell geht eine Reihe von Vorannahmen ein, die
im folgenden erörtert werden sollen.

Die Existenz eines städtischen Patriziats wird unbefragt
vorausgesetzt. Seine Entstehung bleibt im Dunkeln. Im Zusammenhang seiner Darstellung der Entwicklung der Militärorganisation führt Weber das Aufkommen der israelitischen Adels-
schicht auf einen sozialen Differenzierungsprozeß zurück,

---

113 Solche Handelshäuser sind im Alten Orient u.a. aus Assur, Baby-
    lon und Nuzi bekannt, um nur einige der bedeutendsten Städte zu
    nennen.

der seinen Ausgang von der Entwicklung der Militärtechnik
nimmt[114]. Nun werden gewöhnlich neuere, effektivere Waffen
von bereits herrschenden Gruppen übernommen, nicht aber die
Übernahme neuer Waffen führt zur Bildung einer Herrschaftsgruppe.

Dieses gilt jedoch nur für soziale Differenzierungen innerhalb einer
Gesellschaft. Eine Oberschicht, die anfänglich in ihre Herrschaftsposition durch Eroberung eines fremden Landes und Volkes gelangte, kann
diese Stellung durchaus der Verfügung über die effektiveren Waffen ver-
danken. Beispiele hierfür finden sich sowohl in der Geschichte des hethitischen Großreiches, der hurritischen Einwanderung nach Syrien/Palä-
stina und auch der Eroberung des palästinensischen Küstenstreifens
durch die Philister.

Der Ursprung der israelitischen Oberschicht aus einem Militäradel wäre erst noch nachzuweisen. Insbesondere wäre das
Verhältnis von Monarchie und Militäradel zu klären.

Gesellschaften, die durch eine ständische Gliederung in
Plebs und Patriziat sich auszeichnen, weisen bestimmte Merkmale auf, was das Verhältnis der beiden Stände betrifft.

Das Patriziat stellt eine geschlossene und homogene Gruppe
dar. Die Plebs dagegen besteht aus heterogenen Gruppen   -
Bauern, Handwerker, Wanderhirten - und wird als Gruppe
eigentlich  nur durch den allen gemeinsamen Gegensatz zum
Patriziat zusammengeschlossen. Der Grad der Geschlossenheit
des Patriziats ließe sich daran ablesen, wieweit connubium
und commercium mit nichtpatrizischen Sippen besteht; aber
auch daran, ob eine Aufnahme neuer Sippen ins Patriziat möglich ist. Besteht eine ständische Differenz de jure und de
facto, dann kann davon ausgegangen werden, daß die Aufnahme
einer Sippe ins Patriziat an die Erfüllung bestimmter Kriterien gebunden ist und auch spezifischen Regelungen unterliegt. Die Aufnahmemechanismen eines aristokratisch organisierten Adels sollten sich von denen eines monarchisch verfaßten Adels in charakteristischen Punkten unterscheiden.

---

114  AJ S.30.109

Im monarchisch verfaßten Adel kommt der in der Hauptstadt
ansässigen adligen Gruppe, vor allem der Fürstensippe,
weit mehr Einfluß als den übrigen Adelssippen zu. Streng genommen erfordert die Eingliederung einer neuen Sippe, daß
sie bereits nicht nur in einer Landstadt mit Grundbesitz,
sondern auch schon in der Hauptstadt ansässig ist.

Ein Wechsel des Wohnortes für eine Sippe, die zuvor an einem
anderen Ort wohnhaft war,     kann unterschiedliche Ursachen und Folgen haben. Die Sippe steigt sozial auf ins Patriziat und siedelt sich in der Hauptstadt an. Im anderen
Falle gerät sie in die Abhängigkeit einer patrizischen Sippe
und wird von dieser dort angesiedelt, wo zusätzliche Arbeitskräfte benötigt werden. Sozialer Aufstieg kann sich dokumentieren im Verschwinden von großzügig geplanten Wohnein-
heiten in den Landstädten bei gleichzeitiger Verbesserung
der Wohnstruktur größerer Teile der Hauptstadt. Sozialer
Abstieg dagegen kann seinen sichtbaren Niederschlag in der
Anlage ausgedehnter Arbeitersiedlungen, gegebenenfalls um
ein 'Herrenhaus' herum, finden, aber auch deutlich werden
in einem überproportionalen Anwachsen der Städte, verglichen
mit der normalen zu erwartenden Bevölkerungszunahme bei
gleichzeitiger Verringerung der dörflichen Niederlassungen[115].

In diesem Zusammenhang drängt sich die Frage auf, unter
welchen Voraussetzungen eine nomadisierende Gruppe in einer
vorhandenen funktionierenden Siedlungsgemeinschaft seßhaft
werden konnte. Zunächst kann für die vorstaatliche Zeit erwartet werden, daß die Siedlungen bei der Aufnahme neuer
'Bürger' weitgehend autonom entscheiden konnten. Doch bleibt
offen, bei welcher Institution innerhalb einer Siedlung die
Entscheidungsbefugnis lag. Andererseits, berücksichtigt man
Webers Behauptung der stadtstaatlichen Verfassung auch für
diesen Zeitraum, dann ist es wenig wahrscheinlich, daß ganze Sippen sich ohne Kontrolle von der übergeordneten Voll-

---

115  Dieses gilt nur in Friedenszeiten. Bei permanenter Kriegsgefahr
     werden kleinere, unbefestigte Dörfer in der Regel aufgegeben,
     und die Bevölkerung zieht sich in feste Städte zurück.

stadt aus in den Landstädten ansiedeln konnten. Zumal eine
ausschließlich an den örtlichen Gegebenheiten orientierte
Ansiedlung neuer Gruppen zu empfindlichen Verschiebungen im
politischen Machtgefüge des Gesamtstaates führen konnte, wenigstens aber eine Neuorganisation des Wehrverbandes, der
aus örtlichen Kontingenten besteht, erforderte.

Ein weiterer kritischer Punkt im Verhältnis von Patriziat
und Plebejat liegt im Verhältnis von Sippenrecht und lokalem
Recht. Sippenverfassung und Ortsverfassung können einander
entsprechen, was z.B. der Fall ist bei geschlossener Seßhaftwerdung größerer Verbände auf bisher unbesiedeltem Boden.
Im Siedlungsprozeß selber können Ortsrecht und Sippenrecht
dann auseinander treten. Das Verhältnis beider zueinander
wird im wesentlichen beeinflußt von der jeweiligen, die Sippen und ihre Niederlassungsorte übergreifenden Herrschaftsform. Das Ortsrecht dient zunächst dem Ausgleich kollidie-
render Interessen der Sippen. Doch kann es innerhalb eines
umfangreicheren Herrschaftsverbandes auch zur Durchsetzung
der Interessen übergeordneter Herrschaftsgruppen dienen.
Da Sippen auch interlokal angesessen sein können, muß dieser
Umstand im Ortsrecht zur Einschränkung der Verantwortlichkeit der Sippe für ihre einzelnen Mitglieder führen und so
zur Haftbarmachung des Individuums. Diese 'Individualisierung'
des Rechts, die verbunden ist mit der Einführung lokaler
Entscheidungsinstanzen, deutet auf ein Übergewicht des Orts-
rechts hin und die Auflösung der Sippenordnung[116]. Das Recht
ist kein unabhängiger Faktor in diesem Prozeß, sondern Spiegel der ökonomischen und militärischen Kräfteverhältnisse.
Vor allem die ökonomischen Bestrebungen des Patriziats bedrohen die Weiterexistenz der Sippenverfassung. Die Auswirkungen der wirtschaftlichen Entwicklung müssen ihre Spuren
im Recht hinterlassen haben, z.B. hinsichtlich der Kriterien
für die Schlichtung von Streitfällen unter ökonomisch und

---

116  Vgl Dtn 25,5-10 (Levirat) im Kontrast zu Dtn 24,16. Die Bege-
     benheiten um Naboths Weinberg scheinen noch eine Kollektivbe-
     strafung vorauszusetzen. Bei bestimmten Rechtsvergehen  - sol-
     chen gegen 'Gott und König' - hatte die Zentralinstanz durch-
     aus ein Interesse an der Sippenhaft.

ständisch ungleichen Kontrahenten.

Die Herrschaft durch das Patriziat und die Herrschaft durch die Ältesten laufen einander entgegen. Sie entstammen auch zwei unterschiedlichen Herrschaftsformen. Das Patriziat ist verwandt mit dem Modell der 'antiken erbcharismatisch begründeten Geschlechterherrschaft', während die Ältestenverfassung mehr dem Typus des 'primären Patriarchalismus' zuneigt[117].

Beide Organisationsformen stehen im 'Antiken Judentum' nebeneinander. Weber versucht sie untereinander auszugleichen, indem er die Ältesten zu den Vertretern der Patriziersippen macht. Dann aber muß es in der Stadt auch Sippen geben, die nicht nach dem Ältestenprinzip organisiert sind und infolgedessen auf das politische Geschehen und die Verwaltung der Stadt keinen Einfluß hätten. Für die Landstädte ist das Verhältnis Ältestenverfassung/Patriziat gänzlich offen. Denn zum einen soll ja das Patriziat in der Vollstadt konzentriert sein, also de facto nicht präsent in den Landstädten sein. Zum anderen ist zu erwarten, daß die Abhängigkeit der Landstädte in irgendeiner Form in der lokalen Verwaltung und im lokalen Recht ihren Ausdruck findet. Die politische Kontrolle der Landstädte verlangt die personelle Anwesenheit von Patriziern in diesen Städten.

In letzter Konsequenz stellt sich für die plebejischen Stadtbewohner wie für die bäuerlichen Landbewohner die Frage, ob sie überhaupt noch unter die Sippenverfassung fallen. In einer voll durchgeführten Stadtherrschaft könnten sie rechtlich und politisch nur noch als abhängige Klientel der Patriziersippen gelten. Denn stehen Patrizier und Plebejer unter einer Sippenverfassung und einem Sippenrecht, dann kommt es zwischen den Herrschaftsinteressen der Patrizier, wie sie sich im Stadtrecht manifestieren, und den Interessen der Sippen an der Erhaltung der Sippenverfassung zum Konflikt. Die Existenz eines die Herrschaft de facto und de jure ausübenden Patriziats setzt ein Zweiklassenrecht voraus, das Weber für die israelitische Gesellschaft auch folgerichtig

---

117 Vgl WuG[5] S.133f.219ff

annimmt. Das Recht unterscheidet die Rechtssuchenden nach
ihrer ständischen Herkunft. Hinzu tritt innerhalb der Plebs
eine Differenzierung nach der Verfügung über Grundbesitz.
Zu den Grundbesitzlosen gehören nicht nur die Bauern, die
ihren Acker verloren haben, sondern auch die Wanderhirten
und Handwerker sowie die Sklaven. Ökonomisch sind also drei
Klassen vorhanden: Großgrundbesitzer, Grundbesitzer, Grund-
besitzlose. Spielt der Besitzstand die von Weber postulierte
Rolle, dann müßten Recht und Rechtsprechung die Position des
Rechtsuchenden entsprechend berücksichtigen.


### 3.5.4. Konsequenzen für den Fortgang der Arbeit

Die Anwendung des Idealtypus 'Antike Stadtherrschaft' kann
nicht in allen Einzelheiten untersucht werden. Sinnvoll ist
eine Konzentration auf wesentliche Faktoren des Idealtypus
und auf bestimmte historische Situationen.
    Eine Eingrenzung der zu überprüfenden Komplexe ist nicht
nur aus arbeitsökonomischen Gründen geboten. Der derzeitige
Stand der alttestamentlichen Forschung läßt die Untersuchung
einiger Bereiche  - z.B. 'Wirtschaft und Handel', 'Zusammenhang zwischen Verkehrsstruktur und Sozialstruktur', 'Verhältnis von nomadischer Wirtschafts- und Lebensweise zur stationären Wirtschafts- und Lebensweise', 'Handel und Handwerk',
'Agrarwirtschaft und Verkehrswirtschaft' -  wenig erfolgver-
sprechend erscheinen. Die alttestamentlichen Überlieferungen
sind in diesen Bereichen zu fragmentarisch und bedürfen der
Ergänzung durch die Archäologie. Die bisherigen Ergebnisse
der Archäologie zur Stadtwirtschaft sind aber zu lückenhaft
- wichtige Städte wie Jesreel und Thaanach sind entweder noch
nicht ausgegraben, oder die Berichte sind noch nicht publi-
ziert -  für eine systematische Studie der sozioökonomischen
Strukturen der israelitischen Gesellschaft.
    Die Auswahl der Probleme, die weiter verfolgt werden sol-
len, hat zwei Aspekte zu berücksichtigen: die alttestamentliche Materialbasis und die Bedeutung, die das Thema für die
Beurteilung der Angemessenheit des Idealtypus 'Antike Stadt-

herrschaft' aufweist.

Konstitutiv für den Idealtypus sind zwei Momente, die ständische Gliederung der städtischen Gesellschaft in Patriziat und Plebejat und die politisch-rechtliche Abhängigkeit der Siedlungen von der Vollstadt. Weichen die alttestamentlichen Traditionen zu israelitischen Städten in wichtigen Punkten hier vom Idealtypus 'Antike Stadtherrschaft' ab, dann wäre die Angemessenheit dieses Typus mehr als fraglich. Der Versuch, die Fragwürdigkeit des Idealtypus 'Antike Stadtherrschaft' aufzuzeigen, führt gleichzeitig zur Konzeption eines neuen, an den alttestamentlichen Befunden orientierten Idealtypus der israelitischen Stadt.

An zwei Punkten innerhalb der israelitischen Geschichte scheint eine Untersuchung besonders vielversprechend.

Aus der vorstaatlichen Zeit haben wir einige Überlieferungen zum Schicksal israelitischer Siedlungen in typischen Krisensituationen. Diese Traditionen enthalten zahlreiche Informationen zur gesellschaftlichen Struktur der jeweiligen Siedlung und zu den Beziehungen der Siedlungen untereinander. Sowohl die These von der ständischen Schichtung der israelitischen Stadt als auch die Behauptung der Existenz verschiedener politisch-rechtlicher Kategorien von israelitischen Städten läßt sich an diesen Texten überprüfen (Kap. 7).

Aus der staatlichen Zeit haben wir eine ausführlichere Überlieferung zu Städten eigentlich nur zu den Hauptstädten, vor allem zu Jerusalem und Samaria. Albrecht Alt[118] hat in Anlehnung an Max Weber die These entwickelt, daß die beiden Hauptstädte staatsrechtlich als Stadtstaaten verfaßt waren.

Eine Befragung dieser Thesen wird im Zentrum der Überlegungen zur Organisation der Städte in der Königszeit stehen (Kap.9). Doch ist es notwendig, vor einer Beschäftigung mit den aufgeworfenen Fragen den Typus 'Eidgenossenschaft', der von Weber als Gegentypus zur 'Antiken Stadtherrschaft' konzipiert worden ist, einer näheren Betrachtung zu unterziehen (Kap.4).

---

118 A.Alt a.a.O.

# 4.  DER IDEALTYPUS 'EIDGENOSSENSCHAFT'


Im Zentrum der folgenden Erörterungen wird der Idealtypus
'Eidgenossenschaft' stehen, der Weber als Gegentypus zur
'Antiken Stadtherrschaft' dient. Nach der Rekonstruktion des
Idealtypus 'Eidgenossenschaft' werden zu seinem besseren Ver-
ständnis Webers Schriften zur traditionalen und charismati-
schen Herrschaft herangezogen. Auf die Interpretation des
Typus von diesen Studien her folgt eine Skizze der histori-
schen Elemente des Idealtypus. Anschließend werden einige
Fragen und Hypothesen diskutiert, die sich aus seiner An-
wendung auf die israelitische Sozialgeschichte ergeben.


## 4.1   'Eidgenossenschaft' als Herrschaftstypus in Palästina


Die israelitische 'Eidgenossenschaft' ist ein Verband freier Volksgenossen[1], die in einem lockeren sozialen und politischen Zusammenhalt zueinander stehen[2]. Der Verband war
labil in seinem Bestand und wechselte in der Zusammensetzung.
   Seinen Kern bildeten die Bauern des Berglandes und die
Viehzüchter der Steppen. Hinzu kamen noch einzelne Markt-
flecken und Landstädte[3].
   Untereinheiten des Bundes waren die Stadt und der Stamm.
Das Ausmaß der sozialen Differenzierung unter den Bauern ist
unbekannt, doch weisen Siedlungsgewohnheiten und militärische Bezeichnungen auf ansatzweise bestehende soziale Unterschiede hin. Weber unterscheidet von daher die ökonomisch

---

1  AJ S.146.280
2  AJ S.109
3  AJ S.65

wehrfähigen erbcharismatischen Sippen, die in der Stadt angesiedelt sind[4], von den ökonomisch wehrhaften Sippen, die dem
Stamm traditionell angehören, und von den vollfreien Plebejern, die nur dem Ort ihrer Ansiedlung angehören[5].

In der 'Eidgenossenschaft' überwog der Einfluß der Bauern.
Daher bezeichnet Weber sie gelegentlich auch als Bauernbund[6].
Zwischen den Stämmen bestanden deutliche Unterschiede hinsichtlich der sozialen Organisation. Die Südstämme umfaßten
im wesentlichen Viehzüchtersippen und waren durchgehend nach
Sippen organisiert. Ihnen standen die Nordstämme gegenüber,
die eine Verfassung nach Fünfzigerschaften und Tausendschaften aufwiesen[7]. Von den Nordstämmen schienen Asser und Dan
die am frühesten stadtsässigen Stämme zu bilden, während
Ephraim, Issachar, Sebulon und Naphtali die eigentlichen Bauernstämme stellten. Issachar war einem herrschenden bund-
fremden Stadtstaat politisch unfrei angegliedert, hatte aber
seine Stammesorganisation beibehalten[8]. Unter den Nordstämmen dominierte Ephraim, ein Stamm, der hauptsächlich aus
bergsässigen Großbauern bestand[9].

Zum verfassungsmäßigen Unterschied zwischen den Nord- und
Südstämmen trat die  - teils parallel hierzu verlaufende -
Differenzierung in seßhafte Bauern und halbnomadische Viehzüchter hinzu. Zwischen diesen beiden sozioökonomischen
Gruppen bestand ein ausgeprägter Interessengegensatz, der
seine Ursachen in der unterschiedlichen ökonomischen Be-
darfssituation beider Gruppierungen hatte. Einerseits versuchten die Bauern, die am leichtesten anbaufähigen Teile
des von den Viehzüchtern bewohnten Berglandes landwirtschaftlich sich anzueignen, andererseits war ihr bereits angebau-
tes Gebiet den Rückstößen und Raubzügen der Viehzüchter ausgesetzt[10].

---

4  AJ S.25
5  AJ S.26
6  AJ S.29
7  AJ S.51
8  AJ S.41
9  AJ S.90
10  AJ S.62f

Viehzüchterstämme, Bauernstämme und Städte bildeten innerhalb der 'Eidgenossenschaft' soziologisch nebeneinander gelagerte soziale Einheiten.

Außerhalb dieses Verbandes, aber ihm vertraglich angegliedert, befanden sich die 'Gerim'. Zu den 'Gerim' rechneten
alle politisch nicht vollberechtigten Israeliten ebenso wie
die nicht zur israelitischen Bevölkerung zählenden Gruppen
der Handwerker, Musiker, Tagelöhner und Leviten[11]. Von den
minderberechtigten Mitgliedern sind die Bauern in Dörfern
organisiert gewesen, die übrigen Schutzangehörigen teils in
Ortsverbänden, teils auch in Sippen und Stammesverbänden.

Die alte Sozialverfassung Israels beruhte auf der durch
Vertrag regulierten Beziehung wehrhafter bäuerlicher Grund-
eigentümer mit Gastsippen als rechtlich geschützten Metöken[12].

Die israelitische 'Eidgenossenschaft' vereinigte  die Stämme in einem Jahwebund. Das Besondere dieser Bundeskonzeption
entstand durch das Zusammentreffen einiger die israelitische
Gesellschaft prägenden politischen Sachverhalte und eines
singulären religionsgeschichtlichen Ereignisses.

Die gesellschaftlichen Strukturen wurden bestimmt durch
die Kontraktbeziehungen zwischen seßhaften und nomadisieren-
den Gruppen. Doch daß der Bund mit Jahwe die 'Eidgenossenschaft' begründete und zusammenhielt, war nur zum Teil durch
die präformierende Wirkung der Regulierung sozialer Beziehungen nach dem Schema des Vertrages bedingt. Weitere soziologische Momente trugen zur Bedeutung des Jahwebundes erheblich bei. Die politischen Verbände von Beduinen und Viehzüchtern sind  - eine Folge ihrer Umweltbedingungen -  in
ihrem Bestand labil. Dieser Labilität politischer Organisationen steht die auffällige Stabilität religiöser Kultverbände gegenüber. In einer derartigen Kultur sind religiöse
Vergemeinschaftungen besonders geeignet als tragfähige Basis
für politische und militärische Verbandsbildungen. Ein solcher religiöser Kultverband war die Grundlage der 'Eidgenos-

---

11  AJ S.40.184
12  AJ S.87

senschaft'. Die 'Eidgenossenschaft' war von ihrer Gründung
her eine religiöse Schwurverbrüderung der Israeliten mit
Jahwe[13].

Jahwe galt selbst als Vertragspartner dieser 'berith'[14].
Der Bundesschluß mit dem Gott selber wurde notwendig, da es
sich bei Jahwe um einen bisher unbekannten Gott aus der Ferne
handelte. Aus der Einbeziehung des Gottes als 'Mitglied' in
den Bund folgt, daß er auch Partner des durch 'berith' ge-
schaffenen Bundesrechts, vor allem der sozialrechtlichen
Ordnungen, wurde[15].

Diese Vorstellung von Gott als Vertragspartner und nicht
nur als dem Schutzherrn der eidlichen Verbindung geht der
Tradition nach auf den von Mose zum Zweck der Eroberung und
Behauptung des Westjordanlandes gestifteten Bund mit dem
Gott, der das Schilfmeerwunder bewirkt hatte, zurück[16]. Jahwe
war ein durch die mosaische Kultordnung für den israelitischen Kriegsbund neu übernommener Gott[17]. Gerade von seiner
Rezeption her galt Jahwe als Kriegsgott des israelitischen
Bauernheeres[18]. Die israelitische 'Eidgenossenschaft' war
ihrer Überlieferung nach ein Kriegsbund unter und mit Jahwe.
Ein für die soziale Verfassung des Bundes wichtiges Moment
lag darin, daß Jahwe eben nicht nur Kriegsgott des Bundes
war, sondern als Vertragspartei auch Garant der sozialen und
rituellen Bundesordnungen[19], dem Charakter nach ein sozialer
Verbandsgott[20].

Israel stand Jahwe als ein Verband freier Volksgenossen
gegenüber[21]. Dieser Umstand, daß Jahwe der Gott einer personalen Volksgemeinschaft war[22], spielte für die politischen
und sozialen Strukturen dieser Gemeinschaft eine entschei-

---

13  AJ S.90f
14  AJ S.128
15  AJ S.126.179
16  AJ S.135
17  AJ S.130
18  AJ S.125
19  AJ S.90.317
20  AJ S.140
21  AJ S.147
22  AJ S.165

dende Rolle. Der in seiner Zusammensetzung labile Bund besaß
bis zur Königszeit keine politischen Organe und verfügte weder über ein einheitliches Gericht noch eine entsprechende
Verwaltung[23]. Bedingt durch das Fehlen einer beständigen
Bundesautorität und aller staatlichen Organisation konnten
neue Vereinbarungen, die für alle Mitglieder gelten sollten,
nur aufgrund von Orakeln entstehen, ähnlich wie der ursprüngliche Bund[24]. Alle neu eingeführten Satzungen wurden somit
Bestandteil der alten Vertragsverhältnisse zwischen Jahwe
und dem israelitischen Heerbann unter Mose. Die Bundesein-
heit fand ihren Ausdruck in der Beachtung und Erfüllung der
sozialen und rituellen Verpflichtungen der Bundesgebote.
Das Fehlen eines zentralen Kultes, ja jeder politischen und
hierokratischen Instanz in Friedenszeiten bewirkte, daß die
Innehaltung der Gebote für den Bestand des Bundes wichtiger
wurde als kultische Opfer[25]. Hinzu kam, daß kein vom Bund
anerkannter Priesterstand existierte[26]. Die Leviten, denen
die Auslegung der Bundesordnung oblag[27], standen nämlich
als 'Gerim' außerhalb des Verbandes der Kriegshufenbesit-
zer[28].

Im Kriege äußerte die Einheit des Bundes sich in den entsprechenden 'Institutionen' zur Kriegsführung und Kriegsvor-
bereitung. Alle Instanzen des israelitischen Heerbannes waren charismatischen Ursprungs. Schon die Teilnahme an den
Kriegen war freiwillig. Alle Kriege hatten den Charakter von
Gefolgschaftskriegen[29]. Ausgelöst wurde der Krieg durch das
Auftreten eines von Jahwe beglaubigten Kriegshelden oder
Kriegspropheten. Kern des Heerbannes waren die Nasiräer, unter denen man sich asketisch geschulte Kriegsekstatiker vor-
zustellen hat[30]. Den Nasiräern standen die jahwistischen

---

23  AJ S.92
24  AJ S.141
25  AJ S.146
26  AJ S.173
27  AJ S.189
28  AJ S.184
29  AJ S.52
30  AJ S.103. Das Nasiräat scheint bei dem Stamm Joseph in der Form
    eines jahwistischen Kriegsordens eingerichtet gewesen zu sein,
    vgl AJ S.104.

Kriegspropheten, die 'Nebiim', nahe. Ihre Aufgabe war der
Aufruf zum Glaubenskampf, Verheißung des Sieges und ekstati-
scher Siegeszauber; daneben wandten sie noch ihre magischen
Praktiken zur Förderung des Alltagslebens an. Die 'Nebiim'
begleiteten den Heerbann als Feldkapläne[31]. Sie waren die
geistlichen Führer des Bauernaufgebotes gewesen[32].

Gerade das Fehlen einer Zentralgewalt gab diesen charismatischen Funktionsträgern neben den Leviten ihren bedeutsamen
Einfluß.

In Friedenszeiten wurde die Einheit des Bundes gelegentlich darin sichtbar, daß ein charismatischer Führer  - ein
von Jahwe beglaubigter Kriegsheld oder Kriegsprophet -
Autorität über die Grenzen seines Stammes hinaus beanspruchte und erhielt. Von Jahwe ausgewiesene Propheten und bewähr-
te Kriegshelden wurden dann in Friedenszeiten auch zur
Schlichtung von Rechtsstreitigkeiten herangezogen. Sie bildeten die Gruppe der charismatischen 'Schofetim'[33].

Oberstes Organ der 'Eidgenossenschaft' war der zum Kampf
versammelte Bundesheerbann[34]. Der Heerbann war nach Fünfzigerschaften und Tausendschaften gegliedert[35]. Hauptträger der
Wehrkraft waren die freien israelitischen Bauern[36]. Zur Zeit
der 'Eidgenossenschaft' unterschieden sich die 'Gibborim'
von den übrigen Mitgliedern nur dadurch, daß sie eine Art
von panhopliefähiger classis bildeten[37].

Der Feind, gegen den die bergsässigen Bauern und halbnomadischen Hirten antraten, war das wehrhafte Patriziat der
Städte in den Ebenen und an der Küste[38]. Hauptinteressenten
des Kampfes gegen das Stadtpatriziat waren die Bauern, die
der Fronknechtschaft mehr als die Hirten ausgesetzt waren.
Neben der Sicherung ihrer Fron- und Abgabenfreiheit[39] er-

---

31  AJ S.106
32  AJ S.110
33  AJ S.94
34  AJ S.98
35  AJ S.28
36  AJ S.33
37  AJ S.109
38  AJ S.63
39  AJ S.120

strebten die Israeliten die Beherrschung der Karawanenstraßen und die an ihnen haftenden Einnahmen[40].

Das Bundesheer konnte auch bei Verstößen gegen Teile der
Bundessatzungen durch Mitglieder gegen die betreffenden aufgeboten werden[41].

---

40  AJ S.63
41  AJ S.147

## 4.2 Webers Studien zur 'traditionalen und charismatischen Herrschaft' und der Typus 'Eidgenossenschaft'

Der israelitische Herrschaftsverband wird zum einen als "Hoplitenverband konstituierte Samtgemeinde von Bauernschaften"[42] bestimmt, zum anderen als 'Eidgenossenschaft' und Jahwebund[43].

Die religionssoziologische Definition ist der militärsoziologischen Bestimmung vorgegeben, sie bildet überhaupt die Basis für die soziologische Analyse dieses Herrschaftsverbandes. Der Verband geht seinem Ursprung nach auf ein konkretes historisches Ereignis, den Bundesschluß der Stämme unter Mose mit Jahwe zurück[44]. Die Bildung der 'Eidgenossenschaft' nahm hier ihren Ausgang. Sie war ihrem politischen Gemeinschaftshandeln nach als Kriegsbund konzipiert. Für den politischen Bestand des Bundes ist seine große Labilität und das Fehlen überdauernder gemeinsamer Bundesorgane in Friedenszeiten charakteristisch[45]. Der Zusammenhang zwischen den Stämmen wurde im Alltag durch die traditional motivierte Beachtung der aus dem Bundesschluß sich herleitenden rituellen und sozialrechtlichen Verpflichtungen gewahrt[46]. Die Beziehungen der Eidgenossen untereinander waren durch die Sippenverfassung geprägt[47]. Außerhäusliche Angelegenheiten, vor allem Rechtsstreitigkeiten, unterlagen der Kompetenz der Ältesten[48].

Der Bund kannte gemeinsame Institutionen nur für Kriegszeiten, die sich dann allerdings charismatisch bildeten. Solche charismatischen 'Einrichtungen' sind der Kriegsfüh-

---

42  GASW S.43
43  AJ S.33.82
44  WuG[5] S.257
45  AJ S.122
46  WuG[5] S.253
47  AJ S.155
48  AJ S.93

rer, die Kriegspropheten und die Nasiräer als besonders ausgezeichnete Jahwekrieger. Das Aufgebot des Bundesheerbannes
oblag dem charismatischen Anführer. Die Heeresfolge war rein
freiwillig. In solchen Gefolgschaftskriegen lagen die Ansätze für die charismatischen Herrschaftsbildungen des Bundes,
die auch die Kriegszeiten überdauern konnten. Der erfolgreiche Kriegsführer konnte Autorität über seinen normalen Einflußbereich hinaus beanspruchen und wurde vor allem von
Rechtssuchenden als schiedsrichterliche Instanz angegangen.

Diese Verbindung von traditional verfaßter Herrschaft mit
den in Notsituationen geborenen charismatischen Herrschafts-
bewegungen ist nach Weber kennzeichnend für den politischen
Zustand primitiver Gemeinschaften. Das Verhältnis von Tradition und Charisma bestimmt in vorrationalistischen Epochen
die Handlungsrichtung nahezu ausschließlich[49]. In seiner
Herrschaftssoziologie[50] umschreibt Weber diese Form politischer Organisation mit den Stichworten 'regulierte Anarchie'[51] und 'primärer Patriarchalismus/Gerontokratie'[52].

Die Abschnitte über die traditionale Herrschaft fanden in
der alttestamentlichen Diskussion so gut wie gar keine Beachtung. Zwar kam es zur Rezeption des Charisma-Begriffes,
doch in einer typisch verkürzten Form, die dann zur Verzeichnung alttestamentlicher Überlieferungen führte[53].

Ausgangspunkt dieser verkürzten Rezeption des Charisma-Begriffes war
wohl der Aufsatz von A.Alt 'Das Königtum in den Reichen Israel und
Juda' (KS II, S.116-134) von 1951. Alts Interpretation der Revolutionen
im Nordreiche als 'einer Reihe gottgewollter Revolutionen' und des nord-
israelitischen Königtums als genuin charismatisch führte ihn zur Konzeption eines charismatischen Ideals, das die politische Verfassung
Israels bestimmte. Seine Nachfolger haben den so verkürzten Begriff
kritiklos übernommen und zum Teil (so Soggin 1967 BZAW 104 S.159ff)

---

49  WuG$^5$ S.142.670
50  WuG$^5$ S.122ff; S.541ff
51  WuG$^5$ S.670
52  WuG$^5$ S.133
53  Mit Einschränkungen gilt das auch für die soziologische Diskus-
    sion; vgl Zingerle (1981 S.110), der im übrigen auch nicht auf
    die Formen traditionaler Herrschaft eingeht.

den Ursprung dieses 'politischen Ideals' in der vermeintlichen halbnomadischen Gesellschaft des frühen Israel gesucht. Im einzelnen kann
hier keine Auseinandersetzung mit den so entstandenen Mißverständnissen
geführt werden. Doch sei ausdrücklich vermerkt, daß nach der Konzeption
des Charisma-Begriffs bei Max Weber (WuG[5] S.140) weder David noch die
Revolutionskönige des Nordreiches reine Charismatiker sind. Als Charis-
tiker unter den Königen kann Saul gelten, sofern es sich in 1.Sam
9-10 um eine spätere Berufungslegende handelt (vgl L.Schmidt 1970 S.
98ff). Ansonsten sind wohl die Propheten, die die präsumptiven Könige
zum Umsturz unter Berufung auf Jahwe auffordern, Charismatiker, aber
nicht die betreffenden Könige.

Auch neuere Arbeiten sind noch nicht über den Ansatz von Alt hinausge-
kommen (so Schmidt 1982), bleiben hinter ihm zurück (Otto 1981) oder
in den Fußangeln der eigenen Weber-Interpretation hängen (Rodd 1979.
1980). Die Studie von Schmidt (1982) ist zwar von dem Bemühen getragen,
die von Max Weber entliehenen methodologischen Instrumente nicht theoretisch zu verkürzen. Doch bleibt sie in der unkritischen Anwendung des
Charisma-Begriffes stecken. Der kundige Weber-Leser vermißt die Unterscheidung von Amts- und Erbcharisma, moniert die verkürzte Gleichsetzung von 'Charisma' und 'Erfolg' und wundert sich darüber, daß das Verhältnis Gefolgschaft/charismatische Führung so wenig Beachtung findet.
Gerade charismatische Führer wie Saul und David haben als Charismatiker
mittels ihrer Gefolgschaft Karriere gemacht. Eine letzte Bemerkung zu
der im übrigen sehr anregenden Studie von L.Schmidt sei erlaubt: Die
Unterscheidung von 'persönlichem Charisma' und 'Amts-' bzw 'Erbcharisma'
ist theoretisch nicht sinnvoll. Charisma ist in der Regel[54] persönliches Charisma, auch jenes, das durch die Erbfolge bzw das Amt oder
eine Institution vermittelt wird. Die Weberschen Differenzierungen
weisen nur auf die Form der Vermittlung des Charisma hin.

Daher sollen die betreffenden Partien aus der Herrschaftssoziologie hier ausführlicher zur Sprache kommen[55]. Die im
vorliegenden Kontext interessierenden Herrschaftstypen werden
herausgearbeitet, um dann mit der historischen Konkretion

---

54  Zu den Ausnahmen vgl Roth in Roth/Schluchter 1979 S.134f.
55  WuG 1976[5] S.122ff; S.541ff; S.727ff

des Herrschaftstypus 'Eidgenossenschaft' konfrontiert zu
werden.


## 4.2.1   'Traditionale Herrschaft'

Traditionale Herrschaft beruht "auf dem Alltagsglauben an
die Heiligkeit von jeher geltender Traditionen und die Legi-
timität der durch sie zur Autorität Berufenen"[56].
Der Herrschende ist persönlicher Herr, sein Verwaltungsstab besteht aus persönlichen Dienern. Die Beherrschten sind
'traditionale Genossen' des Verbandes oder auch Untertanen.
Die personal geprägte Struktur ist herausragendes Merkmal
aller sozialen Beziehungen. Die Herrschaftsstruktur unterscheidet sich danach, ob der Herr mit oder ohne Verwaltungsstab herrscht. Besteht eine Herrschaft mit Verwaltungsstab,
dann ist die rein patrimoniale Herrschaft  - alle sachlichen
Verwaltungsmittel sind dem Herrn appropriiert[57] - von der
ständischen Herrschaft zu trennen. Bei der letzteren kommen
dem Verwaltungsstab bestimmte Herrengewalten und ökonomische
Chancen zu[58].
Von besonderem Interesse ist hier die Herrschaft ohne persönlichen Verwaltungsstab, die sich in den Formen der 'Gerontokratie' und des 'primären Patriarchalismus' dokumentiert[59]. Der reinste Typus der traditionalen Herrschaft ist
der Patriarchalismus[60]. "Patriarchalismus heißt der Zustand,
daß innerhalb eines, meist, primär ökonomischen und familia-
len (Haus-)Verbandes ein (normalerweise) nach fester Erbre-
gel bestimmter einzelner die Herrschaft ausübt."[61]  Die patriarchalische Gewalt ruht der Struktur nach auf persönlichen Pietätsbeziehungen. Ihr Ursprung liegt in der Autorität

---

56  WuG$_5^5$ S.124
57  WuG$_5^5$ S.131
58  WuG$^5$ S.134
59  WuG$_5^5$ S.133; vgl auch zur 'Honoratiorenherrschaft' S.582
60  WuG$_5^5$ S.133
61  WuG$^5$ S.133

eines Hausherrn innerhalb des Hausverbandes[62]. Verglichen
mit der charismatischen Herrschaft zeichnet sich die patria-
lische Herrschaft durch ihre Stetigkeit und ihren Alltags-
charakter aus. Patriarchalische Gewalt hat ihren Ursprung in
der Notwendigkeit, die immer wiederkehrenden Bedürfnisse des
Alltagslebens zu befriedigen. "'Alle patriarchale Struktur'
ruht auf der geordneten Basis des 'Haushalts'."[63]  Die Haus-
gewalt ist durchaus eigentumsartig[64].

Innerhalb eines patriarchalischen Verbandes ohne Verwaltungsstab sind die Mitglieder des Verbandes Genossen. Die
Herrschaft richtet sich an der Vorstellung der Genossen aus,
daß die Herrschaft zwar traditionales Eigenrecht des Herrn
sei, aber in ihrem, der Genossen Interesse ausgeübt werden
müsse, dh sie ist dem Herrn nicht frei zugeeignet. Der Herr
ist vom Gehorsam der Genossen abhängig. Anspruch auf Gehorsam hat er nur im Rahmen der Tradition.

Die 'Gerontokratie' hat mit dem 'Patriarchalismus' das
Fehlen des persönlichen Verwaltungsstabes und die Orientierung an der Vorstellung vom Genossenschaftsverband gemeinsam. Die außerhäusliche Gewalt kommt jedoch den Ältesten,
als den besten Kennern der Tradition zu[65]. 'Gerontokratie'
und 'Patriarchalismus' können als Herrschaftsformen innerhalb eines Verbandes nebeneinander bestehen.

Der 'primäre Patriarchalismus' ist vom 'Patriarchalismus'
und der 'Gerontokratie' insofern zu unterscheiden, als die
außerhäusliche Gewalt nicht dauerhaft ausgeübt wird, sondern exemplarisch, eher nach Art der charismatischen Herrschaft. Eigentümlich ist dem 'primären Patriarchalismus' die
historisch zeitweilige Überlagerung einer Form des traditionalen Herrschaftstypus durch den charismatischen Typus. Der
'primäre Patriarchalismus' wird von Weber auch als ein Zustand "regulierter Anarchie" beschrieben[66]. In diesem Zustand

---

62  Vgl WuG[5] S.212ff zum Zusammenhang von patriarchalischer Gewalt
    und Hausgemeinschaft/Hausgewalt.
63  WuG[5] S.655
64  WuG[5] S.581
65  WuG[5] S.133
66  In der ersten Fassung der Herrschaftssoziologie (WuG[5] S.541ff)
    taucht der Begriff 'primärer Patriarchalismus' nicht auf. Hier

kann das Gemeinschaftshandeln sich auf die Sicherung der
faktischen Gebietsbeherrschung beschränken. Es tritt nur in-
termittierend auf, im Falle äußerer Bedrohung oder interner
gewaltsamer Konflikte. Auf dieser Ebene bestehen hinsichtlich des Gemeinschaftshandelns strukturelle Ähnlichkeiten
zwischen dem 'anarchisch regulierten Verband' und dem ursprünglichen Nachbarschaftsverband[67] sowie dem Sippenverband[68].

Der Normalzustand dieser politischen Gemeinschaft ist eine
durch die Einhaltung der Traditionen regulierte Anarchie.
Praktisch wird diese 'Anarchie' möglich durch das friedliche
Zusammenleben der Menschen, die ein Gebiet gemeinsam bewoh-
nen. Das Zusammenleben läuft in Gestalt eines rein faktischen gegenseitigen Respektierens der gewohnten Wirtschafts-
sphäre ab, ohne die Bereithaltung irgendwelchen Zwanges[69].
Das Einverständnis der Nachbarn wird reguliert durch die gemeinsame Beachtung der Tradition, ihre Angst vor Blutrache
und vor magischen Gewalten bei der Verletzung von Traditionen[70].


## 4.2.2   Charismatische Herrschaft und ihre Institutiona-
          lisierung

### 4.2.2.1   Bestimmungsgründe des reinen Typus

Charismatische Herrschaft wurzelt im Gegensatz zur traditionalen Herrschaft in den außeralltäglichen Anforderungen
einer Gemeinschaft[71]. Die natürlichen Leiter in Krisensituationen jeglicher Art waren Träger spezifischer, übernatürli-
cher körperlicher und geistiger Gaben. Charismatische Herrschaft ist die schlechthin außeralltägliche Herrschaft.

---

  arbeitet Weber für einen vergleichbaren Zustand mit dem Begriff
  'regulierte Anarchie' (S.670).
67  WuG⁵ S.217
68  WuG⁵ S.219
69  WuG⁵ S.515
70  WuG⁵ S.519
71  WuG⁵ S.661.760

"Charisma soll eine als außeralltäglich ... geltende Qualität einer
Persönlichkeit heißen, um deretwillen sie als mit übernatürlichen oder
übermenschlichen oder mindestens spezifisch außeralltäglichen, nicht
jedem anderen zugänglichen Kräften oder Eigenschaften [begabt] oder als
gottgesandt oder als vorbildlich und deshalb als 'Führer' gewertet
wird."[72]

Über die Geltung des Charismas entscheidet die Anerkennung
durch die Beherrschten. Der Charismatiker hat seine charismatische Autorität für die Beherrschten zu bewähren. Bleibt
er erfolglos und bringt seine Führung für die Beherrschten
kein Wohlergehen, wird sein Herrschaftsanspruch hinfällig[73].
Bewährt er sein Charisma, so ist die Anerkennung der Beherrschten Pflicht. Das reine Charisma muß sich stets neu
durch den Erweis seiner Kraft bewähren[74]. Der Charismatiker
kann seine außeralltäglichen Fähigkeiten einbüßen; der Bestand seiner Autorität ist labil. Das Charisma ruht in seiner Macht auf dem emotionalen Glauben an die außerordentli-
che Bedeutung der geoffenbarten Wertordnung. Dieser Glaube
revolutioniert die von ihm ergriffenen Menschen quasi von
innen heraus und erzwingt die Unterwerfung unter das absolut
Neue gegen die Tradition. Charismatische Herrschaft tritt
innerhalb ihres Bereiches dem Geltungsanspruch traditionaler Ordnungen entgegen und revolutioniert die traditionale
Ordnung.

Diese Herrschaft ist ihrem Wesen nach spezifisch irratio-
nal. Der charismatische Herrschaftsverband ist eine emotionale Vergemeinschaftung[75]. Doch folgt aus dem Bestehen charismatischer Autorität nicht ein Zustand amorpher Struktur-
losigkeit. Herr und Anhänger leben im reinen Typus zwar
außerhalb der Welt und ihrer Verpflichtungen, sie bilden
aber von der Sendung beeinflußte und ausgeprägte soziale
Strukturformen mit persönlichen Organen aus. Die charismatische Struktur kennt keine geordneten Verfahren der Anstel-

---

72  WuG$_5$ S.140
73  WuG$_5$ S.655
74  WuG$_5$ S.656
75  WuG$_5$ S.141

lung oder Behörden. Gefolgschaft und Anhänger sind ihrerseits
nach charismatischen Qualifikationen ausgelesen. Der Herr
persönlich ergreift die seiner Sendung angemessene Aufgabe
und verlangt von seiner Gefolgschaft Gehorsam.

Genuin charismatische Herrschaft kennt keine abstrakten
Rechtssätze und keine rationale Rechtsfindung[76]. Der Rechtsprozeß vollzieht sich durch Offenbarung und Orakel, durch
aktuale Rechtsschöpfung von Fall zu Fall. Das Recht ist konkrete Auswirkung der personalen Erfahrung des Charisma,  in
diesem Sinne stellt es eine Ablehnung aller äußerlichen formalen Ordnung dar.

Das reine Charisma lehnt eine ökonomische Verwertung seiner außergewöhnlichen Gaben als stetige Einkommensquelle ab.
Rationales Wirtschaften und die Erzielung regulärer Einnahmen laufen dem Interesse der Charismaträger konträr. Um ihre
Sendung erfüllen zu können, müssen sie außerhalb der Notwen-
digkeiten der Alltagswirtschaft stehen. Das reine Charisma
ist "die Macht der Unwirtschaftlichkeit"[77]. Es ist spezifisch
wirtschaftsfremd. Die für den Bedarf erforderlichen Sach-
güterleistungen gelten als Gewissenspflicht der charismatisch Beherrschten. Alle Güter, die dem Herrn zufließen, werden gemeinschaftlich genutzt. Herr und Gefolge leben im gemeinsamen Liebes- und Beutekommunismus.

## 4.2.2.2    Veralltäglichung und Institutionalisierung
des Charisma

Nur in statu nascendi wirkt sich die charismatische Herrschaft in ihrer schlechthin alles in Frage stellenden und
umstürzenden Kraft aus. Solange die durch außergewöhnliche
Ereignisse heraufgerufene Situation andauert, hat der charismatische Herrschaftsverband als emotionale Vergemeinschaftung von Herr und Gefolge Bestand.

Nur in ihrer ursprünglichen Form ist die charismatische
Herrschaft eine an die Geltung und Bewährung des Charismas

---

76   WuG[5] S.141.656
77   WuG[5] S.656

gebundene persönliche soziale Beziehung[78]. Beginnt das Herr-
schaftsverhältnis kontinuierlich zu werden, so zeigt es die
Tendenz zur Veralltäglichung. Voraussetzung für diesen Prozeß ist die Aufgabe der spezifischen Wirtschaftsfremdheit
des Charismas[79]. Seine Veralltäglichung ist identisch mit
der Anpassung an die Erfordernisse der Wirtschaft als der
kontinuierlich wirkenden Alltagsmacht[80].
Sieht man von Umweltbedingungen wie chronischen Kriegszu-
ständen oder anhaltenden Dürren ab, die ein Andauern der
charismatischen Herrschaft begünstigen, so spielt für ihre
Kontinuität das ideelle und materielle Interesse des Herrn,
seines Gefolges und seiner Anhänger am Bestand der charismatischen Herrschaft eine wesentliche Rolle.
Das Charisma selber, nicht nur die charismatisch initiierte Herrschaftsstruktur, unterliegt in zweierlei Hinsicht
dem Prozeß der Veralltäglichung. Zum einen bedürfen soziale
Herrenposition, ökonomische Chancen und Vorteile des Gefolges der Legitimierung, zum anderen wirkt sich die objektive
Notwendigkeit aus, auf die normalen Alltagserfordernisse und
-bedingungen einzugehen und charismatisch 'Ordnung' und
'Verwaltungsstab' hieran anzupassen, um sie funktionsfähig
zu erhalten. Da der Legitimationsgrund der Herrschaft  -
Charisma - unaufgebbar, aber in seinem Bestand labil ist,
müssen spezifische Formen und Mittel gesucht werden, die das
Charisma als Besitz verfügbar machen. Der Sinn des Charismas
wird umgebildet und versachlicht. Die Art und Weise, wie
dieses geschieht, ist wesentlich mitbestimmend für den Charakter der nun entstehenden sozialen Beziehungen.
Typisch zeigt sich dieses beim Wegfall des bisherigen Cha-
rismaträgers und dem Problem  der an ihrem Weiterbestand in-
teressierten charismatischen Gemeinschaft, einen adäquaten
Nachfolger zu gewinnen. Neben dem passiven Warten auf das
Auftreten eines neuen charismatisch qualifizierten Herrn
finden sich verschiedene Formen aktiven Handelns für die

---

78  WuG$_5$ S.142
79  WuG$_5$ S.144
80  WuG$^5$ S.148

Suche eines Nachfolgers[81].

Der Nachfolger kann nach bekannten Merkmalen charismatischer Qualifikation ausgesucht werden, durch Orakel oder Los ermittelt werden oder durch Designation des/der charismatisch Qualifizierten bestimmt werden. Im letzten Fall kann die Bezeichnung durch den Charismaträger selbst oder - nach seinem Ableben - durch die charismatische Gefolgschaft unter Anerkennung der Gemeinde erfolgen.

Ferner bekommen noch die Vorstellungen Einfluß, daß das Charisma eine Qualität des Blutes sei und an der Sippe des Trägers hafte bzw daß das Charisma eine durch hierurgische Praktiken von einem Träger auf den anderen übertragbare Qualität darstelle.

In allen Fällen wird das Charisma aus einer persönlichen Gnadengabe zu einer Qualität, die persönlich übertragbar oder erwerbbar oder gar unpersönlich an den Inhalt eines Amtes gebunden ist. Das Charisma wird im Prozeß seiner Veralltäglichung versachlicht. Die Versachlichung des Charismas vollzieht sich auch in der Umbildung der Gefolgschaft zu einem Verwaltungsstab, der sich eventuell Herrengewalten aneignet und spezifische Rekrutierungsmechanismen entwickelt.

Zur Transponierung der sozialen Beziehungen ins Institutionelle und ihrer Traditionalisierung/Legalisierung tritt die Umwandlung der charismatischen Verkündigung zum Dogma und zum Rechtsgrund erworbener Rechte. Die Traditionalisierung ursprünglich charismatischer Herrschaftsstrukturen ist unvermeidlich, solange die Rationalisierung der Lebenstechnik unterentwickelt ist. 'Charisma' wird als 'Tradition' Bestandteil des Alltags.

Mit der Anpassung an den Alltag wird der charismatische Herrschaftsverband weitgehend in die Form der Alltagsherrschaft überführt. Die charismatische Herkunft wird dann nur noch sichtbar in der erbcharismatischen oder amtscharismatischen ständischen Ehre des Herrn und des Verwaltungsstabes.

---

81  WuG[5] S.143f. 663ff

4.2.3  Das Verhältnis von Tradition und Charisma im
        Herrschaftstypus 'Eidgenossenschaft'

Die Begriffe 'primärer Patriarchalismus' und 'regulierte
Anarchie' lassen sich im 'Antiken Judentum' nicht nachweisen;
doch zeigt der Vergleich der soziologischen Studien Webers
mit dem historischen Herrschaftstypus 'Eidgenossenschaft',
daß beide Herrschaftstypen, der soziologische wie sein historisches Konkretum, in ihren wesentlichen Bestandteilen
übereinstimmen. Der Herrschaftstypus 'Eidgenossenschaft'
fällt soziologisch in die Kategorie 'regulierte Anarchie'.
Gerade dieser das vorstaatliche Gemeinschaftsleben Israels
strukturierende Typus stellt mit seinem ihm eigenen Ineinan-
dergreifen von traditionalen und charismatischen Herrschafts-
momenten innerhalb der Weberschen Untersuchungen die einzige
ausführliche Illustration des reinen Typus 'regulierte
Anarchie' dar.
Im folgenden versuche ich, konstitutive Merkmale der 'Eidgenossenschaft' analog dem Typus 'regulierte Anarchie' zu interpretieren.
Eine außerhäusliche Dauergewalt fehlt innerhalb der 'Eidgenossenschaft'[82]. Deutlich wird dieses am labilen politischen Bestand des Verbandes und einer horizontalen Schichtung der unterschiedlichen sozialen Gruppierungen der 'Eidgenossenschaft'[83]. Sippenverfassung und Orientierung an gemeinsamen, das Alltagsleben[84] regulierenden Traditionen gewähren einen lockeren Zusammenhalt und treten in Friedenszeiten an die Stelle eines politischen Gemeinschaftshandelns[85]. Außerhäusliches soziales Handeln orientiert sich
am Paradigma des Nachbarschafts- bzw Genossenschaftsverban-
des[86]. Außerhalb des Haus- und Sippenverbandes kann sich
Anspruch auf Gehorsam nur auf charismatisch legitimierte

---

82  AJ S.92
83  AJ S.65
84  Den Kult betrachte ich hier als einen integrierten Bestandteil
    des Alltagslebens.
85  AJ S.146.280
86  Vgl zur Interpretation des Rechts AJ S.69.73

Autorität gründen und erlangt ausschließlich exemplarisch
Geltung[87]. Das Recht trägt schiedsrichterlichen Charakter
und ist in der Sphäre des Verkehrs zwischen den Sippenver-
bänden anzusiedeln. Die Regelung von Rechtsangelegenheiten
obliegt den Ältesten der Sippen[88].

Das Fehlen einer beständigen Zentralgewalt dokumentiert
sich in gelegentlichen Fehden einzelner Stämme untereinander,
wie auch in der unbeschränkt bestehenden Vertragsfreiheit
der Sippen[89], die es ihnen ermöglicht, neue Gruppen in den
Sippenverband aufzunehmen oder sie als Klientelgruppen anzu-
gliedern. Die Stammesorganisation wurde nur in Kriegszeiten
relevant. Der Kriegsfall, dh die faktische Bedrohung der Ver-
fügungsgewalt über das gemeinsam bewohnte Gebiet, ist die
einzige Situation, in der es zu einem politischen Gemeinschaftshandeln kommt. Alle dieses Gemeinschaftshandeln tragenden Institutionen sind charismatischen Ursprungs[90]. Nur
innerhalb der Krisensituation haben sie Anspruch auf Gehorsam. Allerdings ist  - was den Charakter der 'regulierten
Anarchie' unterstreicht -  der Gehorsam faktisch nicht er-
zwingbar. Das Aufgebot zum Kriegszug wird durch den charismatischen Anspruch des präsumptiven Führers ausgelöst. In
seiner Wirksamkeit ist es von der Anerkennung der Aufgebo-
tenen abhängig, also nicht qua Anspruch bereits gültig.

Die zeitweilige charismatische Herrschaft innerhalb des
Verbandes dient der Aufrechterhaltung des normalen, herrschaftsfreien Zustandes. Sowie das Ziel der charismatischen
Vergemeinschaftung erreicht ist, die Abwehr der Herrschafts-
ansprüche des kanaanäischen Stadtpatriziats, löst sich die
aus dem charismatischen Führer und seiner aktiven Anhänger-
schaft bestehende Herrschaftsgruppe wieder auf. Die All-
tagsinteressen der Beteiligten verhindern in diesem Fall
eine Veralltäglichung der charismatischen Herrschaft und
ihre Institutionalisierung.

---

87  AJ S.92
88  AJ S.19.93
89  AJ S.87
90  AJ S.98f

Das Verhältnis von charismatischer und traditionaler Herrschaft läßt sich für Israel nicht bruchlos auf die Differenz
von Alltagsleben und außeralltäglicher Situation verrechnen,
bezieht man die Umbildungsprozesse des Charisma ein. Denn
der traditionalen Herrschaft lief historisch ein charismatisch begründeter Kriegsbund voraus[91]. Aus diesem Kriegsbund,
der identisch mit einer religiösen Vergemeinschaftung unter
einem gemeinsamen Kriegsgott ist, leiten sich die Traditionen der Alltagsherrschaft her.

Der Jahwebund war eine kasuelle Vergemeinschaftung zum
Zweck der Eroberung des Landes. Er wies typische Merkmale
eines charismatischen Herrschaftsverbandes auf. Ein charismatischer Führer - Mose - beansprucht Gehorsam unter Berufung auf eine ihm offenbarte höhere Wertordnung und stellt
von ihr abgeleitete Normen für seine Anhänger auf. Sein Anspruch wird von den Aufgerufenen anerkannt, und infolgedessen bildet sich eine emotionale Vergemeinschaftung zur Erfüllung einer ihr spezifischen Mission. Innerhalb dieser Gemeinschaft differenziert sich eine engere Gefolgschaftsgrup-
pe - die Leviten, die ebenfalls nach charismatischen Prinzipien ausgelesen ist[92] - aus dem weiteren Kreis der Anhänger-
schaft.

Der Herrschaftsverband überdauert den Tod seines charismatischen Begründers, da das Ziel der Mission noch nicht erreicht ist. Der neue Führer - Josua - wird durch den ersten charismatischen Anführer designiert, wobei für seine
'Wahl' charismatische Prinzipien berücksichtigt werden[93].

Solange der charismatische Verband besteht, fehlen ihm alle
Züge der Alltagswirtschaft. Alle im Wege der Gelegenheits-
wirtschaft oder durch Beute erlangten Sachgüter werden gemeinschaftlich genutzt[94].

---

91  AJ S.90.135
92  Ex 32,26ff und Dtn 33,8ff deuten auf eine 'charismatische Re-
    krutierung' der Leviten hin.
93  Nach Num 27,18 ist die Geistbegabung Josuas Grund für seine De-
    signation als Nachfolger Moses.
94  Bemerkenswert an der Mannatradition (Ex 16) ist, daß alle trotz
    unterschiedlicher Anstrengungen gleich viel gesammelt haben (V.
    17f) und daß es keine Möglichkeit gibt, sich einen Überschuß
    anzulegen (V.20).

Nach der Eroberung des Landes und der Ansiedlung der Ver-
bandsteilnehmer löst sich der Kriegsverband als stehende Einrichtung auf, doch überdauern seine religiösen und sozialen
Traditionen die ursprüngliche Vergemeinschaftung. Der Kultverband, allerdings ohne allgemein anerkannte kultische Autoritäten, bleibt erhalten.

Unter bestimmten Voraussetzungen führt aber gerade das Wei-
terleben der religiösen und sozialen Traditionen des Bundes
zu einem Wiederaufleben der 'alten charismatischen Vergemeinschaftung'. Dazu gehört das Vorliegen einer akuten, den
Bestand größerer Teile der Alltagsgemeinschaft gefährdenden
Krisensituation, das Auftreten eines Charismatikers mit dem
Anspruch auf kriegerische Nachfolge und legitimiert durch
die Berufung auf alte Bundestraditionen sowie die Anerkennung der Aufgerufenen. In diesem Fall kommt es erneut zu
einer charismatischen Herrschaftsbewegung.

## 4.3 Die materialen Bestandteile des Typus 'Eidgenossenschaft'

Der soziologische Herrschaftstypus, die 'regulierte Anarchie', der der 'Eidgenossenschaft' zugrunde liegt, ist in seinen Bestimmungen weitgehend von konkreten historischen Paradigmen unabhängig. Dieses unterscheidet ihn deutlich vom Typus 'Antike Stadtherrschaft'.

Inhaltlich verweist Weber für die 'Eidgenossenschaft' gelegentlich auf Parallelen[95] zur Schweizer Eidgenossenschaft wie auch auf die Ähnlichkeiten mit den Bauernbünden der italischen Samniten[96] und griechischen Aitoler[97]. Doch beeinflussen sie materialiter die Bildung des Idealtypus nicht.

Alle wesentlichen Merkmale des Idealtypus 'Eidgenossenschaft' sind der Geschichte des vorstaatlichen Israel entnommen. Hier beruft sich Weber hauptsächlich auf die entsprechenden Überlieferungen aus dem Richterbuch, die Stammessprüche im Jakobs- und im Mosesegen sowie auf die Sinaitradition.

Der Begriff 'Eidgenossenschaft' zur Bezeichnung des vorstaatlichen Israel ist bei Weber nicht originär, sondern von Wellhausen entlehnt[98].

Das soziologische Bild, das Weber von der vorstaatlichen Gesellschaft Israels entwirft, ist in seinen historischen Grundzügen so von Eduard Meyer[99] entwickelt worden. 'Die Israeliten und ihre Nachbarstämme' dient dem Soziologen sozusagen als Nothafen zur Orientierung auf dem ungeheuren Meere der alttestamentlichen 'Tatsachen'.

Die Abhängigkeit Webers von der alttestamentlichen For-

---

95  AJ S.63
96  Zu den Samniten vgl Mommsen 1976 I S.127f; 343ff; 375ff
97  Zu den Aitolern vgl Sordi 1969
98  Vgl Wellhausen 1921[8] S.23
99  Eduard Meyer 1906, vgl auch Wellhausen 1921[8]

schung seiner Zeit liegt für den aufmerksamen Leser des
'Antiken Judentum', zumindest was den Idealtypus 'Eidgenossenschaft' betrifft, so offen zutage, daß sie keiner nach-
zeichnenden Darstellung bedarf. Ich meine um so eher auf sie
verzichten zu dürfen, als sie zwar dem Interesse an for-
schungsgeschichtlichen Zusammenhängen reichlich Nahrung böte,
sachlich aber nicht erforderlich ist. Denn unähnlich dem
Idealtypus 'Antike Geschlechterpolis' ist der Idealtypus
'regulierte Anarchie' in seinen wesentlichen Merkmalen  –
das zeigt der Vergleich der entsprechenden Partien aus 'Wirtschaft und Gesellschaft' – unter Absehung von konkreten historischen Sachverhalten gebildet worden.

## 4.4 Hypothesen und Fragestellungen, die sich aus der Anwendung des Idealtypus 'Eidgenossenschaft' auf die Richterzeit ergeben

Webers Konzeption der 'Eidgenossenschaft' ruht auf zwei theoretischen Modellen, von denen das eine sich auf den Ursprung der 'Eidgenossenschaft' und das andere sich auf die Form ihrer Organisation nach der Landnahme bezieht. Das zweite Modell ist theoretisch wie historisch in seiner Verfassung von dem ersten abhängig.

Ihren Anfang findet die 'Eidgenossenschaft' in einer religiösen Verbandsbildung nomadisierender israelitischer Sippen. Ziel dieser Verbandsbildung ist die kriegerische Eroberung von Siedlungsgebiet. Der ursprüngliche Verband ist eine charismatische Vergemeinschaftung unter der Führung Moses und später unter der Führung Josuas. Diesem Verband eigentümlich ist, daß seine Stabilität durch die Anerkennung der Autorität des göttlichen Bundespartners Jahwe garantiert wird. Nach der Erreichung des Gründungszieles  - Niederlassung im gelobten Land -  lösen sich die 'ständigen' Organe des Bundes auf. Dieser Vorgang kann als Anzeichen dafür gewertet werden, daß die sich ansiedelnden 'Eroberer' keiner ständigen militärischen Verteidigung bedurften. Eine unmittelbare Gefährdung des territorialen Umfanges des neuen Siedlungsbereiches bestand nicht. Die Ansiedlung müßte nachweislich in bevölkerungsarmen Regionen des Landes stattgefunden haben. Auch wäre damit zu rechnen, daß die Siedler mit bereits ansässigen, nicht überwundenen Vorbewohnern friedliche Vertragsbeziehungen eingegangen waren.

Voraussetzung für die Behauptung des Modells der vorstaatlichen Organisation Israels nach dem Typus 'regulierte Anarchie' ist der Nachweis, daß ein derartiger Landnahmeprozeß stattfand, dem in irgendeiner Form eine kriegerischreligiöse Verbandsbildung vorauslief. Denn die Herrschaftsform 'regulierte Anarchie' ist in ihrem Bestand davon abhängig, daß das Gemeinschaftshandeln der Siedler sich an allen gemeinsamen Traditionen religiösen wie kriegerischen Inhalts orientieren kann, und es aus der Zeit der Verbandsbildung allgemein akzeptierte soziale Normen gibt.

Das potentielle Fortbestehen der Militärorganisation stellt ein weiteres verbindendes Moment zwischen den Teilnehmern des Gründungsverbandes und der Siedlungsgemeinschaft dar. Die Militärorganisation fand ihren konkreten Niederschlag in der Verteilung von Land an die Mitglieder. Die den einzelnen zugeteilte Fläche bemaß sich nach dem Ertrag des Bodens. Angestrebt war eine möglichst gleichmäßige Beteiligung aller Mitglieder an Grund und Boden. In der Richterzeit sollte dieses noch ablesbar sein am weitgehenden Fehlen von Großgrundbesitz. Die potentielle Heeresorganisation könnte u.a. durchschimmern in der Beschränkung freien Bodenhandels, dem Einspruchsrecht des Wehrverbandes bei Veräußerungen und dem Interesse an einer geregelten Erbfolge.

Eine ausführliche Untersuchung der alttestamentlichen Landnahmetraditionen sowie die ergänzende Befragung archäologischer Befunde würde den Rahmen dieser Arbeit überschreiten. Zur Klärung der Voraussetzungen der gesellschaftlichen Organisationsform des vorstaatlichen Israel werde ich mich daher auf eine Diskussion der führenden alttestamentlichen Theorien zur Landnahme unter dem Gesichtspunkt der Organisation der Einwanderer konzentrieren (Kap.6).

Dagegen soll das Organisationsmodell der 'regulierten Anarchie', von dem her sich wichtige Folgerungen für das Verständnis der sozialen Struktur der vorstaatlichen Gesellschaft und der Siedlungsgeschichte ziehen lassen, einer näheren Betrachtung unterzogen werden.

Nach der Ansiedlung der Bundesteilnehmer kommt es nicht zur Ausbildung gemeinsamer, alle umfassender politischer, sozialer und kultischer Institutionen. Zudem zeigen sich hinsichtlich der sozialen Organisation zwischen den im Norden ansässigen Stämmen und denen des Südens nicht unerhebliche Unterschiede. In der sozialen Verfassung der Südstämme dominiert die Sippenorganisation, während im sozialen Leben

der Nordstämme lokale Gesichtspunkte überwiegen. Dieses ließe sich nachweisen, wenn in der vorstaatlichen Zeit in der
Regel die Angehörigen der Südstämme ihre Herkunft gentilizisch ausweisen würden, die Mitglieder der Nordstämme aber
ihre Herkunft nach Ortschaften bestimmen würden. Da die Regulierung sozialer Beziehungen nach dem Muster von Verwandtschaftsbeziehungen ursprünglicher ist[100], verglichen mit der
Regulierung sozialer Beziehungen auf der Basis lokaler Beziehungen[101], weist diese Differenz darauf hin, daß die
nördlichen Bewohner Israels einer früheren Einwanderungsschicht angehören müssen.

Es bleibt dann danach zu fragen, welche Traditionen beide
Gruppen verbinden, und vor allem, wie es zu einem gemeinsamen Traditionsbestand kam. Denn der interne Zusammenhalt der
'Eidgenossenschaft' setzt einen gemeinsamen Fundus an religiösen und sozialen Traditionen voraus. Die Interessenidentität soziologisch so unterschiedlicher Gruppen wie der Bauern und der Viehzüchter kann nicht ausschließlich auf die
äußere Bedrohung durch die kanaanäischen Stadtstaaten und
ihre Expansionspolitik zurückgehen - die Viehzüchtersippen
konnten sich leicht dieser Konfrontation entziehen -, sondern setzt bereits eine dem äußeren Druck vorauslaufende
Gemeinsamkeit voraus. Dieses gilt um so mehr für die Teile
der Nordisraeliten, die mehr oder minder fest einem kanaanäischen Herrschaftsverband eingegliedert waren.

Allerdings verweist die Möglichkeit zur Aufstellung größerer Heeresverbände auf eine gewisse territoriale Autonomie
des Kerns der 'Eidgenossenschaft'. Zumindest die Hauptträger der Wehrkraft des Bundes sind in Regionen ansässig, die
dem unmittelbaren Zugriff kanaanäischer Städte entzogen
sind.

---

100   In der alttestamentlichen Wissenschaft besteht recht allgemein
      die Annahme, daß die Israeliten aus einer Verwandtschafts-
      gruppe entstanden. Vgl kritisch hierzu Mendenhall 1970 S.1ff;
      S.198ff
101   Vgl hierzu Dräger 1968, Fortes/Evans-Pritchard 1940, Gearing
      1968, Gschnitzer 1968, Helm 1968, Moret/Davy 1926, Radcliffe-
      Brown 1960[4], Sahlins 1968.

Hauptmerkmal der israelitischen 'Eidgenossenschaft' ist
das Fehlen einer außerhäuslich geordneten Dauergewalt. Kennzeichnend für eine derartige Einrichtung ist die Einflußnahme auf die Richtung des Gemeinschaftshandelns und seine
Organisation. Innerhalb der 'Eidgenossenschaft' dürfte sich
daher keine traditional legitimierte Zentralgewalt nachweisen lassen, deren Befehlsgewalt die Gehorsamspflicht der
Eidgenossen gegenübersteht.

Gemeinschaftsinteressen werden wahrgenommen durch die Inhaber 'natürlicher' Führungspositionen innerhalb des Verwandtschaftssystems, z.B. von Sippenältesten. Gemeinschaftshandeln kommt auf der Basis von Nachbarschafts- und Sippenver-
bänden zustande, gelegentlich aber auch  - in außeralltäglichen Krisensituationen -  als Ergebnis charismatischer Bewegungen. Ansätze zur Bildung von Zentralinstanzen sind
charismatischen Ursprungs und haben nur temporär Bestand.

Die Nichtexistenz einer dauerhaften Zentralgewalt sollte
sich auch im Militärwesen dokumentieren. Alle kriegerischen
Aktionen der 'Eidgenossenschaft', mit Ausnahme der Eroberung
des Siedlungsgebietes, sollten den Charakter von Defensiv-
kriegen tragen, da für offensive Kriege die Planungsinstanz
fehlt. Alttestamentliche Traditionen aus der Richterzeit
über Angriffskriege sollten singulär sein. Die Teilnahme am
Kriegszug ist freiwillig und kann mangels Exekutivorganen
nicht erzwungen werden. Das Aufgebot kann charismatisch wie
traditional legitimiert werden. Die Beanspruchung der Führerschaft durch eine konkrete Person ist immer charismatisch
legitimiert. Das wäre an den Berufungsgeschichten der 'Richter' zu überprüfen. Differenzierungen militärischer Ränge
nach  Befehlsgewalt unterhalb der Position des Anführers
sind von bestehenden sozialen Positionen, die im Verwandtschaftssystem verankert sind, hergeleitet. Eine Übertragung
militärischer Führungspositionen in den zivilen Bereich des
Alltagslebens ist unüblich. Sie hat im Alltag keinen Bestand.
Bezeichnungen, die ihren Ursprung in der militärischen Sphäre
haben, finden im Alltag keine Verwendung. Ausgesprochen militärische Titel sollten den entsprechenden 'zivilen' Traditionen der Richterzeit fehlen.

Politisches Handeln ist für diese Zeit im wesentlichen
identisch mit militärischen Aktionen.

Für die Regelung sozialer Beziehungen dürfte es keine vom
Verwandtschaftssystem unabhängigen Rollen geben. In der Lösung sozialer Konflikte sind die 'natürlichen' Führer von
Verwandtschaftsgruppen beteiligt, auch dann, wenn sie nicht
zu den unmittelbar betroffenen Kontrahenten gehören.

Bei Kontakten zwischen Gruppen sollten diese als Kollektive handeln und einander als Kollektive behandeln. Anführer
der Gruppen treten als Boten und Sprecher auf, nicht als
Leiter. Die Anführer dieser sozialen Gruppierungen haben reine Vermittlerfunktionen.  Sie besitzen keine eigenverant-
wortliche Entscheidungskompetenz. Wo sie den gesteckten Ver-
handlungsrahmen überschreiten, bedürfen sie wenigstens der
nachträglichen Legitimation durch die von ihnen vertretene
Gruppe. Dieses wäre aufzuzeigen an Hand der Traditionen über
die Beziehungen der Städte untereinander und über Verhandlungen einer Stadt mit einer anderen Stadt oder Person. Im Regelfall ist die Übernahme derartiger repräsentativer Funktionen daran gebunden, daß die Repräsentanten innerhalb des
Sippenverbandes eine herausragende Position einnehmen.

Ständige Einrichtungen und Ämter entstehen aus der Ausübung bestimmter Gemeinschaftsaufgaben nicht. Das 'Amt'
gleicht mehr einer 'sozialen Position mit Prestige'. Konkret
schlägt sich das nieder in fehlenden Sukzessionsbestimmungen
für ein 'Amt'.

Da die patriarchale Hauswirtschaft typisch ist für den Zustand der 'regulierten Anarchie', ist im ökonomischen Bereich mit geringen Rollendifferenzierungen zu rechnen. Diese gehen einher mit der üblichen Klassifizierung von Arbeits-
aufgaben im Rahmen einer Haushaltswirtschaft. Handel ist nur
als lokaler Tauschhandel bedeutsam.

Die gemeinsamen Traditionen können eine einheitliche
Rechtsordnung hervorgebracht haben, die für den Verkehr der
'Eidgenossen' untereinander gilt. Ihre Legitimation wie ihre
Stabilität beruht auf ihrem Verständnis als geoffenbarter
Wille des Gottes der 'Eidgenossenschaft'. Die Überlieferung
der Rechtstraditionen sollte frei sein von Hinweisen auf

eine Monopolisierung der Reaktionstätigkeit durch eine Zentralgewalt, weder bei der Verhängung noch bei der Vollstreckung sollte sie von Bedeutung sein. Recht ist im wesentlichen Schiedsrecht, da weder eine Zentralgewalt noch ein Erzwingungsstab existiert. Auch eine institutionalisierte 'richterliche Instanz' ist nicht zu erwarten. Die 'richterlichen Funktionen' - sofern es zulässig ist, hier überhaupt von 'Richtern' zu sprechen - sind allen freien Mitgliedern der 'Eidgenossenschaft' zugänglich. Patriarchal begründete Einschränkungen der freien Zugänglichkeit zur aktiven Teilnahme am Recht widersprechen dem nicht. Idealtypisch gilt, daß alle Rechtsgenossen normunterworfen wie normhandhabend gedacht sind.

Fehlende Monopolisierung und Professionalisierung des Rechts kann durchaus einhergehen mit der Normierung von Verfahrensweisen. Diese Normierung des Rechtsverfahrens kann sich auf traditionalem Wege herausbilden. Die faktische Wirksamkeit der Rechtsordnung setzt voraus, daß der Kreis der Rechtsgenossen bekannt und begrenzt ist. Ihre Verbindlichkeit hängt davon ab, wie hoch die Wahrscheinlichkeit von Spontanreaktionen der Rechtsgenossen bei einer eklatanten Verletzung der Rechtsordnung ist in den Fällen, in denen eine rechtsgemäße, nach traditionalem Verfahren erfolgende Ahndung des Normverstoßes nicht möglich ist. Gerade die fehlende Monopolisierung des Rechts erfordert von den Rechtsgenossen Spontanreaktionen. Es ist zu erwarten, daß diese Reaktionen durch den Hinweis auf für alle bekannte und verbindliche Traditionen legitimiert werden[102].

Die Existenz eines zentralen, für alle verbindlichen und von allen zu unterhaltenden Kultes ist dem Charakter der 'Eidgenossenschaft' als einer Gemeinschaft, die politisches außermilitärisches Gemeinschaftshandeln weitgehend entbehrt, nicht angemessen. Ein Kult mit einem zentralen Heiligtum als ständiger Einrichtung erfordert von allen Kultgenossen ent-

---

102 Der Dekalog könnte in diesem Zusammenhang eine Rolle gespielt haben, zumal wenn das apodiktische Recht soziologisch in den Sippen verankert war (vgl Gerstenberger 1965[2] S.110ff).

sprechende ökonomische Abgaben zu seiner Unterhaltung. Solche
Abgaben müssen verbindlich geregelt sein und bedürfen der
Organisation. Ein derartiges Abgabensystem hinterließe
sichtbare Spuren in den Kulttraditionen. Läßt sich die Existenz eines zentralen Kultes nicht aufzeigen, dann besteht
auch für die Annahme einer allgemein anerkannten Priesterschaft nur geringe Wahrscheinlichkeit. Eher ist mit konkurrierenden Priesterschaften unterschiedlicher Heiligtümer zu
rechnen, wobei die Priester ökonomisch prekär gestellt sind.
Sie sind auf freiwillige Beiträge der sie Beanspruchenden
angewiesen und haben kein Anrecht auf reguläre konstante
Einkünfte, die unabhängig von ihrer aktuellen Tätigkeitsaus-
übung wären.

Das Modell der 'regulierten Anarchie' soll exemplarisch
auf seine Angemessenheit befragt werden. Dazu werden Traditionen über Verwandtschaftsbeziehungen, soziale Führungspositionen, zum Recht und zum Kult herangezogen (Kap.8). Da der
Idealtypus 'Antike Stadtherrschaft' ein Element innerhalb
des Idealtypus 'regulierte Anarchie' bildet, werden bei der
historischen Untersuchung zur israelitischen Stadt der Richterzeit jene Momente zu berücksichtigen sein  - u.a. die
Führungsstruktur in der Stadt, Beziehung der Städte untereinander -,  die typisch für die 'regulierte Anarchie' sind
(Kap. 7.4 und 7.5).

# 5. 'ANTIKE STADTHERRSCHAFT' UND 'EIDGENOSSENSCHAFT'

Zunächst werden die beiden Herrschaftssysteme, die der 'Eidgenossenschaft' und der 'Antiken Stadtherrschaft' zugrundeliegen, gegenübergestellt. Darauf folgt eine vergleichende Detailanalyse der einzelnen gesellschaftlichen Sphären. Den Schluß bildet die Bestimmung des Verhältnisses der beiden idealtypischen Organisationsformen in der Geschichte Israels[1].

## 5.1 Allgemeiner Vergleich

Als gesellschaftliche Organisationsform sind die typologischen Modelle der 'Antiken Stadtherrschaft' und der 'Eidgenossenschaft' von ihrer Binnenstruktur wie ihren Außenbeziehungen als Gegentypen entwickelt.

Der Stadtstaat ist räumlich durch ein eindeutig beschriebenes geographisches Gebiet bestimmt. Alle Personen, die innerhalb seines Bereiches wohnen, gehören ihm bereits aufgrund ihrer Ansässigkeit  - wenn auch mit unterschiedlicher Rechtswirkung - an. Der Stadtstaat ist ein Flächengebilde mit genau festgelegten Grenzen. In einem derart territorial definierten Staat dominieren die lokalen, sozialen und politischen Beziehungen über den verwandtschaftlichen.

Die 'Eidgenossenschaft' hat eher einen variablen geographischen Umfang. Ihre Grenzen sind dehnbar und fransen an den Rändern typisch aus. Nicht alle Bewohner der Regionen,

---

1 In diesem Kapitel werden die beiden Idealtypen 'Antike Stadtherrschaft' und 'Eidgenossenschaft' miteinander verglichen, so wie sie die Darstellung der israelitischen Sozialgeschichte bei Weber bestimmen.

über die sie sich erstreckt, gehören ihr automatisch nur von
ihrer Ansässigkeit her an. Die Mitgliedschaft in der 'Eidgenossenschaft' ist freiwillig. Ein 'Austritt' aus der 'Eidgenossenschaft' ist möglich, faktisch wird er wirksam durch
andauernden Verzicht auf die Teilnahme bei gemeinsamen Aktionen.

Innerhalb des geschlossenen territorialen Verbandes des
Stadtstaates besteht die Möglichkeit des 'Austritts' nicht.
Ansprüchen des Stadtstaates kann der Untertan sich nur durch
Flucht in einen anderen Herrschaftsbereich entziehen.

Alle Eidgenossen sind untereinander in Rechten und Pflichten gleichgestellt. Verwandtschaftliche Beziehungen laufen
lokalen Beziehungen voraus und prägen diese.

Dagegen ist das Modell der 'antiken Stadtherrschaft' als
soziales und politisches System durch eine strenge vertikale
Gliederung seiner Untereinheiten charakterisiert. Im Gegensatz dazu ist für die 'regulierte Anarchie' der 'Eidgenossenschaft' das Fehlen einer solchen Hierarchisierung differenzierter sozialer Einheiten typisch.

Herrschaft wird im Stadtstaat durch eine Aristokratie bzw
durch einen ständisch kontrollierten Fürsten ausgeübt. In
der 'Eidgenossenschaft' tritt sie nur als Gelegenheitshan-
deln und dann auch noch auf den militärischen Bereich begrenzt auf. Im Stadtstaat sind ständige Einrichtungen ziviler wie militärischer Art zur Machtausübung vorhanden. Die
'Eidgenossenschaft' verfügt über keine ständigen Organe.
Ihr militärisches Potential ruht auf der Miliz. Nur unter
außergewöhnlichen Umständen kommt es in der 'Eidgenossenschaft' zur Ausbildung von Herrschaftsstrukturen über den
normalen Einflußbereich der Sippe hinaus.

Der Stadtstaat verfolgt seinem Umland gegenüber eine aggressive Expansionspolitik. Da seine Grenzen definiert sind und
durch Abmachungen mit anderen Staaten anerkannt und festgelegt, ist per se jede Ausdehnung seines Herrschaftsbereiches eine Verletzung fremden Territoriums.

Die 'Eidgenossenschaft' ist in ihrem politischen Handeln
als Verband tendenziell defensiv eingestellt. Doch kommt es
z.B. bei einer durch Bevölkerungszunahme bedingten räumli-

chen Ausbreitung ihres Einflußbereiches zur sogenannten
stillen Annexion anbaufähigen fremden Territoriums. Dies
kann als Kolonisation unbesiedelter, bisher von keinem Herrschaftsverband beanspruchter Regionen vor sich gehen oder
als Ansiedlung auf brachliegendem Land im Bereich eines
Stadtstaates. Im letzten Fall erkennen die Siedler - aus
der politischen Perspektive des Stadtstaates - mit ihrer
Ansiedlung potentiell die Stadtherrschaft an. Die gewaltsame
Aneignung fremden Bodens erfordert die militärische Organisation größerer Verbände und ist für die 'Eidgenossenschaft'
eher die Ausnahme. Eine Ursache für den ständigen Bedarf an
Land könnte im fehlenden Primogeniturprinzip liegen. Denn
bei kontinuierlicher Erbteilung verringert sich der Landan-
teil des einzelnen Haushalts beständig. Kommt es mit der kontinuierlichen Teilung gleichzeitig zur Familiengründung aller Teilungsberechtigten und erhöht sich die Reproduktions-
rate entsprechend, dann entsteht ein vermehrter Bedarf an
Ackerland.


5.1.1   Politische und militärische Organisation

In beiden Herrschaftssystemen laufen die politische und die
militärische Organisation auf parallelen Gleisen. In der
'Eidgenossenschaft' ist politisches Handeln auf Krisensituationen - Bedrohung des Gebietsbestandes - beschränkt und
damit identisch mit militärischen Aktionen. Ähnlich wie im
Stadtstaat beruht die Aufstellung des Heeres auf der Pflicht
aller Eidgenossen zur Selbstausrüstung. Doch im Gegensatz
zum Stadtstaat bestehen keine differenzierten Gruppen, was
die Fähigkeit zur Selbstausrüstung und militärischen Übung
betrifft. Eine systematisch betriebene Außenpolitik friedlichen Charakters fehlt der 'Eidgenossenschaft', da in ihrem
Bereich keine anerkannte stetige Instanz vorhanden ist, die
den Austausch von Beziehungen mit anderen Herrschaftsverbänden dauerhaft regulieren könnte. Daher unterhält die 'Eidgenossenschaft' zu den angrenzenden Staaten keine institutiona-
lisierten, den Verband als Ganzes bindenden politischen Be-

ziehungen. Diese fehlen auch zu den ihrer Siedlungsgeschichte nach verwandten Verbänden. Innenpolitische Machtausübung
ist innerhalb der 'Eidgenossenschaft' auf Kriegszeiten begrenzt. Im Frieden kommt Herrschaftshandeln außerhalb der
durch das Verwandtschaftsgefüge legitimierten Strukturen
nicht vor.

Der Stadtstaat zeichnet sich durch eine differenzierte innenpolitische Struktur aus. Er verfügt über eine Zentralinstanz, die die politische Machtausübung auch in Friedenszeiten monopolisiert und dazu eine kontinuierliche Verwaltung in ihrem Dienst hat. Die Möglichkeit der Partizipation
an der Herrschaft ist für den einzelnen Bürger ungleich dem
Eidgenossen nicht gleichmäßig gegeben. Sie ist außer von
den Einschränkungen, die sich aus seiner Position im Verwandtschaftsgefüge ergeben, von seiner ökonomischen und
rechtlichen Position abhängig. Die Verfügung über wirtschaftliche Macht ist die wesentliche Grundlage zur Wahrung
der politischen Macht. Nur diese setzt den 'Vermögenden' in
die Lage, Zeit und Mittel für militärische Ausrüstung und
Training zu erübrigen. Ein Verlust der wirtschaftlichen
Potenz impliziert den des militärischen Ranges und der Chancen zur politischen Einflußnahme.

Der höheren inneren Differenziertheit des stadtstaatlichen
Herrschaftssystems entsprechend findet sich in seinem Bereich eine potentiell höhere soziale Mobilität als in der
'Eidgenossenschaft', die derartige durch politische und militärische Macht wie rechtliche Privilegien hervorgehobene
Positionen in ihrem Rahmen nicht anzubieten hat. Innerhalb
der 'Eidgenossenschaft' ist in Friedenszeiten die Möglichkeit des einzelnen Eidgenossen, seinen politischen Einfluß,
z.B. kongruent mit seinem ökonomischen Wachstum, zu erhöhen,
sehr gering. Politischer Einfluß im Verband der 'Eidgenossenschaft' ist hauptsächlich abhängig von der numerischen
Größe der Sippe und ihrer daraus resultierenden Wehrfähigkeit. Der normale Vorgang der Zunahme politischer Macht ist
direkt an die Reproduktionsfähigkeit der Sippe gebunden.
Sofern zwischen Sippen machtpolitische Unterschiede sich
entwickeln, bilden diese sich in intergenerationellen Pro-

zessen heraus. Der Stadtstaat kennt dagegen auch intragene-
rationelle Machtverschiebungen. Die Siedlungen der 'Eidgenossenschaft' weisen eine hohe Variation der innerstädtischen Herrschaftsstrukturen auf. Die Städte werden zum Teil
bereits von den erbcharismatischen Sippen beherrscht. Doch
lassen sich trotz bestehender Differenzierungen die einzelnen Siedlungen nicht in eine an politischer Macht orientierte Rangfolge bringen, da ein übergeordneter staatlicher
Rahmen fehlt. Im Stadtstaat weisen zwar die einzelnen Siedlungen in ihrer politischen Struktur eine weitgehende Übereinstimmung auf  - in allen wird die politische Macht von
den patrizischen Sippen ausgeübt -,  doch sind sie im Ver-
waltungs- und Regierungssystem einander hierarchisch zugeordnet.


## 5.1.2  Rechtsordnung

Der Stadtstaat tendiert dazu, nicht nur die politischen Beziehungen seiner Angehörigen, sondern auch die rechtlichen
strikt zu reglementieren. Er monopolisiert die Rechtsaus-
übung und konzentriert sie für die abhängigen Landbewohner
in der Stadt. Die Übernahme politischer Funktionen ist an
das Wohn- und 'Bürger'-Recht in der Hauptstadt gebunden.
Rechtssetzung und Rechtsvollzug orientieren sich an den Interessen der städtischen Patrizierschicht.
     In der 'Eidgenossenschaft' hat die Rechtssphäre einen ge-
ringeren Umfang als im Stadtstaat. Es findet auch nicht eine
derartige Kanalisierung und Monopolisierung des Rechts statt.
Recht beruht hier auf Übereinkunft und dient der Schlichtung
des Streits zwischen Angehörigen verschiedener Sippen.
Recht ist typisch zwischen Sippen angesiedelt. Die Teilnahme am Recht ist an die Zugehörigkeit zu einer Sippe gebunden, nicht an den Wohnort und sich daraus ergebende Privilegien. Im Extremfall  - Scheitern oder Unmöglichkeit einer
friedlichen Schlichtung -  wird Recht durch Gewalt ersetzt.
     Der Stadtstaat versucht immer, durch Institutionalisierung
und unter Umständen auch durch Professionalisierung des

Rechts, die Substitution des Rechts durch Gewalt zu unterbinden. Auch die Gewaltanwendung zur Durchsetzung von Rechts-
ansprüchen ist eingeschränkt und teilweise aufgehoben durch
die Einrichtung einer Rechtsbehörde, deren Entscheid für die
Kontrahenten verbindlich ist und die den Sanktionsvollzug
monopolisiert hat.


### 5.1.3   Soziale Schichten

Sowohl im Stadtstaat als auch in der 'Eidgenossenschaft' werden die sozialen Beziehungen durch die Sippenverfassung reguliert. Sippenfremde Personen werden vertraglich in bestehende Sippen aufgenommen oder angegliedert.

Innerhalb des Stadtstaates hat sich eine ständische Scheidung der Sippen herausgebildet. Dem Verband der ökonomisch
voll wehrfähigen Sippen stehen die ökonomisch wehrfähigen
Sippen gegenüber. Die ökonomisch wehrfähigen Sippen sind mit
der Bauernschaft identisch, die ökonomisch voll wehrfähigen
mit der herrschenden aristokratischen Schicht des erbcharismatischen Patriziats.

In der 'Eidgenossenschaft' ist eine Unterscheidung der
Sippen in mehr oder minder wehrfähige und ihre Aufteilung
auf zwei Stände nicht vorhanden.

Die Bauern des Stadtstaates zerfallen in die Gruppe der
freien und die der unfreien Bauern. Die unfreien Bauern befinden sich rechtlich im Status von Kolonen und Schuldsklaven. Sie sind auch in der Möglichkeit der Aufnahme sozialer
Beziehungen durch die ihrem Herrn zustehende Verfügungsge-
walt eingeschränkt.

In der 'Eidgenossenschaft' ist die Zusammensetzung der
Bauernschaft homogener. Hier heben sich nicht freie von unfreien Bauern ab, sondern Bauern, die über ihre Sippen dem
Stamm angehören, von solchen, die nur dem Ort ihrer Ansiedlung zugerechnet werden[2].

---

2 Weber verwendet sowohl für die Bauern des Stadtverbandes (AJ S.26)
  als auch für die Bauern der 'Eidgenossenschaft' (AJ S.33.105.107ff),
  die nur ihrem Lokalverband angehören, die Bezeichnung 'Plebejer'.

Die Stellung der Klientelgruppen in der 'Eidgenossenschaft' unterscheidet sich von derjenigen entsprechender
Gruppierungen im Stadtstaat. Klientelgruppen im Bereich der
'Eidgenossenschaft' treten mit autonomen grundsässigen Sippen in freie vertragliche Beziehungen. Sie gelten als 'assozi-
ierte Mitglieder' der 'Eidgenossenschaft', haben aber keinen
eigenen Rechtsstatus in der 'Eidgenossenschaft', auch nicht
den von Untertanen. Die Vertragsbeziehungen unterliegen keiner Form von Kontrolle. Unter stadtstaatlichen Verhältnissen ist die Aufnahme von Klientelbeziehungen nur zu patrizischen Sippen möglich, gleichzeitig impliziert sie die Anerkennung der politischen Oberhoheit des Stadtstaates. Die
Gruppe der Viehzüchter fällt unter der 'Antiken Stadtherrschaft' vollständig in die Kategorie der Klienten, dh der
abhängigen Untertanen. In der 'Eidgenossenschaft' sind die
Viehzüchter gewöhnlich den Bauern sozial und rechtlich
gleichgestellt. Im Stadtstaat sind Viehzüchter, wie andere
nicht auf eigenem Grundbesitz ansässige Gruppen, im sozialen
Rang den freien Bauern nachgeordnet. Dem Nebeneinander der
sozioökonomischen Gruppierungen der 'Eidgenossenschaft'
entspricht eine hierarchische Schichtung nach Ständen im
Stadtstaat.

## 5.1.4   Wirtschaft

Die ökonomischen Strukturen des Stadtstaates werden bestimmt
durch die Funktion der Stadt als Konsumenten- und Handels-
zentrum. Die Interessen der aristokratischen Oberschicht bestimmen den Markt und beeinflussen die Richtung des Güter-
austausches. Der Markt hat über den Lokalhandel  - als Zwi-
schenhandelsplatz - hinausgehende Aufgaben und Funktionen
zu erfüllen.
    In der 'Eidgenossenschaft' dient der Markt hauptsächlich
dem Austausch der örtlichen Erzeugnisse sowie der Tauschbe-
ziehung zwischen unterschiedlichen Produktionsgruppen. Die
Siedlungen der 'Eidgenossenschaft' sind Konsumtions- wie Pro-
duktionsstätten. Ökonomisch stehen sich im wesentlichen Groß-

bauern, Bauern und Viehzüchter gegenüber. Der Anteil der
ökonomisch abhängigen Gruppen ist gering.

Im Stadtstaat steht auf der einen Seite eine kleine Oberschicht von handeltreibenden Großgrundbesitzern und auf der
anderen Seite eine breite Schicht von freien Bauern und ein
nicht unerhebliches Arbeitskräftepotential an landloser Bevölkerung. Im Stadtstaat sind die Tauschbeziehungen zugunsten der aristokratischen Klasse typisch verzerrt, die ihre
wirtschaftlich überlegene Situation durch privilegierte
Rechtspositionen sichert.

Ein derartiges Gefälle findet sich in der 'Eidgenossenschaft' nicht. Während in der 'Eidgenossenschaft' viele kleine lokale Marktzentren den Austausch wirtschaftlicher Güter
mehr ermöglichen als regulieren, verfügt der Stadtstaat
über einen zentralen Markt und ein Marktmonopol.

## 5.2 Das Verhältnis von 'Antiker Stadtherrschaft' und 'Eidgenossenschaft' in der Geschichte Israels

### 5.2.1 Vorstaatliche Zeit

Die gesellschaftlichen Strukturen der 'Eidgenossenschaft' sind in ihren typischen Merkmalen das genaue Gegenbild zu denen des Stadtstaates.

Weber nimmt jedoch an, daß sich in der 'Eidgenossenschaft' schon in der vorstaatlichen Zeit Israels ansatzweise Stadtherrschaften entwickelt hatten. Ein weiteres Moment, das die Bestimmung ihres Verhältnisses erschwert, liegt darin, daß sich die Einflußsphären der 'Eidgenossenschaft' und der Stadtstaaten teilweise überschneiden.

Ein Teil der bäuerlichen Bevölkerung ist sowohl Untertan eines Stadtstaates wie auch Mitglied der 'Eidgenossenschaft'. Unklar bleibt, wieweit ihr Status als freier Eidgenosse davon berührt ist, wenn sie unfrei einem Stadtstaat angehören.

Die militärischen Auseinandersetzungen zwischen der 'Eidgenossenschaft' und den Stadtstaaten sind mehrdeutigen Charakters. Geht man wie Weber von der Voraussetzung aus, daß die Stadtstaaten eine expansive Außenpolitik verfolgen, dann stellen die Kriege der Eidgenossen nur Abwehrversuche dar. Sie sollen eine Ausdehnung des stadtstaatlichen Herrschaftsbereiches mit den entsprechenden politischen Folgen für die Eroberten verhindern. Bei den militärischen 'Angriffen' der Stadtstaaten kann es sich jedoch um eine Reaktion auf die stille Annexion der eidgenössischen Siedler handeln. Diese wäre notwendig geworden durch das Beharren der Siedler auf ihrer Fron- und Abgabenfreiheit. In beiden Fällen wird die Auseinandersetzung primär dadurch provoziert, daß die eidgenössischen Siedler eigenes bzw angeeignetes Land zu behaupten suchen. Aus der Sicht der Stadtstaaten sind die Kriege im wesentlichen politisch motiviert.

Betrachtet man das kriegerische Geschehen aus der Perspektive
der eidgenössischen Bauern, die Untertanen eines Stadtstaates sind, dann ändert sich der Charakter der Kämpfe in einem
entscheidenden Punkt. Die Teilnahme der fron- und abgabe-
pflichtigen Bauern verleiht den Kriegen teilweise die Züge
von sozialen Aufständen. Von daher betrachtet würde die
'Eidgenossenschaft' ein Konfliktpotential in sich bergen,
das nicht nur den äußeren Bestand des betreffenden Stadtstaates, sondern auch den Aufbau der stadtstaatlichen Gesellschaft bedrohen würde. Die Beteiligung von abhängigen Untertanen des Stadtstaates am Verband der 'Eidgenossenschaft'
käme für den Stadtstaat dem Einbau einer hochexplosiven Bom-
be mit Zeitzünder gleich. Unter diesem Aspekt scheint mir
fraglich, daß ein Stadtstaat sozusagen seine eigene Auflösung
vorprogrammierte, indem er unfreien Untertanen die Möglichkeit der Organisation in einem anderen mit dem Stadtstaat
auf manchen Gebieten konkurrierenden sozialen Verbande beließ. Diese Duldung ist politisch unwahrscheinlich und als
Form religiöser Toleranz unzeitgemäß. Die Hypothese, daß der
eidgenössische Bundesverband und die kanaanäischen Stadtstaaten in einem wesentlichen Teil ihrer Mitglieder deckungs-
gleich waren, läßt sich nicht dadurch aufrechthalten, daß
man die 'Eidgenossenschaft' für die Zeit nach ihrer Seßhaftwerdung zu einem reinen Kultverband erklärt. Denn diese 'Eidgenossenschaft' war keine Glaubensgemeinschaft im Sinne der
säkularisierten Neuzeit. Sie war eine, wenn auch nichtstaat-
liche, Form gesellschaftlicher Organisation.

Die Analyse des Begriffs 'Eidgenossenschaft' zeigte, daß
die sozialen, politischen und rechtlichen Überlieferungen
von nicht zu unterschätzender Bedeutung für die Kontinuität
der 'Eidgenossenschaft' waren. Gerade diese Traditionen mit
ihrer Ablehnung zentraler Herrschaftsformen und zentraler
Organisation standen im Widerspruch zu den Herrschaftsprinzipien des Stadtstaates. Der 'Eintritt' als Untertan in
einen kanaanäischen Stadtstaat war sicher nur unter Aufgabe
dieser Bundestraditionen möglich.

Die Frage sei dahingestellt, wie weit Stämme wie Issachar
vor ihrer Ansiedlung im Bereich eines kanaanäischen Stadt-

staates der 'Eidgenossenschaft' angehörten. Hierin könnte
ein zusätzliches Motiv ihrer Autonomiebestrebungen liegen.
Zumindest zeitweilig, solange sie Untertanen eines Stadtstaates waren, können sie faktisch dem Verband der 'Eidgenossenschaft' nicht angehört haben. Die später eingegangene
Waffenbrüderschaft mit der 'Eidgenossenschaft' bedarf nicht
unbedingt einer gemeinsamen Vergangenheit, sondern kann auch
auf der Verfolgung gleicher Interessen und Ziele beruhen.
Die eine Gruppe kämpft um die Sicherung ihrer sozialen und
politischen Freiheit, die andere sucht sie erst zu erlangen
- ermutigt durch das Beispiel der ersten.


5.2.2   Staatliche Zeit

Die Strukturen der israelitischen Gesellschaft in der Königszeit können als Ergebnis der Konfrontation der beiden
Organisationsformen 'Eidgenossenschaft' und 'Antike Stadtherrschaft' unter Vermittlung der Institution 'Königtum'
betrachtet werden[3]. Die militärische Auseinandersetzung der
'Eidgenossenschaft' mit den kanaanäischen und philistäischen
Stadtstaaten führte zu grundlegenden Veränderungen der gesellschaftlichen Struktur der 'Eidgenossenschaft'. Der permanente Kriegszustand ließ die Institutionalisierung der
Position des Heerbannführers notwendig werden. Aus dem
Kriegshäuptling mit Gefolge, der auf die freiwilligen Abgaben seiner Anhänger angewiesen war, wurde der Monarch mit
ständigem Hof und kontinuierlicher Verwaltung zur Erhebung
der Steuern. Dieser Prozeß war unter David abgeschlossen
und erreichte unter Salomo seine Vollendung.
    Die Etablierung einer politischen Zentralinstanz zerstörte
das prekäre Gleichgewicht der Macht in der 'Eidgenossenschaft' und verkehrte es in ein Gefälle zugunsten des Monarchen und seines Hofes. Die Entwicklung zum reinen Patrimonialstaat[4] wurde jedoch durch zwei Momente verzerrt, durch

---

3  AJ S.65ff
4  Im Patrimonialismus sind alle mit Dauerzuständigkeit versehenen Be-
   auftragten des Königs zunächst Hausbeamte. Vgl WuG[5] S.132.643ff

die Position der alten israelitischen erbcharismatisch verfaßten Sippen und durch die Einbeziehung der ehemaligen kanaanäischen Stadtstaaten in den Staatsverband. Der König war
in Kriegsführung und Verwaltung auf die Unterstützung der
erbcharismatischen Sippen angewiesen. In der Auslese seines
Verwaltungsstabes war er auf ihren Kreis beschränkt. Der
Verwaltungsstab war zwar nicht rein persönlich an ihn gebunden, sondern bestimmte Herrengewalten und ökonomische Chancen waren ihm appropriiert, doch tendierte die monarchische
Politik dahin, die Kreise der altisraelitischen 'Vornehmen'
enger an den Hof zu binden. Die Beteiligung der erbcharismatischen Sippen an der Staatsmacht ergab sich zwangsläufig
aus dem Selbstequipierungsprinzip. Nur die ökonomisch vermögenderen Sippen waren in der Lage, die Streitwagenkämpfer
zu stellen. Damit wandelten sich die anfangs nur durch erbcharismatischen Vorzug und Prestige hervorgehobenen Sippen
in eine durch ständische Vorzüge gekennzeichnete patrizische Schicht. Der Prozeß der Herausbildung eines israelitischen Patriziats und ständischer Strukturen der Gesellschaft wurde durch die friedliche Aufnahme der kanaanäischen Stadtstaaten in das neue Herrschaftssystem verstärkt.
Diese Stadtstaaten mit ihren zentralisierten Herrschaftsstrukturen erhöhten zum einen die militärische Übermacht
des Monarchen gegenüber dem Heerbann der 'Eidgenossenschaft',
schränkten aber gleichzeitig seine politische Macht ein. Die
friedliche Eingliederung dieser Staaten implizierte, daß
ihre inneren Herrschaftsverhältnisse unangetastet blieben,
ein Umstand, an dem die israelitische Zentralgewalt Interesse haben mußte, da nur so garantiert war, daß ihr militärisches Potential dem Monarchen erhalten blieb. Hieraus läßt
sich schließen, daß in den ehemaligen kanaanäischen Stadtstaaten weder Eigentumsverhältnisse noch Rechtsstrukturen
verändert wurden. Dann aber bot die Ansässigkeit in den
vormals kanaanäischen Landesteilen gegenüber der Ansässigkeit in den alten eidgenössischen Gebieten für die mit dem
König liierten israelitischen Sippen bedeutende ökonomische,
rechtliche und politische Vorteile.
Die Stadtsässigkeit führte zum politischen und ökonomi-

schen Machtzuwachs dieser Sippen und ließ eine derart begünstigte Oberschicht entstehen. Aus dem Kreis der alten, untereinander politisch gleichen israelitischen Sippen differenzierten sich politisch bevorrechtigte und rechtlich begünstigte stadtsässige Sippen heraus, deren Vorzugsstellung
auf die gesellschaftlichen Strukturen der israelitischen
Städte zurückwirkte und zu Verschiebungen der sozialen Zusammensetzung führte. Wenn auch altkanaanäische und altisraelitische erbcharismatische Sippen unter dem Einfluß der Monarchie möglicherweise in geringer Zeit zu einer einheitlichen Oberschicht verschmolzen, so war doch die Gefährdung und
Zerstörung der von den Bundestraditionen getragenen gesellschaftlichen Verhältnisse erst möglich durch den Aufstieg
genuin israelitischer Sippen. Die alte eidgenössische Verfassung löste sich von innen her auf. Aus dem Nebeneinander
der bäuerlichen grundsässigen Sippen, Hirtenverbände und
Schutzverwandten wurde unter der Monarchie ein soziales und
politisches Gebilde mit hierarchischen Strukturen.

Mit zunehmender Stadtsässigkeit der großen israelitischen
Sippen und dem Übergang zur Wagenkampftechnik verlor der
bäuerliche Heerbann an Bedeutung. Mit dem Ausscheiden der
Bauern aus dem Heer verfiel bei ihnen auch die Sippenverfassung. Die Entmilitarisierung der bäuerlichen Sippen ver-
setzte sie in die Position der antiken Plebejer: persönlich
frei, entbehrten sie alle aktiven politischen Rechte, vor
allem das der Teilnahme am Richteramt. Darin lag für die
Patrizier wiederum die Möglichkeit der Rechtsbeugung und
ökonomischen Unterdrückung der Bauern begründet.

Die politische Entwicklung führte zur Verringerung der
Weidegebiete der Viehzüchterstämme. Die Beschränkung des
frei verfügbaren zusammenhängenden Lebensraumes zog die Aufteilung größerer Verbände in kleinere Gruppierungen nach
sich. Die zersplitterten Hirtensippen wurden als militärisches Potential bedeutungslos und gerieten gegenüber der
ansässigen Bevölkerung in die Stellung geduldeter Metöken.

Mit dem Bundesheerbann trat auch der alte ekstatische
Heldencharismatismus der 'Eidgenossenschaft' in den Hintergrund. Charismatische 'Einrichtungen' der 'Eidgenossenschaft'

wie die Nasiräer wurden durch die militärische Entwicklung
überflüssig,oder sie wurden umgebildet wie die 'Nebiim' und
lebten als Hofämter weiter.

Die Selbstverwaltung der Städte durch die Ältesten wurde
in den königlichen Festungen durch königliche Funktionäre
abgelöst. Aus der geographisch locker zusammenhängenden
'Eidgenossenschaft' wurde ein räumlich geschlossener und
einheitlich organisierter staatlicher Verband mit untereinander abgegrenzten Verwaltungsbezirken zur Repartierung der
Staatslasten. Die Struktur des Königtums veränderte sich
nach der Erhebung Jerusalems zur königlichen Residenz immer
mehr in die Richtung der 'Antiken Stadtherrschaft'.

Am Ende dieser Entwicklung, zur Zeit des Deuteronomiums,
stand das Reich Juda, ein Stadtstaat mit der Polis Jerusalem und den politisch von ihr abhängigen Kleinstädten und
Dörfern[5].

---

5 Vgl AJ S.54.60.65. "Nicht unwesentlich verschobene Verhältnisse
  setzt die aus der Zeit, als das Reich Juda in Wahrheit schon nahezu mit der Polis Jerusalem nebst den von ihr politisch abhängigen
  Kleinstädten und Dörfern identisch war, stammende Umarbeitung des
  Bundesbuches voraus, welche in das deuteronomische 'Lehrbuch'
  aufgenommen ist..." (AJ S.71)

# 6. SOZIOLOGISCHE HINTERGRÜNDE DER ENTSTEHUNG VON SIED-LUNGEN UND ALTTESTAMENTLICHE MODELLE ZUR LANDNAHME

Die gesellschaftliche Organisation von Einwanderergruppen wirkt sich erheblich auf die Organisation der von ihnen begründeten Siedlungen aus. Annahmen über die soziale Verfassung der Israeliten vor der Landnahme[1] bestimmen alle alttestamentlichen Modelle zur Landnahme. Bevor diese meist verborgenen Hypothesen ans Licht gehoben werden, sollen sozio-logisch denkbare Typen der Organisation von Einwanderergruppen diskutiert werden. Die Bildung dieser Idealtypen wird sich an den aus der ethnologischen Literatur bekannten Beispielen orientieren. Gerade das ethnologische Material bietet zahlreiche Analogien zur Landnahme der Israeliten. Auch sind gewöhnlich von den Ethnologen die Zusammenhänge zwischen der Organisationsform seßhaft werdender Gruppen und ihren Siedlungsformen herausgearbeitet worden. Mit Hilfe der so gewonnenen Typen werden dann die alttestamentlichen Theorien zur Landnahme auf ihren Beitrag zur Siedlungsgeschichte und Siedlungsverfassung befragt.

---

1 Der Begriff 'Landnahme' wird hier mit einer weiteren Bedeutung als bei A.Alt verwendet. Er schließt sowohl eine friedliche In-filtration wie auch eine gewaltsame Eroberung ein.

## 6.1 Mögliche Organisationsformen nomadisierender Gruppen im Übergang zur Seßhaftigkeit

Die Organisationsformen nomadisierender[2] Gruppen, ihre Größe und innere Struktur wirken sich, neben den ökonomischen und ökologischen Bedingungen, auf die Form ihrer Niederlassung, die Siedlungsdichte und die gesellschaftliche Struktur der Siedlung aus.

Von der Form der Organisation her lassen sich 3 Typen voneinander abgrenzen:

1) Familie
2) Schar - eine Gruppe von locker zusammenhängenden Sippen oder anderweitig verbundenen Elementen
3) Stamm und Stämmeverband.

Im folgenden skizziere ich die soziologischen Begleiterscheinungen und Konsequenzen, die für die einzelnen Organisationsformen beim Übergang zur Seßhaftigkeit typisch sind.

---

2 Im folgenden gehe ich davon aus, daß die der Ansiedlung vorangehende Zeit bei den Israeliten von der nomadischen Lebens- und Wirtschaftsweise bestimmt wurde. Diese globale These wurde in neuerer Zeit etwas fraglich - u.a. zeigte Schwertner (1966 S.83ff; 118ff), daß bei der Landnahme auch mit seßhaften Elementen zu rechnen sei -, doch beherrscht diese Grundannahme immer noch die gängigen Landnahmemodelle. Mendenhall (1970, 1973) lehnt sie als einziger grundsätzlich ab. Auch wenn man mit Mendenhall die Hypothese verwirft, daß der Nomadismus unter den einwandernden Israeliten eine primäre Erscheinung sei, dann bliebe noch die Möglichkeit zu diskutieren, ob es sich soziologisch nicht um eine sekundäre Form des Nomadismus handeln könne. Beispiele der Art sind aus der ethnologischen Forschung bekannt. Subbotin (1968 S.24) weist auf den Stamm der Kreda hin, der wegen ständiger Kriegsgefahr die Landwirtschaft aufgab und zum Nomadismus überging.
Da eine grundlegende Untersuchung zu diesem Phänomen aus neuerer Zeit nicht vorhanden ist, muß ich nolens volens von der weithin akzeptierten Nomadismus-These ausgehen.
Gottwalds Thesen (1980 S.210ff) sind von denen Mendenhalls abhängig. Die Überlegungen von Dus (1971), der zu einem ähnlichen Ergebnis wie Mendenhall gelangt, gehören bisher dem Reich der reinen

## 6.1.1   Familie

Einzelne Familien kommen regelmäßig im Zuge der Transhumanz
in besiedeltes Gebiet oder in unbewohnte Gegenden, die zur
Ansiedlung geeignet sind. Sie treten mit den 'Städtern'[3] in
Kontakt durch den Austausch ihrer Produkte, vertragliche
Nutzung der Stoppelweide, Verdingung der Arbeiter bei der
Ernte.

Ihr Übergang zur Seßhaftigkeit kann unterschiedliche ökonomische Ursachen haben. Bei guter Wirtschaftslage entstehen
Anreize, einen Teil des überschüssigen Vermögens[4] in Ackerland zu investieren, unter umgekehrten Vorzeichen ist die
Gruppe infolge von Viehverlusten und Verarmung zur Niederlassung gezwungen.

Die Möglichkeit, überflüssigen Reichtum in Ackerland anzulegen, ist nicht nur von dem Vorhandensein zusätzlichen Landes abhängig, sondern auch davon, daß dieses ohne Einschränkungen erwerbbar ist. Wieweit mit dem Erwerb von Ackerland
auch die Gleichstellung mit den bisherigen Bewohnern der
Stadt verbunden ist, ergibt sich im einzelnen aus der rechtlichen Verfassung der Stadt wie aus ihrer Position in einem
übergeordneten politischen Verband. Bildet die Stadt einen
eigenen Herrschaftsverband bzw ist sie Glied eines akephalen Herrschaftsverbandes, dann wird die Aufnahme neuer Bürger ihr selbst obliegen. Falls sie jedoch eine politisch abhängige Einheit eines anderen Verbandes ist, dem die Neu-

---

Spekulation an. Einen unabhängigen Beweis für die Wahrscheinlichkeit des Landnahmemodells von Mendenhall vermag ich in ihnen
nicht zu sehen.
3  Als 'Städter' oder 'Bürger' werden in diesem Zusammenhang alle Bewohner einer kontinuierlichen Siedlung bezeichnet, unter Absehung
der politisch-rechtlichen Verfassung der Siedlung, ihrer Position
in einem übergeordneten Herrschaftsverband und der möglicherweise
rechtlich differierenden Position einzelner Bewohner.
4  Eine nomadische Wirtschaftseinheit  - hier die Familie -  kann nur
begrenzt ihr Viehkapital erhöhen. Die Größe der Herde wird eingeschränkt durch die Zahl der innerhalb der Einheit verfügbaren Arbeitskräfte und die Kosten für Lohnhirten, sofern überhaupt ein
entsprechender Arbeitsmarkt besteht. Auch spielt die Größe und
Fruchtbarkeit des zur Verfügung stehenden Weidelandes eine nicht
unerhebliche Rolle.

linge noch nicht angehören[5], dann wird die Stadt schwerlich
allein über die Aufnahme neuer 'Bürger' entscheiden können.
Hierbei wirkt sich nicht nur das Vorhandensein einer Zentralgewalt aus, sondern weit mehr noch die politische Struktur
des Herrschaftsverbandes im einzelnen. Unter bestimmten politischen Umständen und bei wirtschaftlicher Selbständigkeit
der sich Ansiedelnden kann es zur völligen Integration der
ehemaligen Nomaden kommen.

Moderne Beispiele für den Übergang von der nomadischen zur stationären
Wirtschafts- und Lebensweise finden sich bei den Beduinen Palästinas[6]
und Persiens[7]. Besonders gut ist dieser Prozeß für die Bassari[8] in Süd-
persien dokumentiert. Hier bestimmt vor allem die Vermögenslage den
Übergang zur Seßhaftigkeit und seinen Verlauf. Reiche Bassari erwerben
zunächst Ackerland aus dem Überschuß, den sie mit ihren Herden erzielen.
Jedoch ziehen sie weiter mit ihren Herden umher und überlassen das Land
Lohnarbeitern zur Bewirtschaftung. In einer späteren Phase geben sie
die Wanderungen mit den Herden auf und lassen sich zur besseren Kontrolle ihrer Ländereien in deren Nähe in einer bereits bestehenden Siedlung
nieder. Ihre Herden behalten sie bei. Diese werden jetzt mit Lohnhirten
ausgeschickt. Da sich indessen ihre Einkünfte aus der nomadischen Wirtschaft verringern, während gleichzeitig die Landwirtschaft auf Dauer
einen höheren Ertrag abwirft, steht am Ende des Übergangs zur Seßhaftigkeit, lange nach Erwerb der Landwirtschaft, die Aufgabe der Herden. Damit aber schließen sie sich aus dem Stammesverband aus. Denn den Bassari gehören keine eigenen Stammesländereien, sondern nur Wegerechte.
Stammesangehörige, die an deren Nutzung mangels Wanderung ihrer Herden
nicht mehr beteiligt sind, scheiden aus dem Stamm aus. Verarmte Bassari
sind häufig gezwungen, die nomadische Wirtschaftsweise gänzlich aufzu-
geben und sich als Landarbeiter niederzulassen. Der Stamm verfügt über
keine gemeinschaftlichen Ressourcen, deren Nutzung der Erhaltung ihrer

---

5  Dieses Problem war den Staaten der Antike geläufig. In der Gegenwart spielt es nur in Grenzgebieten moderner Staaten eine Rolle,
   in denen sich nomadische Stammesgebiete, wie im Kaukasus und im
   Norden des Zweistromlandes, über mehrere Staatsgrenzen hinweg er-
   strecken. Zum AO vgl Matthews 1978 S.131ff; Gottwald 1980 S.435ff
6  Vgl Amiran/Ben-Arieh 1963 IEJ 13
7  Vgl Barth 1961, 1964
8  Ders. a.a.O.

ökonomischen Unabhängigkeit förderlich wäre. Hinzu kommt, daß auf dem
nomadischen Arbeitsmarkt, infolge der Abwanderung der reichen Herden-
besitzer, Lohnhirten wenig gefragt sind und dementsprechend schlecht
entlohnt werden.

Nomaden, die infolge Verarmung zur Ansiedlung übergehen,
bleibt zumeist nur die Aufnahme von Lohnarbeit für die ansässige Bevölkerung. Sie sinken in die Schicht minderberech-
tigter Bürger ab.
   Die Aufgabe der nomadischen Lebens- und Wirtschaftsweise
durch einzelne Familien ist in der Regel ökonomisch bedingt.
Die betroffenen Elemente werden von der seßhaften Bevölkerung
häufig assimiliert. Dieser Prozeß hinterläßt weder in der
Siedlungsgeographie noch in der gesellschaftlichen Struktur
der Siedlungen sichtbare Spuren. Infolge ihrer gesellschaftlichen Integration ist nicht zu erwarten, daß ehemalige nomadische Familien und ihre Abkömmlinge sich nach ihrer Seßhaftwerdung aufgrund ihrer Herkunft zu größeren sozialen Verbänden formieren. Die Aufnahme landwirtschaftlicher Hilfstätig-
keiten und die soziale Deklassierung sind Folgen der Verarmung. Diese Folgen sind weitgehend vermeidbar, sofern der
Stamm über ausreichende ökonomische Ressourcen zur Stützung
der selbständigen Wirtschaftsweise der Familien verfügt.
Diese können in einem günstigen Arbeitsmarkt für Lohnhirten
bestehen, so daß verarmte Familien innerhalb der nomadischen
Wirtschaft ein ausreichendes Einkommen finden und auf diesem
Wege auch ihre verlorene wirtschaftliche Autonomie wieder
erlangen können. Besitzt der Stamm gar eigenes, zur Landwirtschaft geeignetes Land, das jedem seiner Angehörigen zur
Nutzung offen steht, ist der Übergang zur Landwirtschaft weder mit dem Verlust wirtschaftlicher Selbständigkeit noch
mit dem Ausscheiden aus dem sozialen Verband bedroht. Verarmte Familien können sich dann in bestehenden, ihnen verwandten dörflichen Siedlungen niederlassen oder in deren
Nähe Einzelhöfe gründen.

Die Yomuth[9], ein Turkmenenstamm im Bereich des Iran und Afghanistans,
können im Fall der Verarmung sowohl mit ausreichend lohnenden Arbeitsmöglichkeiten im Bereich der nomadischen Wirtschaft rechnen, wie auch
damit, sich Stammesland für den Ackerbau anzueignen. Interessanterweise
betreiben sie die Landwirtschaft dann nur so lange, bis sie eine Herde
aufgebaut haben, die ihren Unterhalt garantiert. Zu diesem Zeitpunkt
werden die Felder aufgegeben und die nomadische Lebens- und Wirtschaftsweise wird wieder aufgenommen.

Der Übergang zur Seßhaftigkeit und eigenen Landwirtschaft
von verarmten nomadischen Familien in unbesiedelten Gegenden ist wenig wahrscheinlich. Zum einen fehlen ihnen Arbeits-
werkzeuge ebenso wie technisches Wissen, zum anderen dürften
sie nicht über genügend Arbeitskräfte zur Urbarmachung des
Bodens verfügen. Das Arbeitskräftepotential spielt eine
wichtige Rolle bereits bei der Ausdehnung der Transhumanz in
dichter besiedelte Ackerbauregionen, da in diesen Regionen
zur Vermeidung von Konflikten mit der ansässigen Bevölkerung
für die Aufsicht der Herden erheblich mehr Hirten benötigt
werden als in dünner besiedelten Landstrichen[10].
Die ökonomischen Ursachen des Übergangs zur Seßhaftigkeit
im Falle der Verarmung können in ihren Folgen weitgehend
durch die Zugehörigkeit zu einer größeren Stammesgemeinschaft
eingeschränkt werden; vorausgesetzt, der Stamm bietet seinen
Mitgliedern genügend Arbeitsmöglichkeiten und/oder landwirtschaftlich nutzbares Land an, wirtschaftliche Sicherun-
gen, die allen gleichermaßen zugänglich sind. Das Beispiel
der Yomuth zeigt, daß es in diesem Fall zur Anlage verstreut
liegender dörflicher Siedlungen mit geringer interner Organisation und zur Gründung von Einzelhöfen in der Nähe dieser Siedlungen kommen kann. Die Einzelanwesen haben zeitlich
einen sehr begrenzten Bestand. Die Dörfer bestehen zwar
über mehrere Generationen hinweg, aber mit wechselnder Bewohnerschaft. Die soziale Verfassung dieser 'Bauern' ist
mit der ihrer nomadischen Stammesverwandten identisch.

---

9  Zu den Yomuth vgl Irons 1972
10  Vgl Subbotin 1968

## 6.1.2  Die Schar

Als 'Schar' oder 'Bande' bezeichne ich hier ein locker zu-
sammenhängendes soziales Gebilde, in dem sich einzelne Sippen und Familien zu einer Aktionseinheit zusammengefunden
haben[11]. Vom Stamm unterscheidet sich ein derartiger Verband
dadurch, daß die einzelnen Verwandtschaftseinheiten genealogisch nicht miteinander verbunden sind, gemeinsame soziale
Einrichtungen fehlen und diese Einheit eine numerisch gerin-
gere Größe aufweist als der durchschnittliche Stamm. Auch
existieren innerhalb dieses Verbandes keine traditional legitimierten Führungspositionen. Die Bildung der Schar wird
hauptsächlich durch das von den Gruppen gemeinsam angestrebte Ziel initiiert. Die Interessenidentität kann die Verwandtschaftsbeziehungen überschreiten.

In den USA kam es zu Beginn des 19.Jh im Bereich der großen Seen infolge der staatlichen Politik gegenüber den Indianern zum Absplittern
einzelner Sippen vom Stammesverband. Die Bildung neuer Banden orientierte sich anfangs an der alten Gentilorganisation[12].

Die Ansiedlung einer Schar von Sippen und Familien wird weniger von der ökonomischen Situation der sich Niederlassenden
geprägt als von der Form der Auseinandersetzung mit der seßhaften Bevölkerung. Ein mehr oder minder locker zusammenhängender Verband verfügt nicht über das militärische Potential,
um gewaltsame Konflikte mit größeren befestigten Städten
riskieren zu können. Läßt die Schar sich im Einflußbereich
einer solchen Stadt nieder, so bedeutet das in der Regel
den Verlust der politischen und rechtlichen Selbständigkeit
für die Angehörigen.

Nach de Vaux[13] ist Issachar aus Sippen von Sebulon entstanden, die in
die Jesreelebene abwanderten und hier in den Machtbereich kanaanäischer

---

11  Zur Definition der 'Schar'/'Bande' vgl Murdock (1949 S.59ff) und
    Service (1964² S.41ff).
12  Vgl Dräger 1968 S.124ff
13  de Vaux 1971 S.607

Stadtstaaten und in die ägyptische Fron gerieten. Diese wirtschaftliche
und politische Unfreiheit Issachars wird eher verständlich, wenn der
Stamm seinen Ursprung in einzelnen abgewanderten sebulonitischen Gruppen hatte und sich erst im Laufe der Kolonisation als Stamm konstituierte, als wenn es sich von Anbeginn an um einen als Organisation vorhandenen Stamm gehandelt hätte.

Eine Schar, die sich im Bereich kleinerer Städte oder dörflicher Gemeinschaften seßhaft einrichten will, kann dieses
auf verschiedenen Wegen versuchen.

Sofern ausreichend anbaufähiges Land vorhanden ist, können
die Neuankömmlinge den Verhandlungsweg beschreiten, um auf
friedliche Art und Weise zu Land zu gelangen. Sind sie militärisch wie ökonomisch eher in einer prekären Lage, dann
dürfte ihre Eingliederung sich auch in der Übernahme eines
minderen Status oder der Ansiedlung außerhalb des betreffenden Ortes ausdrücken. Die soziale Struktur der Siedlung wird
hiervon soweit berührt, als eine neue Schicht entsteht:
wirtschaftlich freie, aber rechtlich unterprivilegierte
'Bürger'[14].

Befinden sich die beiden Vertragsgruppen kräftemäßig im
Gleichgewicht, dann ist ein Synoikismus zu gleichen Voraussetzungen für beide Teile zu erwarten. Neubürger und Altbürger organisieren sich in einem gemeinsamen Siedlungsverband.
Es kommt zur Vermischung der beiden Gruppen und einem entsprechenden Ausbau der Siedlung. War die bisherige Siedlung
eine offene, ungeschützte Ortschaft, dann kann damit gerechnet werden, daß die neu gebildete Gemeinschaft aus dieser
Erfahrung ihre Lehre zieht und nunmehr zur Anlage einer Befestigung übergeht. Unabhängig von der Form der Integration
der Zuwanderer wird die Anbaufläche sich beträchtlich und
zwar binnen kurzem vergrößern. Neben der vermehrten und
zeitlich massierten Anlage neuer Brunnen und Zisternen ist
vor allem in gebirgigen Regionen mit weiteren Terrassierungen zu rechnen, sofern diese nicht erstmals jetzt angelegt
werden.

---

14  Die Entstehung der Klientelgruppen im monarchischen und früh-
    republikanischen Rom ist eine historische Parallele.

Archäologisch können sich solche sozialen Vorgänge auch durch den Nachweis der Neuerrichtung zahlreicher Gebäude in einer Schicht der betreffenden Ortslage in einem zusammenhängenden Ortsteil, ohne vorausgegangene Zerstörungen, belegen lassen. Die militärische Variante der Auseinandersetzung zwischen seßhafter Bevölkerung und den Eindringlingen wird unter bestimmten Voraussetzungen wahrscheinlicher als die friedliche Regelung:

1)  Das anbaufähige Land ist knapp und nur begrenzt ausbaufähig.
2)  Die Siedlung liegt relativ isoliert und eignet sich von der Lage und Anlage her hervorragend für einen Überfall.
3)  Die Eindringlinge sind der ansässigen Bevölkerung scheinbar kräftemäßig überlegen.

Der sich einstellende Kampf mit den Bewohnern kann verschiedene Ausgänge haben, je nachdem welche Seite ihn gewinnt oder ob sich im Verlaufe des gewaltsam ausgetragenen Konfliktes gar ein Patt ergibt.

Ein vollständiger Sieg der Einwanderer kann die Ausrottung der einheimischen Bevölkerung nach sich ziehen. Hierauf folgt die Neuanlage der Stadt auf den Trümmern der alten bzw. in ihrer Nähe. Die Immigranten können mitgebrachte soziale Institutionen zunächst unverändert auf ihren Lokalverband übertragen. Die Struktur ihrer bisherigen Organisation muß sich nicht notwendig unmittelbar mit dem Übergang zur Seßhaftigkeit ändern. Haben z.B. mehrere gleichrangige Sippen den Ort gemeinsam erobert, dann wird sich dieser Umstand auch in der Verwaltung der Ortschaft und ihrer Rechtspraxis niederschlagen. Teile der besiegten Einwohnerschaft können am Leben belassen werden. Auf die soziale und politische Organisation der Siedlung wirkt sich dieses nur dann aus, wenn die Unterworfenen nicht individuell als Sklaven in die einzelnen Sippen oder Familien integriert werden, sondern kollektiv als minderberechtigte Schicht weiter bestehen.

Die Wahrscheinlichkeit, daß die besiegte Einwohnerschaft als Untertanenschicht überlebt, hängt von der Herrschaftsstruktur des Eroberer-

verbandes ab. Verbände mit eindeutigen und verfestigten Herrschaftsstrukturen tendieren dazu, die Einwohner in den Status von rechtlosen
oder minderberechtigten Untertanen zu versetzen. Akephale Verbände, die
auf egalitärer Basis organisiert sind, rotten die Besiegten eher aus[15].

Die Eroberer etablieren sich als Herrenschicht in der Siedlung. Die Schaffung einer Untertanenschicht wirkt auf die
bisherige Organisationsform der Einwanderer zurück, sei es,
daß sie einen von ihrer mitgebrachten Verfassung abweichenden Herrschaftsverband ausbilden, sei es, daß vorhandene
Strukturen verfestigt werden.

Gelingt es der seßhaften Bevölkerung, sich im Kampf zu behaupten, dann werden die landhungrigen Elemente abgedrängt.
Unter bestimmten Herrschaftsverhältnissen können sie als abhängige und fronpflichtige Gruppen angesiedelt werden. Unmittelbare Folge der Niederlage ist die Auflösung des eingedrungenen Verbandes.

Ein militärisches Patt  - die Seßhaften können ihre Siedlung verteidigen, sind aber nicht in der Lage, die Eindringlinge aus der Region zu vertreiben - führt zunächst zur
Abgrenzung der beiden Herrschaftsverbände voneinander, vorausgesetzt,der Verband der Zuwanderer zerfällt durch den
Mißerfolg nicht sogleich. Die Zuwanderer können sich in der
weiteren Umgebung der Siedlung niederlassen. Sie bekommen
Zugang zum Markt der Ortschaft und eventuell auch die Möglichkeit, sich für Lohnarbeit anwerben zu lassen. Die weitere Entwicklung des Verhältnisses hängt von mehreren Faktoren und ihrer Konstellation zueinander ab:

1) Verfügbarkeit von Waffen
2) Stand der Waffentechnik
3) Natürliche Vermehrung
4) Bestand des Verbandes der Zuwanderer
    a) Auflösung oder Verminderung
    b) Überproportionales Anwachsen durch hinzustoßende
       verwandte Gruppen

---

15  Vgl Cohen/Schlegel 1968 S.135ff

5) Ökonomische Ressourcen der jeweiligen Partei unter
   eingeschränkten Produktionsbedingungen.

Entwickeln sich diese Faktoren günstig für die eingedrungene
Gruppe, dann kann sich das Kräfteverhältnis noch zu ihren
Gunsten wandeln. Andernfalls gerät ihre Siedlung militärisch
wie ökonomisch in die Abhängigkeit der alten Siedlung.

Die Ansiedlung einer Schar in unbewohnten oder dünn besiedelten Landschaften unterliegt anderen Einflüssen. Natürliche
geographische Bedingungen, Klima und Charakter der Vegetation wirken sich hauptsächlich auf die Wahl des Siedlungs-
ortes aus. Der zeitliche Verlauf kann sich vor allem bei ursprünglich nomadischen Sippen über mehrere Generationen er-
strecken, die langsam von der saisonal betriebenen Gelegen-
heitsfeldwirtschaft dazu übergehen, eine längere Zeit in der
Nähe ihrer Felder zu verbringen, bis sie sich dort ganz niederlassen.

Dagegen geht ein Verband, der mit dem Ziel der Kolonisation sich bildete und auszog, an hierfür geeigneten Stellen
seßhaft zu werden, von Anbeginn an zur Anlage einer festen
Siedlung über. Bei feindlichem Hinterland kommt es zur Gründung einer geschlossenen Ortschaft und zum Bau einer Befestigung[16].

Andernfalls werden offene Siedlungen angelegt, gegebenenfalls natürliche Festungen wie Berggipfel einbezogen oder
ausgebaut, soweit man sich ihrer nicht gleich bei der Anlage der Siedlung bedient.

In der Regel siedeln sich Sippen geschlossen an. Gefördert
wird dieses auch durch die natürliche Vegetation wie durch
die Beschaffenheit der Wasservorräte, die unter Umständen
zur Gewinnung und Erhaltung fruchtbaren Bodens arbeitsinten-
sive Gemeinschaftstätigkeiten - Rodung, Terrassierung,
Wasserregulierung - verlangen. Zur Anlage von Einödhöfen

---

16  Die Kolonisation der kleinasiatischen Küste ging nach diesem
    Schema vor sich. Die Ionier legten von Anbeginn an ummauerte
    Städte an, in denen auch die Ackerbürger wohnten. Da diese Sied-
    lungsweise damals noch nicht in ihrem Herkunftsland üblich war,
    geht sie auf die spezifischen Umstände der Kolonisation zurück.
    Vgl Busolt 1920 S.151

und Streusiedlungen kommt es nur, wenn jedwede Bedrohung
durch äußere Gewalt abwesend ist. Momente, die dieses begünstigen, sind die geringe Größe zusammenhängender Streifen
fruchtbaren Landes und ihre Streulage, sowie ein ausreichendes Arbeitskräftepotential in den einzelnen Familien.


6.1.3   <u>Stamm und Stämmebund</u>


Der Begriff des Stammes und seine Verwendung ist in der ethnologischen Forschung sehr umstritten. Teils wird das Konzept des Stammes als überflüssig für eine Theorie der politischen Evolution betrachtet[17], teils als unverzichtbar behauptet[18]. Entsprechend wird der Stamm definiert entweder
als sekundäre verwandtschaftliche Legitimation der Zusammen-
gehörigkeit lokaler Verbände oder als eine primäre Form gesellschaftlicher Organisation auf der Basis von Verwandtschaft. Eine Schwierigkeit der Definition des Stammes liegt
in der Bestimmung der Kriterien, die den Stamm eindeutig
von Banden und Lagergemeinschaften abgrenzen. Gemeinsame
Kultur, Sprache, ethnische Herkunft und gemeinsamer Kult
zeichnen auch Banden und Lagergemeinschaften aus. Im folgenden führe ich nur Merkmale an, die geeignet sind, den Stamm
von diesen anderen Gruppierungen eindeutig abzuheben.
   Der Stamm setzt sich aus mehreren Lagergemeinschaften zusammen. Er zeichnet sich ihnen gegenüber durch seinen auch
genealogisch abgegrenzten Bestand an Mitgliedern aus. Die
Teilnehmerschaft einzelner Lager fluktuiert stark. Sie haben
in ihrer jeweiligen Zusammensetzung und Organisation nur
eine geringe Lebensdauer. Dieser kontinuierliche Austausch
von Mitgliedern unterliegt keinen rechtlichen Einschränkungen. Der Stamm als Organisation der einzelnen Lager erstreckt sich zeitlich über eine potentiell unendliche Folge
von Generationen, sofern äußere Umstände nicht zu seiner
Auflösung und Dezimierung führen.

---

17  So Fried 1968
18  Dole 1968; H.S. Lewis 1968; Cohen/Schlegel 1968

Die Aufnahme in den Stamm ist an die Erfüllung spezifischer Normen gebunden. Er bildet eine Rechtsgemeinschaft für alle ihm zugehörigen Gruppen. Erst auf der Ebene des Stammes haben formalisiertes Recht und die Ausbildung von Rechtsinstitutionen ihren Ort.

Räumlich beansprucht der Stamm ein abgegrenztes Territorium, das im Falle der Bedrohung auch von ihm verteidigt wird. Der Stamm ist meist endogam, während die ihm angehörenden Sippen meist exogam sind. Militärisch und politisch ist der Stamm die größte soziale Einheit, innerhalb derer Anspruch auf Gefolgschaft erhoben werden kann. Stämme können sowohl kephal wie akephal organisiert sein. Seßhafte kephale Stämme unterscheiden sich von akephalen durch den Besitz eines größeren Territoriums[19].

Der Stämmebund stellt je nach den Umständen seiner Bildung eine mehr oder minder feste Verbindung mehrerer Stämme zur Erreichung gemeinsamer Ziele dar. Solange die Stammesorganisation bestehen bleibt, behalten die einzelnen Stämme auch ihre Autonomie. Ein Stämmebund als politische und militärische Vereinigung ist bei Erfolg wie bei Mißerfolg gemeinsamer Aktionen eher von der Auflösung bedroht als ein Stamm. Doch Faktoren wie Gemeinsamkeiten im Kult, gemeinsame Sprache und Anerkennung von connubium können dem entgegenwirken. Äußere Bedrohung des durch den Bund eroberten Gebietes kann zur Verfestigung seiner militärischen und politischen Organisation führen.

Landnahmeversuchen geschlossener Verbände, vor allem denen von Stämmebünden, geht gewöhnlich eine Phase der Sammlung und militärischen Organisation voraus.

Auf den Einfall in relativ dünn besiedeltes Land folgt die Gründung neuer Siedlungen in einem meist zusammenhängenden Gebiet. Sippen siedeln sich in der Regel geschlossen an[20]. Es kommt zur Entwicklung zahlreicher dörflicher Gemeinschaften, deren Zusammenhang untereinander durch die räumliche

---

19  Vgl Cohen/Schlegel 1968 S.136
20  Die nordwestgriechische Einwanderung ist hier ein gutes Beispiel, vgl Busolt 1920 S.122ff.

Nähe wie auch durch das Weiterbestehen sozialer und politischer Institutionen und der ähnlichen Wirtschaftsweise auf-
recht erhalten wird. Gerade die Niederlassung akephaler Verbände zeichnet sich durch die Entwicklung weitgehend homogener Siedlungseinheiten aus. Akephale Verbände können im Laufe
der Eroberung des Landes notwendig gewordene Führungsstruk-
turen wieder aufgeben. Unter bestimmten Voraussetzungen entstehen Streusiedlungen und Einzelanwesen. Die Entwicklung
von Lokalinteressen kann zur Auflösung der überlieferten
Stammeseinheit führen und neue, territorial begründete Verbände entstehen lassen.

Der Einfall in besiedeltes Land durch einen Stamm oder
einen Stämmebund zieht unweigerlich die militärische Auseinandersetzung mit den Vorbewohnern nach sich. Eine Niederlassung zahlenmäßig bedeutsamer Einheiten ausschließlich auf
dem Vertragswege, eine Möglichkeit, die für Banden und Lagergemeinschaften besteht, ist für Stämme und Stämmevereinigun-
gen mehr als unwahrscheinlich.

Teilweise kommt es zur Einnahme und Zerstörung der Siedlungen und Unterwerfung der Bevölkerung, soweit sie nicht
ausgerottet wird. Teile der autochthonen Bevölkerung können
als unfreie Bauernschaft überleben. Dem folgt sowohl der Wiederaufbau wie die Neuanlage von Siedlungen. Die Eroberer siedeln zum Schutz gegen die Unterworfenen in geschlossenen
Gruppen. Städte, die in der ersten Eroberungsphase nicht eingenommen worden sind, bzw solche Städte, die an der Periphe-
rie des betroffenen Bereiches liegen, werden durch Vertrag
angegliedert. Unter ungünstigen Umständen  - Lage inmitten
des besetzten Gebietes -  können sie in den Status von Pe-
riökenorten geraten. Die Existenzchancen der einheimischen
Bevölkerung sind abhängig vom Landbedarf der Eroberer, dem
quantitativen Verhältnis zwischen beiden Gruppen und der
Herrschaftsstruktur des eingewanderten Verbandes. Aristokratisch verfaßte Verbände tendieren dazu, sich als Oberschicht
zu etablieren[21].

---

21  Vgl W.Ruben 1968 S.151ff

Die Übernahme der vorgefundenen Bevölkerung wirkt sich erheblich auf die Sozialstruktur des sich neu herausbildenden
Herrschaftsverbandes aus. Die Interaktion der unterworfenen
seßhaften Bauernbevölkerung mit nomadischen Stämmen und deren Übergang zur seßhaften Lebens- und Wirtschaftsweise kann
auch bei zuvor akephalen segmentären Stämmen zur Ausbildung
einer aristokratischen Oberschicht führen[22].

Die Behandlung einer besiegten Bewohnerschaft einer Region scheint auch
davon abhängig, in welcher Phase der Landnahme sie unterworfen worden
ist. Für die dorische Eroberung der Peloponnes lassen sich deutlich zwei
Stadien aufzeigen. In der ersten Phase  - der Eroberung der lakonischen
Ebene - wurde die vordorische Bevölkerung, soweit sie nicht getötet
wurde, in den Status rechtloser, erbuntertäniger Bauern versetzt. Der
Ausbau des dorischen Stammlandes durch die Besetzung der angrenzenden
Gebirgsgegenden brachte nur noch die politische Abhängigkeit für die
Unterworfenen mit sich, beließ ihnen aber in der inneren Verwaltung und
im Wirtschaftsleben weitgehende Autonomie[23].

Das Weiterbestehen der überlieferten sozialen, rechtlichen
und politischen Einrichtungen wird beeinflußt von der Organisation der Landverteilung, der Form der Aneignung des Landes,
dem Übergang von der nomadischen zur agrarischen Wirtschaftsweise oder der Beibehaltung der nomadischen Wirtschaftsweise,
der Existenz einer Untertanenschicht sowie der vertraglichen
Eingliederung von Teilen der seßhaften Bevölkerung. Vereinbarungen über connubium und commercium spielen für die gegen-
seitige Durchdringung unterschiedlicher Kulturen eine bedeutsame Rolle. Weichen diese Variablen in den einzelnen Stammes-
ländern deutlich voneinander ab, kann dieses sich in diffe-
renten Siedlungsstrukturen und erheblicher Variation der
siedlungsgeographischen Verhältnisse niederschlagen.

Gerade die Eroberung des Landes durch einen nomadischen Stämmebund
oder einen zahlenmäßig starken Stamm muß nicht zwangsläufig mit der

---

22  Vgl Büttner 1968 S.42-44
23  Vgl Busolt 1926 S.633ff

geschlossenen Ansiedlung aller Nomaden als Bauern enden. Die Aneignung
des eroberten Gebietes kann sich in einigen Regionen darauf beschränken,
daß von der einheimischen Bauernbevölkerung eine Steuer verlangt wird.
Der Stamm der Šammar-al-Ğerba ist ein Beispiel für die Landnahme eines
nomadischen Verbandes, der die Beibehaltung der nomadischen Lebens- und
Wirtschaftsweise folgt[24].

Die militärische Eroberung eines weiten Siedlungsraumes
durch in ihn von außen eindringende Stämme und ihre Ansiedlung dort sollte sich in den archäologischen Resten dieser
Region widerspiegeln, wobei die Funde nicht nur räumlich,
sondern auch zeitlich einen engen Zusammenhang aufweisen müssen. Das Vorliegen folgender archäologischer Daten könnte
auf eine Invasion eines Stammes oder Stämmebundes hindeuten:
    In allen kleineren Städten und Ortschaften einer Region
finden sich Zerstörungsschichten, denen ein Wiederaufbau
durch eine andere Population folgt.
    Innerhalb einer kurzen Periode lassen sich Neugründungen
von Ortschaften nachweisen, die von ihrer Anlage wie inneren Baustruktur her große Ähnlichkeiten aufweisen.
    In den nicht zerstörten größeren Städten zerfällt die ma-
terielle Kultur als eine Folge des Verlustes des wirtschaftlichen Hinterlandes.
    Die Anbauflächen sind durch Urbarmachung bisher nicht ge-
nutzten Bodens vergrößert worden, sowie durch Wasserregulierung, Terrassierung und Brunnenbau.
    Eventuell ist ein neues Wegenetz nachweisbar, denn Verän-
derungen der Infrastruktur können von der mitgebrachten sozialen Organisation verursacht worden sein.

---

24  Vgl Stein,L. 1967; ders. 1968

## 6.2  Modelle zur Landnahme der israelitischen Stämme

Die Diskussion um die Ansiedlung der israelitischen Stämme
wird beherrscht durch die Kontroverse zwischen den Anhängern
einer friedlichen Aneignung des Landes im Wege der Transhumanz und den Verfechtern einer gewaltsamen Eroberung. Ausgelöst wurde diese Polarisierung durch Alts grundlegende
Schriften zur Landnahme.

Die Mehrheit der von den alttestamentlichen Forschern entworfenen Landnahmemodelle läßt sich daher danach unterscheiden, wie weit sie den Vorgang der Landnahme als einen friedlichen Prozeß der Seßhaftwerdung nomadischer Gruppen - Alt,
Noth et alii - oder als kriegerische Eroberung durch militärisch organisierte und geschlossen operierende Verbände -
Albright, Bright, Yeivin - beschreiben.

Mendenhall versucht, der Verengung der Forschungsperspek-
tive auf die Alternative Infiltration/Eroberung entgegenzu-
wirken, indem er mögliche soziale Prozesse, die durch begrenzte gewaltsame Aneignungen ausgelöst wurden, einbezieht.
Seine Position findet in der allgemeinen Debatte nur wenig
Beachtung. Eine Auseinandersetzung mit Mendenhalls Nachweis,
daß konstitutive Grundannahmen der bisherigen Landnahmemodelle noch nicht überprüft worden sind, steht noch aus[25].

Bezeichnend für die Positionen der Alt-Schule und der Anhänger Albrights, aber auch für Außenseiter wie Mendenhall,
ist der Versuch, den Prozeß der israelitischen Landnahme für

---

25  Die Nomadismushypothese ist bisher unter soziologischem Aspekt
    noch nicht überprüft worden. Ihre Verwerfung würde den Landnahme-
    theorien von Alt und Noth den wesentlichen Teil ihrer Argumenta-
    tion entziehen. Betrachtet man die von Alt in die Forschung ein-
    gebrachte These der 'Infiltration' näher, so erkennt man, daß zwei
    Hauptannahmen in ihr verwoben sind: 1) Die Israeliten waren Semi-
    nomaden. 2) Seminomaden gehen zwangsläufig von der nomadischen
    Wirtschaftsweise zur agrarischen Wirtschaftsweise im Wege der
    Transhumanz über.

den westjordanischen Siedlungsraum theoretisch unter ein Modell zu subsumieren. Das betreffende Modell wird auch dann
beibehalten, wenn man zur Vermeidung historischer Widersprü-
che gezwungen ist, zeitlich voneinander abzusetzende Einwanderungswellen  - deren Zahl sich nach den Erfordernissen der
Theorie richtet - zu postulieren.

In neuerer Zeit hat de Vaux im Rahmen seiner 'Histoire
Ancienne d'Israel' (1971) eine historische Interpretation
der Landnahme vorgelegt, die bisher scheinbar sich ausschlie-
ßende Argumentationen der jeweiligen Schulen in einem theoretischen Modell integriert. Die Aufnahme sowohl territorial-
und überlieferungsgeschichtlicher Argumentationen sowie die,
wenn auch deutlich modifizierte, Einbeziehung der Positionen,
die auf einer bestimmten, an Jos 1-12 orientierten historischen Interpretation archäologischer Daten beruhen, und die
Integration der soziologischen Fragestellung Mendenhalls
wird für de Vaux möglich durch die Vorstellung eines je nach
beteiligter Gruppe, ihrer Herkunft und der entsprechenden
Einwanderungsregion differenzierten Landnahmevorganges.
Die folgende Darstellung und Diskussion der Modelle zur Landnahme dient nicht dem kritischen Vergleich, was ihre Plausibilität hinsichtlich eines historisch wahrscheinlichen Landnahmevorganges betrifft[26]. Vielmehr geht die Intention dahin,
die alttestamentlichen Landnahmemodelle auf dem Hintergrund
der obigen soziologischen Vorüberlegungen zu betrachten.
Denn alle Darstellungen gehen notwendig von spezifischen
Vorstellungen über die soziale Struktur und Organisation der
beteiligten Gruppierungen aus. Da die Organisationsform landsuchender Elemente eine wesentliche Rolle für die Aneignung
des Landes und für die Entstehung und Verfassung von Siedlungen spielt, sollen die dementsprechenden Annahmen hervorgehoben und diskutiert werden.

Dabei ist es erforderlich, innerhalb der einzelnen Schulen
zwischen den Positionen von Alt und Noth wie auch zwischen
denen von Albright, Wright und Yeivin zu differenzieren.

---

26  Eine kritische Zusammenschau der Landnahmetheorien bieten
    M.Weippert 1967, Gottwald 1980 S.435ff.

Die betreffenden Forscher unterscheiden sich, auch wenn sie
der gleichen Argumentationsrichtung und Methode verhaftet
sind, soziologisch hinsichtlich der postulierten Landnahme-
gruppen. Besondere Aufmerksamkeit wird der Hypothese einer
von außerhalb des Landes mitgebrachten Stammesorganisation
zu widmen sein.


## 6.2.1   Infiltrationsmodelle

Im Zentrum dieser Modelle steht die Vorstellung, daß die
Israeliten im Wege der Transhumanz zur Ansiedlung übergingen.

### 6.2.1.1   Alt

Ausgangspunkt der Thesen Alts zur Landnahme ist ein Vergleich der territorialgeschichtlichen Verhältnisse Palästinas zur Zeit Thutmosis III und Amenophis III/IV mit den Umständen nach der Landnahme[27]. Seine Untersuchung ergibt, daß
die politische und territoriale Ordnung des Landes sich an
den geographischen Bedingungen orientiert. In den Ebenen und
Küstenstreifen Palästinas häufen sich kleinere Stadtherrschaften; das Gebirge ist, verglichen mit den Ebenen, nur
dünn besiedelt und weist eine verschwindend geringe Zahl an
Städten auf. Im gebirgigen Teil Palästinas finden sich Ansätze zur Zusammenfassung größerer Territorien unter einer
Herrschaft. Der politische Gegensatz zwischen den Kleinstaa-
ten der Ebenen und den großflächigen Territorien der Bergländer drückt sich auch in ihrer unterschiedlichen Haltung
zur ägyptischen Oberherrschaft aus. Thutmosis III hat es mit
einem Aufstand der Stadtstaaten an der Küste und in den Ebenen zu tun, während entsprechende Nachrichten über die Gebirgsgegenden fehlen. In der El-Amarna Zeit sind die Stadtstaaten befriedet, dagegen bestimmen in den Bergländern Auf-
standsbewegungen die politische Szene. Nach dem Ende der
ägyptischen Oberherrschaft und der Festsetzung der Israeli-

---

27 A.Alt Die Landnahme der Israeliten  in Palästina KS I S.89ff

ten haben sich die Machtverhältnisse in den Gebirgsregionen
verändert. Im Bereich der ehemaligen Bergländer sind jetzt
die Israeliten anzutreffen. Die Landnahme ist die Besitzer-
greifung jener Regionen, die schon vorher zu größeren politischen Einheiten zusammengefaßt waren. Da sie politisch
nicht so strikt organisiert waren wie die Stadtstaaten und
vermutlich weniger bevölkert als diese, stellten sie kein
Hindernis für die Ansiedlung der Israeliten dar. Ökologisch
boten gerade diese Regionen den Stämmen einen geeigneten
Raum für den allmählichen Übergang von der halbnomadischen
zur seßhaften Lebensweise. Das Kerngebiet der israelitischen
Stämme liegt jenseits der Einflußsphäre der Stadtstaaten.
Mit Ausnahme der Städte des südlichen Hügellandes ist nirgends eine territoriale Überschneidung zwischen beiden Größen sichtbar.

Allerdings vermag Alt nichts darüber auszusagen, welche
der israelitischen Stämme als geschlossene Einheiten nach
Palästina einwanderten und welche sich erst nach der Ansiedlung durch Zusammenschluß selbständiger Gruppen oder Abspal-
tung bildeten[28]. Die Gruppierung der Stämme ist ein Ergebnis
der vorgefundenen territorialen Ordnung des Landes  - soweit
lassen sich nach Alt aus dieser Ordnung nicht ohne weiteres
funktionierende Verbände mehrerer Stämme zur Landnahmezeit
erschließen. Doch geht Alt, ungeachtet der selber angemerk-
ten Zweifel[29], in seiner weiteren Argumentation davon aus,
daß die Israeliten ihre Stammesverfassung aus der Wüste mit-
brachten[30]. Zumindest einzelne Stämme bildeten vor ihrer Ansiedlung schon geschlossene soziale Verbände.

Besonders deutlich wird diese Annahme in seiner Schrift
von 1939 'Erwägungen über die Landnahme der Israeliten', in
der er zum Verständnis der Landnahme als eines friedlichen

---

28  A.Alt a.a.O. KS I S.121
29  Ders. a.a.O.
30  Ders. KS I S.140 "Der Gedanke an die Herkunft der Stämme aus
    der Wüste führt aber sogleich zu weiteren Erwägungen über die
    Art und Verlauf ihrer Landnahme. ... Der Übergang von Stämmen
    aus der Wüste in das Kulturland... ist ja durchaus keine unge-
    wöhnliche Erscheinung..."

längerdauernden Prozesses die Transhumanzpraktiken der Wanderhirten des Mittelmeerraumes heranzieht.

Das Fehlen kriegerischer Eroberungstraditionen für die Mehrheit der Stämme und ihre Ansiedlung zwischen den Bereichen der Stadtstaaten führt Alt dazu, zwei Phasen der Aneignung des Landes zu unterscheiden: die weitgehend friedlich verlaufene Periode der Landnahme und die durch militärische Eroberungen bestimmte Phase des Landesausbaues, die der Gebietsabrundung diente.

Die Möglichkeit eines friedlichen Landnahmeverlaufes sieht Alt zum einen begründet in der überlieferten Tradition vom Unvermögen der Stämme, die festen Städte anzugreifen und einzunehmen, der Lage ihrer Kerngebiete abseits des Herrschaftsbereiches der Städte und der Herkunft der Stämme aus der Wüste[31]. Vor allem die Art und Weise des Übergangs von der Wüste ins Kulturland, die für Alt identisch ist mit dem Wechsel von der nomadischen Wirtschaftsform zur agrarischen Wirtschaftsform, bestimmt den friedlichen Charakter der Landnahme. Hier handelt es sich um die saisonal bedingten Weidewechsel der Nomaden zwischen Wüste und Küstenland. Nach Ablauf der winterlichen Regenzeit sind die Viehzüchter gezwungen, andere Weidegründe aufzusuchen. Entsprechende Weidemöglichkeiten sind nur noch im Kulturland, u.a. auf den abgeernteten Feldern der Bauern, in ausreichendem Maße vorhanden. Für die Nomaden ist der kontinuierliche Weidewechsel ins Kulturland die erste Stufe der Ansiedlung. Nach einer längeren derartigen Praxis bedarf es dann nur noch geringer Anlässe, um die Nomaden zum Verbleib und zur Ansiedlung zu bewegen, zumal sie im Bereich des Kulturlandes auch ausreichend Winterweide fanden.

Die israelitischen Stämme pflegten diesen Weidewechsel und kamen in seinem Verlauf regelmäßig in die weniger bevölkerten Regionen des westjordanischen Waldlandes. Beispiele für die in Abstimmung mit der seßhaften Bevölkerung geübte Pra-

---

31  Die von ihm 1925 (KS I S.89ff) noch in Betracht gezogenen politischen Faktoren, die Territorialreiche in den Gebirgsgegenden, sind 1939 (KS I S.126ff) aus der Diskussion verschwunden.

xis der Transhumanz erblickt Alt in den Überlieferungen über
das Auftreten der Stämme Simeon und Levi bei Sichem, der
Nachricht von den zwei Lagern Dans und dem Schutzverhältnis
des Isaak zu Gerar.

Die Stämme Simeon und Levi kamen regelmäßig von ihren
südlichen Weidegründen im Negeb zur Sommerweide nach Sichem,
bis sie dort anläßlich eines Siedlungsversuches eine Kata-
strophe erlitten und sich in den Negeb zurückziehen mußten.

Für die übrigen Stämme liegen über das Stadium des Weide-
wechsels keine Überlieferungen vor, da dieses für sie nicht
so konfliktreich verlief wie für Simeon und Levi. Was das
Haus Joseph betrifft, so nimmt Alt an, daß die betreffenden
Stämme einen Weidewechsel von der Isthmuswüste ins Kulturland nach Palästina übten und nur Teile dieses Verbandes an
der ägyptischen Episode teilgenommen hatten.

Außer dem Verband der Josephstämme leitet Alt noch den
Verband der sechs Leastämme aus der Landnahmezeit her. Beide Verbände waren zur Zeit der Landnahme geschlossene soziale Einheiten mit einer Stammesverfassung.

Bei ihrem regelmäßigen Weidewechsel gingen die Stämme dazu
über, an geeigneten Stellen Ackerbau zu treiben. "Die Feld-
arbeiten, die dort zu verrichten waren, fielen zwar zum Teil
in die winterliche Jahreshälfte, nahmen aber nicht die ganzen Stämme in Anspruch, sondern ließen sich durch Gruppen
Zurückbleibender erledigen, auch wenn das Gros mit den Herden wieder in die alte Steppenheimat abgerückt war."[32]
Dieses änderte sich dann, wenn ein Stamm zur Rodung von Waldland überging. Rodung und Feldbestellung hielten die Männer
bis in die Regenzeit hinein fest und machten den gewohnten
Weidewechsel unmöglich. Damit und mit der Aufnahme von Groß-
viehzucht war der Prozeß der festen Ansiedlung abgeschlossen. Der Vorgang der Landnahme beanspruchte im Falle jedes
einzelnen Stammes mehrere Generationen und erstreckte sich
vom 14. Jh bis ins 13./12. Jh. Das Ostjordanland wurde dann
vom Westen her kolonisiert.

---

32 Alt KS I S.148

## Einige Anmerkungen zum Nomadismus

Alts Vorstellungen zur Landnahme konnten sich im deutschspra-
chigen Raum weitgehend durchsetzen. Dieses dokumentiert sich
auch in den neueren Geschichten Israels, soweit sie auf den
Prozeß der Landnahme näher eingehen[33]. Eine Untersuchung
seiner Hauptthese - landnehmende Israeliten = friedliche
Halbnomaden - steht noch aus. Vorliegende Studien berufen
sich an den entscheidenden Punkten immer wieder auf Alt als
Gewährsmann[34]. Eine Untersuchung der Hauptthese kann im Rahmen dieser Arbeit nicht geleistet werden. Doch sollen einige
Charakteristika des Altschen Halbnomadentums näher betrachtet werden.

Wesentliche Merkmale der Halbnomaden sind nach Alt:
Halbnomaden zeichnen sich gegenüber Vollnomaden durch das
Fehlen des Kamels in ihren Herden aus. Halbnomaden betreiben
schwerpunktmäßig die Kleinviehzucht und widmen sich gelegentlich der Feldwirtschaft.

Die Transhumanz ist für Halbnomaden eine Übergangsstufe
zur Seßhaftigkeit und Landwirtschaft.

Es mag dahingestellt bleiben, wie weit es sinnvoll ist, innerhalb der nomadischen Wirtschaftsweise Kleinviehzüchter
und Kamelzüchter zu unterscheiden. Der Idealtypus des reinen Kamelzüchters findet sich in der nomadischen Realität
nicht. Zwar kann man von Schwerpunkten bezüglich Kamel und
Kleinvieh reden, doch sind gerade hier die Übergänge bereits
in der kleinsten nomadischen Wirtschaftseinheit fließend.
Kamelzüchter und Kleinviehzüchter unterscheiden sich hauptsächlich von ihren Verbreitungsgebieten und den Charakteristika des benötigten Weidelandes her,weniger von ihrer sozialen Organisation oder der Tendenz zur Aufgabe der nomadischen Lebens- und Wirtschaftsweise.

Auch stellt der gelegentlich betriebene Ackerbau keine
Grenze zwischen den Halbnomaden und Vollnomaden dar. Getreide ist das Hauptnahrungsmittel der Nomaden. Die Möglich-

---

33  Vgl Gunneweg 1976[2]; Noth 1963[5]
34  Als typisch mögen hier die Bemerkungen bei Bernhardt (1968
    S.31 A 9) und H.Klengel (1971 S.171 A 25) gelten.

keiten der Beschaffung von Getreide - durch Handel oder
eigenen Anbau - bestimmen das Verhältnis zur seßhaften Bevölkerung[35]. Nomaden pflegen überall, wo sie geeigneten Boden finden und mit ihren Herden längere Zeit weiden können,
gelegentlich Getreide anzubauen. Diese Gelegenheitslandwirt-
schaft ist unabhängig von der Art der gehaltenen Herden. Ein
Zusammenhang zwischen gelegentlich betriebenem Ackerbau und
Nomadismus läßt sich eher vom vorhandenen Arbeitskräftepotential einzelner Wirtschaftseinheiten herstellen. Der gele-
gentliche Anbau von Getreide ist ein Charakteristikum der
nomadischen Wirtschaftsweise. Hierbei handelt es sich noch
nicht um eine Übergangsstufe zur Seßhaftigkeit.

Für den Übergang von der nomadischen Wirtschaftsweise zur
Landwirtschaft ist charakteristisch die private Aneignung
von Land. Gewöhnlich zeichnen sich nomadische Verbände da-
durch aus, daß die Weidegründe als Gemeineigentum gelten.
Weder der Besitz ausgedehnter Stammesländereien noch der Zu-
gewinn von Land durch Eroberungen führen von sich aus zur
Aufgabe des Nomadismus und zur dauerhaften festen Ansiedlung.
Keinesfalls werden Nomaden allein durch den Besitz fruchtbaren Landes zur Seßhaftigkeit und Landwirtschaft übergehen.
Ausgelöst wird der Wechsel der Wirtschaftsweise immer von
ökonomischen Anreizen/Zwängen und/oder politischen Faktoren.
Vor allem das Vorhandensein einer Zentralregierung wirkt
sich erheblich auf die Niederlassung der Nomaden aus.

Die Nachrichten über die Benjaminiten und Hanäer von Mari zeigen, daß
alle Initiativen zur Ansiedlung der Nomaden vom König von Mari ausgin-
gen. Die Nomaden dagegen ließen ohne Hemmungen ihre Felder und Dörfer
im Stich, sobald ihnen die politischen Verhältnisse nicht mehr be-
hagten[36].

Der Stamm der Šammar-al-Ǧerba ist eines der am ausführlichsten dokumentierten Beispiele der Neuzeit für die Bemühungen, Nomaden zur Ansiedlung zu bewegen[37]. Jahrhundertelang bemühte sich die türkische

---

35 Vgl Schinkel 1968
36 Vgl H.Klengel 1958; Dossin 1939
37 Vgl L.Stein 1967

Regierung vergeblich, den Stamm fest anzusiedeln[38]. Die Šammar-al-Ǧerba
sind in mehreren Wanderungswellen aus dem zentralen Bergland der arabischen Halbinsel nach verlustreichen Kämpfen mit den Wahabiten im 17./18.
Jh in das Gebiet zwischen Euphrat und Tigris eingewandert. Dort ver-
drängten sie andere nomadische Stämme und unterwarfen die einheimische
seßhafte Bevölkerung, die ihnen fortan eine jährliche Steuer zu entrichten hatte. Erst als die Regierungen des Irak und Syriens die Raubzüge
der Nomaden untereinander verboten, die Tributpflicht der abhängigen
Bevölkerung aufhoben und die Sklavenhaltung untersagten, wurde die Herrschaftsposition der Nomaden untergraben. Diese Maßnahmen, die von der
Regierung mit Hilfe des Militärs überwacht werden mußten, trafen im wesentlichen die herrschende Schicht der Šammar-al-Ǧerba. Die Politik der
Regierung war im folgenden darauf ausgerichtet, diese Schicht für ihre
Ziele zu gewinnen. Dieses gelang ihr im begrenzten Maße dadurch, daß
sie den Schechs anbot, bisheriges Stammesland für sie als privates
Ackerland zu registrieren, sofern die Schechs sich regierungskonform
verhielten.

Eine wesentliche ökonomische Veränderung, die die führende Schicht
dem Angebot der Regierung überhaupt erst geneigt machte, war das Sinken
der Kamelpreise infolge des Aufkommens des Lastwagens. Die landwirtschaftliche Erschließung des Weidelandes konnte der mangelnden Rentabi-
lität der Kamelzucht, deren Verluste auch nicht durch die anfänglich
verstärkte Zuwendung zur Kleinviehzucht ausgeglichen werden konnten,
entgegenwirken. Bis 1962, nach ca 20 Jahren, waren jedoch nur 2/5 der
Šammar-al-Ǧerba zum Ackerbau übergegangen, den sie in der Regel als
Seminomaden betrieben. Der Übergang der herrschenden Schicht zur Landwirtschaft zog erhebliche Veränderungen der Sozialstruktur nach sich[39].

Der Seminomadismus ist ein Zwischenstadium und bezeichnet
den Übergang von der nomadischen Lebensweise zur seßhaften
Lebensweise. Typisch für ihn ist ein saisonal betriebener
Ackerbau auf bestimmten festliegenden Feldern, der die Halbnomaden 3-5 Monate an einem Ort festhält, während sie in der
übrigen Zeit mit den Herden umherziehen.

---

38  L.Stein 1967 S.100
39  Ders. a.a.O. S.137ff

Transhumanz ist charakteristisch für Nomaden allgemein[40],
sie ist kein ausschließliches Merkmal der Halbnomaden[41].
Die Praxis der Transhumanz allein bewirkt noch keine Veränderungen der Lebens- und Wirtschaftsweise. Es bedarf schon
mehr als eines geringen Anstoßes, daß Nomaden das Schwerge-
wicht ihrer Wirtschaft auf den Ackerbau verlegen. Erst in
Verbindung mit anderen Faktoren - ökonomische Notlagen,
Überfluß, staatlicher Druck - bekommt die Transhumanz auch
für die Siedlungsversuche Bedeutung.

## Alts alttestamentliche Argumentationsbasis

Alt geht davon aus, daß die Stämme aus der Wüste kamen und
folglich mittels Transhumanz regelmäßig ins Kulturland vor-
drangen.

Zur alttestamentlichen Absicherung seiner Thesen zieht er
vermeintliche Transhumanzpraktiken israelitischer Stämme heran und beruft sich auf Überlieferungen über Simeon und Levi,
Dan und Isaak.

Nach Alt haben die Stämme Simeon und Levi einen recht langen Anmarsch zu ihren sommerlichen Weidegründen nach Sichem
auf sich genommen. Die Länge des Weges spricht noch nicht
gegen die Wahrscheinlichkeit dieser Praxis. Auffällig bleibt
aber, daß die Stämme einen so langen Weg durch das ausreichend Futter bietende Waldland auf sich nahmen. Unerklärlich
ist auch, wieso die Simeoniten und Leviten nach ihrer Niederlage bei Sichem sich auf einmal mit den Weiden im Negeb
bescheiden konnten und keiner Sommerweiden mehr bedurften.

Die Tradition über Dan berichtet von zwei Ortschaften,
Zorea und Esthaol, die als Lager Dans bezeichnet werden.

---

40  Vgl dazu Barth 1964; Zajaczkowski 1968; Bates 1972; Irons 1972;
    König,W. 1973.
41  Diese Anregung, daß die Übung der Transhumanz auf den Übergang
    von der nomadischen zur agrarischen Wirtschaftsweise hindeute,
    hat Alt aus Weber (AJ) entnommen. Weber seinerseits beruft sich
    auf Leonhard. (Leonhard (1916) beschränkt sich jedoch in seinem
    Aufsatz auf die Schilderung des Weidewechsels der Wanderhirten.
    Seine Schrift enthält kein Beispiel dafür, daß irgendeine noma-
    dische oder halbnomadische Gruppe die Transhumanz als die Mög-
    lichkeit zur Seßhaftwerdung im Kulturland benutzt hat.

Alt erklärt Zorea zum Sommerlager und Esthaol zum Winterlager. Beide Orte liegen in der gleichen Klimazone und sind nicht mehr als einen Tagesmarsch[42] voneinander entfernt. Es scheint eher sinnvoll, hier von stationärer Weidewirtschaft zu sprechen als von Transhumanz.

Für Isaak beruft sich Alt auf eine Überlieferung, die ihn im Bereich Gerars ansiedelt und dort auch Ackerbau treiben läßt. Alt bemerkt hierzu, daß Isaak sich im Bereich der Winterweide befinde. Da aber die Sommerweide und nicht die Winterweide im Bereich des Kulturlandes liegt, würde Isaaks weide- und landwirtschaftliche Nutzung der Gegend um Gerar dem Transhumanzbrauch nicht entsprechen. Zudem würden seine Herden zur Zeit der Winterweide in der Region von Gerar die heranwachsende Saat auf den Feldern gefährden. Aus Isaaks landwirtschaftlichen Tätigkeiten bei Gerar geht hervor, daß er sich tatsächlich während der Regenzeit dort befindet. Alts Annahme, daß Isaak in Gen 26 hier für uns den Typus des am Weidewechsel teilnehmenden Nomaden repräsentiert, führt zu der nicht haltbaren Behauptung, daß Isaak bei Gerar sich auf der Winterweide befinde. Nach Alts eigenen Überlegungen kann sich Isaak bei Gerar allenfalls während des Sommers zum Weiden aufhalten. Da Gen 26 Isaak auch Rinderbesitz zuschreibt, scheint Isaak hier eher als seßhafter Landwirt mit Viehzucht gedacht zu sein, denn als ein im Übergang zur Seßhaftigkeit befindlicher Nomade oder Halbnomade.

Alts Modell ist als Basis zu weitergehenden Schlußfolgerungen über die Siedlungsorganisation nicht tragfähig genug.

## 6.2.1.2  Noth

Noth hat in zahlreichen Schriften und Untersuchungen[43] das Landnahmemodell von Alt aufgenommen und präzisiert.

In einem Punkt führen seine Überlegungen zur Landnahme über die Position Alts hinaus; denn er nimmt die von Alt 1925

---

42  Kleinviehherden können je nach Nahrungszustand zwischen 15 bis 30 km am Tag getrieben werden. Vgl hierzu König 1973
43  Vgl u.a. Noth Geschichte Israels 1963[5]; Das Buch Josua 1953[2]; ABLAK I S.183ff; 229ff; 347ff; 391ff; 489ff.

zwar aufgeworfene, aber als unbeantwortbar beiseite ge-
schobene Frage nach der Entstehung der Stämme auf. Den Ausgangspunkt seiner Bemerkungen bilden die Beobachtungen, daß
das Stämmesystem am faktischen Wohnbereich der Stämme in
Palästina anknüpft und einige Stämme ihren Namen nach ihrem
Siedlungsbereich bzw den Umständen ihrer Ansiedlung erhalten
haben.

Zu den Stämmen, die Lokalbezeichnungen tragen, zählt Noth
Juda, Ephraim, Benjamin und Naphtali[44]. Issachar verdankt
seinen Namen den besonderen Bedingungen seiner Ansiedlung
im Bereich eines Stadtstaates als abhängige fronpflichtige
Bevölkerung[45]. Wenigstens für diese Stämme ergibt sich aus
ihrem Namen, daß sie nicht als geschlossene soziale Einheiten ins Kulturland einwanderten. Sie konstituierten sich
erst nach ihrer Immigration in den von ihnen besetzten Regionen als Stamm. Vor ihrer Landnahme bestanden sie aus einzelnen Sippen, die erst im Prozeß der Landnahme sich als
Stämme organisierten.

Die sich hier andeutende Unterscheidung zwischen Verbänden, die eine Stammesorganisation vor der Landnahme besaßen,
und solchen Sippen, die erst im Zuge ihrer Ansiedlung einen
die einzelnen Sippen umfassenden sozialen und politischen
Verband ausbildeten, schränkt Noth jedoch mit der Bemerkung
ein, daß Stämme, die nach ihrer Hauptsippe benannt wurden,
die wiederum den Namen ihres Ahnherrn trägt, sich auch erst
durch ihr Beieinanderwohnen in Palästina formierten[46]. Für
diese Kategorie führt er ausdrücklich nur Manasse an[47], doch
gilt dieses, folgt man seiner Gleichung 'Name des Stammes =
Name der Hauptsippe = Name des Ahnherrn', auch für Machir[48].
Die übrigen Stämme tragen Personennamen[49]. Die Frage bleibt

---

44  Noth 1963[5] S.59-66. S.71 A 1
45  Ders. a.a.O. S.77
46  Ders. a.a.O. S.71
47  Ders. a.a.O. S.71 A 3
48  Vgl hierzu Num 26,29. Noth hält das Sippenverzeichnis für eine
    ziemlich alte Liste, vgl ders. a.a.O. S.55; S.87 u. 1930 S.122ff.
49  Die Stämme Asser und Gad sind nach Noth nach einem Gott benannt.
    Bei einer strikten Unterscheidung von Territorialnamen und Perso-
    nennamen fallen Asser und Gad in die Kategorie der Personennamen.

bei Noth offen, ob daraus geschlossen werden kann, daß die
betreffenden Stämme ihre Organisation schon vor der Landnahme abgeschlossen hatten. Noth bemerkt aber an anderer Stelle[50], daß auch die Leastämme erst durch das Zusammenwohnen
in benachbarten Gebieten sich konstituierten.

Als einzige größere Einwanderergruppe bleibt dann das
Haus Joseph übrig. Zur Zeit der Einwanderung repräsentierte
es jedoch nur einen größeren Sippenverband[51], der dann auf
dem Boden des Kulturlandes in zwei Stämme zerfiel[52].

Legt man Noths Modifikation des Altschen Landnahmemodells
zugrunde, dann hat man weniger mit Einflüssen der mitgebrachten sozialen Organisation fester Verbände auf die Verfassung der Siedlungen zu rechnen als mit lokalen Prinzipien.

## 6.2.2    Eroberungsmodelle

Die militärische Lösung wird von den alttestamentlichen Forschern bevorzugt, die die Ausgrabungsbefunde im Lichte der
deuteronomistischen Landnahmetheorie betrachten möchten.
Zu ihren Hauptvertretern zählen Albright, Wright und mit
einigen Modifikationen auch Yeivin.

## 6.2.2.1    Albright

Albrights Modell entsteht aus seiner Kritik[53] an der ätiologischen Interpretation der Mehrzahl der in Jos 2-11 überlieferten Eroberungstraditionen durch die Alt-Noth-Schule.

Die Analyse der archäologischen Befunde einer Reihe von
Ortslagen  - Debir, Bethel, Lakisch, Hazor - zeige, daß in
ihnen der Übergang von der Spätbronzezeit zur frühen Eisen-
zeit durch verheerende Zerstörungen der Städte eingeleitet
wurde. Der Wiederaufbau dieser Siedlungen zeichne sich durch

50  Noth 1963[5] S.78 A 3; S.84
51  Ders. a.a.O. S.59.87
52  Ders. a.a.O. S.60
53  Albright 1935 BASOR 58 S.10ff; 1937 BASOR 68 S.22ff; 1939 BASOR
     74 S.11ff.

allgemein ärmlichere Lebensverhältnisse aus, die sich in der
Verwendung gröberer Mauertechniken dokumentierten, wie auch
in den handwerklich und künstlerisch geringerwertigen Ge-
brauchsgegenständen.

In diesen archäologischen Fakten erkennt Albright die empirisch sichtbaren Auswirkungen der in Jos 2-11 überlieferten Feldzüge Josuas[54]. Allerdings stelle die Eroberung Palästinas durch den Stämmebund unter Josua nur die letzte, wie-
wohl entscheidende Phase eines längeren Ansiedlungsprozesses
der hebräischen Stämme dar[55]. Albright nimmt an, daß die hebräischen Stämme bereits zur Zeit Jakobs in Zentralpalästina
siedelten. Die Josephstämme rechnet er zu den 'apiru, die im
15./14. Jh als Kleinviehzüchter die gebirgigen Teile des
Westjordanlandes sich weitgehend friedlich angeeignet hatten[56]. Die von Mose angeführte Lea-Gruppe bildete sich aus
in Ägypten ansässigen heterogenen Elementen[57]. Nach ihrem
erfolgreichen Auszug aus Ägypten wurden die um Kadesch Bar-
nea umherstreifenden hebräischen Viehzüchter von Mose organisiert[58]. Diese Stammesgruppe verband sich nach dem Sieg
über Sihon mit den ihnen verwandten hebräischen Stämmen des
Hauses Joseph und den Stämmen, die von den Nebenfrauen Jakobs hergeleitet wurden, zu einer militärischen und religiösen Konföderation[59]. Unter der Führung Josuas eroberte der
ursprünglich von der Mosegefolgschaft ins Leben gerufene
Verband die gibeonitische Tetrapolis und die kanaanäischen
Stadtstaaten in der Schephela und in Galiläa.

Albright rechnet für beide Phasen der Landnahme mit organisierten Stammesgemeinschaften. Die Konstitution der Stämme, besonders die des Verbandes der 12 Stämme, ist bei ihm
Voraussetzung für die militärische Einnahme des Landes.
Hierin liegt unter soziologischem Aspekt die wichtigste

---

54  Zu den Schwierigkeiten, die sich Albright mit seinem aus Jos 2-11
    entliehenen Interpretationsrahmen bei der Beurteilung der archäo-
    logischen Funde einhandelt, vgl M.Weippert 1967 S.54ff.
55  Albright 1935 BASOR 58,15ff
56  Ders. 1935 BASOR 58 S.15
57  Ders. 1935 BASOR 58 S.17 A 21
58  Albright 1960 S.13
59  Ders. 1935 BASOR 58 S.17

Differenz zu den Vorstellungen von Alt und Noth. Historio-
graphisch bleibt anzumerken, daß Albright die Ergebnisse der
bisherigen Forschung geradezu in ihr Gegenteil verkehrt, wenn
er die Rahelstämme in der ersten Phase, die Leastämme aber
erst in der zweiten Phase der Landnahme einwandern läßt.

### 6.2.2.2  Wright

Wrights Vorstellungen zur Landnahme der israelitischen Stämme gehen von Albrights historischen Deutungen der archäologischen Daten aus. Wesentlich für das Modell von Wright wird
sein Bemühen, Jos 10 mit Jud 1 zu versöhnen[60], was ihn zu
der Behauptung verleitet, daß die Besetzung Palästinas in
zwei durch militärische Auseinandersetzungen bestimmten Stadien verlief. Jos 10 spiegelt die erste Eroberungsphase wider, die als eine sorgfältig organisierte und geplante Invasion unter Josua erfolgte[61]. Bei der Landnahme handelt es
sich um eine strategisch vorbereitete und ausgeführte Reihe
von Eroberungen eines Stämmebundes unter einheitlicher Führung. Die wohlüberlegte Strategie liest Wright aus der geographischen Anlage der drei Feldzüge Josuas ab[62]. Die in Jos
10 überlieferten Kampagnen dienten dazu, bestimmte kanaanäische Schlüsselstädte zu erobern, deren Zerstörung erst die
Aneignung der Bergländer und der Schephela freigab[63]. Die

---

60  G.E. Wright 1946 JNES 5 S.105ff
61  Ders. 1958 S.77
62  Der erste Feldzug findet von Jericho über Bethel nach Ai statt,
    der zweite geht von Gibeon aus und reicht nach Juda hinein,
    der dritte führt nach Galiläa (vgl 1946 JNES 5 S.107.109; 1958
    S.71-77). Mir scheint fraglich, ob Wrights zutreffende Beobach-
    tung - Ausrichtung der Feldzüge an den geographischen Gegeben-
    heiten des zu erobernden Landes - ausreicht für die Schlußfol-
    gerung auf einen dahinter sich verbergenden genialen Strategen
    namens Josua samt seiner im Stämmebund militärisch disziplinier-
    ten Masse an Kriegern. Aus der geographischen Anlage der Feld-
    züge läßt sich nur erkennen, daß der Betreffende, der sie real
    oder fiktiv organisierte, über eine sehr gute Landeskenntnis
    verfügte, vielleicht sogar entsprechende Erfahrungen erlitten
    hatte. Diese Kenntnisse und Erfahrungen sind eher von Landesbe-
    wohnern zu erwarten als von landesfremden Eroberern.
63  Wrights These von der Einheitlichkeit von Jos 10 (1946 JNES 5)
    befindet sich in Gegensatz zu den Ergebnissen von Elliger (1934,
    PJ 30) und Noth (Komm. 1953[2] S.60ff; ABLAK I S.281ff). Mit seiner

Eroberung des restlichen Landes und der Siedlungen vollzieht
sich dann in zahlreichen kleinen Konflikten in den lokalen
Kämpfen der Richterzeit. Archäologische Spuren hiervon findet Wright in den Brandschichten der betreffenden Ortslagen
des 12./11. Jh. Jud 1, das nach Wright Material unterschiedlichen Alters und auch unterschiedlicher historischer Zuverlässigkeit enthält[64] und mitnichten ein 'unified document'
ist, spiegelt die zweite Eroberungsphase wider[65].

Die Konsolidierung der Stämme durch territoriale militärische Gewinne vor Ort entspricht Alts Phase des Landesausbaues. Vor die beiden Eroberungsstadien möchte Wright für Mittelpalästina noch eine Besiedlungsphase schalten, in der
hebräische Sippen, die im Zusammenhang mit den Hyksos und
den 'apiru stehen, in dieser Gegend Fuß faßten[66].

6.2.2.3    Yeivin

Yeivin versucht die teils widersprüchlichen literarischen
Überlieferungen zur Eroberung und Einnahme des Landes da-
durch beizubehalten, daß er sie nicht nur unterschiedlichen
Einwanderungswellen zuschreibt, sondern auch innerhalb einer
Periode noch Wanderungsaktivitäten einzelner Stammesgruppen
voneinander trennt[67].

Sein Bild von der Landnahme wird bestimmt von seiner Interpretation ägyptischer Nachrichten, der historischen Auswertung von Gen 34 und Num 33, sowie der Untersuchung der
genealogischen Listen von 1.Chr 1-9.

---

Gleichung 'Einheitlichkeit = Historizität' verfällt er dem gleichen Fehler wie manche Forscher, die die ätiologische Form einer
Tradition mit mangelnder historischer Zuverlässigkeit identifizieren. In letzter Zeit sind u.a. von Albright (1939 BASOR 74
S.12ff), Bright (1962[2] S.91), Childs (1963 JBL 82) und Weippert
(1967 S.133ff) beachtliche Argumente gegen die Gleichung 'ätiolo-
gisch = unhistorisch' vorgebracht worden.

64    Wright (1946 JNES 5 S.109) "... it is a collection of miscellanous
      fragments of varying dates and of varying reliability."
65    Damit kann Wright nicht mehr erklären, warum das negative Besitz-
      verzeichnis innerhalb von Jud 1 überliefert worden ist. Vgl kri-
      tisch M.Weippert 1967 S.58 A 5
66    Wright 1958 S.71
67    Yeivin 1971 S.70ff

Demnach fanden drei Einwanderungswellen nach Kanaan statt.
Die erste Bewegung fand zur Zeit Jakobs in der Gegend von
Sichem statt. Die von den Nebenfrauen sich herleitenden Stämme wanderten dann als Halbnomaden in den Ebenen Nordisraels
umher. Die halbblütigen Stämme zeichnen sich dadurch aus, daß
sich unter ihnen verhältnismäßig viele Sippen befinden, die
Lokalbezeichnungen tragen. Yeivin erblickt hierin einen Hinweis für eine Vermischung der betreffenden Sippen mit seßhaften Gruppen. Diese Sippen bildeten sich erst im Lande.

Am Exodus nahmen in den späten Sechziger Jahren des 14. Jh
sowohl die Lea-Stämme wie auch die Rahel-Stämme teil. Bald
nach der Konzentration des Verbandes in Kadesch löste sich
die Gruppe der Lea-Stämme unter der Führung Moses vom Haupt-
verband und drang durch die Arabah, das Gebirge Seir und
Moab bei Bezek ins Westjordanland ein. Eine Gruppe wandte
sich dann nach Süden ins Gebirge Juda und die angrenzende
Schephela - die Stämme Juda, Simeon, Levi und Teile Rubens.
Die Stämme Issachar und Sebulon setzten ihren Weg nach Norden fort. Die Rahelstämme folgten ca eine Generation darauf
unter der Führung Josuas. Sie mußten Edom und Moab umgehen,
da diese inzwischen eigene Staaten gebildet hatten[68]. Die
Zerstörung des Amoriterreiches von Hesbon ist das Werk der
Rahelstämme. Diese Gruppe überquerte den Jordan bei Jericho
und ließ sich, nach der Einnahme Bethels, im Gebirge Ephraim
nieder. Der Vertrag mit der gibeonitischen Tetrapolis stammt
aus dieser Phase, ebenso wie die Schlacht gegen die kanaanäische Koalition der Stadtkönige. Der Erfolg der Rahel-Stämme ermutigte die Judäer, gegen die kleineren Stadtstaaten
ihres Gebietes vorzugehen. Die nördlichen Stämme waren bei
ihrem Übergang zur Landwirtschaft unter die Vorherrschaft
der Konföderation von Hazor geraten. Auf ihre Aufforderung
hin schickte Josua ihnen josephitische Kontingente zum Entsatz, ein Umstand, der entscheidend zur Niederlage der kanaanäischen Koalition beitrug. Wichtigstes Ergebnis des Sieges waren die Einnahme von Hazor und die Zerstörung der

---

68  Weitere Literatur zur Annahme unterschiedlicher Marschrouten
    gibt de Vaux 1971 S.512 A 4 an.

Stadt. Nach dem Fall von Hazor versuchte Sisera, der Chef
der Streitwagentruppe Jabins von Hazor, mit den Resten im
westlichen Galiläa ein neues Herrschaftszentrum zu gründen.

Im wesentlichen war die Landnahme Cisjordaniens im letzten Viertel des 13. Jh abgeschlossen. Die Kolonisation Trans-
jordaniens durch ephraimitische Sippen begann in der Mitte
des 13. Jh, nachdem bereits Teile Manasses die Niederlage
der Amoriter zur Ansiedlung in Gilead genutzt hatten. Verwandte Sippen wie die Jairiter ließen sich gleichzeitig mit
Halbmanasse im Transjordanland und im Bereich des Basan nieder.

Im Norden wie im Süden lebten die israelitischen Stämme
in Koexistenz mit großen Teilen der vorisraelitischen Bevölkerung. Nur im Bereich des Gebirges Ephraim konnte sich ein
politisch unabhängiges israelitisches Siedlungsgebiet entwickeln.

## 6.2.3   Revolution statt Landnahme

Mendenhall arbeitet in seiner Kritik an den die Forschung
beherrschenden Landnahmetheorien drei generelle Annahmen
heraus, die für alle Idealtypen gleichermaßen gelten[69]:

1)   Die Stämme kommen unmittelbar vor ihrer Landnahme
     aus einem Gebiet außerhalb Palästinas.
2)   Die israelitischen Stämme sind Nomaden und Halb-
     nomaden, die Land suchen, um sich fest anzusiedeln.
3)   Die Solidarität ist ethnisch begründet.

Mendenhall gesteht zu, daß die Thesen eins und drei sich
auf biblische Überlieferungen stützen können. Für die zweite These bestreitet er jeglichen Anhalt in der biblischen
Tradition. Seiner Meinung nach folgt diese These aus dem
Mißverständnis, daß Stammesorganisation ein typisches Merkmal der Nomaden und Halbnomaden sei. Dagegen verweise aber
die neuere ethnologische Forschung darauf, daß nichtstädti-

---

69  Mendenhall 1970 S.101

sche Kulturen häufig eine Art von Stammesorganisation haben[70].
Hierbei handele es sich um eine übliche Form der soziopoli-
tischen Organisation einfacher Gesellschaften, die das Verwandtschaftssystem auf eine höhere Ebene projiziert und es
so transzendiert haben[71].

Mendenhall versucht in seinem idealen Modell, ohne die drei
kritisierten Thesen auszukommen. Dieses gelingt ihm, indem
er den Landnahmeprozeß als Folgeerscheinung der allgemeinen
politischen, sozialen und ökonomischen Zerrüttung der Länder von Kleinasien über Syrien/Palästina bis Ägypten in der
Spätbronzezeit interpretiert[72]. Doch bedarf er zur vollen
Ausmalung seines Bildes noch zwei weiterer Annahmen, dem
Verständnis der Exodusgruppe als einer Gruppe aus Ägypten
flüchtiger 'apiru [73] und der gesellschaftsbildenden Wirkung
des Mosebundes[74]. Linguistische Analysen führen Mendenhall
zu der Überzeugung, daß mit wachsendem Chaos im hethitischen
Reich und in Nordsyrien während des 13./12. Jh die Bevölke-
rungswanderungen von den nördlichen dicht besiedelten Gebieten in die südlichen Randgebiete zunahmen[75]. Zu dieser groß-
räumigen Wanderungsbewegung tritt eine innenpolitische Tendenz hinzu. Große Teile der Bevölkerung entziehen sich durch
Flucht den Anforderungen ihrer Staaten und bedrohen als or-

---

70  Mendenhall 1970 S.104; 1973 S.174ff. Mendenhalls Überlegungen
    fußen weitgehend auf jenen des Soziologen E.Service.
71  Ders. 1973 S.177-181
72  Ders. 1973 S.142ff
73  Die 'apiru sind nach Mendenhall eine Gruppe sozial und politisch
    deklassierter Menschen. 'Apiru und Hebräer entsprechen sich von
    ihrem gesellschaftlichen Status her, vgl Mendenhall 1973 S.135ff.
    Das Verhältnis von 'apiru und Hebräer hat zwischen Assyriologen
    und Alttestamentlern eine nicht endenwollende Debatte ausgelöst.
    Inzwischen dominiert die Tendenz, die 'apiru als eine Klasse
    gesellschaftlich entrechteter Menschen zu betrachten.
    Zur Diskussion vgl u.a. Chiera 1933 AJSL 49; Landsberger 1929
    KAF 1; Lewy,J. 1927 OLZ 30; 1939 HUCA 14; 1940 HUCA 15; Noth 1934
    FS Procksch; Jepsen 1945-51 AfO 15; Bottéro 1954 S. V-XXXII.
    187ff; Cassin 1958 JA 246; Yeivin 1962; Weippert 1967 S.66ff;
    Borger 1958.
74  Mendenhall beruft sich hier auf die hethitischen Vasallenverträge
    als Analogie (vgl ders. 1970 S.25ff). Eine kritische Wertung zum
    Verhältnis dieser beiden Größen findet sich bei Nötscher 1965
    BZ NF9;Mc Carthy 1966.
75  Mendenhall 1973 S.159.

ganisierte Banden deren innenpolitische Ordnung[76]. In diese
labile politische Situation geriet Mose mit seinen Anhängern.
Die Moseschar bestand aus flüchtigen 'apiru unterschiedlich-
ster Herkunft, die sich durch glückliche Umstände und unter
Moses Führung dem Arbeitsdienst in Ägypten entziehen konnten. Dieser Verband wurde im Sinaibund sozial und religiös
geeinigt, indem er sich darauf verpflichtete, nur noch die
Souveränität Jahwes als verbindlich für seine Gemeinschaft
anzuerkennen[77]. "What happened at Sinai was the formation
of a new unity where none had existed before, a 'peace of
God' among a 'mixed multitude' and tribally affiliated
families who had in common only the deliverance from in-
tolerable political monopoly of force."[78]
Als dieser jahwistische Verband mit seiner herrschafts-
feindlichen Ethik ins Transjordanland eindrang, konnte er
bei den Kämpfen gegen die Amoriterkönige bereits auf die
Unterstützung der aufständischen Bauernbevölkerung zählen,
die in Scharen zu dem neuen Glauben, der ihnen Befreiung
von aller Knechtschaft versprach, konvertierte[79]. Hier fand
auch der zweite Bundesschluß und die Gesetzgebung unter Mose
statt. Die Bevölkerung wurde nach Beseitigung der Monarchien
in drei Stämmen  - Ruben, Gad, Manasse -  organisiert.
Die Erfolge der religiösen, allen Machtverhältnissen
feindlichen Einheitsbewegung im Transjordanland verschufen
ihr, auch aufgrund vorhandener sozialer Beziehungen zwischen
Palästina und dem Transjordanland, raschen Zulauf aus Cisjordanien. Unter Josua vereinigten sich diese Teile mit der
Jahwegemeinde im Bund von Sichem[80]. Ein beträchtliches militärisches Potential entstand so faktisch über Nacht. Auch in
Cisjordanien kam es zu Aufständen der lokalen Bauernbevölkerung gegen die Stadtkönige und die herrschende Schicht[81].
Die Könige wurden von ihren eigenen Untertanen, die sich der

---

76  Mendenhall 1973 S.127-130
77  Ders. 1973 S.14f
78  Ders. 1973 S.21
79  Ders. 1970 S.115
80  Ders. 1973 S.26
81  Ders. 1970 S.116

Jahwegemeinde angeschlossen hatten, abgesetzt. Der mosaische
Bund einigte alle Gruppen unter einem ethischen System, das
das militärische Establishment des Königs und seine ideologische Sicherung durch den Tempel überflüssig machte[82].


## 6.2.4  Ein integratives Modell


De Vaux versucht die Ergebnisse der Schule Alts und die Ansätze der Anhänger Albrights in einem Modell zu integrieren.
Dabei bestimmt das literarkritische und traditionsgeschichtliche Verständnis der biblischen Überlieferungen seine historische Interpretation der archäologischen Daten. Programma-
tisch zeichnet sich seine Position ab in der Wahl des Begriffes 'installation' für den Vorgang der Besiedlung Palästinas[83]. Der Begriff 'installation' ist neutral, was die Form
der Aneignung des Landes betrifft.

De Vaux rechnet mit zwei zeitlich voneinander abgesetzten
Auswanderungen aus Ägypten[84], wie auch mit zwei Einwande-
rungsbewegungen, von denen die letzte sich nach Erreichen
des Transjordanlandes teilt. Entsprechend den vier Regionen
unterscheidet er die Siedlungsgruppen im Süden, Transjordanland, Mittelpalästina und im Norden.

Der Süden wurde von Kadesch und von Arabien her besiedelt.
An diesem Vorgang waren Elemente der Leviten beteiligt, die
Simeoniten, der Kern von Juda und die später zu Israel gezähl-
ten Verbände der Kenizziter, Kalebiter, Keniter und Jerachmeeliter[85]. Simeon, Juda und Teile Levis[86] sind auch in Ägypten gewesen, aber zu einer anderen Zeit als die von Mose[87]

---

82  Mendenhall 1973 S.173
83  De Vaux 1971 S.443ff. Daß hier ein neuer Versuch zu den Landnahme-
    modellen vorliegt, wird bisher in der alttestamentlichen Forschung
    nicht ausreichend beachtet. Vielleicht verhindert die Sprach-
    barriere die Rezeption der sehr differenzierten Argumentation von
    de Vaux. Auch Gottwald (1980 Part V Modells of the Israelite
    Settlement in Canaan) hat dies nicht erkannt.
84  Ders. 1971 S.349ff
85  Ders. 1971 S.490ff
86  Ders. 1971 S.303
87  Ders. 1971 S.495f

geleitete Gruppe, und sie sind auch auf einem anderen Wege
von dort entwichen. In Kadesch traf die Mosegruppe auf die
bereits dort weilenden Simeoniten, Judäer und Leviten. Hier
vereinten sich die Auswanderer unter dem Banner des Jahwismus[88], trennten sich dann aber auf ihrer Landsuche wieder.

Die Südgruppe nahm das Land im Wege friedlicher Infiltra-
tion in Besitz,bis zu dem Zeitpunkt, als die Immigranten das
von den Kanaanäern besiedelte judäische Gebirge erreichten.
Hier kam es dann zu militärischen Auseinandersetzungen um
Horma, Hebron und Debir[89]. Die judäische Kerngruppe breitete
sich von Bethlehem in die westliche Region des Berglandes
und der Schephela aus. Sie vermischte sich dabei mit kanaanäischen Sippen[90]. Der Stamm Juda hat seine Identität erst im
Kulturland durch die Versippung mit kanaanäischen Geschlechtern, die Absorption simeonitischer und levitischer Sippen
sowie die Integration der Kenizziter, Keniter, Kalebiter und
Jerachmeeliter gefunden. Die Bildung des Hauses Juda als politischer Verband geht auf David zurück[91].

Die Gruppe unter der Führung des Mose nahm ihren Weg von
Kadesch aus unter der Umgehung Edoms nach Moab[92]. Der Sieg
über das kanaanäische Königreich des Sihon von Hesbon öff-
nete den Weg ins Jordantal. An diesem Sieg war Ruben maßgeblich beteiligt. Als der Hauptgewinner ließ Ruben sich im
eroberten Reich von Hesbon nieder[93]. Bei seiner Ausbreitung
kam er in Kontakt mit Gad. Gad war schon in der Patriarchen-
zeit friedlich in Gilead eingedrungen[94]. Diese Gruppe ist
nicht in Ägypten gewesen. Gad nahm durch die Vermittlung der
Neuankömmlinge den Jahwismus an. Später wurden die Rubeniten von Gad aufgesogen[95]. Ruben und Gad nahmen nicht an der
Eroberung des Westjordanlandes teil[96].

---

88  De Vaux 1971 S.397
89  Ders. 1971 S.500f
90  Ders. 1971 S.502ff
91  Ders. 1971 S.510
92  Ders. 1971 S.511ff
93  Ders. 1971 S.532
94  Ders. 1971 S.529
95  Ders. 1971 S.526
96  Ders. 1971 S.538

Halbmanasse hat sich erst in der zweiten Hälfte der Richterzeit zwischen Jabbok und Jarmuth angesiedelt[97]. Dieses war das Werk des alten Stammes Machir, der von seinen westjordanischen Sitzen abwanderte und sich gewaltsam im Norden des Ostjordanlandes Raum verschaffte[98].

Mittelpalästina wurde von einem ephraimitisch-benjaminitischen Verband unter der Führung Josuas besiedelt[99]. Die Niederlassung im Gebirge ging weitgehend friedlich vor sich und beruhte in den Gegenden um Sichem und Gibeon auf vertraglichen Beziehungen mit der ansässigen Bevölkerung. Jericho wurde gewaltsam eingenommen[100], vor Gibeon kam es zu Kämpfen mit den kanaanäischen Königen. Der Stamm Benjamin bildete sich erst nach der Niederlassung im Lande[101]. Die Entwicklung des Hauses Joseph mit den Stämmen Machir-Manasse und Ephraim fand in einer späteren Phase der Richterzeit ihren Abschluß.

Die Nordstämme Sebulon, Ascher und Naphtali befanden sich seit unbestimmbarer Zeit in ihren Gebieten. Sie sind nicht in Ägypten gewesen. Issachar war ein Teil Sebulons, der sich um 1400 bei der Kolonisation des östlichen Bereichs der Jesreelebene von Sebulon ablöste[102] und in kanaanäische Abhängigkeit geriet. Ascher und Sebulon verdingten sich in den kanaanäischen Küstenstädten für Hafenarbeiten. Der Konflikt mit den Kanaanäern brach aus, als Naphtali und Sebulon in die fruchtbaren Gebiete nach Norden drängten[103]. Den entscheidenden Wendepunkt bildete hier die Schlacht an den Wassern von Merom gegen eine kanaanäische Koalition unter Jabin von Hazor. Dem Sieg über Hazor und seine Verbündeten folgen Einnahme und Zerstörung der Stadt. Begleitet wurden die militärischen Aktionen von einer Revolte der politisch abhängigen Gruppen, die aus den Sebulon und Ascher verwandten Sippen bestanden, gegen ihre kanaanäischen Oberherren.

---

97  De Vaux 1971 S.538f
98  Ders. 1971 S.541
99  Ders. 1971 S.558f
100  Ders. 1971 S.563
101  Ders. 1971 S.588
102  Ders. 1971 S.607
103  Ders. 1971  S.609

Die Ankunft der Gruppen um Josua und ihre Niederlassung unmittelbar südlich der Jesreelebene gab der Aufstandsbewegung wohl den Anstoß. Die Nordstämme übernahmen von der Rahelgruppe den Jahweglauben und den Jahwekrieg. Hinter dem Landtag zu Sichem (Jos 24) verbirgt sich ein religiöser Pakt zwischen den Nordstämmen und den Neueinwanderern.

Die israelitischen Stämme haben nach de Vaux sich überwiegend erst nach ihrer Ansiedlung in Palästina als Stämme konstituiert. Dieses gilt vor allem für Juda, dessen Hauptsippen nach seiner Seßhaftwerdung durch Vermischung mit kanaanäischen Geschlechtern entstanden. Aber auch die aus der Gruppe um Josua entsprungenen Stämme des Hauses Joseph und Benjamin entwickelten sich erst im Lande. Die Stammesverbände 'Haus Joseph' und 'Haus Juda' stellen eine spätere Stufe der sozialen Organisation dar und sind erst durch die territoriale Nachbarschaft ihrer Mitglieder ins Leben getreten.

Nicht ganz eindeutig ist die Entstehung Rubens aus der Mosegruppe. Da Ruben bei der Eroberung von Hesbon eine eigenständige Rolle spielte und sich als erste Gruppe aus dem Verband der Moseanhänger löste, ließen diese Umstände schließen, daß Ruben sich vor dem Einfall ins Transjordanland schon als eigener Verband konstituiert hatte.

Die geschlossene Übernahme des Jahwismus durch die in Palästina ansässigen, den Einwandernden ethnisch verwandten Gruppen - Issachar, Sebulon, Naphtali, Ascher, Gad - läßt erkennen, daß sie sich schon vor der Ankunft der jahwistischen Gruppen zu Stämmen entwickelt hatten.

## 6.3 Einige Bemerkungen zum Verhältnis von Landnahme-theorie und Siedlungsgeschichte

Die führenden Paradigmen zur Landnahme schenken der sozialen
Organisation der einwandernden Israeliten wenig Beachtung[104].
Die Mehrheit der Forscher geht davon aus, daß die Israeliten
sich auf dem Niveau des Stammes zusammengeschlossen hatten,
bevor sie ins Land eindrangen. Der Stamm wird von ihnen als
eine primäre Form gesellschaftlicher Verfassung auf der Basis von Verwandtschaftsbeziehungen betrachtet.

Wird von allen Beteiligten gleichermaßen eine Stammesorganisation mitgebracht, so dürften doch Siedlungsgeschichte
und gesellschaftliche Strukturen der Siedlungen bei einer
fehlenden übergeordneten staatlichen Organisation in den
einzelnen Landesteilen voneinander abweichen[105].

In den weniger bevölkerten Regionen[106] sollte es zur
gleichmäßigen Neubesiedlung des Landes gekommen sein. In diesen Gebieten ist das Entstehen zahlreicher dörflicher Siedlungen, von Streusiedlungen und auch von Einzelanwesen wahrscheinlich. Verhältnis und Zuordnung der Siedlungen wird
vom Verwandtschaftsgrad der ursprünglichen Siedlungseinheiten bestimmt. Verwandtschaftliche Organisation und lokaler

---

104  Meist wird hypothetisch die Ansiedlung geschlossener Verwandt-
     schaftsverbände behauptet, ohne daß Kriterien hierfür angegeben
     werden. Denn allein aus der Größe einer Siedlung ergeben sich
     noch keine Rückschlüsse auf die Zusammensetzung der Siedlungs-
     gruppe und die spätere soziale Struktur des Siedlungsverbandes.
105  Eine Verifizierung der im folgenden vorgeführten Hypothesen
     ist noch keine Bestätigung der These, daß die Landnahme iden-
     tisch mit einer Form von Einwanderung sei. Derartige Siedlungs-
     strukturen können auch nach politischen Umwälzungen bei Wande-
     rungen innerhalb eines Landes entstehen.
106  Landesteile mit unterschiedlicher Populationsdichte werden
     hier absichtlich nicht mit 'Tälern, Küsten, Ebenen oder Berg-
     ländern' identifiziert. Dieses würde bei einer heuristischen
     Fragestellung zu einer nicht notwendigen Einengung der Per-
     spektive führen.

Verband sind identisch. In der Regel ist die lokale Einheit,
das Dorf, identisch mit einer Verwandtschaftseinheit, der
Sippe.

In den dichter bevölkerten Landesteilen ist mit der Entstehung größerer Ortschaften zu rechnen. Die Israeliten sind
hier gezwungen, wegen des notwendigen Schutzes vor der unterworfenen autochthonen Bevölkerung in höherer Zahl zusammen-
zusiedeln. Es ist zu erwarten, daß in den neugegründeten
Städten mehrere Sippen beieinander wohnen. Die einzelnen israelitischen Städte liegen in einem weiteren räumlichen Ab-
stand voneinander als die israelitischen Ortschaften in vormals schwach besiedelten Regionen. Die Gesellschaft dieser
Städte wird stark beeinflußt von der  - je nach Ausgang der
Kämpfe -  möglicherweise vorhandenen Vorbewohnerschaft. Die
Existenz einer minderberechtigten Schicht von Bewohnern för-
dert das Entstehen einer israelitischen Oberschicht. Lokale
Interessenbildungen dürften bald die Stabilität der verwandtschaftlichen Organisation belasten, gegebenenfalls führen sie zu einer Reorganisation des Stammes auf lokaler
Grundlage. Die frühere verwandtschaftliche Stammesorganisation verliert an Bedeutung, und die Lokalverbände treten in
den Vordergrund. Die Angabe der Ortszugehörigkeit wird wichtiger als die Angabe der Sippenzugehörigkeit bei der Bestimmung der Herkunft eines Israeliten[107].

Die siedlungsgeschichtlichen Folgen der Eroberung des Landes durch einen Stämmeverband sind in bisher unterbevölker-
ten Regionen vergleichbar mit den Folgeerscheinungen, die
nach dem Eindringen eines Stammes auftreten. Unterschiede
werden erst sichtbar in den dichter besiedelten Gebieten.

Während es beim Vordringen einzelner Stämme, die weder
zeitlich noch räumlich noch organisatorisch in einem unmit-

---

107 Die Bestimmung der Herkunft eines Israeliten nach seiner Hei-
    matstadt findet sich ab der frühen Königszeit recht häufig
    (vgl u.a. 1.Sam 16,1; 18,19). Erste Ansätze zur Ablösung der
    Herkunftsbestimmung nach Sippen zeigen sich in den Verzeich-
    nissen der kleinen Richter für Ibzan aus Bethlehem (Ri 12,8)
    und Abdon ben Hillel aus Pirathon (Ri 12,13). Vielleicht ist
    dieses ein Indiz dafür, daß die Ortsverfassung in den betreffen-
    den Gebieten die Sippenverfassung ersetzt hatte.

telbaren Zusammenhang miteinander stehen, zu einer recht un-
gleichmäßigen Behandlung der Vorbevölkerung kommen kann  -
je nach den lokalen Erfordernissen -, ist dieses von einem
geschlossen unter einheitlicher Führung operierenden Stämmebund nicht zu erwarten. Das Überleben kanaanäischer Enklaven
als politisch-rechtlich autonomer Einheiten ist nach der Eroberung des Landes durch den Stämmebund unwahrscheinlich.
Auch sollte es im Bereich des gewaltsam eingenommenen Landes
weniger zu Neugründungen von Städten als zum Wiederaufbau
zerstörter kanaanäischer Städte kommen. Das Siedlungsgebiet
ist auch in den dichter bevölkerten Regionen relativ geschlossen.

Einige Landnahmemodelle[108] rechnen damit, daß sich eine
Stammesorganisation teilweise erst im Lande nach der Seßhaftwerdung gebildet hat. Die Entwicklung des betreffenden Stammes orientierte sich an den lokalen Gegebenheiten[109].

Auf dem Hintergrund dieser Theorien wäre zu erwarten, daß
beträchtliche Differenzen zwischen den einzelnen Siedlungs-
räumen im Hinblick auf die Verteilung der Siedlungen und ihren gesellschaftlichen Aufbau auftreten. Beide Faktoren werden hauptsächlich von der Form der Auseinandersetzung mit
der einheimischen Bevölkerung bestimmt. Es sind weniger Neugründungen zu erwarten als räumliche Vergrößerung bisher bestehender Siedlungen. Im wesentlichen werden vertragliche
Vereinbarungen mit den Vorbewohnern die politische und
rechtliche Szene bestimmen. Das Kräfteverhältnis zwischen
den beiden Gruppen  - Alteinwohner/Zuwanderer -  kann von
einem Siedlungsraum zum anderen erheblich voneinander differieren. Die Zuwanderer können sowohl die Position der Herrenschicht einnehmen wie auch in die Position einer Untertanenschicht geraten. Die Entwicklung hängt stark von der vorhandenen Populationsdichte ab. Die Fremdlinge haben höhere

---

108  So Noth 1963[5]; Yeivin 1971; de Vaux 1971
109  Die Studien von Amiran (1953 IEJ 3, 1956 IEJ 6) zeigen auf, wie
     die geologische und geographische Beschaffenheit einer Region
     im einzelnen die Anlage einer Siedlung beeinflussen kann. Die
     Entwicklung der Siedlung ist im wesentlichen abhängig von den
     vorhandenen Wasserressourcen und den technischen Möglichkeiten
     zur Nutzung der Wasserkraft (vgl Avitsur 1960 IEJ 10).

Chancen, in dünner besiedelten Regionen sowohl neue Siedlungen zu gründen als auch bestehende Siedlungen zu überrennen. In den dichter bevölkerten Landesteilen werden sie eher - je nach ihrer ökonomischen Ausgangsposition - zu den angesiedelten schutzabhängigen Gruppen gehören. Beim gleichberechtigten Synoikismus wird sich eine Unterscheidung nach Herkunft bald verlieren zugunsten einer sozioökonomischen Differenzierung der Siedlung. In jedem Fall werden lokale Faktoren wie geographische Nähe/Distanz, vorhandene Verkehrswege, die Beziehungen der Siedlungen untereinander prägen und nicht die genealogische Entfernung zu einem anderen Siedlungssegment.

Einzelne Theorien, die je nach Region spezifische Ursachen der Entstehung der gesellschaftlichen Verfassung postulieren, müßten in den von ihnen bezeichneten Regionen[110] die sich entwickelnden Organisationen voneinander unterscheiden können. Fast alle Landnahmemodelle rechnen mit zahlenmäßig bedeutsamen 'Resten' der Vorbevölkerung nach der Landnahme. Dieser Umstand sollte sich in den betroffenen Gebieten in einem signifikanten Anstieg der landwirtschaftlich genutzten Fläche dokumentieren.

---

110 Z.B. müßten sich die von de Vaux 1971 voneinander abgegrenzten
     charakteristischen Siedlungsräume hinsichtlich ihrer Siedlungs-
     geschichte, Siedlungsstruktur und in bezug auf den gesellschaft-
     lichen Aufbau der Siedlungen voneinander unterscheiden lassen.

# 7. SIEDLUNGEN IN VORSTAATLICHER ZEIT

Webers soziologische Analyse des antiken Judentums geht von spezifischen, durch die Polis griechisch-römischer Prägung bestimmten Annahmen aus. Diese spiegeln sich in der von ihm beschriebenen soziologischen Struktur der antiken Stadt wider.

Das Modell der antiken Stadt und seine Anwendung auf die israelitischen Verhältnisse wurde bereits problematisiert. Nun soll danach gefragt werden, wieweit dieser Typus inhaltlich zur Interpretation der alttestamentlichen Befunde geeignet ist.

Hierzu bedarf es einer Untersuchung der alttestamentlichen Überlieferungen zu israelitischen Siedlungen, ihrer gesellschaftlichen Strukturen und der Beziehungen der Ortschaften zueinander. Gegenstand des Vergleiches sind zwei historische Idealtypen, die antike Stadt im Lichte Webers betrachtet und die israelitische Siedlung im Spiegel der alttestamentlichen Traditionen[1].

---

1 Die Berücksichtigung des archäologischen Materials wäre wünschenswert. Dieses ist aus arbeitsökonomischen Gründen im Rahmen dieser Arbeit nicht möglich.

## 7.0 Methodische Erwägungen zur Bestimmung der Herkunft der Siedlungen

Die Konstruktion des Idealtypus 'israelitische Siedlung' setzt voraus, daß rein israelitische Siedlungen von jenen Siedlungen abgrenzbar sind, die kanaanäischen[2] Ursprungs sind. Daher wird die folgende Untersuchung vor jeglicher Auswertung der alttestamentlichen Überlieferungen zunächst erheben müssen, welche Siedlungen ihrer Herkunft nach als israelitische bezeichnet werden können.

Legt man die gängigen Landnahmetheorien zugrunde, dann ist zu erwarten, daß es in der Zeit zwischen der Einwanderung der Israeliten und der Großreichsbildung unter David[3] zur Gründung zahlreicher israelitischer Ortschaften kam. In der Königszeit tritt dagegen ein Zusammenhang zwischen den ihrer Herkunft nach unterschiedlichen Gruppen und bestimmten Bevölkerungsverhältnissen und Siedlungsgründungen nicht so deutlich hervor. Denn die integrative Innenpolitik der Zentralregierung trachtete danach, bestehende Unterschiede zu vermindern[4]. In der vorstaatlichen Zeit lassen sich am ehesten Orte israelitischen Ursprungs von solchen kanaanäischen Ursprungs trennen.

Siedlungen israelitischer Herkunft sind anhand von Kriterien zu bestimmen, deren Erfüllung bzw Nicht-Zutreffen Aufschluß über die Zugehörigkeit einer Siedlung geben kann[5].

---

2 Die Bezeichnung 'kanaanäisch' wird hier in relativ weiter Bedeutung gebraucht, sowohl für die vorisraelitische Zeit und vorisraelitische Bewohner wie auch für nichtisraelitische Bewohner.

3 Als vorstaatliche Zeit wird hier die Periode von der Landnahme bis zum Ende der Regierung Sauls/Beginn der Hebroner Herrschaft Davids bezeichnet.

4 Der im Rahmen der Großreichspolitik erfolgende Wiederaufbau alter Festungen wie Megiddo, Hazor u.a. führte zwangsläufig zu einer synkretistischen Innenpolitik, vgl Alt KS III S.348ff; Soggin 1966 ZAW 78.

5 Legt man die Landnahmetheorie von Mendenhall (1970 S.100ff) zugrunde, dann wäre eine Unterscheidung der Siedlungen nach israelitischer

Das Vorliegen folgender Kriterien soll als Merkmal für die
kanaanäische Gründung einer Stadt gelten:

I.      Eine Siedlung wird explizit als nichtisraelitisch
        bezeichnet, bzw dieses ergibt sich zweifelsfrei aus
        dem Kontext ihrer Erwähnung, z.B. Askalon (1.Sam 6,17),
        Thimna (Jud 14,1), Hesbon (Num 21,27).

II.     Die Stadt wird als kriegführender Gegner der Israeli-
        ten genannt oder als zugehörig zum Reich eines Gegners
        aufgeführt, z.B. Jerusalem (Jos 10,5), Dibon (Num 21,
        30).

III.    Die Einnahme der Stadt und/oder ihr Wiederaufbau wird
        berichtet, z.B. Ataroth (Num 32,3), Debir (Jud 1,11).

IV.     Die Nichteinnahme der Stadt wird konstatiert bzw sie
        ergibt sich aus dem Charakter ihrer Beziehungen zu
        den Israeliten, z.B. Achsib (Jud 1,31), Beeroth (Jos
        9,17), Asdod (Jos 11,22).

V.      Die Stadt wird in altorientalischen Quellen der vor-
        israelitischen Zeit erwähnt.

Das Fehlen der diesen Kategorien entsprechenden Überlieferungen kann als Hinweis auf nicht-kanaanäische Herkunft gewertet werden. Die positive Behauptung, daß es sich um eine
israelitische Siedlung handelt, erfordert ein zusätzliches
Kriterium:

VI.     Die Siedlung wird als israelitisch/judäisch bezeichnet
        bzw dieses ist eindeutig aus dem Kontext ihrer Erwäh-
        nung ablesbar, z.B. Socho (1.Sam 17,1), Jabes (1.Sam
        11), Jattir (1.Sam 30,27).

Als nicht eindeutig zuschreibbar erweisen sich nach diesen
Gesichtspunkten alle Orte, die in der Überlieferung allein
zur Lokalisierung von Ereignissen dienen und ansonsten keine Erwähnung finden, z.B. Adam (Jos 3,16), Karkor (Jud 8,10).

---

oder kanaanäischer Herkunft wenig sinnvoll. Zudem sollte der Anteil der Neugründungen verglichen mit der Anzahl der Altsiedlun-
gen unerheblich sein. Eine Verifizierung der Annahme  - die Unterscheidung von israelitischen und kanaanäischen Siedlungen ist möglich -  trifft Mendenhalls Argumentationsbasis.

## 7.1    Die alttestamentliche Textbasis

Traditionen über die Siedlungsgeschichte der vorstaatlichen
Zeit sind konzentriert in Num 21; 32, den Büchern Josua,
Richter und 1.Sam bis 2.Sam 2,7.
    Die umfangreichste Aufzählung israelitischer Ortschaften
findet sich in Jos 13-19 und Jos 21.
    Sowohl die zeitliche Ansetzung der Listen in Jos 13-19 wie
die der Liste der Levitenorte in Jos 21 ist in der Forschung
kontrovers. Doch besteht hinsichtlich der Liste der Levitenorte so weit ein Konsensus, daß sie nicht der vorstaatlichen
Zeit zugeschrieben wird[6]. Daher können die nur in dieser Liste genannten Siedlungen in dieser Untersuchung außer Betracht bleiben. Anders verhält es sich mit der Einschätzung
von Jos 13-19. Die hier enthaltenen Ortslisten gelten auszugsweise doch einigen Forschern als 'Dokument' der vorstaatlichen Zeit.
    Die Einbeziehung der entsprechenden Listen würde die Text-
basis erheblich verändern und auch inhaltliche Konsequenzen
nach sich ziehen[7]. Aus diesem Grunde sollen zu Anfang die
Forschungsergebnisse zu Jos 13-19 daraufhin betrachtet werden, ob diese Kapitel zu den historisch verläßlichen Traditionen über die vorstaatliche Siedlungsgeschichte gerechnet
werden können.

---

6  Mazar (1960 VTS 7) und Albright (1945) setzen die Liste in der
   Zeit Salomos an. Nach Alt (KS II S.294ff) spiegelt sie die Reform
   Josias wider, für Noth dagegen ist sie nachexilischer Herkunft
   (Komm. 1953 z.St.).
7  Das zahlenmäßige Verhältnis von kanaanäischen zu israelitischen
   Siedlungen würde sich zugunsten der israelitischen Siedlungen
   erheblich verschieben. Dieser Umstand wiederum würde die Landnahmetheorien unterstützen, die mit einer massiven Einwanderung
   eines zahlenmäßig bedeutsamen Verbandes rechnen, z.B. Wright
   (1958 S.62ff).

## Exkurs zum Alter der Listen in Jos 13-19

Ausgangspunkt der gegenwärtigen Diskussion um die literarische Vorgeschichte von Jos 13-19 sind die Untersuchungen von Alt[8] und Noth[9]. Als
wichtige Quellen liegen nach Alt Jos 13-19 zwei Dokumente zugrunde, die
von ihm als ein 'System der Stammesgrenzen'[10] und eine Liste der Orte
Judas, Simeons und Dans[11] bestimmt wurden. Das System der Stammesgrenzen gehe vom tatsächlichen Besitz der Stämme aus, beziehe zwar nur Teile
des an das Tote Meer und den Jordan angrenzenden Ostjordanlandes ein,
jedoch das gesamte Westjordanland. Daher finden sich im 'System der
Stammesgrenzen' auch kanaanäische Gebiete, die von Israel nur dem Anspruch nach als israelitische Territorien reklamiert werden können.
Das vom Redaktor vorgefundene System der Grenzbeschreibungen lasse ursprünglich Simeon, Dan und Issachar unberücksichtigt[12]. Aber gerade die
Anschauung vom Anspruch der Stämme auf das gesamte Westjordanland verweise auf ihre Herkunft aus der vorstaatlichen Zeit Israels[13]. Sachlich
wurzele das System in den geopolitischen Verhältnissen des Zeitraumes
zwischen der Landnahme der Stämme und ihrer Staatenbildung[14]. Nach Alt
diente es dazu, Grenzstreitigkeiten zwischen den Stämmen zu regeln und
vorzubeugen, indem es die eroberten Landesteile festlegte und die den
Stämmen zukommenden Eroberungssphären zuteilte.
Noth[15] hat dann mit einer eigenen Untersuchung die Datierung des
'System der Stammesgrenzen' in die vorstaatliche Zeit zu stützen gesucht. Seine - Alts Ergebnis ergänzende - Hypothese geht dahin, daß
das den Grenzbeschreibungen zugrundeliegende Dokument eine Aufzählung
der Grenzfixpunkte ohne verbindenden Text enthalten habe[16]. Letzterer
gehe erst auf den Bearbeiter zurück, dem auch die Überdehnungen zuzuschreiben sind. Allerdings fehlen nach Noth in diesem System die ersten
drei Glieder des traditionellen Zwölf-Stämme-Systems, Ruben, Simeon
und Levi. Noths Argumentation für eine Liste der Grenzfixpunkte entbehrt zwar nicht der exegetischen Scharfsinnigkeit, ruht aber auf recht

---

8  Alt KS I S.193ff, KS II S.276ff, S.289ff, 1927 ZAW 45
9  Noth ABLAK I S.229ff, Das Buch Josua (1953)
10  Alt KS I S.193ff
11  Alt KS II S.276ff
12  Alt KS I S.194
13  Alt KS I S.197f
14  Alt KS I S.201
15  Noth ABLAK I S.229ff
16  Noth ABLAK I S.235ff

tönernen Füßen[17]. Noth kann sich nur darauf berufen, daß der verbindende Text vom Bearbeiter stammt. Diese Attribution gründet allein auf den
stilistischen Variationen des Textes und der unterschiedlichen Namens-
überlieferung in den Parallelstellen Jos 15,3 (צררון...אדם ) und Num
34,4 (חצר־חדר). Beides läßt sich jedoch mit Mowinckel sinnvoll und einfacher durch das verbindende Wirken eines Bearbeiters erklären[18].

In der zeitlichen Einordnung der Listen sind Noths wie auch Alts Verständnis der Grenzbeschreibungen als Ausdruck der politischen Aspiratio-
nen der Richterzeit von historischen Voraussetzungen abhängig, die so
gerade nicht in der Periode der Richter anzutreffen sind. Denn ein System
der Stammesgrenzen, das ganz Kanaan zwischen dem Bach von Ägypten und
Tyrus den Israeliten zuerkennt, geht davon aus, daß die Stämme nicht
nur ein gemeinsames Programm zur Eroberung des Landes entwickelt haben,
sondern auch über geeignete Institutionen zu seiner Durchführung verfügen. Das Grenzsystem setzt die großisraelitische Idee voraus, die
schwerlich vor der Zeit des davidisch-salomonischen Großreiches entstanden sein wird[19]. Dementsprechend verweist Kallai-Kleinmann[20] die Entstehung des Grenzsystems in die davidisch-salomonische Epoche. Von pro-
grammatischen gemeinsamen Bestrebungen zum Ausbau des Landes im Sinne
von Jos 13-19 wissen die Überlieferungen der Richterzeit nichts. Alle
Kriege der Richterzeit sind Defensivkriege. Eines der verläßlichsten
'Dokumente' dieser Zeit, das negative Besitzverzeichnis von Jud 1, spiegelt eher das Gegenteil wider, die Stämme akzeptieren den Besitzstand.

Die zweite Quelle des Landverteilungsberichtes in Jos 13-19, die
Ortsliste der Stämme Juda, Simeon und Dan in Jos 15,21-62; 18,21-28;
19,2-7.41-46 ist aller Wahrscheinlichkeit nach in der Königszeit entstanden. Über ihre genauere Datierung bestehen zwar unter den Diskutan-
ten erhebliche Differenzen, doch herrscht wenigstens darüber Einigkeit,
daß die Städtelisten Verhältnisse der staatlichen Zeit reflektieren[21].

In Jos 16 und Jos 17 ist das Fehlen expliziter Städtelisten der Stämme Ephraim und Manasse auffällig. Mowinckel[22] erkennt hierin eine reli-

---

17   Vgl Mowinckel 1946 S.12ff
18   Mowinckel a.a.O.
19   Mowinckel 1946 S.17
20   Kallai-Kleinmann 1958 VT 8 S.135
21   Alt (KS II S.276ff) und Noth (Komm.z.St. 1953) plädieren für die
      Zeit Josias, Kallai-Kleinmann (1958 VT 8) spricht sich für die Zeit
      Hiskias aus. Cross/Wright (JBL 75, 1956) erkennen die Zeit Josaphats
      wieder. Aharoni verficht die Zeit Usias (1959 VT 9).
22   Mowinckel 1946 S.32f

giös-politische Tendenz des Verfassers von Jos 13-19, die ihn an eine
Abfassung in nachexilischer Zeit denken läßt.

In den Ortsverzeichnissen der Nordstämme werden Städte zu ihrem Besitz
gerechnet, die dem negativen Besitzverzeichnis von Jud 1 zufolge in der
Richterzeit noch kanaanäisch waren, so für Sebulon Nahalol[23], für Asser
die Städte Achsib, Achlab, Akko, Aphek, Rehob und für Naphtali Beth
Anat und Beth Semes. Nach Alt[24] liegt den Angaben über die Städte der
Nordstämme ein galiläisches Ortsverzeichnis zugrunde, das auf einer
assyrischen Provinzeinteilung beruht. Mithin können diese Listen kaum
für die Richterzeit herangezogen werden.

Für die ostjordanischen Stämme liegen in Jos 13 keine Grenzbeschreibungen vor[25]. Wüst[26] weist m.E. überzeugend nach, daß die Jos 13,15-28.
32 zugrundeliegende Gebietsbeschreibung für Ruben und Gad in ihrem
Grundbestand nur mit den Bestimmungen 'von Aroer bis Medeba' und 'von
Hesbon bis Ramat ha Mizpe' festgelegt war. Ein Umstand, der andeutet,
daß zur Zeit der Abfassung von Jos 13 entsprechende Kenntnisse über die
Ausdehnung der Gebiete Rubens und Gads nicht mehr vorhanden waren.

Der bisherige Forschungsstand zu Jos 13-19 erlaubt m.E. eine
Reklamation der Ortslisten zur historischen Erhellung der
vorstaatlichen Siedlungsgeschichte nicht[27].

Damit umfaßt die Textbasis der folgenden Untersuchung
Num 21 und Num 32, Jos 1-12, Jud und 1.Sam - 2.Sam 2,7[28].

---

23  In Jos 19,15 ist nach Jud 1,30 und LXX[A] Nahalol statt Nahalal
    zu lesen.
24  Alt 1927 ZAW 45 S.59ff
25  Gegen Noth Komm.z.St.
26  Wüst 1975 S.119-144
27  Vgl Wüst 1975 S.187ff
28  Ein Verzeichnis der Ortsnamen findet sich in der MS der Disser-
    tation von 1979, S.154-169.

## 7.2  Auswertung der Texte

Die Auswertung der Texte orientiert sich an der Suche nach
soziologischen Charakteristika der Siedlungen, die eine Gruppierung von Siedlungen über die Grobklassifikation israeli-
tisch/kanaanäisch hinaus erlauben. Dabei sind Differenzierungen innerhalb der beiden wie auch verbindende Merkmale
zu erheben. Letztlich stellt sich die Frage, ob die Varianz
hinsichtlich der soziologischen Struktur einer Stadt zwischen den Klassen israelitische Stadt/kanaanäische Stadt größer ist als die Varianz innerhalb der Klassen. Denn nur wenn
die Varianz zwischen den Klassen größer ist als die Binnen-
varianz,ist es sinnvoll, sozialgeschichtlich den Typus 'kanaanäische Stadt' vom Typus 'israelitische Stadt' streng zu
unterscheiden.


### 7.2.0  Vorbemerkung

Nicht aufgeführt unter den Ortsnamen sind diejenigen, die
eher Flurbezeichnungen zu sein scheinen und für die sich
keine Siedlungstradition im Text finden läßt. Hierzu gehören בוכים [29], חרש [30], יער חרת [31], לחי [32], שעירה [33].
Gibea , Gibea Sauls[34] und Gibea Gottes[35] werden als Be-

---

29  Nur in Jud 2,1-5
30  Nur 1.Sam 23,15f.18f. Vers 19 spricht dafür, daß es sich um eine
    Landschaftsbezeichnung handelt. Als David nach
    flieht, kommt er von einem festen Platz, desgleichen auf seiner
    Flucht nach Hores. Auch hier wird es sich eher um eine unzugäng-
    liche Landschaft als um eine feste Siedlung handeln.
31  Nur 1.Sam 22,5. Es handelt sich um ein Waldgebiet im Gebirge
    Juda, das David als Zuflucht dient.
32  Nur Jud 15,9.14.17.19, aller Wahrscheinlichkeit nach ein Hügel.
33  Nur Jud 3,26, vgl hierzu Täubler 1958 S.22ff
34  1.Sam 11,4; 15,34; 2.Sam 21,6; Jes 10,29
35  Nur 1.Sam 10,5

zeichnungen des einen benjaminitischen Gibea gezählt[36].
Die beiden Siedlungen namens Horma werden nicht eigens erwähnt, sondern erscheinen unter den vormaligen kanaanäischen
Namen dieser Siedlungen, Zephat und Arad[37]. Jebus wird Jerusalem und 'Palmenstadt' Jericho zugerechnet[38]. In den Listen
erscheint auch nicht חוילה , da ich in 1.Sam 15,7 nach
1.Sam 15,4; 27,8 סלאם lese.

Damit verbleiben 163 Ortsbezeichnungen. Vier Ortsnamen dienen ausschließlich der Lokalisation von Ereignissen: אדם[39],
אבן עזר[40], צרתן[41], קרקור[42]. Diese Ortschaften scheinen
nichtisraelitisch zu sein, der mangelnden Information wegen
läßt sich das nicht eindeutig klären.

Von den restlichen 159 Orten lassen sich, allerdings mit
unterschiedlich hohem Wahrscheinlichkeitsgrad, 100 Siedlungen kanaanäischer Herkunft und 59 Siedlungen israelitischer
Herkunft bestimmen. Fast 2/3 der erwähnten Ortschaften sind
nichtisraelitischer Provenienz.


## 7.2.1   Siedlungen kanaanäischer Herkunft

Die kanaanäischen Siedlungen zerfallen in zwei Gruppen. Den
von den Israeliten laut Tradition eroberten Städten stehen
jene gegenüber, die nicht eingenommen worden sind. Zwischen
beiden Gruppen scheinen auch Unterschiede in der politischen
Verfassung zu bestehen. Daher sollen sie hier gesondert betrachtet werden.

---

36  Simons 1959 §§ 669-70 unterscheidet Gibea Gottes von dem Gibea
    Sauls. Gibea Gottes wird von ihm mit Geba gleichgesetzt. M.E.
    zeigen die Ereignisse in 1.Sam 10,10ff, vor allem die Reaktion
    der Leute in V.11, die Saul offensichtlich kennen, daß Gibea
    Gottes identisch ist mit dem Gibea Sauls. Vgl auch Stoebe Komm.
    z.St.
37  Vgl Fritz 1966 ZDPV 82 S.331ff
38  Simons 1959 § 430 A 222, § 515-16
39  Nur Jos 3,16
40  1.Sam 4,1; 5,1; 7,12. Es scheint mir höchst zweifelhaft, daß es
    sich hier um eine Siedlung handelt.
41  Innerhalb des Textbestandes nur Jos 3,16, darüber hinaus noch
    in 1.Kön 4,12; 7,46
42  Nur Jud 8,10

7.2.1.1   Die nicht eroberten Siedlungen

Die Überlieferung verweist für 25 Orte ausdrücklich darauf
hin, daß sie von den Israeliten nicht eingenommen worden
sind. Zu den Städten, die nicht erobert wurden, denen die
Tradition aber nicht explizit dieses bestätigt, kommen noch
jene hinzu, die durch Vertrag angegliedert wurden: Beeroth,
Kirjath Jearim, Kephira[43]. Von den philistäischen Städten
Ekron, Gaza und Askalon[44] ist historisch sicher, daß sie in
der Richterzeit nicht zu Israel oder Juda gehörten. Auch
Sichem und Thebez waren bis zur Zeit Abimelechs noch nicht
israelitisch[45]. Kegila konnte seine Unabhängigkeit noch in
der Zeit Sauls bewahren. Damit erhöht sich die Zahl der nicht
eroberten Städte, die als eigener oder in einem von den Israeliten gesonderten Herrschaftsverband weiter bestehen, auf
33 Städte.

Über die Konstatierung der Nicht-Einnahme hinausgehende
Informationen beschränken sich zumeist auf recht kurze Hinweise zu ihrer politischen Verfassung.

15 Städte scheinen eine nicht-monarchische Verfassung zu
haben, abgesehen von den Städten der Philister. Für diese
15 Städte taucht vor ihren Namen die Bemerkung ישבי, בעלי
oder אנשי auf. Es handelt sich um: Beth Anat (Jud 1,33),
Beth Semes/Har Heres (1.Sam 6,20), Beth Semes (Jud 1,33),
Gibeon (Jos 11,19), Beeroth (Jos 9,17), Kephira (Jos 9,17),
Jibleam (Jud 1,27), Nahalol (Jud 1,30), Kegila (1.Sam 23,12),
Akko (Jud 1,31), Sidon (Jud 1,31), Kitron (Jud 1,30), Kirjath Jearim (Jos 9,17), Sichem (Jud 9), Thebez (Jud 9,51).

---

43   Für Gibeon liegt ein entsprechender Hinweis in Jos 11,19 vor.
     Es ist also in der Liste der nicht eingenommenen Städte bereits
     enthalten.
44   Vgl 1.Sam 4-6; 21,12; 27,3. Die Notiz in Jud 1,18, die dem zu wi-
     dersprechen scheint, stammt, wenn sie überhaupt eine historische
     Reminiszenz enthält, jedenfalls nicht aus der Richterzeit. Zudem
     liegt zwischen Jud 1,18 und 1,19 ein Widerspruch vor. Vgl auch
     Wright 1946 JNES 5 S.109
45   Zu Sichem vgl Jaroš 1976 S.80. Die geographische Nähe der Stadt
     Thebez zu Sichem und die Ähnlichkeit der politischen Struktu-
     ren machen wahrscheinlich, daß diese Stadt in irgendeiner Form
     mit Sichem verbunden war. Thebez wird ebenso wie Sichem bis
     auf Abimelech seine Unabhängigkeit bewahrt haben.

Dem stehen fünf Städte gegenüber, für die eine monarchische Herrschaftsform belegt ist. Es handelt sich um die
Städte: Aphek (Jos 12,18), Gezer (Jos 10,33), Gath (1.Sam
21,11; 27,2), Jerusalem (Jos 10,1), Thaanach (Jos 17,21).
Die Bezeichnung eines philistäischen Herrschers als 'König'
begegnet nur für Gath, in dem zweimaligen Gastspiel Davids
bei Achis von Gath (1.Sam 21,1ff; 27) sowie 1.Kön 2,39. Ansonsten werden die Herrscher von Askalon, Asdod, Ekron, Gaza
und Gath immer als סרנים [46] bezeichnet.
Gath wird seiner politischen Verfassung nach eher den
durch die סרנים regierten philistäischen Städten zuzurechnen sein als den kanaanäischen Königsstädten[47]. Die philistäischen סרנים dürfen aber nicht mit den kanaanäischen 'Königen' gleichgesetzt werden[48]. In der vorstaatlichen Zeit Israels ist die politische Organisation der philistäischen
Pentapolis nicht monarchisch, wenn auch spätere Veränderungen auf monarchische Regierungsformen hin nicht ausgeschlossen werden können[49].
Es bleiben nur vier Städte übrig - Aphek, Gezer, Jerusalem, Thaanach -, für die aufgrund der alttestamentlichen
Traditionen eine monarchische Herrschaft angenommen werden
kann. Dor kommt in der El-Amarna Korrespondenz nicht vor.
Von Megiddo ist aus dieser Zeit bekannt, daß sein Stadtfürst
Biridja mit Labaja und seinen Söhnen in Feindschaft lag[50].
In der Mitte des 14. Jh kam es in Palästina zu wiederholten
Aufständen der Bevölkerung gegen die Stadtkönige, die teil-
weise auch zur Beseitigung monarchischer Herrschaftsformen
führten[51]. Die alttestamentliche Überlieferung hinsichtlich
Megiddo und Dor ist nicht einheitlich. Beide Städte sind in

---

46  Vgl Jos 13,3; Ri 3,2; 16,30; 1.Sam 6,18 u.a.
47  Der Singular dieses Wortes ist nicht belegt. Das ungebräuchliche
    סרן scheint durch das geläufigere מלך ersetzt worden zu sein, vgl
    Stoebe Komm. S.398.
48  סרן scheint mit τύραννος etymologisch verwandt zu sein.
    Vgl Bossert 1927 OLZ 30 Sp. 652, anders Feigin 1926 AJSL 42,
    S.53ff, Bork 1940 AfO 13 S.228
49  Vgl A.H. Jones 1975 S.154
50  EA 244,246
51  Vgl EA 248,14; 285,43ff

der Liste der besiegten Könige von Jos 12[52] aufgeführt, werden aber im negativen Besitzverzeichnis von Jud 1 mit dem Terminus יושבי verbunden.

Nun ist für die Liste von Jos 12 typisch, daß alle hier auftauchenden Ortschaften als Städte eines Königs bezeichnet werden. Andererseits ist dem negativen Besitzverzeichnis von Jud 1 eigentümlich, daß alle Hinweise auf Könige fehlen. Der Argumentation, daß der Verfasser von Jos 12,9ff seine Informationen unter der Überschrift 'besiegte Könige' vereinheitlicht habe, könnte entgegengehalten werden, daß der Sammler der Notizen von Jud 1 aus einer anderen historischen Situation heraus ein Interesse daran gehabt haben könnte, die Könige unter den Tisch fallen zu lassen. Hinter der auffälligen Nicht-Erwähnung der Herrscher könnte sich ein politischer Anspruch der Art verbergen, daß alle kanaanäischen Vorbewohner zu vertreiben seien, es also nicht reiche, die Könige abzusetzen. Denn die entsprechende Aussage 'es gelang nicht, den König von X zu vertreiben', zielt nur auf einen Besitzwechsel der Stadt, nicht auf eine grundsätzliche Beseitigung/Vertreibung ihrer Bewohner ab. Von Dtn 7,1-5; 20, 16ff her betrachtet stellt Jud 1,21.27ff dann einen Tadel an der Position von Jos 12,9ff[53] dar.

In Jud 1,21.27ff ist die formelhafte Sprache auffällig. Beachtet man die fest geprägten Wendungen, dann lassen sich drei Gruppen von Städten zusammenstellen. Städte, die ohne weitere Hinweise eingeführt werden - Aphek (1,31), Thaanach (1,27), Städtenamen, die mit יושבי verbunden sind - Jibleam (1,27), Kitron, Nahalol (1,30), und Städtenamen mit einem Zusatz היבוסי ישב' Jerusalem (1,21) bzw 'הכנעי הישב ב Gezer (1,29). Steckt hinter dieser Variation kein Zufall,

---

52  Auf eine Auseinandersetzung mit Fritz (1969 ZDPV 85,136ff) muß hier leider verzichtet werden. Hierzu wäre eine ausführliche Exegese von Jos 10-12 notwendig, die hier nicht geleistet werden kann.

53  Auch wenn Dtr Jud 1 vorgefunden hat, wäre Noths apodiktisches Urteil (Überlieferungsgeschichtl. Studien S.8), daß Jud 1 keine Spuren einer dtr Bearbeitung aufweist, zu überprüfen. Bemerkenswert ist in Jud 1 auch die formelhafte Verwendung des 'לא הוריש', zumal der Hiphil von ירש fast ausschließlich im dtr Geschichtswerk vorkommt.Vgl den entsprechenden Artikel von H.H. Schmidt 1971 Sp.778ff

sondern ein aufzeigbares System, dann ließe sich hieraus ein
Argument für die Form der politischen Organisation dieser
Städte gewinnen.

6 Königsstädte aus Jos 12,9ff - Jerusalem, Thaanach, Dor,
Megiddo, Gezer, Aphek - finden sich in Jud 1 wieder. Aphek
und Thaanach werden ohne jegliche Bemerkung aufgeführt, Gezer
und Jerusalem mit der obigen Umschreibung, Megiddo und Dor
mit יושבי.

Die Wendung 'Y יושב X' läßt sich im AT viermal belegen[54].
In der Form 'Y ב היושב X' kommt sie dagegen insgesamt 12 Mal
vor[55]. Der geographische Name kann sowohl eine Landschaft bezeichnen als auch eine Stadt. Doch überwiegen die Wendungen
mit den Städtenamen. Beide Wendungen werden fast ausschließlich[56] in Verbindung mit den Namen von Königsstädten gebraucht[57].

Eine inhaltliche Parallele zu Jos 12,2a liegt in Jos 13,
10a; 13,21a vor, die sprachliche Abweichung ist geringfügig.
In Jos 12,2a steht 'היושב בחשבון', in Jos 13,10.a.21a dagegen 'אשר מלך בחשבון'. Die gleiche Abwandlung, von היושב
zu מלך findet sich auch in den parallelen Aussagen von Jos
12,4 und Jos 13,12. Daher liegt es nahe, das 'Y ב (ה)יושב X'
im Sinne von 'Y ב אשר מלך X' zu verstehen. Die letztere Wendung taucht nur zusammen mit dem Namen des Königs auf, während die Überlieferung die Formulierung mit יושב dort vor-
zieht, wo ein Name nicht überliefert ist, aber ein Gentilicium.

Die Formulierung 'Gentilicium + Y ב (ה)יושב X' ist für
nichtmonarchische Städte nicht belegt. An entsprechender
Stelle, wo sie zu erwarten wäre, in Jos 11,19, steht statt
dessen: 'החוי יושבי גבעון'. Gibeon ist aber eindeutig eine

---

54  Num 21,1; 33,40; Jud 1,17.21
55  Gen 14,7; Num 14,45; Dtn 1,44; 11,30; Jos 12,2.4; 16,10; 17,16;
    24,8; Jud 1,10.29; 1.Kön 9,16
56  Zu המר חצצון in Gen 14,7, das sonst nur noch in 2.Chr 20,2 vor-
    kommt, fehlt jegliche Information, die eine Zuschreibung zu einer
    Herrschaftsform gestatten würde.
57  Gezer (Jos 16,10; Jud 1,29; 1.Kön 9,16), Hebron (Jud 1,10), Hesbon
    (Jos 12,2), Astharoth und Edrei (Jos 12,4), Arad (Num 21,1; 33,
    40), Jerusalem (Jud 1,21)

Stadt mit 'demokratischer' Verfassung.

Damit läßt sich wahrscheinlich machen, daß in Jud 1,21.
27ff nur zwei Formen der Zitierung von Königsstädten vorliegen, eine kommentarlose Anführung des Namens oder eine Umschreibung, die auf die Herrschaftsform anspielt[58]. Die Wahl
der Form 'Y יושבי ' für Megiddo und Dor mag eine Differenz
der politischen Verfassung dieser Städte zu den kanaanäischen
Königsstädten andeuten.

Die vermeintliche Spannung zwischen den Aussagen von Jos
12,9ff und Jud 1,21.27ff - einige Königsstädte aus Jos 12
scheinen dem negativen Besitzverzeichnis zufolge keine monarchische Verfassung zu besitzen - könnte ein Ergebnis der
politischen Entwicklung dieser Städte im Zusammenhang mit
der Staatenbildung der Israeliten und/oder der philistäischen Annexionspolitik im 11. Jh sein. Die 'demokratisch'
regierten Städte, die nicht wie die gibeonitische Tetrapolis sich in einem Schutzverhältnis zu Israel befanden, konnten unter dem militärischen Druck ihrer Nachbarn die Notwendigkeit zu einer monarchischen Re- bzw Umorganisation spüren[59]. Gesellschaftsgeschichtlich denkbar ist auch der um-
gekehrte Verlauf der politischen Entwicklung. In den Städten
kam es zu Aufständen, in deren Folge die Monarchie beseitigt
wurde[60]. Von der reinen Textaussage in Jud 1 her kann nicht
ausgeschlossen werden, daß die Israeliten diese Städte in
ihre politische Abhängigkeit brachten und die Könige absetz-
ten[61], dann jedoch nicht in der Lage waren, die Bevölkerung
zu vertreiben.

---

58  Vgl Watson 1970 VT 20 S.502
59  Vgl Alt KS I S.246ff, S.256ff. Dann liegt die Vermutung nahe,
    das negative Besitzverzeichnis von Jud 1 spiegele historisch frü-
    here Herrschaftsverhältnisse wider als die Liste in Jos 12.
60  So könnte Mendenhall von seiner Position aus argumentieren.
61  Für diesen Fall ist mit der Einsetzung israelitischer Vögte zu
    rechnen, vgl Jud 9. Allerdings ist einschränkend zu sagen, daß
    dieser Vorgang auf der Seite der Israeliten irgendeine Form mon-
    archischer Herrschaft voraussetzt, andernfalls die israelitische
    Gesellschaft jener Zeit ein sehr hohes und differenziertes Ni-
    veau 'demokratischer Herrschaft' aufgewiesen hätte. Das letztere
    scheint für die erste Siedlungsphase der Israeliten in Palästina
    historisch weniger wahrscheinlich.

Exkurs zu den Herrschaftsstrukturen der mit Israel in der Richterzeit
politisch verbundenen kanaanäischen Siedlungen

Die politische Verfassung kanaanäischer Städte, die friedliche und zum
Teil auch vertraglich geregelte Beziehungen mit den israelitischen Stämmen eingehen, ist nicht-monarchisch. Sie trägt entweder oligarchische
Züge oder ist von der Beteiligung der überwiegenden Mehrheit der Bevölkerung an der Stadtpolitik geprägt.

Als Beispiele sollen hier die Überlieferungen zu Gibeon, Beth Semes,
Sichem, Thebez und Kegila herangezogen werden.

## Gibeon

Wichtige Hinweise zur politischen Struktur des vorisraelitischen Gibeon
enthält Jos 9. Das Kapitel berichtet von den Verhandlungen der Gibeoniten und der ihnen angeschlossenen Städte Beeroth, Kirjath Jearim und
Kephira mit den Israeliten.

Die Abgrenzung des ältesten literarischen Bestandes von Jos 9 und die
historische Bewertung der dahinter stehenden Traditionen sind in der Forschung kontrovers. Sowohl die literarkritische Aufteilung in selbständige Quellen[62] wie auch die mehr überlieferungsgeschichtlich bestimmte
Annahme einer Josuasage und einer Israelsage, die ineinander gefügt wurden[63], haben das gleiche Manko zu bewältigen. Vollständige Erzählungs-
fäden lassen sich nicht knüpfen[64].

Ältere Kommentare gingen von einer Haupterzählung aus, die durch P
ergänzt wurde[65]. Auch Rudolph rechnet bei seiner Phantomjagd nach E mit
einer von J herrührenden Erzählung, die von P komplementiert und von
Dtr in Zusätzen kommentiert wurde[66]. Noth[67] zählt in Umkehrung der Argumentation Rudolphs die 'Mann Israel'-Stücke zum ältesten Bestand und
möchte die Person Josuas einer Bearbeitungsschicht des Sammlers anla-
sten. Noth hält gerade die von früheren Forschern P zugeschriebenen
Stücke für Bestandteile der ältesten Tradition, da hier die amphiktyonischen Verhältnisse sich widerspiegelten. Liver[68] folgt in der literarischen Bewertung weitgehend Noth.

---

62  Eißfeldt 1922 S.220ff
63  Möhlenbrink 1938 ZAW 56 S.242ff
64  Blenkinsopp 1972 S.32ff
65  Steuernagel 1923² Komm.z.St.
66  Rudolph 1938 S.200ff
67  Noth 1953² Komm.z.St.
68  Liver 1963 JSS 8 S.227ff

Das literarische Problem von Jos 9 kann hier nicht gelöst werden.
Doch bleibt festzuhalten, daß die in unserem thematischen Zusammenhang
interessierenden Verse 3,4 und 11 von fast allen Forschern der ältesten Schicht zugewiesen werden[69].

Die historische Einordnung dieser Tradition hängt wesentlich vom Verständnis des ätiologischen Charakters der Erzählung ab. Möhlenbrink[70]
erkennt analog seinen beiden Rezensionen eine profanhistorische Ätiologie neben einer Kultätiologie. Für Rudolph[71] wie für Noth[72] sind die
kultätiologischen Züge dominant, während Liver[73] der frühesten Tradition
jegliches ätiologische Moment abspricht. Nach Rudolph und Noth setzt die
Grunderzählung die Kultsklaverei der Gibeoniten voraus. Möhlenbrink[74]
und Liver[75] stellen dagegen die antigibeonitischen Tendenzen  - Gibeon
erschleicht sich von den Israeliten ein Bündnis - in den Vordergrund.
Die Sage wende sich im Kern gegen Gibeon und die Auslieferung der Sauli-
den durch David.

Das ursprüngliche Bündnis zwischen Gibeon und den Israeliten scheint
der Stadt einen Status minderen Rechts eingeräumt zu haben, wie aus
2.Sam 21,4 ersichtlich wird[76]. Allerdings geben weder 2.Sam 21,4 noch
1.Kön 3,4ff etwas vom rechtlichen Status der Gibeoniten als Kultsklaven
zu erkennen. Die Verfluchung der Gibeoniten zu Wasserschöpfern und Holz-
hauern am Tempel Jahwes setzt verschiedene historische Ereignisse voraus:

1)  Die Fronpflicht der Kanaanäer, die von 1.Kön 9,21 auf Salomo zu-
    rückgeführt wird.

2)  Die kultische Bedeutung der Höhe von Gibeon im israelitischen
    Staatskult, der nach 1.Kön 3,4ff bis zum Tempelbau in Jerusalem
    eine hervorragende Rolle zukam.

3)  Gibeon stand die Blutsgerichtsbarkeit über Israeliten nicht zu.

4)  Möglicherweise wurden nach den salomonischen Umbauten[77] am Jerusa-

---

69   Vgl auch Halbe 1975 VT 25 S.613ff
70   Möhlenbrink 1938 ZAW 56 S.243f
71   Rudolph 1938 S.204
72   Noth 1953² Komm. S.54f
73   Liver 1963 JSS 8 S.234
74   Möhlenbrink 1938 ZAW 56 S.245
75   Liver 1963 JSS 8  S.243
76   In altorientalischen Vasallenverträgen ist es üblich, daß der
     Souverän seinem Vasallen Hilfe gegen Angriffe zusagt. Vgl
     hierzu Fensham 1964 BA 27 S.99f
77   Vgl hierzu K.Rupprecht 1977 BZAW 144

lemer Tempel u.a. auch Angehörige des niederen Kultpersonals
von Gibeon an das neue Zentralheiligtum nach Jerusalem versetzt.

Dagegen erfordert das Motiv vom erschlichenen Bündnis weniger historische Annahmen. Es setzt neben einem Vertrag beider Partner die Infrage-
stellung dieses Vertrages durch Israel voraus, von der in 2.Sam 21,4
noch Bruchstücke erhalten sind. Dieses Motiv bedarf der oben genannten
vier zusätzlichen Annahmen nicht, die benötigt werden, hält man die
Kultätiologie für ursprünglich. 2.Sam 21,4 läßt durchblicken, daß der
gibeonitische Vertrag von Saul gebrochen wurde[78]. Das Motiv 'erschliche-
ner Vertrag' kann gut als propagandistische Rechtfertigung des Vorge-
hens Sauls gegen Gibeon gelten. Historisch ist die Entstehung dieses
Motivs früher anzusetzen als das Vorhandensein gibeonitischer Kultsklaven am Tempel in Jerusalem. Insofern richtet sich die älteste Version
in erster Linie gegen Gibeon. Erst nach den Ereignissen von 2.Sam 21
konnte sie auch antidavidisch gelesen werden. Die kultätiologische Bearbeitung der Tradition entschärft die Betrugsversion, indem sie die
Gibeoniten gleich nach Aufdeckung des Schwindels ihrer gerechten Strafe
zuführt. Gerade der Akzent auf der Aussage in Jos 9,20, daß die Gibeoniten am Leben gelassen werden sollen, wendet sich gegen Saul und recht-
fertigt David.

Die innenpolitischen Verhältnisse der gibeonitischen Tetrapolis werden sich in der Zeit zwischen der Landnahme der israelitischen Stämme
und der Regierung Sauls nicht wesentlich verändert haben[79]. Daher kann
die älteste Version von Jos 9, die in den Versen 3-15a.17b zu suchen
ist, zur Erhellung der vorisraelitischen Verfassung Gibeons und der
Städte Kephira, Beeroth und Kirjath Jearim herangezogen werden.

Jos 9,3f erscheinen die Bewohner von Gibeon 'גבעון יושבי' als die
Verhandlungspartner der Israeliten. In Jos 9,11 nennen die gibeonitischen Gesandten die Ältesten und die Bewohner der Stadt als ihre Auf-
traggeber. In Jos 10,6 schicken die 'גבעון אנשי' nach Josua, um Hilfe
für die bedrohte Stadt zu erlangen.

Die politische Verfassung von Gibeon weist alle Züge einer 'primitiven Demokratie'[80] auf. Zu den Organen einer derartigen Verfassung gehö-

---

78  Vgl Schunck 1963 S.132ff; Blenkinsopp 1974 VT 24 S.4ff
79  Zur Geschichte Gibeons in der Richterzeit vgl Blenkinsopp 1972
    S.53ff
80  Vgl unten ausführlich Punkt 7.4.2

ren das Gremium der Ältesten und die Gruppe der kriegsfähigen Männer. Die
Ältesten sind offenbar nur im Konsens mit den Bewohnern der Stadt ver-
handlungsfähig. Aus den Texten ist nicht ersichtlich, ob unter den 'Bewohnern Gibeons' eine allgemeine Stadtversammlung zu verstehen ist. Existenz und Funktionieren einer solchen Versammlung würden auch archäologische Spuren hinterlassen. Das Zusammentreten zahlenmäßig umfangreicherer
Gruppen setzt entsprechende Räumlichkeiten voraus. Geeignet ist hierfür
ein größerer Platz oder offener Hof. Auch das Vorhandensein eines geräu-
migen Gebäudes mit Vorhof, dem die typischen Merkmale[81] eines Wohn- und
Wirtschaftshauses fehlen, bei gleichzeitiger Existenz durchschnittlich
kleinerer Hauseinheiten in der übrigen Stadt kann auf eine Versammlungs-
stätte hindeuten. Allerdings könnte auch ein entsprechend genutzter
Tempel diesen Zweck ermöglichen.

Die Ausgrabungen von Gibeon durch Pritchard[82] können solche Fragen
leider nicht beantworten. Architektonische Reste der Spätbronzezeit wurden im Ausgrabungsareal nicht gefunden. Voraussetzung hierzu wäre auch
eine Flächengrabung und nicht eine stichprobenartige Sondierung gewesen[83]. Auch für Kirjath Jearim wird zwischen den Bewohnern der Stadt
(1.Sam 6,21) und den Männern der Stadt unterschieden (1.Sam 7,1).

Bemerkenswert ist, daß bereits in der frühen Regierungszeit Davids
derartige Einrichtungen in Gibeon nicht mehr bestehen. In 2.Sam 21 werden nur allgemein die Gibeoniter als Verhandlungspartner des Königs genannt. Als allein stilistisch bedingte Abwandlung läßt sich das הגבענים
nicht begreifen; zumal gerade in den Samuelisbüchern die jeweiligen Verhandlungspartner und Adressaten  - sofern sie größere Gemeinschaften
vertreten -  recht genau unterschieden werden[84]. Wahrscheinlich verlor
Gibeon unter Saul die politische Selbständigkeit und wurde Israel angegliedert. Dieses hat sich auch auf die innerstädtischen Strukturen aus-
gewirkt. Spätestens jedoch nach der zentral durchgeführten Heeresorganisation Davids (2.Sam 24) verlor die Gruppe der kriegsfähigen Männer
die Grundlage ihres politischen Einflusses.

---

81  Herd, Mühlstein, Vorratsbehälter, Viehunterkunft
82  Pritchard 1959 VTS 7 S.1ff; ders. 1962
83  Zur methodischen Problematik vgl Crüsemann 1979 ZAW 91 S.177ff;
    Nissen 1972 S.145.
84  Vgl 1.Sam 11; 31,11ff; 2.Sam 2,4f

## Beth Semes

Beth Semes gehört nach Jud 1,35 zu den von den Israeliten nicht eingenommenen Städten[85]. Nach 1.Sam 6,12ff ist Beth Semes dem philistäischen Einflußbereich zuzurechnen. Das reiche Vorkommen philistäischer Keramik in Stratum III spricht dafür, daß die Stadt eine nichtisraelitische Bevölkerung hatte[86]. Auch die Verbindung zur gibeonitischen Tetrapolis - Beth Semes schickt die Lade zur nächstgelegenen Stadt der Tetrapolis Kirjath Jearim weiter und nicht zur nächsten judäischen Ortschaft - deutet auf eine Zugehörigkeit zur kanaanäischen Bevölkerung hin[87]. 1.Sam 6,19-7,1 gehört zu den ältesten Überlieferungsstücken der Ladeerzählung[88]. Die Verse begründen, warum die Lade nach Kirjath Jearim gebracht wurde. Die 'Männer' von Beth Semes sind zuständig für die Lade. Sie entscheiden über ihren Verbleib (6,20). Die 'Männer' schicken Boten an die 'Bewohner' von Kirjath Jearim. Die Männer der Stadt sind in Beth Semes die Gruppe, die über das Geschick der Stadt zu bestimmen hat. In der vorliegenden Situation trifft diese Gruppe einen kultpolitischen Beschluß und nicht irgendeine übergeordnete politische Instanz.

## Sichem

Sichem gehört zu den kanaanäischen Städten, die mit den umwohnenden Israeliten in friedlicher Koexistenz lebten. Die Stadt wurde oligarchisch regiert, wie Gen 34 und Jud 9 zeigen.

## בַּעֲלֵי הָעִיר

Die Herren (בעלים) einer Stadt werden in 20 Versen innerhalb des Alten Testaments erwähnt[89].

Jos 24,11 erzählt Josua in seiner großen Abschiedsrede, daß die Herren von Jericho gegen die einwandernden Israeliten kämpften. Jos 24 ist

---

85 Vgl Elliger BHH I Sp.229 Artikel 'Beth-Semes'; Wright 1975 EAE I S.248-253 Artikel 'Beth-Shemesh'
86 Vgl Wright a.a.O., der die Zerstörung von Stratum IV der israelitischen Einwanderung zuschreibt und danach für Stratum III eine israelitische Bevölkerung ansetzt. Die Identität der Zerstörer von Stratum IV ist fraglich und folgt nicht automatisch aus der Tatsache der Zerstörung. Wrights Interpretation der Befunde von Stratum III und IV ist weitgehend seiner Landnahmetheorie verhaftet. Vgl hierzu Wright 1958 S.62ff
87 Vgl auch Rost 1926 S.40 A 68 und A 69
88 Ders. a.a.O. S.46f; Stoebe Komm.z.St.
89 Num 21,28 ist בעלי Verschreibung für בעלה , vgl.Kommentare z.St.

ein deuteronomistischer Text[90], dem keine weitere Bedeutung für die Rekonstruktion der Frühgeschichte Israels in Kanaan beigemessen wird[91].

Die Mehrzahl der Belege findet sich in Jud 9, 14 mal im Zusammenhang
mit Sichem, einmal für Thebez.

An zwei Stellen (1.Sam 23,11f) ist von den Herren Kegilas die Rede.
Jud 20,5 beschuldigt der geschädigte Levit die 'Herren' von Gibea , ihm
nachgestellt und seine Nebenfrau zu Tode geschändet zu haben. Nach Jud
19,22 waren es aber die 'Männer' von Gibea , die ihn bedrohten und sich
an seiner Frau vergriffen. Die Differenz zwischen 'Männern' und 'Herren' ließe sich auf den unterschiedlichen Sprachgebrauch verschiedener
Schichten verrechnen. Jud 20,5 gehört zu dem von der Redaktion der Kapitel 19-21 aufgenommenen Stoff[92]. Doch ist das Verhältnis zwischen Tradition und erster Redaktion in Jud 20 wegen der starken Überarbeitung besonders dunkel. Ein ähnlicher Wechsel von 'Männer' zu 'Herren' ist noch
für Jabes-Gilead bezeugt. 1.Sam 11,1.5.9f und 2.Sam 2,4f treten die
'Männer' von Jabes auf. Dagegen wendet sich David in 2.Sam 21,12 an die
'Herren' von Jabes, um die sterblichen Überreste Sauls und Jonathans zu
erlangen.

Von den 'Herren' einer israelitischen Stadt ist nur in Jud 20,5 und
2.Sam 21,12 die Rede. Die 'Herren' einer Stadt sind in der Richterzeit
für israelitische Siedlungen verglichen mit der häufigen Erwähnung der
'Männer' eine Ausnahme.

An beiden Stellen läßt sich nicht ausschließen, daß der Wechsel der
Termini zu Lasten der Redaktion geht. Die beiden Ausdrücke gleichsetzen,
das hieße der Redaktion eine gewisse sprachliche und auch soziologische
Borniertheit zumuten. Handelte es sich in diesem politischen Kontext
wirklich um bedeutungsgleiche Begriffe, dann wäre ein häufigerer Austausch zu erwarten als nur an diesen zwei Stellen im AT. Der prononcierte Gebrauch von 'Männer der Stadt' in den Überlieferungen - besonders
auffällig ist dieses in 1.Sam 11 - zur Frühgeschichte Israels spricht
nicht für eine Synonymität der Begriffe[93].

Redet aber eine spätere Be- und Verarbeitung der Tradition von 'Herren'
statt von 'Männern', dann bleibt doch zu fragen, ob diesem Sprachgebrauch

---

90  Perlitt 1969 S.239ff
91  Perlitt 1969 S.273
92  Schunck 1963 S.65
93  Nielsen (1959 S.161) setzt dagegen die 'Herren' von Sichem mit
    den Bewohnern gleich.

in der historischen Realität eine Veränderung der politischen Situation
vorausging. Die Bezeichnung 'Männer' war nicht angemessen, da dieser
Kreis in seiner Gesamtheit nicht mehr für die politischen Belange der
Stadt zuständig war. Die vormalige Position der 'Männer' hatten jetzt
die 'Herren' inne. Die politische Verfassung der Stadt hatte sich in
Richtung auf die Ausbildung einer Herrenschicht hin gewandelt. Nicht
mehr alle Männer der Stadt, sondern nur noch die so genannten 'Herren'
bestimmten die Stadtpolitik. In dem Wechsel von 'Männer' zu 'Herren'
zwischen den Ereignissen von 1.Sam 11 und 2.Sam 21,12 deuten sich Veränderungen der innerstädtischen Herrschaftsstrukturen von Jabes an.
Auch für das Verhältnis von Jud 19,22 zu Jud 20,5 kann ein vergleichbarer politischer Entwicklungsprozeß angenommen werden. Jud 20,5 ist fest
verankert in einer Schicht, in der die gesamtisraelitische Perspektive
die Sicht der Ereignisse bestimmt. Davon ist in Jud 19,1-28 noch nichts
zu merken. Diese israelitisierende Tendenz ist vor der Reichseinigung
durch David kaum denkbar. Es ist zu erwarten, daß die aktuelle Gegenwart des Redaktors die Schilderung der vorstaatlichen Verhältnisse in
Jud 20 mitbestimmte. Die 'Herren' von Gibea in Jud 20,5 könnten ebenfalls auf eine entsprechend veränderte Ortsverfassung hinweisen wie die
von Jabes in 2.Sam 21,12. Für die Frühzeit Israels werden die 'Herren'
einer Stadt ausschließlich für die kanaanäischen Städte erwähnt. Da in
der Überlieferung auch für kanaanäische Städte ein Unterschied zwischen
'Männern' und 'Herren' gemacht wird  - im Hinblick auf Gibeon oder Beth
Semes ist nie von 'Herren', sondern immer von 'Männern' die Rede -, ist
die Identität beider Gruppen unwahrscheinlich. Das Vorkommen von 'Herren' weist auf oligarchische Herrschaftsbildungen hin.

Gen 34 gilt dem gegenwärtigen Forschungsstand nach als eine Reflexion
der exilisch-nachexilischen Zeit zu Jud 9[94]. Differenzen in der Schilderung der internen sichemitischen Herrschaftsverhältnisse zwischen
Gen 34 und Jud 9  - in Gen 34,20ff ist die herrschende Sippe bei der
Entscheidung über die Aufnahme neuer Mitbürger von der Zustimmung der
Männer abhängig -  können hier historisch nicht ausgewertet werden, solange von der Forschung das Verhältnis zwischen überlieferungsgeschichtlich später Tradierung eines Stückes und seinem Inhalt, der sich plausibel auf historisch wesentlich frühere Ereignisse beziehen läßt,

---

94  So schon **Meyer** 1906 S.416f; **Sellin** 1922 S.57; **neuerdings auch**
    Jaroš 1976 S.80.

nicht gelöst ist.

Jud 9 steht überlieferungs- wie auch redaktionsgeschichtlich den Ereignissen näher als Gen 34. Zur Redaktionsgeschichte von Jud 9 hat es in neuerer Zeit zwei ausführliche Untersuchungen gegeben, die von Richter[95] und die von Crüsemann[96]. Beide differieren sowohl in der Bestimmung der einzelnen Traditionen und ihrer Schichten wie auch ihrer historischen Einordnung. Der wesentliche Unterschied liegt darin, daß Richter die erste Redaktion in der Zeit Jehus ansetzt[97], Crüsemann damit aber in die salomonische Zeit hinaufgehen möchte[98].

Crüsemanns Analyse von Jud 9 ist derjenigen von Richter vorzuziehen, zumal seine Argumente für die Bestimmung des alten Kerns in den Versen 23.25.42*-54[99] zusätzlich einen Anhalt finden in den inhaltlichen Parallelen dieser Erzählung mit den Stücken, die vom Niedergang Sauls handeln. Abimelechs Untergang wird ebenso wie Sauls Abstieg durch einen vom Herrn geschickten bösen Geist erklärt[100]. Dagegen mutet die Erzählung in den Versen 26-41 etwas 'moderner' an[101]. Hier ersteht dem Abimelech in Gaal ein Widersacher, der eine Verschwörung gegen ihn inszeniert. Diese Erzählung erinnert inhaltlich an die politischen Machtkämpfe unter Salomo. Eine vergleichbare profane Interpretation wird in 1.Kön 11,14ff sichtbar. Hinzu kommt, daß das Amt des 'שר העיר' nur in den Hauptstädten Jerusalem und Samaria belegt ist[102]. Der Stadthauptmann ist dem König für die Aufrechterhaltung der öffentlichen Ordnung verantwortlich. Genau diese Funktion erfüllt Sebul für Abimelech in Sichem. Die zweite Erzählung in V.26-41 beschreibt das Abhängigkeitsverhältnis Sichems analog der Beziehung einer israelitischen Hauptstadt zu dem Monarchen. Die Erzählung in V.26-41 ist eine Anpassung der alten Tradition aus V.23.25. 42-49 an die Verhältnisse der Königszeit. Es handelt sich um eine recht selbständige Version der Abimelech-Sichem Episode, die literarisch nicht

---

95  Richter 1963 S.246ff
96  Crüsemann 1978 S.32ff
97  Richter 1963 S.315f. Zur frühesten literarischen Bearbeitung gehören nach Richter die V. 1-7.16a.19b-21.23f.56f (S.300ff).
98  Nach Crüsemann 1978 S.39 liegt die entsprechende Redaktion in den Versen 1.2*-6*.7.16a.19b.56f vor. Doch ist in den V.2-6 alte Tradition verarbeitet.
99  Ders. a.a.O. S.34
100  Vgl Jud 9,23 mit 1.Sam 16,14-23 und 18,10-12
101  Gegen Richter 1963 S.266ff, der diese Erzählung zur ältesten Schicht rechnet.
102  Vgl unten Exkurs zu שרים / שר (7.3.2)

vom alten Kern abhängig sein muß[103]. Die zeitgemäßere Fassung wurde in
den Anfang der älteren Erzählung hineingeschoben. Zeitlich steht die
zweite Version der Redaktionsschicht nahe, die beide Erzählungen miteinander verknüpft. Von der königskritischen Redaktion ist in ihr noch
nichts zu bemerken. Allerdings werden sowohl in V.26-41 wie auch in
V.1-6 die Herren von Sichem als ziemlich unzuverlässige Vasallen beschrieben, die, nur auf ihren Vorteil bedacht, eingegangene Verpflichtungen bedenkenlos verletzen.

Die beiden Versionen unterscheiden sich hinsichtlich der handelnden
Personen und Gruppen. In der älteren Erzählung stehen sich als Gegen-
spieler Abimelech und die Herren von Sichem gegenüber. Dem עם von
Sichem kommt in dem Konflikt eher eine passive Rolle zu. Die בעלי מגדל
שכם, die in V.46-49 als Kontrahenten Abimelechs erwähnt werden, sind
mit den בעלי שכם identisch[104]. Gerade wenn man die Verse 23.25 als die
Eingangsverse der alten Tradition betrachtet, liegt auf der Hand, daß dieselbe Gruppe in V.46-49 gemeint ist. Ansonsten wäre es sehr auffällig,
daß die in V.23.25 verantwortlich gemachten Führungspersonen bei der
Zerstörung der Stadt fehlen. Insofern sind die Verse 46-49 eine aus den
Zusammenhang von V.23.25 und V.42-45 sich ergebende notwendige Fortsetzung des Ablaufes in V.42-45. Der Unterscheidung von עם und בעלי שכם
in V.23.25, V.42-45 korrespondiert die von אנשי מגדל שכם und בעלי מגדל
שכם in V.46-49. Schwierig ist nur in V.46-49, daß die so benannte
Gruppe nicht in den מגדל , sondern in den צריח des בית אל ברית sich
flüchtet. Was immer sich hinter dem dunklen Wort צריח verbergen mag,
so deutet die Bestimmung des Zufluchtsortes als צריח , die Benennung
des Flüchtenden als בעלי מגדל שכם bzw אנשי מגדל שכם an, daß der צריח
nur ein Teil des מגדל ist. Innerhalb Sichems ist ein besonders befe-
stigter Teil der Stadt vom restlichen Stadtgebiet als מגדל zu unterscheiden[105]. Die אנשי מגדל könnten die Bewohner dieses Stadtteils sein.

In der jüngeren Erzählung wird die Verbindung zwischen Abimelech und
Sichem von einem Stadthauptmann namens Sebul gehalten. Sebul gilt als
Abimelechs פקיד , dh er ist ein von Abimelech eingesetzter Verwalter.
In Sichem haben interne Machtverschiebungen stattgefunden. Die Herren

---

103  Crüsemann 1979 S.37
104  Der Ausdruck ist eine stilistisch bedingte Abwandlung des   בעלי
     שכם  die vom מגדל שכם in V.49 angeregt worden ist.
105  Vgl Wright 1967 S.365

von Sichem haben eine stadtfremde Sippe[106] aufgenommen. Aus dem Text
geht nicht eindeutig hervor, ob die Neuankömmlinge zur breiten Masse
des Volkes gerechnet wurden oder ob sie in ein spezifisches Dienstverhältnis zu den Herren von Sichem traten[107]. Jedenfalls sind die Herren
von Sichem befugt, ohne Konsultation mit Abimelech neue Bewohner aufzunehmen, denn erst die politischen Umtriebe der letzteren führen zum Ein-
schreiten des Stadthauptmannes. Die Bevölkerung von Sichem ist am politischen Geschehen der Stadt nicht maßgeblich beteiligt[108]. Über den Einsatz der kriegsfähigen Männer entscheidet eine ihnen übergeordnete Instanz (V.29a), die Herren.

Auch in der zweiten Version der Begebenheiten bleibt die 'aristokratische' Verfassung Sichems erhalten. Das Geschehen um Gaal deutet eine relativ große innenpolitische Unabhängigkeit der kanaanäischen Stadt gegenüber ihrem israelitischen Oberherrn[109] an. Es kann angenommen werden,
daß die in V.26-40 berichteten Herrschaftsverhältnisse sich an der bestehenden Verwaltungspraxis der davidisch-salomonischen Zeit orientierten. Das lockere Abhängigkeitsverhältnis Sichems mit seiner innenpolitisch autonomen Oligarchie könnte typisch für das Verhältnis der in der
frühen Königszeit angegliederten kanaanäischen Städte zum israelitischen
Staat sein.

In der älteren Tradition kommt es zum Konflikt, als die Herren von
Sichem - entgegen ihrer Abmachung mit Abimelech - den Straßenzoll für
sich wieder reklamieren. In der späteren Erzählung ist der casus belli
erst eingetreten, als die Herren von Sichem Vorbereitungen treffen, sich
mit militärischer Gewalt aus dem israelitischen Herrschaftsgebilde zu
lösen. Das Wegerecht muß demnach in dieser Zeit eindeutig zugunsten des
Oberherrn geregelt worden sein.

---

106  Reviv 1966 IEJ 16 S.254 A 8 verweist darauf, daß aḫu "in the
     sense of a person closely connected to a royal court, dependent
     on a ruler or other prominent person" gebraucht werden kann.
107  Das ויערו בשכם in V.26aß ist nach dem ויבא von V.26a unsin-
     nig. Die Auslassung in LXX[A] erklärt sich von daher gut. LXX[B] hat
     es wörtlich übersetzt. Das בעו kann eine Verschreibung von עבו
     sein. עבו ב = 'jemandem dienen' findet sich in dieser Form auch
     in Jer 25,14; 27,7.
108  Gegen Nielsen 1959 S.144.160. Die 'אנשי חמור' werden von Gaal
     als konkurrierende Herrschaftsgruppe zitiert, sind aber nicht
     aktiv am Geschehen beteiligt. Meyer 1906 S.413.416 setzt sie
     mit den Herren gleich.
109  Reviv 1966 IEJ 16 S.254f stellt die Parallelen zwischen Labaja
     und Abimelech heraus. Auch Labaja war kein Sichemit.

Geht man davon aus, daß die erste Redaktionsschicht aus der Zeit vor
der Reichstrennung stammt, dann ist zu untersuchen, wie weit sich aus
der in V.2-6 verarbeiteten Tradition noch historische Schlußfolgerungen
auf die interne Herrschaftsstruktur des richterzeitlichen Sichem ziehen
lassen. In V.6 versammeln sich die בעלי שכם und das בית מלוא , um Abimelech zum König zu machen. Das בית מלוא wird in V.20, der zu derselben Schicht gehört, noch zweimal ausdrücklich neben den Herren erwähnt.
In V.20 mag die Anführung des בית מלוא von V.6 her begründet sein.

Die mit בית מלוא bezeichnete Gruppe hat in der älteren Überlieferung
kein Gegenstück. Dort stehen die Herren neben dem nicht weiter unter-
schiedenen עם. Der Ausdruck וכל בית מלוא kann aber nicht als stili-
stische Abwandlung vom Textkontext her erklärt werden, da das מלוא
anders als der מגדל sonst nirgends erwähnt ist. Zudem erscheint das
בית מלוא als Sondergruppe neben den Herren von Sichem. Es ist an der
Ausführung der zwischen Abimelech und den Herren von Sichem getroffenen
Vereinbarung beteiligt.

מלוא bezeichnet eine Aufschüttung zu Befestigungszwecken. In Sichem
befand sich der gesamte Tempelbereich in der Nähe des Nordwesttores auf
einer derartigen Aufschüttung[110]. Solche Terrassierungen finden sich in
allen Außenbezirken der Stadt zwischen der Mauer D und der Mauer A.
Auch das Osttor ruht auf massiven Auffüllungen[111]. Eine Gleichsetzung
des מלוא mit dem Tempelbezirk verkürzt den Sachverhalt[112]. Die massiven Aufschüttungen, die zu einer beträchtlichen Erweiterung des Stadt-
gebietes führten, gehen hauptsächlich in die Zeit der hurritischen Einwanderung zurück.

Der Ausdruck בית מלוא könnte die Bewohner von Sichem umfassen, die
in diesen äußeren Stadtbezirken wohnen, die durch Auffüllung gewonnen
wurden. Ihre Heraushebung in Jud 9,6 kennzeichnet sie als eine an der
Herrschaft der Stadt beteiligte Gruppe. Da sie in den 'neueren' Stadt-
randbereichen leben, könnten sie zu den Nachkommen jener in der Mittelbronzezeit eingedrungenen Herrenschicht gehören. Diese Einwanderer
bestanden nicht nur aus isolierten 'Herrenkriegern' mit ihren Streitwagen, sondern sie werden auch etliches niedere Fußvolk mit sich gebracht haben[113]. Aus diesen ging dann das בית מלוא hervor. Das

---

110  Vgl Wright 1965 S.62ff; 103f
111  Ders. a.a.O. fig 31
112  So Nielsen 1959 S.166f
113  Der Einbruch der so genannten Hyksos brachte in Syrien/Palästina

ist in irgendeiner Form noch an der Herrschaftsausübung in Sichem beteiligt im Gegensatz zu den kanaanäischen 'Urbewohnern' der Stadt. Das
בית מלוא umfaßt die breite Basis der Herrenschicht, die בעלים sind jene Mitglieder, die zur herrschaftsausübenden Elite dieser Schicht gehören[114]. Das בית מלוא wird u.a. die Krieger gestellt haben. Angesichts
der Ausdehnung des so genannten Bezirks und der geringen Größe damali-
ger Stadttruppen[115] ist es unwahrscheinlich, daß das בית מלוא in seiner Gesamtheit ausschließlich im Waffendienst tätig ist. Das vermeintliche Fehlen dieser Gruppe[116] in der Tradition über die Zerstörung der
Stadt erklärt sich daraus, daß sie hier als Sondergruppe innerhalb der
Stadtbevölkerung keine Funktionen hatte.

Zumindest ist es historisch wahrscheinlich, daß Jud 9,6 eine zutreffende Erinnerung an eine in sich differenzierte Oberschicht in Sichem
bewahrt hat.

## Thebez

Die Tradition über Abimelechs Tod in Thebez ist Bestandteil der ältesten Abimelech-Überlieferung. Thebez gehört zu den kanaanäischen Städten.
Bei der Belagerung der Stadt durch Abimelech flüchten alle Männer und
Frauen und die בעלי העיר in einen stark befestigten Turm. Die gesonderte Aufzählung der 'Herren der Stadt' deutet an, daß Thebez eine oligarchische Verfassung besaß.

Es ist aufschlußreich, daß der Widerstand gegen Abimelechs Bestrebungen, in Mittelpalästina eine weitere Region unter seine Oberherrschaft
zu vereinigen, in den 'aristokratisch' regierten kanaanäischen Städten
sich konzentrierte. Die Herrenschicht dieser Städte hatte durch eine
andauernde Assoziation ihrer Städte an Abimelechs Herrschaftsgebilde
eine Verminderung ihres politischen Einflusses und den Verlust wichtiger ökonomischer Privilegien zu befürchten.

---

nachweislich eine höhere Besiedlungsdichte mit sich. Vgl Jirku
1932 JPOS 12 S.51ff; Helck 1962 S.92ff
114  Vgl Reviv IEJ 27.1977 S.195
115  Die El Amarna Briefe (u.a. 108; 238; 244; 295) zeigen, daß den
bedrängten Stadtfürsten oftmals eine Anzahl von 40-100 Kriegern
zur Behauptung ihrer Stadt ausreichend schien.
116  בית מלוא und אנשי מגדל שכם könnten den gleichen Kreis von
Leuten bezeichnen. Aufgrund der vorhandenen Informationen ist
dieses nicht entscheidbar.

## Kegila

Kegila war eine alte Kanaanäersiedlung. In den El Amarna Briefen ist
mehrfach von ihr die Rede. Die Herrschaft über Kegila ist zwischen
Šuwardata und Abdiḫepa von Jerusalem strittig[117]. Die Stadt versuchte
in den Auseinandersetzungen, die um sie entstanden, die Situation für
sich auszunutzen und sich von jeder Oberherrschaft zu befreien[118].
Kegila zählte zur Zeit Sauls noch nicht zu Juda.

1.Sam 23,3 argumentieren Davids Anhänger gegen den Zug nach Kegila
damit, daß ihre Situation in Juda schon unsicher und gefährlich genug
sei, geschweige denn erst in Kegila. Kegila gehört demnach nicht zu
Juda. Die Erwähnung Kegilas in 1.Chr 4,19 kann als Indiz für eine erst
in der frühen Königszeit erfolgte Annexion gelten. Denn Kegila wird in
einer zweiten Ergänzung der Kaleb Genealogie und da auch nur in einer
Seitenlinie aufgeführt. Nach Jos 15,44 gehört Kegila neben den kanaanäischen Städten Libna, Maresa und Achsib zum 4. judäischen Bezirk.

Die ausführlichste Überlieferung zu Kegila ist in 1.Sam 23,1-13 enthalten[119]. David zieht mit seiner Streifschar nach Kegila und befreit
die Stadt von philistäischen Plünderern/Steuereintreibern[120]. Daraufhin
lassen sich David und seine Mannen in Kegila nieder. Davids Position in
Kegila wird brenzlig, als Saul beabsichtigt, seinetwegen gegen die Stadt
zu ziehen. Das Jahweorakel tut David kund, daß die 'Herren' von Kegila
ihn Saul ausliefern werden (1.Sam 23,12). Mithin sind die Herren von
Kegila für das politische Schicksal der Stadt angesichts einer äußeren
Bedrohung zuständig und nicht die in 23,5 erwähnten Bewohner Kegilas in
ihrer Gesamtheit. In Kegila herrschte in der späten Richterzeit offenbar eine Oligarchie. EA 280,18 und 289,27 ist noch von den 'Leuten' von
Kegila die Rede, als die Unabhängigkeitsbestrebungen der Stadt beschrieben werden. In der Zwischenzeit wird sich in Kegila eine oligarchische
Führung etabliert haben.

Die nicht eroberten kanaanäischen Städte weichen in ihrer
Herrschaftsstruktur deutlich von der Vorstellung der kanaa-

---

117  Vgl EA 279,11ff; 280,9ff
118  Vgl EA 280,16f; 289,25ff
119  1.Sam 23,1-13 gilt als historisch zuverlässige Überlieferung,
     vgl zuletzt Stoebe Komm.z.St.
120  Der Text läßt beide Möglichkeiten zu. Im Endeffekt wird es für
     die Betroffenen auf das gleiche hinauskommen.

näischen Königsstädte ab. Typisch für diese Siedlungen scheint
die Herrschaftsausübung durch einen breiten Kreis der Bewohnerschaft oder eine 'Aristokratie' zu sein. Dem hohen Anteil
nichtmonarchisch regierter Städte - 14 Städte[121] haben eine
'demokratische' Verfassung, 8 Städte[122] eine 'aristokratische' Herrschaftsform - stehen nur vier Städte[123] gegenüber,
die als Königsstädte eindeutig ausgewiesen sind.

Zu den restlichen 7 Städten - Achsib, Ajalon, Helba, Achlab, Rehob, Saalbim, Beth Sean - ist eine Aussage auf unserer Textbasis zu ihrer politischen Verfassung nicht möglich,
da die vorliegenden Informationen nicht ausreichen[124]. In der
vorstaatlichen Zeit sind sie offensichtlich von den Israeliten nicht annektiert worden.

Es bleibt zu untersuchen, ob die der Tradition nach eroberten Städte auch mehrheitlich einem bestimmten Herrschaftssystem zugeordnet werden können.


7.2.1.2   Eroberte Siedlungen der Kanaanäer

Die überwiegende Mehrheit der eroberten Städte liegt im Westjordanland. Zu einigen der westjordanischen Städte liegen
widersprüchliche Überlieferungen vor, was die 'Tatsache' ihrer Eroberung betrifft. Es handelt sich um die Städte
Askalon, Gaza, Ekron, Jerusalem, Gezer, Thaanach, Dor, Me-

---

121  Es handelt sich um die Städte: Beth Anat, Beth Semes/Har Heres,
     Beth Semes/Naphtali, Gibeon, Beeroth, Kephira, Kirjath Jearim,
     Dor, Jibleam, Megiddo, Nahalol, Akko, Sidon, Kitron.
     Die Argumentation von Gottwald (1980 S.512ff) zum Verständnis des
     Begriffes שׁוֹטֵר überzeugt mich genausowenig wie Christensen
     (JSOT 18 1980 S.117). Die Berufung auf Alts Miszelle (KS I S.
     274ff) für die Gleichung שׁוֹטֵר = Herrscher ist eher geeignet,
     Zweifel an der Haltbarkeit seiner These zu begründen. Keinesfalls
     rechtfertigen die Überlegungen von Alt die novellistischen Aus-
     führungen Gottwalds zu diesem Begriff.
122  Hierzu rechne ich die Städte der philistäischen Pentapolis und
     Sichem, Kegila, Thebez.
123  Aphek, Gezer, Jerusalem, Thaanach
124  Die Städte Achsib, Ajalon, Helba, Achlab, Rehob und Saalbim wer-
     den entweder nur einmal erwähnt oder spielen erst wieder in der
     Königzeit eine Rolle. Beth Sean stand bis zum Zusammenbruch der
     ägyptischen Oberherrschaft unter ägyptischer Verwaltung. Über einen
     einheimischen Herrscher ist nichts bekannt. Die Philister hatten
     nach 1.Sam 31,10ff zumindest eine Besatzung in Beth Sean.

giddo. Die Aussagen über ihre Nicht-Einnahme gelten als zu-
verlässiger. Jerusalem kam erst unter David (2.Sam 5,6ff),
Gezer unter Salomo (1.Kön 9,16) zu Israel-Juda. Beide Städte
haben sich ebenso wie Dor (Jud 1,27), Thaanach (Jud 1,27),
Megiddo (Jud 1,27) und Aphek (Jud 1,31) gegenüber den einwandernden Gruppen behaupten können. Die beanspruchten philistäischen Städte gehören ebenfalls nicht in die Reihe der
eroberten Siedlungen.

Es bleiben 43 Siedlungen übrig, für die mehr oder minder
explizit eine Eroberung in den Texten widerspruchsfrei behauptet wird. Ausdrückliche Hinweise fehlen für Astharoth,
Jahaz und Salcha, die alle drei zum eroberten ostjordanischen Gebiet gehören.

Die Überlieferung über diese Ortschaften ist spärlich und
im wesentlichen auf Angaben über ihre politische Verfassung
sowie ihre Zugehörigkeit zu bestimmten Gruppen der Vorbewohnerschaft des Landes beschränkt. Es ist bemerkenswert, daß
der überwiegende Teil der eroberten Siedlungen monarchisch
regiert wurde oder Teil eines monarchischen Herrschaftsbereiches war. Die westjordanischen Städte treten in der Überlieferung als autonome Königsstädte auf. Die ostjordanischen
Städte gehören den Herrschaften Ogs von Basan[125] und Sihons
von Hesbon an. Während mit einer Ausnahme alle westjordanischen Städte[126] von Königen beherrscht wurden, finden sich

---

125  Selbst wenn man die Historizität der Person des Og von Basan
     in Frage stellt, so verrät doch die Tradition von einem vor-
     israelitischen Herrschaftsgebilde im Basan, zu dem Astharoth,
     Edrei und Salcha gehörten, daß entsprechende Überlieferungen
     über eine Zusammengehörigkeit dieser Städte vorhanden waren.
     Vgl Noth ABLAK I 441ff und Bartlett PEA 101 1969; ders. VT 20
     1970.

126  Ai, Arad und Jericho sind den archäologischen Funden zufolge zur
     Zeit der Einwanderung der Israeliten nicht besiedelt gewesen.
     Von der Tradition werden sie als Königsstädte bezeichnet. Das
     läßt darauf schließen, daß für diese Attribution bestimmte An-
     haltspunkte vorhanden waren, neben den bedeutenden Überresten
     dieser Festungen auch die Kenntnis, daß derartige Festungen eine
     hohe Affinität zu monarchischen Herrschaftssystemen haben. Mög-
     lich ist auch, daß diese Zuschreibung auf der in den Eroberungs-
     traditionen sichtbar werdenden grundsätzlichen Frontstellung der
     kanaanäischen Könige gegen die Israeliten beruht. Demzufolge
     schrieb man sich erst die Zerstörung vorgefundener Ruinen zu
     und postulierte dann den dazugehörigen königlichen Gegner.

im Ostjordanland mindestens zwei Ortschaften, Kenath und
חות יאיר , die keiner Monarchie zugerechnet werden können.
Positive Hinweise auf eine andere Herrschaftsform fehlen jedoch für beide. Einzig für die westjordanische Stadt Lais
ist eine 'demokratische' Herrschaftsform wahrscheinlich (Jud
18,7.27).

Die Unterscheidung der beiden Gruppen kanaanäischer Städte
mittels des Kriteriums Eroberung/Selbstbehauptung stimmt im
großen und ganzen überein mit der Verteilung zweier Herrschaftsformen, der Monarchie und der nicht-monarchischen
Herrschaft. Die Gruppe der eroberten Städte ist politisch
homogener als die Gruppe der nicht eroberten Städte.

Offensichtlich sind die Israeliten bei ihrer Landgewin-
nungspolitik recht unterschiedlich den Städten gegenüber verfahren. Städte, die nicht-monarchisch regiert wurden, hatten
höhere Chancen, mit den Israeliten in friedlicher Koexistenz
zu leben. Auch werden diese Städte in den Traditionen nirgends unter den Angreifern aufgeführt. Dagegen treten die
Königsstädte als militärische Gegner der Israeliten auf.
Entsprechend scheint das Vorgehen der Israeliten den Königsstädten gegenüber durch eine aggressive und kompromißlose
Annexionspolitik gekennzeichnet zu sein.

Eine derart differenzierte Behandlung der Kanaanäer läßt
entsprechende Schlußfolgerungen auf die politische Verfassung
der israelitischen Gruppen und die soziale Struktur ihrer
Ortschaften zu. Es darf vermutet werden, daß die Ähnlichkeit

---

Auch wenn die so 'gefundenen' Könige historischer Realität ent-
behren, würde diese Fiktion doch die historische Annahme stützen,
daß die Israeliten weit häufiger in militärische Auseinander-
zungen mit den monarchischen Städten verwickelt waren als mit
den nicht-monarchisch regierten Städten.
Anab gehört neben Hebron und Debir nach Jos 11,21 zu den Städten
der Enakiter. Hebron ist als Königsstadt überliefert (Jos 10;
12,10), für Debir ist ebenfalls ein König belegt (Jos 10,3;
10,39; 12,13). Es ist zu erwarten, daß Anab ein ähnliches Herrschaftssystem wie die übrigen Enakiterstädte hatte. Die Frage
bleibt offen, ob Anab und Debir von Hebron abhängig waren und
damit keine autonomen Stadtstaaten. Für Debir könnte ein entsprechender Hinweis in Jud 1,11.15 - Kaleb/Hebron tritt die
Wasserquellen an Othniel/Debir ab - vorliegen.
Zephat/Horma rechne ich der Formel הכנעני יושב צפה
wegen zu den Königsstädten.

der gesellschaftlichen Strukturen zwischen bestimmten kanaanäischen Städten und israelitischen Siedlungen höher war als die strukturellen Übereinstimmungen in der Gruppe der kanaanäischen Städte insgesamt.

Es ist jedenfalls nicht sinnvoll, vom Typus 'kanaanäische Stadt' zu sprechen. Diese Städte unterscheiden sich in ihrer politischen Organisation deutlich und sind mindestens drei Typen politischer Herrschaft  - Monarchie, 'Aristokratie', 'primitive Demokratie' -  zuzurechnen.


## 7.2.2   Israelitische Siedlungen in den alttestamentlichen Texten über die Richterzeit

59 Siedlungen erscheinen den alttestamentlichen Aussagen zufolge als israelitische Gründungen. Doch werden 6 dieser Ortsnamen in ägyptischen Texten aus vorisraelitischer Zeit erwähnt.

Geba wird sowohl von Thutmosis III wie auch von Ramses II in den topographischen Listen aufgeführt[127].

Ein Fürst von Beth Haram steht in den jüngeren Ächtungstexten verzeichnet[128].

Bethlehem ist möglicherweise mit der Stadt des Landes Jerusalem namens Beth Ninib zu identifizieren, die in EA 290, 16 eine Rolle spielt[129]. Da die Oberflächenuntersuchung des Tells auch Hinweise auf eine Besiedlung in der Bronzezeit ergab[130], spricht einiges dafür, daß Bethlehem bereits vor der Einwanderung der Israeliten gegründet worden ist. Eine Neugründung in der Eisen I Zeit ist weniger wahrscheinlich. Sunem wird unter Thuthmosis III und in den El Amarna Briefen genannt[131]. Zorea[132] und Aroer/Juda[133] sind ebenfalls

---

127  Simons 1937 I 114 (Thutmosis III), XXI 23 (Ramses II)
128  Helck 1962 S.54 No.4
129  Für eine Gleichsetzung sprachen sich aus Schröder 1915 OLZ 18 S.294f; Alt KS I S.107; Aharoni 1967 S.159ff. Dagegen argumentiert Avi-Yonah 1975 EAE S.198ff Artikel Bethlehem.
130  Vgl Avi-Yonah 1975 S.198ff
131  Simons 1937 Liste I No 38; EA 290,16
132  EA 273,21
133  EA 256,25; vgl Alt KS III S.404ff

aus dieser Korrespondenz bekannt.

Die betreffenden Städte wurden wahrscheinlich von den einwandernden Israeliten vorgefunden. Jedenfalls ist ihre israelitische Herkunft zweifelhaft.

53 Ortschaften dürfen der Tradition nach, so lange diese
archäologisch nicht widerlegt ist, als israelitische Gründungen der Eisen I Zeit betrachtet werden. Doch finden sich
auch in dieser Gruppe noch Ortsnamen[134] vermutlich ägyptischer Herkunft wie Pirathon[135] oder eindeutig kanaanäischen
Ursprungs wie Thimnat-Heres[136].

Eine historische Auswertung des Befundes erfordert, daß
alle Texte, in denen die 53 Ortschaften erwähnt werden, zuverlässig datierbar sind. Hierzu wären ausführliche Exegesen
der Texte notwendig mit dem Ziel, ihren historischen Ort zu
bestimmen. Ein derartiges Vorhaben würde den Rahmen dieser
Arbeit sprengen. Eine mögliche Eingrenzung der Texte sehe
ich darin, die historische Auswertung von vornherein auf
solche Ortschaften zu beschränken, zu denen Informationen
über ihre soziale Struktur vorliegen. Abgesehen von zwei
Stellen, an denen Ortsnamen beiläufig im Zusammenhang mit
sozialen Funktionsträgern auftauchen bzw als Siedlung eines
Berufsstandes gelten[137], liegen nur zu sechs namentlich erwähnten Städten  - Ophra, Sukkoth, Pnuel, Gilead, Gibea ,
Jabes - Aussagen zu ihren gesellschaftlichen Verhältnissen
vor. Alle übrigen Namen dienen der Lokalisierung von Ereignissen[138], als Herkunftsangabe von in der Frühgeschichte

---

134  Vgl Borée 1968 S.121ff zu den Ortsnamen. Borée weist darauf
     hin, daß eine spezifische israelitische Namengebung nicht nach-
     weisbar ist.
135  Pirathon erinnert an 'per Aton' = Haus des Aton.
136  Vgl Elliger BHH III Sp.1972 Artikel 'Thimna(t)'.
     Es fällt auf, daß zwei Führerpersönlichkeiten der vorstaatlichen
     Zeit - Josua, dessen Grab nach Jud 2,9 in Thimnat Heres sich be-
     findet, und Abdon ben Hillel, einer der kleinen Richter, der nach
     Jud 12,13 aus Pirathon stammt - in enger Verbindung mit Ortschaf-
     ten erwähnt werden, deren Namen einen nichtjahwistischen Kult be-
     zeugen. Josua scheint der Tradition nach, wie Jos 10,12f vermerkt,
     auch sonst nicht ganz unvertraut mit dem Sonnenkult zu sein.
137  1.Sam 8,2 ist Beerseba Sitz zweier Richter. 1.Sam 22,19 wird
     Nob als Priesterstadt bezeichnet.
138  Z.B. Abel Mehola (Jud 7,22), Baal Thamar (Jud 20,33)

Israels bedeutsamen Personen[139], oder sie sind ein Bestandteil überlieferter Listen[140].

Im Mittelpunkt der folgenden Untersuchungen werden die Aussagen über die Orte Ophra, Sukkoth, Pnuel, Gibea , Gilead
und Jabes stehen.

Die Analyse verfolgt formal das Ziel, den historischen Ort
dieser Texte zu bestimmen, insbesondere die Frage zu beantworten, ob hier Schilderungen der gesellschaftlichen Verhältnisse einer israelitischen Siedlung der Richterzeit vorliegen. Inhaltlich geht es darum, einen Idealtypus der israelitischen Siedlung zu konstruieren, der mit dem Stadttypus von
Weber vergleichbar ist. Dieser zu konstruierende Typus ist
dann mit den Hypothesen zu konfrontieren, die sich aus dem
Modell der 'Eidgenossenschaft' als regulierter Anarchie für
die typische soziale Struktur einer israelitischen Siedlung
ergeben.

---

139  Pirathon (Jud 12,13); Rama (1.Sam 1,1)
140  Hierher gehören die Ortsverzeichnisse von Ruben und Gad in
     Num 32,34-38 (Num 32,3 ist ein Auszug aus 32,34-38 vgl Noth
     Komm.z.St.) und die Liste judäischer Siedlungen aus 1.Sam 30,
     27-31 (vgl hierzu Fritz ZDPV 41 1975).

## 7.3 Politische und soziale Verhältnisse in den israelitischen Siedlungen der vorstaatlichen Zeit

### 7.3.1 Ophra

Ein Ophra[141] ist wahrscheinlich in den ägyptischen Ächtungstexten verzeichnet[142]. Da es aber außer einem manassitischen noch ein benjaminitisches Ophra (1.Sam 13,17) gibt und den Ächtungstexten weitere Hinweise nicht entnommen werden können, ist zum einen nicht entscheidbar, welches Ophra hier gemeint ist, zum anderen kann sich hinter dem ägyptischen '-p-r auch Affuleh verbergen.

Das biblische Ophra ist mit der israelitischen Sippe Abieser eng verbunden. Die Bezeichnung in Jud 6,24 "Ophra Abiesers" dient offenbar der Unterscheidung von einer anderen gleichnamigen Siedlung[143]. Aus der Kennzeichnung darf auf

---

141 Zum Namen vgl Schunck 1961 VT 11 S.188ff
142 Alt KS III S.69 A 1; Helck 1962 S.59 No 42.
    Aharoni (1967) möchte das '-p-r der Liste Thutmosis III (I 53) mit Affuleh identifizieren, wogegen von der geographischen Gliederung der Liste nichts einzuwenden ist. Fragwürdig scheint mir jedoch, wenn er dieses Affuleh dann mit Ophra gleichsetzt (S.241), zu diesem Zweck jedoch einen Teil des Klans Abieser nordwärts ins Jesreeltal abwandern lassen muß. Aharonis Abwanderung scheint weniger historisch begründet als von dem Wunsch bestimmt, Ophra über das Mittelglied Affuleh in dem ägyptischen '-p-r wiederzufinden. Der Kern seiner Gleichung entbehrt des historischen Fundaments, denn die Samaria Ostraka mit der Erwähnung Abiesers im Gebirge Ephraim sprechen gegen seine Vermutung. Zudem bekäme er gleich zwei Ophras in diesem Teil der Jesreelebene. Denn Aharoni hat übersehen, daß auf Nr. 53 '-p-r wr Nr. 54 '-p-r šr folgt. Die Liste kennt also zwei gleichnamige Orte, die nur durch den Zusatz 'groß' bzw. 'klein' unterschieden sind.
143 Das zweite Ophra könnte mit Affuleh identisch sein, muß es aber nicht. Wie sich dieser Sachverhalt zu den in der Liste Thutmosis III in I 53 und I 54 erwähnten '-p-r wr und '-p-r šr verhielt, bliebe zu untersuchen. In Hinblick auf die Zeit und die Umstände der Ansiedlung der israelitischen Sippe Abieser wäre die Beantwortung der Frage: Ist das Ophra Abiesers mit einem der

eine besondere Verbundenheit der israelitischen Sippe Abieser mit Ophra geschlossen werden. Möglicherweise wurde diese
Siedlung von der Sippe Abieser gegründet[144]. Bis zum Erweis
des Gegenteils betrachte ich diese Siedlung als israelitisch.

In den Texten zur vorstaatlichen Zeit wird Ophra in Jud
6,11; 6,24; 8,27.32 und 9,5 erwähnt.

Jud 8,27 wird Ophra als die Stadt Gideons bezeichnet, in
der er ein Ephod aufstellte. Nach Jud 8,32 ist Ophra der Be-
gräbnisort Gideons und in 9,5 ist es der Schauplatz der Ermordung seiner Söhne durch Abimelech. Jud 6,24 und Jud 8,32
wird Ophra durch den Beinamen אבי העזרי eindeutig als zu-
gehörig zum Klan Abieser ausgewiesen.

In Jud 6,11-24.25-32 finden religiöse Auseinandersetzungen
zwischen Gideon und Baalsanhängern in Ophra statt, die vor
allem in Jud 6,26-32 ein Licht auf die soziale und rechtliche
Struktur der Siedlung werfen.

Ehe diese Informationen als Bausteine für den Idealtypus
'vorstaatliche israelitische Siedlung' Verwendung finden
können, ist zu untersuchen, welcher historischen Situation
der Geschichte Israels diese Traditionen entstammen.

## Jud 6,11-24

Die m.W. neueste ausführlichste Exegese dieses Textes wurde
von L.Schmidt[145] vorgelegt. Nach Schmidt ist in Jud 6,11-24
eine kanaanäische Kultätiologie durch eine in den Versen 11bβ,
12-16.17b, 18aß erkennbare Bearbeitungsschicht zu der Berufung eines israelitischen Führers umgestaltet worden. Vom
Bearbeiter stammt daher auch die Lokalisierung der Ereig-

---

beiden '-p-r genannten Orte in der Liste Thutmosis III identisch? sehr aufschlußreich.
144 Die Bestimmung des Ortes nach einer israelitischen Sippe scheint
mir zwingend darauf hinzuweisen, daß dieser Ort entweder von der
betreffenden Sippe gegründet wurde oder  - falls es sich bei dem
Ophra Abiesers doch um eines der beiden '-p-r aus der Liste Thutmosis III handelt -  von dieser Sippe erobert und neu besiedelt
worden ist. Nach 1.Chr 7,18 gehört Abieser zu den Nachkommen
Manasses, die seine aramäische Nebenfrau gebar. Um diesen Zusammenhang zu erhärten, wäre eine Untersuchung jener Lokalnamen,
die mit Patronomina verbunden sind, wünschenswert.
145 L.Schmidt 1970 S.22-53

nisse in Ophra in V.11a und 24b[146].

Sowohl der schematische Aufbau der Berufungserzählung wie auch die Art, in der der Einwand des Berufenen formuliert ist, lassen es nach Schmidt[147] unwahrscheinlich erscheinen, daß eine derartige Berufung in vorstaatlicher Zeit praktiziert wurde. Die Bearbeitung von Jud 6,11-24 ist wohl vordeuteronomistisch[148], von ihrer Aussage her aber frühestens in der Zeit Jehus denkbar[149].

Der betreffende Text kann also nicht als historisches Zeugnis über ein vorstaatliches Ophra reklamiert werden.

## Jud 6,25-32

In Jud 6,25-32 ist Ophra nicht namentlich genannt. Gideon ist aber in dieser Erzählung fest verankert, und an seiner Verbindung mit Ophra besteht von Jud 8,27.32 her kein Zweifel. Mit der in der folgenden Perikope anonym bleibenden Stadt ist sicherlich Ophra gemeint.

Das Stück ist literarisch unabhängig von der vorangehenden Berufung[150] und im jetzigen Kontext eine überlieferungsgeschichtlich unselbständige Namensätiologie[151]. Zum Grundbestand dieser Ätiologie gehören die Verse 28a.29-31aαb,32[152].

---

146  So L.Schmidt 1970 S.35f. Richter 1963 S.127 bestimmt die Grundschicht anders. Bei ihm gehört Ophra der Grundschicht an. Doch sind Schmidts Argumente, die für die Umarbeitung einer vorisraelitischen Kultätiologie zu einer israelitischen Berufungserzählung sprechen (S.35ff) und gegen die Erzählung von der Jahwisierung eines Baalsheiligtums (so Richter), durchaus überzeugend.
147  L.Schmidt 1970 S.43
148  L.Schmidt 1970 S.49
149  L.Schmidt 1970 S.52
150  Die Kommentare schreiben im Horizont ihrer Quellensuche Jud 6,11-24 u.Jud6,25-32 folgerichtig zwei verschiedenen Quellen zu. Vgl Budde 1897 S.55; Burney 1920² S.177; Moore 1898 S.190; Eißfeldt 1925
151  In Vers 25 wird mit לו auf Gideon Bezug genommen. Die ursprüngliche Erzählung wurde von dem Bearbeiter durch die Verse 25 und 26 ersetzt (vgl Schmidt 1970 S.14; Richter 1963 S.162). Tendenziell befindet sich die überarbeitende Hand von V.25-27 (V.25 אשר אביך ) und V.31a ( אשר יריב ול יומת עד הבקר ) in auffallender Nähe zur Radikalität der Forderungen von Dtn 13,6ff, in denen der religiösen Pflicht unbedingter Vorrang vor der verwandtschaftlichen Solidarität eingeräumt wird.
152  In der Abgrenzung folge ich L.Schmidt (1970 S.21) gegen Richter (1963 S.161). Richter rechnet die Verse 27b-31 zur Grundschicht.

Auf dieser Stufe liegt eine nordisraelitische Überlieferung
vor, die schon von ihrer religiösen Tendenz kaum aus der vorstaatlichen Zeit stammen kann[153]. Denn diese Tradition ist
auf dem Hintergrund der Auseinandersetzungen von Baal -Anhän-
gern und Jahwe-Verehrern entstanden[154].

Eine gewisse inhaltliche Verwandtschaft zu dieser Überlieferung liegt in der Erzählung von Elias Wettstreit mit den
Baalspropheten am Karmel (1.Kön 18) vor. Jedoch wird in
1.Kön 18 die oberste staatliche Autorität selbst gewungen,
die Priorität Jahwes anzuerkennen. In Jud 6,25-32 spielen
dagegen weder politische Hierarchien noch staatliche oder
soziale Autoritäten eine Rolle.

In der theologischen Reflexion des AT ist die Vorstellung
von der Verantwortlichkeit der Führer Israels für das Volk
Jahwe gegenüber früher als diejenige, in der auch das einfache Volk, die unwissende Menge, für verantwortlich gehalten wird[155]. Diese Entwicklung ist besonders deutlich in der

---

Die Differenzen zwischen Richter und Schmidt gehen auf unterschiedliche inhaltliche Akzentuierungen und divergierende Vor-
verständnisse der theologischen Tendenzen der Grund- und Bearbeitungsschicht zurück (vgl hierzu Richter 1963 S.164ff; Schmidt
1970 S.15ff). Da die hier relevanten Verse 28a.29-31a$_\alpha$b von beiden zur Grundschicht gezählt werden, erübrigt sich eine Abwägung
ihrer Argumente für die Zugehörigkeit der strittigen Verse und
Versteile.

153  Vgl Richter 1963 S.165 A 151
154  Die Verhandlungen Jephtas mit dem König der Ammoniter zeigen,
     daß dergleichen heftige Auseinandersetzungen in der vorstaatli-
     chen Zeit noch nicht an der Tagesordnung waren (Jud 11,24) und
     auch nicht das Alltagsleben einer Siedlung bestimmten (vgl
     L.Schmidt 1970 a.a.O.).
155  Diese Vorstellung muß spät aufgekommen sein in der Geschichte
     Israels. Denn in der Regel geißeln die Propheten die sozialen
     und politischen Führer für die Mißstände jeglicher Art. Noch
     Jona 3,7ff setzt voraus, daß die eigentliche Verantwortung für
     die Religionsausübung beim König liegt. Die Abkehr von der Vor-
     stellung der Nichtbehaftbarkeit der großen Menge (so Jon 4,1f,
     vgl hierzu Heinrich 1966 S.61ff) läuft zumindest parallel der
     Entwicklung von der Kollektivhaftung zur Individualhaftung,
     wenn sie sie nicht gar voraussetzt (vgl Ez 18,4). Außerdem
     dürfte zuvor noch das Konzept der 'corporated personality' de-
     struiert worden sein (zu diesem Konzept vgl Frankfort 1962[4],
     Noth 1950, Westermann 1974). Das Jonabuch und das Deuteronomium
     repräsentieren  - was die Verantwortbarkeit des Volkes betrifft -
     zwei verschiedene theologische Strömungen. Daraus bereits histo-
     rische Schlüsse zu ziehen, wäre unhistorisch, da man damit die

Prophetie nachzuweisen. Die Propheten der frühen Königszeit - Gad, Nathan, Ahia von Silo, Elia, Elisa - wenden
sich mit ihrer Botschaft ausschließlich an die Könige. Von
Hosea bis Jesaja geraten auch die übrigen Führer des Volkes
ins Blickfeld[156]. Erst ab Jeremia und Dtn steht ausdrücklich
auch das Volk im Brennpunkt der Verantwortung[157].

Jud 6,28a.29-31aab.32 wird frühestens in der Mitte bzw 2.
Hälfte des 9. Jh entstanden sein[158]. Historisches Material
über die vorstaatliche Zeit enthält die Erzählung nicht[159].


### 7.3.2   Pnuel und Sukkoth

Die Texte zu Pnuel und Sukkoth werden hier zusammen analy-
siert, da beide Siedlungen in einem Bericht über miteinander
verbundene Ereignisse der vorstaatlichen Zeit erscheinen.
Zudem sind sie in dieser Tradition literarisch eng miteinander verbunden.

In der Forschung besteht kein Konsensus über die Lokalisierung Sukkoths. Tell Deir 'Alla wurde bis zu seiner Ausgrabung für die Lage des antiken Sukkoth gehalten[160].

Doch ergaben die Ausgrabungen des Tells unter der Leitung
Frankens[161], daß hier in der Spätbronzezeit keine feste Siedlung, sondern ein offenes Heiligtum bestand. Das Heiligtum
wurde um 1200 durch ein Erdbeben zerstört. Für die folgende
Zeit, zwischen 1200 und 1000, ließen sich keine Hinweise auf
eine permanente Besiedlung finden. Saisonweise wurde der
Platz jedoch von nomadischen Metallarbeitern genutzt[162].

Sukkoth muß nach Jud 8,5-7.14-16 nicht unbedingt eine be-
festigte Siedlung gewesen sein. Doch ist Sukkoth zur Zeit

---

Einheitlichkeit der Geisteskultur zu einer historischen Zeit
supponieren würde.
156  Vgl Jes 3,2f.14; Hos 5,1
157  Vgl Jer 7,2; 11,2
158  Schmidt 1970 S.17 datiert die Erzählung in die Anfangszeit Jehus.
159  Anders Lindars 1965 JThS NS 16 S.324
160  So Glueck 1951 AASOR 25/28 S.347-350; Simons 1958 § 415; Aharoni
     1967 S.91; Noth ABLAK I S.277
161  Franken 1969 Excavations at Tell Deir 'Alla.
162  Franken a.a.O. S.20f

Gideons wohl nicht nur eine von der Jahreszeit abhängige Ansammlung von Handwerkern gewesen, sondern eine dauerhafte
Ortschaft mit einem gewissen Grad an sozialer Organisation.
Das nachgewiesene spätbronzezeitliche Heiligtum und die nur
zu begrenzten Zeiten benutzten Plätze der Wanderarbeiter entsprechen der hinter Jud 8,5-7.14-16 stehenden Tradition
nicht[163].

Von den Ausgrabungsergebnissen ausgehend, plädiert Franken[164] im Anschluß an Albright[165] und Abel[166] dafür, Sukkoth
auf dem Tell el Aḥsāṣ anzusetzen. Der betreffende Tell ist
m.W. bisher nicht ausgegraben worden. Doch ergab die Oberflächenuntersuchung durch Albright[167], daß der Tell den
Scherbenfunden zufolge zwischen 1500 und 900 besiedelt war.

Auf einen archäologischen Beitrag zum Verständnis von Jud
8,5-7.14-16 muß daher verzichtet werden. In den Texten zur
vorstaatlichen Zeit ist Sukkoth nur in diesem Zusammenhang
erwähnt, indem auch Pnuel in den Versen 8f.17 eine Rolle
spielt.

Unter den Archäologen und Alttestamentlern besteht hinsichtlich der Bestimmung der Lage Pnuels mehr Einigkeit. Bereits
Albright[168] schlug die tulul eḏ ḏahab für Pnuel vor. Seine
Lokalisierung konnte sich weitgehend durchsetzen[169]. Der
מגדל Pnuel wird von Simons[170] mit tell eḏ ḏahab el-gharbiyeh
gleichgesetzt. Die betreffenden tulul sind bisher nicht ausgegraben worden.

Pnuel und Sukkoth sind in außeralttestamentlichen Texten
vorisraelitischer Zeit m.W. bisher nicht als Siedlungen belegt.

---

163  Anders Aharoni 1967 S.241 A 174
164  Franken a.a.O. S.4ff
165  Albright 1929 BASOR 35 S.13f
166  Abel 1928 II S.470
167  Albright 1929 BASOR 35 S.14
168  Ders. a.a.O. S.12f
169  Vgl Abel 1938 II S.406; Simons 1959 § 415; Aharoni 1967 S.31;
     Noth ABLAK I S.42.363
170  Simons 1959 § 572

Überlieferungs- und traditionsgeschichtliche Überlegungen
zum Verhältnis von Pnuel und Sukkoth in Jud 8,5-9.14-21

In Jud 8,5-9.14-21 sind zwei Szenen enthalten mit jeweils
inhaltlich parallelen Ereignissen in Pnuel[171], die sich in
Sukkoth abspielen.

Zwischen der Erzählung über die Blutrache Gideons in Jud
8 und dem Kampfbericht von Jud 7 bestehen erhebliche Spannungen[172]. Die Kommentare versuchen daher gewöhnlich,die
Gideongeschichte auf zwei oder drei Quellen aufzuteilen[173].
Daß diese Lösung  - Aufhebung der Spannungen durch Kanalisierung in Quellen -  unbefriedigend bleibt, vermerkt Hertzberg[174] ausdrücklich. Richter[175] versucht den Schwierigkeiten, die Jud 6-8 bieten, traditionsgeschichtlich beizukom-
men. Er geht davon aus, daß hier zwar Traditionsstücke unterschiedlicher Herkunft vorliegen, die aber durch eine
einheitliche Bearbeitung und Komposition gegangen seien.
Seine traditionsgeschichtliche These stellt eine echte Alternative zu den Aporien der Quellensuche dar[176], die letztlich zu einer Flut von Quellen und einem Versickern der
Hauptströme in unzähligen Rinnsalen führte[177].

Begreift man Jud 8,5-9.14-21 als ein dem Bearbeiter vorliegendes, ursprünglich selbständiges Traditionsstück, dann
ist es zulässig, dieses unabhängig von seinem Kontext zu
untersuchen.

In Jud 8,5-9.14-21 wird berichtet, daß Gideon bei der Verfolgung der Midianiter die angeforderte Unterstützung von
Pnuel und Sukkoth versagt wird. Er droht diesen Städten eine

---

171  Jud 8,4.10-13 gehört zu einer Bearbeitungsschicht. Vgl Eißfeldt
     1925 S.53; Richter 1963 S.220-233
172  Vgl hierzu Täubler 1958 S.253ff; zuletzt Rösel 1976 ZDPV 92
     S.19
173  Vgl Budde Komm.z.St.; Burney Komm.z.St.; Moore Komm.z.St.;
     Eißfeldt 1925 S.51ff nimmt drei Quellen an.
174  Hertzberg Komm.z.St.
175  Richter 1963 S.237ff
176  Vgl Richters Argumentation zur Quellentheorie im Richterbuch
     (1963) S.244ff; grundsätzlich zur Quellentheorie vgl (zum Elo-
     histen) Rudolph 1938 BZAW 68; Rendtorff 1976 BZAW 147 S.109ff
     (zum Jahwisten).
177  Als Meister der Kanalisation kann Simpson 1958 S.25ff gelten.

Bestrafung an, die er nach erfolgreichem Rachefeldzug auch
vollzieht. In der letzten Szene rechnet Gideon dann mit den
beiden Anführern der Midianiter ab.

Die Erzählung enthält mehrere Szenen[178], die untereinander
verknüpft und aufeinander bezogen sind.

| | | | |
|---|---|---|---|
| 1.Szene | a) | Verhandlungen Gideons vor Sukkoth | V.5-7 |
| | b) | Wiederholung der Szene vor Pnuel | V.8-9 |
| 2.Szene | a) | Bestrafung Sukkoths | V.14-16 |
| | b) | Bestrafung Pnuels | V.17 |
| 3.Szene | | Gespräch Gideons mit den Midianitern | V.18-21a |
| Schluß | | Handlungsziel | V.21b |

Das von Gideon in V.5 angestrebte Ziel wird in V.21b erreicht. Das Verhalten der Städte Sukkoth und Pnuel führt zur
Verzögerung der Ausführung des Handlungszieles und macht die
Einführung eines Zwischenzieles (V.7.9) notwendig, das in
V.16.17 erreicht wird. Die drei Hauptszenen sind nicht nur
durch die Person Gideons und der anderen Akteure, sondern
auch in ihrem Ablauf so untereinander verbunden, daß sie zunächst als Szenen einer einheitlichen Erzählung betrachtet
werden können. Der klare Aufbau dieser Erzählung wird allerdings verschleiert durch den Aufenthalt Gideons in Pnuel
(V.8.9), der dann auch die Erzählung der Bestrafung dieser
Siedlung in V.17 erforderlich macht. Der Rückweg Gideons hätte ihn zuerst - entgegen dem Gang der Erzählung - nach
Pnuel und dann nach Sukkoth führen müssen[179]. Auffällig ist
auch der syntaktische Anschluß von V.17 mit ויאת an V.16.
Richter tauft ihn zwar "eine invertierte Suffixkonjugation
im Sinne eines Narrativs"[180], der Vers wirkt nichtsdestowe-
niger nachgeholt[181].

Die Aussagen über Pnuel setzen diejenigen über Sukkoth
voraus, wie die Verse 8.9.17 bei aller vermeintlichen Kür-

---

178  In der Szeneneinteilung folge ich weitgehend Richter 1963
     S.224ff
179  Anders Mittmann 1965 ZDPV 81 S.85ff
180  Richter 1963 S.226
181  Der gleiche Anschluß findet sich in 1.Kön 3,15b, wo ein sekun-
     därer Zusatz vorliegt (Noth Komm.z.St.), ebenfalls in 1.Kön 7,1
     einer redaktionellen Überleitung und in 1.Kön 7,6.

zung zeigen[182]. Verglichen mit den Sukkoth-Szenen bleiben
die Ereignisse vor und um Pnuel blaß, inhaltlich sind sie
nur eine Variation. Auf Gideon wird in V.8.9.17 namentlich
nicht Bezug genommen. Während aber die Begebenheiten von V.
8f eine Abwandlung der Szene in V.5-7 an einem anderen Ort
darstellen, kann die Szene in V.17 als eine Steigerung der
Ereignisse von V.14-16 gelten. In Sukkoth werden nur die Repräsentanten der Stadt bestraft, in Pnuel muß die gesamte
Einwohnerschaft mit dem Tode büßen.

Nun lassen sich die Pnuel betreffenden Verse 8f.17 ohne
Textverderbnis und Sinnentstellung aus dem Text herauslösen.
Als eigenständiges Traditionsstück sind sie aber in der vorliegenden Version schon wegen der immanenten Verknüpfung der
Ereignisse von Sukkoth und Pnuel in V.8f nicht denkbar. An-
derenfalls wäre mit einer erheblichen Kürzung einer ehemals
unabhängigen Tradition zu rechnen. Bedrohung und Zerstörung
einer israelitischen Stadt und die Tötung ihrer Bewohner
durch Israeliten sind recht ungewöhnlich. Solche Vorgänge
werden, wie die Überlieferungen zu Gibea und Jabes (Jud 20-
21) und auch Abel Beth Maacha (2.Sam 20,14-22) zeigen, sonst
nicht so formelhaft und in lakonischer Kürze erwähnt[183]. Bei
einem derart außeralltäglichen Ereignis - Zerstörung einer
israelitischen Stadt und Tötung ihrer Bewohner durch einen
israelitischen Führer - wäre nicht eine Verkürzung der Tradition, sondern eher eine Ausmalung zu erwarten[184].

Die Pnuelszenen lassen sich besser als Variation der ursprünglichen Auseinandersetzung Gideons mit Sukkoth verstehen, die nachträglich in den Kontext eingefügt worden ist.
Einzig V.17 bewahrt inhaltlich eine gewisse Eigenständigkeit.
Das Motiv der Einschaltung der Pnuelereignisse ist in V.17
zu suchen. Der Vers beantwortet die Frage nach der Verantwortlichkeit der Bewohner einer Stadt radikal anders als
V.16. Nach ihm sind nicht nur die Führer wie in V.16, son-

---

182  So Richter 1963 S.390f
183  Vgl z.B. die Schilderung der potentiellen Bedrohung Kegilas
     durch Saul in 1.Sam 23.
184  Anders Richter 1963 S.390; vgl aber die Schilderung eines ähn-
     lichen Sachverhaltes in Jud 20.

dern auch die Geführten zur Rechenschaft zu ziehen[185]. Frage und Antwort setzen allerdings die Ereignisse von V.5-7.14-16 in ihrem gesamten Ablauf voraus[186].

Die radikale Antwort mit ihrer Ausdehnung und Verschärfung der Strafe bildet nunmehr den Höhepunkt der innerisraelitischen Auseinandersetzungen von Jud 8,5-9.14-17. Daher konnte das Ende von Pnuel erst nach der Bestrafung der Verantwortlichen von Sukkoth erzählt werden, auch wenn dieses die geographische Situation mißachten hieß[187].

Die Wahl Pnuels ist sicher durch seine Nähe zu Sukkoth mitbedingt. Dahinter kann sich auch eine historische Erinnerung an eine Zerstörung des מגדל Pnuel verbergen. Doch ist Jud 8,17 allein kein verläßlicher Zeuge für die Behauptung, daß diese Zerstörung ein Werk Gideons oder das eines anderen israelitischen Führers der vorstaatlichen Zeit war.

Pnuel wurde von Jerobeam I (1.Kön 12,25) befestigt. Offensichtlich war die Stadt nur in der Anfangszeit Jerobeams israelitischer Herrschaftssitz und wurde dann zugunsten Thirzas aufgegeben. Pnuel wird von Shishak unter die eroberten Städte gezählt[188]. Die historisch einzig greifbare Zerstörung kann um 925 datiert werden. Endgültige Aufklärung könnte allein eine Ausgrabung der tulul ed dahab bringen.

Da die Aussagen über Pnuel, sofern sie überhaupt historische Verhältnisse widerspiegeln, eher die Zeit des Verfassers von V.8f.17 reflektieren und ihre Tendenz schwerlich

---

185  Zwischen der Abfassung der Sukkoth-Perikope und ihrer Bearbeitung, die in der Pnuel-Schicht erkennbar wird, dürfte einige Zeit vergangen sein. Die Handlungs- und Entscheidungsträger unterscheiden sich sichtbar.

186  Vom Aspekt der Verantwortung her betrachtet, stehen die Pnuel-Szenen in einer gewissen Nähe zur Grundschicht von Jud 6,25-32. Auch 2.Sam 2o,14-22 steht der inhaltlichen Aussage nach  - einer israelitischen Stadt, die einem israelitischen Führer den Gehorsam verweigert, droht die Zerstörung - Jud 8,8f.17 nahe. Diese Anschauung ist recht weit vom milden Tadel des Deboraliedes (Jud 5,15-17) für Ruben, Gilead und Asser entfernt. Auch setzt sie Zustände voraus, in denen eine israelitische Zentralgewalt potentiell in der Lage ist, eine unbotmäßige Stadt zu unterwerfen. Dieses ist kaum vor der Zeit Davids denkbar.

187  Anders Täubler 1958 S.258, der die Umstellung auf die Einfügung einer 'Zusatzanekdote' in V.14 zurückführt.

188  Simons 1937 ETL XXXIV Nr.53; ders. 1958 § 415,1006

auf die vorstaatliche Zeit verweist[189], kann die Erwähnung
der אנשי פואל als handelndes Kollektiv nicht zur Erklärung
der gesellschaftlichen Struktur vorköniglicher Siedlungen
verwendet werden.

## Die Vertreter Sukkoths in den Verhandlungen mit Gideon

Die Auseinandersetzungen Gideons mit Sukkoth sind in den Versen 5-7.14-16 berichtet. Die zu der Erzählung von Jud 8,5-9.
14-21 gehörende Szene in V.18-21, die bisher nicht behandelt
wurde, bleibt hier außer Betracht. Die Verse sind zwar Bestandteil einer Erzählung, doch kommt Sukkoth in ihnen nicht
mehr vor.

In Sukkoth treten mehrere handelnde Gruppen als Vertreter
der Stadt auf. Ehe nach ihrer Verankerung in den beiden Szenen und der Einheitlichkeit dieses Teils der Tradition gefragt werden kann, sind einige textkritische Probleme zu
erörtern.

V. 6 -  mit App. ist ויאמרו zu lesen statt ויאמר.

V. 7 -  את קוצי המדבר ואת הברקרנים   ist aus V.16b eingedrungen[190].
        Das zweite את läßt sich nicht als nota accusativi verstehen,
        sonst müßte הדשתי stehen. Daher ist V.7b als Glosse zu
        streichen.

V.15 -  LXX hat שרי statt אנשי gelesen. Doch liegt hier ein Ver-
        such der LXX vor, die Spannung zwischen den in V.6 redenden
        שרי סכות und den in V.15 angesprochenen אנשי סכות aufzu-
        heben. LXX[A] hat dann folgerichtig die שרי auch in V.16a
        eingefügt, während LXX[B] hier den MT bezeugt.

V.16 -  וידע בהם wird in den Kommentaren als verderbt betrachtet
        und gewöhnlich in וידש geändert[191]. Nun stellt וידע die
        schwierigere Lesart dar. וידש ist eine naheliegende Ver-

---

189  Falls Jud 8,17 wirklich eine Erinnerung an die Zerstörung
     Pnuels durch Shisak enthält, kann aber die Behauptung, daß
     Pnuel durch Gideon zerstört worden sei, erst wesentlich später
     entstanden. 925 ist nur ein Datum ante quod non.
190  Vgl Budde Komm.z.St.; Moore Komm.z.St.; Nowack Komm.z.St.
191  Vgl Budde Komm.z.St.; Burney Komm.z.St.; Moore Komm.z.St.;
     Nowack Komm.z.St.

besserung, die sich bereits in LXX[B] findet sowie in der Vetus
Latina und in dem Syrer. Die nächste Parallele zu unserer
Stelle ist das ונודיעה אתכם דבר von 1.Sam 14,12. Diese Stelle
läßt sich sinngemäß wiedergeben mit 'wir werden euch etwas
kennenlernen lassen' bzw 'wir wollen mit euch etwas bekannt
werden'. Analog läßt sich das Hiphil von ידע auch in Jud 8,
16 als 'sich kennenlernen lassen, bekannt werden' verstehen.
Sinngemäß ist es dann mit 'er wurde durch sie (dh die Dornen)
bei den Männern von Sukkoth bekannt' wiederzugeben. Da Gideon
offensichtlich, was die Reaktion der Vertreter Sukkoths in
V.6 enthüllt, bis dahin nicht gerade als ernst zu nehmender
Gegner galt, enthielte gerade das וידע eine sehr feine
Pointe. Es ist also beizubehalten, da es einen guten Sinn gibt.
Seine Verwandlung in וידש führt nur zu weiteren, schwer ein-
sichtigen Eingriffen in die Textgestalt[192].

Einige Spannungen, die innerhalb wie auch zwischen den beiden Szenen bestehen, lassen sich nicht textkritisch erklären. Die angeredeten und antwortenden Gruppen in Sukkoth sind
nicht identisch.

V. 5    wendet sich Gideon an die Männer von Sukkoth.
V. 6    antworten ihm die שרים von Sukkoth.
V. 7    droht Gideon den Antwortenden - im jetzigen Text
        doch wohl den שרים - eine entsprechende Vergel-
        tung an.
V.14    erfährt Gideon mittels eines נער der Männer von
        Sukkoth die Namen der שרים und der Ältesten.
V.15    wendet sich Gideon wieder an die Männer von Sukkoth.
V.16    bestraft Gideon die Ältesten von Sukkoth und macht
        sich so den Männern von Sukkoth bekannt.

Hinsichtlich der handelnden Gruppen bestehen Differenzen
zwischen V.5 und V.6, zwischen V.14 und V.16 und zwischen
V.15 und V.16. Die Beziehungen der Gruppen untereinander,

---

192  Vgl hierzu Budde Komm.z.St.; Nowack Komm.z.St.; Lagrange Komm.
     z.St., Gressmann SAT I S.199. Die betreffenden Kommentatoren
     bekommen Schwierigkeiten mit dem את זקני העיר und müssen es
     zur Glosse erklären.

mit Ausnahme der Zuordnung des נער , bleiben offen. Insgesamt werden Vertreter von vier verschiedenen sozialen Gruppierungen im Zusammenhang mit Sukkoth erwähnt: die Männer
Sukkoths, die Ältesten Sukkoths, die שרים Sukkoths und ein
נער der Männer Sukkoths. Diese Vielfalt ist für die Richterzeit bemerkenswert. Insbesondere fällt die Nennung der
שרים für eine israelitische Stadt dieser Periode etwas aus
dem Rahmen[193].

Zweifellos eine naheliegende Erklärung liegt darin, alle
Gruppierungen miteinander zu identifizieren. Die Hauptten-
denz unter den Exegeten geht dahin, dieses wenigstens für
die Männer, Ältesten und die Hauptleute zu versuchen[194].

Man kann auch die Hauptleute als eine Teilgruppe der Ältesten begreifen, der hier nur besondere militärische Funktionen zukommen[195]. Dann wäre damit zu rechnen, daß zwar alle
Hauptleute auch Ältesten sind, aber nicht alle Ältesten
Hauptleute. Problemlos ist nur, daß die Antwort in V.6 von
den Repräsentanten der Stadt erteilt wird und daß nicht die
Gesamtheit der Angesprochenen antwortet. Setzt man die
Hauptleute und die Ältesten teilweise identisch, dann antworten in V.6 zwar die Ältesten als die Vertreter Sukkoths,
aber nur diejenigen unter ihnen, in deren Zuständigkeits-
bereich die Entscheidung fiel. Diese Lösung reicht zwar zur
Glättung zwischen V.5 und V.6 aus, scheitert aber an der

---

193 Vgl hierzu die Auseinandersetzungen um Gibea und Jabes in Jud
   19-21 (zum historischen Hintergrund des Textes vgl Eißfeldt
   Kl.Schr.II S.64-80; Crüsemann 1978 S.161ff), die Bedrohung und
   Belagerung von Jabes (1.Sam 11) durch die Ammoniter. In der
   Überlieferung von der Bedrohung der Stadt Gilead (Jud 1o,17-11,11)
   werden einmal in Jud 10,18 die שרים erwähnt. Hier handelt es
   sich jedoch um einen nicht zur Grundschicht gehörenden Zusatz
   (vgl. weiter unten).
   Zum Text vgl Reviv 1977 S.194
194 "Die Benennungen wechseln aber ohne erkennbaren Grund und meinen wohl dieselbe Gruppe von Leuten." Richter 1963 S.224;
   ähnlich Pedersen 1926 I S.37; 1940 II S.75f; de Vaux 1960 I
   S.116; Roeroe 1976 S.114f.
195 Budde Komm.z.St. läßt die שרים leitende Ämter in Sukkoth innehaben, die Ältesten erklärt er zu Häuptern der Geschlechter.
   Vgl auch McKenzie 1959 Bib 40 S.528 "... the śarim were actual-
   ly the military officers of a local or tribal unit, the elders
   would form a larger group from which the śarim were drawn."

ausdrücklichen Nennung der Ältesten und Hauptleute in V.14.
Denn die Erwähnung der Hauptleute in V.14 ist überflüssig,
wenn sie nur eine wenn auch spezialisierte Untergruppe der
Ältesten sind. Auch wenn man diesen Vers für eine gelehrte,
spätere Anmerkung[196] hält, so setzt er doch voraus, daß beide Gruppen im Grundbestand vorkamen[197].

Die Zahl 77 in V.14 ist auffällig. Die Gesamtzahl der Ältesten wird in Ex 24,1.9; Num 11,16.24.25 mit 70 angegeben.
In Num 11,26 ist die Rede davon, daß sie aufgeschrieben
werden. 70 gilt allgemein im AT als die Zahl, mit der eine
Gesamtheit bezeichnet wird (Jud 9,5; 2.Kön 10,6f). Die Zahl
77 ist außer an dieser Stelle nur noch Gen 4,24 und Esra
8,35 belegt. Gen 4,24 wird die totale Rache Lamechs, der
nach Gen 5,31 interessanterweise 777 Jahre alt wird, mit der
Zahl 77 umschrieben. Esra 8,35 werden 77 Lämmer geopfert.
70 ist als Umschreibung für 'alle' weit häufiger (ca 50 mal)
als 77. Die Zahl 77 könnte auf dem Hintergrund der Tradition von den 70 Ältesten so erklärt werden, daß hier noch
7 Hauptleute hinzugerechnet worden sind.

Die Zahlenangabe in V.14bß mag wirklich auf einen gelehr-
ten Zusatz zurückgehen. Dieses reicht aber nicht aus, den
gesamten Vers für einen Zusatz zu erklären. Allerdings setzt
V.15 den V.14 nicht voraus. Das ויבוא אל אנשי סכות in
V.15a ist ein deutlicher Neuanfang. V.14abα könnte in dieser Form vom Sammler der Sukkothtradition stammen, wobei offen bleibt, ob er eine entsprechende Notiz über den נער
vorfand[198].

---

196   So Täubler 1958 S.259f. Der נער erinnert aber eher an denje-
      nigen von 1.Sam 30,11ff als an den Verräter der Stadt Lus in
      Jud 1,24.
197   Simpson 1958 S.36 hält die שרים von V.6 für einen Zusatz, der
      aus V.14 eingedrungen ist. V.14 ist für ihn ebenfalls sekundär
      (S.37). Zur Begründung zieht er den Singular des Verbs in V.6
      heran. M.E. ist diese Basis nicht tragfähig für die Beseitigung
      der שרים . Doch wird zu fragen sein, ob Simpsons Vermutung sich
      nicht durch weitere Argumente stützen läßt. Nur wird das Ver-
      hältnis der Abhängigkeit von V.6 zu V.17 anders zu bestimmen
      sein.
198   Der schriftkundige נער allein muß noch kein Anachronismus sein,
      wie Täubler    vermutet (1958 S.259f). Zur Verbreitung der
      Schriftkunde in Israel vgl Moore Komm. S.253-263. Bei dem נער

Das Nebeneinander von Ältesten und Hauptleuten lag V.14
vor. Ziel des Verses ist die Feststellung, daß Gideon aller
Verantwortlichen der Stadt habhaft wird. In der Tendenz -
betonte Anführung beider Gruppen - steht die Hand von V.14
der des Verfassers von Jud 8,8f.17 nahe. Gerade die ausdrückliche Nennung der Ältesten und Hauptleute verstärkt den Kontrast zum Kollektiv von V.17. V.14 kann die Zweiheit nur vorgefunden haben. Die Hauptleute sind aus V.6, die Ältesten
aus V.16 entlehnt[199].

Die Frage nach dem ursprünglichen Vorkommen der Hauptleute
in diesem Text und der Zuordnung der drei Gruppierungen zueinander ist weder textkritisch noch literarkritisch beant-
wortbar. Alle drei Personengruppen sind in dem Traditionsstück - V.5-7.14*-16[200] -, das in den Gesamtkomplex von
Jud 6-8 eingeordnet wurde, bereits vorhanden. Die Einheitlichkeit dieses Überlieferungsstückes steht außer Diskussion.

Die Spannungen zwischen V.6 und V.16 lassen sich nicht dadurch aufheben, daß man hier so viele Quellen fließen läßt,
wie man benötigt[201].

In der vorköniglichen Zeit gelten die Ältesten als die Repräsentanten einer Ortschaft[202]. Die Vergeltung, die sie
stellvertretend für die Stadt erleiden, gehört zu ihrem
'Amts'-Risiko. Jud 8,16 bewegt sich da im Rahmen des Üblichen.

Fraglich bleibt, ob die vorstaatlichen israelitischen

---

scheint es sich um eine sozioökonomisch abhängige Person zu handeln ähnlich wie in 2.Sam 9,9. Der Begriff kann recht unterschiedliche sozioökonomische Stellungen bezeichnen, die sich
aber alle durch ihre Abhängigkeit von einer vorgeordneten
Position/Person auszeichnen. Vgl Stähli 1978 S.135ff

199  Beide Gruppen sind auch in der LXX belegt. LXX[A] gleicht die
Spannung zwischen V.14 und V.16 dadurch aus, daß sie τούς
ἄρχοντας einfügt. Ebenfalls fest verankert im Text sind die
'Männer' in V.5.14-16. LXX hat in V.15 für מכות ישׂראי τούς ἄρχοντας. Darin ist unschwer der Versuch erkennbar, die Spannung
zwischen V.6 und V.15 zu beseitigen.
200  V.14 ist in der jetzigen Form erst im Zusammenhang mit der Abfassung der Pnuelepisode entstanden.
201  Sogar Eißfeldt (1925 S.30, Anhang S.22) sieht hier nur eine Hand
am Werke, die seines L. Vgl auch Simpson 1958 S.36f
202  Vgl Jud 11,5.7-11; 1.Sam 11,3; 16,3

Siedlungen schon eine von den Ältesten unterschiedene Insti-
tution der Hauptleute kannten und welche Funktionen dieser
Einrichtung zukamen. Im Kontext von V.5 lassen sich die
Hauptleute von V.6 als militärische Funktionäre verstehen.
Allerdings ist die Verhandlungsführung durch die Hauptleute
singulär[203].

In vergleichbaren Situationen der vorstaatlichen Zeit werden entweder die Ältesten und/oder die Männer der Siedlung[204]
genannt. Von ihrer militärischen Funktion und dem Privileg
der Verhandlungsführung ist das Fehlen der Hauptleute in V.16
unerklärbar.

Aufschluß kann hier die Analyse des Begriffs שׂר/שׂרים
bringen. Die Zusammenhänge, in denen er auftaucht, sind zu
untersuchen, wobei mit historisch bedingten Veränderungen
der Bedeutung zu rechnen ist. Besondere Aufmerksamkeit gilt
den Stellen, an denen שׂרים in öffentlicher Funktion in vorstaatlicher Zeit auftreten.

Exkurs zu שׂר / שׂרים im AT

שׂר/שׂרים kommt 421 mal im MT vor[205]. Es ist zweifelhaft, ob das Wort
mit dem akkadischen šarru = König in Verbindung zu bringen ist[206].
Begrich[207] möchte es vom ägyptischen śrw ableiten. Das Nomen ist sehr
selten im status absolutus belegt. Meist findet es sich in Verbindung
mit einem abhängigen Substantiv, das den Kreis der Untergebenen bezeichnet. Die Grundbedeutung von שׂר kann mit 'Befehlshaber, Chef,
jemand, der Macht über andere hat' umschrieben werden. שׂר bezeichnet
eine Position, in der jemand Herrschaft/Gewalt über andere ausüben und
in der er Anspruch auf Gehorsam verlangen kann. Im Regelfall ist der
Kreis der einem שׂר unterstellten Personen genau bestimmt.

Ca 3/4 aller Belege beziehen sich auf königliche שׂרים. In der Mehrzahl handelt es sich um solche israelitischer oder judäischer Her-

---

203  Reviv (IEJ 27 1977 S.193) nimmt daher an, daß Jud 8 in seiner
     gegenwärtigen Form in der Königszeit entstanden ist. Vgl ders.
     1977 OA XVI S.201ff
204  Vgl Jud 11,1-11; 20; 1.Sam 11
205  Nach Jenni/Westermann 1971 I S.932
206  Vgl Ploeg 1950 S.40
207  Begrich 1940/41 ZAW 58 S.14f

kunft[208]. Über 95 % des Vorkommens des Begriffs konzentrieren sich in
den Berichten zur Königszeit und zur nachexilischen Zeit. Da an nur wenigen Stellen innerhalb der Überlieferungen zur Richterzeit israelitische שרים erwähnt werden, sollen zunächst die Belege zur königlichen
und nachexilischen Zeit betrachtet werden.

In der Königszeit werden die שרים am häufigsten als Inhaber militärischer Positionen erwähnt. Die zahlreichen Titel, aus denen jeweils
die Grenzen der Befehlsgewalt ersichtlich werden, erlauben, so etwas
wie eine militärische Hierarchie zu konstruieren. Folgende Ränge lassen sich unter der Monarchie nachweisen:

Der שר צבא bzw שר הצבא - 2.Sam 2,8 Abner; 2.Sam 19,14 Amasa; 1.Kön
1,19 Joab und Abner; 1.Kön 11,15 Joab; 1.Sam 14,50 Abner; 1.Kön 2,32
Abner und Amasa; 1.Kön 16,16 Omri; 2.Kön 4,13 ohne Namen; 2.Kön 25,19//
Jer 52,25 ohne Namen.

שר (ה)צבא ist identisch mit שר חיל, das sich in dieser Form nur in
2.Sam 24,2 für Joab findet. Beide Termini kommen in den Chronikbüchern
nicht mehr vor[209]. 2.Sam 24,4 und 2.Kön 9,5 sind שרי צבאת erwähnt.
Diese Gruppe mustert zusammen mit Joab auf Befehl des Königs das Volk.
Die שרי צבאת sind vom König abhängige Musterungsbeamte, deren Position
bereits vor Aufstellung des Heeres feststeht. Sie sind wohl nicht mit
den שרי צבאת von Dtn 20,9; 1.Chr 27,3 identisch[210]. In Dtn 20,9 werden
allgemeine militärische Führungspositionen so bezeichnet. Dahinter
scheint eine Entwicklung zu stehen, die auf eine Ausweitung der Bedeutung des Terminus verweist.

Benaja, der Anführer der Söldner unter David, wird in 1.Chr 27,5 שר
צבא שלישי genannt. In diesem Titel wird sich die historisch zutreffende
Erinnerung an die drei Heere der frühen Königszeit bewahrt haben, die
sich ihrer Rekrutierung nach unterschieden[211].

---

208 Die wenigen Stellen, an denen שרים nichtisraelitischer Herkunft
    erwähnt werden, sind hier nicht weiter berücksichtigt worden.
209 Besonders auffällig ist das Fehlen in 1.Chr 27,1ff.
210 Weitere Belege finden sich in 2.Kön 9,5; 25,23.26; Jer 40,13;
    41,11; 41,13.16; 42,1.8; 43,4f; 2.Chr 33,14. Der Sprachgebrauch
    scheint hier eine gewisse Austauschbarkeit der Begriffe שרי צבאים
    und שרי חיל anzudeuten.
211 1.Chr 27,1-15 enthält eine Übersicht der Heeresorganisation un-
    ter David. Der Bericht wurde allerdings vom Chronisten stark
    schematisiert. Der Anfang, V.1-6, beugt sich dieser Schematisie-
    rung nicht ganz, die erst ab V.7 rigoros durchgezogen ist. Da
    ein entsprechender Terminus שר des xten Heeres, obwohl er sich

Die Untergliederung geht dann mit den שרי אלפים (2.Sam 18,1; Ex 18,
21.25)[212], den שרי מאות (2.Sam 18,1; Ex 18,21.25; 2.Kön 11,4.9.15.19)
über die שרי חמשים (1.Sam 8,12[213]; 2.Kön 1,9-11.13f; Jes 3,3) bis zu
den שרי עשרות (Ex 18,21.25; Dtn 1,15)[214].

Neben einer Rangfolge, die sich schematisch an der Zahl der Untergebenen orientiert, finden sich auch Differenzierungen, die den militärischen Gattungen entsprechen.
שרי הרצים (1.Kön 14,27), שרי הרכב (2.Kön 8,21)[215] und שרי ...פרשיו
(1.Kön 9,22) sind militärische Rangstufen, die im abhängigen Substantiv
die spezifischen Funktionen dieses Offiziers mitbeschreiben. Hierher
gehört auch der שר גדוד. Doch nimmt dieser wohl eine Stellung zwischen
dem Anführer eines staatlich legitimierten Teilverbandes und einer räu-
berischen Streifschar ein. Denn auch ein Guerillaführer kann so heißen[216].

Alle Befehlsränge werden kollektiv unter der Bezeichnung שרי צבא
zusammengefaßt (1.Kön 1,25).

Die שרים der frühen Königszeit sind militärische Befehlshaber par ex-
cellence. In dieser Zeit wird der Begriff fast ausschließlich im militärischen Bereich verwendet. Es läßt sich in der folgenden Zeit aber
eine Ausweitung seiner Anwendung in den Bereich der Zivilverwaltung hinein beobachten. Noch unter Saul ist der Feldhauptmann Abner der einzige
königliche Funktionär neben David, der den Titel שר trägt[217].

---

auch für die anderen Heerführer anbieten würde, nicht gebildet
wurde, scheint der Chronist hier auf einen ihm vorgegebenen
Titel zurückgegriffen zu haben. Vgl auch Junge 1937 S.7; Yadin
(1963 S.84 A 1) datiert 1.Chr 27 in die Endzeit Davids.

212  Ex 18,21ff dürfte eine Rückprojektion der Heereseinteilung aus
der Zeit Davids in die Zeit Moses sein. Sollte die Zuschreibung
an Mose eine Neuerung traditional legitimieren? Vgl auch die
Beziehung zwischen Ex 30,12-16 und 2.Sam 24,4ff; vgl de Vaux
1960 II S.29, 32; Porter 1963.

213  Nach Crüsemann 1978 S.70ff stammt das Königsrecht aus 1.Sam 8
aus der salomonischen Epoche.

214  Einen Hinweis auf diese Gruppe, die sonst an keiner weiteren
Stelle belegt ist, enthält vielleicht 2.Kön 25,25//Jer 41,1.
Vgl de Vaux 1960 II S.29

215  Zumindest in Israel gab es zwei 'Generäle' für die Streitwagen,
wie der Titel Simris in 1.Kön 16,9 שר מחציה הרכב zeigt.

216  1.Kön 11,21 Hadad von Edom; 2.Sam 4,2 Baana und Rechab - an dieser Stelle könnte eine tendenziöse Benennung vorliegen. Für
David wird der Begriff in 1.Sam 22,2 gerade nicht verwendet,
sondern dort steht nur שר.

217  1.Sam 22,7 spiegelt eine zentral durchgeführte Heeresreform
wider, die man so nicht vor der Zeit Davids ansetzen kann. Zu

Mit der Organisation des Heeres unter David[218] wird שר zum terminus technicus für jedweden militärischen Vorgesetzten. Doch werden die Minister Davids noch nicht als שרים bezeichnet[219]. Erst die obersten Zivilbeamten Salomos tragen den Titel שר [220].

---

Sauls Heereszusammensetzung vgl 1.Sam 14,52. Die Umschreibung der Funktionen Doegs in 1.Sam 21,8 und 22,9 spricht ebenfalls dafür, daß שר noch kein gebräuchlicher Titel für die Funktionäre des Königs war. Auch in 1.Sam 22,7 werden sie noch als עבדיו bezeichnet. 1.Sam 18,13 heißt David שר האלף. Dieser Titel wird für den Anführer einer Untereinheit gebraucht. Nach 1.Sam 18,5 war David bereits על אנשי המלחמה gesetzt worden. Zwischen beiden Aussagen besteht eine inhaltliche Spannung. War David nach 18,5 schon Anführer des Kriegsvolkes, dann dürfte es sich bei der Beförderung zum Tausendschaftsführer um eine Beförderung handeln, wie man nach Kegler (1977 S.145ff) annehmen müßte. 1.Sam 18,13 wirft auch die Frage auf – falls es sich bei der Tausendschaft um eine Einheit des Heerbannes handelt –, ob der Heerbann in der Zeit Sauls zentral organisiert worden war. Ein Ausgleich der beiden schwer miteinander vereinbarenden Aussagen von 1.Sam 18,13 und 18,5 setzt voraus, daß es sich nicht unbedingt um eine Beförderung =Höhereinstufung auf der Karriereleiter handelte.
Oder aber die 'Tausende' von V.13 sind nicht identisch mit den 'Kriegsleuten' von V.5. Nicht zu zuletzt bliebe zu bedenken, daß beide Aussagen unterschiedliche Phasen der militärischen Karriere Davids reflektieren könnten – möchte man seiner Degradierung nicht ins Auge sehen. Dann wären die Verhältnisse von V.15 zeitlich vor jenen von V.5 anzusetzen. Denkbar ist es, daß es sich in V.15 um eine Parallelüberlieferung zu V.5 handelt (vgl Stoebe Komm. z.St.), allerdings erklärt das noch nicht die Abweichungen zwischen den vermeintlichen Parallelen. Erst sollten die anderen aufgezeigten Wege untersucht werden, bevor man zu dieser rein denkerischen, im Text nicht allzu viel Anhalt findenden Lösung greift. Die aufgestellten Hypothesen können hier nicht untersucht werden, das bleibt einer weiteren Arbeit vorbehalten. Die Verifizierung der ersten Hypothese würde implizieren, daß der Hintergrund des Zerwürfnisses von Saul und David politisch differenzierter zu sehen wäre, als die biblische Tradition es uns überliefert hat.

218   Vgl 2.Sam 18,1-5 und 24,1-9. Die erste Stelle mag andeuten, daß der Aufstand Absaloms der Auslöser für eine Heeresorganisation war, die sich jedenfalls nicht an Sippen- und Stammesverbänden orientierte. Ein Umstand, der sich aus der Situation des Volksaufstandes gut erklärt. Dieser Aufstand ließ deutlich werden, daß ein traditional verfaßter Heerbann die Macht der Könige erheblich bedrohen konnte. Ein zentral durch königliche Beamte organisierter Heerbann war leichter kontrollierbar.

219   Vgl 2.Sam 8,16ff, wo sogar Joabs Position noch umschrieben wird mit על צבא.

220   Es wäre interessant, den soziologischen Hintergrund zu untersuchen, der zur Ablösung des in der Zeit Sauls und Davids üblichen Titels עבד für die Beamten des Königs durch den Titel שר unter Salomo führte. Hierin kann sich auch eine veränderte Zusammensetzung der führenden Beamtenschaft unter Salomo widerspiegeln. Gleich-

Die Bedeutungsauslegung vom rein militärischen 'Offizier' auf das allgemeine 'Vorgesetzter' zeigt sich auch im Titel des Fronaufsehers als שר הנצב (1.Kön 9,23; 5,30). Die Position des israelitischen Fronvogtes Adoniram wird in 1.Kön 5,28 wie auch in 1.Kön 11,18 mit על המס wiedergegeben. Hier deutet sich schon in der Terminologie an, daß diese Position ihren ersten Inhaber nicht lange überdauerte, ein entsprechender Titel wie שר המס sich nicht ausprägen konnte[221].

1.Chr 27,25ff werden noch weitere Zivilbeamte Davids als שרים bezeichnet. Der unterschiedslose Gebrauch von שרים in der Chronik spricht aber eher gegen eine historische Ableitung dieser Titel aus der Zeit Davids. Doch mag sich in diesem Stück eine zutreffende Nachricht an die Einteilung der Zivilverwaltung unter David erhalten haben.

1.Kön 20,14f.17.19 werden die נערי שרי המדינות hervorgehoben, die hier als Elitetruppe den Angriff übernehmen. Der Titel שרי המדינות ist sonst nur noch spät, in Esth 1,3; 8,9; 9,3 belegt. Dort bezeichnet er die persischen Provinzstatthalter. Die geringe Anzahl der נערים in 1.Kön 20,14ff könnte andeuten, daß die Hauptaufgaben eines שר המדינה in der Zivilverwaltung lagen. Der Titel ist aber nicht sicher für die

---

zeitig deutet der Austausch der Titel eine Statusveränderung der hohen Beamten dem König gegenüber an. Die שרים Salomos werden aus anderen Kreisen stammen als die עבדים Davids. 1.Sam 22,2 werden die Anhänger Davids, die nicht zu seiner Sippe gerechnet werden, als כל איש מצוק וכל איש אשר לו נשא וכל איש מר נפש gekennzeichnet. Eine derartige soziologische Herkunft ist für die Beamten Salomos mehr als unwahrscheinlich, zu den letzteren vgl auch die historische Interpretation der Josephsgeschichte durch Crüsemann 1978 S.146ff. Riesener (1979 BZAW 149 S.152) bemerkt zwar den Wechsel zwischen den beiden Titeln, zieht aber trotzdem die Stellen, an denen die hohen Beamten nunmehr שרים genannt werden, unbeeindruckt für die עבדים heran (S.153ff).
Auch in anderen Sprachen scheint es sprachgeschichtlich eine Entwicklung des Begriffes 'Offizier' gegeben zu haben. Ein Vergleich des entsprechenden soziologischen Hintergrundes könnte für die Begriffsgeschichte fruchtbar werden. Im Englischen (officer) wie im Französischen (officier) hat der Begriff militärische wie zivile Konnotationen.

221 Das von Avigad (IEJ 30.1980.S.170ff) beschriebene Siegel erwähnt einen אשר על המס . Hierbei muß es sich nicht um den "chief of the corvée" handeln. Auch eine untergeordnete Charge könnte so bezeichnet werden. Die Oberaufsicht über die Zwangsarbeit könnte bei einem anderen Minister gelegen haben. Nach den Erfahrungen mit Adoniram wäre das politisch äußerst sinnvoll gewesen, nicht wieder ein eigenes Amt zu etablieren, da der jeweilige Amtsinhaber geradezu zur Zielscheibe gefährlicher Haßprojektionen werden mußte.

israelitische Verwaltung der Königszeit belegt[222].

In der Königszeit tritt in den Schriften auch ein Beamter שר העיר
auf, der in enger Verbindung zu einer Stadt steht. Ein שר העיר wird jeweils für Samaria (1.Kön 22,16//2.Chr 18,25) und für Jerusalem (2.Kön
23,8//2.Chr 34,8) genannt. In Samaria steht er dem Gefängnis vor. Dieser
Beamte hat also in der Hauptstadt für die Aufrechterhaltung der bürgerlichen Ruhe und Ordnung zu sorgen[223]. In Jerusalem ist ein Tor nach dem
שר העיר Josua benannt (2.Kön 23,8), ein Hinweis nicht nur auf die Bedeutung dieser Position, sondern vielleicht auch auf einen Teil ihrer Aufgaben. Freilich könnte das Stadttor auch nach seinem Erbauer so genannt
worden sein. 2.Chr 34,8 heißt nämlich der שר העיר von Jerusalem zur
Zeit Josias Maaseja, nicht Josua. Wird das Tor aber nach einem nicht mehr
amtierenden שר העיר benannt, dann wird dieser in einer Beziehung zu dem
Tor gestanden haben, die über die reinen Alltagsgeschäfte hinausging.
Der שר העיר Maaseja ist zusammen mit dem Schreiber und dem Kanzler für
die Auszahlung der Gelder zur Tempelreparatur zuständig. 2.Kön 23,8 wie
2.Chr 34,8f lassen darauf schließen, daß der שר העיר von Jerusalem die
Bauaufsicht über öffentliche Gebäude hatte, insbesondere für die Instand-
haltung der Befestigungsanlagen zuständig war[224].

Die Aussagen über den שר העיר weisen ihm sowohl Aufgaben eines Bür-
germeisters zu wie auch die eines Festungskommandanten. Abgesehen von
Jud 9,30[225] ist der Titel nur für einen königlichen Funktionär der
Hauptstädte überliefert. Es 'amtet' offenbar auch nur jeweils ein
שר העיר.

---

222  Angesichts der Belege in Esth 1,3; 8,9; 9,3 drängt sich die Ver-
     mutung auf, daß es sich hier um einen typisch persischen Beamten-
     titel handelt. Die Abfassungszeit von 1.Kön 20 ist in der For-
     schung umstritten, vgl Gray Komm.z.St.
223  2.Kön 10,1 werden שרים für Samaria überliefert. Nach 2.Kön 10,5
     handelt es sich um den אשר על הבית und den אשר על העיר.
     Hinter der letzten Umschreibung wird sich wohl der שר העיר
     verbergen, der in 1.Kön 22,16 mit diesem Titel erwähnt ist. Der
     Palastvorsteher ist kein 'Stadtbeamter'. 2.Kön 10,5 bezeugt eben-
     falls, daß es in Samaria nur einen שר העיר gab. Dieser ist mit
     zuständig für die Auslieferung der Söhne Ahabs. In der Gruppe der
     Führer Samarias scheint er der einzige zu sein, dem die militäri-
     sche Verantwortung in diesem Zusammenhang f.d. Hauptstadt zufällt.
224  Die Tempelterrasse und möglicherweise auch die Außenmauern des
     Tempels könnten Teil der Stadtbefestigung gewesen sein.
225  Jud 9,30 ist die einzige Stelle,an der ein שר העיר belegt
     ist, der nicht mit der Hauptstadt in Beziehung steht.
     Vgl weiter unten.

Ein Siegelfund, über den Avigad[226] berichtet, scheint zu bestätigen, daß dieses Amt nur für die Hauptstadt geschaffen worden war. Der Abdruck, der von Avigad ins späte 7.Jh datiert wird, trägt die Aufschrift שר העיר, also nur den Titel seines Besitzers, nicht auch seinen Namen, wie es sonst gebräuchlich ist. Avigad deutet das העיר auf Jerusalem. Sowohl aus dem Fehlen des Namens des Siegelbesitzers wie auch des Namens der Stadt ist erkennbar, daß dieses Amt eine einmalige Einrichtung war.

2.Chr 29,20 spricht im Zusammenhang mit Jerusalem von den שרי העיר, die aber mit dem שר העיר wenig gemein haben dürften[227]. Auf die militärischen Aufgaben der שרים einer Stadt verweisen eher die von der Chronik Josaphat und Manasse zugeschriebenen Reorganisationen des Festungswesens (2.Chr 17,12ff; 33,14). Hier handelt es sich eindeutig um Offiziere. Nicht ersehen läßt sich aus dieser Überlieferung, ob den שרי חיל Kompetenzen im Zivilbereich auf Kosten der Selbstverwaltung der Städte zukamen. Schon Hosea kennt שרי יהודה (Hos 5,10)[228], die dann bei Jeremia wieder eine Rolle spielen und als gesonderte Gruppe neben den שרי ירושלים auftreten (Jer 24,1; 26,10; 29,2; 34,19; 52,10). Unter diesen שרים wird man sich die mit dem König verbundene Führungsschicht vorstellen können[229]. Der Terminus שרי העם in Ez 11,1 (1.Chr 21,2; 2.Chr 24,23) deutet dagegen eine Entmonarchisierung der שרים an, die hier nicht mehr als Funktionäre des Königs[230], sondern als

---

226  Avigad 1976 IEJ 26 S.178ff
227  2.Kön 23,1f - eine vergleichbare Situation - werden nicht die
     שרים, sondern die Ältesten vom König versammelt und begleiten
     ihn in den Tempel. In der chronistischen Parallelstelle (2.Chr
     34,29f) hat der Chronist die Ältesten beibehalten. Doch werden
     die Ältesten in 2.Chr 29f nicht erwähnt, was vor allem in 30,1
     auffällig ist. Diese Kapitel wurden vom Chronisten selber ver-
     faßt (vgl Komm.z.St.). Da er an keine Vorlage gebunden war,
     hat er den ihm geläufigeren Titel für 'Führer' שר verwendet.
228  Juda gehört zur Grundschicht in Hos 5,10, mit Rudolph Komm.z.St.
229  Die שרים von Juda sind nicht identisch mit den שרי החיל ,
     wie die Aussagen von Jer 52,10 einerseits und die von Jer 40,7;
     41,11 andererseits zeigen.
230  Vgl Macholz (ZAW 84 1972 S.314ff), der hinter den śarim könig-
     liche Beamte vermutet. M.E. führt die vorschnelle Wiedergabe
     des hebräischen Begriffs śar durch das deutsche 'Beamter' zu einer
     nicht gerechtfertigten Einengung des möglichen Verständnisses
     von śar; zumal in dem deutschen 'Beamter' Konnotationen mit-
     schwingen, die so nur für die staatlichen Verhältnisse Deutsch-
     lands im 19.und 20.Jh historisch belegbar sind. Bereits der eng-
     lische Begriff 'officer' bzw der französische Begriff 'officier'
     unterscheiden sich erheblich von dem deutschen Begriff 'Beamter'.

Vertreter des Volkes auftreten. Der Terminus שרי המלך ist nur für die Funktionäre ausländischer Könige überliefert[231]. Das Fehlen dieses Titels in Israel und Juda läßt vermuten, daß die mit שרים umschriebene Führungsschicht sich eine gewisse Unabhängigkeit gegenüber dem König bewahrt hatte[232]. Ein Umstand, der dazu beigetragen haben mag, daß in nachexilischer Zeit traditionale Führungspositionen von Verwandtschaftsgruppen den Titel שר an sich zogen[233]. Sowohl in den Büchern Esra und Nehemia wie auch in der Chronik wird eine Tendenz sichtbar, alle möglichen Führungspositionen des öffentlichen wie des privaten Lebens mit dem Titel שר zu belegen. Die Inflationierung des Titels in nachexilischer Zeit führt vor allem in der Chronik dazu, bisher traditional bestimmte und bezeichnete Herrschaftspositionen in eher bürokratische Ämter umzutaufen oder auch solche 'Ämter' neu einzurichten[234].

Die Institution des שר hat sich aus ihrer Abhängigkeit von einem übergeordneten Amt gelöst. So kann der Begriff שר zum allgemeinen Ausdruck für 'Vorgesetzter/Anführer' im weitesten Sinne werden.

Für die staatliche und nachstaatliche Zeit Israels und Judas läßt sich eine deutliche Entwicklung des Begriffes שר und eine Bedeutungsausweitung nachzeichnen. In der vorstaatlichen Zeit ist dieses schon von der geringen Anzahl der Belege her - שרים werden nur an 13 Stellen erwähnt[235] - kaum möglich.

Von den 13 Belegen stammen allein 6 aus den Überlieferungen der Zeit Sauls[236]. In allen diesen Situationen ist der שר eindeutig jemand,

---

231  Jer 38,17f.22; 39,3 für die Funktionäre des Königs von Babel; Esth 1,18; 7,28 für die Beamten des persischen Königs.
232  Diese These ergab sich aus dem Studium der Herrschaftssoziologie Max Webers und der Anwendung der dort skizzierten Herrschaftstypen auf die israelitische Geschichte. In einer späteren Arbeit werde ich die These ausführen.
233  Vgl Esra 8,29; 10,14; vgl 1.Chr 15,5ff mit Jos 21,1
234  So 1.Chr 29,6, vgl diese Stelle mit Jos 22,14; 1.Chr 28,1 שרי השבטים und 27,22 die שרי שבטי ישראל, beide Führungspositionen mit diesen Titeln sind dem Chronisten eigentümlich.
235  Num 21,18 nur שרים ; Jud 5,15 שרי יששכר ; Jud 8,6 שרי סכות; Jud 9,30 שר העיר ; Jud 10,18 שרי גלעד ; 1.Sam 14,50; 17,55; 26,5 Abner als שר צבא ; 1.Sam 17,18 ein namenloser שר האלף; 1.Sam 18,13 David als שר אלף und 1.Sam 22,1 nur als שר. Ps 68,28 treten die שרי זבולון und שרי נפתלי auf. Der Psalm weist in die Frühzeit Israels. Es finden sich in ihm Anspielungen auf die aus dem Deboralied bekannten Ereignisse. Die Verse 1-28 stammen spätestens aus der Zeit Sauls, vgl Kraus Komm.z.St.
236  1.Sam 14,50; 17,18.55; 18,13; 22,2; 26,5

der militärische Aufgaben zu erfüllen hat, zumindest ist er der Anführer einer kriegerischen Schar[237]. Der typische שר der Zeit Sauls ist ein Führungsoffizier im königlichen Dienst.

Die übrigen Belege zeigen den שר in einer Führungsposition, doch scheint der Inhaber dieser Position kein von einer vorgeordneten Stelle weisungsabhängiger Funktionär zu sein.

Num 21,18 werden die שרים 'נדיבי העם genannt[238]. Dieser Ausdruck deutet eine Beziehung zu den חקקי ישראל an, die sich in Jud 5,9 auch dadurch auszeichnen, daß sie המתנדבים בעם heißen. Der נדיב ist jemand, der eine freiwillige Verpflichtung eingegangen ist. Von Jud 5,9 her können die שרים von Num 21,18 als charismatische Führer gesehen werden, als Anführer, die unter Berufung auf Jahwe den Gehorsam einer Gruppe zu einer gemeinsamen Aktion, meist wird es sich um kriegerische Händel drehen, fordern[239]. Psalm 68 enthält in seiner frühen Fassung eine Anspielung auf die Ereignisse, von denen auch das Deborahlied singt[240]. In Vers 28 tragen sowohl die Anführer Sebulons als auch die Naphtalis den Titel שרים[241]. In dem Vers treten die führenden Repräsentanten der beiden Stämme in einer gemeinsamen kultischen Siegesfeier auf. Im Deborahlied heißen die Anführer des Heeresaufgebotes von Issachar שרים (Jud 5,15)[242]. Bemerkenswert ist, daß die Führer der drei Nordstämme diesen für die vorstaatliche Zeit Israels ungebräuchlichen Titel tragen. Der Kontext, in dem diese שרים auftauchen, läßt weniger an eine militärisch-bürokratische Führungsposition als an charismatisch beanspruchte Führungspositionen denken.

Die Textbasis ist zu gering, um weitergehende Schlüsse daraus ziehen zu können, was z.B. die Verbreitung dieser 'Institution' betrifft.

---

237 Möglicherweise ist die Bezeichnung Davids als שר in 1.Sam 22,1 auch von seinem in 1.Sam 18,13 erwähnten Rang als שר אלף beeinflußt. Der Titel שר ohne ein Substantiv im Genitiv für den Anführer einer Streifschar kommt nur hier für David vor, vgl 1.Kön 11,24.

238 Num 21,18 gilt als altes Überlieferungsstück, das wahrscheinlich im Zusammenhang mit Num 21,14f in den Text übernommen worden ist, vgl Noth Komm.z.St; ders. ABLAK I S.88f

239 Hier könnte auch ein Anachronismus vorliegen. Doch lassen sich die שרים an dieser Stelle keinesfalls als von einer dritten Größe abhängige Vorgesetzte verstehen.

240 Vgl Kraus Komm.z.St.

241 שרי יהודה ist ein späterer Zusatz aus der Zeit der Übernahme des Psalms in den Jerusalemer Kultus, vgl Kraus Komm.z.St.

242 In Jud 5,15 ist שרי יששכר zu lesen, vgl Komm.z.St.; Richter 1963 S.78

Jedenfalls scheint es sich bei diesen שרים anders als bei den ab Jeremia bezeugten שרי יהודה nicht um eine breite Führungsschicht der Stämme zu handeln. Da die betreffenden Stämme einige Generationen länger im Lande wohnten als die süd- und mittelpalästinensischen Stämme, kann dieser Terminus hier auch darauf hinweisen, daß sie in der internen Organisation ihrer Verbände weiter fortgeschritten waren. Eine derartige Organisation kann ihren Ursprung haben in der prekären politischen Situation zwischen den kanaanäischen Stadtstaaten und der ständigen Bedrohung, die von ihnen ausging[243].

An drei Stellen innerhalb der Überlieferungen zur vorstaatlichen Zeit spielen שרים in Hinblick auf eine Siedlung eine Rolle. Dieses ist um so auffälliger, da, abgesehen von dem für Jerusalem und Samaria belegten Stadthauptmann/Stadtvorsteher mit dem Titel שר העיר und der erst ab Jeremia nachweisbaren Bezeichnung der Jerusalemer Führungsschicht als שרים , in der Königszeit שרים nicht als kommunale Körperschaft erscheinen. Als Bezugsgröße wird in der Königszeit für die שרים durchgängig die Militärverwaltung, der Heeresdienst und die königliche Zivilverwaltung genannt. Zwar legt Manasse nach 2.Chr 33,14 שרי חיל in die befestigten Städte Judas, und 2.Chr 17,19 schreibt Josaphat eine ähnliche Intervention zu, doch sind diese Funktionäre eindeutig der königlichen Heeresverwaltung zugeordnet. Die Aktion ist auf die Festungen beschränkt. Aus den chronistischen Notizen ist nicht ersichtlich, wieviele Heeresoffiziere pro Festung abgeordnet wurden. Entnehmen läßt sich der Bemerkung nur, daß in einer bestimmten Kategorie von Siedlungen, jenen, die zu Festungen ausgebaut worden waren, der Militärdienst von Fachleuten beaufsichtigt wurde, die wiederum einer zentralen Militärverwaltung unterstanden. Diese שרים werden innerhalb einer Stadt schwerlich eine Militärbehörde gebildet haben, die der jeweiligen 'bürgerlichen' Stadtverwaltung untergeordnet war. In den Festungsstädten gehörte das Verteidigungswesen und damit auch die Miliz[244] nicht mehr in einen eigenständigen kommunalen Verwaltungsbereich.

Falls in den richterzeitlichen Siedlungen eine Differenzierung zwischen ziviler und militärischer Verwaltung bestand, dann ist es sehr

---

243  Es wäre denkbar, daß zumindest im Fall von Issachar die Einbeziehung in das ägyptische Fron- und Abgabensystem eine entsprechende Herrschaftsstruktur bereitstellte.

244  שרי חיל scheinen Offiziere des Volksheeres zu sein, vgl 2.Sam 24,2; 24,4; 2.Kön 25,26; Jer 40,7.13; 41,11.16; 42,1.8; 43,4

verwunderlich, daß in der Königszeit erst so spät auf sie zurückgegriffen wird. Die Annahme ist wesentlich wahrscheinlicher, daß in die Texte
über Sukkoth, Gilead und Sichem[245] spätere Herrschaftsverhältnisse zu-
rückprojiziert worden sind.

In Jud 9,30 wird Sebuls Funktion in Sichem als שר העיר angegeben.
Sebul steht als פקיד in einer direkten Abhängigkeitsbeziehung zu Abimelech, dem Herrn Sichems. In der Erzählung ist Sebul für Ruhe und Ordnung in Sichem zuständig und Abimelech gegenüber verantwortlich. Hier
liegt inhaltlich eine deutliche Parallele zu den Aufgaben der Stadtvor-
steher von Samaria und Jerusalem in der Königszeit vor[246]. Die politischen Verhältnisse in Sichem können nicht als typisch für israelitische
Siedlungen schlechthin gelten. Zum einen ist Sichem eine kanaanäische
Stadt, die sich in politischer Abhängigkeit von Israeliten befindet,
zum anderen kann sie hier als eine Art 'Hauptstadt' Abimelechs betrachtet werden. Auch gehört die Person des 'Stadtvorstehers' einer zweiten
Erzählungsschicht[247] an, von der sehr zweifelhaft ist, daß sie Verhältnisse der Richterzeit wiedergibt. Die Bezeichnung Sebuls mit einem Titel, der in der israelitischen Königszeit nur für ein Amt in den Hauptstädten Samaria und Jerusalem nachweisbar ist, kann als Indiz für eine
Abfassung in der Königszeit gelten.

Die Erzählung von Gideons Auseinandersetzung mit der Stadt Sukkoth in
Jud 8,5-7.14-16 und die Einleitung zur Jephtatradition in Jud 10,18
sind für die vorstaatliche Zeit die einzigen Schilderungen städtischer
Verhältnisse, in denen die שרים zusätzlich zu den Ältesten auftreten.
Der Hintergrund beider Erzählungen wird von Kriegshandlungen bestimmt.
Jud 8,6 wie auch Jud 10,18 präsentieren die שרים der jeweiligen Stadt

---

245  Vgl Crüsemann 1978 S.36ff zu Sichem
246  Richter (1963 S.270f) rechnet Jud 9,26-40 zur ältesten Schicht.
     Diese Erzählung sei mit der Einheit V.46-54 in davidisch-salo-
     monischer Zeit zusammengestellt worden (S.277). Crüsemann
     (1978 S.32ff) bestimmt die Abfolge der beiden Schichten genau
     umgekehrt. S.M. nach ist die älteste Schicht in 9,23.25.42*.
     43-54 zu suchen, und in V.26-41 liegt eine erste große Ergänzung
     vor. Der שר העיר von 9,30 weist eher in die Königszeit als in
     die Richterzeit. Die V.26-40 schildern, was mit einer kanaan-
     ischen Stadt geschieht, wenn sie den Aufstand probt gegen
     ihren israelitischen Oberherrn. Sie hat keine Chance, sich
     aus dieser Abhängigkeit zu befreien. Die geschilderten poli-
     tischen Verhältnisse können gut aus der frühen Königszeit
     stammen.
247  Vgl auch die Komm. von Moore und Burney z.St.; Eißfeldt 1925
     S.24ff

als das Gremium, das in dieser Situation für die Stadt verantwortlich
zu entscheiden hat. Eine kontinuierliche militärische Organisation in
einer altisraelitischen Stadt mit eigenen Funktionären wäre für die
Richterzeit eine Besonderheit.

Nun gehören die שרי גלעד in Jud 10,18 zu einer späteren Bearbeitung[248] der Tradition, die nicht vor der Königszeit angesetzt werden
kann. Der Bearbeiter hat hier das zu seiner Zeit zuständige Gremium eingesetzt. Eine weitere Beobachtung stützt diese Vermutung. Das Zusammentreffen von Ältesten und שרים ist eine ausgesprochene Rarität. Die frü-
heste Erwähnung beider Gruppen in einem gemeinsamen Handlungskontext
außerhalb dieser beiden Texte findet sich für die Anfangszeit Jehus.
In 2.Kön 10,1.5 ist die Hauptstadt Samaria die diesen beiden 'Körperschaften' zugeordnete Größe. Jes 3,3f sind die Ältesten und die שרי
חמשים in einer Aufzählung der führenden Vertreter Judas und Jerusalems
erwähnt. In Jes 3,14 ergeht an die Ältesten und die שרים des Volkes
ein gemeinsames Drohwort des Propheten. Mit Ausnahme von Num 22,7f, wo
die Ältesten und die שרים zusammen auftreten, ihre Beziehung aber
durchaus im Dunkeln der Überlieferung bleibt, sind die Ältesten gemeinsam mit den שרים erst wieder in nachexilischen Schriften angeführt[249].

Die obigen Überlegungen berechtigen zu der Annahme, daß die
ursprünglichen Verhandlungspartner Gideons in Jud 8,6 nicht
die שרי סכות waren. Die שרי סכות sind wahrscheinlich von
der Bearbeitung hier eingetragen worden und haben eine andere

---

248  Vgl Richter 1966 Bib 47 S.554f
249  Vgl 1.Chr 15,25; Esra 10,8.14. Die Chronik tendiert dazu, ehe-
     mals von den Ältesten eingenommene Positionen mit שרים zu be-
     setzen, vgl hierzu 1.Kön 20,8 mit 1.Chr 28,21. Der auffällige
     Befund  - in der Königszeit erscheinen die Ältesten und die
     שרים nicht als zusammengehörige Gruppe - könnte auf eine Front-
     stellung beider Gruppierungen hindeuten. Die Ältesten wären als
     Repräsentanten der alten traditionalen Ordnung, die auf Ver-
     wandtschaft sich gründete, zu denken. Die שרים wären dagegen
     die Vertreter der monarchischen Ordnung. Auch in Jes 3,2f, dem
     klassischen Verzeichnis sozialer und politischer Machtpositio-
     nen aus der Königszeit, sind beide voneinander abgesetzt. In
     V.2 werden die Ältesten in einem Atemzug mit den schon aus der
     Richterzeit bekannten Gruppierungen der 'Helden, Kriegsmänner,
     Richter, Propheten und Wahrsager' genannt. In V.3 folgt dann
     die Aufzählung der Positionen der Reihenfolge jener in der
     Königszeit tonangebenden Schichten. Eine Untersuchung der Ver-
     hältnisse dieser beiden voneinander unterschiedenen Gruppierun-
     gen dürfte gesellschaftsgeschichtlich aufschlußreich sein.

Gruppe verdrängt. In Frage kommen die Ältesten oder die 'Männer' von Sukkoth[250], die durch einen Bearbeiter in der Königszeit gegen die nunmehr zuständige 'Behörde' שרים ausgewechselt worden sind.

Jud 8,5-7.14-16 bietet das Bild einer politisch noch recht undifferenzierten israelitischen Siedlung. Als gesellschaftliche Gruppierungen treten nur die Ältesten und die 'Männer' in Erscheinung. Der נער aus 8,14 ist wohl eine sozioökonomisch abhängige Person[251].

## 7.3.3  Gilead

Die Existenz einer Stadt dieses Namens ist in der Forschung nicht unbestritten[252]. Doch scheint es sich in wenigstens vier Texten bei dem erwähnten Gilead um eine Ortschaft dieses Namens und nicht um das Land Gilead zu handeln.

In Jud 11,1-11 treten die Ältesten von Gilead auf. In der vorstaatlichen Zeit können die Ältesten mit der Bezugsgröße Juda oder Israel zusammen genannt werden. Doch findet sich nirgends eine Erwähnung von Ältesten im Zusammenhang mit einer Landschaft oder einem der anderen Stämme[253]. Namen, die die lokale Zugehörigkeit von Ältesten und damit ihren Kompetenzbereich angeben, sind immer Ortsnamen[254].

---

250  Vgl 1.Sam 11,1 und 11,3 den Wechsel von 'Männern' von Jabes zu 'Ältesten' von Jabes.
251  Stähli (1978 S.90.97) faßt ihn als einen Jüngling auf. Wäre ein Jüngling hier gemeint gewesen, dann wäre נער סכות zu erwarten und nicht נער אנשי סכות. Die explizite Erwähnung einer Bezugsgröße ist nur erforderlich, falls damit eine Eingrenzung vorgenommen wird. Greift Gideon sich auf einen jungen Mann aus Sukkoth, dann ist es überflüssig, ihn noch einmal ausdrücklich dem Kreis der Männer aus Sukkoth zuzuordnen. Zum schreibkundigen נער vgl noch Jes 10,19.
252  Noth (ABLAK I S.355ff) plädiert für die Existenz einer Stadt dieses Namens, Ottosson (1969 S.29ff) setzt dagegen Ha-Mizpa und Gilead gleich. Richter (1966 Bib 47 S.497 A 2) hält sich vorsichtig in der Mitten.
253  Vgl die Übersicht bei Roeroe 1976 S.XIIIff
254  Vgl außer Jud 8,5ff; 1.Sam 11 auch die Stellen, an denen die זקני העיר genannt werden, u.a. Dtn 19,12; Jos 20,4; 1.Sam 16,4

Die Route, die Joab und die Musterungsbeamten in 2.Sam 24,
5-8 nehmen, wird ausschließlich durch bekannte städtische
Fixpunkte beschrieben. Daher liegt die Annahme nahe, daß die
geographische Bezeichnung Gilead in V.6 auch hier auf eine
Stadt dieses Namens verweist und nicht auf eine Landschaft.

In Hos 6,8 heißt Gilead explizit Stadt der Übeltäter. Hos
12,12 nimmt auf diese Stelle Bezug und setzt die Frevel von
Gilead in Parallele zu denen, die in Gilgal geschehen.

Das alttestamentliche Gilead wird von Noth auf der chirbet
dschel'ad angesetzt[255]. Die chirbet dschel'ad hat bisher,
soweit mir bekannt ist, ihre archäologische Jungfräulichkeit
bewahrt. Doch lassen die von de Vaux[256] und Glueck[256] erhobenen Oberflächenfunde die Existenz einer Siedlung in der
Eisen I Zeit hier zu.

Informationen über die Stadt Gilead sind im wesentlichen
in der Tradition über Jephta enthalten.

### Bemerkungen zur Literarkritik von Jud 10,17-11,11

Die Jephta-Überlieferung in Jud 10,17-12,7 zerfällt in mehrere kleinere Einheiten, die in einem komplizierten Überlie-
ferungsprozeß miteinander verbunden worden sind. Diese Einheiten lassen sich in ihrem ursprünglichen Bestand noch voneinander abheben. In einem dieser Traditionsstücke, in Jud
10,17-11,11, ist die Stadt Gilead Schauplatz und Hintergrund
des Geschehens. Die Handlung wird von Jephta, einem ihrer
ehemaligen Bewohner, und von ihren Vertretern getragen.

In Jud 10,17f findet sich eine Einleitung zur Jephta-Überlieferung. Sowohl zwischen den Einleitungsversen und dem
Hauptstück, wie auch innerhalb der Erzählung selber, sind
einige Doppelungen und Unstimmigkeiten bemerkbar.

Inhaltliche Parallelen sind in den Versen 10,17//11,4//
11,5a vorhanden. Desgleichen nimmt 10,18b mit geringfügigen
Abweichungen im Wortlaut 11,8b vorweg.

Auffälliger noch sind die Spannungen. Nach 10,17//11,4//
11,5a ist Israel mit den Ammonitern in kriegerische Ausein-

---

255 Noth ABLAK I S.363f; Simons 1959 § 93,415
256 De Vaux 1938 RB 47 S.416f; N.Glueck 1939 AASOR 18/19 S.231f

andersetzungen verwickelt. Dagegen ist nach 10,18b; 11,5-11
nur die Stadt Gilead betroffen. Gilead bezeichnet in 10,17;
11,1 und in 11,5-11 mindestens zwei verschiedene, wenn nicht
gar drei verschiedene Größen.

Nach 10,18b soll der gesuchte Anführer ראש werden. Das
entsprechende Angebot in 11,6 aber lautet קצין. Zudem setzen 10,18b; 11,8b.11a voraus, daß der Erwählte sogleich die
Position des ראש bekleiden wird, während dieses nach 11,9f
erst eine Folge des siegreichen Kriegsausganges sein soll.
In 10,18a tauchen als Vertreter der Stadt Gilead neben dem
Volk שרים auf. In 11,1-11 spielen sie keine Rolle mehr.
10,18 vermittelt den Eindruck eines führerlosen Heeres. Das
paßt nicht recht zum Auftreten der שרים. Außerdem ist in
10,17b die Rede davon, daß das israelitische Heer aufgeboten
und in Mizpa versammelt worden ist. Im jetzigen Kontext verhalten sich 10,17b und 10,18a widersprüchlich zueinander.
Die Herkunftsbezeichnung 'Gileaditer' in 11,1a steht in Opposition zu dem Eigennamen 'Gilead' in 11,1b.

Nach 11,2b ist Jephta von seinen Brüdern vertrieben worden.
In 11,7b werden die Ältesten der Stadt Gilead dafür verantwortlich gemacht.

## Überlieferungsgeschichtliche Überlegungen

Die Einleitung zur Jephta-Überlieferung in 10,17 gehört deutlich einem späteren Überlieferungsstadium an, in dem die
lokal begrenzten Konflikte der Richterzeit als Angelegenheiten ganz Israels verstanden wurden[257]. Vergleicht man diesen Vers mit der Einleitung anderer Schlachtberichte[258],
dann fällt auf, daß hier ein stark strukturierter Auftakt
vorliegt. Aktion und Reaktion der beiden Gegner entsprechen
sich jeweils. Auch das mehrdeutige Gilead in 10,17a läßt
den Eindruck einer Maßanfertigung zur Einpassung der folgenden Tradition entstehen[259]. Gilead läßt sich hier durchaus

---

257  Vgl Komm.z.St.; Täubler 1958 S.283; Gressmann SAT I S.225;
     Richter 1966 Bib 47 S.547f
258  Vgl 1.Sam 4,1; 2.Sam 10,7f.16f
259  Vers 17 ist aus einem Guß und nur mit Gewalt auf zwei Schichten
     verteilbar, wiewohl Richter es versucht (1966 Bib 47 S.496).

als Landschaftsname lesen[260]. Die Interpretation von Gilead
als Name einer Landschaft bildet eine Brücke zwischen der
Größe Israel in 10,17b und der Stadt Gilead in 10,18b;
11,5b-11, sowie dem Personennamen Gilead in 11,1b.

Der Versteil 10,18aα wirkt überfüllt. Die hier eingeführten שרים von Gilead stehen in Spannung zu den in 11,5b-11
handelnden Ältesten der Stadt. Die שרים werden ein späterer
Zusatz sein[261]. Ein Redaktor hat hier die im Fall eines Krieges zuständige 'Körperschaft' seiner Zeit eingetragen. Das
העם wird zusammen mit den שרים in den Text hineingekommen
sein, denn das 'Volk' ist die den 'Offizieren' zugeordnete
Größe[262]. Der Vers 18 wird ursprünglich vielleicht mit der
Wendung ויאמרו איש אל רעהו begonnen haben, die auch an anderen Stellen als eine geprägte Wortverbindung mit dem Verb
im Plural belegt ist[263].

Dann wird die Ursprünglichkeit des העם in 11,11a fraglich[264]. Die Gruppe, die in der Richterzeit für die Entscheidung über Krieg und Frieden zuständig ist, wird in Jud
8,4 und in 1.Sam 11,1 als 'אנשי X' bezeichnet[265]. Zudem ist
im MT weder die Verbindung עם העיר belegt, noch steht עם
in einer 'Status constructus'-Verbindung mit einem Ortsnamen.

10,18b nimmt 11,8b vorweg und steht in Spannung zu dem Angebot der Ältesten in 11,6a. Die Position des ראש kann auf
der des קצין aufbauen. Sie ist aber von ihr zu unterscheiden, wie das Angebot der Ältesten in 11,6 und Jephtas Forderung in 11,9 merken lassen[266]. 10,18b bereitet 11,8b vor
und legitimiert das in 11,8b scheinbar eigenmächtige Handeln

---

260  חנה ב gibt den Platz an, wo gelagert wird, vgl 1.Sam 4,1.
     Aber nur על חנה heißt belagern (1.Sam 11,1; 1.Kön 16,15). Da
     die Ammoniter kaum in der Stadt Gilead selber lagern werden,
     läßt sich das 'Gilead' hier besser als geographische Bezeich-
     nung der Region Gilead verstehen.
261  Vgl Moore Komm.z.St.; Burney Komm.z.St.
262  Vgl 2.Kön 25,26
263  Vgl Gen 11,3; Jud 6,29; 1.Sam 10,11; Jer 22,6; Jon 1,7
264  Das vermerkte bereits Nowack Komm.z.St.
265  In einem Fall sind die בעלים von Kegila genannt. Doch handelt
     es sich hier um eine der Herkunft nach kanaanäische Stadt.
266  Gegen Bartlett 1969 VT 19 S.1

der Ältesten. Für den Verfasser von 10,18b ist es selbstverständlich, daß der Führer in Kriegszeiten auch im Frieden
eine Herrschaftsposition beanspruchen kann. Die Funktion von
10,18b im jetzigen Kontext und die fast wörtliche Übereinstimmung mit 11,8b machen wahrscheinlich, daß beide von der
gleichen Hand zugefügt worden sind. Das Angebot von 11,6 ist
sicher ursprünglicher als das von 10,18b und 11,8b, da es
sich unmittelbar aus den Erfordernissen der Kriegssituation
ergibt. Auch ist nicht einsichtig, warum die Ältesten nur
die Position des קצין anbieten, wenn ein anderslautender
Beschluß zuvor gefaßt worden ist.

Die Spannungen zwischen 11,1 und 11,2 liegen im Verhältnis
von V.1a zu den Aussagen in V.2a und 1b. Die Logik, die V.1a
und V.1b verknüpft, bleibt mir hier nicht nur formal (Sub-
jektwechsel - die Apposition הגלעדי wird Subjekt in 1b) verschlossen. Auch unter inhaltlichen Gesichtspunkten kommt die
Zeugung Jephtas durch Gilead ein wenig spät[267]. Das Hifil
von ילד in 1b in der Bedeutung 'zeugen' ist recht ungewöhnlich und erinnert an den Sprachgebrauch von P. V.1b versucht
Jephta genealogisch und historisch einzuordnen. Diese Einfügung zerreißt die vorliegende Gegenüberstellung des בן אישה
זונה    mit den בני האישה. V.1b und V.2a sind untereinander gut verbunden. 2a versucht den Gegensatz zwischen 1a
und 2b wieder herauszuarbeiten. Dieser Versteil unterstreicht
noch einmal die rechtlich niedere Herkunft Jephtas, bringt
aber keine zusätzlichen Informationen[268]. V.1b und V.2a sind

---

267 Mendelsohns Rekonstruktion (1954 IEJ 4 S.118f) der rechtlichen
    Seite des Konflikts in Analogie zu einem Gesetz des Lipit-Ishtar
    Codex, geht weit über die Aussagen des Textes hinaus, auch wenn
    man die sekundären Zusätze einbezieht. Zudem ist der von ihm
    für Jephta rekonstruierte Fall im betreffenden Codex nicht vor-
    gesehen. V.1a und V.2b besagen nur, daß Jephta von seinem Vater
    als rechtmäßiger und damit erbberechtigter Sohn anerkannt worden
    war. Nach Codex Hammurabi § 167, 170, 176 und 191 (vgl auch Jirku
    1927 S.113f; Schmökel 1930 S.55) befinden sich die Brüder etwas
    außerhalb der Legalität, ähnlich wie auch Sara in Gen 21,10.
    Beidemale wird der Terminus גרש verwendet (vgl hierzu Falk 1964
    S.154). Gen 25,6 findet Abraham die Söhne der Nebenfrauen ab.
    Diese Stelle unterscheidet sich in der Wortwahl deutlich von
    Gen 21,10 und Jud 11,2. Zu גרש vgl auch den Artikel von
    Ringgren ThW AT II Sp.72ff
268 An dieser Stelle hätte eine Formel wie ואה גלעד אבי יפתח

ein späterer Zusatz[269].

V.3 schließt gut an V.1a.2b an. Die Angaben in V.5b über
Jephtas Aufenthalt in Tob stimmen mit denen von V.3a überein. Daß die Ältesten Gileads als Beauftragte der Stadt
Jephta holen gehen, entspricht ihrer Funktion als Vertreter
der Siedlung[270].

V.5a nimmt nochmals V.4 auf. Nun ist V.4 in einigen Handschriften nicht belegt, was aber auf den Versuch einiger Abschreiber hindeutet, die Doppelung zu beseitigen. V.4 beginnt mit dem ויהי מימים eine neue Szene[271]. Der Vers führt
die Kriegssituation neu ein. Damit steht er in Spannung zu
10,17. Der Vers bietet aber einen guten Übergang von Jephta
in Tob (3a) zu der Aussendung der Ältesten in V.5b. Eine
Schwierigkeit, die V.4 aber mit V.5a teilt, besteht darin,
daß auch hier Israel als Gegner genannt ist. Doch ist darin
nicht notwendig bereits eine Ausweitung des Konfliktes auf
ganz Israel zu sehen, wie sie in 10,17 deutlich vorliegt[272].
Das Israel hier kann im Sinne eines pars pro toto verstanden werden - wie in 1.Sam 11,2 -, mit Gilead ist auch Israel betroffen[273]. V.4 stellt auch die Beziehung zwischen
Israel und der Stadt Gilead her, die sonst in der Einheit
11,1-11 nicht erwähnt würde. V.5a ist gegenüber V.4 sekun-

---

(vgl Gen 9,18; 22,21) oder והוא בן גלעד (vgl Lev 24,10 eine
inhaltliche und sprachliche Parallele zu Jud 11,1). nahegelegen.
Die genealogische Klassifizierung primär nach der Mutter ist
auffällig. Im AT kommt sie nur in begründeten Ausnahmefällen
vor, vgl Gen 29,13; Lev 24,10; 1.Kön 17,17.

269 Die Kommentatoren stimmen darin weitgehend überein.
270 Vgl auch 1.Sam 30,26
271 Ein ähnlicher Neuansatz liegt in Jos 23,1; Jud 15,1 vor.
272 Vgl Eißfeldt 1925 S.12-15; ders. KlSchr II S.71
273 W.Schulz (1974 S.45ff) weist auf die Differenz im Gebrauch von
עם ישראל und בני ישראל hin. Ihrer Untersuchung zufolge ist
die Benennung abhängig von der Art der Aktivität (S.50) und
aspektivisch gebunden (S.67f). Es wäre einmal zu überprüfen. ob
sich in der Verwendung von 'Israel' gegenüber 'Söhne Israels' und
dem 'Mann Israel' Bedeutungsunterschiede nachweisen lassen.
Möglicherweise bezeichnet nur 'Söhne Israels' die Gesamtheit
der Stämme Israels; während 'Israel' und 'Mann Israel' zwar theoretisch auch auf die Gesamtheit bezogen werden können, die Verwendung dieser letzteren Termini aber nicht impliziert, daß alle
Personen, die zu dieser Gesamtheit gerechnet werden, auch an der
betreffenden Aktion beteiligt waren.

där[274]. Sein Anschluß mit ויהי כאשר verweist auf eine vorausgehende Situation. V.5a ist ein Rückbezug auf 10,17a[275].
V.5a ist von 10,17 abhängig. Denn 10,17 läßt Israel bereits
zum Kriege versammelt sein, während in 11,1-11 diese Situation gerade nicht besteht, und besonders V.4 und V.5b ver-
anschaulichen, daß von seiten Gilead/Israel noch keine Ge-
genaktionen getroffen worden sind. V.5a versucht die einander widersprechenden Aussagen von 10,17 - das israelitische
Heer ist aufgeboten und versammelt - mit der von 11,1-11
- die Ältesten von Gilead müssen erst militärischen Entsatz
aus Tob holen - zu vereinbaren. Allerdings folgt V.5b etwas
unvermittelt auf V.4. Diese Lücke würde 10,18a* gut aus-
füllen.

V.6 setzt V.5b fort.

Zwischen V.6 und V.7b und ebenfalls zwischen V.2b und V.7a
bestehen leichte Unstimmigkeiten. In V.6 erhält Jephta alle
notwendigen Informationen von den Ältesten. In V.7b fragt
er dagegen nach dem Grund ihres Kommens. Seine Frage wirkt
sprachlich ungeschickt, sie kommt nach V.6 auch zu spät. In
V.7a macht Jephta die Ältesten für seine Vertreibung verantwortlich, nach V.2b waren es aber seine Brüder[276]. Die Umwandlung der Brüder aus V.2b zu Stammesgenossen in V.7a ist
sprachlich möglich[277], um so die Verbindung zu den Ältesten
in V.7a herzustellen. Nach der betonten Opposition des בן
אישה זונה und der בני האישה in 11,1f ist sie wenig wahrscheinlich. Der Versuch, in 11,2b und in 11,7a zwei Versionen der Vertreibung Jephtas durchschimmern zu sehen - einen
Familienkonflikt und eine politische Auseinandersetzung[278] -,
kann sich außer auf die Spannung zwischen der handelnden
Gruppe in V.2b und den in V.7a zur Rechenschaft aufgeforder-

---

274  Vgl Nowack Komm.z.St.; anders Richter (1966 Bib 47 S.495f) und
     Noth (ABLAK I S.508 A 47)
275  Eine sprachliche Parallele findet sich in Gen 12,11.
276  Vgl Dreyfuss 1958 RSPhTh 42 S.8f, der annimmt, daß die Brüder
     hier auf ungeteiltem Erbe sitzen.
277  Vgl Komm. von Budde, Burney, Nowack; Ottosson 1969 S.159
278  So Richter 1966 Bib 47 S.494. Er läßt seiner Phantasie an die-
     ser Stelle freien Lauf. S.554 wird daraus ohne weitere Diskus-
     sion eine gültige Annahme gezaubert.

ten Ältesten nur auf die Phantasie[279] seines 'Unternehmers'
berufen. Nun ist der Familienkonflikt in der Tradition deutlich bezeugt. Der Vorwurf in V.7a besagt aber ebenso klar,
daß die Ältesten an seiner Lösung beteiligt waren. V.7a setzt
eine Lösung voraus, in der die Regelung von Familienkonflik-
ten, die Auswirkungen auf die Zusammensetzung der Siedlung
hatte - z.B. den Bestand der wehrfähigen Männer berührte -,
nur mit Zustimmung kommunaler Vertreter gültig wurde.

Die Geschichte der weisen Frau von Thekoa in 2.Sam 14,6ff
zeigt, daß in der Zeit Davids noch keine Appellationsinstanz
in den Ortschaften existierte, bei der man die Revision von

---

279 Da die Verfasserin gegen derartige Versuchungen nicht so gefeit
ist, wie die letzte Anmerkung vermuten läßt, möchte sie - frei
nach Max Weber - eine eigene Phantasie zum Hintergrundkonflikt
beisteuern.
Die אישה אחרת aus Jud 11,2b, Jephtas Mutter, ist eine Auslände-
rin hoher Abkunft, die aus Tob stammt. Sie hat im Wege der interlokalen Heiratspolitik der aramäischen Adeligen einen vermögenden
Gileaditer vornehmer Herkunft geheiratet. Selbstverständlich hat
dieser sich auch noch eine einheimische Frau genommen. Die ausländische Heirat war für Jephtas Vater eine Möglichkeit, seine
sozio-ökonomische Stellung in der Stadt Gilead auszubauen. Jephta
erbt die Position des Vaters als גבור חיל. Durch seinen aramäischen Rückhalt erlangt er in der Stadt politisch und ökonomisch
eine zentrale Machtposition. Sein ererbtes mütterliches Vermögen
nutzt er zu einer verstärkten agrarwirtschaftlichen Expansion.
Jephta überbietet die Löhne für freie Arbeiter und kann binnen
kurzem alle verfügbaren Lohnarbeiter den übrigen Großbauern ab-
werben. Dadurch macht er sich in der Unterschicht genauso be-
liebt wie unbeliebt bei seinen Standesgenossen. Die einheimische
Oberschicht, die seinen wirtschaftlichen Einfluß fürchten gelernt
hat und um ihre politische Vorrangstellung fürchtet, verbündet
sich mit seinen inzwischen herangewachsenen Halbbrüdern. Gemeinsam erhebt man gegen ihn die Anklage, nach der Alleinherrschaft
zu streben und die Lohnarbeitermassen zum Aufruhr zu reizen.
Jephta wird das Opfer des alljährlich nach gut griechischem
Vorbild durchgeführten Ostrakismus, bei dem selbstverständlich
nur die landbesitzenden Vollbürger ihr Scherbenrecht haben.
Jephta muß zu seinen mütterlichen Verwandten nach Tob fliehen.
Ihm ziehen die Lohnarbeiter - אנשים ריקים - nach, die nicht
mehr gewillt sind, sich den nunmehr wieder verschärften Bedingungen des freien Arbeitsmarktes von Gilead zu stellen. Jephtas
Abzug hinterläßt eine wirtschaftlich geschwächte Stadt, die in-
nerlich durch Führungskämpfe gespalten ist. Diese Situation versuchen die Ammoniter für sich auszunutzen, um die Stadt ihrem
Herrschaftsbereich einzuverleiben. Nun bleibt den Gileaditern
nichts anderes übrig, als Jephta und seine Anhänger zurückzu-
rufen. Als Gegenleistung müssen sie Jephta die vorher versagte
Stellung als Oberhaupt der Stadt einräumen.

Entscheidungen der Sippe/Familie anfechten konnte. Ausdrücklich ist das autonome Familienrecht erst im Dtn eingeschränkt
worden. Nach Dtn 21,18-21 darf der ungehorsame Sohn nur mit
Zustimmung der Ältesten und unter Mitbeteiligung aller Männer der Stadt getötet werden. In Ex 21,15.17 ist für den
gleichen Fall noch keine vermittelnde Instanz vorgesehen.
V.7a trägt also Zustände aus der Königzeit in die Richterzeit vor. Ähnlich wie die Einfügung in 10,18aα שרי גלעד
bringt er die Erzählung rechtlich und politisch auf den zu
seiner Zeit aktuellen Stand[280]. V.7b versucht etwas ungeschickt, den Bezug zu V.6 wieder herzustellen, der durch
V.7a unterbrochen wurde[281]. V.7b ist von V.7a abhängig.

V.8a schließt direkt an V.7b an und wiederholt die in V.6
gegebene Information nochmals. V.8b bringt ein weiteres Angebot an Jephta, ראש zu werden. Die Antwort der Ältesten
in V.8 geht auf den Vorwurf Jephtas in V.7a nicht ein. Dieses ist auch nicht zu erwarten, wenn V.7a eine geltende
Rechtspraxis wiedergibt, die keiner Verteidigung bedarf.
Nach V.7a hat Jephta durch die Maßnahme der Ältesten seine
'bürgerlichen' Rechte verloren. Das Angebot in V.8b impliziert, daß diese Rechte nicht nur wiederhergestellt werden,
sondern Jephta die über den Status des vormaligen גבור חיל
herausragende Position des ראש erhält. Soweit bezieht sich
V.8b auf V.7a.

V.9a wirkt wie eine unnötige Verdeutlichung mit seiner
Betonung des אם משיבים אתם אותי. Das gleiche gilt für das
Verhältnis von V.9b und V.8b. Jephtas Forderung in V.9b
kommt nach V.8b etwas zu spät. Jephta präsentiert hier eine

---

280 Dtn 21,15-17.18-21 spiegelt sicher Zustände wider, die älter sind
als die Abfassung des deuteronomischen Grundgesetzes. Die Einschränkung des Sippenrechts, insbesondere des Rechts der Sippe
über Hab und Gut sowie Leben ihrer Angehörigen, ist eine unum-
gängliche Notwendigkeit für jede zentrale Herrschaftsinstanz.
Der Monarch muß seine Beamten und Anhänger vor dem Zugriff des
Sippenrechts schützen, zum einen, um sich ihrer Loyalität in
Konflikten zu versichern, zum anderen, um auch mit dem Sippenrecht konfligierende Interessen durchsetzen zu können. Insofern
ist eine Veränderung des Rechts bereits in der frühen Königszeit
- erste Ansätze zeigen sich in 2.Sam 14,6ff - wahrscheinlich.
281 Dieses Vorgehen erinnert an dasjenige in 11,2a.

Bedingung, deren Zusage nach V.8b längst ergangen ist. Dagegen stellt V.9 eine gute Fortsetzung von V.6 dar[282]. Jephta
weist die Ältesten ausdrücklich darauf hin, daß sie ihn wieder zurückbringen, dh auf die impliziten Folgen ihres Tuns.
Sie setzen ihn in seine alten Rechte wieder ein, damit er
ihr militärischer Anführer sein kann. Dafür verlangt er aber,
nach einem Sieg[283] als ראש eingesetzt zu werden[284].

In V.10 erfolgt die Zustimmung der Ältesten in Form einer
eidlichen Zusage. V.9 und V.10 gehören zusammen. V.10, die
mehr oder minder freiwillige, durch die Notsituation bedingte Zustimmung der Ältesten, ist mit V.8b, dem freiwilligen
Angebot der Ältesten, nicht vereinbar.

V.11 macht einen überarbeiteten Eindruck. V.11a schließt
problemlos an V.10 an. Das העם fehlt in LXX[A] und Syrohexa-
plaris*. העם kann ein späterer Zusatz sein, der von 10,18a
her in den Text geraten ist.

Eine leichte Unebenheit besteht zwischen der bedingten
Forderung Jephtas in V.9a und ihrer bedingungslosen Erfüllung in V.11a. Die Erhebung zum ראש kommt eigentlich zu
früh. Der Situation angemessen ist nur die Ernennung zum
קצין[285]. Die sofortige Einsetzung zum ראש geht allerdings
konform mit den Aussagen von 10,18b und 11,8b. Sie wird von
der gleichen Hand stammen wie 10,18b und 11,8b. V. 11b ist
nach V.10 und V.11a ziemlich unpassend. Im jetzigen Kontext
kann er nur die Bedeutung haben, daß Jephta den Schwur der
Ältesten in Mizpa wiederholt. Es ist höchst fraglich, ob es
dieser Prozedur noch bedarf, auch wäre ihre Gültigkeit   -
nicht der Schwörende, sondern derjenige, dem zugeschworen

---

282  Vgl Eißfeldt 1925 S.74
283  Budde (Komm.z.St.) und Nowack (Komm.z.St.) halten in Anschluß an
     Holzinger ונתן יהוה אותם לפני für dtn Sprachgebrauch. Außer
     Jud 11,9 findet sich diese Wendung nur noch in Dtn 1,21 und 2,36.
     Häufiger ist der Gebrauch von נתן יהוה ... ביד, etwa 12mal (Dtn
     7,24; Jos 2,24; 21,42; Jud 3,28; 4,14; 7,15; 16,23.24; 1.Sam 17,
     47; 1.Kön 22,12.15; 2.Kön 3,18). Die Basis für eine dtn Herkunft
     ist m.E. zu schmal. Auch wenn V.9aß ein späterer Zusatz wäre,
     würde dieses an der Zuordnung von V.9 zu V.6 nichts ändern.
284  Die Positionen des ראש und des קצין sind zu unterscheiden. Auf
     beide komme ich im Verlauf der Arbeit (7.4.2.) noch zurück.
285  Gerade קצין wird kein redaktioneller Zusatz sein, gegen Eiß-
     feldt 1925 S.74 A 1.

wurde, legt den Eid Jahwe vor - zweifelhaft. In Hinblick
auf den Eid von V.10 vertritt V.11b offensichtlich die Position, daß derartige Schwüre des sakralen Stempels bedürfen.
Das Mizpa in V.11b weist auf 10,17 zurück und voraus auf
11,34. Inhaltlich gehört V.11b eher zu Jephtas Gelübde in
11,30f. V.11b wird von dort an diese Stelle geraten sein[286].
Der Abschluß des Traditionsstückes erfordert eine Notiz
über den Krieg mit den Ammonitern und seinen Ausgang. Im unmittelbaren Kontext ist der Schluß durch die Einarbeitung
der Moab-Israel-Diskussion in V.12-28 und die Einfügung des
Gelübdes[287] in V.30f.34-36 verdrängt worden. Möglicherweise
befindet sich ein Teil des ursprünglichen Schlusses noch in
11,32[288].

Die_älteste_Tradition_in_Jud_10,17-11,11_und_ihre_Bear-
beitungen

Zur Grundschicht der Jephtatradition gehören 11,1a.2b.3f;
10,18a*; 11,5b.6.9-11a*.32. Diese nicht vollständig erhal-
tene Einheit zeigt einen klaren formalen Aufbau.

| | | |
|---|---|---|
| Exposition | 11,1a.2b.3 | |
| | Vorgeschichte des 'Helden' | |
| Hauptteil | 11,4; 10,18a*; 11,5b.6.9-11a* | |
| | 11,4 | Einsatz - Beschreibung der aktu-ellen Situation |
| | 10,18a*; 11,5b | 1.Szene - Motivation für die Revi-sion der Folgen aus der Vorgeschich-te, Konsequenzen aus 11,4 und 10,18a* |
| | 11,6.9.10; 11,11a* | 2.Szene - Gespräch und Handlungs-folgen |
| Schluß | 11,32 | Erfolg |

---

286  Vgl Moore Komm.z.St.
287  Es handelt sich hier um Überlieferungsstücke, die ursprünglich
     mit der Jephta-Überlieferung nicht zusammenhingen. Vgl Rich-
     ter 1966 Bib 47 S.503ff.522ff
288  Vgl Täubler 1958 S.283.286, der allerdings noch die V.29*.33
     zum Schluß rechnet, anders dagegen Richter a.a.O. S.548f.

Als nicht zur Grundschicht gehörig erwiesen sich die Verse
10,17.18b; 11,1b.2a; 11,5a.7-8.11b und Zusätze in 10,18a und
11,11a. Die Einfügung in 10,18a und die Verse 10,18b und
11,7-8 weisen eine ähnliche Tendenz auf. Durch diese Einfü-
gungen nimmt alles seinen geordneten Gang. Die zuständigen
Gremien fassen nunmehr in 10,18 ihren Beschluß, den die Ältesten in 11,8 weisungsgemäß ausführen. Sie werden jetzt nicht
mehr von Jephta in 11,9 überrumpelt[289]. 10,17 und 11,5a.11b
sind der gleichen Hand zuzuschreiben. Ob diese identisch mit
der von 10,18b; 11,7-8 ist, das kann auf dieser Textbasis
nicht entschieden werden[290]. Die Zusätze in 11,1b.2a werden
schwerlich mit den beiden Bearbeitungen zusammenhängen.

Soziologisch relevante Daten zur richterzeitlichen Siedlung

Die in der Grundschicht geschilderten politischen Verhältnisse können so historisch nur in der vorköniglichen Zeit bestanden haben. Das Traditionsstück kann als verläßliche Überlieferung zur sozialen und politischen Struktur einer richterzeitlichen israelitischen Siedlung betrachtet werden.

Der Text läßt folgende Gruppen hervortreten: die Bewohner
Gileads, für die kein Kollektivbegriff überliefert ist, es
sei denn die von einem Bearbeiter stammenden Verse 10,18b
und 11,8b haben das גלעד יושבי schon vorgefunden und aufge-
griffen; die Ältesten Gileads; ein חיל גבור, der gleichzeitig זונה אישה בן ist; die האישה בני. Als Herrschaftspositionen[291] sind der ראש und der קצין belegt.

---

289  Es wäre interessant, einmal zu untersuchen, ob zwischen die-
     ser Hand und derjenigen, die sich in Jud 17,6; 18,1; 19,1;
     21,25 zu erkennen gibt, eine Verwandtschaft besteht. Vgl zu
     den letztgenannten Stellen Noth ABLAK I S.133ff; Crüsemann
     1978 S.161ff
290  Gehören 10,17 und 11,5a.11b zur dtn Redaktion des Richterbu-
     ches, dann sind 10,18*; 11,7-8 wohl einer früheren Bearbeitungs-
     schicht zuzurechnen. Aufschluß hierüber kann letztlich nur
     eine redaktionsgeschichtliche Untersuchung des Richterbuches
     erbringen.
291  Der Begriff 'Position' wird hier gebraucht als Bezeichnung des
     Schnittpunktes, den ein einzelner in einem sozialen Beziehungs-
     gefüge innehat  (vgl Dahrendorf 1972). Eine soziale Position
     unterscheidet sich von einem Amt dadurch, daß sie nicht unab-
     hängig von dem Individuum existiert, das sie einnimmt.

Im weiteren Verlauf der Arbeit werde ich sowohl auf die
Positionen des ראש wie des קצין den Status des גבור חיל
und die Gruppierung Älteste zurückkommen.

Bemerkenswert an dem Bild, das die gesellschaftlichen Verhältnisse der Stadt Gilead bieten, ist das niedrige politische Organisationsniveau. Darin ist die Stadt Gilead der
Stadt Sukkoth vergleichbar. Auch fehlt in Gilead ebenso wie
in Sukkoth eine zentrale Herrschaftsinstanz, die in den gesellschaftlichen Strukturen verankert ist. Die von Jephta
nach dem Sieg über die Ammoniter möglicherweise in Gilead
ausgeübte Herrschaft ist eigentlich der politischen Verfassung von Gilead fremd. Jephtas Herrschaft verdankt ihre Existenz wohl dem Versagen der überkommenen traditionalen politischen Gruppierungen in einer den Bestand der Stadt bedro-
henden Situation. Der Überlieferung nach Jud 10,18; 11,8
handelte es sich bei der Etablierung der Position des ראש
um eine vorübergehende Erscheinung.


## 7.3.4  Gibea

Die alte Ortslage von Gibea wird seit Gross[292] auf dem Tell
el-Fûl angesetzt. Über diese Lokalisierung besteht ein so
weitgehender Konsensus unter den Forschern, daß man fast versucht ist, von einer unico loco Wahl zu sprechen[293].

Auf dem Tell el-Fûl fanden mehrere Grabungen statt[294], die
sich auf den Gipfel und den Osthang konzentrierten. Die frü-
heste Besiedlung des Tells scheint in der Mittelbronzezeit
erfolgt zu sein. Außer ihr lassen sich noch fünf kontinuierliche Besiedlungsperioden nachweisen. Architektonische Überreste sind erst für den Zeitraum belegbar, der dem Bau der
ersten Festung (Periode II) vorausging. Die Siedlungsschicht I

---

292 Gross Theologische Studien und Kritiken 1843 S.1082, zitiert
    nach Sinclair 1964 BA 27 S.52 A 1
293 Vgl Albright 1924 AASOR IV S.28ff; Alt PJ 30 1934 S.8f; Abel 1938
    S.334; Simons 1959 § 669-670; Sinclair 1976 EAEII S.444ff
294 1922-23/1933 unter der Leitung Albrights, ab 1964 unter der
    Leitung von P.Lapp

ist von einer Aschenschicht bedeckt[295]. Ende des 11.Jh wurde
auf dem Gipfel eine Festung errichtet, die etwa zwischen 1025
und 950 bestand[296].

Die Konzentration der Ausgrabungen auf die Zitadelle und
den umliegenden Bereich hat zur Folge, daß über die architek-
tonischen Überreste der Siedlung aus der Eisen I Zeit wenig
ausgesagt werden kann; zumal der Osthang sich wenig ergiebig
für die Eisen I Zeit zeigte[297].

Zur Erhellung der sozialen Verhältnisse in der vorstaatlichen Zeit tragen diese Grabungsbefunde zur Zeit nicht mehr
bei, als bereits aus den biblischen Texten über Gibea bekannt ist.

## Gibea in der biblischen Überlieferung

Gibea spielt in der frühen Geschichte Israels eine bedeutende Rolle. In Jud 19 wird das Verhalten ihrer Bewohner zum
Auslöser eines israelitischen Bruderkrieges, dessen Schauplatz die Stadt und ihre Umgebung nach Jud 20 sind. Im 11.Jh
unterhalten die Philister eine Besatzung in Gibea (1.Sam
10,5). Später wird Gibea die Residenz von Saul (1.Sam 14,2;
23,19; 26,1).

In den meisten Texten, in denen Gibea erwähnt wird, ist die
Siedlung nur der Schauplatz von Ereignissen, oder die Stadt
bleibt im Hintergrund dieser Ereignisse. Nur in Jud 19f werden die Stadt und ihre Bewohnerschaft handelnd geschildert.
Der Text läßt einiges von der gesellschaftlichen Struktur
der Siedlung durchschimmern. Daher wird dieser Text einer
näheren Betrachtung unterzogen.

---

295  Albright 1933 BASOR 52 S.7 bezieht diese Ascheschicht auf die
     Zerstörung Gibeas in Jud 20.
296  Albright a.a.O. S.8 vermutete, daß die Philister als erste
     eine Festung in Gibea bauten. Die Festung Sauls hält er für
     einen Wiederaufbau der zerstörten Philisterfestung. Die Er-
     gebnisse von Lapp (1965 BA 28 S.4), die vor allem auf der
     Datierung der Tonscherben beruhen, die zur 'Festungsschicht'
     gehören, deuten darauf hin, daß die Festung erstmals von Saul
     erbaut worden ist.
297  Vgl Sinclair 1964 BA 27 S.60ff

## Der historische Hintergrund von Jud 19-20

Die Historizität der Ereignisse um Gibea in Jud 19-21 ist,
seitdem Wellhausen den geschichtlichen Gehalt dieser Überlieferungen in Frage stellte, in der Forschung nachdrücklich
bezweifelt worden[298].

Wellhausen nahm die von Güdemann[299] und Graetz[300] heraus-
gestellte antibenjaminitische Tendenz der Kapitel zum Anlaß,
ihnen jeglichen historischen Wert für die Richterzeit abzu-
sprechen[301]. Seine Skepsis ist von nicht zu unterschätzender
Wirkung auf die historische Forschung gewesen. Das Verdikt
Wellhausens hat das alttestamentliche Lager in dieser Frage
polarisiert[302].

Zu denen, die sich ausdrücklich für eine positive historische Interpretation von Jud 19-21 als Tradition aus der Richterzeit aussprachen, zählt auch Noth. Allerdings hält Noth
die Erzählungen von Kapitel 21 für einen sekundären Nachtrag[303]. Der historische Kern der Ereignisse von Jud 19-20
sei eine amphiktyonische Tradition. Diese kann "nur verstanden werden als Bericht über einen Amphiktyonenkrieg gegen
ein Mitglied der Amphiktyonie, das offenbar gegen das Am-
phiktyonenrecht sich vergangen hatte"[304]. Anlaß zum Krieg
war das Sexualverbrechen von Gibea. Noth hält gerade die
Züge der Überlieferung, die der historischen Kritik seit
Wellhausen als Charakteristikum später Entstehung und als
Hinweis auf eine Abhängigkeit von P galten - nämlich das
Auftreten Gesamtisraels als eines sakralen Verbandes -, für
historisch wertvoll. Doch ist sein Lösungsversuch mit der

---

298  Vgl Bleek Einleitung in das AT 1886[5] S.173f.177ff
299  Güdemann 1869 MGWJ 18 S.357ff
300  Graetz 1874[2] S.320ff
301  In seinem Werk über 'Israelitische und Jüdische Geschichte' 1921[8]
     verzichtet Wellhausen folgerichtig auf eine Verwendung von Jud
     19-21 und verweist für diese Kapitel nur (S.44 A 1) auf die ent-
     sprechenden Passagen in seiner 'Composition des Hexateuchs'.
302  Vgl dazu im einzelnen das ausführliche Referat zur Literatur
     bei Eißfeld KlSchr II S.66ff; vgl Jüngling 1981 S.1-49
303  Noth 1930 S.164.169. Crüsemann (1978 S.158ff) weist darauf hin,
     daß literarisch sekundär hier noch nicht traditionsgeschichtlich
     spät heißen muß.
304  Noth 1930 S.170

bisher für die vorstaatliche Zeit nicht nachgewiesenen Amphiktyonie aller israelitischen Stämme belastet[305]. Abgesehen von dieser Prämisse lenkte Noth die Aufmerksamkeit auf
einen historischen Kern von Jud 19 und 20, der sich wohl in
einem kriegerischen Geschehen um die Stadt Gibea und die
Benjaminiten kristallisiert. Eine derartige innerisraeliti-
sche Auseinandersetzung kann sich nur in der vorstaatlichen
Zeit ereignet haben.

Im Anschluß an Noth hat Eißfeldt 1935[306] einen bedenkenswerten Versuch zur historischen Ehrenrettung von Jud 19f
unternommen. Ausgangsbasis seiner Überlegungen ist die Beobachtung, daß an dem zugrunde liegenden Konflikt ein Ephraimit als Geschädigter und einige Benjaminiten als Schädiger
beteiligt waren. Daraus zieht Eißfeldt den Schluß, daß der
Kreis der am historischen Konflikt beteiligten Parteien auf
die beiden Stämme Ephraim und Benjamin zu begrenzen ist[307].
'Vergewaltigung mit Todesfolge in Gibea' dient als Etikettie-
rung für ein politisches Vergehen von Benjaminiten gegen
Ephraim. In Jud 20 handelt es sich um die Versuche einiger
Städte des ephraimitischen Südlandes, sich die politische
Autonomie von Ephraim zu erkämpfen[308]. Nach Eißfeldt spie-
gelt Jud 19f die Geburtsstunde des Stammes Benjamin wider.
Doch verblieb der Stamm nach den Wirren um Gibea in einer
Art von Patronat zu Ephraim.

Auf der Basis der Interpretation Eißfeldts liest Schunck[309]
aus Jud 20 einen gegenteiligen Ausgang heraus. Benjamin ver-

---

305  Das anfangs sehr einleuchtende, von Noth entworfene Paradigma
     hat gerade in der neueren Zeit eine Reihe von kritischen Un-
     tersuchungen nach sich gezogen. Die Amphiktyonie Nothscher
     Prägung wird demnach als historischer Idealtypus ihren Platz
     in der Geschichte der alttestamentlichen Forschung einnehmen
     können. Die Diskussion kann hier nicht aufgenommen werden, vgl
     Herrmann 1962 ThLZ 87 S.561ff; Orlinsky 1962 Or Ant 1 S.11ff;
     Fohrer 1966 ThLZ 87 S.801ff.893ff; Smend 1967 (Fourth World
     Congress of Jewish Studies) S.57ff; de Vaux 1971 HThR 64 S.415ff;
     ders. 1973 S.15ff; Mayes 1974 S.15ff; Gottwald 1975 VTS 28
     S.89ff; Geus 1976 S.193ff.
306  Eißfeldt KlSchr II S.64-80
307  Ders. a.a.O. S.71
308  Ders. a.a.O. S.76
309  Schunck 1963 S.70

1or seine Unabhängigkeit und wurde Ephraim als Südprovinz
angegliedert. Schuncks historische Deutung des Ausgangs beruht auf einem sachlich nicht zutreffenden Verständnis von
Jud 15,14[310] und der Spätdatierung des Benjamin-Spruches aus
Gen 49,27[311]. Zudem ist er genötigt, die Ereignisse von Gibea
zeitlich nach denen des Deborahliedes anzusetzen. Historisch
läßt sich dieses nur schwer mit der Führerrolle Benjamins
unter Saul vereinbaren.

Eißfeldts Interpretation, die auch den Vorzug hat, der Am-
phiktyoniethese nicht zu bedürfen, kann höhere historische
Wahrscheinlichkeit zugesprochen werden als den Thesen von
Noth und Schunck. Eißfeldts historische Rehabilitation von
Jud 19f fand weitgehende Anerkennung in der Forschung, wie
gerade auch die Variation von Schunck zeigt[312].

## Die literarkritische und überlieferungsgeschichtliche Diskussion zu Jud 19f

Der Klarheit der historischen Ereignisse von Jud 19f korrespondiert ein recht komplizierter literarischer Überliefe-
rungsprozeß. Sind sich die Exegeten noch weithin einig, was
die nachexilische Bearbeitung von Kapitel 20 betrifft[313], so
ist doch die Beurteilung der einzelnen literarischen Ent-
wicklungsstufen kontrovers.

Hier stehen jene[314], die die Inhomogenitäten der Erzählung
mit Hilfe der Quellenscheidung erklären, denen[315] gegenüber,
die von einer Grunderzählung ausgehen, die mehrere Bearbeitungen erfuhr.

In der Bewertung der literarischen Verhältnisse von Kap.19

---

310  Zu Jud 15,14 vgl Zobel 1965 BZAW 95 S.46f
311  Zobel a.a.O. S.107f argumentiert überzeugend für eine Entste-
     hungszeit um 1200. Zum Sitz im Leben des Spruches vgl.
     H.-J.Kittel 1959 S.37f.67f.76ff
312  Vgl Hertzberg Komm.z.St.; Zobel 1965 BZAW 95 S.117 (der jedoch
     mit Schunck Benjamin unterliegen läßt, S.118); de Vaux 1973
     S.36; Mayes 1974 S.81
313  Vgl die einschlägigen Kommentare, ferner Eißfeldt 1925 S.97ff;
     Noth 1930 S.162ff; Schunck 1963 S.67f; Rösel 1976 ZDPV 92
     S.31ff; Crüsemann 1978 S.158ff
314  Budde 1890, 1897; Moore 1898; Nowack 1902; Burney 1920[2]
315  Noth 1930 S.165ff; Schunck 1963 S.61ff

stimmen die Vertreter der Quellentheorie im Ergebnis mit
denen der überlieferungsgeschichtlichen Methode im wesentlichen überein. Schunck[316] rechnet den größten Teil des Kapitels - 19,1-12a.13b-22*.23-30a - zu dem von R[1] aufgenommenen und überarbeiteten Stoff. Die Grunderzählung kann hier
s.E. nicht mehr von der Überarbeitung abgelöst werden.

Moore[317], Burney[317] und Nowack[317] folgen bei der Bestimmung der beiden Quellen J und E weitgehend ihrem Vorläufer
Budde[318]. Dieser erkennt in einigen Doppelungen in Jud 19,
1-10 seine beiden Hauptquellen, sieht deren Spuren in V.11-
21 sich fortsetzen und die doppelte Fassung dann in V.22-30
stärker hervortreten. Doch verzichtet Budde wohlweislich darauf, eine explizite Trennung der beiden Fäden durchzuführen.
Einmal läßt sich nach seinem eigenen Eingeständnis die Scheidung nicht sauber durchziehen[319], zum anderen herrscht eine
zu große Ähnlichkeit zwischen beiden Darstellungen[320], oder
aber beide Fassungen sind zu sehr miteinander verschmolzen[321].

Einzig Eißfeldt[322] kann der Versuchung zur Quellen-Schei-
dung nicht widerstehen. Er schneidet quasi mit dem Rasier-
messer so lange Viertelesverse und kleinere Einheiten auseinander, bis er in einem schon genial anmutenden Puzzle L
und J zusammensetzen kann[323]. Für J reicht es jedoch trotz
alledem nur zu einem recht dürren Gerippe, dem auch noch wesentliche Teile der Wirbelsäule zu fehlen scheinen[324].

---

316  Schunck 1963 S.65
317  Moore (1898) bezieht sich noch auf Budde (1890). Nowack (1902)
     und Burney (1920) folgen Budde (1897). Differenzen zwischen
     Moore einerseits und Nowack/Burney andererseits gehen auf Ver-
     änderungen der Position Buddes zwischen 1890 und 1897 zurück.
318  Budde 1890, 1897
319  Budde 1897 S.128 zu Jud 19,1-10
320  Ders. a.a.O. S.130 zu Jud 19,16-21
321  Ders. a.a.O. S.131 zu Jud 19,27-30
322  Eißfeldt 1925 S.97ff
323  Diese feinmechanische Arbeit führt er unter erschwerten Bedin-
     gungen durch, da die beiden Erzählungen seiner Meinung nach
     sich sehr ähnlich gewesen sind. "So konnten sie hier besonders
     gründlich miteinander verschmolzen werden, und ihre Auseinander-
     legung ist daher nicht leicht." (S.97f)
324  Vgl ders. a.a.O. S.50* und S.51*. Die Ereignisse von Gibea kann
     man bei J nur erahnen.

Sowohl die Miniaturarbeiten Eißfeldts wie auch die Schatten-Spiele des Budde-Ensembles lassen das überlieferungsgeschichtliche Vorgehen Noths und Schuncks in seiner Evidenz nur deutlicher hervortreten.

Die literarischen 'Urheberrechte' an Kapitel 20 teilen sich hier laut Urteil der Literarkritiker mehr als zwei 'Verfasser'. Sie finden neben den aus Kapitel 19 bereits erkannten Quellen J und E noch eine nachexilische Quelle[325]. Überlieferungsgeschichtlich liest sich das dann so, daß zu der durch R[1] bearbeiteten Grunderzählung noch eine probenjaminitische Bearbeitung durch R[2] hinzukam[326]. Noth möchte von einer durchgehenden Bearbeitung nichts wissen, sondern betont "Alle bisher behandelten sekundären Stücke haben je ihre besondere Eigenart und stehen in keinerlei Zusammenhang miteinander"[327].

In Kapitel 20 interessiert unter sozialgeschichtlichem Aspekt allein V.15, in dem die יֹשְׁבֵי גִבְעָה erwähnt sind. Die Abfassung von V.15 wird jedoch von beiden Schulen einträchtig in die nachkönigliche Zeit verlegt. Budde und Nachfolger[328] weisen V.15 einer späten nachexilischen Schicht zu. Schunck[329] erkennt in V.15 seinen R[2]. Noth[330] hält V.15-17 für einen Zusatz. Die Übereinstimmung der beiden divergierenden Forschungsansätze in der Spätdatierung von V.15 spricht kaum dafür, daß dieser Vers andere Verhältnisse als die seiner Zeit reflektiert. Informationen über das richterzeitliche Gibea wird er nicht enthalten.

Da die Grunderzählung von Jud 19 von ihrer ersten Redaktion[331] kaum noch abzuheben ist[332], sind einzelne Textaussa-

---

325  Vgl Budde Komm.z.St.; Moore Komm.z.St.; Nowack Komm.z.St.;
     Burney Komm.z.St.; Rösel 1976 ZDPV 92 S.31ff
326  Schunck 1963 S.67, der R[2] mit Dtr identifiziert gegen Noth
     (1943 S.54 A 2), der Jud 17-21 literarisch nicht zum DtrG rechnet.
327  Noth 1930 S.167
328  Vgl auch Lagrange Komm.z.St.; Eißfeldt 1925 S.101
329  Schunck 1963 S.65 A 55
330  Noth 1930 S.166
331  Schunck 1963 S.65 setzt den Bearbeiter im 6.Jh an, Crüsemann
     dagegen in der zweiten Hälfte des 1o.Jh (1978 S.162ff).
332  Ein Umstand, der sich im fruchtlosen Bemühen etlicher Exegeten
     um eine zweite Quelle widerspiegelt.

gen nur eingeschränkt als Zeugnisse vorstaatlicher Verhältnisse verwendbar. Zur idealtypischen Rekonstruktion der
richterzeitlichen Siedlung können sie nur herangezogen werden, sofern sie Parallelen in von ihnen unabhängigen vorstaatlichen Überlieferungen finden.

Soziologisch_bedeutsame_Informationen_in_Jud_19

In Kapitel 19 ist bemerkenswert, daß der Ehemann ähnlich wie
Micha in Kapitel 17f offensichtlich nicht als in einer Siedlung wohnend gedacht ist[333]. Der Mann ist vermögend genug,
um sich eine Nebenfrau, zwei Esel und mindestens einen נער
leisten zu können.

Gibea und Rama werden in V.13 מקמות genannt. Falls dieses
nicht nur späten Sprachgebrauch[334] darstellt, bleibt nach
einer möglichen Bedeutungsdifferenz zwischen מקום und עיר
zu fragen, ferner ob hiermit sich soziologische Unterschiede
zwischen Siedlungen verbinden lassen[335].

Im Zusammenhang mit den Ereignissen in Gibea treten die
אנשי העיר als geschlossen handelnde Gruppe auf[336]. Auf dem
für Jud 19f herausgestellten Hintergrund einer politisch ge-
spannten Atmosphäre zwischen Ephraim und Benjamin kann das
Verlangen der 'Männer' auch politisch und nicht nur mora-
lisch gedeutet werden. Ein Angehöriger des Stammes, mit

---

333 Jud 17f wie auch Jud 19 lassen vermuten, daß im Gebirge Ephraim
    die Anlage von Einzelhöfen keine Ausnahme war. Die geographisch
    bedingte Situation, die einen relativen Schutz vor politischer
    Abhängigkeit durch kanaanäische Städte bot, könnte Streusied-
    lungen begünstigt haben.
334 Die Bezeichnung als מקום taucht nur in dem sicher nicht zur
    Grunderzählung gehörenden V.13 und in der Bemerkung V.16b auf,
    die auch zweifelhafter Herkunft ist (vgl Komm.z.St.).
335 Falls מקום abwertend gebraucht sein sollte, in dem Sinne
    'Gibea ist keine עיר , sondern nur ein מקום ', kann dieses
    soziologisch eine von der עיר zu unterscheidende Größe signa-
    lisieren. Für eine historische Auswertung dieser möglichen sozio-
    logischen Differenz wäre das Alter der betreffenden Verse genauer
    zu bestimmen.
336 Die Wendung findet sich nur in Jud 19,22. Das Vorliegen einer
    geprägten Wortverbindung wird durch den Zusatz אנשי בני בליעל
    etwas verdeckt. Diese Beschimpfung kommt in 19,22 etwas zu früh.
    Sie wird von 20,13 her eingedrungen sein. Zum Begriff בני בליעל
    vgl Otzen ThW AT I Sp.654ff

dessen Vorherrschaft sie nicht mehr einverstanden sind, hat
sich in Gibea das Gastrecht gegen den offenbaren Willen der
Mehrheit der Bewohnerschaft 'erzwungen'. Die Gruppe, die die
אנשי העיר umfaßt, ist dadurch in ihrer Kompetenz übergangen
worden, sie versucht jetzt nachträglich, des politisch nicht
genehmen Fremdlings habhaft zu werden. Sei es, daß man ihn
ob seiner Hartnäckigkeit für einen Spion hält, den man befragen möchte, oder auch nur, um ihn demonstrativ vor die
Tore zu setzen. Der Ablauf des nächtlichen Geschehens beweist auch, daß das von einem einzelnen Hausherrn gewährte
Gastrecht nicht ohne seine Zustimmung von seinen Mitbür-
gern aufgehoben werden kann[337]. Die rechtlich starke Position des einzelnen Hausherrn seiner Siedlungsgemeinschaft[338]
gegenüber deutet auf eine geringe politische Organisation
dieser Gesellschaft hin. Eine öffentliche Zentralinstanz mit
Sanktionsgewalt[339] ist nicht vorhanden. Dieses ist ein gemeinsames Merkmal der Siedlungen Sukkoth, Gilead und Gibea
in der Richterzeit. Gleichfalls kennzeichnet eine geringe
Ausdifferenzierung der gesellschaftlichen Einrichtungen alle
diese Siedlungen.


### 7.3.5   Jabes-Gilead

Die Lokalisierung der Stadt Jabes im Bereich des Wadi Jabis
stößt auf allgemeine Zustimmung. Die antiken Überreste von
Jabes wurden zunächst auf dem Tell der el-ḥalāwe vermutet[340]. Glueck, der hier jedoch keine eisenzeitlichen Funde

---

337  Es wäre zu untersuchen, ob in geschlossenen Siedlungsgemein-
     schaften jeder Hausherr autonom bei der Gewährung des Gastrechts
     war. Auch in nomadischen Zeltverbänden, die nicht nur zeitweilig
     zusammenlagern, liegt Gewährung und Ausübung des Gastrechts
     meist beim Schech.
338  Vgl Jos 2,2f, wo der König von Jericho die Initiative ergreift.
339  Der Begriff 'Zentralinstanz' wird hier im Sinne der Definition
     von Sigrist (1967 S.102) gebraucht: "Von Zentralinstanz spreche
     ich nur dann, wenn Instanz, ihr unterstellter Erzwingungsstab
     und eine das Reaktionshandeln beider anerkennende Gruppe zu
     unterscheiden sind."
340  Vgl die Erörterungen bei Abel 1938 S.352

machte[341], schlug dann die tulul abu charaz und el-mek̇bere
vor, die nachweislich zwischen dem 12. und 7. Jh besiedelt
waren[342]. Glueck stützt sich dabei weniger auf die Ergebnisse der Oberflächenuntersuchung als auf seine Interpretation
der biblischen Stellen über Jabes, vor allem auf 1.Sam 31,
11ff. In einer ausführlichen Studie entzieht Noth[343] dieser
Interpretation die biblische Basis. Noth greift seinerseits
eine Bemerkung aus dem Onomastikon des Euseb auf über die
Lage eines Dorfes namens 'Iabeis Galaad'. Diese Angaben bewegen ihn dazu, Jabes-Gilead auf dem Tell el-mak̇lub anzusetzen[344]. Der Tell kommt dem archäologischen Befund nach als
Ortslage des antiken Jabes-Gilead in Frage[345]. Noths Gleichsetzung konnte sich in der Forschung behaupten[346]. Tell el-
mak̇lub ist bisher  - von der Oberflächenuntersuchung Gluecks
abgesehen -  nicht weiter erforscht worden.

In der biblischen Überlieferung kommt Jabes für die vorstaatliche Zeit in Jud 21,8-14; 1.Sam 11; 31,11-13; 2.Sam
2,4-7 vor. Die Texte sollen in dieser Reihenfolge, die
gleichzeitig eine chronologische Ordnung darstellt, auf weitere Informationen befragt werden.

Jud_21,8-14
Literarkritische_und_überlieferungsgeschichtliche_Anmerkungen
Jud 21,8-14 ist ein Teil der Überlieferung von 21,1-14. Diesem Stück geht es darum, die dezimierten Benjaminiten im
wahrsten Sinne des Wortes aufzubauen und mit Frauen zu ver-
sorgen. Die literarkritische Schule zerfällt bei der Beurteilung dieser Tradition in zwei Lager. Die eine Seite schreibt
den Kern der Jabes-Überlieferung einer älteren Quelle zu[347],

---

341  N.Glueck 1951 AASOR 25/28 S.223f
342  Ders. a.a.O. S.261ff; ders. 1943 BASOR 91 S.8; ders. 1943
     BASOR 92 S.4f
343  Noth ABLAK I S.479ff
344  Ders. a.a.O. S.484f
345  Glueck 1951 AASOR 25/28 S.214f
346  Bereits Gressmann 1921 SAT 2,1 S.44; vgl Elliger Artikel Jabes
     BHH II Sp. 790f; Ottosson 1969 S.195f
347  Budde Komm.z.St. erkennt E; Burney Komm.z.St. erkennt J;
     Eißfeldt 1925 sieht seinen L.

die eine nachexilische Bearbeitung erfahren hat; die anderen[348] dagegen halten den Hauptteil für nachexilisch und
zweifeln teils auch seinen historischen Charakter an[349].

Noth übernimmt Buddes These von den zwei Versionen der
Jabes Erzählung[350] und erklärt sie zu Varianten einer ätiologischen Sage, die die besonderen Beziehungen zwischen Jabes und Gibea zum Inhalt habe. Diese ätiologische Sage werde
in Jud 20,48 - einem Zusatz zur Erzählung - vorbereitet.
In der ursprünglichen Erzählung sei nicht von der Tötung aller Benjaminiten, einschließlich der Frauen, die Rede. Demnach sei Jud 21 ein sekundärer Nachtrag, der ätiologische
Sagen unbestimmbarer Herkunft mit dem Kampfesgeschehen in
Gibea verbinde.

Schunck[351] hält 21,5-14 für den Grundbestand der ätiologischen Sage, die von seinem $R^2$ stark überarbeitet und mit Jud
19f verknüpft wurde. Die Bannversion gehe auf die Bearbeitung[352] zurück.

Schunck ist soweit zuzustimmen, als man in Jud 21,1-14
nicht mit durchgängiger Zweisträngigkeit, sondern mit einem
bearbeiteten Grundbestand zu rechnen hat. Die Frage bleibt
nur, ob die dunkle historische Herkunft dieses Grundbestandes nicht doch erhellt werden kann. Betrachtet man die beiden konkurrierenden Frauenbeschaffungsaktionen von Jud 21
im Zusammenhang, so fällt auf, daß sie nicht nur einfach
nebeneinander gestellt sind, sondern durch das Motto der
Verse 1.7a und 18a zusammengehalten werden, auf das auch
V.22b anspielt. Auch sind beide Erzählungen in den Versen
12a und 22a inhaltlich aufeinander bezogen. Diese expli-zi-
ten sachlichen Verknüpfungen lassen vermuten, daß beide
Traditionen gemeinsam in einem literarischen Kontext überliefert worden sind. Dabei sind beide Überlieferungen auf
die Benjamin/Ephraim-Auseinandersetzung von 19f bezogen
worden, mit der sie ursprünglich historisch nicht zusammen-

---

348  Nowack Komm.z.St.; Simpson 1958 z.St.
349  Moore Komm. S.405.407
350  Noth 1930 S.163
351  Schunck 1963 S.60f
352  Ders. a.a.O. S.60 A 29

gehören[353]. Jud 19f und 21 sind nicht nur wegen der gemeinsamen benjaminitischen Tradition zusammengewachsen, sondern
auch, weil sie sich ergänzende und gegenseitig steigernde
Illustrationen der sie rahmenden Merksätze von Jud 19,1a und
21,25 sind. Crüsemann[354] hat aufgezeigt, daß der gemeinsame
historische Ort[355] dieser königsfreundlichen Aussagen, durch
die nicht nur Jud 19f und Jud 21, sondern auch 17f und 19ff
zusammengehalten werden, in der frühköniglichen Zeit zu suchen ist. Damit steht Crüsemann in der historischen Einschätzung des Grundbestandes Eißfeldt[356] nahe, der seinen L, dem
er den Grundbestand hier zuschreibt, zwischen 950 und 850
ansetzt. Diese Rahmenformeln sind keine spätere Zutat, sondern sie verdeutlichen das Interpretationsmuster der in Jud
17-21 gesammelten Traditionen. Die Überlieferungen sind bereits in ihrem vorliegenden Grundbestand von der prokönigli-
chen Tendenz geprägt. Die ideologische Strukturierung hat
auch die Inhalte der rezipierten Traditionen beeinflußt und
teils in ihr Gegenteil verkehrt.

## Soziologische Anmerkungen zu Jud 21,8-14

Die Jabes-Überlieferung von Jud 21,8-14 ruht auf einer historisch sicher zutreffenden Erinnerung an engere politische
und verwandtschaftliche Beziehungen zwischen Gibea in Benjamin und Jabes in Gilead. Diese Verbindung schloß wohl auch
ein gegenseitig gewährtes Konnubium mit ein. Der Austausch
von Frauen ist aber immer eine Folge politischer und sozioökonomischer Umstände. Das Konnubium von Jud 21,8-14 ist
nicht Ursache, sondern Ergebnis der spezifischen Relation
beider Städte. Diese besonderen Beziehungen haben bereits
in der Zeit vor Saul bestanden[357]. Ihren Ursprung können sie
in einer gemeinsamen Interessenlage beider Siedlungen in der
frühen Zeit Israels haben. Bedenkt man, daß Gilead außer von

---

353  Ihr Anschluß wurde vorbereitet durch die Zahlen in 20,35.47
     und den Übergang 20,48; 21,1.
354  Crüsemann 1978 S.155ff
355  Ders. a.a.O. S.162ff
356  Eißfeldt 1964³ S.264
357  1.Sam 11 baut auf diesen Beziehungen auf.

Machir auch von manassitischen und ephraimitischen Sippen
besiedelt worden ist[358], dann fällt eine mögliche Interessenidentität zwischen Gibea und Jabes ins Auge. Von Ephraim ist
bekannt, daß der Stamm bemüht war, seine Vorherrschaft über
die von seiner Gemeinschaft aus kolonisierten Gebiete zu
wahren[359]. Die Unabhängigkeitsbestrebungen der Benjaminiten
konnten wohl auf die Solidarität gleichgesinnter Kolonien im
Ostjordanland rechnen. Das Verhalten der Stadt Gilead in
einer prekären Kriegssituation  - die Stadt zieht es vor,
sich in die Abhängigkeit eines ehemaligen Bürgers und nun-
mehrigen Bandenchefs zu begeben, als Entsatz durch den nahe-
bei wohnenden starken Stamm Ephraim anzufordern -  deutet
auf einen bewußten Versuch hin, von Ephraim unabhängig zu
bleiben. Die vom Kern Ephraims ausgehenden Zentralisations-
tendenzen in der Richterzeit scheinen in den israelitischen
Randgebieten auf erheblichen Widerstand gestoßen zu sein[360].
Wieweit es zu einem gemeinsamen Widerstand im Rahmen des
benjaminitischen Unabhängigkeitskampfes kam, der dann organisierte Formen annahm, das kann nur vermutet werden. Jedenfalls wird die Unterstützung Benjamins sicher mehr als ein
gemeinsames Konnubium umfaßt haben.

Die tendenziöse Bearbeitung von Jud 21,8-14, die ihren
Ausdruck darin findet, daß die Frauen von Jabes nunmehr nicht
freiwillig den Benjaminiten von Gibea überlassen werden,
ist literarisch vom Grundbestand der Tradition nicht ablös-
bar. Daher sind einzelne Aussagen dieser Erzählung über die
Stadt Jabes nur bedingt  - bei Absicherung durch eindeutig

---

358  Vgl Täubler 1958 S.190ff.246ff; de Vaux 1971 S.538f
359  Vgl Jud 12,1-7; 8,1-3
360  Vielleicht verbirgt sich hinter Jos 17,8f eine ähnliche Aus-
     einandersetzung zwischen Ephraim und Manasse. Erste Ansätze
     zur Bildung eines größeren Herrschaftsbereiches in Israel schei-
     nen vom Haus Joseph einige Zeit vor Saul ausgegangen zu sein.
     Verschiedene Faktoren mögen dieses begünstigt haben, u.a. wird
     die geographische Lage eine Rolle gespielt haben, die Ephraim
     eine Auseinandersetzung mit kanaanäischen Städten ersparte.
     Zu fragen wäre auch, ob die ephraimitischen Vorherrschafts-
     bestrebungen im Zusammenhang damit stehen, daß dieser Verband
     noch eine funktionierende soziale Gemeinschaft bildete. Dazu
     wäre auch eine Untersuchung der Organisationsformen der ande-
     ren Stämme erforderlich.

auf die Richterzeit rückführbare Parallelen - historisch
für diese Zeit auswertbar.

In Jud 21,9 ist das יושבי יבישׁ auffällig. Die Wendung
läßt sich hier nicht wie in 21,10.12 durch sachliche Notwendigkeit erklären, noch findet sie sich in 21,8. Ob ein ter-
minologischer Gebrauch vorliegt, der auf bestimmte politische Strukturen verweist, ist von dieser Stelle allein her
nicht entscheidbar. In diesem Zusammenhang könnte das יושבי
יבישׁ in V.9b auch auf die Bearbeitung zurückgehen und der
Vorbereitung von V.10b dienen.


## 1.Sam 11,1-11
### Literarkritische und überlieferungsgeschichtliche Anmerkungen

1.Sam 11,1-11[361] ist ein Teil der vordeuteronomistischen
Saul-Überlieferung[362], der innerhalb dieser Tradition ein
recht selbständiges Stück bildet. Der Text gilt allgemein
als alte, zuverlässige Tradition, die einen historischen
Sachverhalt aus der Anfangszeit Sauls zutreffend schildert[363]. Die Überlieferung ist von einer novellistischen
Darstellungsart geprägt, die sich nicht mehr von der zu-
grundeliegenden Tradition lösen läßt.

Die Erzählung ist inhaltlich und formal offensichtlich
mit den Rettergeschichten aus Jud 3 und 6f verwandt. Ihre
Komposition entspricht dem Aufbau der Berichte über die von
den Rettern geführten Jahwekriege[364]. Diese Überlieferung in
1.Sam 11 ist aber weniger schematisiert und enthält mehr
individuelle Züge[365].

Zum Schema des Jahwekrieges gehört auch die Geistbegabung

---

361  V.12-15 sind ein redaktioneller Ausgleich zu 10,17-27, vgl die
     Komm. von Budde, Nowack, Smith, Stoebe z.St.
362  So Mildenberger 1962 S.17
363  Vgl Budde 1890 z.St.; Gressmann 1921 SAT 2,1 S.42ff; Eißfeldt
     1931 z.St.; Hylander 1932 S.155ff; Stoebe Komm.z.St.
364  Smend (1963 S.17) sieht in 1.Sam 11 die erste Einberufung des
     israelitischen Heerbannes. Das ist angesichts des charismatischen
     Charakters des Zuges nach Jabes sehr unwahrscheinlich (vgl wei-
     ter unten im Haupttext). Zur Übereinstimmung mit Jud 3 und 6f
     vgl die gründliche Untersuchung von Richter 1963 S.175ff.
365  Vgl z.B. den Aufruf zur Kriegsfolge in V.7a, der zwar an Jud 19,
     29 erinnert, aber in Jud 3 und Jud 6f keine Parallele hat.

in 11,6, die Bestandteil der Grundschicht ist[366]. An sekun-
dären Zusätzen werden allgemein in V.7a ואחר שמואל und V.8b
ausgeschieden[367]. Zweifelhafter Herkunft scheint mir auch
V.8a zu sein. Seine einzige Funktion besteht darin, V.8b
vorzubereiten, von dem er kaum zu trennen ist. Außerdem
führt V.8a, rechnet man ihn zur Grundschicht, dazu, daß die
Boten verspätet - erst von Besek - abgeschickt werden.
Der sachliche Zusammenhang von V.7b und V.8a ist merkwürdig.
In keinem der alttestamentlichen Schlachtberichte zieht das
Volk erst aus und wird dann gemustert. Besek mag geographisch
ein hervorragend geeigneter Ort[368] für eine Musterung vor
einem Zug nach Jabes sein; doch beweist dieses nur, daß der
Verfasser des Verses 8 gute Ortskenntnisse besaß. Nicht läßt
sich hieraus schließen, daß Saul vor seinem Zug nach Jabes
tatsächlich seinen Haufen in Besek musterte. Topographische
Möglichkeiten sind nicht mit historischen Sachverhalten
gleichzusetzen. V.8a stört auch den fein komponierten Aufbau
der Erzählung. Zur Grundschicht, die in einer Bearbeitung
mit israelitischer Ausweitung vorliegt, gehören die V.1-6.
7*.9-11.

In der Grunderzählung werden die Hauptbeteiligten ursprünglich nur die Ammoniter mit ihrem Führer Nahas, Jabes und
seine Vertreter, sowie Gibea und Saul gewesen sein[369]. Die
Bearbeitung, die die Tradition auf Israel ausgedehnt hat,
ist noch in den Versen 2b,3aßγ.7a erkennbar. Sie verrät
sich durch das בכל גבול ישראל [370]. Jedenfalls ist diese
Schicht, die die Ereignisse auf Israel bezieht, literarisch
so eng mit der alten Überlieferung verbunden, daß Sammler
und Bearbeiter hier identisch sein dürften.

Die Erzählung besteht aus einer Abfolge von drei Szenen
mit wechselndem Schauplatz, die durch den Gang der Handlung

366 Vgl Ottosson 1969 S.197; anders Hylander 1932 S.158f, der in
    V.6a eine religiöse Deutung verwendet, die nicht zum Grund-
    bestand gehören kann.
367 Vgl die Kommentare von Budde, Nowack, Smith, Stoebe z.St.
368 Vgl zur Lage P.Welten 1965 ZDPV 81 S.138ff
369 Vgl Stoebe Komm. S.226
370 Diese Angabe findet sich sonst nur noch in Jud 19,29; 1.Sam
    27,1; 2.Sam 21,5; 1.Kön 1,3; 2.Kön 10,32.

eng untereinander verbunden sind.

| Exposition | V.1a | Belagerung von Jabes durch die Ammoniter |
|---|---|---|
| 1.Szene (in Jabes) | V.1b-3 | Verhandlung des Nahas mit den Vertretern der Stadt |

          1b - Übergabeangebot der 'Männer' von Jabes (Reaktion auf 1a)

          2 - Bedingung des Nahas (Reaktion auf 1b)

          3 - Bedingte Zurücknahme des Angebots von 1b durch die Ältesten (Konsequenz aus 1b.2)

| 2.Szene (in Gibea) | V.4-9b | die Boten, das Volk und Saul |

          4a - Bericht der Boten

          4b - Wirkung auf das Volk (Reaktion auf 4a, Bestätigung der Erwartung von 3b)

          5a - Einführung der Person Sauls (inhaltlich bezogen auf 4b)

          5b - Antwort auf Sauls Frage (Reaktion auf 5a, sachliche Entsprechung zu 4a)

          6a - Geistbegabung Sauls (Unterbrechung des in 3b.4a vorgezeichneten Handlungsablaufes von außen)

          6b - Wirkung auf Saul (Folge von 6a)

          7a - Reaktion Sauls (Folge von 6ab)

          7b α - Wirkung auf das Volk (unmittelbare Folge von 7a, sachlich parallel mit 6a)

          7bß - Reaktion des Volkes (Entsprechung zu 7a)

          9a - positiver Bescheid an die Boten (Reaktion Sauls auf 7bß, gleichzeitig Aufhebung der negativen Erwartung von 3b und ihrer vermeintlichen Bestätigung in 4b)

| 3.Szene (in Jabes) | V.9b-11 | Rettung der Stadt |

          9bαß - Rückkehr der Boten und Bericht (Ergebnis von 3aß)

          9bγ - Wirkung auf das Volk (unter positivem Vorzeichen sachlich parallel mit 4b, V.9 ist formal im Aufbau mit V.4 parallel)

          10 - Antwort an Nahas (Reaktion auf 9b, Rückbezug auf 3b)

          11a - Entsatz durch Saul (Ergebnis von 7bß)

          11b - Sieg[371] (Folge von 11a, positive Erfüllung der Erwartung von 3bα)

## Soziologische Notizen zu 1.Sam 11,1-11

Die Stadt Jabes wird in den Verhandlungen mit Nahas durch die Gruppe der אנשי יביש und der זקני יביש vertreten. Die Verhandlungen werden von den 'Männern von Jabes' eröffnet.

---

371 Die Schlußnotizen der Schlachtberichte sind recht variabel gestaltet, vgl Jud 3,29; 4,16b; 8,12b; 11,32.33; 1.Sam 4,10.

Die Ältesten schalten sich in dem Moment ein, in dem das
drohende Ergebnis für die Stadt unannehmbar wird. Ihr Vor-
schlag führt zunächst aus der Sackgasse heraus. In 11,5 werden aber die 'Männer von Jabes' als das für die Aussendung
der Boten verantwortliche Gremium genannt. Die gleiche Gruppierung empfängt in 11,9b den Bericht der Boten. Saul nennt
in 11,9a als Adressaten seiner Nachricht den איש יביש.

Die Wendung איש יביש ist singulär im AT. LXX, Targum ed.Lagardianae,
Vulgata und der Syrer haben auch stattdessen אנשי יביש gelesen. LXX
tendiert ohnehin dazu, keine Differenz zwischen 'איש X' und 'אנשי X'
zu machen (vgl zu 1.Sam 11,8). אנשי יביש ist die gebräuchlichere Formel. Die abweichenden Lesarten der obigen Handschriften können als An-
gleichung an 11,9b verstanden werden. Das איש יביש ist als die schwie-
rigere Lesart beizubehalten.
     Gemeinschaften, die mit איש bezeichnet werden, sind im AT Israel[372],
Juda, Ephraim und Benjamin. Städtische Gemeinschaften finden sich, mit
Ausnahme der Stadt Jabes an dieser Stelle, nicht darunter. An allen anderen Stellen werden selbständige Kollektive unter diesem Begriff zusammengefaßt, die politisch weitgehend autonom sind. Vielleicht läßt
der Ausdruck איש יביש durchscheinen, daß es sich bei dieser Siedlung
um eine relativ unabhängige Stadt handelt. Dazu paßt, daß die Stadt
auch im Fall der Belagerung erst von verwandten Siedlungen Hilfe an-
fordern muß. Diese Unterstützung erfolgt nicht automatisch, wie das in
einer Situation zu erwarten ist, in der mehrere Siedlungen einem gemeinsamen, ihnen auch übergeordneten politischen Verband angehören.
Auswärtige Hilfe bedarf der ausdrücklichen Zustimmung der Verantwortlichen der Siedlung.

Der Ausdruck איש יביש kann als ein Hinweis auf die politische Ungebundenheit der Stadt gelten.
     Den relativ differenzierten innenpolitischen Verhältnissen
von Jabes steht die amorphe Masse des עם von Gibea gegenüber, aus der die Person Sauls herausragt. Zwar ist Saul vom
Erzähler bereits in 11,5a herausgehoben worden, doch zur

---

372  Vgl hierzu Schmitt 1970 S.37ff

Hauptperson im Verlaufe der Ereignisse wird er erst durch
die רוח אלוהים von 11,6a und die sich hieran anschließenden
Folgen in 11,7. Seine Anerkennung durch den עם wird vermittelt durch den פחד יהוה in 11,7b.

Die Schilderung Sauls als eines charismatischen Führers bestimmt die Szenerie in Gibea von Anfang an. Zum Charismatiker gehört der עם , der eine in sich ungeschiedene und hand-
lungsunfähige Menge ist. Der עם wird zu einem handlungsfähigen Verband durch die Auswirkungen des Charismas. Keinesfalls kann der Charismatiker Saul hier auf eine bereits vir-
tuell konstituierte Truppe, die nur des Aufrufs bedarf[373],
zurückgreifen. Auch erübrigt das Einbrechen des Charismas
den Einsatz jener Institutionen, die für die Regulierung des
Alltagshandeln zuständig sind. Die Aussagen über den עם von
Gibea, der zu einer handlungsfähigen Gemeinschaft erst durch
die Auswirkung des Charismas wird, dürfen keinesfalls dahin
verstanden werden, daß Gibea als Stadt in ihrer alltäglichen
politischen Organisation weniger differenziert war als Jabes.


## 1.Sam 31,11-13

Das Stück gehört mit 1.Sam 11 zusammen zum ältesten Bestand
der Saul Tradition[374]. Es enthält ein in sich abgeschlosse-
nes Unternehmen, das ausgelöst wird von der in 31,10 berichteten Aktion der Philister.

Der Aufbruch des איש חיל von Jabes erfolgt offensichtlich

---

373  Anders Noth 1930 S.109, der zu dieser Stelle feststellt, Saul
     "berief den Heerbann der amphiktonischen Stämme nach Besek...".
     von Rad 1965⁴ S.21; Pedersen 1940 (III/IV) S.43; Mildenberger
     1962 S.179f; Alt setzt 1930 (KS II S.18) den Heerbann noch nicht
     für 1.Sam 11 voraus, 1951 (KS II S.118f) hat er sich Noth ange-
     schlossen. Zur Kritik an der Konzeption des 'Heiligen Krieges'
     als typisch israelitischer Institution vgl M.Weippert 1972,
     ZAW 84, S.460ff; H.Jones 1975 VT 25 S.642ff.
374  Vgl Nübel (1959 S.64), der dieses Stück zum Grundbestand der
     Aufstiegsgeschichte Davids zählt, ebenso Mildenberger (1962
     S.116f). "Unser Geschichtsschreiber versucht das Königtum Sauls
     gleichsam im Schema des davidischen Königtums zu erfassen."
     (S. 65f). Schunck schreibt das Stück einer Gilgal-Jabes-Quelle
     zu (1963 S.107 A 173). Eine Abfassung in der frühen Königszeit
     Davids und damit die zeitliche Nähe zu den historischen Ereig-
     nissen scheint damit wahrscheinlich.

spontan auf die Nachricht von 31,10b hin. Dem entspricht
auch, daß hier weder die אנשי יביש noch die זקני יביש
genannt sind, wie in 1.Sam 11,1-3. Der informelle Charakter
des Streifzuges und seine Begleitumstände deuten an, daß der
איש חיל von Jabes keine feststehende Einrichtung der Stadt
darstellt. In 1.Sam 11,1-3 handelt es sich um die förmliche
Aussendung einer Delegation der Stadt. In 31.11-13 fehlen offizielle Institutionen, und als Bezugsgruppe werden die אנשי
יביש genannt. Der איש חיל könnte eine ad hoc aus den אנשי
יביש zusammengestellte 'Truppe' sein, deren Teilnehmer sich
vor allem durch ihren Wagemut auszeichnen[375].

## 2.Sam 2,4b-7

V.4b verbindet Davids Botschaft an Jabes mit der vorhergehen-
den Salbung zum König über Juda in V.4a und ordnet die Tradition historisch entsprechend ein. Das Stück V.5-7 ist Bestandteil der Aufstiegsgeschichte Davids[376]. Von geringfügigen Variationen in der Überlieferung[377] und einer Umstellung
abgesehen[378], ist der Text gut überliefert.

Empfänger der Botschaft Davids sind die אנשי יביש , die
gleiche Gruppe, die auch Sauls Nachricht in 1.Sam 11,9b erhält. Davids Aufforderung והיו לבני חיל zielt auf diese
Gruppe ab. Das בני חיל ist hier im gleichen Sinn gebraucht
wie das איש חיל von 1.Sam 31,12. Die Bezeichnung אדון [379]
ist zwar ein geläufiger Titel für den König, sie beinhaltet

---

375 חיל איש ist gegenüber בן חיל wesentlich seltener belegt. Außer
   in 2.Sam 24,9, wo es mit 'Kriegsmann' wiedergegeben werden kann,
   bezeichnet איש חיל an den übrigen Stellen (1.Chr 10,12// 1.Sam
   31,11; Jud 3,29; 1.Kön 1,42; 1.Chr 26,8) jemanden, der als
   Person durch die Eigenschaft חיל ausgezeichnet ist und kein
   Kollektiv.
376 Vgl Nübel 1959 S.67f.123; Mildenberger 1962 S.117 A 46; anders
   Grønbaek 1971 S.225
377 LXX hat in V.5 ἡγούμενος statt ἄνδρες . Da der Terminus
   in V.4b aus V.5 stammt, bezeugt LXX indirekt die Ursprünglichkeit von אנשי יביש auch in V.5. ἡγούμενος ist eine Änderung,
   die auf einem Vorurteil über die dem König angemessenen Gesprächspartner beruhen kann. LXX läßt David mit der ihm adäquaten Ebene der Hierarchie in Jabes korrespondieren.
378 Vgl hierzu die einschlägigen Kommentare z.St.
379 Vgl den entsprechenden Artikel von Eißfeldt אדון in ThW AT I
   Sp.65

aber nicht zwangsläufig ein spezifisches Herrschaftsverhält-
nis von Saul zu Jabes. Daß David in 2.Sam 2,5-7 sich an die
אנשי יבש wendet, ist indirekt eine Bestätigung dafür, daß
der איש חיל von 1.Sam 31,12 keine dauerhafte Institution
der Stadt und keinen geschlossenen Kreis darstellte.

## Die gesellschaftlichen Verhältnisse in Jabes

Die Stadt Jabes erscheint in den Texten als relativ unabhän-
giger politischer Verband. In Verhandlungen mit auswärtigen
'Mächten' heißt dieser Verband 'איש יבש' oder 'ישבי יבש'.
An gesellschaftlichen Gruppierungen treten innerhalb der
Stadt die Ältesten und die 'Männer' von Jabes hervor. Die
Ältesten sind so etwas wie ein handlungsbevollmächtigtes
Gremium von Repräsentanten. Die entscheidende Kompetenz in
militärischen und außenpolitischen Fragen liegt jedoch bei
den 'Männern' der Stadt. Die Ältesten können zwar die Ausführung eines Beschlusses der 'Männer' zeitweilig aufschie-
ben, ihn letztlich aber nicht verhindern.

   Die politische Struktur der Stadt Jabes weist große Ähnlichkeiten mit derjenigen der Städte Sukkoth, Gilead und
Gibea auf. Auch Jabes kennt keine öffentliche Zentralinstanz. Die Bildung öffentlicher Instanzen orientiert sich
offensichtlich an Merkmalen wie 'Alter' und 'Geschlecht'
sowie sozialer Position.

## 7.4   Die israelitische Stadt der Richterzeit

Die Übereinstimmungen in der Organisation des öffentlichen
Lebens dieser vier richterzeitlichen Städte  - Sukkoth,
Gilead, Jabes, Gibea -  sind bemerkenswert. Daher soll in
diesem Abschnitt der Versuch gewagt werden, den sozialgeschichtlichen Idealtypus 'israelitische Stadt der Richterzeit' zu konstruieren. Als Material werden die inzwischen
mittels Exegese erhobenen Daten zu diesen vier Städten dienen. Besondere Aufmerksamkeit wird dabei den aufgetretenen
sozialen Gruppierungen und den sich abzeichnenden politischen wie sozioökonomischen Positionen gelten.


### 7.4.1   Die Beziehungen der Städte untereinander

Die israelitischen Städte der Richterzeit stehen politisch
recht unverbunden nebeneinander. Eine Zugehörigkeit zu einem
gemeinsamen Herrschaftsverband ist nicht nachweisbar. Die
Siedlungen handeln politisch weitgehend unabhängig voneinander. Sichtbar wird dieses auch an den Begriffen, mit denen die Städte als Verhandlungspartner bezeichnet werden.
Hier werden die 'X יושבי ' genannt, oder es ist von den
'X אנשי /Xאיש ' die Rede. Solche Termini können als Indikator
für die außenpolitische Unabhängigkeit der Stadt gelten. Die
betreffende Stadt ist eine politische Gemeinschaft sui generis. Die Wendungen deuten auch bestimmte innenpolitische
Strukturen an[380]. Ein gemeinschaftliches Handeln, das mehrere

---

380 Ähnliche innenpolitische Verhältnisse lassen die El Amarna
Briefe für einige syrische und palästinensische Städte erkennen, vgl Artzi 1964 ZA 58 S.161ff zu EA 59, EA 140; Reviv 1969
JESHO 12 S.286f.290; ferner EA 139, 280, 289, 290. In den drei
letzten Briefen ist von den eigenmächtigen politischen Taten
der Männer von Kegila die Rede.

Städte miteinander verbindet, kommt nur unter äußerer Bedrohung zustande. Benjaminitische Siedlungen verbünden sich
gegen Ephraim, um ihre Unabhängigkeit zu behaupten bzw zu
erringen. Die Wahl der Bündnispartner erfolgt offensichtlich
auch unter dem Gesichtspunkt, die eigene Selbständigkeit
nach außen nicht durch militärische Verpflichtungen zu beein-
trächtigen. Zwischen einzelnen Siedlungen scheint es so etwas wie ein stillschweigendes Einvernehmen über gegenseitigen Beistand bei äußerer Bedrohung gegeben zu haben. Als Prototyp können hier die Beziehungen zwischen Gibea und Jabes
gelten. Doch sind keine interkommunalen Institutionen erkennbar, die gegebenenfalls gemeinsame Angelegenheiten organisieren und regeln könnten. Besonders deutlich wird dieses
Fehlen derartiger Organisationsformen beim Entsatz der Stadt
Jabes durch Kriegsscharen aus Gibea unter der Führung Sauls.
Das Hilfegesuch aus Jabes trifft in Gibea nicht auf vorhandene Einrichtungen, die sozusagen nur in den Dienst gestellt
werden müßten. Jabes kann an Gibea einen Appell schicken.
Die bedrohte Siedlung ist darauf angewiesen, daß die so Aufgerufenen freiwillig Folge leisten. Gerade der charismatische Charakter des von Saul geleiteten Unternehmens belegt
das Fehlen institutioneller Hilfsmöglichkeiten.

Die Auseinandersetzungen Gideons mit Sukkoth zeigen auf,
daß z.B. zwischen Ophra[381] und Sukkoth kein derartiges Einvernehmen bestand. Die Stadt Sukkoth verweigert die erbete-
ne Hilfeleistung. Die Männer Ophras haben keinen Anspruch
auf Unterstützung bei ihrem Zug gegen die Midianiter. Beide Seiten, die Männer Ophras wie die Männer Sukkoths, handeln auf eigenes Risiko. Die folgerichtig für Sukkoth hieraus erwachsende Sanktion betrifft nur ihre Siedlung. An dieser Strafaktion der Abiesriten unter Gideon ist weniger auffällig, daß sie tatsächlich wie angedroht auch eintritt,
als daß sie für Abieser und Gideon keine Konsequenzen hat.

---

381  Gideon gehört der Sippe Abieser an, die in Ophra wohnhaft ist.
     Daher wird Ophra auch 'עפרת אבי העזרי' genannt (Jud 6,24).
     Gideon ist offenbar mit der gesamten Kriegsmannschaft Ophras
     (Jud 7,6 vgl Am 5,3) aufgebrochen. In diesem Sinne kann er als
     - wenn auch selbst ernannter - Repräsentant Ophras gelten.

Sukkoth steht Abieser/Ophra allein und ohne Verbündete gegenüber. Als die Stadt Sukkoth in dem zweiseitigen Konflikt unterliegt, kann sie nicht auf Hilfe von anderen israelitischen
Siedlungen rechnen[382]. Dieses darf so verstanden werden, daß
die israelitischen Siedlungen des mittleren Jordantales im
Bereich des Jabbokunterlaufes keine gemeinsame Organisation
zu ihrem Schutz besaßen.

Ähnlich stellt sich die Lage der Stadt Gilead, als sie von
den Ammonitern belagert wird. Gileads Vertreter unternehmen
nicht wie die von Jabes einen Versuch, von einer ihnen verwandten und/oder benachbarten Siedlung Entsatz anzufordern[383]. Sie ziehen es vor, eine ihnen nahestehende Freischar mit einem ihrer ehemaligen 'Bürger' an der Spitze an-
zuheuern. Der mangelnde politische Zusammenhalt der israelitischen Städte des Ostjordanlandes wird so überdeutlich. Aber
die Stadt Gilead kann sich den Luxus einer Freischar leisten;
die Siedlung muß über entsprechende ökonomische Ressourcen
verfügen. Denn daß Jephta mit der Würde eines militärischen
Krisenmanagers und der Ehre eines Retters allein entlohnt
werden könne, kann nicht als realistische Ausgangsposition
der Stadt für die Verhandlungen mit ihm gedacht werden.
Nicht vorhergesehen in der Planung war, daß die Wahrung der
außenpolitischen Unabhängigkeit innenpolitische Veränderungen nach sich ziehen würde[384].

---

382  Die Auseinandersetzungen zwischen Ophra und Sukkoth lassen ver-
     muten, daß Sukkoth in jener Zeit eine nichtisraelitische Bevöl-
     kerung hatte. Gegen diese Annahme sprechen allerdings die Ver-
     handlungen zwischen Gideon und Sukkoth. Gideon erwartet ganz
     selbstverständlich von Sukkoth Unterstützung für seinen Feldzug.
     Auf der 'beeindruckenden Zahl' der mitgebrachten Kriegsschar
     kann diese Erwartung schwerlich beruht haben. Denn auch nach
     dem Sieg über die Midianiter nimmt er Sukkoth nicht ein, son-
     dern erreicht nur eine Bestrafung der Verantwortlichen. So bleibt
     nur der Schluß übrig, daß Gideon von der Stadt Sukkoth Unterstüt-
     zung erwarten durfte, da zwischen den Bewohnern von Ophra und
     jenen von Sukkoth bereits in irgendeiner Form verbindliche so-
     ziale und politische Beziehungen (Verwandtschaft oder Vertrag,
     beides geht ineinander über) bestanden.
383  Ein Umstand, der recht befremdlich anmutet, denkt man an die
     vermeintliche Organisation der Stämme innerhalb einer Am-
     phiktyonie.
384  Die Situation der kanaanäischen Stadt Kegila ist nach 1.Sam 23
     vergleichbar. Die Stadt wird ihren Retter David erst wieder

7.4.2   Die städtische Gesellschaft

Der politische Alltag der Städte wird von zwei Gruppen bestimmt, den Ältesten der Stadt und den 'Männern der Stadt'.
Die Position des ראש und die des קציר ist nur für außergewöhnliche Situationen belegt.

Die Ältesten

Die Ältesten[385] sind als Vertreter einer israelitischen Siedlung[386] in der Richterzeit für Sukkoth, Gilead, Jabes und
Bethlehem (1.Sam 16,4) überliefert. Die Ältesten sind die
typischen Repräsentanten einer Siedlung nach außen. Sie können stellvertretend für ihre Stadt zur Rechenschaft gezogen
werden (Jud 8,16). Älteste werden auch als Unterhändler zu
Dritten ausgesandt, wobei sie weitgehende Vollmachten in der
Verhandlungsführung haben können (Jud 11,5-10). Im außenpolitischen Bereich liegt ihre Hauptaufgabe in der personalen

---

los, als dieser selber von einer dritten Macht bedroht wird und
seine Position in Kegila nicht mehr halten kann. Das von David er-
wartete Verhalten der בעלי Kegilas weist darauf hin, daß seine
Herrschaft nicht unbedingt den politischen Traditionen dieser
Stadt entspricht. Aus der El Amarna Korrespondenz ist bekannt,
daß Kegila keinen eigenen Stadtherrscher besaß und eifrig bemüht war, nicht in die Abhängigkeit eines größeren Herrschaftsverbandes zu geraten, vgl EA 28,18; 289,29; 290,18.

385   Zu den Ältesten als Repräsentanten größerer sozialer Gemeinschaften vgl die Artikel von Botterweck/Conrad ThW AT II Sp.
644ff; McKenzie Bib 40 1959 S.522ff. Die von Conrad postulierte
Ableitung der Ältestenverfassung aus dem Nomadismus macht weitreichende Annahmen zur Entstehung des Staates und ist entsprechend kritikbedürftig. Älteste als 'politische Funktionäre'
einer sozialen Gemeinschaft sind allenfalls ein Indiz dafür,
daß diese Gemeinschaft gesellschaftlich auf der Basis von
Verwandtschaftsbeziehungen organisiert ist, nicht aber für
eine wie auch immer geartete nomadische Wirtschafts- und Le-
bensform.

386   Jos 9,11 werden die Ältesten von Gibeon erwähnt. Dieses ist
die einzige Stelle im AT, an der die Ältesten einer kanaanäischen Stadt erscheinen. Der Vermutung, daß hier eine Übertragung israelitischer Verhältnisse auf Gibeon vorliege, kann
entgegnet werden, daß Gibeon zur Gruppe der 'demokratisch'
regierten kanaanäischen Städte gehört. Für Gibeon sind nicht
nur Älteste belegt, sondern es finden sich auch Anzeichen für
die Institution der 'Männer der Stadt', die im AT nur für
Städte überliefert ist, die zum Herrschaftssystem 'primitive
Demokratie' gehörten.

Vertretung ihrer Stadt. Diese Funktion kennzeichnet fast alle Stadtälteste des Alten Orients. Die Ältesten Kleinasiens in der hethitischen Zeit[387] nehmen derartige Aufgaben wahr wie auch die Stadtältesten des syrisch-palästinensichen Gebietes[388]. In vergleichbarer Stellung sind auch Stadtälteste aus sumerischen und akkadischen Texten bekannt[389].

Die Ältesten sind keine unabhängige Herrschaftsinstanz ihrer Stadt, geschweige denn ein Regierungsorgan[390].

## Die 'Männer der Stadt' אנשי העיר

In der Stadtpolitik wirken die Ältesten mit den 'Männern der Stadt' zusammen. Die 'Männer der Stadt' treten in den Texten als die Gruppe hervor, bei der die entscheidende Macht liegt. Die 'Männer der Stadt' bestimmen letztlich, ob die Stadt ein Kapitulationsangebot akzeptiert oder ablehnt (1.Sam 11,10). Sie sind auch zuständig, wenn es gilt, einer vorüberziehenden Streifschar Unterstützung zu gewähren oder zu verweigern (Jud 8,5). An ihre Adresse sind die für die Stadt bestimmten Mitteilungen Dritter gerichtet (1.Sam 11,9; 2.Sam 2,5). Die Anwesenheit Fremder in einer Stadt ist Sache der 'Männer der Stadt', nicht der Ältesten (Jud 19,22).

Die אנשי העיר sind die Gruppe, bei der die Entscheidungsbefugnis über Krieg und Frieden liegt. Die Texte enthalten

---

387  Klengel (1965 ZA 57 S.229) verweist auf die Rolle, die die Ältesten der Stadt Zalpa in den Verhandlungen mit dem hethitischen König spielen.

388  Vgl Reviv 1969 JESHO 12 S.287; Sloush 1913/14 S.303ff

389  Vgl Klengel 1960 Or 29 S.368f

390  McKenzie (1959 Bib 40 S.525) sieht in den Ältesten ein 'governing body', dessen Kompetenzen über seine repräsentativen Funktionen weit hinausgehen. Die Ältesten erscheinen in den Texten der Richterzeit aber nicht als Körperschaft mit eigener Befehlsgewalt. Teilweise übernehmen sie die Funktionen der Exekutive. Bedeutsam ist auch ihre Rolle im Rechtsgeschehen. Die Entwicklung des Rechts vom Bundesbuch zum Deuteronomium führt zur Minderung der Rechte des Hausvaters in Familienfragen und zur Einschaltung der Ältesten gerade in diesen Angelegenheiten. Die Ältesten bekommen bei der Bildung größerer sozialer Gemeinschaften Aufgaben zugewiesen, deren Erfüllung für das Funktionieren der Gesellschaft unerläßlich ist. Zu den vielfältigen Aufgaben der Ältesten vgl auch Bornkamm ThW NT VI S.655-658.

keine Hinweise darauf, daß die אנשי העיר eine kleine Auswahl aus den Männern der Stadt darstellen. Die Situationen,
in denen die 'Männer der Stadt' auftreten, lassen erkennen,
daß es sich hier um eine Versammlung aller rechtlich freien
und ökonomisch selbständigen Männer[391] der Stadt handelt.
Sie sind nicht mit dem Kreis der Ältesten gleichzusetzen[392].
Doch bilden die Ältesten eine Untergruppe[393] der 'Männer
der Stadt'. Die אנשי העיר sind die Gesamtheit aller rechtlich freien Männer der Stadt, eine Gruppierung, die für die
Verteidigung zuständig ist.

### Exkurs zum Vorkommen der אנשי העיר im AT

Die Gruppierung אנשי העיר bzw der X אנשי wird im AT 53mal erwähnt[394].
Ca 25mal handelt es sich bei den 'Männern der Stadt' um eine Gruppierung
in außerisraelitischen Städten.

Bedenkenswert sind hier die Stellen, an denen die 'Männer der Stadt'
als eigenständige Gruppe in den Angelegenheiten ihrer Stadt sichtbar
werden[395]. Nur diese Stellen werden im folgenden untersucht. Dabei werden Aussagen über nichtisraelitische Städte mit berücksichtigt.

Gen 19,4 fällt durch die Doppelung ואנשי העיר אנשי סדם...מנער ועד זקן

---

391 Die נערים sind zwar rechtlich frei, aber ökonomisch nicht
    selbständig (vgl Stähli 1978 S.178). Die Texte lassen nicht
    erkennen, ob eine ökonomische Bindung innerhalb der Familie
    - erwachsener, verheirateter Sohn in patriarchalisch geführ-
    ter Hauswirtschaft - von der Versammlung der 'Männer der
    Stadt' ausschließt.
392 Wolf 1947 JNES 6 S.99 identifiziert die Ältesten der Stadt
    und die Männer der Stadt miteinander.
393 Zu den 'Männern der Stadt' gehören nicht nur diejenigen, die
    zum Kampf ausziehen, sondern auch die, die dem 'Landsturm'
    angehören, die älteren Männer, die nicht Älteste sind.
394 Nicht mitgerechnet wurden hier die Nennungen in den Rückwan-
    dererverzeichnissen von Esra 2,22ff; Neh 3,2ff; 7,26-33. Hier
    handelt es sich offensichtlich um eine Aufzählung der männli-
    chen Bevölkerung, nicht aber um eine Versammlung der betref-
    fenden Orte. In den Listen wechselt auch der Ausdruck אנשים mit
    בן/בני ab, was dagegen spricht, daß 'Männer' hier als eine ge-
    prägte Wendung mit spezifischem soziologischen Hintergrund vorliegt.
395 Außer Betracht bleiben hier die Stellen, an denen X אנשי /
    אנשים Krieger bedeutet (Jos 7,4f; 8,14.20f.25; 2.Sam 11,16),
    die gesamte Bevölkerung gemeint ist (Jud 9,49; 19,16; Gen 13,13;
    1.Sam 5,9; Jer 48,31.36; Jon 3,5; 1.Chr 4,22), oder es sich um
    eine Herkunftsbestimmung handelt (2.Kön 17,30).

כל העם מקצה      auf. Ist אנשי סדם[396] hier ein späterer Zusatz, dann
wird das auch für die Explikation מנער ועד זקן כל העם מקצה in V.4aßb
gelten, die durch das אנשי סדם vorbereitet wird. Ursprünglich werden
nur die אנשי העיר sich nach den Fremden erkundigt haben. Die an אנשי
סדם anknüpfende Erläuterung ist indirekt ein Hinweis dafür, daß die
אנשי העיר eben nicht 'alles, was männlich ist', umfaßt haben. Da es
mehr als unwahrscheinlich ist, daß über die Stadt Sodom zur Zeit der
Abfassung dieses Textes noch so detaillierte Kenntnisse bestanden haben,
wird es sich hier bei der Erwähnung der אנשי העיר um eine Übertragung
israelitischer Verhältnisse auf eine fremde Stadt handeln.

Gen 24,13 ist von den בנות אנשי העיר die Rede. Abrahams Knecht will
sich aus diesem Kreis eine Braut für Isaak ersehen. Wollte der Knecht
nur eine der unverheirateten Frauen bzw Jungfrauen sich aussuchen, so
könnte hier auch נערות/בתולות העיר bzw בנות יושבי העיר stehen. Der
Ausdruck בנות אנשי העיר grenzt die Bezugsgruppe ein, nur die Töchter
der zu den אנשי העיר gehörenden Bewohner, nicht die Töchter aller Bewohner der Stadt, kommen als Bräute in Frage. אנשי העיר wird hier soviel bedeuten wie 'die freien Männer der Stadt'. Auch bei dieser Stelle
dürfte es sich um eine Übertragung israelitischer Verhältnisse auf eine
fremde Stadt handeln.

Gen 34,20 verhandeln Hamor und Sichem wegen der Jakobiten mit den
אנשי עירם , die in 34,24 יוצאי שער עירו heißen. Dieser Ausdruck kennzeichnet sie als die Gruppe der kampfesfähigen Männer der Stadt[397].
Diese Gruppe hat also in Sichem über die Aufnahme der Jakobiten in den
Stadtverband und die dabei zu erfüllenden Bedingungen zu befinden. Bei
diesem Beleg kann nicht ausgeschlossen werden, daß israelitische Verhältnisse in die Schilderung eingeflossen sind, denn in Jud 9 spielt
die Gruppe der 'Männer der Stadt' für Sichem keine Rolle. Doch ist die
Frage der 'israelitisierenden Verzeichnung' hier nicht so eindeutig zu
beantworten wie bei der Beschreibung der Stadt Sodom und der Stadt
Nahors. Eine Antwort könnte erst die Untersuchung des Verhältnisses
der Sichem-Tradition von Jud 9 und Gen 34 bringen.

Jos 10,6 senden die 'Männer' von Gibeon Boten nach Gilgal, um Josua

---

396  Vgl Gunkel Komm.z.St.; anders Westermann Komm.z.St.
397  Zu dem Terminus יוצאי שער    vgl die Kontroverse zwischen Speiser
     (BASOR 114 S.20ff - 1956) und Evans (BASOR 150 1958 S.28ff).
     In diesem Fall wird es sich um die Gesamtheit der kampfesfähigen
     Männer handeln.

zur Hilfe aufzufordern.

1.Sam 5,7f beschließen die 'Männer' von Asdod, daß die Lade bei ihnen nicht bleiben soll, und bieten die סרנים zur Beratung auf.

1.Sam 6,15.19f ist von den 'Männern' von Bethsemes die Rede. V.15 ist ein späterer Zusatz zum Text[398], der hier außer Betracht bleiben kann. In V.19 läßt sich das 'Männer' von Bethsemes auch als 'Bewohner' von Bethsemes verstehen, aber in V.19aß fällt die Ausweitung auf den עם auf. In V.20 fassen die 'Männer' von Bethsemes und nicht der עם den Beschluß, die Lade weiterzusenden. Das Verhältnis von עם und אנשים deutet m.E. an, daß es sich bei den 'Männern' um eine besondere Gruppierung in der Stadt Bethsemes handelt, die für die Lösung des Problems zuständig ist.

1.Sam 7,1 holen die 'Männer' von Kirjath Jearim die Lade ab und nehmen Eleasar ben Abinadab in ihren Dienst.

Die Belege zu Gibeon, Asdod, Bethsemes und Kirjath Jearim können zutreffende Berichte über gesellschaftliche Gruppierungen in diesen Städten sein.

Die Texte bieten keinen Anhalt für die Behauptung, daß die 'Männer der Stadt' eine kleine Herrschaftsgruppe sind. Sie lassen deutlich werden, daß in den genannten kanaanäischen Städten die freien kriegsfähigen Männer in ihrer Gesamtheit wesentlichen Einfluß auf die städtische Tagespolitik nehmen.

Die israelitischen Städte der Richterzeit weisen vergleichbare Zustände auf, wie die Erörterungen zu Sukkoth, Gibea und Jabes gezeigt haben. Jud 12,4f könnte ein weiterer Beleg für die Existenz dieser Gruppierung sein, falls Gilead hier der Name einer Stadt und nicht der Region ist. Nach den Ereignissen von Jud 11,1-11 ist das nicht unwahrscheinlich.

Jud 6,27f.30 untersuchen die Männer von Ophra (אנשי העיר) einen Kultfrevel. Nach Dtn 21,30 und 22,21 ist die Vollstreckung der Todesstrafe am ungehorsamen Sohn und der unkeuschen Tochter ihre Aufgabe. 1.Kön 21,11 werden die Ältesten und die חורים von Jesreel als אנשי העיר bezeichnet, die für die Ausführung des Justizverbrechens an Naboth zuständig sind. Die חורים finden sich in alten Überlieferungen nicht. Zuerst werden sie von Jeremia erwähnt (Jer 27,20 und 34,6)[399].

---

398  Vgl Stoebe Komm.z.St.
399  Evans (1962 JRH S.7f) vermutet von 2.Chr 32,6 her, daß sich hinter Jer 17,19 eine politische Versammlung des Volkes verberge.

חורים sind wohl nur eine kleine Schicht bessergestellter und einflußreicher 'Bürger'. Diese Schicht umfaßt nicht mehr alle freien und
kriegsfähigen Männer einer Stadt[400].
In der Königszeit treten die 'Männer der Stadt' als politischer Faktor
kaum noch in Erscheinung[401].
   2.Kön 2,19 wenden sich die אנשי העיר von Jericho an den Propheten
Elisa wegen ihres ungenießbaren Wassers. 2.Kön 23,17 geben die אנשי
העיר von Bethlehem Josia Auskunft über ein Denkmal. Jer 11,21-23 enthält ein Drohwort des Propheten, das er an die 'Männer' von Anathot
richtet, die ihm das Weissagen verbieten wollen.

Die Versammlung der אנשי העיר hat nur in der vorstaatlichen
Zeit Israels in den Städten die politische Gewalt. In der
Königszeit verliert die Gruppierung der 'Männer der Stadt'
durch das zentral organisierte und geleitete Heer sowie
durch die Übernahme des Verteidigungswesens der einzelnen
Städte durch die Zentralregierung ihre Machtbasis und ihren
wichtigsten Einflußbereich[402]. Die Gruppe scheint sich aber
in der Königszeit[403] in bestimmten Einflußbereichen (Jud 6,
27f.30) behauptet haben zu können, möglicherweise gelang dieses ihr eher in den Städten, die keine königlichen Residenzen
hatten (Jer 11,21-23).

'Männer der Stadt' und Stadtälteste

In der israelitischen Stadt der Frühzeit bestanden zwei Gremien nebeneinander, die im politischen Alltag aufeinander
angewiesen waren und zusammenarbeiteten. Die wesentliche

---

400  2.Chr 32,6 richtet sich Hiskia aber an die Versammlung der
     Heeresobersten, nicht an eine allgemeine Volksversammlung.
     Es scheint mir sehr zweifelhaft zu sein, daß das Tor Jerusa-
     lems in der Königszeit der Ort politischer Versammlungen des
     Volkes im Sinne einer ständigen Einrichtung war, wie Evans das
     annimmt. Mehr als einen allgemeinen Treffpunkt wird es nicht
     geboten haben.
401  Jes 34,12 stammt aus nachexilischer Zeit (vgl Sellin/Fohrer
     1965[10] S.405).
402  Vgl Ploeg 1950 S.57f; ders. 1951 S.54
403  2.Sam 24,1-9 zeigt, welche Widerstände in Israel-Juda gegen
     eine von der Zentralmacht durchgeführte Musterung bestanden.
     Verständlich wird die Ablehnung der Musterung vor allem dann,
     wenn mit ihr eine Verletzung örtlicher Machtinteressen einherging.

Macht lag sicher bei der Gruppe, die faktisch durch ihre Verfügung über die Waffen sich auch gewaltsam in inneren Konflikten behaupten konnte, bei den אנשי העיר.
Berichte über Alltagssituationen, in denen diese Gruppierung eine Rolle spielt, fehlen. Das kann als Indikator dafür
gelten, daß diese Versammlung keine ständigen Organe kannte
und keine festgefügte dauerhafte Institution im Sinne einer
Behörde darstellte, sondern ad hoc und bei Bedarf zusammen-
trat. Allerdings müssen die Kriterien, die über die Zugehörigkeit entschieden, für alle einsichtig und überprüfbar gewesen sein.

Eine Versammlung der 'Männer der Stadt' ist hauptsächlich
für Krisensituationen belegt, deren Lösung in jeder Hinsicht
von dieser Gruppe nicht nur zu verantworten, sondern dann
auch zu tragen war. Die Stadtältesten erscheinen mehr als
Repräsentanten ihrer Siedlung und als eine Art von Ratsversammlung neben den 'Männern der Stadt'. Die 'Männer der
Stadt' sind eher so etwas wie eine Vollversammlung. Die
Stadtältesten sind für das politische Kleingeschäft und in-
nerstädtische Konfliktregelungen zuständig. In der Königszeit treten beide Gruppierungen in den politischen Hintergrund. Die Stadtältesten verlieren in den Texten ihre politischen Funktionen an die 'Ältesten Israels' und die 'Ältesten Judas'. Sie werden weitgehend auf die Erfüllung judi-
kativer Funktionen im Rechtsprozeß reduziert[404], während den
'Männern der Stadt' hier die Exekutive verbleibt. Allerdings
sind nach 1.Kön 21,8ff die Ältesten von Jesreel, abgesehen
von ihrer rechtlichen Funktion an dieser Stelle, zusammen
mit den חורים zuständig für die Anordnung einer Fastenzeit.
Dieses Geschehen deutet an, daß die Repräsentanten der Orts-
gemeinde noch im 9. Jh in wichtigen Entscheidungen vom König
institutionell unabhängig waren[405]. Das Ausrufen eines für

---

404  Vgl Dtn 19,12; 21,2ff.6.19f; 22,15-18; 25,7.9; Jos 20,4;
     Ru 4,2.9.11
405  In welchem Verhältnis die 'Ältesten Israels' und die 'Ältesten
     Judas' zu den Stadtältesten stehen, kann hier nicht geklärt wer-
     den. Die Kreise können sich überschneiden, müssen aber nicht in
     allen Mitgliedern identisch sein. Offen bleibt auch die Beziehung
     zwischen den Stammesältesten, den Stadtältesten und den Ältesten

alle Bewohner der Stadt verbindlichen Fastens ist nicht nur
eine kultische Angelegenheit, sondern stellt auch einen Ein-
griff in das Wirtschaftsleben der Stadt dar.

   Dieses primitive demokratische Herrschaftssystem der israelitischen Städte  - Vollversammlung aller freien Männer und
Rat der Ältesten -  entspricht der Verfassung altorientalischer Städte des Zweistromlandes[406] und auch ihrer Kolonien
in Kleinasien.

## Exkurs zur 'primitiven Demokratie' in Mesopotamien

Formen primitiver demokratischer Organisation[407] sind literarisch überliefert für die Städte Uruk, Assur, Sippar und die altassyrische Handelskolonie Kanesch.

## Uruk

Das Gilgamesch-Epos wird von den Altorientalisten als Beleg für die
Existenz primitiver demokratischer Herrschaftsverhältnisse in Uruk herangezogen, da hier zwei Versammlungen der Stadt sichtbar werden, die

----

      Israels bzw Judas. Falls die Stammesältesten nicht eine politische
      Fiktion aus der Königszeit sein sollten (was auch für die Ältesten
      Israels bzw Judas gelten könnte), sollten sie nicht ohne einge-
      hende Untersuchung der Texte mit anderen Ältestengruppierungen
      gleichgesetzt werden.
      Vgl auch Timm 1982 S.122. Sollte die von Timm wahrscheinlich ge-
      machte Vermutung, daß Naboth ein Bürger Samarias war (ders. a.a.O.
      S.118ff), sich beweisen lassen, dann wären die Vorgänge von 1.Kön
      21,1-16 gar ein Beleg für die politisch recht selbständige Posi-
      tion der Ortsgemeinde gegenüber der Zentralgewalt in der Haupt-
      stadt.
406   Malamat (1963 JNES 22 S.247ff/BA 28 1965 S.47ff) sieht in den
      zwei Versammlungen von Uruk den Prototyp für die Versammlung der
      'Alten' und 'Jungen' unter Rehabeam in 1.Kön 12. Die einzige
      erkennbare Parallele liegt m.E. darin, daß ein Herrscher zwei
      unterschiedliche Gruppen um ihre Meinung zu einer fälligen Ent-
      scheidung konsultiert. Die Position des Königs Rehabeam dürfte
      sich von der des Gilgamesch durch ein erhebliches 'Mehr an Macht'
      unterscheiden. Das altsumerische Königtum war ein zeitlich be-
      grenztes Amt (vgl Jacobsen 1943 JNES 2 S.165.170 A 66.171ff).
      Der König war ein abwählbarer Kriegshäuptling (Jacobsen 1957 ZA
      52 S.103f).
407   Als 'primitive Demokratie' werden hier demokratische Herrschafts-
      formen bezeichnet, in denen die Entscheidungsfindungsprozesse
      weitgehend nicht formalisiert sind, z.B. Wahlen durch Akklama-
      tion entschieden werden können. Zur 'primitiven Demokratie' vgl
      Soggin 1967 S.136ff

Versammlung der Stadtältesten und diejenige der 'Männer der Stadt'[408].
Agga von Kisch fordert Gilgamesch von Uruk auf, sich seiner Herrschaft
zu beugen. Gilgamesch legt die Frage den Ältesten vor und plädiert für
Widerstand. Die Versammlung der Ältesten stimmt ihm zu. Daraufhin unter-
breitet Gilgamesch die Forderungen Aggas den Männern seiner Stadt. Sie
lehnen gleichfalls die Übergabe der Stadt ab und rufen den König zum
Kampf auf. Diese Version des altsumerischen Heldenepos zeigt, daß
Gilgamesch als Herrscher von Uruk eine Kriegserklärung nicht aus eigener Machtvollkommenheit abgeben konnte. Zudem reichte offensichtlich
die Zustimmung der Ältesten nicht aus, sondern die der Männer war auch
notwendig.

Eine zweite Variante dieser Begebenheit erzählt, daß die Ältesten von
Uruk Gilgamesch nach seiner Widerstandsrede auffordern, die Bedingungen
Aggas zu akzeptieren[409]. Gilgamesch wendet sich trotzdem an die 'Männer
der Stadt', die ihm die gewünschte Unterstützung zusagen. Daraufhin erklärt Gilgamesch von Uruk dem Agga von Kisch den Krieg. Der Konsensus
der 'Männer der Stadt' konnte offensichtlich das Veto der Ältesten von
Uruk aufheben.

Die Stadtversammlung konnte vom König auch zur Erörterung und Entscheidung komplizierter Rechtsfälle einberufen werden[410].

Assur und Kanesch
Auch die politischen Strukturen der Stadt Assur und ihrer Kolonien aus
der ersten Hälfte des zweiten Jahrtausends können hier zum Vergleich
herangezogen werden[411].

In der Hauptstadt Assur bestand eine Stadtversammlung neben einem
Kollegium von Ältesten[412]. Zur Stadtversammlung gehörten möglicherweise
auch die Frauen[413]. Die Versammlung selber hatte einen ständigen Ausschuß
von fünf Mitgliedern, der auch als Gerichtshof fungierte[414]. Die Stadtversammlung war für juristische Fragen zuständig, u.a. auch für die

---

408  Vgl Jacobsen 1943 JNES 2 S.165ff; Evans 1958 JAOS 78 S.1ff
409  Evans a.a.O. S.3; Kramer 1964 RA 58 S.153
410  Evans a.a.O. S.4 A 20; Jacobsen 1957 ZA 52 S.130ff; Larsen
     1976 S.284ff
411  Die zeitliche Differenz zwischen der Richterzeit und der alt-
     assyrischen Zeit ist nicht größer als die zwischen der Richter-
     zeit und der Zeit Josias.
412  Larsen 1976 S.162ff
413  Ders. a.a.O. S.161
414  Ders. a.a.O. S.166

rechtliche Abwicklung von Erbschaftsangelegenheiten. Für die Regelung
von Erbfällen beantragte man bei ihr einen Rechtsanwalt[415]. In die Kompetenz der Stadtversammlung fielen öffentliche Aufgaben wie die Unterhaltung der Stadtbefestigung und die Verteilung der wirtschaftlichen
Kosten[416]. Die Versammlung kontrollierte die assyrischen Handelskolonien
politisch und wirtschaftlich. Sie nahm sogar auf den Handel der assyrischen Kaufleute innerhalb Anatoliens Einfluß und untersagte ihnen z.B.,
Geschäfte mit anatolischen Textilien zu machen[417]. Diese Stadtversammlung war in Assur die oberste Autorität des politischen Lebens[418]. Die
Beschlüsse der Stadtversammlung von Assur waren bindend für alle Bürger
der Stadt, auch für diejenigen, die im Ausland weilten. Das Kollegium
der Ältesten war für die Versammlung eine Art von Ausführungsorgan[419].

In der altassyrischen Handelskolonie Kanesch gab es eine Gruppe der
'Großen' und eine Gruppe der 'Kleinen'[420]. Die Versammlung aller Kolonisten, der 'Großen' und der 'Kleinen', wurde nur einberufen, wenn sich
die 'Großen' nicht einigen konnten. Die Vollversammlung wurde durch
einen Sekretär auf Beschluß der 'Großen' zusammengerufen[421]. Evans[422]
konnte zeigen, daß die 'Großen' und die 'Kleinen' von Kanesch sich nicht
durch ihr Alter unterscheiden, wie Jacobsen[423] annahm. Die Gruppe der
'Großen' gehörte zur wirtschaftlichen Oberschicht der Handelskolonie.
Die Gruppe der 'Kleinen' hatte in allen die Kolonie betreffenden Fragen
nur eingeschränkte Mitwirkungsmöglichkeiten[424]. "The 'great men' of
Kanesh are likely to have been the leaders of the local factories of the
main firms in the City."[425] Der Rat der 'Großen' war eine ständige Einrichtung der Kolonie, in dem alle Fragen erörtert wurden, bevor sie der
Vollversammlung vorgelegt werden konnten[426].

---

415  Larsen 1976 S.174ff
416  Ders. S.163.170
417  Ders. a.a.O. S.172
418  Ders. a.a.O. S.191
419  Ders. a.a.O. S.165
420  Ders. a.a.O. S.248ff; Jacobsen 1943 JNES 2 S.161; Evans 1958
     JAOS 78 S.4f
421  Larsen a.a.O. S.184.304
422  Evans a.a.O. S.9
423  Jacobsen a.a.O. S.161 A 13
424  Evans a.a.O. S.8
425  Larsen a.a.O. S.125, vgl auch S.288ff
426  Ders. a.a.O. S.295

## Sippar

Die Tontafelfunde von Sippar enthalten reiches Material zur Verwaltung und politischen Struktur einer altbabylonischen Stadt[427].

Die Stadt Sippar war in eine Anzahl von Distrikten/Nachbarschaften eingeteilt. Diese nahmen polizeiliche und richterliche Aufgaben wahr[428]. Die Bürger von Sippar bildeten eine Körperschaft - Stadt (ālum) genannt -, die Gemeinschaftsaufgaben übernahm. Die 'Stadt' verteilte gemeinsam mit den Ältesten z.B. herrenloses Land. Sie setzte auch die Preise für Pachtland fest und verteilte Korn an die Kanalarbeiter[429]. Sippar hatte einen Bürgermeister (rabiānu), dessen Amt jährlich neu besetzt wurde. Aus der Zeit Ammi-saduqas ist eine Bürgerversammlung (puḫrum) überliefert. Diese Versammlung hat im wesentlichen juristische Aufgaben. Die Bürgerversammlung hat einen eigenen Vorsteher[430]. Neben dieser Versammlung finden sich noch Hinweise auf ein Organ, das 'freie Männer' (awēlū) heißt. Dieses Gremium inspiziert die Befestigung der Stadt und sitzt in Familienangelegenheiten zu Gericht.

Nach der Angliederung des vorher unabhängigen Sippar an Babylon unter der ersten babylonischen Dynastie kommt es in der Verwaltung der Stadt zu beträchtlichen Veränderungen. Die Hafenbehörden (kārum) und mit ihnen eine wohlhabende Kaufmannschaft übernehmen alle wichtigen Aufgaben, die zuvor von der 'Stadt' und den Ältesten erledigt wurden[431]. Der kārum wird das entscheidende Verwaltungsorgan in Sippar. Sein Vorsteher löst an Bedeutung und Einfluß den rabiānu ab. Der rabiānu wird später offenbar durch einen Gouverneur (šāpiru) ersetzt[432]. Grundlage der internen Machtverschiebung in Sippar zwischen der 'Stadt' und dem kārum ist die Vermittlungsaufgabe, die der kārum zwischen Sippar und dem babylonischen Oberherrn einnimmt. Der kārum ist dem König gegenüber für die königlichen Steuern verantwortlich und wird auch für ihre Erhebung zuständig gewesen sein[433]. Die Aufsicht über die nunmehr königlichen Vorratshäuser und die Verteilung von Korn aus ihnen liegt jetzt beim kārum. Auch die Tempelwirtschaft fällt teilweise in die Kompetenz des Vorstehers des kārum. Ab der Zeit Hammurabis findet in Sippar eine fortschrei-

---

427  Harris 1975 S.57ff
428  Dies. a.a.O. S.57f
429  Dies. a.a.O. S.59
430  Dies. a.a.O. S.65ff
431  Dies. a.a.O. S.67ff
432  Dies. a.a.O. S.77
433  Dies. a.a.O. S.73

tende Differenzierung der Stadtverwaltung statt. Gleichzeitig bekommen
Dienstleistungsberufe wie Türsteher und Barbiere öffentliche Aufgaben
zugewiesen[434].

Ugarit

In den ugaritischen Siedlungen hat es eine allgemeine Versammlung der
Bewohner gegeben, die bei der Regelung interner lokaler Angelegenheiten tätig wurde[435]. Die entsprechenden Textzeugnisse sind aber bisher
noch nicht so weit aufgearbeitet, daß sie hier herangezogen werden
können.

Aus den alttestamentlichen Texten geht nicht hervor, daß die
Ältesten einer israelitischen Stadt überwiegend die einfluß-
reichen Familien vertreten wie in Uruk[436]. Die hohe Zahl, die
gelegentlich für die Gesamtheit der Ältesten einer städtischen Gemeinschaft angegeben wird, deutet an, daß sie nicht
nur die Oberschicht[437] vertreten.

70 Älteste werden in Ex 24,1.9 und Num 11,16.24f erwähnt. Da die Zahl
70 nicht zur Fiktion der 12 Stämme paßt, wird sie diesem Schema vorgegeben gewesen sein. Die Ältesten Israels bzw die Ältesten Judas sind
als Versammlung, verglichen mit den Stadtältesten, ohnehin eine zeitlich
spätere Erscheinung. In Jud 8,14 sind in einem Zusatz 70 Älteste belegt
für die Stadt Sukkoth[438]. Da es sich hier um einen Zusatz handelt, wird
der Glossator von einer zu seiner Zeit üblichen Durchschnittsgröße der
Ältestenversammlung einer Siedlung ausgegangen sein. Dann liegt die Vermutung nahe, daß die Begrenzung auf 70 Älteste in Ex 24 und Num 11 an
der zahlenmäßigen Größe der Ältestenversammlung einer Stadt sich orientiert.

Gehören die Ältesten zu den Familienhäuptern, so können 70 Älteste
eine erhebliche Anzahl von Bewohnern repräsentieren. Nach Esra 8,1-14
führen die Oberhäupter der Familien zwischen 28 und 300 männliche Per-

---

434  Harris 1975 S.82ff
435  Vgl Heltzer 1976 S.77f
436  Die Ältesten sind nach Jacobsen (1943 JNES 2 S.166 A 44; 1964
     RA 58 S.158) und Evans (1958 JAOS 78 S.7f) die Häupter der ein-
     flußreichen großen Familien.
437  Vgl auch McKenzie 1959 Bib 40 S.538
438  Zur Zahl vgl oben S. 241

sonen mit sich, im statistischen Durchschnitt etwa 125 Personen männlichen Geschlechts. Auch wenn man das 'normale' בית אב, das die Ur-
sprungsfamilie inklusive drei erwachsene Söhne plus drei Schwiegertöch-
ter plus Kindeskinder[439] umfassen wird, mit etwa 17 Mitgliedern ansetzt,
dann können 70 Älteste bereits 1190 Personen vertreten[440].

Die Beziehungen zwischen den israelitischen Ältesten und den
'Männern der Stadt' scheinen noch nicht so formalisiert zu
sein wie in den mesopotamischen Städten. Die gesellschaftliche Organisation der israelitischen Stadt ist weniger differenziert. Die genannten mesopotamischen Städte sind Handels-
metropolen und haben schon von daher ein höheres Organisationsniveau. Auch für die in der Handelskolonie Kanesch sich
abzeichnende ökonomische Differenzierung zwischen 'Großen'
und 'Kleinen', die sich in der Stadt Assur zur gleichen Zeit
nicht nachweisen läßt, fehlen in der israelitischen Stadt
der Richterzeit die Hinweise.

'Älteste' und 'Männer der Stadt' sind soziologisch 'zugeschriebene' Positionen.

Die Führungspositionen des קצין und des ראש

Außer den 'Ältesten' und den 'Männern' sind noch zwei gesellschaftlich relevante Positionen erkennbar, die des קצין
und des ראש. Beide Führungspositionen werden nur für die
Stadt Gilead[441] erwähnt.

---

439  Nach 1.Chr 26,10 gehörten die verheirateten Brüder einem 'Vater-
     haus' an. Vgl Andersen 1969 Bibl Transl 20 S.36f
440  Shiloh (EI 15 1981 S.274ff) gibt die durchschnittliche Bevölke-
     rungsdichte für eine Stadt der Eisenzeit in Palästina mit ca
     160-200 Einwohner pro Morgen an.
441  Jephtas Gastspiel als קצין und ראש in der Politik der Stadt
     Gilead und der Geschichte Israels mahnt allein schon zur Vor-
     sicht bei Verallgemeinerungen. Unterstellt man, daß das Ost-
     jordanland vom Westen her kolonisiert worden ist, also eine an-
     dere Besiedlungsgeschichte erlebte, dann ist auch mit gewissen
     Verschiebungen in der politischen Struktur der Kolonien zu
     rechnen. Bereits zwischen der Verwaltung der Handelskolonie
     Kanesch und der Mutterstadt Assur zeigten sich bedeutsame Dif-
     ferenzen. Auch die politischen und gesellschaftlichen Struktu-
     ren der ionischen Kolonien in Kleinasien weichen je nach den
     Umständen ihrer Gründung teils erheblich von denen der grie-
     chischen Pflanzstadt ab (vgl Busolt 1920³ S.151f). Faktoren,

קָצִין

Der Begriff kommt im AT insgesamt 11mal[442] vor. Gewöhnlich
wird er von der Wurzel 'קצה II' abgeleitet[443], die in der
Grundbedeutung mit 'richten, entscheiden, durchführen' übersetzt wird.

Jos 10,24 ragen die קציני אנשי המלחמה aus dem איש ישראל heraus. Offenkundig handelt es sich um militärische Anführer. Josua trifft allerdings
keine Auswahl unter ihnen. Da sie den fünf Königen die Füße auf die
Hälse setzen sollen, können es nicht allzu viele gewesen sein. קצין
bezeichnet hier einen hohen militärischen Rang.

Jud 11,6.11 wird der militärische Oberbefehlshaber der Stadt Gilead
mit diesem Titel bezeichnet. Die Position des קצין ist klar von der
des ראש geschieden.

Jes 1,10-18 ist ein Drohwort an die in V.10 genannten קציני סדום
und das עם עמורה. Die קציני סדום ragen als Führer aus einer größeren
Menge hervor[444].

In Jes 3,1-3 ist davon die Rede, daß alle traditionalen Führer verschwinden werden. In 3,4-5 wird die allgemeine Führungslosigkeit durch
die Aufzählung ungeeigneter Führer unterstrichen. 3,6-7 berichten von
dem mißglückten Versuch, irgend jemanden zum קצין zu bestimmen. Der
קצין wird hier nicht unter den gewöhnlichen Führungspositionen in 3,
1-3 erwähnt. Der Sturz der bisherigen Ordnung führt zur Wahl eines קצין.
In V.6b wird diesem eine ziemlich unumschränkte Herrschaft angeboten.
V.7 lehnt der Auserwählte es ab, קצין עם zu sein.

Jes 22,3 heißt es, daß alle קצינים Jerusalems geflohen sind ohne
einen Bogenschuß. Dem Kontext nach kann es sich nur um militärische

---

die sich hierbei auswirken, sind neben den externen Bedingungen wie vorgefundene Bevölkerungsdichte und Haltung der Vorbewohner zu den Neusiedlern, vor allem auch interne Variablen
wie Motive der Kolonisation (Bevölkerungsüberschuß in der
Heimat/politischer Dissens) und die Organisationsformen der
Auswanderer.

442  Prv 23,15 handelt es sich um eine Verschreibung für קוצף.
443  Vgl Ploeg 1950 S.52; Wildberger Jesaja Kommentar S.37
444  Mit Stadtmagistraten oder Stadtoberhäuptern (so Wildberger
     Komm.z.St.) dürfte die Stelle überinterpretiert sein. Eher
     ließe sich קציני סדום auch hier als militärischer Titel
     verstehen. Denn mit עם wird recht häufig der Heerbann be-
     zeichnet (vgl Rost 1965 S.91).

Anführer handeln.

Mich 3,1.9 wird den ראשי יעקוב und den קציני בית ישראל der Vorwurf
der Rechtsbeugung gemacht. Der Text läßt nicht erkennen, ob hier dieselbe Führungsgruppe mit unterschiedlichen Titeln angeredet wird, oder
ob zwei zu unterscheidende Gruppen - etwa eine militärische und eine
zivile Führungselite - gemeint sind.

In Prv 6,7 wird von der Ameise gesagt, daß sie keinen קצין keinen
Amtmann und keinen Herrscher hat. Sie bewältigt ihren Alltag ohne jede
Anleitung. Der קצין ist hier jemand, der andere anweist, anleitet.
Dan 11,18 wird ein Feldherr קצין genannt.

Ausgangsbasis des קצין scheint eine militärische Position
gewesen zu sein. Nach Jud 11,6.11 wird mit diesem Ausdruck
die oberste Befehlsgewalt einer selbständigen Siedlung umschrieben. Der Oberbefehlshaber wird von den Vertretern der
Stadt auf Beschluß des Volkes eingesetzt. Seine Aufgabe trägt
überwiegend militärischen Charakter und ist zeitlich begrenzt[445]. Die Begleiterscheinungen der Wahl dieses Anführers weisen darauf hin, daß es sich hier keinesfalls um ein
charismatisches 'Amt' handelt. Von ihrer Funktion her ist
diese Stellung eher der Position des militärischen Krisenmanagers vergleichbar, darin dem römischen Diktator ähnlich[446]. Der spezifische Gebrauch des Titels in Jud 11,6.11
kann andeuten, daß eine derartige Position im Sozialgefüge
vorgesehen war und bei Bedarf besetzt wurde.

Ebenfalls einen hohen militärischen Rang belegt die späte
Stelle Dan 11,18. Sowohl Jos 10,24 wie auch Jes 22,3 bezeu-
gen, daß der קצין ein militärischer Führer ist. Beide Stellen rechnen bereits mit mehreren derartigen Führern. Der
Titel קצין scheint im Militärwesen eine ähnliche Entwicklung durchlaufen zu haben wie der Titel שר, der anfangs auch
nur auf den Inhaber der militärisch höchsten Befehlsposition,
den שר צבא angewandt wurde.

Jes 1,10 und 3,6f läßt der Gebrauch des Titels noch mili-

---

445 Sonst wäre nur schwer verständlich, warum Jephta sich als
    Folge eines Sieges die Stellung des ראש ausbedingt.
446 Vgl Donner 1956 S.25 A 1

tärische Konnotationen durchschimmern. Ähnlich wie in Mich
3,1.9 steht die allgemeine Bedeutung 'Leiter/Führer' im Vordergrund. Allerdings erinnern in Jes 3,6f die Umstände der
Wahl - allgemeine kriegsbedingte Notsituation und Führungslosigkeit - an die Ergebnisse, die der Wahl Jephtas vorausgingen.

Prv 6,7 stellt den קצין in eine Reihe mit dem Amtsmann und
dem Herrscher, beschreibt also ein in seiner Macht und seinem Wirkungskreis begrenztes Leitungs-'Amt'.

In jedem Fall handelt es sich beim קצין soziologisch um
eine erworbene Position.

## ראש

ראש ist als Titel im AT ca 100mal belegt[447]. 2/3 aller Stellen sind in nachexilischen Schriften zu finden. Der Titel
kommt dem Oberhaupt einer sozialen Gemeinschaft zu, einer
Familie oder dem Anführer eines sozialen Verbandes. Zwei
'Arten' von Häuptern lassen sich voneinander abgrenzen:
'Haupt' als zugeschriebene Position - jemand erwirbt faktisch durch Geburt und/oder Konstellation in einem Verwandtschaftsgefüge ein Anrecht auf diese Position - und 'Haupt'
als erworbene Position - jemand wird dazu ernannt, gewählt.

Der typische 'geborene' ראש ist im Regelfall ein ראש בית אב[448]. Dabei
handelt es sich um einen Ausdruck, der die Stellung einer Person innerhalb eines Verwandtschaftsgefüges definiert, persönliche Fähigkeiten scheinen hierbei weniger relevant zu sein[449]. Das Vaterhaus als
politisch wichtige Verwandtschaftsgruppe ist nachexilischer Herkunft[450].
Der soziale Status des 'Hauptes' ist oft die Voraussetzung für die Be-
kleidung anderer Ämter[451] und die Übernahme von Aufgaben für die soziale
Gemeinschaft. Diese 'Oberhäupter' sind nicht mit den Ältesten der Stäm-

---

447  Vgl die Übersicht bei Rost 1938 S.65f
448  Der Chronist  bezeichnet unter mehreren Brüdern immer nur einen
     als הראש, vgl 1.Chr 9,17; 12,3; 23,8.
449  In der Regel wird der Erstgeborene 'Haupt' seiner Brüder. 1.Chr
     26,10 konstatiert ausdrücklich die Regelung als Ausnahme.
450  So Rost 1938 S.68
451  Vgl Num 13,4; 25,4; Dtn 1,15

me identisch[452]. Die ראשי שבטים bzw ראשי מטות [453] werden, wie die
Wortverbindung in Num 32,28 und Jos 21,1 zeigt, mit dem Kreis der Fa-
milienoberhäupter übereinstimmen. Hier wird man kaum vom Stammesober-
haupt sprechen können. Die Stellung des Stammesoberhauptes setzt eine
intratribale, zentral durchgeführte Organisation des jeweiligen Stammes
voraus, die sich in keiner Zeit für die israelitischen Stämme der vorstaatlichen Zeit nachweisen läßt[454].

In der Verbindung ראשי אלפי ישראל [455] trägt der Vorgesetzte militärischer Einheiten eigentlich einen zivilen Titel. Der übliche Titel für
die Anführer einer Untereinheit des Heeres ist שר. Die Wendung ראשי
אלפי ישראל setzt die Existenz einer umfassenden Heeresorganisation der
Stämme voraus. Zudem sind diese Titel nur in literarisch späten Texten
belegt[456]. Solchen Führungsämtern fehlt in der vorstaatlichen Zeit die
gesellschaftliche Basis.

Die Bezeichnung des Königs als 'Haupt' ist rein symbolisch[457]. Der
Ausdruck kann nicht als Zeuge einer sich ungebrochen durchhaltenden
Tribalverfassung angesehen werden[458].

Mich 3,1.9.11 werden die 'Häupter Jakobs' der Rechtsbeugung beschul-
digt. In der Königszeit lag die Rechtsprechung in den Händen der Älte-
sten und der königlichen Beamten. Die 'Häupter Jakobs' sind wohl eine
Führungsschicht mit teilweise divergierenden Loyalitätsverpflichtungen.
Zudem dürften sie aus geborenen Mitgliedern (Älteste) und ernannten
Mitgliedern (Beamte) bestanden haben. Ein besonderes Richteramt des ראש

---

452 Vgl Dtn 5,23; Jos 23,2. Jeder Älteste wird ein ראש בית אב
    sein, aber nicht jedes ראש בית אב ein Ältester.
453 Vgl Num 30,1; 32,28; Dtn 5,20; Jos 19,51; 21,1; 1.Kön 8,1;
    2.Chr 5,2
454 Gegen Bartlett (1969 VT 19 S.10), der hier einen 'tribal
    leader' erkennt. Der Chronist verwendet gern den Titel ראש
    für militärische Positionen (1.Chr 12,15.21.24).
455 Vgl Num 1,16; 10,4; Jos 22,12.30
456 Num 1,5-16 gehört zu P (Noth 1948 S.233 A 574), ebenfalls Num
    10 (Noth 1948 S.203), Jos 22,7-34 ist literarisch später als
    Dtr (Noth 1943 S.45 A 4).
457 Nur 1.Sam 15,7; Jes 7,8f; Hos 2,2
458 So H.P.Müller (Artikel ראש 1976 Sp.706). Seine Hypothese, die
    auf Bartletts Annahmen (1969) aufbaut, hat einen kleinen Schön-
    heitsfehler: die von ihm zur Begründung angeführten Stellen spre-
    chen keinesfalls von dem Oberhaupt eines Stammes geschweige denn
    von Stammesoberhäuptern. 1.Sam 15 ist ein später Anhang zur
    Saulsgeschichte (Noth 1943 S.62 A 1), dessen Abfassung kaum vor
    der Zeit der großen Propheten denkbar ist (vgl Stoebe Komm.
    S.279; Bernhardt 1961 S.149; Schunck 1963 S.82.84).

wird man aus diesem Text nicht erschließen können[459]. Der Text besagt
nur, daß die allgemein als ראשי יעקב und קציני ישראל angesprochene
Gruppe am Rechtsgeschäft aktiv beteiligt war. Ein Berufsrichter namens
ראש verbirgt sich nicht zwangsläufig dahinter. Eher ist der Vorwurf
ein Hinweis auf die Praxis, Rechtsfälle von Personen mit sozialem
Prestige entscheiden zu lassen. Jes 1,23 geht die gleiche Anklage wie
in Mich 3 an die Adresse der שרים. Der Michatext läßt ראש zu dieser
Zeit als übergreifenden Titel für unterschiedliche Führungsämter und
Führungspositionen erscheinen.

2.Sam 23,8.18 werden zwei der Helden Davids als 'Haupt' bezeichnet.
Isbaal ist 'Haupt der Drei' und Abisai 'Haupt' der gesamten Elitetruppe.
Im Fall Abisais handelt es sich eindeutig um die Führung eines militärischen Verbandes, der nicht zum Heerbann, sondern zu den 'Mannen Davids'[460] zu rechnen ist. Die Bezeichnung als 'Haupt' läßt vermuten, daß
es sich bei dieser Truppe um einen Verband handelt, der in seiner Besonderheit eine historisch einmalige Erscheinung war. Ein Fortbestehen
dieses Verbandes über die Lebenszeit seiner ursprünglichen Mitglieder
hinaus hätte sich in einer Institutionalisierung des Elitekorps und
einer entsprechend angemessenen militärischen Rangbezeichnung seines
Obersten niederschlagen müssen[461].

In dem alten Überlieferungsfragment Num 14,4[462] spricht der von Mose
angeführte Flüchtlingshaufen davon, einen ראש einzusetzen, um nach
Ägypten zurückzukehren. Die Gruppe sucht einen neuen ראש als politischen Anführer. Diesem fielen bei der Rückkehr nach Ägypten weniger militärische Aufgaben zu, als solche der Organisation der Versorgung auf
dem Rückmarsch und schließlich der diplomatischen Vertretung gegenüber
den Ägyptern.

In Jud 11,9 will Jephta sich nicht mit der Position des קצין begnü-
gen, sondern verlangt zusätzlich, als 'Haupt' eingesetzt zu werden.

---

459 Gegen Bartlett 1969 VT 19 S.5. 1.Kön 21,9.12 bedeutet בראש העם
nicht Richter (Bartlett a.a.O. S.4f), sondern 'an der Spitze des
Volkes' = 'zuoberst'.

460 Die Männer Davids sind nicht mit den späteren Söldnern zu verwechseln, zu den 'dreißig Helden' Davids vgl Elliger 1935
PJ 31 S.29ff

461 Vgl etwa die Entwicklung der Beamtentitel von Saul bis Salomo,
1.Sam 14,50ff; 21,8; 22,9.17; 2.Sam 8,16ff; 20,23ff; 1.Kön 4,1ff;
vgl Mazar 1963 VT 13 S.310ff

462 Noth (1948 S.136 A 350) hält Num 14,4 für die literarisch
ältere Formulierung des Motivs vom Murren des Volkes.

Jud 11,9.11 sind die einzigen Stellen, an denen explizit von einem Oberhaupt einer israelitischen Stadt die Rede ist[463]. Die Verwendung eines
so allgemeinen Titels für diese Position läßt durchblicken, daß 'Haupt
der Stadt' keine ständige Einrichtung im Sinne des mesopotamischen
rabiānu oder hazannu war. Unter bestimmten Voraussetzungen gaben sich
die Stadtbewohner ein 'Haupt'. Im normalen politischen Alltag war diese
Herrschaftsstellung nicht vorgesehen. In diesem Sinne beschreibt ja auch
Num 14,4 eine außeralltägliche Situation.

In den beiden ältesten Überlieferungsstücken, Num 14,4 und
Jud 11,9.11, ist ראש der Führer eines selbständig handelnden
sozialen Verbandes, der in einer Krisensituation in diese
Stellung berufen wird. Zur Position des 'Hauptes' wird die
zivile wie auch die militärische Befehlsgewalt gehört haben.
Vom קצין unterscheidet sich seine Stellung dadurch, daß dem
'Haupt' offenbar auch nach Bewältigung der Krise ein Gehor-
samsanspruch zusteht, wie die Forderung Jephtas aufweist.
Auch der in Num 14,4 verlangte ראש würde nach erfolgreicher
Bewältigung der Krise  - Verlassen der Wüste und Rückweg
nach Ägypten -  noch für die Wiederaufnahme und Wiederein-
gliederung benötigt.
Der Titel ראש wird Personen beigelegt, die innerhalb eines
umschriebenen Kreises eine Position einnehmen, die sie zur
Herrschaftsausübung berechtigt. Überwiegend wird der Titel
für in der Regel ererbte, durch verwandtschaftliche Beziehungen geprägte Positionen verwendet. Daneben werden auch Anführer von Verbänden und Gruppen ראש genannt. Die Bezeichnung
des 'Herrschers' der Stadt Gilead als 'Haupt' gibt zu erkennen, welch eine Neuerung die Einrichtung dieser Stellung
war. Die Herausbildung eines spezifischen Führungsamtes läßt
sich weder von den Texten zur vorstaatlichen Zeit noch zur

---

463  1.Chr 26,36 ist von einem הראש לחברוני namens Jeria die Rede.
      Diese Aussage findet sich in einer Liste der Beamten Davids,
      die Teil eines Nachtrags zum chronistischen Geschichtswerk
      ist (Noth 1943 S.112ff.114 A 3). Die Wortverbindung allein läßt
      die Schlußfolgerung zu, daß über die Stadt Hebron ein 'Haupt'
      gesetzt war. Der Charakter der Liste aber legt nahe, in Jeria
      das Oberhaupt jener Hebroner zu sehen, die der Aufzählung nach
      im Dienste Davids standen.

Königszeit ablesen. Wohl wird ראש als Oberbegriff zur Zusammenfassung sozial und politisch einflußreicher Gruppen
gebraucht. Eine Körperschaft im Sinne einer öffentlichen
Einrichtung ist dahinter nicht sichtbar. Im chronistischen
Geschichtswerk findet der Titel seine weiteste Anwendung, er
wird auf alle möglichen beruflichen Spitzenpositionen ausgedehnt, die schließlich vom Heeresoffizier bis zum Priester
reichen.

Die Entwicklung der beiden Begriffe ראש und קצין läßt erkennen, daß die Herrschaftspositionen 'Oberhaupt einer Stadt'
und 'militärischer Befehlshaber einer Stadt' in der politischen Landschaft der Richterzeit sich nicht institutionell
ansiedeln konnten, noch in der Königszeit so fortlebten. Die
Vereinigung der israelitischen Siedlungen unter einer gemeinsamen nationalen Regierung entzog derartigen Herrschaftsstel-
lungen die Machtbasis. Jes 3,6f ( קצין ) und Num 14,4 (ראש)
enthalten noch eine Erinnerung an den außeralltäglichen Charakter solcher 'Ämter'.


## 7.4.3   Sozioökonomische Verhältnisse

Die sozioökonomischen Verhältnisse der altisraelitischen Siedlungen bleiben in den alttestamentlichen Texten im Dunkeln.
Die Teilnahme der 'Männer der Stadt' an der Stadtpolitik
läßt darauf schließen, daß sie aus einer breiten Schicht
freier und ökonomisch selbständiger Bewohner bestehen. Es
finden sich keine Anzeichen dafür, daß die Ältesten der
Stadt und die 'Männer der Stadt' sozioökonomisch verschiedenen Klassen angehören.

Der typische Stadtbewohner betreibt Ackerbau (Jud 19). Die
wohlhabenderen unter ihnen besitzen Knechte (1.Sam 9) und
Großvieh (1.Sam 11). Saul hat zum Pflügen zwei Rinder, aber
er pflügt noch selber. Spezialisierte landwirtschaftliche
Hilfsberufe haben sich noch nicht herausgebildet. Dieses
kann als Merkmal einer relativ gleichmäßigen Verteilung des
Grundbesitzes gelten. Professionelle Hirten sind erst in der
Regierungszeit Sauls nachweisbar (1.Sam 21,8; 25,7), ebenso

wie Scherer (1.Sam 25,11).

Offenbar besteht ein Zusammenhang zwischen der Ausdifferenzierung von Berufen in der sozio-ökonomischen Sphäre und der
Professionalisierung militärischer Aufgaben. Die Entstehung
einer Zentralgewalt und die Herausbildung des Verwaltungs-
apparates führt zur Bildung einer neuen, unproduktiven Herrschaftsschicht. Aufgaben, die Angehörige dieser Schicht in
ihrem bisherigen Arbeits- und Lebensbereich wahrgenommen haben, werden partialisiert und in der Folge davon professiona-
lisiert. Von den Begriffen, die auf sozioökonomische Differenzierungen hindeuten, finden sich im Zusammenhang mit den
Siedlungen nur drei, נער, אנשים ריקים   und גבור חיל, die
aufgrund ihres Vorkommens eine nähere Betrachtung lohnen.

Der נער ist ein Angehöriger des Hausgesindes. Er ist nicht
mit dem עבד zu verwechseln. Der נער gilt als freie Person,
die sich in einem freiwilligen Dienstverhältnis zu ihrem
Herrn befindet, das von ihr aus jederzeit lösbar ist[464].
Die Überlieferungen zur vorstaatlichen Zeit zeichnen sich
dadurch aus, daß israelitische Knechte nicht עבדים heißen,
sondern נערים [465]. Der nicht nur soziökonomisch, sondern
auch rechtlich unterprivilegierte Status des עבד ist der
vorstaatlichen Zeit keine geläufige Erscheinung[466].


Im Josuabuch werden Mose und Josua als עבד Jahwe bezeichnet. Jos 9,23
werden die Gibeoniten verflucht, sie sollen עבד ....לבית אלוהינו sein.
Der Vers gehört aber einer jüngeren Version der Gibeon/Israel Erzählung

---

464  Vgl Stähli 1978 S.178f
465  עבד und נער bezeichnen rechtlich unterschiedliche Formen eines
     eines persönlichen Abhängigkeitsverhältnisses. Diese Differen-
     zierung vermißt man bei Riesener (1979 BZAW 149 S.84f). Die
     Person des Ziba kann nicht als Beispiel für die Austauschbar-
     keit beider Begriffe herangezogen werden. Ziba wird nur in
     bezug auf das Haus Saul (1.Sam 9,2) עבד genannt. In seiner
     direkten Beziehung zu Saul und Meribaal heißt er נער (2.Sam
     9,9; 16,1). 'Haus Saul' bedeutet auch soviel wie 'die Herr-
     schaft, das Reich Sauls' (vgl 2.Sam 3,1). Als Majordomus ge-
     hörte Ziba zu den hohen Beamten Sauls. Diese tragen unter
     Saul und David den Titel עבד.
466  Vgl die Statistik bei Riesener a.a.O. S.107f.

an, die nicht vor der Zeit des Tempelbaus entstanden sein wird[467].
Jos 24,17 heißt Ägypten בית עבדים. An den restlichen Stellen ist עבד
eine höfliche Selbstbezeichnung (Jos 5,14; 9,8f.11.24; 10,6).

Im Richterbuch ist עבד insgesamt nur 6mal belegt, davon zweimal als
höfliche Selbstbezeichnung (15,18; 19,19), einmal heißt Josua עבד יהוה
(2,8),und 6,8 ist Ägypten wieder בית עבדים.Erstmals ein rechtlich relevanter Status liegt bei den עבדים des Königs Eglon von Moab (3,24)
vor. 6,27 werden die Diener Gideons als עבדים bezeichnet. Die Erzählung in 6,25-32 kann aber nicht für die Richterzeit in Anspruch genommen werden. Sie spiegelt Zustände der mittleren Königszeit wider[468].

Im 1.Buch Samuelis kommt עבד bereits ca 60mal vor. Hier entfällt ein
großer Teil der Belege auf Personen, die zu den Dienern Sauls gerechnet
werden[469]. 1.Sam 8,14f und 17,9 wird der Status der Untertanen עבדים
genannt. Im Königsgesetz werden die עבדים der Israeliten (8,16) angeführt. Das Recht des Königs kann schwerlich als Zeugnis vorstaatlicher
Verhältnisse gelten, da es Erfahrungen mit dem Königtum voraussetzt.
עבדים in Hinblick auf eine Privatperson spielen in der Antwort Nabals
an David (25,10) eine Rolle. Doch könnte sich hinter der Wortwahl auch
eine Anspielung auf die Beziehung David-Saul und seinen jetzigen Status
verbergen. 1.Sam 25,10.40f werden die von David ausgesandten Boten seine עבדים genannt, die aber in 25,5 noch נערים heißen. In V.41 wird
עבדים durch die Anrede bedingt sein, während in V.10 und V.40 der Wechsel zu עבדים auf das Konto der späteren Staatskarriere Davids gehen
könnte. 1.Sam 30,13 bezeichnet sich ein ägyptischer נער als עבד eines
Amalekiters. Alle übrigen Stellen fallen in die Kategorie der Höflich-
keitsbezeichnungen[470].

Knechte im Sinne der עבדים spielen in der israelitischen
Gesellschaft und Wirtschaft der vorstaatlichen Zeit keine
nennenswerte Rolle. Aber auch der שכיר und תושב finden
sich in den Überlieferungen dieser Zeit nicht. Dem entspricht,
daß die einzige Person, die ausdrücklich ein גר genannt

---

467 Nach Riesener (a.a.O. S.135ff) werden die Gibeoniten nicht zu
    Sklaven, sondern zu Untertanen gemacht.
468 Vgl Richter 1963 S.164ff; L.Schmidt 1970 S.17
469 Vgl 1.Sam 16,15-17; 17,8; 18,5.22-26.30; 19,1.10; 21,8.12;
    22,6-9.14; 23,25; 28,7; 29,3.
470 1.Sam 3,9f; 12,19; 17,32.34.36.58; 20,8; 22,15; 23,10f;
    25,8.39; 26,18f; 28,2

wird (2.Sam 1,13), amalekitischer Herkunft ist. Der Sachverhalt ist auffällig, da das Bundesbuch (Ex 22,21; 23,12) die
גרים zu den schutzwürdigen Personen zählt.

Jos 8,33.35 kommt auch ein גר vor, aber die Stellen sind deuteronomi-
stisch[471]. Jos 20,9 wird ein גר erwähnt. Dieser Vers findet sich in
einem Anhang zum dtn Geschichtswerk[472].

Das Verb גור wird nur in zwei Erzählungen - Jud 17,7.9 und 19,1.16 -
gebraucht. Jud 19,16 kann außer Betracht bleiben, da V.16aßyb zu einer
Bearbeitung gehört, die in der Königszeit entstanden ist[473]. Die Situation - ein Ephraimit galt in Benjamin als גר - spiegelt Verhältnisse
späterer Zeit wider. Jud 17,7-9 und 19,1 handelt es sich um Leviten, die
in der israelitischen Gesellschaft als 'Bürger' ohnehin eine Sonderstellung einnahmen. Immerhin bezeugt Jud 19,1, daß auch ein Levit, der
in Ephraim als גר lebte, es zu beträchtlichem Wohlstand bringen konnte.

Das Schweigen der älteren Propheten - Amos, Hosea, Jesaja, Micha -
über die גרים gibt angesichts ihres kompromißlosen Eintretens für die
sozial Schwachen zu denken. Israelitische גרים in nennenswerter Zahl
und mit Auswirkungen auf das Sozialgefüge und Wirtschaftsleben wird es
kaum vor dem Untergang des Nordreiches gegeben haben[474].

Gerade das Fehlen solcher Begriffe wie גר, עבד, שכיר, תושב
verweist auf eine ökonomisch wie gesellschaftlich wenig differenzierte Gemeinschaft.

## אנשים_ריקים

Die אנשים ריקים, die nach Jud 11,3 sich um Jephta scharen,
passen als 'Dropouts' gut zum Bild einer relativ homogenen
Gesellschaft. Auch die Anhänger Abimelechs (Jud 9,4) gehören
dieser Gruppe sozialer Außenseiter an. 1.Sam 22,7 werden die
Gefolgsleute Davids, die nicht zu seiner Verwandtschaft gehören, als וכל איש מצוק וכל איש אשר לו נשא וכל איש מר נפש
beschrieben.

Die hier aufgezählten Personen können als typische Vertre-

---

471  Noth Komm.z.St.; ders. 1943 S.43
472  Noth Komm.z.St.; ders. 1943 S.46
473  Schunck 1963 S.67 A 64
474  Vgl Kellermann ThWAT I Sp.985f

ter der אנשים ריקים angesehen werden. Diese sind Personen,
die ihre wirtschaftliche Subsistenzbasis, in der Regel wohl
ihren Landbesitz, verloren haben, was eine Folge von Über-
schuldung sein kann, aber auch das Ergebnis familiärer
(Jephta) oder politischer (David) Konflikte. Sie müssen versuchen, ihr wirtschaftliches Auskommen außerhalb ihrer Gesellschaft zu finden. Solange eine staatliche Ordnungsmacht
nicht vorhanden ist, können sie dieses, indem sie sich als
Banden am Rande der verfaßten Gesellschaft organisieren.
Diese Banden werden von der ansässigen Bevölkerung einer
Stadt in den Dienst genommen. Gelegentlich wird die Bevölkerung sich ihrer Dienste nicht erwehren können; 1.Sam 25
spricht hier eine deutliche Sprache.

In der Königszeit kommen die אנשים ריקים als Banden nicht
mehr vor[475]. Ihre Existenz in der Richterzeit ist indirekt
ein Beleg dafür, daß die Möglichkeiten der wirtschaftlichen
Selbsterhaltung außerhalb der Landwirtschaft in Israel sehr
gering waren. Ihr Vorhandensein wie auch das Fehlen des שכיר
führen zu der Annahme, daß ein entsprechender Bedarf an Arbeitskräften nicht bestand. Dieses wiederum ist ein Indiz
für die mangelnde Konzentration des Bodenbesitzes, geringfügigen interlokalen Handel und eine fehlende handwerkliche
Differenzierung. Auch die Viehzucht wird von untergeordneter
Bedeutung gewesen sein. Jedenfalls kann sie keinen solchen
Umfang gehabt haben, daß sie eine größere Anzahl von Arbeitskräften absorbieren konnte.

Die patriarchalische Hauswirtschaft wird das wirtschaftliche Leben beherrscht haben.

## גבור חיל

Der גבור חיל spielt in Webers Auffassung der israelitischen
Stadt eine wichtige Rolle in Wirtschaft und Politik. Weber
hält den Ausdruck für die Bezeichnung des Vollbürgers. Einzig die Gruppe der Vollbürger sei ökonomisch zur vollwerti-
gen Selbstausrüstung fähig und politisch vollfrei[476]. Aus

---

475  2.Chr 13,7 ist eine tendenziöse Verzeichnung der Umstände,
     unter denen Jerobeam König wurde.
476  Weber AJ S.21

dieser Gruppe rekrutiere sich in der Königszeit dann die
adelige Ritterschaft[477]. גבור חיל sind ihm zufolge Besitzer
von Erbland, die von den freien israelitischen Grundbesit-
zern zu unterscheiden seien[478]. Die nur freien israelitischen
Grundbesitzer, die nicht über Erbland verfügen, stellen militärisch den עם המלחמה [479]. Die von Weber postulierte Existenz einer ökonomisch und militärisch gesonderten Gruppe
von Vollfreien impliziert zwei Arten von Grundbesitz innerhalb der israelitischen Gesellschaft der vorstaatlichen Zeit:
Erbland, das nicht veräußerbar war, und frei verfügbarer
Grundbesitz. Zudem ist durch die Gleichung 'גבור חיל' =
Besitzer von Erbland = ökonomisch vollwertige Selbstequipierung' vorausgesetzt, daß Grundvermögen an Erbland in der
Regel einen größeren Umfang hatte als nicht erblich gebunde-
ner Grundbesitz. Das wiederum bedeutet, daß der Besitz an
Boden bereits in dieser Zeit ungleich verteilt war.

Jud 11,1 wird Jephta גבור חיל genannt. Der Begriff ist an
dieser Stelle mehrdeutig. Bezieht man die Aussage auf 11,2b,
dann ist es möglich, hierunter einen 'Besitzer von Erbland'
im Sinne Webers zu verstehen. Jephta, der bereits den Status
des גבור חיל innehatte, verliert diesen durch den Aus-
schluß vom Erbe wieder. Aus diesem Zusammenhang geht nicht
hervor, ob der גבור חיל genannte Besitzer einer נחלה ökonomisch einer vermögenderen Klasse angehörte als der 'normale' israelitische Landeigentümer. גבור חיל in Jud 11,1 kann
auch von 11,3ff her gelesen werden. Dann liegt eine Übersetzung des Sinnes mit 'starker, mutiger Krieger' näher. In
diesem Fall ist der Gebrauch des Terminus unabhängig von
der vormaligen Stellung Jephtas in seiner Heimatstadt. גבור
חיל bezeichnet dann eine Eigenschaft der Person Jephtas,
die ihm auch nach Verlust seiner נחלה verbleibt.

Die Bedeutung von גבור חיל ist in der alttestamentlichen
Forschung umstritten, gerade was die mögliche ökonomische

---

477 Weber AJ S.109
478 Ders. a.a.O. S.19 A 1
479 Ders. a.a.O. S.20

Konnotation betrifft[480]. Klärung vermag hier eine Untersuchung der Begriffe גבור חיל, בן חיל, איש חיל　　　bringen. Dabei
wird das Vorkommen solcher 'Männer' In der Richterzeit und
frühen Königszeit im Mittelpunkt des Interesses stehen.


גבור ist eine Intensivform des Verbs גבר = stark sein, überlegen
sein[481]. Dahinter steht "eine besonders starke oder mächtige Person,
die große Taten vollführt, vollführen kann oder ausgeführt hat und
die darin andere überragt."[482] Ein גבור ist jemand, der sich in irgendeiner Hinsicht von der großen Menge der גברים abhebt. Die häufigste Verwendung des Begriffs findet sich im Militärwesen. Hier kann das einfache
גבור den normalen Kriegsmann (Hos 10,13; Jer 46,12), aber auch den
Kriegshelden oder Söldner (2.Sam 23,8.16f.22) bezeichnen.

Als Grundbedeutung von חיל kann 'Kraft, Stärke, Macht' gelten[483]. In
der biblischen Tradition besteht eine ausgeprägte Tendenz, den Begriff
für 'Heeresmacht' einzusetzen. Auch in Verbindungen mit den indivudali-
sierenden Beiwörtern גבור bzw. בן oder dem Kollektivum איש wird überwiegend auf das Heer Bezug genommen. Als persönliche Eigenschaft/Fähig-
keit kann חיל dann 'Stärke im Sinne von Mut/Tapferkeit' bedeuten[484].

Die Zusammenstellung גבור חיל kommt insgesamt 41mal im AT vor, am
häufigsten beim Chronisten (29mal). בן / בני חיל ist 18mal (Chr 7 x) und
איש /אנשי חיל 20mal (Chr 4 x) belegt. Alle drei Termini haben im chronistischen Geschichtswerk die umfassendste Bedeutung; teilweise werden
sie dort synonym gebraucht[485].

Ausgangsbasis für das Verständnis von גבור חיל in Jud 11,1 und 1.Sam
9,1 sollte daher der Sprachgebrauch der vorexilischen Zeit sein. Zur
Sicherung einer möglichen ökonomischen Konnotation von גבור חיל
wird nicht nur diese Wortverbindung, sondern auch jene mit איש und בן
untersucht.

---

480　Vgl Ploeg 1941 RB 50 S.120ff (contra); Pedersen 1926 S.230,
　　　499 (pro)
481　Vgl Bauer/Leander 1922 S.479
482　Kosmala ThWAT II Sp.909
483　Vgl Eising ThWAT II Sp.904
484　Vgl 1.Sam 18,17; 2.Sam 2,7; 13,28
485　Vgl 1.Chr 26,6-8. In V.6 werden die Söhne Semajas גבורי חיל
　　　genannt. In V.7 werden sie als בני חיל bezeichnet und in V.8
　　　heißen sie zusammen mit ihren übrigen männlichen Anverwandten
　　　איש חיל .

איש/אנשי חיל

In Jud 20,44.46; 2.Sam 23,2o;24,9; 2.Kön 24,16; Nah 2,4 und Ps 76,6[486].
sind die איש/אנשי חיל dem Kontext nach Krieger. Der Wortgebrauch in
2.Sam 23,20 neben dem in 2.Sam 24,9 zeigt, daß איש חיל nicht zwischen
Berufssoldaten und Miliz differenziert. Jud 3,29; 1.Sam 31,12 und 2.Sam
11,16 wird einer Gruppe von Männern die Eigenschaft,איש חיל zu sein
zugeschrieben. Auch hier ist die Beziehung zum Kriegsdienst deutlich,
wenn auch die Betonung des איש חיל auffällt. 2.Sam 11,16 gibt Anlaß
zu der Vermutung, daß die אנשי חיל besonders gefährliche Gegner waren,
von denen Joab Ausfälle aus der belagerten Stadt erwarten konnte. Bei
der Belagerung einer Stadt werden alle Männer zu ihrer Verteidigung
aufgeboten. Aber nicht alle Männer sind  - vor allem aus Altersgründen -
an besonders umkämpften Stellen einsetzbar oder in der Lage,  Ausfälle
zur Entlastung zu machen und Einzelkämpfe zu riskieren. Mit den אנשי
חיל von 2.Sam 11,16 werden die Männer gemeint sein, die nach Alter und
körperlicher Verfassung wie auch psychischer Fähigkeit in der Lage sind,
zum Angriff überzugehen. Die Wiedergabe des Terminus mit 'kampfesfähige
Männer' würde auch die Hervorhebungen in Jud 3,29; 20,44.46 und 1.Sam
31,12 gut erklären.

Jes 5,22 werden die Begriffe גבורים und אנשי חיל zwar symbolisch
verwendet, aber gerade eine Übersetzung des אנשי חיל mit 'kampfesfähige
Männer' betont gut die darin liegende feine Ironie[487].

Ex 18,21.25[488] werden אנשי חיל ausgesucht, die das Volk richten sollen. Die Titel, die sie erhalten, sind militärischer Herkunft. Das Stück
spiegelt eine Reorganisation des Heerwesens wider, in der die Heeresoffiziere Funktionen in der Rechtsprechung übertragen bekommen. Es versteht sich von selber, daß diese Offiziere אנשי חיל sind.

Gen 47,6 und 1.Kön 1,42 verweist der Begriff auf eine persönliche Eigenschaft, die nicht unmittelbar dem militärischen Kontext verhaftet ist.
An beiden Stellen ist eine Übersetzung mit 'zuverlässig/tüchtig' möglich.

איש/אנשי חיל ist in der Mehrzahl der Belege der Mann/die Gruppe von
Männern, die in den Kampf ziehen. Der איש חיל einer Siedlung ist ihre

---

486  Ps 76 gilt als vorexilisch, vgl Kraus Komm.z.St.
487  Der Alkoholismus unter den Soldaten dürfte kein Privileg unserer
     Zeit sein. In der Antike diente Alkohol auch als Aufputschmittel
     unmittelbar vor dem Kampf.
488  Die Zugehörigkeit von V.21b und 25b zur Grundschicht ist umstrit-
     ten, vgl Komm.z.St.; Knierim (1961 ZAW 73 S.167ff) hält die
     Versteile für Zusätze, die die Zeit Josaphats widerspiegeln.

militärische Stärke und kann in der Richterzeit als Ausdruck ihrer politischen Macht gelten. Es gibt keine Hinweise dafür, daß es sich um eine
geschlossene Gruppe handelt. Auch ein großer Teil der chronistischen
Stellen läßt sich von der Bedeutung 'kampfesfähige Männer' her verstehen.

בן/בני חיל

In einem eindeutig militärischen Zusammenhang findet sich die Wendung
in Dtn 3,18 und Jud 21,10 in der Bedeutung 'Kriegsleute'.

1.Sam 14,52 ist damit der zum Kriegsdienst/Kampf geeignete Mann gemeint. Die Aufforderung in 1.Sam 18,17; 2.Sam 2,7; 13,28 בן חיל zu
sein, läßt חיל hier als eine psychische Fähigkeit im Sinne von Mut/
Tapferkeit erscheinen. Dieses Verständnis wird auch 2.Sam 17,10 zugrunde
liegen. Das אנשים בני חיל von Jud 18,2 kann von Jud 21,10 und 2.Sam
17,10 her gelesen werden. Hier können sowohl tapfere Männer gemeint sein
wie auch Kriegsleute im engeren Sinne. Ähnlich verhält es sich mit den
fünfzig אנשים בני חיל von 2.Kön 2,16, die Elia suchen gehen sollen.
Die Gemeinschaft, in der sie leben, kann zwar nicht als Kriegsorden
verstanden werden, doch fällt neben der umständlichen Formulierung die
Zahl auf, die für sie angegeben wird. Denn 50 Männer umfaßt eine der
Untereinheiten des Heeres.

1.Kön 1,52 stellt Salomo als Bedingung für die Zusicherung, Adonia am
Leben zu lassen, יהיה לבן חיל. Formal erinnert die Wendung an 2.Sam
2,7 und 13,28. Auch hier ist vorausgesetzt, daß die angeredete Person
ihr Verhalten so beeinflussen kann, daß sie ein בן חיל ist. Adonia hat
in 1.Kön 1,51 mit seiner Bitte an Salomo diesen als rechtmäßigen Nachfolger Davids anerkannt und auf seine Ansprüche verzichtet. Salomos
Antwort bezieht sich direkt auf diesen Verzicht. בן חיל bedeutet soviel
wie 'treu, zuverlässig' in dem Zusammenhang. Mit anderen Worten heißt
das, bleibt Adonia bei seiner angebotenen Unterwerfung, so wird keines
seiner Haare zu Boden fallen.

Im Gebrauch von בן חיל überwiegt der Hinweis auf eine psychische
Eigenschaft des Betroffenen, die für diesen relativ leicht beeinflußbar
ist.

גבור חיל

Die Wortverbindung ist in den vorexilischen Schriften nur 12mal belegt.
Jos 1,14 heißen alle Männer der Ostjordanstämme, die an der Eroberung
des Westjordanlandes teilnehmen, גבורי החיל. Jos 6,2 verheißt Jahwe
dem Josua, Jericho, seinen König und die גבורי החיל in seine Gewalt zu

geben[489]. Jos 8,3 sind die גבורי החיל eine Auslese aus dem gesamten
Kriegsvolk, die in den Hinterhalt bei Ai gelegt wird. Die ihm zugedachte
Funktion läßt sie als Gruppe besonders qualifizierter Krieger erscheinen. Jos 10,7 werden die גבורי החיל gesondert neben dem Kriegsvolk erwähnt. Der Terminus in 10,7 kann ein Zusatz sein, der von 8,3 her-
kommt[490].

Jud 6,12 ist גבור החיל ehrenvolle Anrede des Engels an Gideon in der
Bedeutung 'starker Held'. Es kann auch als eine Anspielung auf seine
späteren Taten verstanden werden. Der Ausdruck weist dann voraus auf
Gideons militärische Fähigkeiten. Allerdings ist zu bedenken, daß Jud 6,
12b zur Umgestaltung einer ursprünglichen Kultätiologie gehört, deren
Bearbeitung frühestens in der Zeit Jehus anzusetzen ist[491].

1.Sam 9,1 wird Sauls Vater Kisch גבור חיל genannt, während Saul selber als בחור vorgestellt wird[492]. Die Verwendung des typischen Begriffs
für Jungkrieger[493] läßt für גבור חיל auch an eine militärische Bedeutung denken. Der Begriff betont, daß Kisch selber noch zur aktiven
Kampfmannschaft gerechnet wurde[494]. גבור חיל ist an dieser Stelle der
freie Krieger, der eine eigene Hauswirtschaft betreibt.

David wird in 1.Sam 16,18 u.a. als גבור חיל und איש מלחמה angeprie-
sen. Der Vers verrät in seiner Anhäufung außergewöhnlicher Eigenschaften
deutlich das Bemühen, alle bekannten Vorzüge des späteren  Königs
ins rechte Licht zu setzen.[495] Das singuläre Nebeneinander von 'Kriegsheld' und 'Kriegsmann', das eine inhaltliche Parallele in Jos 8,3 hat,
kann so entstanden sein.

1.Kön 11,28 wird Jerobeam ein גבור חיל genannt. Gleichfalls heißt
es von ihm, daß er ein נער ist, also ein unverheirateter Mann. Zudem
ist Jerobeam der Sohn einer Witwe und Beamter Salomos. Als Sohn einer
Witwe wird Jerobeam nicht gerade vermögend gewesen sein[496]. Auch die

---

489  Noth Komm.z.St. hält den Ausdruck hier für eine Glosse.
490  Vgl Noth Komm.z.St.
491  Mit L.Schmidt 1970 S.52
492  1.Sam 9,1f gehört zur Grundschicht einer alten Sage in 1.Sam 9-10
     (nach L.Schmidt 1970 S.63ff). Die Sage versucht Sauls Erfolge als
     Krieger auf eine Begegnung mit einem unbekannten Seher in seiner
     Jugend zurückzuführen. Entstanden ist sie in der Zeit Sauls vor
     seiner Wahl zum König (Schmidt S.82). Demnach steht 1.Sam 9,1
     Jud 11,1 von allen Parallelstellen historisch am nächsten.
493  Vgl Wildberger 1975 Sp.276; vgl Am 4,10; Jes 9,16; Jer 18,21
494  Vgl L.Schmidt 1970 S.78
495  Es bliebe zu fragen, ob die Zuschreibung des Status גבור חיל
     an das Merkmal 'Verfügung über einen Oikos' gebunden ist.
496  Vgl 1.Sam 17,42; 2.Sam 17,8

Mitteilung, daß Jerobeam ein Beamter Salomos war, der am Bau der Stütz-
mauern Jerusalems mitarbeitete[497], läßt durchblicken, daß Jerobeam nicht
zur besitzenden Schicht gehörte, sondern seinen sozialen Aufstieg Salomo
verdankte. גבור חיל wird dann hier weder mit 'Kriegsheld' noch mit
'Grundbesitzer' zu übersetzen sein, sondern eher als 'tüchtiger Mann'.
    2.Kön 5,1 heißt Naeman, der Heerführer des Königs von Aram, גבור חיל.
2.Kön 15,20 legt Menachem von Israel eine Kriegssteuer von 50 Schekel
Silber zur Aufbringung der assyrischen Tribute auf alle גבורי החיל.
Immerhin gehören zu ihnen 60 000 Personen, es handelt sich also um eine
breite Schicht von Israeliten, die betroffen ist. Diese ist kaum als
adelige Oberschicht vorstellbar. Die גבורי החיל sind die Klasse der von
Vermögen und Alter her zum aktiven Heerdienst verpflichteten freien
Israeliten. In der Mehrzahl wird es sich um Männer handeln, die über
Grundbesitz verfügen. Doch ist unwahrscheinlich, daß zum aktiven Heerdienst ausschließlich Grundbesitzer herangezogen wurden und etwa geeignete Handwerker davon befreit waren. Andererseits ist zu bedenken, daß
die kriegsfähigen jungen Männer sicher nicht deswegen vom Wehrdienst
verschont blieben, nur weil sie noch zur Hauswirtschaft ihres Vaters[498]
gehörten und über eigenes Vermögen nicht frei verfügen konnten[499].
Setzt man voraus, daß die durchschnittliche Familie ein bis drei Kämpfer
(Vater und erwachsene Söhne) stellen konnte, dann würden 50 Schekel pro
Kopf eine erhebliche Belastung ihrer Finanzkraft bedeuten[500]. Von 1.Sam
9,1 her drängt sich die Überlegung auf, daß in 2.Kön 15,20 mit גבורי
החיל ebenfalls die wirtschaftlich selbständigen Heeresangehörigen gemeint sind.
    2.Kön 24,14 führt Nebukadnezar 10 000 גבורי החיל in die Verbannung,
und nur der דלת עם הארץ bleibt zurück[501]. Die גבורי החיל sind eine
relativ breite Schicht jener Judäer, die den Krieg gegen die Assyrer

---

497 אלמנה ist eine verwitwete Frau, die keinen männlichen Verwandten
    mehr hat, der für sie und ihre Kinder aufkommen kann. Vgl den
    betreffenden Artikel von Hoffner ThWAT I Sp.308ff
498 Mit העשים במלאכה bzw עשי המלאכה werden diejenigen bezeichnet,
    die bei den Arbeiten selber die Hand anlegen müssen, vgl 1.Kön
    5,30; 9,23; 2.Kön 12,12.15f; 22,5.9; Noth Komm.z.St.
499 In den ugaritischen Konskriptionslisten wurden nur die Fami-
    lienoberhäupter erfaßt (vgl Heltzer 1976 S.110).
500 Hier ist das Modell der patriarchalischen Hauswirtschaft vor-
    ausgesetzt, vgl dazu Weber 1958 S.57f; ders. WuG[5] S.214f.
501 In der späten Königszeit war die Kernfamilie der Sippe gegen-
    über wirtschaftlich autonom, vgl Jer 32,7ff.

materiell und personell getragen haben. Es wird sich hier um die den
Wehrdienst ausübenden freien Männer handeln. In seiner Zusammensetzung
wird dieser Kreis dem von 2.Kön 15,20 ähneln. Das bedeutet auch, daß
nicht die gesamte Kriegsmannschaft 597 deportiert worden ist. Die nicht
zu den גבורי החיל gehörenden Krieger, vor allem die בחורים blieben
wohl im Lande. Zedekia konnte bekanntlich bereits neun Jahre später erneut einen Aufstand gegen die Oberherrschaft Babels wagen. Offensichtlich verfügte er noch über ausreichend kampferprobte Truppen.

Die letztgenannten Stellen, zusammen mit 1.Sam 9,1 werfen auch ein
Licht auf die Position Jephtas als גבור חיל in Jud 11,1. Jephta war
ein erprobter Kämpfer. Offenbar war Jephta der Älteste unter den Söhnen
seines Vaters (11,2b). Möglicherweise lebte er mit den heranwachsenden
Brüdern auf ungeteiltem Erbe zusammen. Dann bedeutet גבור חיל hier,
daß Jephta der 'Haushaltsvorstand' war. Auf dem Hintergrund von 1.Sam
9,1; 2.Kön 15,20; 24,14 kann גבור חיל in Jud 11,1 nicht als 'Großgrundbesitzer' oder 'Mann mit großem Vermögen' verstanden werden. Das
Verb נחל[502] in der Bemerkung לא תנחל בבית אבינו (11,2b)[503] verweist
nur darauf, daß zum Erbe Jephtas auch Land gehörte. Jephta war bis zu
seiner Vertreibung Grundbesitzer.

Dem Chronisten scheint dieses Verständnis von גבור חיל noch geläufig
gewesen zu sein, wenn er an einigen Stellen die גבורי חיל mit den
ראשי בית אבות identifiziert[504]. In der Bedeutung 'Haushaltsvorstand',
'Oberhaupt einer ökonomisch selbständigen Hauswirtschaft' wirkt die
Verwendung des Begriffs גבור חיל in 1.Chr 9,13 für die Familienhäupter
der Priester nicht mehr ganz so befremdlich.


Die Bedeutungen von איש חיל, בן חיל und גבור חיל sind voneinander abgrenzbar.
איש חיל bezeichnet vor allem den kampfesfähigen Mann, den
Krieger, der zum Angriff / zur Verteidigung auszieht. Der
Ausdruck betrachtet die betreffende Person allein unter dem
Aspekt ihrer Wehrfähigkeit.
איש חיל ist eine rein militärische Qualifikation.

---

502  2.Kön 24,16 gilt als Dublette zu 24,15a. Vgl Klostermann
      Komm.z.St.
503  Das Objekt von נחל ist zumeist Land. Vgl Wanke 1976 Sp 56
504  Jud 11,2b dürfte die älteste Erwähnung des בית אב sein.
      Rost (1938 S.56) hat diese Stelle übersehen.

Dagegen dient בן חיל hauptsächlich zur Umschreibung psychischer Fähigkeiten wie 'Tapferkeit, Mut, Tüchtigkeit, Zuverlässigkeit', die sich im militärischen Bereich wie auch im normalen Alltag erweisen können. בן חיל ist im Gegensatz zu איש חיל kein spezifisch militärischer Terminus.

גבור חיל verweist als einziger der drei Begriffe auf einen gesellschaftlichen Status. Dieser Ausdruck versucht, eine soziale Position unter mehreren Aspekten zu fassen: der גבור חיל ist ein kampfesfähiger Mann, der aber vom איש חיל durch die Heraushebung der ökonomischen[505] und sozialen Position abgehoben wird. Der גבור חיל ist in der Regel Haupt einer Hausgemeinschaft und steht einer selbständigen Hauswirtschaft vor[506]. Der Begriff hat also auch eine ökonomische Bedeutung, in deren Zentrum aber der Aspekt 'wirtschaftliche Eigenverantwortlichkeit' und nicht 'Besitz erheblichen Vermögens' steht. גבור חיל deutet nicht automatisch auf einen vermögenden Mann hin, sondern eher auf einen Hausvater mit erwachsenen Söhnen (1.Sam 9,1) oder den ältesten Bruder, der eine patriarchale Vorzugsstellung in einer Erbengemeinschaft (Jud 11,1) einnimmt. Ein ökonomisch differenzierender Begriff liegt nicht vor, in dem Sinne, daß גבור חיל den Großgrundbesitzer vom normalen Grundbesitzer unterscheidet. Auch finden sich keine Hinweise auf eine politisch rechtliche Sonderstellung des גבור חיל.

---

505  1.Chr 5,24; 7,2.9.11; 26,2; 2.Chr 26,12
506  Köhler (1953 S.18f) weist bei der Übersetzung von 1.Sam 16,18 darauf hin, daß es sich bei dem גבור חיל um einen "hablichen Mann" handele. Als Ausnahmen von der Regel (Haupt eines Oikos) sind hier nur David (1.Sam 16,18), Jerobeam (1.Reg 11,28) und Jephta (Jud 11,2) zu notieren. Alle drei wurden aber im Verlauf ihrer politischen Karriere auch im ökonomischen Sinn zum גבור חיל. Für alle gilt, daß sie im Verlauf einer normal erwartbaren Laufbahn wohl nicht zum גבור חיל im ökonomischen Sinne geworden wären. Jephta war ein von seinem landwirtschaftlichen Erbe vertriebener Bürger. Jerobeam war als Sohn einer Witwe gezwungen, in den Staatsdienst zu treten. Und David als der jüngste Sohn seines Vaters hatte auch nicht die besten Chancen, das Erbe ungeteilt anzutreten.

Resumée. Die typische israelitische Stadt der Richterzeit

Die israelitische Stadt der Richterzeit ist eine selbständige politische Gemeinschaft. Dem Herrschaftssystem nach gehört sie zum Typus 'primitive Demokratie'. Herrschaft wird hauptsächlich von zwei Gruppierungen, den Ältesten und den Männern, ausgeübt. Es gibt - mit Ausnahme von Jud 8,14 - keine Hinweise dafür, daß diese Gruppierungen sich zu Institutionen mit eigenständigen Organen entwickelt hatten.

Eine zentrale Herrschaftsinstanz fehlt, zentrale Herrschaftspositionen entstehen im Zusammenhang mit Krisen und sind vorübergehende Erscheinungen.

Die Stadt bildet einen eigenen Wehrverband. Innerhalb des Militärverbandes finden sich keine über 'natürliche Unterschiede' (Alter, physische und psychische Fähigkeiten) hinausgehenden Differenzierungen. Eine militärische Rangordnung fehlt.

Das Wirtschaftsleben der Stadt wird bestimmt von der patriarchalen Hauswirtschaft, deren Basis die Landwirtschaft ist. Typisch ist eine geringe Differenzierung der Arbeitstätigkeiten, was auf eine gleichmäßige Verteilung des Bodens schließen läßt. Sozioökonomische Klassen haben sich erkennbar noch nicht herausgebildet. Ökonomische Versager (אנשים ריקים) und/oder von ihrer Verwandtschaftsgruppe Ausgestoßene fallen aufgrund der geringen Differenzierung der Wirtschaft aus dem sozialen Verband heraus. Handwerk spielt ebensowenig eine Rolle wie interlokaler Handel.

Das kultische Leben bleibt im Dunkel der Überlieferung. Im öffentlichen Leben der Stadt wirken weder kultische Instanzen mit noch treten spezifische Lokalkulte und eine lokale Priesterschaft hervor. Auch eine eigene Stadtgottheit wird nicht sichtbar.

8.  SIEDLUNG UND GESELLSCHAFTLICHE INSTITUTION DER VORSTAAT-
    LICHEN ZEIT ISRAELS. EINE INTERPRETATION ANHAND DER
    IDEALTYPEN 'ANTIKE STADTHERRSCHAFT', 'EIDGENOSSENSCHAFT/
    REGULIERTE ANARCHIE' UND 'SEGMENTÄRE GESELLSCHAFT'

Die historische Analyse im vorangehenden Abschnitt ergab, daß
die gesellschaftlichen Strukturen der israelitischen Städte
einen hohen Grad an Ähnlichkeit besitzen. Diese strukturellen Übereinstimmungen weisen über die einzelnen Siedlungen
hinaus auf ein 'verbindendes Ganzes'. Verständlich gemacht
werden können sie nur, wenn sie im Rahmen eines sie verbindenden gesellschaftlichen Rahmens betrachtet werden.

Methodisch erfordert dieses den Übergang von der an der
historisch-kritischen Exegese orientierten Untersuchung zu
der von soziologischen Typen geleiteten Interpretation.
Erst die soziologische Erweiterung der Perspektive ermöglicht ein Verständnis der historischen Fakten und ihres Zu-
sammenhanges[1].

Als soziologische Erkenntnistypen bieten sich die von Max
Weber im 'Antiken Judentum' entwickelten Idealtypen 'Antike
Stadtherrschaft' und 'Eidgenossenschaft' an sowie der Typus
der 'regulierten Anarchie' aus 'Wirtschaft und Gesellschaft'.
Der Typus 'regulierte Anarchie' kann als 'Alltagstypus'[2]
der 'Eidgenossenschaft' verstanden werden. 'Regulierte Anarchie' beschreibt bei Weber den Zustand der israelitischen
Eidgenossenschaft in Friedenszeiten. Weber hat die 'regulierte Anarchie' in 'Wirtschaft und Gesellschaft'[3] begriff-

---

1 Es liegen einige methodische Versuche in dieser Richtung vor, vgl
  Noth 1930; Alt KS III S.258ff; Lurje 1927; Jepsen 1934; Mendenhall 1973; Gottwald 1975; Crüsemann 1978 S.201ff; Fendler 1973
  EvTh 33; Prewitt (1981 JNES 40.87ff); Wilson (1979 BA 42.11ff).
2 'Alltagstypus' bezeichnet hier jenen Zustand, den eine 'Eidgenossenschaft' unter den normalen Verhältnissen des alltäglichen
  Lebens in friedlichen Zeiten annehmen kann.
3 WuG[5] S.515.519

lich nur skizziert. Dieser bei Weber angelegte Typus wurde
von Sigrist[4] unter dem Begriff 'Segmentäre Gesellschaft' eth-
nologisch aufgearbeitet. Der Typus 'Segmentäre Gesellschaft'
stellt einen interessanten Interpretationsrahmen zum Verständnis der gesellschaftlichen Organisation des vorstaatlichen Israel bereit[5].

Im Laufe der folgenden Ausführungen werden zunächst die
Typen 'Antike Stadtherrschaft' und 'Eidgenossenschaft' mit-
tels des erarbeiteten alttestamentlichen Materials auf ihre
Anwendbarkeit befragt. Im Anschluß daran wird der Begriff
'Segmentäre Gesellschaft' erläutert. Anhand des ethnologi-
schen Materials werden dann die wesentlichen Merkmale dieser
Gesellschaftsform mit den Daten der alttestamentlichen Tra-
ditionen zur Richterzeit verglichen.

4  Sigrist 1967. Zum ethnologischen Material vgl jetzt Kramer/Sigrist
   1979. Unter dem Titel 'Gesellschaften ohne Staat' wurden englische
   und amerikanische Beiträge herausgegeben, die ursprünglich zwischen 1920 und 1969 erschienen sind.
5  Crüsemann (1978 S.201ff) kommt das Verdienst zu, diesen Typus in
   die alttestamentliche Diskussion eingebracht zu haben.

## 8.1    'Antike Stadtherrschaft'

Die von Max Weber für die Vollstadt aufgestellten Kriterien
werden von den altisraelitischen Städten nur im geringen
Maße erfüllt. Die altisraelitische Siedlung tritt weder als
Marktort des umliegenden Landes noch als Festungsort in Erscheinung. Doch bildet sie einen eigenen Wehrverband, dem
alle freien kriegsfähigen Männer angehören. Der Wehrverband
ist keine stehende Einrichtung; er tritt ausschließlich in
akuten Krisensituationen zusammen. Die Teilnahme an offensi-
ven Aktionen, die über die Abwehr einer unmittelbaren Bedrohung der Stadt hinausgehen, ist freiwillig (1.Sam 11,5ff;
31,11ff). Dieser Wehrverband ist keine Zwangskörperschaft.
Eine Differenzierung nach militärischen Gattungen, Ausrüstung,
Übung und ökonomischem Vermögen besteht innerhalb der Miliz
nicht.
   Die typische israelitische Stadt ist auch nicht Sitz eines
monarchischen oder oligarchischen Machtträgers. Kanaanäische
Städte, die mit Israel politisch verbunden sind, haben in
ihrer Mehrheit eine 'demokratische Verfassung', in der Min-
derheit eine aristokratische Organisation. Das Bündnis einer
kanaanäischen Königsstadt mit israelitischen Siedlungen ist
nicht nachweisbar. Ansätze zur 'monarchischen Herrschafts-
bildung' wie in der Stadt Gilead entspringen historisch singulären Machtkonstellationen und sind eher eine vorübergehende Erscheinung.
   Die Stadtherrschaft liegt in den Händen der Versammlung
der 'Männer der Stadt' und ihrer Ältesten. Dieses Faktum
hebt die israelitische Stadt deutlich von der griechisch-
römischen Polis ab, die Webers Typus 'Antike Stadtherrschaft'
prägte. Der Gegensatz 'Patriziat/Bauernschaft', der für die
antike Polis beherrschend ist, fehlt der israelitischen
Stadt. Auch die Scheidung in erbcharismatisch voll wehrfähige Sippen und minderberechtigte Sippen ist ihr fremd.

Die Sippen spielen im politischen Leben der Stadt keine
erkennbare Rolle mehr. Es ist bemerkenswert, daß die Ältesten
immer als die Repräsentanten ihrer Stadt erscheinen und nicht
als Sippenälteste auftreten. Innerhalb des Siedlungsverbandes
scheint die soziale Position des einzelnen nicht durch die
Sippenzugehörigkeit determiniert zu sein. Es wäre jedoch ein
Trugschluß, aus diesem Umstand auf eine völlige Bedeutungslosigkeit verwandtschaftlicher Gruppierungen in der Richterzeit zu schließen. Eher weisen Ortsbezeichnungen wie 'Ophra
Abiesers' darauf hin, daß eine weitgehende Übereinstimmung
zwischen Siedlungsgemeinschaft und Verwandtschaftsgruppe besteht. Dieser Umstand könnte erklären, warum die Sippen im
politischen Leben offenbar keine Bedeutung haben. Waren Sippenverband und lokaler Verband identisch, dann entfiel die
Notwendigkeit einer gesonderten Interessenvertretung der
Sippe.

Die relative ökonomische Gleichheit aller freien Bewohner,
die auf ihrer gleichmäßigen Beteiligung am Grundbesitz gründet, führt dazu, daß einzelne Bewohner nur aufgrund hervor-
ragender persönlicher Fähigkeiten  - Mut und Erfolg im Kampf,
gelungene Schlichtung von Streitfällen, Bewährung als Prophet - ihre gesellschaftliche Stellung verbessern können.

In den Beziehungen der Städte untereinander kommt nomadi-
sierenden Viehzüchterverbänden keine Bedeutung zu, noch lassen sich Konflikte zwischen dauerhaft ansässiger und nomadischer israelitischer Bevölkerung aus den Texten belegen. Professionelle Viehzucht ist erst für den Ausgang der Richterzeit bezeugt. Nach 1.Sam 21,8 hatte Saul Hirten. 1.Sam 25
zeigt, daß Nabal schwerpunktmäßig Kleinviehzucht betrieb.
Auch David erscheint in einem Zweig der Tradition (1.Sam 16,
11) als Hüter der Schafe seines Vaters. Doch mit nomadischer
Wirtschaftsweise hat das herzlich wenig zu tun. Die Geschen-
ke Isais an Saul (1.Sam 16,20) und Abigails an David (1.Sam
25,8) lassen in ihrer Zusammensetzung erkennen, daß auch in
Juda die Viehwirtschaft neben der Landwirtschaft betrieben
wurde. Einzig der Stamm Ruben ist von Jud 5,16 her als ein

Viehzüchterverband bekannt[6]. Doch dürfte dieses zur Konstruktion eines innerisraelitischen Gegensatzes zwischen Bauern
und Viehzüchtern nicht genügend Anhaltspunkte bieten.

Land- oder Stadtsässigkeit ist für die Stellung des einzelnen in der Gesellschaft des richterzeitlichen Israel gleich-
gültig. Auch lokale Kulte mit stadteigener Priesterschaft
sind nicht überliefert. Kultisches Geschehen bleibt  - soweit es sich nicht um die Lade und ihren jeweiligen Standort
handelt -  als Institution im Verborgenen. Alle charakteristischen Merkmale des Weberschen Stadttypus fehlen der israelitischen Stadt.

Kanaanäische Siedlungen, die in irgendeiner Form mit den
israelitischen Siedlungen politisch assoziiert sind, ähneln
diesen in ihrer Verfassung. Ausnahmen sind kanaanäische
Städte wie Sichem, Thebez und Kegila, denen die Tradition
eine oligarchische Herrschaft zuschreibt.

Die Stadt Sichem kommt dem Stadttypus Webers am nächsten.
Doch geraten Sichem wie Thebez im Verlaufe ihrer Beziehun-
gen zu den umwohnenden Israeliten in kriegerische Verwick-
lungen mit diesen und werden um 1200 total zerstört. Auswir-
kungen ihrer oligarchischen Verfassung auf die politische
Verfassung israelitischer Siedlungen sind daher begrenzt.
Das Verhältnis von Kegila zu den angrenzenden judäischen
Ortschaften bliebe noch zu untersuchen.

Zwischen israelitischen Siedlungen und den kanaanäischen
Königsstädten findet keine Kooperation statt. Der Behauptung,
daß eine derartige Königsstadt erobert wurde, folgt sogleich
die Versicherung, daß die betreffende Bevölkerung ausgerottet worden ist. Angesichts der politischen Strukturen israelitischer Siedlungen gewinnt diese bei Dtr massiert auftretende, vermeintlich ideologische Forderung an historischer
Wahrscheinlichkeit. Ethnologische Ergebnisse weisen darauf
hin, daß akephale Verbände, in denen eine Oberschicht nicht
ausgebildet ist, dazu tendieren, die im Krieg besiegten Fein-

---

6  Der Stamm Ruben scheint ein Sonderschicksal gehabt zu haben.
   Aus staatlicher Zeit sind keine sicheren Wohnsitze des Stammes
   bekannt. Vgl Noth 1963[5] S.63f; de Vaux 1973 S.60ff.

de umzubringen, sofern sie das eroberte Land zur eigenen Ansiedlung benötigen. Sie haben keinen Bedarf für den durch ihre Kriegserfolge gewonnenen Überschuß an Arbeitskräften[7].

Der Typus 'Antike Stadtherrschaft' verzerrt das soziologische Bild, das die israelitischen Städte der Richterzeit,
vor allem in ihren Beziehungen untereinander,bieten. Die israelitische Gesellschaft dieser Zeit enthält nicht die Elemente, die zur Bildung des Typus benötigt werden.

---

7  Vgl Cohen/Schlegel 1967 S.135ff. Noch David tötete 2/3 der Moabi-
   ter (2.Sam 8,2). Dagegen hatte er für die später besiegten Ammoniter (2.Sam 12,31) Verwendungsmöglichkeiten.

## 8.2    'Eidgenossenschaft/regulierte Anarchie'


Die Überlieferungen zur Richterzeit sagen über die Entstehung der 'Eidgenossenschaft' wenig aus. Doch wird Webers
religiöse Verbandsbildung, die um die Person des Mose kreist,
in ihren Grundannahmen von der alttestamentlichen Forschung
bestätigt. In der Diskussion hat sich tendenziell ein Konsensus herausgebildet, der wie folgt umschrieben werden kann.

'Mose' bezeichnet eine historische Persönlichkeit, die im
Namen Jahwes zur Flucht aus Ägypten aufgerufen hat[8]. Unter
ihrer Führung vereinigten sich Gruppierungen unterschied-
lichster Provenienz. Meerwunder und Sinaiereignis gehören
zu den diesen 'hergelaufenen Haufen' verbindenden Ereignissen.

Vermutlich nach einem längeren Aufenthalt in Kadesch[9] und
dem Zusammentreffen mit verwandten levitischen Gruppen an
diesem Heiligtum, zieht die Mose-Schar ins südliche Ostjordanland[10]. Mose war der charismatische Anführer eines durch
freiwilligen Zusammenschluß gegründeten religiösen Verbandes. Legitimiert wurde seine Führungsposition zum einen
durch die Berufung auf individuelle Theophanien, zum anderen durch seinen Anspruch, der Interpret und ausgezeichnete
Interessenvertreter der ihm erschienenen Gottheit Jahwe zu
sein. Die Traditionen der Mose-Schar wurden von dem unter
der Leitung Josuas stehenden Verband, der nach Mittelpalästina einwanderte, weitergepflegt.

---

8  Vgl Noth 1948 S.175ff; H.Schmid 1968 S.1ff; Rendtorff 1975
   S.152ff
9  Der Aufenthalt der Israeliten in Kadesch ist in der Forschung
   umstritten. Noth (1948 S.181) lehnt ihn ab, Schmid (1968 S.
   106ff) plädiert dafür. Soziologisch erforderlich wäre nur irgendeine Form von Sammlung und Konstituierung der heterogenen
   Gruppen als handlungsfähiger Verband.
10 Vgl Schmid 1968 S.106ff; Noth 1948 S.176f; Smend 1963 S.97.
   Der Begriff 'Mose-Schar' wird hier als soziologischer Idealtypus verwendet.

In den Traditionen zur Richterzeit findet sich nirgends
ein Hinweis auf den Verband der Einwanderer und ihre ursprünglichen Siedlungsgemeinschaften, von denen die 'Eidgenossenschaft' ihren Ausgang nahm. Auch die Personen Mose
und Josua bleiben im Dunkel der Traditionen[11].

Spuren einer ursprünglich religiösen Verbandsbildung finden sich in Texten, die über gemeinsame kriegerische Aktionen von Israeliten berichten. Entsprechende Überlieferungen
(Jud 5) lassen erkennen, daß das Gemeinschaftshandeln der
Siedler sich an einer allen vorgegebenen Tradition religiösen Inhalts orientiert. Im Zentrum dieser Tradition steht
das Bewußtsein davon, der עם יהוה zu sein. Diese Gemeinschaft tritt nur bei faktischer Bedrohung des gemeinsam bewohnten Territoriums zusammen. Aus dem Bewußtsein der Zugehörigkeit ist weder Anspruch noch Verpflichtung zur Teilnahme an gemeinsamen Aktionen entstanden. Die jeweilige Zusammensetzung eines Aufgebotes bestimmt sich danach, wieweit
wirklich territoriale Interessen der einzelnen Gruppen tangiert werden[12]. Nur zur Abwehr äußerer Bedrohung in akuten
Krisensituationen tritt die größere Gemeinschaft in Aktion.

Im Alltagsleben der Städte wirkt sich die 'kriegerische
Eidgenossenschaft' nicht aus. Die politischen Institutionen
der Städte stehen scheinbar unverbunden neben den temporär
auftretenden kriegerischen Vergemeinschaftungen. Zwischen
dem 'Israel im Kriege' und dem 'Israel im Frieden' liegt
eine deutliche Diskrepanz. Die in Notzeiten funktionierende
Einheit verschwindet im Alltagsleben und sinkt fast bis zur
Bedeutungslosigkeit herab.

Siedlungsorganisation und Jahwevergemeinschaftung sind
nebeneinander gelagerte soziologische Einheiten ohne institutionelle Vermittlung.

---

11  Es dürfte kein Zufall sein, daß Traditionen über die Führer-
    persönlichkeiten der Frühgeschichte Israels in der Königs-
    zeit gesammelt wurden. Erst in dieser Zeit gewannen sie auch
    an aktueller Relevanz, vgl Porter 1963.
12  Vgl Smend 1963 S.14ff. Die von Ehud, Barak, Gideon und Jephta
    geleiteten Kriegszüge fanden in einem engen territorialen Rah-
    men statt. Nur unmittelbar betroffene Stämme waren an den Un-
    ternehmungen beteiligt.

Einen Versuch, diesen Hiatus soziologisch zu erklären,
stellt das Modell der kultischen Amphiktyonie von Noth (1930)
dar; demzufolge war das vorstaatliche Israel in einem 12-
Stämmebund nach dem Muster griechischer Städtebunde verfaßt.
Dieser Bund organisierte sich um ein gemeinsames Zentralheiligtum, an dem die gemeinisraelitischen Traditionen gepflegt
wurden und allen gemeinsame kultische Feiern stattfanden.
Institutionen dieses Bundes waren unter anderem die 'Richter
Israels', der Heerbann und der Jahwekrieg. Die Amphiktyonie
hat das Verständnis der vorstaatlichen Epoche Israels in der
alttestamentlichen Forschung über eine Generation geprägt.
In der letzten Zeit ist aber die Frage nach der Angemessenheit dieses Modells zunehmend schärfer gestellt worden. Die
Argumente der Bestreiter[13] sind wohl begründet und so gewich-
tig, daß die altisraelitische Amphiktyonie Nothscher Herkunft nicht mehr als hinreichendes Erklärungsmodell für die
Gesellschaft des vorstaatlichen Israel  gelten kann.

Die Destruktion dieses Modells führte dazu, daß man nur
noch negativ als Fehlen staatlicher Organisation beschreiben konnte, was die Einheit Israels in vorstaatlicher Zeit
auf Dauer sicherte.

Dieser Aporie sucht Crüsemann[14] mit dem Modell 'Segmentäre
Gesellschaft' zu begegnen. Der Typus der 'Segmentären Gesellschaft' erklärt seiner Meinung nach gerade die scheinbar
widersprüchlichen Traditionen über die Einheit Israels versus Zerfall in partikulare Interessen verfolgende Stammesgemeinschaften, religiöses Gemeinschaftsbewußtsein bei

---

13  Vgl Orlinsky 1962 OrAnt 1; Fohrer 1966 ThLZ 91; Herrmann 1962 ThLZ
    87; de Vaux 1971 HThR 64; de Vaux 1973 S.15ff; Mayes 1974 S.15ff;
    Gottwald 1975 VTS 28; Ders. 1980 S. 345ff; Geus 1976 S.193ff.
    Verteidigt wurde die Amphiktyonie in letzter Zeit von Bächli
    1977. M.E. leidet die These daran, daß sie zu sehr an dem Sche-
    ma staatlicher Verfassungen orientiert ist. Es wäre sicher
    reizvoll, die kultische Amphiktyonie einmal auf dem Hinter-
    grund einer 'segmentären Gesellschaft' zu betrachten. Mögli-
    cherweise kann eine modifizierte Konzeption der Amphiktyonie,
    die weniger nach institutionellen Verbindungen als nach tradi-
    tional beachteten kultischen Gemeinsamkeiten sucht, heuristisch
    ergiebig sein für die Gesellschaftsgeschichte des frühen
    Israel.
14  Crüsemann 1978 S.203ff

gleichzeitig auftretender mangelnder Alltagssolidarität.
Zumindest für die unter dem Stichwort 'Widerstand gegen das
Königtum' zusammengefaßten Überlieferungen ist es Crüsemann
gelungen, eine segmentäre Gesellschaft als soziologischen
Hintergrund plausibel zu machen.

Ein ausführlicher Detailvergleich, verbunden mit einer
Überprüfung der Angemessenheit dieses soziologischen Typus,
kann hier nicht durchgeführt werden. Dazu sind umfangreiche
Einzelstudien zu Landnahmeprozeß und Siedlungsgründungen,
Recht und Religion des vorstaatlichen Israel und der Bedeutung des Verwandtschaftssystems erforderlich. Doch erscheint
dieser Typus, der ja eine logische Weiterentwicklung der
'regulierten Anarchie' von Weber[15] ist, als Kompaß auf dem
'ungeheuren Meere der Tatsachen' besonders geeignet.

---

15 Zum Verhältnis von 'Eidgenossenschaft' und 'regulierter Anarchie'
   bei Weber vgl oben S. 118f.

## 8.3 Das vorstaatliche Israel als segmentäre Gesellschaft

### 8.3.1 Der Begriff 'Segmentäre Gesellschaft'

Der Begriff 'Segmentäre Gesellschaft' geht auf das Werk von
E.Durkheim 'De la division du travail social' (1893) zurück.
Durkheim verstand darunter eine Gesellschaft, die aus untereinander gleichen Segmenten sich zusammensetzte. In dieser
Gesellschaft gibt es keine Zentralinstanz. Der Zusammenhalt
der einzelnen Segmente wird durch mechanische Solidarität
gestiftet[16].

Fortes und Evans-Pritchard[17] beschrieben unter diesem Begriff bestimmte Formen afrikanischer Systeme. Danach sind
segmentäre Gesellschaften soziale Einheiten größerer Komplexität, deren Mitglieder in genealogisch organisierten
Segmenten, den sogenannten 'Lineages'[18], verbunden sind. Ihre Einheit wird nicht durch eine Zentralinstanz, sondern
durch die Orientierung der Mitglieder an der Struktur dieser Lineages, die den Rahmen des politischen Systems bilden, konstituiert. Diese Gesellschaftsform wurde von Evans-
Pritchard[19] als 'acephalous kinship state' bezeichnet.

Die meisten der afrikanischen Gesellschaften, die dem Typus angehören, weisen rang- und funktionsdifferenzierte uni-
lineare Deszendenzgruppen auf. Daher schlägt Sigrist[20] in
Absetzung von Durkheim vor, "die Gleichheit der Segmente
einer segmentären Gesellschaft durch das Fehlen einer herr-
schaftlichen Über- und Unterordnung von Gruppen zu definie-
ren". Segmentäre Gesellschaft wird von ihm bestimmt als

---

16 Durkheim 1902[2] S.100.150
17 Fortes, M./Evans-Pritchard,E.E. 1940
18 Dies. a.a.O. S.6f; zur Funktion der Lineage vgl Fortes 1973 S.272ff
19 Zit. nach Sigrist 1967 S.27
20 Ders. a.a.O. S.29

"eine akephale ... Gesellschaft, deren politische Organisation durch politisch gleichrangige und gleichartig unterteil-
te mehr- oder vielstufige Gruppen vermittelt ist"[21]. Das Fehlen einer Zentralinstanz bedeutet, daß es keine öffentliche
Instanz gibt, "welche die Verbindlichkeit ihrer Kontrolle
gegebenenfalls mit öffentlich gebilligten physischen Sanktionen, deren Vollzug delegierbar ist, durchsetzt"[22]. Segmentäre Gesellschaften entsprechen der von Weber in 'Wirtschaft
und Gesellschaft' skizzierten 'regulierten Anarchie' insoweit, als beide keine außerhäuslich geordnete Dauergewalt
kennen[23]. Die politische Verfassung einer segmentären Gesellschaft bietet das Bild einer regulierten Anarchie. 'Regulierte Anarchie' beschreibt den Zustand der israelitischen
Eidgenossenschaft im Frieden.

Typisch für eine segmentäre Gesellschaft ist die kontinuierliche Ausgliederung von Untergruppen und Neugliederung
der Gesellschaft[24]. Der Segmentation von Untergruppen entspricht dabei der Prozeß der Assimilation der abgespaltenen
Teile. Die Konstanz des segmentären Prozesses ist dabei die
wesentliche Vorbedingung für die andauernde Akephalie der
segmentären Gesellschaft[25]. Die Integration einzelner Elemente wird durch genealogische Systembildung gewährleistet.
Die Beziehungen der Segmente untereinander sowie ihrer Teile zueinander werden als Verwandtschaftsbeziehungen definiert. Voraussetzung für ein hohes Integrationsniveau ist
die patrilineare Verfassung der unilinearen Deszendenzgruppen und eine bestimmte Wirtschaftsstufe, auf der Besitz von
Land/Vieh vererbt werden kann[26].

---

21  Sigrist 1967 S.30
22  Ders. a.a.O.
23  WuG[5] S.519.670
24  Sigrist 1967 S.32ff. Zur segmentalen Differenzierung vgl auch
    Schluchter 1979 S.114ff
25  Sigrist 1967 S.45ff
26  Ders. a.a.O. S.93f

## 8.3.2    Grundstrukturen der Gesellschaft des vorstaat-
          lichen Israel

Die Grundvoraussetzungen für eine segmentäre Gesellschaft
lassen sich für die Gesellschaft des vorstaatlichen Israel
nachweisen[27]. Die einzige umfassende Organisation, die für
das frühe Israel belegt ist, ist diejenige auf der Basis von
Verwandtschaftsbeziehungen. Dieses lassen die Genealogien
von Num 26[28] und 1.Chr 1-9 durchblicken.

In einem Vergleich afrikanischer und biblischer Genalogien
hat Malamat[29] die strukturellen Übereinstimmungen herausgestellt. Auch die biblischen Genealogien des frühen Israel
drücken politische Beziehungen aus. Sie haben die gleiche
Funktion wie die afrikanischen Parallelen. Die israelitischen
Sippen können in diesem Sinne als 'Lineages' verstanden werden. Die israelitische Lineage ist ebenfalls patrilinear organisiert[30]. Solche Genealogien sind kein exklusives Merkmal
nomadischer Gruppen, wie die afrikanischen Beispiele zeigen[31].

Die Zuordnung einiger Sippen ist in der vorchronistischen
Überlieferung variabel. Eine Sippe Hezron wird in Num 26,6
und 26,21 sowohl für Juda wie auch für Ruben aufgeführt. Die

---

27  Durkheim (1902[2] S.151) war wohl der erste, der Israel zu den seg-
    mentären Gesellschaften zählte.
28  Num 26 gilt als Überlieferung aus der Frühzeit Israels, vgl Noth
    1930 S.122ff; ders. Komm.z.St.; Westermann Genesis S.8ff; ders.
    1976 S.55ff. Die Studie von Andersen (1969 BiTr S.34ff) zeigt,
    daß die משפחה die wichtigste verwandtschaftliche Gruppierung in
    Israel bis zur Zeit Davids war. Ihr Zurücktreten in der Königszeit
    deutet an, daß sie ihre wichtigste gesellschaftliche Funktion,
    Konstituierung sozialer Einheit, offenbar verloren hatte.
    De Vaux 1973 S.43ff; Gottwald (1980 S.51) hält zwar die Liste in
    ihrer vorliegenden Form für unhistorisch, verzichtet aber nicht
    auf die Annahme "The late P traditionist seems to have had
    access to archaic data..."
29  Malamat 1973 Arch.Europ.Soc. 14
30  Die Untersuchungen von Wilson (a.a.O.) und Prewitt (a.a.O.) diffe-
    renzieren hinsichtlich der Bedeutung der patrilinearen Deszen-
    denz. Beide arbeiten für die Bestimmung der Position eines In-
    dividuums im genealogischen System der Genesis die Bedeutung der
    matrilinearen Beziehung heraus.
31  Anders de Vaux 1960 I S.20ff; Ramlot 1964 BVC 60. Die Nuer be-
    treiben neben der Landwirtschaft stationäre Viehwirtschaft (For-
    tes/Evans-Pritchard 1940 S.272ff), die Tallensi hauptsächlich
    Landwirtschaft (dies. a.a.O. S.248f).

Sippe Serah ist ebenfalls in den zwei Stämmen Juda und Simeon (Num 26,13.20; Jos 7,16ff) vertreten. In den Überlieferungen treten Sippen in Erscheinung wie die Zuphiter (1.Sam 1,1),
Kenisiter (Jos 14,6), Abieser (Jud 6,11), Matri (1.Sam 10,
21), Ephratiter (1.Sam 17,2) und Bichriter (2.Sam 20,14),
die in dem älteren Verzeichnis von Num 26 noch keinen Platz
fanden. In 1.Chr 1-9 findet sich häufig die doppelte bzw sogar dreifache Zuordnung einer Sippe. Hier gibt es u.a. eine
Sippe namens Beria in Ephraim, Benjamin und Asser. Die Verteilung gleichnamiger Lineages auf mehrere Stämme deutet auf
Abspaltungen und Abwanderungen von Unterteilen der betreffenden Lineage hin[32]. Die Genealogien von 1.Chr 1-9 unterscheiden sich von dem Verzeichnis Num 26 in einem wesentlichen Merkmal. Hier stehen die Sippen nicht mehr unverbunden
nebeneinander, sondern sind durch die Termini 'Vater, Sohn,
Bruder, Tochter, Frau, Nebenfrau' einander zu- und untergeordnet. Hinter der Hierarchisierung nach dem Muster der Familie verbirgt sich eine politische Entwicklung, die zu
Rangunterschieden führte[33]. In Num 26 sind kanaanäische Städte wie Thirza und Sichem noch als Verwandtschaftsgruppen
voll eingegliedert worden. Dagegen werden die später angegliederten kanaanäischen Städte in 1.Chr 1-9 nur noch so zugeordnet, daß z.B. ein genealogisches Glied als Vater von
Kirjath Jearim bezeichnet wird[34]. Die so entstandene Seitenlinie wird  - anders als die Hauptlinie -  nicht weiter verfolgt. Die kanaanäische Stadt bildet im weiteren Verlauf
keinen neuen Knotenpunkt innerhalb der Genealogie.

Die Abspaltungen, Neugliederungen und Assimilationen von
Gruppen, die in den Genealogien sichtbar werden, sind typisch für segmentäre Gesellschaften[35]. Sie verweisen auf
einen kontinuierlichen Prozeß von Umgliederungen. Andererseits deutet die Hierarchisierung der Genealogien in der
Chronik und die Unfähigkeit des dortigen Verfassers, kanaanä-

---

32  Vgl auch hierzu die Ausbreitung benjaminitischer Sippen nach
    Osten, Yeivin 1971 IEJ 21 S.149f
33  Vgl auch Bohannan 1958
34  Vgl auch 1.Chr 4,17ff
35  Sigrist 1967 S.33.45ff

ischen Städten einen 'normalen' Platz im Verwandtschaftssystem einzuräumen, an, daß diese segmentäre Dynamik zum Halt
gekommen war. Die Ereignisse von Jud 8,1-3; 12,1-6 und 19-20
können als Indiz für erfolgte Segmentationen gelten. Sowohl
in Jud 8,1-3 wie auch in 12,1-6 sieht der Stamm Ephraim sich
in seinem Recht der Kriegsteilnahme verletzt. Ephraim betrachtet offenbar die von den Manassiten bzw. Gileaditern
eigenmächtig ohne seine Erlaubnis unternommenen Kriegszüge
als illegal. Während sich aus Jud 12,1-6 ergibt, daß Ephraim
in keiner Weise an den Kämpfen gegen die Ammoniter beteiligt
war, verweist Jud 8,1-3 darauf, daß Ephraim immerhin an der
Verfolgung der geschlagenen Midianiter teilhatte und die
Beute mitkassierte. Nach Jud 8,1-3 reklamiert Ephraim bereits
den Umstand, daß er vor ein fait accompli gestellt und seine
Zustimmung nicht vorher eingeholt worden ist. Ephraim bestreitet das Recht der Manassiten unter der Führung Gideons, aus
eigener Machtvollkommenheit Krieg zu führen. Die gleiche Haltung nimmt der Stamm gegenüber Gilead ein. Hier wird die
Kampfansage begründet mit dem Vorwurf, daß die Gileaditer
Flüchtlinge aus Ephraim/Manasse seien (12,4), also keinesfalls rechtlich autonom. Jud 20 berichtet in seiner ursprünglichen Fassung von dem vergeblichen Versuch Ephraims, die
Verselbständigung seiner südlichen Bezirke zu verhindern[36].
Bei dem Kern von Gilead und Benjamin handelt es sich um ab-
gewanderte/abgespaltene Elemente des Hauses Joseph. In der
Forschung besteht über Ursprung und Zusammensetzung des Hau-
ses Joseph keine Einigung. Es ist strittig, ob 'Haus Joseph'
ein Ausdruck der vormaligen Einheit von Ephraim und Manasse/
Machir ist[37] oder einen Zusammenschluß ehemals unabhängiger
Stämme repräsentiert[38]. Täubler differenziert die These der
ursprünglichen Einheit dahingehend, daß Machir einer älteren
Einwanderungsschicht angehörte, die von Teilen des Hauses
Joseph (Manasse) absorbiert worden ist[39].

---

36  In der historischen Interpretation von Jud 19-20 folge ich weit-
    gehend Eißfeldt KlSchr II S.64ff; vgl oben S. 269ff
37  So Alt KS I S.127f.162ff; Täubler 1958 S.187ff; Kaiser 1960 VT
    10 S.9
38  So Nielsen 1959 S.126ff; de Vaux 1971 S.589ff
39  Täubler 1958 S.190ff

Die These, daß das 'Haus Joseph' anfangs mit Ephraim
gleichzusetzen sei und Manasse einen aus späterer Zeit ver-
selbständigten Teil Ephraims darstelle, gewinnt im Interpretationsrahmen 'Segmentäre Gesellschaft' an Plausibilität.

Zu den Absplitterungen von einer kontinuierlichen Abstam-
mungsgruppe gehören auch solche, die mit dem Verhalten von
Solidargemeinschaften in Blutfehden zusammenhängen. Die Weigerung, ein Ko-Segment in einer Blutfehde zu unterstützen,
beschleunigt die Entfremdung[40]. Dieser Sachverhalt liegt
Gideons Midianiterfeldzug (Jud 6,33ff) der den Auseinandersetzungen mit Ephraim voranging, zugrunde.

Ausmaß und Häufigkeit der Segmentationen werden begünstigt
durch Freizügigkeit und die Möglichkeiten räumlicher Expan-
sionen, beides sind Bedingungen, die in der Frühzeit Israels
vorlagen.

Es steht außer Frage, daß das vorstaatliche Israel sich
auf einer der segmentären Gesellschaft entsprechenden Wirtschaftsstufe befand. Vererbung von Vieh und Land ist zu dieser Zeit die gewöhnliche Form der Weitergabe von Vermögenswerten.

### 8.3.3   Jos 22,10-34 als Spiegel segmentärer Vorgänge

Die Folge institutioneller Segmentation ist das Eintreten
ritueller Autonomie[41]. Jos 22,10-34 könnte eine Erinnerung
an einen derartigen Prozeß ritueller Verselbständigung enthalten.

Der Text trägt sichtbare Spuren priesterlicher Redaktion, kann aber
nicht eindeutig dem Konto von P gutgeschrieben werden[42]. Einige Ausle-
ger[43] hat die Nähe zu P veranlaßt, in ihm nur die Reflexion einer exi-

---

40  Sigrist 1967 S.37
41  Sigrist 1967 S.35.44; Tait (1967 S.167ff) berichtet, daß die
    Errichtung eines Erdschreines zu den ersten Aufgaben gehört,
    die eine Neusiedlergruppe in Angriff nimmt.
42  Vgl Rendtorff 1967 S.59; Komm.z.St.
43  So Menes 1932 ZAW 50 S.268ff; Vink 1969 OTS 15 S.73ff

lischen bzw nachexilischen Situation zu sehen. Noth nimmt dagegen an,
daß eine alte ortsätiologische Überlieferung im Hintergrund stehe[44].
Möhlenbrink fragt angesichts der Gestalt des Priesters Pinehas, ob eine
kultpolemische Auseinandersetzung zwischen dem Heiligtum von Silo und
einem anderen Heiligtum am Jordan vorliege[45]. De Vaux meint, daß in Jos
22,10-34 eine Erinnerung sich erhalten hat "d'une opposition cultuelle
entre le sanctuaire de Silo ... et son sacerdoce ... et les tribus de
Transjordanie"[46].

Die Opposition zwischen der Größe Israel und den transjorda-
nischen Stämmen ist grundlegend für diese Überlieferung. Daher kann diese Tradition kaum nach dem Untergang des Nordreiches entstanden sein. Gegenstand der Auseinandersetzung
ist die eigenmächtige Einrichtung eines Kultes durch ostjordanische Gruppen. Num 32,7 spielt darauf an, daß die ostjordanischen Stämme nicht im verheißenen Land wohnen. 1.Sam
26,19 macht deutlich, daß Jahwe im Ausland nicht verehrt werden konnte. Handelte es sich bei den ostjordanischen Sied-
lern zum Teil um abgewanderte Gruppen vom Gebirge Ephraim,
dann befanden diese sich kultisch in einer prekären Situation, wollten sie an der Verehrung des gemeinsamen Gottes
festhalten. Deutlich wird dieses von den Ostjordaniern in
Jos 22,24f angesprochen; eine Befürchtung, die nach 1.Sam
26,19 als begründet gelten kann.
     Ein Teil ihrer Aussagen verhält sich widersprüchlich zu
ihren Beteuerungen, das Gebot der Einheit der Kultstätte
nicht verletzen zu wollen. Denn das in V.24f vorgebrachte
Argument ist auf dem Hintergrund einer Kultzentralisation
wenig sinnvoll.

Ursprünglich ist jede Schlachtung von Vieh ein Opfer im sakralen Sinn[47].
Die Unmöglichkeit, mangels Jahwealtar am Opferdienst teilzunehmen, impliziert entweder den Verzicht auf jeglichen Fleischgenuß oder das

---

44  Noth Komm.z.St. S.134f
45  Möhlenbrink 1938 ZAW 56 S.246
46  De Vaux 1971 S.538
47  Vgl van der Leeuw 1970³ S.403.408

'den anderen Göttern dienen', dh die Benutzung der Altäre fremder Göt-
ter zur Schlachtung. Das Zentralisationsgebot aus Dtn 12 hat dann auch
folgerichtig zur Säkularisierung des Fleischgenusses geführt (Dtn 12,
15.20f), eine logische Folge der Einheit der Kultstätte, wollte man die
entfernter wohnenden Jahweanhänger nicht zu Vegetariern machen.

Auch die Reaktion der abgesandten Israeliten auf die Ent-
schuldigung der Ostjordanier läßt von dem zuvor hochgespiel-
ten Anlaß des Streites 'Verstoß gegen Einheit der Kultstätte'
nichts mehr merken (V.30-33). Aus den betreffenden Versen
geht nur hervor, daß die Israeliten mit der erhaltenen Auskunft zufrieden waren.
  Bereits in ihrer Anfrage ist das Motiv 'Kultzentralisation'
nur in V.19bγ erwähnt. Sieht man von dieser Bemerkung einmal
ab, dann fehlt in ihrer Anklage jeder Hinweis darauf, daß nur
ein einziger Jahwealtar legitim sei. Trotzdem bestreiten sie
den Ostjordanstämmen das Recht auf einen eigenen Altarbau
und identifizieren diesen Vorgang mit Abfall von Jahwe.
In der mit Entschuldigungen reich versehenen Antwort der Ostjordanier findet sich in V.27, nur mäßig entschärft, die Aussage, daß sie trotz aller Ausflüchte wohl beabsichtigen,
den gebauten Altar zum Opfern zu nutzen[48].

Die Aussage von V.27 lautet in ihrem Kern לעבד את עבדת יהוה לפניו
בעלותינו וזבחינו ובשלמינו. Sie steht in deutlicher Spannung zum unmittelbaren Kontext. Allerdings ist die Aussage, daß man Jahwe mit
allen üblichen Opfern verehren wolle, durch die Einfügung von עבדת vor
und לפניו hinter Jahwe etwas verschleiert worden. Die Spannung zu V.26
und V.28 wurde so gemildert. Die Wendung in V.27 לעבד את עבדת יהוה
לפניו ist im AT singulär und wirkt umständlich. Der einzige vergleichbare Ausdruck findet sich in Num 8,11 לעבד את עבדת יהוה, aber ohne
das לפניו. Num 8,5-26 gehört zu einer späten Ergänzung der Levitenord-
nung und ist jünger als P. V.11 ist wiederum ein späterer Zusatz innerhalb dieser Ergänzung[49]. Zudem ist die Formel לעבד את יהוה gebräuch-

---

48  Vgl Rendtorff 1967 S.50
49  Vgl Noth Komm.z.St.

licher[50]. Die Worte לפניו und לעבד gehören einer Überarbeitung an, die
die Antwort der Ostjordanstämme ideologisch im Sinne von Dtn 12 reinigt.
V.28 steht nicht nur in einer inhaltlichen Spannung zu V.27, sondern
wiederholt auszugsweise nochmals V.24a und V.25b.  V.28 bereitet V.29
inhaltlich vor und ist von ihm nicht zu trennen. V.28f ist mit V.23
durch das Motiv 'nicht zum Opfern' verbunden. V.27 schließt nach rück-
wärts gut an V.26a an, der seinerseits auf V.25 und V.24 verweist. Der
Anfang von V.24 knüpft von der Konstruktion her an V.22b an. V.22 und
V.21 gehören inhaltlich und formal zusammen. In der Antwort der Ostjordanstämme gehören die V.21.22.24-26a.27* zur Grundschicht. Die Verse
23.26b.28f gehören zu einer Bearbeitung, die das Motiv 'nicht zum Opfern'
einfügte und auch V.27 entschärfte.


Die Grundschicht in der Antwort der Ostjordanstämme läßt erkennen, daß der zugrundeliegende Konflikt noch nicht von der
Frage der Kultzentralisation ausging. In dieser Schicht zweifeln die Westjordanstämme das Recht der im Ostjordanland
siedelnden Israeliten an, einen eigenen, von ihnen unabhängigen Kult zu betreiben. Die Rechtfertigung der Ostjordanier
zielt darauf ab, die Errichtung des Altars als bewußten Akt
des Festhaltens an der kultischen Gemeinschaft mit den Anklä-
gern zu interpretieren. Diesen bleibt somit nichts anderes
übrig, als die Kultstätte anzuerkennen. Die ostjordanischen
Siedler haben damit ihre rituelle Autonomie von den westjordanischen Israeliten errungen. Dieses Recht belegt die hinter Jos 22,10-34 stehende Tradition. In dieser Überlieferung
handelt es sich nur sekundär um die Rivalitäten zwischen zwei
Heiligtümern. Der fehlende Name des neuen Heiligtums wäre
in der Tat auffällig, falls es sich hauptsächlich um ein
Konkurrenzunternehmen zu dem von Silo handeln würde. Die
Situation verändert sich, falls durch die Tradition über
diesen Altarbau im Ostjordanland und seine Beglaubigung durch
die Westisraeliten generell die Errichtung von jahwistischen
Heiligtümern im Osten sanktioniert wird. In Jos 22,10-34
steht primär die Opposition zwischen Ost und West im Vorder-

---

50  So Ex 10,26; Dtn 10,12; Jos 24,15.19; Ps 102,23; 2.Chr 33,16;
    34,33

grund des Geschehens. Dieser Gegensatz findet im Streben des
Ostens nach kultischer Eigenständigkeit seinen Ausdruck, er
bestimmt den Ablauf der Ereignisse. Die Begebenheit von Jos
22,10-34 schildert einen Konflikt, der typisch für eine segmentäre Gesellschaft ist.


### 8.3.4   Öffentliche Instanzen, Recht und Rechtsprechung

Die Übereinstimmungen zwischen dem Typus 'Segmentäre Gesellschaft' und der vorstaatlichen Gesellschaft Israels sind unübersehbar. Auffällig ist diese Ähnlichkeit im Bereich des
öffentlichen Lebens und den Formen seiner Organisation, insbesondere der Rechtssphäre und beim Auftreten öffentlicher
Instanzen[51].


### 8.3.4.1   Öffentliche Instanzen

Das vorstaatliche Israel kennt ebensowenig wie die afrikanischen Gesellschaften eine zentrale Herrschaftsinstanz. Die
Richter, weder die 'kleinen' noch die 'großen', können hier
nicht als Zentralinstanz reklamiert werden. Die unter der
Bezeichnung 'Richter Israels' überlieferten Gestalten hatten räumlich wie zeitlich einen begrenzten Einfluß. Sie waren entweder charismatische Kriegsführer wie Ehud, Othniel,
Barak und Gideon ,Schutzherren einer Stadt, so Abimelech und
Jephta, oder aber Führer, die sich im Alltagsleben durch
besondere persönliche Fähigkeiten in Rechtsprechung und Prophetie ausgezeichnet hatten[52].

Die Institution des Kriegsführers ist auch den betreffenden afrikanischen Gesellschaften bekannt[53]. Ebenso sind
charismatische Bewegungen eine ihnen geläufige Erscheinung[54].

---

51  Die Frage der Entstehung von Zentralinstanzen in segmentären Ge-
    sellschaften wird hier nicht weiter aufgerollt, vgl hierzu
    Sigrist 1967 S.204ff, für Israel Crüsemann 1978 S.122ff.208ff.
52  Vgl die Überlieferungen zu Debora, Jair, Thola, Samuel u.a.
53  Bei den Tiv ist der tyo or der Kriegsführer. Bei den Nuer ist
    die Kriegsführung eine der Aufgaben des Leopardenfellpriesters,
    vgl Sigrist 1967 S.134.140; Evans-Pritchard 1956 S.290ff.
54  Sigrist 1967 S.209ff

Die Berufung fremder Führer bei äußerer Bedrohung und die Unterstellung unter ihre zeitweilige Herrschaft wird auch in diesen Gesellschaften gelegentlich praktiziert[55].

Segmentäre Gesellschaften kennen in der Regel an alltäglichen öffentlichen Instanzen, die das gesellschaftliche Leben innerhalb der Siedlungsgemeinschaft regulieren, nur die Ältesten und die Versammlung der Männer.

Bei den Amba werden Streitfälle zwischen Dorfbewohnern von den Ältesten des ganzen Dorfes beigelegt[56]. Der Streitbeendigungsvorschlag der Ältesten wird erst gültig, wenn die Versammlung der anwesenden Männer per Akklamation ihm zustimmt. Freilich kann der unterlegene Teil sich weigern, den Beschluß anzuerkennen, und niemand wird ihn zur Anerkennung zwingen. Die Ältesten entscheiden auch über die Niederlassung von Zuwanderern im Dorf und haben das Recht, asoziale Mitbewohner aus der Gemeinschaft auszuweisen.

Die Ältesten der Tiv dürfen rezidive Diebe in die Sklaverei verkaufen[57]. Ansonsten sind sie bei der Regelung interner Angelegenheiten relativ einflußlos. Auf die Unternehmungen der Männer haben sie keinen entscheidenden Einfluß.

Die Ältesten der Lugbara können bei kriegerischen Auseinandersetzungen allenfalls versuchen, ihre Männer zur Einstellung der Feindseligkeiten zu überreden[58]. Nach außen haben sie im wesentlichen nur repräsentative Funktionen.

Die Ältesten der Tallensi vertreten ihre Genossen bei der Erfüllung ritueller Pflichten an den Ahnenschreinen[59]. In kritischen Situationen kommt ihnen eine Vermittlungsposition zu.

In allen angeführten afrikanischen Ethnien sind die Ältesten zur Ausführung ihrer Beschlüsse und Vorhaben auf die Zustimmung der Männer angewiesen.

In den israelitischen Siedlungen wird das öffentliche Leben von vergleichbaren Gruppierungen bestimmt. Durchgehend

---

55  Sigrist 1967 S.229ff
56  Ders. a.a.O. S.130ff
57  Ders. a.a.O. S.133
58  Ders. a.a.O. S.135
59  Ders. a.a.O. S.147

treten hier die Ältesten und die 'Männer der Stadt' bei der
Erfüllung öffentlicher Aufgaben in Erscheinung[60]. Die Ältesten repräsentieren ihre Siedlung nach außen und führen auch
Verhandlungen für sie. In letzter Instanz zuständig sind die
'Männer der Stadt'. Die Männer müssen Beschlüsse der Ältesten
sozusagen gegenzeichnen. Gemeinschaftliches Handeln mehrerer
Städte kommt nur in Krisensituationen zustande. Konstituiert
wird diese Gemeinschaft durch den Anspruch eines charismatischen Anführers auf Nachfolge. Offenbar bestehen zwischen
den Siedlungen Solidaritätsverpflichtungen, wie der Hilferuf
von Jabes an Gibea (1.Sam 11) vermuten läßt. Solidarität ist
aber an vorhandene Verwandtschaftsbeziehungen (Jud 21,8-
14)[61] gebunden. Im politischen Alltag bestehen die Siedlungen im wesentlichen nebeneinander her. Vergemeinschaftungen
finden im Alltag nicht statt.


8.3.4.2   Rechtsgemeinschaft und 'Richter'

Die segmentäre Gesellschaft besitzt alle Merkmale einer
Rechtsgemeinschaft mit Ausnahme der Zentralinstanz und ihrer
juristischen Kompetenzen. Eine Instanz, die durch das Ver-
hängungs- und Vollstreckungsmonopol ausgezeichnet ist, fehlt
der segmentären Gesellschaft. Das Recht wird durch schiedsrichterliche Instanzen ausgeübt[62].
    Die Reaktionstätigkeit wird organisiert und reguliert durch
Normierung der Reaktionsweisen im Verhältnis zu den Normver-
letzungen und teilweise auch des förmlichen Verfahrens. Die
Normen beziehen sich nicht nur auf Strafvergehen, sondern
ebenfalls auf Vertragsbeziehungen. Der rechtliche Mechanis-
mus funktioniert durch Selbststeuerung. Das Rechtsverhalten
ist motiviert durch die Erwartung von Reziprozität. Verlet-
zungen von Solidaritätsverpflichtungen werden nicht mit physischen Sanktionen, sondern mit dem Abbruch reziproker Be-

---

60  Vgl oben S. 29off
61  Vgl oben S. 278ff
62  Sigrist 1967 S.108

ziehungen beantwortet. Boykott und Selbsthilfe sind typische
rechtliche Verhaltensweisen. Normbrüche innerhalb enger Verwandtschaftsgruppen wie Brudermord, Totschlag der Ehefrau
gelten als Unfälle und werden nicht geahndet. Materielle und
physische Sanktionen werden erst jenseits der Kleinstintegra-
te verhängt. Rechtskonflikte zwischen Individuen sind von
Anfang an Konflikte zwischen Gruppen. Die Ausweitung des Konfliktes hängt von der sozialen Distanz der anfänglichen Kontrahenten ab und von der Beurteilung des Konfliktes durch
Älteste und Großfamilienhäupter. Diese können ihren Angehörigen auch die Unterstützung in einer Rechtssache verweigern.

Konflikte innerhalb einer Siedlung werden durch die Vermittlung der Ältesten beigelegt.

In einer Sozialordnung, die vom Schlichtungsverfahren geprägt ist, kann auch der Gewinner eines Streites zur Durchsetzung des Urteils nicht auf die Unterstützung seiner Gruppe verzichten. Allerdings hat der von den Parteien angerufe-
ne Schiedsrichter in der Regel ein Interesse an der Vollstreckung des Urteils. Sein Prestige hängt vom Gelingen der
Vermittlung ab. Im Regelfall hat die unterlegene Gruppe also
nicht nur die obsiegende Gruppe gegen sich, sondern gleichfalls den Schiedsrichter und seinen Anhang. Daher werden als
Schiedsrichter bevorzugt Personen angerufen, deren gesellschaftliche Position und deren Prestige die Durchsetzbarkeit
eines Rechtsspruches erleichtern. Häufig sind dieses Priester, Fetischbesitzer, Propheten, Kriegsführer oder reiche
Männer[63], dh Instanzen, die entweder als sakrosankt gelten
und deren Fluch gefürchtet ist, oder Personen, die durch besondere persönliche Qualitäten und Fähigkeiten ausgezeichnet
sind und infolgedessen eine soziale Machtposition innehaben.

Rechtsüberlieferungen und Rechtspraxis des vorstaatlichen
Israel, teilweise noch solche aus der Regierungszeit Davids,

---

63  Sigrist (1967 S.136ff) verweist für die Nuer auf die Instanz des
    Leopardenfellpriesters. Der Leopardenfellpriester wird vor allem
    bei Normkonflikten als Vermittlungsinstanz angerufen. Bei den
    Tiv vermittelt in derartigen Situationen der Kriegsführer (Si-
    grist 1967 S.134). Zum Leopardenfellpriester vgl Evans-Pritchard
    1956 S.290ff.

können als Reflex[64] segmentärer Gesellschaft verstanden werden.

Das Bundesbuch Ex 20,12-23,19 stammt in seinen wesentlichen Bestandteilen aus der Richterzeit[65]. Die in ihm enthaltenen Rechtssätze sind durchaus vergleichbar mit dem Recht segmentärer Gesellschaften. Das Bundesbuch kennt keine allgemein verbindlichen Rechtsinstanzen mit Sanktionsgewalt und entbehrt jeden Hinweises auf eine öffentliche Zentralinstanz. In seinem vermutlich ältesten Teil, der Beispielsammlung von Fallentscheidungen in Ex 21,2-22, fehlen familienrechtliche Bestimmungen[66]. Auseinandersetzungen innerhalb der Familie sind rechtlich noch nicht existent. Der formale, unpersönliche Stil des Codex[67] erweckt den Eindruck eines auf traditionalem Wege gewachsenen Rechts, das von Rechtsgewohnheiten bestimmt wird. Die kasuistischen Rechtssätze sind Urteilsvorschläge, die als Präzedenzfälle dienen[68]. Die Verbindlichkeit dieses Rechts wird nicht durch die Berufung auf höhere Autorität oder rechtsetzende Instanzen gesichert, sondern

---

64  Zum Recht als Reflexion der Sozialordnung vgl Beyer 1951 S.12ff
65  Vgl$_3$Jepsen 1927 S.99; Alt KS I S.278ff; Cazelles 1946 S.170; Horst
    RGG$^3$ I Sp 1523ff; Rost 1965 ZAW 77; Mendenhall 1970 S.16f; Boecker
    1976 S.122. Gelegentlich wird auch für eine spätere Abfassung des
    Bundesbuches plädiert, so Menes (BZAW 50 1928 S.39ff), Sellin/Fohrer (1965[10] S.149f), die für das 9.Jh stimmen. Bei der Bestimmung
    des Alters der Gesetze und ihres soziologischen Hintergrundes
    ist aber zu unterscheiden zwischen der Zeit, in der die Gesetze
    zu einem Codex zusammengestellt worden sind und möglicherweise
    noch formalisiert, und jener Zeit, die sie widerspiegeln. Gerade
    im Falle des Gewohnheitsrechtes ist das Alter der entsprechenden Gebote meist höher als ihre Sammlung in einem Corpus.
    Der Codex wird eher zu Beginn der frühen Königszeit  - Sicherung
    der Eigentumsinteressen und des überlieferten Gewohnheitsrechts -
    als in der mittleren Königszeit entstanden sein. Denn wie 2.Sam
    12,5 zeigt, konnte der König recht frei bei der Zumessung von
    Strafen sein, was Eigentumsvergehen betrifft (V.6 macht ganz den
    Eindruck eines Zusatzes, David wird durch das geltende Recht korrigiert). Das Fehlen der Todesstrafe ist typisch für akephale
    Gesellschaften. Kephale Gesellschaften kennen dagegen auch für
    Eigentumsvergehen eher die Todesstrafe.
66  Paul (1970 S.43f) vermerkt dieses Fehlen familienrechtlicher Bestimmungen als Besonderheit des Bundesbuches, das es von den altorientalischen Rechtscodizes deutlich unterscheidet. Die V.15.17
    in Kap.21, die familienrechtliche Bestimmungen bringen, gehören
    zu einer Interpolation, vgl im einzelnen Alt KS I S.303ff.
67  Zum Rechtsstil vgl Wagner 1969 ZAW 81
68  Vgl Liedke 1971 S.55f

allein durch die Orientierung an der Tradition als solcher[69].
Die Sammlung gewohnheitsrechtlicher Entscheidungen und ihre
allgemeine Zugänglichkeit gehören zu den Voraussetzungen
schiedsgerichtlicher Verfahren. In diesen kommen sie als
Streitbeendigungsvorschläge zur Anwendung[70]. Die Kenntnis
dieser typischen Entscheidungen und ihre durch Herkommen und
Sitte vermittelte Anerkennung erübrigt in vergleichbaren
Fällen ein förmliches Verfahren. Das traditional legitimierte 'Privatrecht' des Alltags bedarf zu seinem Funktionieren
keiner Sonderinstanzen[71].

Richter_ohne_Amt

Schiedsrichter im eigentlichen Sinne als Vermittler treten
erst dort auf, wo die Schlichtung außeralltäglicher Rechtsfälle ansteht.

Jud 4,4f berichtet, daß die Prophetin Debora den Israeliten Recht sprach. In V.5 heißt es ausdrücklich, daß die Israeliten zu ihrem Wohnsitz zogen, um eine Rechtsentscheidung
von ihr zu erlangen. Debora wurde ausschließlich auf Antrag

---

69  Zum Gewohnheitsrecht als Rechtsquelle und seiner Entwicklung
    vgl Geiger 1970[2] S.116ff.177f.182
70  Vgl Liedke 1971 S.88ff
71  Gurvitch (1974[2] S.188ff) rechnet das israelitische Recht zu den
    relativ rationalisierten Rechtssystemen, in denen die häuslich-
    politische Gruppe vorherrscht. Diese Rechtssysteme zeichnen sich
    u.a. durch eine Verminderung des religiösen und magischen Einflus-
    ses auf das Recht aus und durch einen gewissen Grad an Rationali-
    sierung und Verweltlichung.
    Halbe (1975 S.471ff) verkennt den Charakter des kasuistischen
    Rechts im Bundesbuch, wenn er gerade die Bildung dieser Rechts-
    sätze aus der Rechtssprechung Samuels und der anderen kleinen Rich-
    ter herleitet. Die Sammlung von Fällen, ihre Kategorisierung und
    Typisierung ist ein Merkmal einer auf Gewohnheitsrecht ruhenden
    Rechtspraxis. Hinter den kasuistischen Rechtsentscheidungen ste-
    hen nicht verschiedene konfligierende Personalrechtszugehörig-
    keiten, die es zu überwinden gilt, sondern eher Unstimmigkeiten
    über das Verhältnis von Sanktion und Vergehen. Halbes unreflektier-
    te Anwendung des Begriffs 'Personalrechtszugehörigkeit' führt zu
    teilweise recht absurden Schlußfolgerungen auf mögliche Rechts-
    fälle, die Ex 21,2ff zugrunde liegen. Im Fall von Ex 22,1f hieße
    das z.B., daß hinter dieser Entscheidung der Konflikt zwischen
    einer Gemeinschaft mit Recht auf Viehdiebstahl oder aber einer
    Gemeinschaft  mit Kollektiveigentum und einer Gemeinschaft, die
    Viehdiebstahl sanktioniert, steht.

der Parteien tätig. Sie war nicht Inhaberin eines institu-
tionalisierten Richteramtes. Debora wurde wegen ihrer prophetischen Qualitäten als Rechtsvermittlerin aufgesucht. Diese
ließen sie besonders geeignet erscheinen, in außergewöhnlichen Streitfällen als Schiedsrichterin zu wirken.

Samuel tritt in der biblischen Tradition als Priester, Prophet und Richter auf. Über das Verhältnis seiner 'Ämter' besteht in der Forschung ein Konsens in der Richtung, daß
Priester und Prophet als Seitentriebe der Traditionsbildung
zu betrachten seien[72]. Samuel sei im eigentlichen Sinne nur
Richter[73]. Rendtorff[74] entdeckt an diesem Bild ein wichtiges
Detail. Er greift auf eine Bemerkung von Noth[75] über Züge
charismatischen Rechtssprechens bei Debora und Samuel zurück
und verweist in diesem Zusammenhang auf die Rechtsfälle von
Num 9,6ff; 15,32ff; 27,1ff, die durch inspirierte Rechtsentscheidung gelöst wurden. Die zutage geförderte Analogie bewegt ihn zu der Frage, "ob nicht die Wahrnehmung der charismatischen Funktionen der amphiktyonischen Amtsträger gerade
das Wesen dieses frühen Prophetentums ausmacht"[76].

Folgt man seiner Überlegung, dann befähigt erst die Bewährung als Prophet zur Ausübung richterlicher Aufgaben. Die
von Rendtorff angedeutete Differenz zwischen charismatischer
Persönlichkeit und gesellschaftlicher Rolle verliert sich
in der Untersuchung von Macholz wieder. Zwar ist ihm Samuel
ein charismatischer Rechtssprecher[77], der an den Jahwehei-
ligtümern Bethel, Gilgal und Mizpa als Mittler göttlichen
Rechtsbescheides wirkt, aber gleichwohl gilt ihm Samuel
nicht als Prophet[78]. Der charismatische Rechtssprecher Samuel, der zuvor nicht Prophet sein durfte, wirft die Frage auf,
wie denn Samuel zu seinem 'Amte' gekommen ist. Da Macholz
mit gutem Grund auf die Amphiktyonie als gemeinisraelitische
Organisation verzichtet, existiert auch keine Institution,

---

72  Vgl Macholz 1966 S.202ff
73  Hertzberg 1954 ThLZ 79 Sp.288
74  Rendtorff 1962 ZThK 59
75  Noth 1958 S.20f
76  Rendtorff 1962 S.164
77  Macholz 1966 S.123f.126
78  Ders. a.a.O. S.202ff

die das Amt zu vergeben hätte, in dem Samuel erst einmal als
Charismatiker hervortreten könnte. Verknüpft man so unlös-
lich wie Macholz den Nachweis charismatischer Fähigkeiten
mit der Wahrnehmung von Funktionen im Rechtsleben, dann kann
der charismatische Rechtssprecher Samuel nur noch per Zufall
sein Talent auf diesem Gebiet entwickelt haben.

Dieser Verlegenheit entgeht Hensel[79], wenn er unter dem
Hinweis auf die Schwierigkeit, in der Frühzeit Israels zwischen Priester und Prophet zu unterscheiden, und mit Berufung auf Dtn 17,9 und 1.Sam 7,15f Samuel ungeteilt alle drei
Rollen zuerkennt[80].

Charismatische Rechtsprechung ist keine Funktion traditionaler Instanzen wie z.B. das priesterliche Ordal, sondern
sie ist an das persönliche Charisma des Richters gebunden[81].
Diese persönliche Eigenschaft Samuels kann nicht in seinem
Richtertum gesucht werden  - hierbei handelt es sich um eine
von ihm übernommene soziale Rolle -, sie liegt in seinen
prophetischen Gaben. Man kann nicht dem Samuel die prophetischen Züge konfiszieren und ihn dabei zum charismatischen
Rechtssprecher ernennen. Samuels Richter-'Amt' mag sich ähnlich wie das der Debora entwickelt haben. Ein als Prophet
ausgewiesener Charismatiker wird zunehmend zur Vermittlung
in Rechtsstreitigkeiten aufgefordert und 'wächst' in die
Rolle eines Schiedsrichters hinein. Die Zuschreibung juridi-
scher Tätigkeiten an Samuel ist selbst dann historisch aufschlußreich, wenn der Richter Samuel ein Werk späterer Traditionsbildung wäre[82]. Sie verwiese auf die bestehende Pra-

---

79  Hensel 1971 S.162
80  Ders. a.a.O. S.117f; 154ff
81  "Die spezifisch charismatische Form der Streitschlichtung ist
    die Offenbarung durch den Propheten oder das Orakel oder der
    aus streng konkreten und individuellen, aber absolute Geltung
    beanspruchenden Wertabwägungen heraus gefundene 'salomonische'
    Schiedsspruch eines charismatisch qualifizierten Weisen. ...
    Die genuin charismatische Herrschaft kennt daher keine abstrak-
    ten Rechtssätze und Reglements und keine 'formale' Rechtsfindung.
    Ihr 'objektives' Recht ist konkreter Ausfluß höchst persönlichen
    Erlebnisses von himmlischer Gnade und göttergleicher Heldenkraft
    ..." WuG[5] S.657
82  Stoebe Komm. S.170ff spielt hierauf an.

xis, Persönlichkeiten mit hohem gesellschaftlichen Prestige
als rechtsvermittelnde Instanzen zu beschäftigen.

Nicht nur Charismatiker sind aus der Frühzeit Israels als
Richter bekannt. Einige aus der Reihe der kleinen Richter
waren offensichtlich recht vermögende Männer[83]. Es ist kaum
vorstellbar, daß die betreffenden Männer erst während ihrer
Zeit als Richter zu soviel Hab und Gut gelangten[84]. Wahrscheinlich ist, daß sie bereits vor der Übernahme des richterlichen 'Amtes' für die damalige Zeit ungewöhnlich begü-
tert waren[85]. Dieser Umstand ließ es Streitenden geradezu
angeraten scheinen, ihre Vermittlung zu suchen. Ein reicher
Mann kann sich seine Unbestechlichkeit eher leisten. Auch
verfügt er über einigen ökonomischen Druck, was die Durchsetzbarkeit seiner Urteilsvorschläge angeht.

Die kleinen Richter verlieren mit der Deponierung der Amphiktyonie[86] im Museum der alttestamentlichen Forschungsgeschichte die von Noth postulierte soziologische Basis ihres Amtes. Sie werden zu Richtern ohne Institution, quasi zu
im sozialen Raum freischwebenden Instanzen. Immerhin ist von
ihnen eine kontinuierliche Rechtstätigkeit über mehrere Jahre oder gar Jahrzehnte überliefert. Ihr langjähriges Wirken
als Richter ist unter den Bedingungen einer segmentären Gesellschaft verständlich.

---

83   Die für Jair, Ibzan und Abdon angegebenen Kinderzahlen (Jud 10,4;
     12,9.14) lassen auf den Besitz mehrerer Frauen schließen. Die
     betreffenden Männer hatten also bereits in Brautpreisen ein er-
     hebliches Vermögen investiert. Es handelt sich hier um eine in
     einfachen agrarischen wie auch nomadischen Gesellschaften durch-
     aus übliche Praxis, überzähliges Vieh oder sonstige leicht ver-
     derbliche Vermögenswerte wertbeständig und mit Zinsen anzule-
     gen.
84   Ibzan von Bethlehem werden 7 Jahre, Abdon aus Pirathon 8 Jahre
     zugeschrieben. Es besteht kein Grund, derart konkrete Zahlen-
     angaben zu bezweifeln (vgl Noth 1969 S.76 A 15). Eine solch kur-
     ze Zeit mag vielleicht dazu ausreichen, entsprechende Rücklagen
     zur Anschaffung mehrerer Frauen zu erwirtschaften. Doch dürfte
     die Zeit nicht nur infolge unverminderter Geschäfts- und Rechts-
     tätigkeit zum Erwerb der Frauen, Zeugung und Geburt zahlreicher
     Kinder etwas knapp werden.
85   Vgl Hertzberg 1954 ThLZ 79 Sp.289
86   Damit ist nur die 'verstaatlichte' Form der Amphiktyonie gemeint,
     vgl oben A 13 zu S. 331

Diese 'Richter ohne Amt' sind Personen, die besonderes Ansehen genießen, sei es wegen bewährter charismatischer Eigenschaften oder auch wegen der Ansammlung beträchtlichen Vermögens. Derartige mit ihrer Person verbundene oder in ihrer
Person liegende Umstände führen dazu, daß sie die Schlichtung von Rechtsstreitigkeiten angetragen bekommen. In der
Folge davon können sie sich erst als charismatische Rechts-
weise auf diesem Gebiet profilieren. Ihre ersten Klienten
geraten nicht per Zufall an sie, sondern wählen sie als Richter, weil ihnen von einem anderen Gebiete der Ruf des Außergewöhnlichen vorhergeht.

Alle Richter der vorstaatlichen Zeit haben einen begrenzten Wirkungskreis, der zumeist identisch ist mit ihrem Hei-
matort und der näheren Umgebung[87].

Die Rechtsprechung der 'Richter ohne Amt' konkurriert nicht
mit der Ortsgerichtsbarkeit. Die Ortsgerichtsbarkeit ruht
auf dem tradierten Gewohnheitsrecht. Die Richter dagegen werden in solchen Fällen zur Vermittlung eingeschaltet, in denen das Gewohnheitsrecht nicht greift, vor allem dort, wo
gleichwertige Normen zu vermitteln sind, wie Blutrache versus Friedensgebot innerhalb einer Solidargemeinschaft.

---

87 Richter (1965 ZAW 77 S.56f) schließt daraus, daß es sich bei den
kleinen Richtern um von den Ältesten eingesetzte Richter einer
Stadt und deren Landbezirk handele. Von einer entsprechenden Kompetenz der Ältesten ist im AT nichts bekannt. Als Analogie dient
Richter die Forderung der Ältesten nach einem König in 1.Sam 8.
Die Richter sollen analog dem König von den Ältesten als der
politisch entscheidenden Gruppe gewählt worden sein. In 1.Sam 8
treten die Ältesten als die Sprecher des Volkes auf. Samuels Antwort in V.22 richtet sich an die Männer Israels. Die Unterscheidung in Älteste und Männer entspricht genau derjenigen, die auch
in den Städten der Richterzeit üblich war. Aber in der israelitischen Stadt der Richterzeit waren die 'Männer der Stadt' und
nicht die Ältesten die eigentlich politisch einflußreiche Gruppe.
Der begrenzte Wirkungskreis der Richter erklärt sich aus den
schwierigeren Verkehrswegen und den arbeitsintensiveren Kommuni-
kationsmitteln jener Zeit. Diese behinderten nicht nur die Verbreitung der Fama eines Richters, sondern auch die Möglichkeiten
interessierter Klienten, sie gegebenenfalls auszuprobieren. Eine
andere Frage ist es, ob das Auftreten von Richtern in Verbindung
mit Städten auf Veränderungen in der Sozialordnung und Wirtschaft der betreffenden Region hinweist. Das Entstehen bedeutsamer Einzelvermögen mit entsprechendem Gewinn an Sozialprestige
könnte ein Indikator hierfür sein.

In vieler Hinsicht ist der König der geeignetste Richter,
den ein Rechtssuchender sich wünschen kann. Der König ist
die sichtbarste Verkörperung anerkannter Autorität, an Macht
und Prestige schlechthin nicht zu übertreffen. Als Mann von
Vermögen ist der König weniger leicht bestechlich als ein
Berufsrichter oder ein durchschnittlich bemittelter Laien-
richter. Ein Rechtsspruch des Königs profitiert von dessen
Autorität. Die Parteinahme des Königs verändert das bestehende Gleichgewicht der Macht zwischen den Kontrahenten zugunsten dessen, der den Spruch erlangt. Ein Königsurteil hat
höhere Chancen, realisiert zu werden, als das eines lokalen
Würdenträgers. Der israelitische König zog automatisch, ohne
daß es nach Einführung der Monarchie einer Neuordnung des
Rechtswesens bedurft hätte, allein aufgrund seiner zentralen
sozialen Stellung als Herrscher, jene Rechtsfälle an sich,
die vordem Charismatikern oder 'großen Männern' zur Schlichtung vorgelegt wurden.

2.Sam 15,2-6 erzählt, daß Israeliten, die einen Rechtsstreit
hatten, damit zum König kamen[88]. Die Kompetenz des königlichen Richters ist auf bestimmte Rechtsfälle beschränkt. Zwar
verlautet über ihren Inhalt an dieser Stelle nichts, doch
liegt eine formale Einschränkung in dem Umstand, daß die
Israeliten von sich aus den König als Richter anrufen. Der
König wird nur auf Antrag der Partei tätig. Er zieht nicht
von sich aus eine Sache an sich. Der gleiche Sachverhalt,
der in 2.Sam 15,2 mit den Worten לבוא אל המלך למשפט
umschrieben wird, heißt in Jud 4,5     ויעלו אליה בני ישראל
למשפט , als von Deboras Rechtstätigkeit die Rede ist. Beide
Wendungen stimmen inhaltlich darin überein, daß die Initiative von den Israeliten ausgeht.

---

88  לבוא אל המלך למשפט     ist Näherbestimmung zu ריב und kann wieder-
    gegeben werden als "einen Rechtsstreit der Art, daß man damit
    zum König zum Entscheid kam". Macholz 1972 ZAW 84 S.169

## 8.3.4.3   Einige Rechtsfälle im Spiegel der segmentären Gesellschaft

Der einzige, von einer israelitischen Rechtspartei König David zur Schlichtung vorgetragene Rechtsfall[89], der aus der frühen Königszeit überliefert ist, läßt sich von den traditionalen Rechtsnormen her nicht lösen.

In dem fingierten Rechtsfall der Witwe von Thekoa (2.Sam 14) trägt die Frau dem König vor, daß einer ihrer beiden Söhne den anderen im Zorn erschlagen habe. Die Verwandtschaft verlange von ihr nun die Herausgabe des Totschlägers, um die Blutrache an ihm zu vollziehen. Die Frau wendet dagegen ein, daß sie mit dem Tod des letzten Sohnes einen noch größeren Schaden erleiden würde. Denn mit seinem Tode würden ihrem Mann weder Namen noch Nachkommenschaft auf dem Acker bleiben. Zwei gleichwertige Rechtsgüter konfligieren hier: das Recht der Agnaten auf Blutrache und das Recht der Familie auf die physische Sicherung ihres Weiterbestandes. Beide Rechtsgüter sind durch die Tradition geschützt. Im Rahmen des tradierten Rechts ist dieser Streitfall nicht entscheidbar.

Die Argumentation der Witwe läuft auf die Behauptung zu, daß es innerhalb der Familie keinen verfolgungswürdigen Totschlag geben kann, sondern nur ein durch zufällige Verkettungen bedingtes Unglück - ואין מציל ביניהם[90]. Ihre Rechtsinterpretation entspricht der Rechtslogik segmentärer Gesellschaften, die Totschlag und Körperverletzung unter Verwandten nicht ahnden und derartige Fälle als Unfälle betrachten. "Innerhalb der kleinen autonomen Segmente gibt es auch keine Kompensation, da der Täter selbst zur geschädigten Gruppe gehört."[91]

---

89  Außer Betracht bleiben alle Fälle, die von Anfang an in die Zuständigkeit des Königs fielen, bzw jene, in die er als 'Partei' verwickelt war, vgl im einzelnen hierzu die Arbeit von Macholz 1972 ZAW 84 S.157ff.

90  Der Totschlag wird in der Erzählung der Frau, auch was den formalen Aufbau ihrer Aussage betrifft, als die Folge des Fehlens eines Schlichters hingestellt.

91  Sigrist 1967 S.119

An dem Fall ist auch bemerkenswert, daß die Witwe  - durch
Herausgabe des Sohnes - seiner Bestrafung zustimmen muß.
Diese Einzelheit deutet neben  der rechtlich selbständigen
Position der Witwe auch an, daß die Familie gegenüber der
Sippe eine gewisse Rechtsautonomie besaß.

Der von Joab erfundene Fall ermöglicht es David, Absaloms
Brudermord unter diesem Gesichtspunkt ungesühnt zu lassen.
Sein Verhalten nach der Vergewaltigung Thamars durch ihren
Bruder Amnon mag nicht nur auf der Liebe zu seinem Ältesten
beruhen. Die Tat wird von David als nicht verfolgungswürdig
behandelt. Innerhalb der Familie hat der einzelne keine
Rechte, die er gegenüber der Gemeinschaft geltend machen
könnte. Die Rechtsautonomie der Familie zeigt sich im Falle
von Jephtas Vertreibung gleichermaßen. Es gab damals offensichtlich keine Rechtsinstanz, die befugt war, in einer strittigen Erbsache zu intervenieren. Die obsiegenden Brüder
Jephtas bedürfen für ihr Handeln keiner weiteren Legitimation.
Die Möglichkeiten, sich gegen die Verletzung 'individueller'
Rechte durch die Familie oder einzelne Familienangehörige
in der Richterzeit zur Wehr zu setzen, sind wohl für den geschädigten Teil gering.

Das einzige Sanktionsmittel, das Michas Mutter in Jud 17
gegen den zunächst unbekannten Dieb bleibt, ist seine Verfluchung. Damit zwingt sie jedoch den Betroffenen, ihren
Sohn, zur Offenbarung und Rückgabe des Silbers. Freilich war
diese Verfluchung ein Eigentor, da der Fluch, der dem Sohn
gilt, auch die Mutter betrifft. Michas Mutter spricht als
Gegenmittel sofort einen Segen über den verfluchten Sohn und
fühlt sich verpflichtet, der Gottheit einen Teil des wieder-
gewonnenen Silbers zu weihen.

Die Ahndung von Eigentumsverletzungen zwischen Gruppen
scheint ebenfalls von den Möglichkeiten zur Selbsthilfe des
Geschädigten abhängig zu sein. In Jud 18 setzt Micha mit
seinen Nachbarn den Daniten nach, die ihm Gottesbild samt
Priester entführt haben. Micha verzichtet aber auf Gewaltanwendung, als er einsehen muß, daß die andere Seite stärker
ist. Unter diesen Umständen gibt Micha  - nach der Anschauung segmentärer Gesellschaften -  seinen Eigentumsanspruch auf.

8.3.5     Führerschaft ohne Kontrolle - der נשׂיא

Eine geläufige Form der Führerschaft in segmentären Gesellschaften ist diejenige, die von Führern ohne soziale Kontrolle ausgeübt wird, dh auf Normbrüche erfolgt keine offizielle
Reaktion[92]. Solche Führer treten in Problemlösungssituatio-
nen auf, sei es, daß es um die Bewältigung eines technischen
Problems geht, oder auch, daß die betreffende Gruppe sich mit
einer anderen Gruppe verständigen muß. Der Führer ist dann
Sprecher seiner Gruppe, beauftragt, für sie zu verhandeln und
ihre Interessen zu wahren. Entscheidungsbefugt ist er nicht.
Beschlüsse bedürfen der ausdrücklichen Billigung durch seine Gruppe. Häufig ist die Gruppe bei den Verhandlungen im
Hintergrund mit anwesend. Typisch für diese Form der Führerschaft  - auch für die eines Anführers im Kampf -  ist ihr
intermittierender Charakter.
     Ein derartiges Führungssystem ist besonders ausgeprägt bei
den Nuer[93]. Die Stammesführer der Nuer und auch ihr Leopar-
denfellpriester gehören in die Kategorie der Sprecher
(ruic)[94]. Der Einfluß eines Sprechers ist an sein soziales
Ansehen geknüpft. Das Prestige eines solchen ruic ist nicht
nur von seinen außergewöhnlichen rhetorischen und intellek-
tuellen Fähigkeiten abhängig, sondern auch davon, daß er ein
überdurchschnittlich hohes soziales Engagement zeigt, indem
er z.B. uneigennützig bei der Bewältigung alltäglicher (Nah-
rungsbeschaffung für den Stamm) wie außeralltäglicher Aufgaben (Hilfe bei der Bereitstellung von Heiratsvieh) hilft.
Die öffentliche Unterstützung, auf die ein ruic rechnen
kann, korreliert mit dem so erworbenen Ansehen. Der ruic war
aber nur ein primus inter pares in einem Stammessegment.
Versammelten sich die Sprecher mehrerer Stammesteile, dann
galt der einflußreichste unter ihnen als Sprecher des Stammes. Die wichtigste Aufgabe eines ruic war die Organisation
von Kriegs- und Beutezügen. Oft initiierte derselbe Führer

---

92  Sigrist 1967 S.96ff
93  Lewis,B. 1951 S.77ff
94  Ders. a.a.O. S.79ff

eines Stammes solche Unternehmungen, an denen er selbst
nicht teilnehmen mußte. Seine Führerschaft war auf die Zeit
gemeinsamer Aktionen beschränkt. In der Zwischenzeit hatte
ein ruic weder besondere Kompetenzen noch Funktionen.

## Der נשׂיא

In der Frühzeit Israels scheint es wenigstens ein 'Amt' zu geben, das strukturell der Position des afrikanischen ruic
gleicht. Es handelt sich um die Position des נשׂיא. In der
Forschung besteht hinsichtlich seiner gesellschaftlichen
Bedeutung Einigkeit, doch scheiden sich die Geister an der
inhaltlichen Beschreibung der Funktionen und Kompetenzen dieses 'Amtes'.

Noth hält den נשׂיא der vorstaatlichen Zeit für einen Amtsträger der
Jahweamphiktyonie[95]. Jeder der zwölf Stämme entsandte einen נשׂיא an
das gemeinsame Heiligtum zur Führung der amphiktyonischen Geschäfte[96].
Diese Abgesandten entsprechen in etwa den griechischen Hieromnemonen
und haben vergleichbare sakrale Funktionen[97]. Den Begriff נשׂיא leitet
er von נשׂא קל her und übersetzt ihn mit 'Sprecher'[98].

Rost[99] argumentiert im Gegensatz zu Noth, daß P im Gebrauch des Titels auf Ez fuße. Doch habe P auch auf ältere Überlieferungen zurückgegriffen und ihn als Bezeichnung des Stammesführers verwendet. Besondere
sakrale Aufgaben sind mit diesem Amt nicht verbunden. Ungeklärt bleibt
bei Rost, welche gesellschaftliche Rolle dem נשׂיא ursprünglich zugeschrieben werden kann.

Ploeg[100] verweist darauf, daß es offensichtlich נשׂיאאים unterschiedlichen Ranges in den einzelnen Stämmen gibt. "... les nesî'im sont les
chefs du peuple, c'est-à-dire soit les chefs des tribus, soit des
mispahôt."[101] Der Begriff habe keine religiöse Bedeutung. Der נשׂיא ist
"l'homme élevé"[102]. Er ist jemand, der sich selbst über die anderen

---

95   Noth 1930 S.151ff
96   Ders. a.a.O. S.160f
97   Noth Exodus Komm. S.151f; Numeri Komm. S.20f
98   Noth 1930 S.162
99   Rost 1938 S.74f
100  Ploeg 1950 RB 57 S.47ff
101  Ders. a.a.O. S.47
102  Ders. a.a.O. S.50

erhoben hat, ein selbsternannter Führer.

Speiser[103] stimmt mit Rost und Ploeg darin überein, daß sich hinter diesem Amt kein religiöser Funktionär verberge. Gegen Ploegs Vorstellung des 'self made leader' wendet er ein, "that the nāśi owed his position ultimately to his patriarchal standing... in order to qualify as tribal leader, the nāśi had to be a duly recognized head of a bēt-'āb."[104] Jede patriarchale Gruppierung hatte ihren eigenen נשיא. Der נשיא war kein selbsternannter Führer. Speiser erklärt ihn unter Berufung auf Num 1,16 und 16,2 zum "duly elected chieftain"[105].

Ebach[106] verwirft die von Speiser zur Stützung seiner These herangezogene altorientalische Parallele zur vermeintlichen Wahl des נשיא - Erhöhung des Gottes Kingu durch die Tiamat - als nicht vergleichbar. Der Titel, den er unübersetzt lassen möchte, sei aber in der vorstaatlichen Gesellschaftsordnung Israels verwurzelt.[107] Es "überwiegen die Züge des Führers einer kleinen politischen Einheit"[108]. Sakrale Funktionen sind mit dieser Führerschaft nicht zwingend verbunden[109].

Rost, Ploeg, Speiser und Ebach gehen davon aus, daß der נשיא ein politischer Anführer ist. Speiser sieht in ihm den Führer einer kleinen verwandtschaftlichen Gruppierung. Rost und Ebach schweigen sich über die 'Karriere' des נשיא aus. Ploeg rückt ihn in die Nähe der charismatischen Führer, Speiser dagegen zum formal demokratisch gewählten 'Präsidenten'. Noth weicht nicht nur mit seinem sakralen Verständnis der Position von den übrigen ab, sondern rechnet den נשיא einer anderen soziologischen Kategorie von Führern zu, indem er ihn als Sprecher bestimmt.

Die Anhänger des politischen Führungsamtes können von ihrer Konzeption her schwerlich die begrenzten Kompetenzen des נשיא erklären, die Gen 34,2 oder Num 13,2 andeuten.

Ploegs "l'homme qui s'élève au-dessus des autres"[110]ist

---

103  Speiser 1963 CBQ 25 S.111ff
104  Ders. a.a.O. S.113
105  Ders. a.a.O. S.114
106  Ebach 1972 S.54
107  Ders. a.a.O. S.55
108  Ders. a.a.O. S.56
109  Ders. a.a.O. S.52
110  Ploeg 1950 RB 57 S.50

in dieser vagen Umschreibung vom Charismatiker nicht mehr
zu unterscheiden. Auch verdankt dieser Führer seine eigene
Machtvollkommenheit im wesentlichen einem geistreichen Wort-
spiel, das so nur in der französischen Sprache möglich
ist[111]. Die von Speiser angenommene Wahl des נשיא könnte
seine mangelnde Macht erklären, nur steht diese Wahl text-
lich auf tönernen Füßen. Außer Noth kann keiner verständlich
machen, welche soziologischen Hintergründe bedingen, daß
der נשיא mit einem Sondertitel ausgezeichnet wird, einem
Titel, der im System verwandtschaftlich abgeleiteter Führungspositionen aufgesetzt wirkt.

Noths Anregung, daß der נשיא so etwas wie einen Sprecher
darstellt, wurde bisher nicht aufgenommen. Auch falls der
נשיא keinesfalls ein sakraler Funktionär und die Amphiktyonie abzuschreiben ist, bleibt Noths Auffassung des 'Amtes' als das eines Sprechers zu bedenken. Dieser in der Diskussion vernachlässigte Aspekt und das Vexierbild des נשיא
in der Forschung legen nahe, die Belege nochmals zu sich-
ten[112].

### Der נשיא in der biblischen Überlieferung

Ein wesentlicher Grund für die Schwierigkeiten, die Rolle und die öffentlichen Funktionen des נשיא näher zu bestimmen, liegt darin, daß
die überwiegende Mehrheit der Belege den Überlieferungskomplexen Ez und
P angehört[113], die Hauptwirksamkeit des נשיא aber für die vorstaatliche Zeit Israels angenommen wird. Es finden sich nur zwei sichere vor-
exilische Erwähnungen des נשיא.

Ex 22,27 wird die Verfluchung Gottes und des נשיא בעמך verboten.
Der נשיא ist eine schutzwürdige Person, die in einem Atemzug mit Gott
genannt werden kann. Zwar deutet dieses an, daß נשיא eine exponierte
soziale Position bezeichnet, doch kann aus der Parallelisierung mit

---

111  Ploeg wechselt ohne weitere Begründung vom Partizip Passiv
     'élevé' zum reflexiven 's'élever' über. Zuvor hatte er aber
     נשא mit élever und nicht mit s'élever übersetzt.
112  In der Zuordnung der Stellen zu den Überlieferungskomplexen
     folge ich Rost 1938 S.69ff.
113  Nachexilische Belege: Esr 1,8; 1.Chr 2,10; 4,38; 5,6; 7,40;
     2.Chr 1,2; 2.Chr 5,2//1.Kön 8,1

אלהים nicht gefolgt werden, daß es nur einen נשיא gibt[114], und infolgedessen hier mit einer Zentralinstanz zu rechnen sei. Gerade die Formulierung נשיא בעמך scheint vorauszusetzen, daß es mehrere Inhaber dieser Position nebeneinander geben kann, denn nur die Verfluchung dessen, der zum עם gehört, ist untersagt[115].

Das Gebot ist ein Indiz für die Schutzwürdigkeit des נשיא wie auch seine Schutzbedürftigkeit. Es verweist auf die Notwendigkeit, den Inhaber dieser Position vor magischer Verfolgung zu schützen. Indirekt besagt dieses, daß der נשיא sich in einer gesellschaftlichen Position befand, in der er den Zorn seines עם und eventuell auch Verfluchung durch seine Angehörigen zu befürchten hatte. Er verfügte aber nicht über ausreichende Möglichkeiten, sich gegen dessen Auswirkungen zu schützen. Der betreffende Inhaber dieser sozialen Position wird keine Chancen zur sozialen Kontrolle seiner Gegner besessen haben.

Das Wort עם gehört zu den Verwandtschaftsbezeichnungen[116]. Ursprünglich meint es den Vaterbruder. Seine Bedeutung hat sich von hierher auf alle Verwandten väterlicherseits ausgeweitet. In diesem Sinne ist es nachweislich noch zu Anfang der Monarchie gebräuchlich gewesen[117]. Der נשיא von Ex 22,27 ist also der 'Repräsentant' einer Verwandtschaftsgruppe. Da der נשיא Gegenstand einer Rechtsnorm werden konnte, ist es berechtigt, hinter dieser Position eine Instanz zu vermuten, die im Alltagsleben bedeutsam war.

Gen 34,2 kennt Sichem ben Hamor als נשיא הארץ. Das הארץ von 34,2 ist dem Kontext nach eindeutig auf die Stadt Sichem zu beziehen[118]. In den Verhandlungen mit den Jakobiten treten Sichem und Hamor[119] als Unterhändler der Stadt auf. Der Ablauf der Verhandlungen macht deutlich, daß sie nicht befugt sind, das intendierte Bündnis aus eigener Kompetenz abzuschließen. Denn sie legen die ausgehandelten Vertragsbedingungen den Männern ihrer Stadt vor (V.21ff), die die Vereinbarungen ratifizieren.

---

114  Der Begriff אלהים deutet nicht zwingend auf einen monotheistischen Hintergrund.
115  Vgl Rost 1938 S.71
116  Rost 1964 S.90; Lohfink 1971 S.285
117  Vgl Hulst 1975 Sp.292
118  Rost (1938 S.71) vermutet, daß die Wendung נשיא הארץ eine Kurzform von נשיא עם הארץ ist, allerdings ist die 'Vollform' im AT nicht belegt.
119  Rost (a.a.O.) ist soweit zuzustimmen, als es für das Verständnis des נשיא unerheblich ist, ob Sichem oder Hamor diese Position einnimmt.

Der נשיא Sichem tritt als Sprecher und Vermittler der Stadt auf[120].

In Ez 1-39 ist נשיא (sing.) der Titel eines Herrschers minderen Ranges[121]. Ez 40-48 dient נשיא zur Kennzeichnung des künftigen Herrschers Israels, der in seiner politischen Macht gegenüber dem vorexilischen König deutlich eingeschränkt wurde von dem Verfassungsentwurf. Einzig im Kult hat der נשיא noch erhebliche Aufgaben und Pflichten. Doch ein hieraus eventuell resultierender politischer Einfluß wird durch die strikte Trennung zwischen Tempel und Palast von Anfang an eingedämmt. Der Herrscher fungiert vielmehr als Stellvertreter des Volkes[122]. Seinen Vorrang genießt er allein als Protagonist auf der kultischen Bühne. Eine politische und soziale Sonderstellung gebührt ihm nicht. Sein ökonomischer Einfluß ist durch die für ewige Zeiten gelten sollende Landverteilung und Ausgrenzung eines unveränderlichen Anteils für den Monarchen auf ein Minimum reduziert. Von den Aufgaben des vorexilischen Königs bleibt ihm die Sorge für משפט und צדקה. Ez 45,10ff bestellt den נשיא zum Hüter traditionaler Rechtsgarantien. Typisch für den נשיא des Verfassungsentwurfes ist das Fehlen eigener Macht und jeden politischen Spielraumes. In allen Entscheidungen wird er an die Kette der Tradition gelegt, damit aber abhängig gemacht von dem, was dem Volke als Tradition gilt.

Der prononcierte Gebrauch des Titels für den Herrscher des nachexilischen Israel geht einher mit der Verwandlung einer Zentralinstanz in eine Ehrenstellung. Dem Begriff נשיא haftet ein unverkennbar programmatischer Charakter an. Die Selbstverständlichkeit, mit der der künftige Herrscher נשיא genannt wird, gibt zu erkennen, daß eine entsprechende soziale Position als bekannt vorausgesetzt wurde. Die in Ez 21, 17; 22,6 und 39,18 angesprochenen נשיאים werden kaum als Vorlage gedient haben. Denn hier scheint נשיא, wie der Vergleich von 22,6 mit 22,27 (שרים) zeigt, eher das bei Ez wenig gebräuchliche שרים zu ersetzen[123] und sich auf die Führungsschicht des Landes zu beziehen. Mit der Aufzählung öffentlicher Instanzen in 7,26f, unter denen auch ein נשיא erwähnt wird, verhält es sich ähnlich[124]. Der Konzeption des נשיא

---

120  Eine Wiedergabe des Begriffes mit 'Fürst' verkennt den Charakter dieses 'Amtes' und schreibt ihm mehr Macht zu, als dem Inhaber dieser Position zusteht. Vgl Speiser 1963 CBQ 25 S.116
121  Ebach 1972 S.46ff
122  Ez 45,15ff, vgl Ebach 1972 S.202ff,
123  שרים kommt bei Ez nur noch 17,12 vor.
124  Vergleichbare Aufzählungen finden sich u.a. Jes 3,2f; Jer 4,9; 44,9.

in Ez 40-48 war eine gesellschaftliche Position vorgegeben, deren Inhaber allenfalls vor dem Volk einen Ehrenvorrang hatte und dessen politischer und sozialer Einfluß qua Position und Bindung an die Tradition begrenzt war. Von den aus der Königszeit bekannten öffentlichen Instanzen - König, Priester, Prophet, Offizier, Beamter, Ältester, Richter - ist das Amt des נשיא bei Ez nicht ableitbar. Das Schweigen der Texte aus der Königszeit - sieht man einmal von Gen 34,2 ab - über eine derartige öffentliche Instanz, die gleichwohl im apodiktischen Teil des Bundesbuches besonderen Rechtsschutz genießt, spricht dafür, daß die Position des נשיא der Gesellschaftsordnung des vorstaatlichen Israel entstammt, in der auch die Grundzüge dieses 'Amtes' gelegt worden sind. Der Löwenanteil der Belege für den נשיא findet sich im Überlieferungskomplex von P. Die in Ex 22,27 erkennbaren Umrisse der Position, die den נשיא als Vertreter einer Verwandtschaftseinheit andeuten, werden in P präzisiert. Innerhalb des Verwandtschaftssystems ist der נשיא zumindest ein ראש בית אב (Num 7,2a)[125]. Nach Num 3,30.35 entfällt auf eine משפחה ein נשיא[126]. Da schwerlich vorstellbar ist, daß der Stamm Levi innerhalb des Verwandtschaftsgefüges in seinen Untergliederungen von den übrigen größeren Einheiten abweicht, kann mit einer Vielzahl von נשיאים gerechnet werden. Eine Reihe von Stellen scheint dieses implizit vorauszusetzen. Num 13,2 setzt als Kriterium für die Wahl der Kundschafter, daß sie jeder ein נשיא sind. Die anschließend aufgeführten Namen stimmen nicht mit den Listen überein, in denen die נשיאים erwähnt sind, die als Stammesführer gelten. Dieses kann nur als Indiz dafür gewertet werden, daß pro Stamm mehr als ein נשיא vorhanden war. Num 16,2 berichtet von 250 נשיאים, die sich gegen Mose auflehnen[127].

---

125  Vgl auch die nachexilischen Belege 1.Chr 4,40; 2.Chr 1,2; 5,2
126  So auch nach 1.Chr 4,38
127  Es besteht weder textkritisch noch überlieferungsgeschichtlich ein Anlaß, die Angabe '250 Männer' in V.2a von der Nennung der נשיאי עדה in V.2b zu trennen. Gründe für eine durch einen späteren Bearbeiter oder Glossator ausgeweitete Ausdehnung der Empörung von der Sippe Korah auf weitere Sippen werden kaum bestanden haben. Eher scheint der Text auf das Gegenteil hinzuweisen, eine ursprünglich weitere Kreise des Volkes umfassende Revolution wurde zum höheren Ruhme der Führer auf wenige Abweichler beschränkt. Die in der Forschung bestehenden Zweifel an der Zahlenangabe beruhen sämtlich auf dem Vor-Urteil von Noth, daß es nur 12 נשיאים geben könne. V.2b steht in Apposition zu V.2aβ. Der Versteil ist nicht überflüssig, sondern entspricht mit seinen ausführlichen Angaben der offenkundigen

Diese 250 Personen werden קראי מועד אנשי שם genannt. Doch besagt diese
Aussage nicht, daß sie als נשיאים von der Gemeinde berufen worden
sind[128], sondern die von einer Versammlung des Volkes berufenen Vertreter der Empörung gegen Mose/Aaron waren. אנשי שם und נשיאים waren sie
schon zuvor. Der Ausdruck אנשי שם weist sie als Personen aus, die in
ihrer Position ein erhebliches Sozialprestige genießen.

Num 34,18 soll aus jedem Stamm ein נשיא - nicht der נשיא - bei der
Landverteilung assistieren. Die Namensliste weicht sowohl in der Reihenfolge der Stämme wie auch der Aufzählung der Namen von den Stammesführ-
erlisten in Num 1,5ff; 2,3ff und 7,12ff ab[129].

Num 25,14 wird ein נשיא namens Simri aus dem Stamm Simeon erwähnt,
der ansonsten in keiner der Listen der נשיאים auftaucht.

Ex 34,31 ruft Mose den Aaron וכל נשיאים בעדה zu sich. Die Formulierung erinnert an das נשיא בעמך von Ex 22,27. Die Wendung kann wiedergegeben werden mit 'und alle, die נשיאים sind in der Gemeinde'. Da ein
Hinweis auf die zwölf Stammesführer fehlt und auch aus dem Kontext keine etwaige Einschränkung ersichtlich ist, wird die Hervorhebung 'alle'
so zu verstehen sein, daß hier die Gesamtheit aller נשיאים versammelt
wird.

Num 27,1f treten die Töchter Zelophads in einer Erbrechtsangelegenheit
vor Mose, den Priester Eleasar, הנשיאים und die ganze Gemeinde.

Num 36,1 wenden sich in der gleichen Rechtssache die Gileaditer an
Mose und הנשיאים, die hier zusätzlich noch als ראשי אבות bezeichnet
werden. Dieser erläuternde Zusatz, der zur Bestimmung der 12 נשיאים
nicht genügen würde, macht es für diese Stelle wahrscheinlich, daß hier
eine größere Anzahl von נשיאים versammelt ist.

Jos 17,4 treten die Töchter Zelophads an Josua, den Priester Eleasar
und הנשיאים heran, um die Zuteilung des Erblandes gemäß der Entscheidung von Num 27,7ff zu verlangen. In Num 34,18 war bestimmt worden,

---

　　Intention Ps, hier keine Verwechslungen aufkommen zu lassen. P
　　differenziert immer durch entsprechende Bemerkungen die Zwölf,
　　die als Stammesführer gelten, von solchen, die es nicht sind.
128　Speiser (1963 CBQ 25 S.113ff) schließt aus dieser Stelle, daß
　　es sich bei der Position um ein Wahlamt handeln müsse.
129　Num 34,22ff stimmt mit der Liste von Num 13,5ff einzig in der
　　Person des Kaleb überein. Bei der Abfassung der Liste in Num
　　34,22ff wird die Annahme der 'Vierzigjährigen Wanderschaft und
　　des Aussterbens der alten Generation' mitgewirkt haben. Die
　　Differenzen zwischen Num 1,5ff einerseits und Num 2,3ff //
　　7,12ff andererseits können damit nicht erklärt werden.

daß נשיאים bei der Landverteilung mitwirken sollten. Aus dem dortigen
Kontext ergab sich, daß diese nicht mit den 12 Stammesführern identisch
sind. In Jos 17,4 wird es sich um die gleiche Gruppe handeln wie in
Num 34,18.

Num 32,2 wenden sich die Stämme Gad und Ruben an Mose, den Priester
Eleasar und נשיאי העדה, um eine bevorzugte Landzuteilung im Ostjordanland genehmigt zu bekommen. Mose richtet seine Antwort an den Priester
Eleasar, Josua und die ראשי אבות (V.28ff). Da ein נשיא in jedem Fall
auch ein ראש בית אב ist, sind die Termini hier austauschbar. Der thema-
tische Zusammenhang mit Num 34,18 läßt an eine vergleichbare Gruppierung denken. Ex 16,22 berichten כל נשיאי העדה dem Mose vom Ergebnis
der Mannaeinsammlung am Vortage des Sabbats. Wie in Ex 34,31 ist die
Gesamtheit der נשיאים gemeint.

Num 31,13 betont, daß neben Mose, dem Priester Eleasar, כל נשיאי העדה
den vom Kriegszug heimkehrenden Männern entgegen gehen. Die zwölf Stammesführer sind aber von Num 2,3ff und 10,4ff eindeutig mit militärischen
Aufgaben verbunden, so daß ihr Fehlen unter den Kriegsteilnehmern kaum
zu erklären wäre. Die Mehrzahl der נשיאים wird an dem Kriegszug gegen
die Midianiter nicht teilgenommen haben. Offenbar wird der normale נשיא
nicht durch militärische Funktionen charakterisiert. Ihre Gegenwart
wird jedoch zur Legitimation der folgenden Beutebestimmungen erforderlich gewesen sein. In Jos 9,18f.21 gelten die נשיאים als Verhandlungs-
führer der Israeliten beim Abschluß des gibeonitischen Bündnisses. Die
betreffenden Verse gehören wohl nicht zur Grundschicht, sondern zu
einer Bearbeitung aus der Königszeit[130]. Immerhin hindern die נשיאים
das Volk daran, einen geschlossenen Vertrag zu brechen, und treten für
die Wahrung des Rechts ein.

Lev 4,22 stellt den נשיא im Falle des Sündopfers günstiger als den
Mann aus dem Volke. Von ihm wird nur ein Ziegenbock als Opfer erwartet,
vom Durchschnittssünder wird eine weibliche Ziege verlangt[131].

---

130  Vgl Noth Komm.z.St.
131  Der נשיא ist dadurch ökonomisch etwas begünstigt. Im Regelfall
     ist das Verhältnis zwischen männlichen und weiblichen Tieren
     beim Kleinvieh 1 : 1 bei der Geburt, das bedeutet, daß ein gro-
     ßer Teil der Böcke überflüssig ist. Denn zur Zucht wird auf etwa
     60 weibliche Tiere ein männliches Tier benötigt. (Diesen Hinweis
     verdanke ich meinem schafezüchtenden Vater, konnte ihn aber auch
     wissenschaftlich legitimieren durch Behrens et alii Lehrbuch der
     Schafzucht 1979 S.93f.) Selbst wenn man den altorientalischen

Die Etablierung von zwölf נשיאים als Vertreter ihrer Stämme ist zum
einen ein Produkt der Systematisierung der Beziehungen der Stämme durch
P, andererseits ergibt sie sich zwangsläufig aus dem Fehlen gemeinsamer
Handlungsträger. Die Zwölf werden von P entweder durch die Angabe der
Zahl bzw ihre Aufzählung (Num 1,5ff; 1,44ff; 2,3ff; 7,12ff; 17,21) oder
durch eine entsprechende inhaltliche Ausführung aus der Gesamtheit der
נשיאים herausgehoben[132]. Die Hauptaufgabe der Zwölf besteht in der Musterung der wehrfähigen Israeliten (Num 1,4). Diese Funktion unterschei-
det sie von den übrigen נשיאים (Num 7,2bß)[133]. Num 7 bringen die Zwölf
Opfer und Abgaben an das Heiligtum dar. Die ansehnlichen Mengen an
Edelmetall, im Zusammenhang mit dem Fehlen jeglicher Angaben über die
Abgaben des Volkes, lassen vermuten, daß die Zwölf hier als Stellvertreter ihrer Stämme fungieren[134].

Jos 22,14 werden 10 נשיאים der zum Kriegszug angetretenen 10 Stämme
in Begleitung des Priesters Pinehas an die Rubeniten und Gaditen abge-
sandt. Der Nachdruck, der in V.14aß darauf liegt, daß pro Stamm nur
ein נשיא mitkam[135], wäre überflüssig, wenn es so etwas wie eine ständige Einrichtung der נשאים als Vertreter des jeweiligen Stammes in
kontinuierlicher Besetzung durch ein und dieselbe Person gäbe. Zum
einen läßt die Bemerkung erkennen, daß die Zehn eine Auswahl aus einer
größeren Population von נשיאים sind, zum anderen setzt die Beschränkung auf 10 Personen natürlich die Bestellung der 12 נשיאים voraus.
In V.30 werden die נשיאים von den ראשי אלפי ישראל unterschieden,
die nach Num 1,16 identisch sind mit den נשיאים der Stämme. Auch wenn
in V.30 die 'Häupter der Tausende Israels' literarisch ein Zusatz sein
sollten[136], deutet sich hier eine gewisse Unsicherheit über das Verhält-

---

Böcken weniger Leistung abverlangt, wird immer noch ein beträcht-
licher Überschuß an männlichen Tieren vorhanden sein. Das Opfer
eines weiblichen Tieres ist dann im wahrsten Sinne des Wortes
ein Opfer!

132  So Num 7,2f; Num 10,4bß verweist die Apposition auf Num 1,16b,
wo eindeutig die zwölf Stammesvertreter gemeint sind.

133  Daher wird es sich bei der Musterung der Leviten in Num 4,34.46
auch um die Zwölf handeln.

134  Ex 35,27 läßt offen, ob hier die Zwölf auftreten. Von Ex 39,6.
10-14 liegt es nahe, an sie zu denken und nicht an die Gesamtheit aller נשיאים.

135  Das נשיא אחד בית אב zerstört den Zusammenhang und ist wohl
eine Glosse, vgl Noth Komm.z.St.

136  So Noth Komm.z.St. Man darf dem hier wirkenden Ergänzer schon
zutrauen, daß er die 'Häupter der Tausende Israels' auch ohne

nis beider Gruppen an. V.32f legt dar, daß die abgesandten Stammesvertreter für die diesseits des Jordans gebliebenen Israeliten nur Berichterstatter ohne Entscheidungsvollmacht waren. Denn der Beschluß, nicht gegen die Ostjordanstämme zu ziehen, wird vom Volk getroffen.

Das Kollegium der zwölf Stammesvertreter ist weder als Legislative noch als Exekutive in der Überlieferung erkennbar.

Der nachexilische Gebrauch des Titels נשיא belegt, daß mit einer unbestimmten Anzahl von נשיאים pro Stamm zu rechnen ist[137]. Die Position des נשיא ist immer mit einer verwandtschaftlichen Gruppierung verknüpft. נשיא im Sinne des Stammesvertreters kommt außerhalb der Listen nur für den auch aus den Listen belegten Nahason von Juda (1.Chr 2,10) und den ansonsten unbekannten Beria von Ruben (1.Chr 5,6) vor.

Der נשיא ist der Repräsentant einer verwandtschaftlichen Einheit, die mehrere Vaterhäuser umfaßt und kleiner als ein Stamm ist. Die Interessen des Volkes werden von der Gesamtheit der נשיאים vertreten. In der Empörung gegen Mose und Aaron sind sie die berufenen Wortführer des Volkes, andererseits treten sie bei der Regelung von Alltagsfragen als Verbindungsleute zu Mose und Aaron auf. Sie haben beträchtlichen Einfluß auf die Meinungsbildung im Volk (Num 13,32-14,1). Letztlich ist das Volk aber in seiner Entscheidung ihnen

---

das verräterische 'und' hätte einfügen können, wenn in der ihm vorliegenden Tradition das Verhältnis der נשיאים und 'Häupter der Tausende Israels' so eindeutig gewesen wäre, wie Num 1,16 glauben machen möchte. Das Verhältnis beider Gruppierungen kann hier nicht näher untersucht werden, doch soll die Vermutung geäußert werden, daß die Gleichsetzung beider erst nach der Einführung des Stammesvertreters durch P erfolgt ist. Die Bezeichnung 'Haupt der Tausend Israels' verweist auf einen militärischen Hintergrund. Militärische Funktionen aber sind es, die die zwölf Stammesvertreter hauptsächlich aus der großen Menge der übrigen נשיאים herausheben. Die Zuschreibung dieses Titels an die Zwölf untermauert die auf dieser Basis konstruierte Differenz. Bedenkt man, daß אלף auch eine משפחה bezeichnen kann (Jud 6,15) und die auffällige Befreiung der großen Mehrheit der נשיאים von der militärischen Verpflichtung, dann drängt sich die Frage auf, ob hier die priesterschriftliche Systematik etwaigen Rangunterschieden zuarbeitete. Der Titel ראש אלף wäre für einen normalen נשיא als 'Führer' einer Verwandtschaftseinheit so ungewöhnlich nicht, vgl 1.Sam 10,19; 23,23; Mi 5,1; Andersen 1969 BiTr 20 S.36.

137 Vgl 1.Chr 4,38; 7,40; 2.Chr 1,2; 5,2

gegenüber selbständig (Num 14,4)[138]. Über die Einsetzung der
נשיאים sagen die Texte nichts aus. Bekannt ist nur, daß sie
eine soziale Einheit nach außen vertreten und offenbar Männer mit hohem sozialen Ansehen sind. Aus keiner der Stellen
ist ablesbar, daß sie eine von ihrer Gruppe unabhängige Position haben und in deren interne Beziehungen von einer ihnen eigenen Machtbasis her regulierend eingreifen können.
Ihre Hauptfunktionen liegen in der Vermittlung der Außenbeziehungen der von ihnen vertretenen Einheiten. Dies alles
läßt daran denken, daß der נשיא als Sprecher seiner Gruppe
fungiert. Sein Einfluß beruht im wesentlichen auf seinem sozialen Prestige. In dem Sinne hat er eine prekäre Führungsposition. In seiner Funktion als Sprecher und Repräsentant
ist der נשיא P vorgegeben gewesen.

Geht man von einer Grundbedeutung des נשיא als Sprecher/
Repräsentant aus, dann wird die dunkle Anrede der Hethiter
von Hebron in Gen 23,6 - Abraham wird als נשיא אלהים ti-
tuliert - verständlich. Abraham wird hier 'Sprecher Gottes'
genannt. Der נשיא der vorstaatlichen Zeit ist charakterisiert durch die für einen Sprecher segmentärer Gesellschaften typischen Merkmale. Seine Führerschaft ist intermittie-
rend, beruht aber nicht auf Charisma wie die des charismatischen Richters oder Kriegsführers. Basis seines sozialen
und politischen Einflusses ist das Prestige, das er sich
durch Unterstützung seiner Angehörigen in der Bewältigung
des Alltagslebens erworben hat. Die prekäre Machtbasis des
Sprechers erklärt auch, warum sich das Bundesbuch seiner
besonders annahm. Der Sprecher übernimmt die Funktion eines
'facilitators' und hält die Alltagsgeschäfte am Laufen. Er
vermittelt in Beziehungen zwischen Gruppen und wird als Interessenvertreter seiner Gruppe eingesetzt. Die Organisation
von gemeinsam aufzubringenden kultischen Abgaben ist seine
Aufgabe wie auch Planung und Vorbereitung von Gemeinschaftsaktionen wie Kriegszügen, so in der Sicht von P jedenfalls.

---

138 Das Volk begehrt in Num 14,4 einen קצין einzusetzen und nicht
einen נשיא. Das schließt nicht aus, daß auch ein נשיא zum
קצין gewählt werden konnte.

Der Titel נשיא bezeichnet nicht ein Amt, sondern eine soziale
Position, deren Inhaber keine Sanktionsgewalt hat. Die Behauptung dieser Position ist davon abhängig, wieweit die
repräsentierte Gruppe ihre Interessen durch den נשיא gewahrt
sieht. Der נשיא übt Führerschaft ohne Kontrolle aus.

## Resumée

Die Diskussion der verschiedenen Typen gesellschaftlicher
Organisation (Antike Stadtherrschaft/ Eidgenossenschaft/
Segmentäre Gesellschaft) hat ergeben, daß der Typus
'Segmentäre Gesellschaft' einen sehr fruchtbaren Interpre-
tationsrahmen für die Gesellschaft des vorstaatlichen Israel
anbietet. Dieser Typus erlaubt, scheinbar widersprüchliche
Informationen zur Richterzeit zusammenzuschauen und zu
verstehen.
   Sichtbar wurde dieses an den überlieferten Grundstrukturen
der vorstaatlichen Gesellschaft mit ihrem eigentümlichen
Verhältnis von charismatischer Führung und alltäglicher
Anarchie. Das öffentliche Leben, kultische Vorgänge und
Rechtspraxis sind von dieser Gesellschaftsform geprägt.
Der Sachverhalt tritt besonders dort hervor, wo die Umrisse
gesellschaftlicher Rollen (Sprecher, Kriegsführer, Richter)
erkennbar werden. Denn hier liegen keine Ämter im institu-
tionellen Sinne vor, sondern soziale Positionen.

# 9. MONARCHIE UND STADT

Die Entstehung der israelitischen Gesellschaftsstrukturen in
der frühen Königszeit ist für Weber das Ergebnis der Konfrontation der beiden Organisationsformen 'Antike Stadtherrschaft' und 'Eidgenossenschaft' unter Vermittlung der Institution 'Monarchie'. Die Monarchie macht sich Grundprinzipien
der antiken Stadtherrschaft zu eigen und unterwirft die Eidgenossenschaft diesem System[1]. Die israelitischen Städte
verlieren nicht nur ihre Unabhängigkeit durch die Reichsbil-
dung, sondern auch ihre Selbstverwaltung. Am Ende der Entwicklung hat sich das Reich Juda in einen Stadtstaat mit der
Polis Jerusalem und den politisch-rechtlich von ihr abhängigen Kleinstädten und Dörfern verwandelt[2].
Diese Thesen sollen an drei Punkten etwas näher betrachtet werden. Anfangs wird die Entwicklung der Siedlungsformen in der Königszeit skizziert. Anschließend werden Anhaltspunkte für eine hierarchische Zuordnung der Siedlungen untersucht. Im Zentrum der Überlegungen aber steht die Frage
nach der Angemessenheit der Thesen von den Stadtstaaten
Jerusalem und Samaria.

---

1  Vgl AJ S.65.108f
2  Vgl AJ S.71

9.1　Ausbildung verschiedener Siedlungsformen


In der Richterzeit fehlten den israelitischen Siedlungen
nennenswerte Befestigungen[3]. In Kriegsgefahren suchten die
Bewohner des Westjordanlandes Zuflucht auf festungsartigen
Bergkuppen, in Höhlen oder wichen nach Osten über den Jordan aus[4]. Ostjordanische Städte wie Gilead oder Jabes können
jedoch bereits in dieser Zeit einer Belagerung standhalten,
sie verfügen also über ein entsprechendes Mauerwerk[5]. Auf
die Position einer Siedlung in der frühisraelitischen Gesellschaft wirkt sich das Vorhandensein einer Befestigung
nicht aus. In der Königszeit[6] ist die Stellung einer Siedlung im Verteidigungssystem des Landes das wichtigste Kriterium zur Unterscheidung der Siedlungen geworden. Städte
werden wahrscheinlich nach der Zahl der wehrfähigen Männer
klassifiziert, die sie zum Heere stellen[7].

---

3　Die israelitischen Ortschaften lagen häufig auf Bergkuppen.
　　Die äußerste Reihe der Häuser bildete einen geschlossenen Ring
　　(vgl Shiloh IEJ 1978.28.S.45f). In Untergaliläa orientierte
　　sich die Anlage der Siedlungen an den tektonischen Oberflächen-
　　strukturen. Amiran (1953 IEJ 3; 1956 IEJ 6) geht in ihren Unter-
　　suchungen zwar von der Verteilung der derzeitigen arabischen
　　Siedlungen aus, doch wird die Orientierung an den allgemeinen
　　tektonischen Oberflächenverhältnissen von Anfang an die Anlage
　　von Siedlungen hier bestimmt haben.
4　Vgl Jud 6,2; 1.Sam 14,22; 31,7. Archäologische Befunde sprechen
　　dafür, daß die israelitischen Siedlungen der Eisen I Zeit in
　　der Regel nicht befestigt waren.
5　Vgl Jud 10,17; 1.Sam 11,1; als Parallele kann hier die ionische
　　Kolonisation der kleinasiatischen Küste herangezogen werden,
　　vgl Busolt 1926 S.151f,
6　Die Untersuchung beschränkt sich aus arbeitsökonomischen Grün-
　　den auf die Zeit von David bis Ahab. In der Regel bezieht sich
　　der Begriff 'Königszeit' nur auf diese Periode.
7　Am 5,3 ist ein Indiz für eine entsprechende militärische
　　Klassifizierung der Siedlungen. Bei den ausrückenden Männern
　　wird es sich schwerlich um Söldner, sondern um wehrpflichtige
　　Männer einer Siedlung handeln. Am 5,3 läßt die Behauptung
　　Junges (1937 S.23), daß das Heer im 8. Jh ausschließlich aus
　　Berufsoldaten bestand, zweifelhaft werden. Vgl auch Knierim
　　1961 ZAW 73 S.167ff

Das Recht unterscheidet die Siedlungen danach, ob sie eine
Ummauerung haben oder nicht[8]. Mauerlose Siedlungen sind die
חצרים und כפרים . Die Bewohner der חצרים gehören mit zu
den Stadtbewohnern.

Im Gesetz über den Hausverkauf (Lev 25,29-34) werden zwei
Ausnahmeregelungen getroffen. Hausverkauf auf ewig ist nur
in ummauerten Städten zulässig. In den Städten ohne Mauer
fallen die Häuser im Jobeljahr an den Verkäufer zurück. Abweichend von dieser Bestimmung bekommen die Leviten in den
offiziell anerkannten Levitenstädten, unabhängig von dem Umstand, ob die Stadt eine Mauer hat, ein zeitlich unbeschränk-
tes Rückkaufrecht zugesichert. Zusätzlich werden die von ihnen verkauften Häuser, sofern sie nicht zurückgekauft worden
sind, im Jobeljahr frei. In V.31 wird dann der Fall 'Häuser
in den חצרים' gesondert erörtert. Offenbar ist es notwendig, sie trotz fehlender Mauer von den befestigten Siedlungen in dieser Angelegenheit rechtlich extra abzugrenzen.
Diese betonte Erwähnung der חצרים ist überflüssig, wenn sie
allein vom fehlenden Mauerwerk her eindeutig zu den offenen
Siedlungen des Landes gehörten. Die Notwendigkeit, den Hausverkauf für sie in einer Sonderbestimmung zu regeln, obwohl
das Kriterium in V.29 eindeutig ist, zeigt an, daß hinsichtlich ihrer rechtlichen Kategorie Zweifel aufkommen konnten.
Eine bestehende Unsicherheit darüber, welcher Klasse diese
Siedlungen zuzurechnen seien, deutet an, daß sie in einer
engen Beziehung zu den ummauerten Städten stehen. Gehörten
sie zu den offenen Dörfern, dann wäre eine rechtliche Zuordnung zweifelsfrei möglich. Wahrscheinlich handelt es sich
bei ihnen um rechtlich unselbständige Niederlassungen, deren
Bewohner zur Siedlungsgemeinschaft einer ummauerten Stadt
gerechnet wurden. Für sie wie für die Leviten wird das festgesetzte Kriterium außer Kraft gesetzt. חצרים gehören offenbar zum Ackerland einer Stadt[9].

---

8  Lev 25,29ff wird kaum aus der Landnahmezeit stammen, wie North
   (1954 S.203ff) für die Grundschicht postuliert, da die Siedlungen
   erst in der staatlichen Zeit in nennenswertem Maße befestigt worden sind. Die davidisch-salomonische Zeit wird solche Unterschei-
   dungen eher hervorgebracht haben. Vgl Noth 1963[5] S.199f
9  Jos 21,12 setzt das Ackerland einer Stadt in enge Beziehung zu den

Die כפרים sind selbständige Siedlungseinheiten neben den
Städten[10].

An der Spitze der ummauerten Städte steht die עיר מבצר [11].
Die Bevölkerung des umliegenden offenen Landes flüchtet bei
Kriegsgefahr in sie. Die kleinste selbständige Festungsein-
heit scheint der מגדל נוצר zu sein. In ihm ist aber noch
ausreichend Platz für die Errichtung einer Kultstätte (2.Kön
17,9). Gebaut wird er an strategischen Stellen in Regionen
mit geringer Siedlungsdichte[12]. In der Regel verfügt der
'Turm' über einen weiten Innenhof oder einen entsprechend
geschützten Vorhof zur Aufnahme der Herden[13]. In den Festungsstädten waren auch die Wagentruppen stationiert. Militärisch sind die befestigten Städte einander hierarchisch
zugeordnet[14]. Über Auswirkungen auf die zivile Verwaltung
der Festungsstädte ist nichts bekannt, da die Überlieferungen sich hier ausschweigen. Die Provinzeinteilung Judas
scheint von dem Festungssystem unabhängig zu sein[15]. Ein
שר העיר amtet offenbar nur in den beiden Hauptstädten
Jerusalem und Samaria[16]. Die wenigen Texte, in denen verschiedene Städtegruppen nebeneinander stehen, lassen nichts
von einem politisch-rechtlichen Vorrang der Festungsstädte
erkennen[17]. Allerdings impliziert die Provinzeinteilung Judas wie auch die des vereinigten Königreiches, daß es für
jede Provinz einen Vorort gab, in dem die Steuern und Natu-
ralabgaben der Bevölkerung zusammenkamen. Kornspeicher für
die Bevölkerung waren in allen Städten, nicht nur in den
Provinzzentralen und Festungen angelegt[18].

---

חצרים. Die Leviten sollen weder Feld noch חצרים erhalten, vgl
hierzu auch Jos 15,32.36; 19,16.23.31.39.48; Neh 11,25.
10  Vgl 1.Sam 6,18; 1.Chr 27,25
11  vgl 2.Kön 17,9; 18,8
12  Vgl Aharoni et alii 1960 IEJ 10 S.109ff; Aharoni 1967 IEJ 17 S.12
13  Vgl Aharoni 1967 IEJ 17
14  Aharoni 1958 IEJ 8 S.36ff
15  Alt KS II S.311
16  Vgl oben S. 248f
17  Vgl 1.Chr 27,25b; 2.Kön 17,9; 18,8. An diesen Stellen liegt of-
    fensichtlich eine militärische Klassifizierung der Siedlungen
    vor. Jer 7,34; 17,26; 36,9 spricht allgemein von den Städten
    Judas und von Jerusalem.
18  Vgl Gen 41,48. Die Josephnovelle ist ein Produkt der frühen

1.Chr 27,25 berichtet von einer zentral geleiteten Vor-
ratshaltung, die Speicher sind aber dezentral in Städten,
Dörfern und 'Türmen' vorhanden. Die Erwähnung der Dörfer in
diesem Zusammenhang deutet auf ein gewisses Maß an Autonomie
hin, das die Siedlungen sich in diesem Bereich wahren konnten. Doch verrät die Einsetzung eines Oberbeamten durch den
Hof, daß die Siedlungen Abgaben an den Hof zu senden hatten[19].

Salomo wie Josaphat von Juda wird der Bau von Vorrats-
städten zugeschrieben[20]. Dabei ist wohl analog zu den Wagen-
und Pferdestädten[21] an die Anlage von Getreidedepots in
schon bestehenden Städten zu denken. In der salomonischen
Zeit dürfte der Ausbau der Streitwagengarnisonen mit der Anlage von Speichern zusammenhängen. Zur Versorgung der Pferde
waren erhebliche Mengen von Heu und Getreide erforderlich.
Die Anlage der Vorrats-'Städte' ist ein Bestandteil der militärischen Infrastruktur.

Die Siedlungen werden von der Zentralverwaltung nur soweit
erfaßt, wie sie als Garnison und Festung ausgebaut waren,
sowie als Abgabeneinheiten.

Eingriffe in die lokale Verwaltung der Siedlungen sind
nicht bekannt. Eher kann das Gegenteil behauptet werden.

Denn die Königin Isebel hält 1.Kön 21,8 streng den Dienst-
weg ein. Der Ablauf des Verfahrens macht deutlich, daß die
Zentralverwaltung sich wohl in lokale Angelegenheiten einmi-
schen und Einfluß nehmen konnte. Zur Durchsetzung ihrer Ziele war sie aber auf die Mitarbeit der örtlichen Repräsentanten angewiesen. Insofern legt der Justizmord von Jesreel ein
beredtes Zeugnis für die Selbstverwaltung von Jesreel ab.

---

Königszeit. Daher kann sie auch als Reflexion der soziologischen
Verhältnisse dieser Zeit herangezogen werden, vgl Crüsemann 1978
S.143ff.

19   Vgl für Ugarit Heltzer 1976
20   1.Kön 9,19; 2.Chr 17,12. Redford (VT 13, 1963 S.414) hält die Erwähnung der מסכנות ערי an allen Stellen für spät und behauptet,
daß sie nur beim Chronisten vorkommen. Dabei hat er die Stelle
1.Kön 9,19 übersehen. Es besteht kein Anlaß, an der historischen
Verläßlichkeit des Verses zu zweifeln, wenigstens was die Aussagen der ersten Vershälfte betrifft.Vgl Noth Komm.z.St. S.215f
21   1.Kön 9,19; 10,26

Isebel standen in Jesreel keine königlichen Beamten zur Verfügung, die befugt waren, in Angelegenheiten der Stadt zu
intervenieren.

Die Auseinandersetzungen um den Kult in Ophra (Jud 6,25-
32)[22] zeigen, daß die Stadt in dieser Angelegenheit autonom
war. Zuständig für die Untersuchung des Kultfrevels sind die
אנשי העיר, nicht eine übergeordnete staatliche Instanz[23].
Königliche Beamte, die in die Städte des Landes versetzt wurden, gehören der Heeresverwaltung an[24].

---

22  L.Schmidt 1970 S.52
23  Vgl hierzu oben S.231. Es handelt sich hier um eine der wenigen
    Stellen aus der Königszeit, in der die Gruppierung אנשי העיר
    als politisch relevante öffentliche Instanz einer israelitischen
    Stadt sichtbar wird.
24  Die Einsetzung von königlichen Richtern in allen befestigten
    Städten Judas, die 2.Chr 19,5-11 Josaphat vornehmen läßt, spie-
    gelt die deuteronomische Reform wider (vgl Junge 1937 S.85ff).
    Gerade die Zentralisation der sakralen Gerichtsbarkeit, die ein
    Kennzeichen der juristischen Reform des Josaphat nach 2.Chr 19
    ist, setzt die Kultzentralisation in Jerusalem voraus. Dieses
    haben sowohl Knierim (1961 ZAW 73) wie auch Macholz (1972 ZAW
    84 S.314ff) übersehen. Zudem weisen alle von Macholz für das
    Funktionieren königlicher Gerichtsbarkeit angeführten Stellen
    frühestens in das ausgehende 8.Jh und sind mit Jerusalem als Wir-
    kungsort verbunden. Alle Ausleger von 2.Chr 19,5-11, die Josa-
    phats Justizreform für historisch halten, geraten in die Verle-
    genheit, ein Nebeneinander von lokaler und königlicher Gerichts-
    barkeit annehmen zu müssen. Manche wie Macholz (S.324) oder
    de Vaux (1960 II S.248) lassen kommunale Gerichtsbarkeit unausge-
    glichen neben der königlichen Gerichtsbarkeit bestehen. Rudolph
    (Komm.z.St. S.257f) versucht, dieses Problem dadurch zu lösen,
    daß er Josaphats Richter ausschließlich zuständig sein läßt für
    die Schlichtung von Streitigkeiten zwischen Angehörigen der Garni-
    son und der Zivilbevölkerung. Die Garnison hätte die Jurisdiktion
    der lokalen Gerichte in solchen Fällen anerkannt. Josaphat
    war sicherlich nicht der erste König, der Garnisonen in den
    Städten einrichtete. Rudolphs Argument wirft die Frage auf, wieso
    Zivilbevölkerung und Garnison offenbar fast 130-150 Jahre ohne
    diese Sonderrichter miteinander auskamen.
    Die Einsetzung beamteter Richter durch eine Zentralinstanz setzt
    voraus, daß eine funktionierende Ortsgerichtsbarkeit nicht mehr
    bestand bzw ineffektiv geworden war. Das deutet aber auf beträcht-
    liche gesellschaftliche und politische Umwälzungen hin. Eine ent-
    sprechende soziologische Situation könnte in den unter Manasse
    wieder zu Juda gekommenen Landesteilen bestanden haben, ebenso
    in den von Josia annektierten israelitischen Gebieten.

## 9.2  Siedlungen ohne Namen

Im AT findet sich in den Büchern Num, Jud, Jos, Jer, Ez, Neh, Chr 47mal der Hinweis 'die Stadt X und ihre Töchter'[25].

Die Begriffe בנותיה und חצריה sind nicht austauschbar, wie ihre Parallelisierung in Jos 15,46f zeigt. Es handelt sich bei den Töchtern offenbar um Siedlungen, die von den חצרים zu unterscheiden sind. Sie stehen als Tochter in einer besonderen Beziehung zu der namentlich genannten Stadt. Der gewählte Begriff läßt vermuten, daß es sich in irgendeiner Form um eine Abhängigkeit handeln wird.

Max Weber hat diesen Sprachgebrauch[26] zur Grundlage seiner These gemacht, daß es in den vollentwickelten israelitischen Stadtstaaten[27] 2 Klassen von Siedlungen gab, die rechtlich zu differenzieren sind: die Klasse der Vollstädte und diejenige der Landstädte. In den Vollstädten wohnte die Herrenschicht, in den Tochterortschaften waren Periöken angesiedelt. Die Bewohner der Periökenstädte waren politisch rechtlos. Für die Richterzeit konnte seine These widerlegt werden, doch stellt dieses ihre Gültigkeit für die staatliche Zeit noch nicht automatisch in Frage[28]. Daher sollen die Belege, die etwa je zur Hälfte aus der staatlichen und der nachexilischen Zeit stammen, auf ihren politischen Hintergrund untersucht werden.

32 Städte[29] werden zusammen mit ihren Töchtern in der

---

25  Jos 15,28 ist mit LXX und nach Neh 11,27 בנותיה zu lesen statt
    בזיותיה.
26  AJ S.18ff
27  AJ S.19 A 1
28  Caspari (1921 ZAW 39) sieht den Vergleichspunkt für die als
    'Töchter' bezeichneten Siedlungen in der wirtschaftlichen Abhängigkeit einer Tochter. Das Wesen dieser Siedlungen liege in der
    Unterbrochenheit ihrer Bewohnung.
29  Hesbon (Num 21,25; Jud 11,26), Jaeser (Num 21,32), Kenath (Num
    32,42; 1.Chr 2,23), Gaza (Jos 15,47), Beerseba (Jos 15,28; Neh
    11,27), Bethsean (Jos 17,11.16; Jud 1,27; 1.Chr 7,29), Taanach

Überlieferung genannt. In keinem der Texte sind die Töchter
namentlich erwähnt. Nirgends in den Traditionen wird eine
Stadt X als die Tochter der Stadt Y bezeichnet[30]. 15 der
Städte sind in vorexilischen Traditionen erwähnt, 1 Stadt
bei Ez und 16 Nennungen entstammen nachexilischen Überliefe-
rungszusammenhängen.

14 der 15 in vorexilischen Texten genannten Städte sind
nichtisraelitischen Ursprungs. Die betreffenden westjordanischen Städte wurden erst unter David israelitischer Oberhoheit unterstellt. Die Tochterortschaften der ostjordanischen Städte werden im Zusammenhang mit ihrer Eroberung erwähnt. Die namenlosen Siedlungen werden von den Eroberern
politisch der namentlich aufgeführten Stadt zugerechnet.
Die behauptete Beziehung reicht allerdings nicht aus, um
Rückschlüsse auf die politisch-rechtliche Stellung der Bewohner der Tochterortschaften zu jenen der Hauptorte zu ziehen. Die autochthone Bevölkerung wurde ausgerottet und die
Städte von den Eroberern neubesiedelt. Daher werden etwaige
vorhandene Abhängigkeitsbeziehungen die späteren Beziehungen
zwischen den Siedlungen kaum beeinflußt haben können. Den
israelitischen Städten Hesbon, Jaeser und Aroer werden dann
auch keine Töchter mehr zugeschrieben[31]. Jud 1,15 deutet an,

---

(Jos 17,11; Jud 1,27; 1.Chr 7,29), Dor (Jos 17,11; Jud 1,27;
1.Chr 7,29), Jibleam (Jos 17,11; Jud 1,27), Ekron (Jos 15,45),
Asdod (Jos 15,47), Endor (Jos 17,11), Megiddo (Jos 17,11; Jud
1,27; 1.Chr 7,29), Aroer (Jud 11,26), Rabbath Ammon (Jer 49,2),
Tyrus (Ez 26,6), Dibon (Neh 11,25), Aseka (Neh 11,30), Bethel
(Neh 11,31; 1.Chr 7,28; 2.Chr 13,19), Madmannah (Neh 11,28),
Jeschana (2.Chr 13,19), Gimso (2.Chr 28,18), Gezer (1.Chr 7,28),
Sichem (1.Chr 7,28), Aja (1.Chr 7,28), Lod (1.Chr 8,12), Gath
(1.Chr 18,1), Ephron (2.Chr 13,19), Socho (2.Chr 28,18), Basan (?) (1.Chr 5,16), Kirjath Arba (Neh 11,25), Thimna (2.Chr
28,18).

30 Am deutlichsten wird dieses in den genealogischen Listen von
1.Chr 2-9. Hier wird bei der genealogischen Zu- und Einordnung
von Städten eine Stadt niemals als Tochter einer anderen Stadt
bezeichnet. Städte werden als Väter oder Söhne anderer Städte
aufgeführt (vgl 1.Chr 2,42ff).

31 Jos 13,17ff ist zwar von den Städten Hesbons die Rede, diese
werden aber namentlich angeführt und auch nicht Töchter genannt.
Einzig Kenath bleiben die Töchter - nach 1.Chr 2,23 - erhalten. Kenath wird hier auch als Stadt Jairs und nicht Nobahs,
wie in Num 32,42, betrachtet. Der Vers 1.Chr 2,23 gehört einer

daß bestehende Abhängigkeiten offensichtlich aufgelöst wurden durch die Eroberer. Die Stadt Debir erhält die Verfügung über die Wasserquellen, die zuvor wohl von Hebron aus kontrolliert wurden[32].

Jud 1,11-15 stimmt fast wörtlich mit der parallelen Überlieferung der Tradition in Jos 15,13-19 überein. Noth geht davon aus, daß es sich hier um eine ätiologische Sage handele, die erkläre, warum die oberen und unteren Wasserbecken zu Debir gehörten. Er nimmt an, daß die Quellgebiete zunächst den eher im Lande ansässig gewordenen Kalebitern gehörten, die sie dann nachträglich an die mit ihnen verwandten Othnieliter abtraten.

Die hier gebrauchte Familienterminologie zur Umschreibung von Siedlungsbeziehungen (Bruder und jüngerer Bruder/Schwiegervater und Schwiegersohn) weist auf eine Abhängigkeit Debirs von Hebron hin. Diese Abhängigkeit zwischen beiden Siedlergruppen kann mitgebracht worden sein. Denn zu Anfang kann Debir noch nicht frei über das umliegende Land und die Quellen verfügen. Doch ist zusätzlich mit dem Umstand zu rechnen, daß die kanaanäische Stadt Debir vormals politisch abhängig von dem kanaanäischen Hebron war. Denn Debir wird erst nach Hebron erobert und auch von Hebron aus.

Auffällig an der Tradition ist der Unterschied zwischen der Aufforderung, שדה zu verlangen (Jos 15,18//Jud 1,14), und der ausgesprochenen Bitte um Wasserquellen (Jos 15,19//Jud 1,15), die dann auch erfüllt wird. Diese Diskrepanz gibt Anlaß zu einigen Vermutungen über das Verhältnis beider Städte. Befanden sich die Bewohner Debirs hinsichtlich ihres Landbesitzes in Abhängigkeit von Hebron? Hatte Hebron - etwa durch die Sperrung der Wasserversorgung - die Möglichkeit, die Landwirtschaft von Debir zu kontrollieren? Existierte vielleicht sogar ein gemeinsames Wasserversorgungssystem? War Debir ursprünglich von Hebron aus gegründet worden? Die LXX weicht in der Überlieferung zu Jos 15,13 an einer Stelle signifikant ab. MT redet davon, daß Kaleb Kirjath Arba bekommt, אבי הענק. LXX hat stattdessen μετρόπολιν Ενακ, ebenfalls in Jos 14,15. Nach Jud 1,20 (MT) vertreibt Kaleb von Hebron aus die

---

späteren Hand als Chr an (vgl Rudolph Komm.z.St.) und wird daher kaum Verhältnisse der vorstaatlichen Zeit widerspiegeln.
32  Vgl Noth Komm. S.90

drei Söhne Enaks, dem LXX Text zufolge aber heißt es: τὰς τρεῖς
πόλεις καὶ ἐξῆρεν ἐκεῖθεν τοὺς τρεῖς υἱος Ενακ.
Die Möglichkeit kann nicht ausgeschlossen werden, daß אבי eine Verlesung
aus אם ist in Jos 15,13. Die Bezeichnung אם ist auch für eine israelitische Stadt  - Abel Beth Maacha in 2.Sam 20,19 - überliefert. Die
Stadt wird hier עיר ואם בישראל genannt. Das Verhältnis der LXX Überlieferung zur MT Überlieferung kann hier nicht ausdiskutiert werden. Auch
bedürfte die Frage der israelitischen Metropolis einer ausführlichen
Untersuchung.


Die Situation der westjordanischen Städte mit Töchtern unterscheidet sich in einer Hinsicht wesentlich von derjenigen
der ostjordanischen Städte. Sie wurden nicht erobert, sondern dem israelitischen Staat angegliedert. Vorhandene Ver-
waltungseinteilungen sind dabei wohl vom israelitischen Staat
übernommen worden. Die israelitisierten Kanaanäerstädte wurden in der salomonischen Distrikteinteilung in zwei eigenen
Bezirken[33] zusammengefaßt. Just diese Städte verfügen nach
Jos 17,11 noch über Töchter. Die Stelle ist vielleicht ein
Indiz dafür, daß in den betreffenden kanaanäischen Stadtstaaten die interne Verwaltungseinteilung die Eingliederung
in das israelitische Provinzsystem überlebt hat.
Der philistäische Stadtstaat Ekron gehörte, wenn überhaupt, politisch nur vorübergehend unter Hiskia zu Juda[34].
Es ist wenig wahrscheinlich, daß in dieser kurzen Zeit die
internen Verwaltungsstrukturen des Stadtstaates revidiert
wurden. Falls in der Königszeit politisch-rechtlich ungleich
gestellte Siedlungen existierten, könnten sie sich im Bereich
ehemaliger kanaanäischer Stadtstaaten befunden haben.
Das Vorhandensein von Töchtern ist in der vorexilischen
Überlieferung typisch für kanaanäische Städte. Die Dreiteilung wiederum  - עיר-בנותיה-חצריה - ist eine Besonderheit
der philistäischen Stadtstaaten[35].

---

33  1.Kön 4,11f der vierte und fünfte Bezirk
34  Nach Kallai-Kleinmann 1958 VT 8 S.139.152
35  Vgl auch die Erwähnung von zwei Siedlungskategorien in 1.Sam 6,18,
    die in dieser Form der Aufzählung aber noch wenigstens eine wei-
    tere Kategorie voraussetzt. Die Unterscheidung von Landstadt und

Der Ausdruck 'die Stadt X und ihre Töchter' könnte eine
gewisse Selbständigkeit der betreffenden Stadt und der Siedlungen ihres Umlandes innerhalb der israelitischen Verwaltung andeuten[36].

Beerseba ist die einzige israelitische Stadt, der im Rahmen vorexilischer Überlieferung Töchter zugeschrieben werden
(Jos 15,28). Die Stadt wurde zu Beginn der Monarchie als Ver-
waltungszentrum des Negeb ausgebaut[37]. In der Eisen II Zeit
kam es in der Südregion von Beerseba zur Anlage zahlreicher
landwirtschaftlicher Siedlungen[38]. Die Entwicklung der Negeb-
siedlungen lief parallel dem Ausbau der Wüstenstraßen und
der Errichtung von Forts[39]. Die Kultivierung der Wüstenpro-
vinz unterstand offenbar einer zentralen Planungsinstanz.
Die Wendung 'Beerseba und ihre Töchter' kann ein Ausdruck
dafür sein, daß von Beerseba aus eine systematische Besiedlung der Region gefördert wurde. Traditional gewachsene Beziehungen zwischen den Siedlungen des Negeb fehlten weitgehend. Die königliche Verwaltung konnte beim Ausbau des Bezirks eine zentrale Administration einführen, ohne auf lokale, traditional verankerte Widerstände zu stoßen, zumal der
einzige bedeutendere Ort mit lokaler Tradition, Beerseba,
zum Vorort des südlichen Negeb gemacht wurde. Die ungenann-
ten Neugründungen könnten der Verwaltungshoheit von Beerseba
unterstellt worden sein.

In der frühexilischen Periode werden zwei ausländische
Hauptstädte mit ihren Töchtern erwähnt, Jer 49,2 Rabbath
Ammon und Ez 26,6 die Töchter von Tyrus auf dem Lande. 'Die

---

Hauptstadt in 1.Sam 27,5 impliziert für Gath drei Klassen von
Ortschaften, da die Dörfer hier nicht mit erwähnt werden.
Vgl Cassis 1965

36 Jos 17,8 läßt das 'Land Thappuah' Manasse zufallen, die Stadt
Thappuah jedoch dem Ephraim. Bei dem Land wird es sich nicht um
das Ackerland der Stadt handeln, sondern um die zu Thappuah ge-
hörige Region mit den Siedlungen.
Die Zugehörigkeit der philistäischen Städte Asdod und Gaza zu
Juda nach Jos 15,47 ist Folge des theoretischen Anspruches des
Bearbeiters, der aber die historische Realität soweit berück-
sichtigt, daß er die Vororte den beiden Städten beläßt.

37 Vgl Gilead EAE I 1975 S.165f

38 Vgl Aharoni et alii 1960 IEJ 10

39 Vgl Aharoni 1958 IEJ 8; ders. 1967 IEJ 17

Töchter von Tyrus auf dem Lande' ist eine Umschreibung für
die auf dem Festland liegenden Vororte der Inselstadt. 'Rabbath Ammon und Töchter' steht für das ganze Land der Ammoniter.

Die nachexilischen Belege schreiben einer bunten Vielfalt
von Städten Tochterortschaften zu. Etliche dieser Städte
sind vorisraelitischen Ursprungs[40]. Von den israelitischen
Ortschaften liegen vier Siedlungen - Jeschana, Gimso, Aja,
Ephron - im Gebiet von Ephraim, zwei Siedlungen - Dimona[41]
und Madmannah[42] - im nördlichen Teil des Negeb, eine Stadt
im Basan[43]. Es kann nicht ausgeschlossen werden, daß die
Wendung, die sich häufig in Anhängen und sekundären Zusätzen
findet, eher Kennzeichen eines Bearbeiters als Ausweis realer Siedlungsverhältnisse ist[44]. Doch kann das massierte
Auftreten von Tochterorten in Neh 11,25-35 anzeigen, daß in
jener Zeit Neugründungen von einer bestimmten Mutterstadt
aus gefördert wurden. 2.Chr 13,19 könnte für das Nordreich
auf eine Verwaltungseinteilung hinweisen, die sich an Stadt-
distrikten orientiert[45].

Auf eine Bestimmung der geopolitischen Bedeutung der Wendung 'die Stadt X und ihre Töchter' in der nachexilischen
Überlieferung muß hier verzichtet werden. Erforderlich wären
hierzu eine Untersuchung der persischen Distriktseinteilung
in Palästina und ihrer Reflexion in der biblischen Tradition[46].

---

40  So Kirjath Arba/Hebron, Aseka, Bethel, Gezer, Sichem, Lod, Gath,
    Socho, Thimna.
41  Neh 11,25 ist mit Abel (1938 II S.305) Dimona statt Dibon zu
    lesen.
42  Simons (1959 § 322) schlägt mit überzeugenden Argumenten vor,
    Madmannah statt des sonst unbekannten Mechona zu lesen.
43  Der Name der Stadt scheint in 1.Chr 5,16 ausgefallen zu sein,
    vgl Galling Komm.z.St.
44  Vgl Rudolph Komm.z.St. S.189f; Galling Komm.z.St. S.110
45  Die Überlieferung über den Sieg Abias gilt als historisch zu-
    verlässig, vgl Rudolph Komm.z.St. S.236.
46  Dabei wäre das Verhältnis der in Neh 3,9.12-19 durchscheinen-
    den Distriktseinteilung mit den Angaben von Neh 11,25-35 zu
    vergleichen.

## 9.3 Israelitische Stadtstaaten in der Königszeit?

Von Albrecht Alt wurden zwei soziologische Modelle entwik-
kelt - die Hauptstädte Jerusalem und Samaria als Typen von
Stadtstaaten -, die das Verständnis des israelitischen und
judäischen Königtums in der alttestamentlichen Forschung
sichtbar und nachhaltig beeinflußt haben. Die Konstruktion
dieser beiden Modelle orientiert sich im wesentlichen an den
von Weber für die antike Vollstadt aufgestellten Kriterien.
Die Vorstellung von den Stadtstaaten Jerusalem und Samaria
eignet sich hervorragend für eine Überprüfung der These Webers zum Charakter der israelitischen Stadt. Falls eine der
israelitischen oder judäischen Städte dem Typus 'Vollstadt/
Stadtstaat' nahe käme, dann wären die beiden Hauptstädte die
ersten Anwärter auf diesen Rang. Daher sollen im folgenden
die tragenden Teile der Altschen Konstruktion untersucht
werden.


### 9.3.1 Der Stadtstaat Jerusalem

Die Stadt Jerusalem ist in den El-Amarna Briefen als eigener Staat unter einem König erwähnt. Zur Herrschaft Jerusalems gehörten mehrere Städte des judäischen Gebirges[47]. Der
Stadtstaat konnte seine Unabhängigkeit bis in die Zeit Davids bewahren. Seine politische Organisation vor der Annexion durch David ist nicht bekannt. Gelegentlich werden
Vermutungen laut, daß er bis zum Verlust seiner Selbständigkeit monarchisch regiert wurde[48].

---

47  Vgl EA 289, 290
48  Hinter der Person Araunas in 2.Sam 24,17f wurde gelegentlich der
    letzte jebusitische König vermutet (vgl Smith Komm.z.St.; Ahl-
    ström 1961 VT 11,S.117f; Yeivin 1953 VT 3 S.149). Watson (1970
    VT 20 S.501f) versteht den Ausdruck היבוסי יושב הארץ von 2.Sam

2.Sam 5,6-9 berichtet, daß David mit seinen Männern gen
Jerusalem zog, die Stadt einnahm und sich dort niederließ.
Die Wahl Jerusalems als Hauptstadt des vereinigten Königreiches empfahl sich von der Grenzlage der Stadt zwischen Israel
und Juda her. Jerusalem war gegenüber dem politischen Gegensatz Israel/Juda neutral. Davids Vorgehen wurde von dem politischen Motiv geleitet, eine von Israel und von Juda unabhängige Hauptstadt zu etablieren.

"Darum läßt er Jerusalem durch seine eigenen Mannen, die
ganz persönlich an ihn gebundenen Gefolgsleute und Söldner,
die nur die ausführenden Organe seines freien Willens sind,
im Sturme nehmen, damit die Stadt aus den Händen der Jebusiter unmittelbar in seinen Besitz überginge und nach dem
Recht der Eroberung heißen könnte, wie er sie heißen wollte:
Davids Stadt."[49]

Von diesem Recht der Eroberung her läßt David, wie Alt in
seinen späteren Studien[50] entwickelt, den Stadtstaat Jerusalem als eigene staatliche Größe neben Juda und Israel weiterbestehen. David, der als König Israel und Juda in Personalunion regiert, verbinde mittels Personalunion noch den
Stadtstaat Jerusalem mit den Reichen Israel und Juda. Zwar
sei David bestrebt, die neue Hauptstadt kultisch mit den
beiden anderen Staatsgebieten zu verknüpfen, doch die Trennung der Staatsgebiete werde dadurch nicht aufgelöst[51]. Denn
nach Alt "konnte Jerusalem seine Funktion als Königssitz nur
erfüllen, wenn ihm staatsrechtlich seine alte Fremdheit den
israelitischen und judäischen Nachbarn... gegenüber belassen blieb"[52]. Der Stadtstaat Jerusalem gehörte nach dem
Recht der Eroberung nur David und seinen Erben. Für ihn kam
ausschließlich als Regierungsform das dynastisch gebundene
Königtum in Betracht[53]. Ein Faktum, das der Übernahme des

---

5,6 als Umschreibung für 'König von Jerusalem', vgl hierzu auch
    Jud 1,21a und die Ausführungen hierzu oben S.206ff
49  Alt KS III S.254
50  Alt KS II S.45ff; !16ff; 244f; KS III S.258ff; 303ff; 373ff
51  Alt KS II S.46
52  KS II S.47
53  KS II S.62

dynastischen Prinzips für die Reiche Israel und Juda den Weg bereitete[54].

Gerade in innenpolitischen Krisen seien Juda und Jerusalem als eigene politische Größen erkennbar. Jerusalem sei immer der Ausgangspunkt der Putsche gegen den regierenden Davididen, und mit schöner Regelmäßigkeit erzwinge dann das Volk von Juda wieder die Erhebung eines Davididen auf den Thron von Jerusalem[55].

Weitere Argumente für den Dualismus Juda/Jerusalem findet Alt beim Propheten Micha, dessen Schelt- und Drohworte fast regelmäßig der Stadt Jerusalem gelten würden. Micha 2 und 3 betrachteten und behandelten die Stadt Jerusalem als einen Staat für sich[56]. Die Verantwortung für die sozioökonomische Entwicklung lege Micha ausschließlich dem Stadtstaat Jerusalem zur Last. Alt hält es nicht für ausgeschlossen, daß auch Angehörige wohlhabender Geschlechter aus dem Lande Juda hieran beteiligt waren. Doch der von dieser Differenzierung her drohenden Auflösung des Micha unterstellten Gegensatzes Stadtstaat Jerusalem/Land Juda wird Alt mit dem Argument Herr: "Sie traten damit aber notwendig in die Gesellschaft der Herren von Jerusalem ein, siedelten wohl auch dorthin über und konnten dann kaum mehr als echte Judäer im Sinne des Gegensatzes Stadt und Land betrachtet werden."[57] Das Zukunftswort über den künftigen Herrscher Israels in Mi 1, 5ff besage, daß die Verbindung Judas mit dem Stadtstaat Jerusalem durch die Vernichtung des letzteren beseitigt werde[58]. Der künftige Herrscher werde ausschließlich König von Juda sein. Das neue Reich werde für sich ohne Jerusalem bestehen. Die angedrohte Nichtberücksichtigung bei der Landverteilung gelte den Herren von Jerusalem (Mi 2,4f). Historisch ist die von Micha angegriffene Latifundienbildung durch das fortschreitende Eingreifen der Herren der Stadt in die ökonomischen Verhältnisse des Landes nur möglich

---

54   Alt KS II S.130
55   KS II S.127
56   KS III S.373 A 2
57   KS III S.374 A 2
58   KS III S.376f.379

gewesen "auf der Grundlage der seit David bestehenden Personalunion zwischen dem Reiche Juda und dem Stadtstaat Jerusalem mit deutlichem Übergewicht des letzteren..."[59] Micha
sehe die Voraussetzung für die von ihm propagierte Agrarre-
form in einem gewaltigen Eingreifen Jahwes, das zur Vernichtung Jerusalems führen würde[60].

Der Antagonismus zwischen dem Stadtstaat Jerusalem und dem
Reich Juda liege offenbar auch Sanheribs Neuordnung der politischen Verhältnisse in Südpalästina nach der Niederlage des
Hiskia zugrunde[61]. Sanheribs Einteilung greife die Grenze
zwischen Juda und Jerusalem auf. Nur der Stadtstaat Jerusalem verbleibe dem Davididen. Das Reich Juda wird der Oberhoheit der philistäischen Vasallen Asdod, Ekron und Gaza unterstellt[62].

Der Stadtstaat Jerusalem gehört zu den weithin akzeptierten Thesen in der alttestamentlichen Forschung und hat sich
einen Stammplatz in den Geschichten Israels[63] erobert.

Das Modell des davidischen Stadtstaates Jerusalem ist von
Alt aus kunstvoll miteinander verstrebten Hypothesen errichtet, in die gleichsam wie bei einem Fachwerkhaus historische
Fakten eingeflochten worden sind. Die historische Füllung
wurde dabei den tragenden Balken eingepaßt.

Die Statik dieser Konstruktion soll nunmehr auf ihre Stand-
festigkeit, sowohl von der Grundlegung als auch von den
Stützpfeilern her, geprüft werden. Historische Basis ist der
Bericht von der Eroberung Jerusalems in 2.Sam 5,6-9. Halt
wird dem Modell verliehen durch die Annahmen über die staatsrechtlichen Hintergründe einiger Michaworte, den הארץ עם
als national-judäischer, antijerusalemitischer Gruppierung
und Sanheribs vermeintliche Berücksichtigung alter Stammesgrenzen[64].

---

59  Alt KS III S.378
60  KS III S.381
61  KS II S.244
62  KS II S.245
63  Vgl Noth 1963[5] S.175f; Herrmann 1973 S.199; Gunneweg 1976[2] S.72;
    vgl aber Buccelati (1967 S.237f), der Zweifel äußert.
64  Das Dynastieargument - die dynastische Verbindung Jerusalems
    mit dem Haus Davids habe auch die Stabilität der davidischen

9.3.1.1   Die Eroberung Jerusalems nach 2.Sam 5,6-9

Die Eroberung des Stadtstaates Jerusalem durch David und
seine Mannen ist dem Fundament des von Alt errichteten Gebäudes zuzurechnen. Dabei ist zu unterscheiden zwischen dem Akt
der Eroberung und seiner Ausführung durch eine bestimmte Gruppe unter der Führung Davids. Aus der gewaltsamen Einnahme
Jerusalems resultieren nach Alt weitreichende staatsrechtliche Konsequenzen.

Der Text über die Eroberung Jerusalems in 2.Sam 5,6-9 ist
an einigen Stellen verderbt und recht dunkel, was die näheren
ren Umstände der Einnahme betrifft. Der Bericht wirft mehr
Fragen auf, als er beantwortet.

Zum Grundbestand der Überlieferung[65] gehören die Verse 6.
7a.8aα.9. Die entscheidenden Verse sind dunkel (8a) oder Zusätze (7b.8b). V.7 berichtet vom Besitzwechsel der Stadt.
Das hier verwendete Verb לכד deutet nicht zwingend auf eine
gewaltsame Einnahme Jerusalems hin[66]. Die rätselhafte Aussage und Zeichenhandlung Davids in V.8a ereignet sich in Jerusalem, als David im Besitz der Stadt ist. Hier liegt ein
Schutzeid zugunsten der jebusitischen Bevölkerung vor[67].

Die historischen Umstände, unter denen Jerusalem Regierungssitz der Davididen wurde, und Davids auf Ausgleich zwischen Kanaanäern und Israeliten bedachte Innenpolitik machen
eine Übergabe Jerusalems nach Verhandlungen wahrscheinlich.
Die Wahl als Regierungshauptstadt beruht auf der günstigen
Grenzlage der Stadt zwischen Israel und Juda. Siedlungsge-
schichtlich verhielt sich die Stadt gegenüber dem alten Dualismus Israel/Juda neutral. Zudem war der König beim Ausbau
einer ehemals kanaanäischen Stadt nicht an die Wahrung israelitischer Traditionen gebunden.

---

Dynastie für Juda garantiert - ist für Alt nicht konstitutiv.
Zur Kritik an dieser Vorstellung vgl die ausführlichen Überlegungen von Buccellati 1967 S.195ff
65  Eine detaillierte Untersuchung des Textes findet sich bei
Schäfer (1979 S.297-305), zur Text- und Literarkritik von 2.Sam
5,6-9 vgl dies. S.297f
66  Vgl dies. a.a.O. S.300
67  Vgl dies. a.a.O. S.298-301. Die hier zitierten Partien erscheinen
demnächst als Einzeluntersuchung.

David scheint an Saul ein Vorbild gehabt zu haben. Schunck[68] und ihm
folgend Blenkinsopp[69] führen einige bedenkenswerte Argumente dafür an,
daß Saul versuchte, eine kanaanäische Stadt, nämlich Gibeon, zur Hauptstadt seines Reiches auszubauen. Dabei scheint Saul auf Widerstand von
seiten Gibeons gestoßen zu sein (2.Sam 21,1ff). Gibeon war zwar eine
nichtisraelitische Stadt, aber keine Königsstadt, sondern in ihrer politischen Struktur den israelitischen Siedlungen vergleichbar. Die Umwandlung Gibeons zur königlichen Residenz wird die innerstädtischen
gesellschaftlichen Verhältnisse erheblich tangiert haben und befand
sich wohl im offenen Widerspruch zu ihren 'demokratischen' Traditionen.

Die Einnahme Jerusalems hat von Anfang an ihre spätere Funktion im Auge gehabt. Bedenkt man, daß David mit einer im
Vergleich zum Heerbann zahlenmäßig schwachen Truppe gen Jerusalem anrückte, dann erscheint kaum vorstellbar, daß dieser
Haufen die Stadt wirksam belagern konnte, dh von ihrer Versorgung abschneiden.

Es ist keine Situation bekannt, in der Davids Söldner allein ohne die
Unterstützung des Heeres eine Stadt belagert und erobert hätten. Der
Fall von Rabbath Ammon geht auf das Zusammenwirken der Heere Israels,
Judas und der Söldner Davids zurück (2.Sam 11,11; 12,26ff). Auch Abel
Beth Maacha wurde durch die Söldner im Verein mit dem Heerbann Judas
belagert (2.Sam 20,1; 3,22). Davids Mannen konnten wohl eine von den
Philistern belagerte Stadt entsetzen (1.Sam 23,1-5), aber bereits zur
Behauptung der Stadt gegen Saul reichten ihre Kräfte nicht aus (1.Sam
23,13). Der Ausgang des Absalom-Aufstandes scheint allgemein als Beweis
der militärischen Überlegenheit der Söldner Davids über die Heere Israels und Judas zu gelten. Doch sprechen etliche, in der Tradition dieses Bürgerkrieges überlieferte Informationen dagegen, daß sich hier
als Gegner auf der einen Seite nur die Söldner Davids und auf der anderen Seite der vereinigte Heerbann begegneten. Die ostjordanischen Gebiete waren David treu geblieben. 2.Sam 18,1-5 belegt, daß außer den
Söldnern zahlenmäßig nicht unerhebliche israelitische Truppen für David
kämpften. Musterung und Neuordnung wären sonst überflüssig. Die Ent-

---

68   Schunck 1963 S.123ff
69   Blenkinsopp 1974 S.4ff

scheidungsschlacht wurde auf offenem Felde gesucht, nicht in der Belagerung und Eroberung einer Festung. Bessere Ausrüstung und Übung der
Söldner mögen hier den Ausschlag gegeben haben. Die Schlacht haben sie
nicht allein gewonnen.

In 2.Sam 5,6 ist von Davids Männern die Rede. Dieser Kreis besteht
nicht aus Söldnern, sondern ist ein bunt zusammengewürfelter Haufen von
Verwandten und gesellschaftlich entwurzelten Leuten (1.Sam 22,1f). Die
Übersiedlung nach Jerusalem fand vor den Entscheidungskämpfen mit den
Philistern[70] statt. Davids Söldner rekrutierten sich, wie ihre Bezeichnung als הכרתי והפלתי durchblicken läßt, aus philistäischen Landen.
Die Möglichkeit, in nennenswertem Maße hier Söldner anzuwerben, bestand
erst nach den Siegen über die Philister. Die Männer Davids hießen gewöhnlich nicht עבדיו, während die Söldner nicht אנשיו genannt werden[71]. David zog aber mit 'seinen Männern' und nicht mit 'seinen Söldnern' gen Jerusalem. Dann kann die Aussage von V.6a dahin verstanden
werden, daß David mit seinem Anhang nach Jerusalem zieht.

Beabsichtigte David von Anfang an, diese Bergfestung zu seiner Hauptstadt zu machen, dann ist es unwahrscheinlich, daß
er sie zuvor mit Krieg überzog, um sich anschließend ganz
friedlich unter den gerade so heftig Bekämpften niederzulassen. Vielmehr hatten beide Seiten ein Interesse an einer
gütlichen Einigung. Die Jebusiter konnten nach der Vereinigung der beiden Reiche Israel und Juda weder ihre politische
noch ihre wirtschaftliche Unabhängigkeit auf Dauer behaupten.
David kontrollierte sämtliche für Jerusalem wichtigen Verkehrswege und Handelsrouten. Dem König von Israel und Juda
mangelte es an einer neutralen, ausbaufähigen Hauptstadt in
zentraler Lage. Vermutlich ist David angesichts der von ihm
angestrebten Ziele in Verhandlungen mit Jerusalem eingetreten, die mit der friedlichen Übergabe der Stadt endeten.

---

70  Vgl Aharoni 1967 S.260f; Hauer 1970 CBQ 32 S.571ff; anders Noth
    1963[5] S.173f.178
71  Vgl zu 'Davids Männern' 1.Sam 23,3.5.13.23f.26; 24,4f.8.23;
    27,2.8; 29,2; 30,1.3; 25,13; 2.Sam 2,3 / עם in 1.Sam 30,4.6 /
    נער in 1.Sam 25,5.9.12; 2.Sam 1,15. Als עבדים werden Davids
    Männer ausschließlich in 1.Sam 25,10.40f bezeichnet, zu die-
    ser Ausnahme vgl oben S. 311. / עבדים = Söldner in 2.Sam 11,11;
    20,6.

Jerusalem konnte davon nur profitieren. Die Stadt wandelte
sich von einem etwas abseits des politischen Geschehens gelegenen Stadtstaat in die blühende Hauptstadt des neuen Reiches.

Die Quellen schweigen, was eine mögliche Initiative zur
Einleitung der Verhandlungen von seiten Jerusalems betrifft[72].
Jedenfalls hat David offenbar den jebusitischen Priester
Zadok in seine Dienste übernommen[73] und ein jebusitisches
Heiligtum jahwisiert, das später von Salomo zum berühmt-be-
rüchtigten Tempel Jahwes ausgebaut wurde[74].

Der Kauf der Tenne Araunas verrät, unabhängig von den hiermit verbundenen kultpolitischen Tendenzen der Überlieferung,
daß David den Privatbesitz der Jebusiter respektierte[75].

---

72  Nimmt man an, daß in Jerusalem noch ein König regierte, so könnte
    die Stadt durch seine Beseitigung ihrerseits Anschluß an David
    gesucht haben. Derartige 'politische Klugheit' bestimmte in der
    El-Amarna Zeit das Verhalten der Bevölkerung von Byblos (EA 68ff),
    Megiddo (EA 242-246) und Lakisch(EA 288,43f).Das Volk entledigte
    sich des ineffektiven Machthabers und schloß sich dem erfolgrei-
    cheren Herrscher an.

73  Zadok taucht erst mit und in Jerusalem auf. Seine Herkunft wird
    zunächst verschwiegen (2.Sam 8,17). Die nachexilischen Traditio-
    nen verschaffen ihm dann einen untadeligen aaronidischen Stamm-
    baum (1.Chr 5,27ff). In ihm tritt Zadok an die Stelle des Ahime-
    lech ben Ahitub und verdrängt den Abjathar ben Ahimelech. Bentzen
    (1933 ZAW 51 S.174) hält Zadok für den letzten Priesterkönig von
    Jerusalem. Zur jebusitischen Herkunft Zadoks vgl Rowley JBL 58
    1939, 1950; zur davidischen Religionspolitik Soggin 1966 ZAW 78;
    Cazelles 1955 PEQ 86 S.173.

74  Die jebusitische Vergangenheit des Tempels hat K.Rupprecht (1977
    BZAW 144) in einer gründlichen Studie wahrscheinlich gemacht,
    vgl insbesondere S.13-15.25ff.

75  Rupprecht (1977 S.15f) ist soweit zuzustimmen, daß in 2.Sam 24,
    18ff keine Überlieferung über einen historischen Kauf der Tenne
    durch David vorliegt. Die Konkurrenz zwischen der Ätiologie über
    Davids Altarbau auf der Tenne Araunas mit der Legende von der
    Tempelgründung durch Salomo deutet das hohe Alter der ersten
    Tradition an. Selbst wenn der Kauf der Tenne unhistorisch war,
    bezeugt die Ätiologie, die den Ereignissen historisch nahe
    steht, daß der König Privatland, das er für seine Zwecke benö-
    tigte, kaufen mußte und nicht einfach enteignet hat bzw qua Recht
    der Eroberung für sich beanspruchte. Alt (KS III S.333 A 4) hat
    dieses trotz seiner Eroberungsthese gesehen, anders Fuß (1962
    ZAW 74 S.164). Der Nachdruck, mit dem hier die Rechtmäßigkeit
    der Transaktion dargelegt wird, hat eine historische Parallele
    im Bericht Sargons über den Erwerb der Ortschaft Magganuba als
    Baugrund für Dur-Sarruukin (vgl unten S.412 , die Quellenangabe
    findet sich unten in A 192.193).

Von einer Vertreibung der Jebusiter ist nichts bekannt.
2.Sam 5,9 schreibt David sogleich nach seiner Übersiedlung
den Ausbau der Stadt zu[76]. Diese Aussage ist indirekt ein
Hinweis darauf, daß der Mehrbedarf an Unterbringungsmöglich-
keiten nicht durch die Ausrottung oder Ansiedlung der Jebusiter gedeckt worden ist. David herrschte nicht nach dem
Recht der Eroberung in Jerusalem, sondern im Einverständnis
mit den Jebusitern. Entfällt dieses 'Recht der Eroberung'
mangels Eroberung, das den Grundstein der Altschen Konstruktion 'Davids Stadtstaat Jerusalem' bildete[77], dann ist die
Stabilität des so kunstvoll errichteten Gebäudes erschüttert.
Man mag wohl noch argumentieren, daß auch eine Vereinbarung
zwischen beiden Parteien zum staatsrechtlichen Sonderstatus
von Jerusalem hätte führen können. Nur unterstellt dieser
Gedankengang[78], daß im alten Israel des 10. Jh eine reinli-
che Trennung zwischen Person und Amt des Königs üblich war,
dh daß die Privatperson David staatspolitisch bedeutsame Ak-
te unternehmen konnte, ohne daß der König David involviert
wurde. Die Jebusiter hatten sich der Macht gebeugt, die der
König von Israel und Juda repräsentierte, nicht dem Kondot-
tiere David. David als König gen Jerusalem ziehen lassen und
an der Grenze einen Moment als Privatperson erscheinen lassen, auf daß er unabhängig von seinen bisherigen Königswür-
den eine neue dazu erwerbe - diese Vorstellung ist ein intel-
lektuelles Zauberkunststück besonderer Art, das einem tumben
historischen Verständnis des Geschehens einfach fremd bleiben muß.

---

76  Hier ist nicht wie in 1.Kön 9,15.24; 11,27; 2.Chr 32,5 die Befe-
    stigung und Instandsetzung der Terrassen gemeint. An den zitier-
    ten Stellen steht jeweils בנה את / חזק את . In 2.Sam 5,9 dagegen
    heißt es ויבן דוד סביב מן המלוא וביתה. Es handelt sich um den
    Ausbau der Stadt, der sich von den Terrassen bis zum Palast
    hinzieht.
77  Alt KS II S.45f.123.244 A 3, KS III S.254
78  Implizit ist diese Annahme auch in der Eroberungsthese enthal-
    ten. Selbst unter der Voraussetzung, daß David wirklich mit sei-
    nen Söldnern die Stadt erobert hätte, besagt das noch nicht, daß
    die Stadt damit in Davids Privatbesitz übergegangen ist. Die
    Loyalität der Söldner zum jeweiligen Herrscher beweist nicht, daß
    deren Erfolge dem Privatkonto des Herrschers gutgeschrieben wur-
    den. Besoldet wurden sie doch wohl aus Staatseinnahmen. Vgl
    auch Buccellati 1967 S.163

Die Unterwerfung der kanaanäischen Stadtstaaten im Norden
des Reiches brachte dem König von Israel und Juda nicht viele neue Stadtkönigstümer ein, sondern zog die Bildung neuer
Provinzen und Verwaltungseinheiten nach sich.

Jerusalem nimmt nur soweit eine Sonderstellung ein, als
diese kanaanäische Stadt Hauptstadt des Reiches wurde. Dem
angeblichen Stadtkönig von Jerusalem und seinen Nachfolgern
wird in der gesamten Überlieferung der Titel 'König von Jerusalem' vorenthalten[79]. Dieser Stadtstaat im Staate ist nicht
einmal als gesonderter Herrschaftsbereich ausgewiesen[80].

Die dynastisch verfaßte Monarchie wurde in Israel und Juda
nicht erst über den Stadtstaat Jerusalem heimisch, sondern
galt schon zur Zeit Sauls als die übliche Form der Nachfolge
für das oberste Herrschaftsamt[81].

9.3.1.2    Der staatsrechtliche Hintergrund von Mi 2,1-5
           und Mi 5,1-5

Die Scheltreden und Drohworte Michas in Kapitel 2,1-5 und in
5,1-5 richten sich gegen die wirtschaftliche Ausbeutung seiner Zeitgenossen durch die Oberschicht Judas. Als Ausweis
des politischen Antagonismus Juda/Jerusalem sind sie überin-
terpretiert.

Mi 2,1-5[82] findet sich nirgends ein Anhalt für die Vermutung, "daß diese rücksichtslosen Großen nur in Jerusalem sitzen und die von ihnen Erpreßten auf dem Lande, so daß hier
der Gegensatz zwischen Hauptstadt und Landschaft zum Tragen
käme..."[83]. Vielmehr werden hier allgemein die landhungrigen
Herren angeprangert, denen wirtschaftlich schwache Kleinbau-

---

79  Die Behauptung von Seebass (1974 VT 24 S.478 A 1), daß der König
    von Juda auch König von Jerusalem heißen könne, hat keine Text-
    basis.
80  Vgl hierzu 2.Sam 5,4f; 1.Kön 1,35; 11,42; 14,21; 15,1; 15,9; 22,
    41; 2.Kön 8,16.25; 15,32; 16,1 18,1. Es heißt an diesen Stellen
    kein einziges Mal, daß ein König über Jerusalem und Juda herrsch-
    te. Die Formel lautet immer: 'Er war König über Juda und regierte
    in Jerusalem'. Vgl hierzu Buccellati 1964 S.56
81  Vgl Buccellati 1967 S.167ff
82  Zum Text vgl Schäfer (1979 S.305f)
83  Rudolph KAT XIII,3 S.54

ern und ökonomisch unselbständige Stadtbewohner ausgeliefert
sind.

In Mi 5,1-5 deutet nichts auf einen Gegensatz zwischen dem
künftigen König und der Stadt Jerusalem hin. Die Herkunft
des Königs aus dem Klan Ephrata ist ein wenig stichhaltiges
Argument für die Verwerfung Jerusalems und der davidischen
Dynastie. Eher läßt sich der Text als Prophezeiung des David
redivivus verstehen[84]. Michas Kritik richtet sich nicht exklusiv an die Herren von Jerusalem. Mi 6,1-5 fordert Jahwe das
ganze Volk auf zu einem Streitgespräch. Von dem Propheten
der politisch revolutionären Fronde des Reiches Juda gegen
den Stadtstaat Jerusalem sollte man eine derartige Nestbe-
schmutzung nicht erwarten.

### 9.3.1.3   Der עם הארץ  - eine Anti-Jerusalem-Gruppierung?

Die politische Wirksamkeit dieser Gruppierung scheint im
Gegensatz zu derjenigen der 'Herren von Jerusalem' zu stehen.
Die betreffende Gruppe tritt erstmals in der Revolution des
Priesters Jojada gegen Athalja ans Licht der Geschichte. Von
einer führenden Rolle des עם הארץ kann keine Rede sein[85].
Er begrüßt den Aufstand, und 2.Kön 11,20 bemerkt: וישמח עם
הארץ והעיר שקטה.    In den folgenden Jahrhunderten erscheint
er als besonders königstreue Schicht, die in Palastintrigen
zugunsten der Davididen eingreift.

Nach Würthwein[86] schließt der עם הארץ alle freien und politisch vollberechtigten Bürger Judas außerhalb Jerusalems
ein. Würthweins Konzeption wurde von Soggin und Ihromi[87]
ausgestaltet. Beide legen ihren Studien die These vom עם
הארץals staatstragender judäischer Schicht zugrunde. Soggin
erklärt den עם הארץ  zum Träger der jahwistischen Traditionen. Ihromi sucht eine Bestätigung für den national-judäi-
schen Charakter dieser Gruppe in der vermeintlich landjudäischen Herkunft der Mutter jener Könige, die durch den עם
הארץ auf den Thron gelangten.

---

84  Vgl Rudolph KAT XIII,3 S.95f; Weiser ATD 24 S.273
85  Vgl Rudolph 1950 S.477
86  Würthwein 1936 S.16
87  Soggin 1963 VT 13 S.187ff; Ihromi 1974 VT 24 S.42ff

Die originelle Hypothese Ihromis hat nur eine Schwäche. Von den aufgezählten angeblich landjudäischen Königsmüttern kommen nur zwei eindeutig aus Juda-Zibja von Beerseba, die Mutter des Joas und Jedida von
Bozkath, die Mutter des Josia. Zwei der angeblich landjudäischen Frauen
sind Jerusalemerinnen - Juaddan, die Mutter des Amazja und Nehustha, die
Mutter des Jojachin. Hamutal, die Mutter des Joahas und des Zedekia,
kam aus Libna. Libna war zur Zeit des Joram von Juda abgefallen (2.Kön
8,22). Diese alte Kanaanäerstadt wird schwerlich als national-judäische
Landstadt gelten können, selbst wenn sie später von Juda zurückgewonnen
wurde.

Ihromis Behauptung trifft schlichtweg nicht zu. Als Stütze
der Konzeption Würthweins entwickelt, gleicht sie 'einem
Schilfrohr, das man mit der Hand anfaßt, so knickt es zusammen und durchsticht die ganze Hand'.

Die Intervention des עם הארץ in politischen Krisen impliziert nicht eine staatsrechtliche Sonderstellung der dahinter stehenden Gruppen, sondern nur einen politischen Gegensatz zwischen den Angehörigen des Jerusalemer Hofes und der
übrigen Bevölkerung[88]. Jerusalem repräsentiert die Interessen der Höflinge gegenüber der Bevölkerung[89].

Der Ausdruck עם הארץ wird im AT in unterschiedlicher, vom
Kontext abhängiger Bedeutung verwendet. An etlichen Stellen
wird damit die gesamte Bevölkerung eines Landes bezeichnet,
oder es wird hiermit auf alle Teilnehmer einer Rechtsgemeinschaft verwiesen[90]. Die Vielfalt an Bedeutungen bewegt Nicholson[91] dazu, dem Ausdruck den Charakter eines terminus
technicus zu bestreiten. Eine gemeinsame Bedeutung für alle
Verwendungsarten sei nicht zu finden. Vergleicht man die
Verwendungen des Terminus für die soziale Größe Juda, dann
kann doch auf eine dahinterstehende, soziologisch jeweils
identische Einheit - die politisch handlungsfähige männliche Bevölkerung, die in der akuten Krisensituation vor Ort
ist - geschlossen werden. Keinesfalls heißt das, daß diese

---

88  Vgl de Vaux 1964 RA 58 S.168f
89  Vgl Nicholson 1965 JSS 10 S.62; Buccellati 1967 S.177
90  Vgl u.a. Gen 42,6; Lev 4,27; 20,2; 2.Kön 16,15
91  Nicholson a.a.O. S.59ff

Gruppierung institutionalisiert worden war, gar ein judäi-
sches Parlament oder eine den König beratende judäische Körperschaft darstellte[92]. Die politische Wirksamkeit dieses Be-
völkerungsteiles und seine gelegentlich berichtete Opposition zum Hof belegt noch nicht eine staatsrechtliche Sonderstellung der Bevölkerung von Juda,verglichen mit der Position der Bewohner von Jerusalem.

Würthwein setzt die These vom Stadtstaat Jerusalem als historisches Faktum voraus, in dessen Lichte er die Belege zum
Auftreten des עם הארץ interpretiert[93]. Dieses gilt auch für
die zentrale Stelle seiner Argumentation, für 2.Kön 11
20a[94], die später von Alt als wesentliche Stütze für den
Stadtstaat Jerusalem betrachtet wurde[95].

Von einer aktiven Beteiligung des עם הארץ am Sturz der
Athalja kann keine Rede sein. Alle Nennungen dieser Gruppierung vor V.20 sind literarisch sekundär[96]. Die Verschwörung
gegen Athalja und die Erhebung des Joas wurde von einer am
Hof wirkenden Fraktion betrieben. Der עם הארץ ist erstmals
erwähnt, als alles Wesentliche schon geschehen ist. Die Interpretation der Aussage von V.20a וישמח כל עם הארץ והעיר
שקטה hängt vom Verständnis der Konjunktion ab. Das waw per-
fektum von V.20aß kann als Ausdruck einer logischen oder
zeitlichen Folge von V.20aα verstanden werden. Dann scheint
V.20 zu signalisieren, daß das Verhalten beider Subjekte,
'Volk des Landes' und 'Stadt',unterschiedlich war und eine
Opposition ausdrückte. Aus diesem Gegensatz läßt sich zunächst nur ablesen, daß die Stadt anders als das 'Volk des
Landes' nicht mit lautstarker Begeisterung auf die Erhebung
des Joas reagierte. Die 'Gleichgültigkeit' mag bedeuten,
daß sie sich mit dem Regierungswechsel abfand, setzt man
voraus, daß ein grundlegender politischer Dissens zwischen

---

92  Vgl Talmon 1967 S.74ff
93  Würthwein (1936 S.16) referiert zunächst Alts These vom Stadt-
    staat Jerusalem und erklärt, daß die im AT häufige Gegenüber-
    stellung von Jerusalem und Juda "ohne Einblick in den vorgeführ-
    ten Sachverhalt völlig unverständlich bleiben muß".
94  Würthwein 1936 S.22-25
95  Alt KS II S.127
96  Rudolph 1950 S.476ff

beiden Größen bestand. Nicht impliziert ist, daß sie sich
ruhig verhielt, weil ihr in dieser Frage keine eigene politische Haltung zukam, da sie nicht zur judäischen Vollbürgerschaft gerechnet wurde. Diese von Würthwein[97] gezogene
Schlußfolgerung beruht auf der zuvor gesetzten Annahme des
Stadtstaates Jerusalem. Als Indiz für die Existenz eines
selbständigen Stadtstaates kann sie keinesfalls gelten. Der
aus der Äußerung abgeleitete politische Gegensatz besagt
nicht, daß hinter der Größe Stadt ein Stadtstaat vorzustel-
len sei. 'Stadt' kann auch als Umschreibung für den Jerusalemer Hof gebraucht worden sein[98]. Doch verliert sich in dieser von de Vaux bevorzugten Interpretation der in der Revolution offenkundig gewordene Parteienstreit am Hof wieder.
Einen bedenkenswerten Ausweg aus diesem Dilemma bietet die
von Buccellati[99] vorgeschlagene Deutung an. Buccellati versteht V.20a im Sinne eines Resumées und übersetzt dementsprechend: "all the people of the land rejoiced, and the city
[which had been the immediate background of the revolution
against Athalja] enjoyed (once more) order and prosperity
(šāquaṭ)."[100] In dem Verb שקט erkennt Buccellati ein Echo
aus dem entsprechenden Refrain der Richterüberlieferungen,
Jud 3,11; 3,30; 5,30; 8,28. Das Verb werde in diesem Sinne
nicht nur für ein Land, sondern auch für ein Volk (Jer 30,
10) oder die Bewohner einer Stadt (Jud 18,7.27) gebraucht[101].
Die Version von Buccellati hat den Vorzug, daß sie weder
wie diejenige von Würthwein weiterer Annahmen zum Verständnis der Aussage von V.20a bedarf, noch wie die von de Vaux
zur Verschleierung der im Umsturz aktiv gewordenen Hofpar-
teien führt. Welcher Sachverhalt auch immer sich hinter V.
20a verbergen mag, der staatsrechtliche Dualismus Juda/Jeru-
salem ist so lange hier nicht anzutreffen, bis daß man ihn
hineinträgt.

---

97  Würthwein 1936 S.25
98  De Vaux 1964 RA 58 S.169
99  Buccellati 1967 S.168ff
100 Ders. a.a.O. S.169
101 Buccellati (1967 S.57) weist auf eine Parallele in EA 144,
    10-12 hin.

Die Aussagen über den עם הארץ deuten an, daß diese Gruppierung einen Teil der Jerusalemer Bevölkerung repräsentiert,
den Teil, der politisch eng mit der davidischen Dynastie verbunden ist. Seiner Herkunft nach mag es sich um die Nachkommen der Judäer handeln, die mit David von Hebron nach Jerusalem übersiedelten[102]. Sicheres läßt sich darüber nicht sagen.

## 9.3.1.4  Sanheribs territoriale Neuordnung

Sanheribs politische Neuordnung Palästinas nach der Niederlage Hiskias spiegelt gerade nicht den von Alt postulierten
staatsrechtlichen Antagonismus wider. Sanherib verteilt die
annektierten judäischen Städte an Asdod, Ekron und Gaza[103].
Hätte er über diese Städte einen eigenen König eingesetzt,
dann gewönne Alts These hier festen Boden. Das Ausmaß der
assyrischen Annexion orientiert sich allein an den Grenzen,
die faktisch durch die assyrische Besetzung des Landes geschaffen wurden. Sanherib vermerkt in seinen Inschriften,
daß er die geplünderten Städte dem Hiskia wegnahm und so
sein Land verkleinerte, nicht aber, daß er den Staat Juda
abtrennte und Hiskia nur den Stadtstaat Jerusalem beließ[104].

## Resumée

Die vorhandenen Informationen zum politischen Verhältnis von
Juda und Jerusalem können als Fundament die von Alt darauf
errichtete Konstruktion 'Stadtstaat Jerusalem' nicht tragen.

---

102  So Talmon 1967 S.75f. Zweifelhaft scheint mir Talmons Annahme,
     daß mit David auch originäre Hebroner politische Traditionen
     nach Jerusalem kamen. Gen 23,7 sind die בני חת weder ein Teil
     des עם הארץ, noch ist dieser ein Teil der Hebroner Bevölkerung,
     wie Talmon annimmt. בני חת ist eine differenzierende Apposition
     zu עם הארץ an dieser Stelle. Gen 23,7 eignet sich nicht als
     Beleg für Talmons Vermutung, daß der עם הארץ generell einen
     Teil der אנשי העיר darstelle. Das Verhältnis dieser beiden Grup-
     pierungen ist durchaus ungeklärt und bedarf noch einer Untersu-
     chung. Für Hebron sind im Gegensatz zu den Städten Sichem oder
     Bethsemes die אנשי העיר nicht belegt. Die Gruppierung taucht
     ja im Zusammenhang mit Königsstädten nicht auf.
103  ANET S.288
104  Vgl Dougherty 1930 JBL 49

Das Nebeneinander von Jerusalem und Juda, das sich so explizit hauptsächlich bei den Propheten findet, erklärt sich un-
gezwungener aus der zentralen Rolle, die eine Hauptstadt im
politischen und sozialen Leben eines monarchisch regierten
Landes spielt[105]. Auf die Hauptstadt kann man sich infolgedessen einfach mit der Bemerkung העיר beziehen[106]. Ein derartiger Sprachgebrauch ist im Alten Orient nicht ungewöhnlich[107].


### 9.3.2  Der Stadtstaat Samaria


Der Stadtstaat Samaria verdankt seine Entdeckung A.Alt und
seiner Interpretation der Geschichte Israels im Lichte des
Antagonismus Israeliten/Kanaanäer. Der Stadtstaat Samaria ist
eine aus seinem Geschichtsbild[108] logisch konsequent entwik-
kelte Vorstellung.

Erstmals innerhalb eines Vergleiches zur Entwicklung des
Königtums in Israel und Juda[109] skizzierte Alt die Umrisse
des Stadtstaates Samaria. Samaria ist das omridische Gegenstück zur davidischen Königsstadt Jerusalem. Die neugegrün-
dete Stadt Samaria war eine politische Größe eigener Ordnung
inmitten des alten Staatswesens[110].

Seine These vom besonderen staatsrechtlichen Charakter
Samarias baute Alt wenige Jahre später aus[111]. Dabei knüpfte
er an zwei Beobachtungen an, der Konstanz der israelitischen
Residenz seit Omri[112] und dem Nebeneinander von Jesreel und
Samaria[113]. Im letzteren vermutet Alt die Erfüllung einer

---

105  Die Fremdvölkersprüche in Jes 15,19 oder Jer 46-51 böten sonst
     reichliches Material für bisher nicht entdeckte Stadtstaaten
     des Alten Orients.
106  Buccellati (1967 S.224 A 118) führt hier das Lakis Ostrakon IV,7 an.
107  Vgl Kupper (1957 S.4 A 1). Die Stadt Assur wird häufig ohne Namen,
     nur als 'die Stadt' erwähnt.
108  Vgl kritisch dazu de Vaux 1956 RB 63 S.103ff; Mendenhall 1973
     S.10.17.198ff
109  Alt KS II S.116ff
110  KS II S.123f
111  KS III S.258ff
112  KS III S.259
113  KS III S.261

politischen Notwendigkeit, nämlich den Bedürfnissen der divergierenden Bevölkerungsteile gerecht zu werden. Jesreel
war die Hauptstadt für die Israeliten und Samaria das Zentrum
für die Kanaanäer. Zum Stadtstaat wird Samaria durch die Begleitumstände seiner Entstehung und die hieraus resultierenden staatsrechtlichen Konsequenzen. Das Gebiet von Samaria
gehöre zum kanaanäischen Landesbereich. Dieses ergibt sich
für Alt aus dem Verkauf des Hügels, der so nur im Geltungsbereich kanaanäischen Rechts möglich sei[114]. Samaria werde
durch den Kauf persönliches Eigentum der Omriden und nehme
damit von Anbeginn an eine Sonderstellung im Reich ein, die
auch staatsrechtliche Formen annehme[115].

Omri gab der kanaanäischen Oberschicht in dem Stadtstaat
Samaria einen Ersatz für die verlorene Eigenständigkeit ihrer früheren Stadtstaaten[116]. Die führenden kanaanäischen
Geschlechter wurden  - unter Beibehaltung ihres Besitzes im
Lande draußen -  nach Samaria verpflanzt und an der Staats-
verwaltung beteiligt[117]. Damit waren weitreichende Einwir-
kungsmöglichkeiten für die kanaanäische Oberschicht auf das
gesamte Herrschaftsgebiet der Dynastie eröffnet. Mit der Errichtung des Stadtstaates Samaria beabsichtigte Omri, die
Integration der kanaanäischen Bevölkerungsteile zu fördern.
Folglich wurde der Stadtstaat Samaria aus dem Geltungsbereich
der Jahwereligion ausgespart, was Alt am Bau eines Baalstempels in Samaria und fehlenden Hinweisen auf ein Jahweheilig-
tum erkennt[118].

Der Stadtstaat Samaria war politisch allein durch die von
den Omriden begründete Personalunion mit dem Reich Israel
verbunden. Als Privateigentum konnte Samaria nur innerhalb
dieser Dynastie vererbt werden.

In den Verhandlungen Jehus mit den führenden Beamten in
Samaria erblickt Alt eine Bestätigung der staatsrechtlichen

---

114  Alt KS III S.264
115  KS III S.267
116  KS III S.270
117  KS III S.280
118  KS III S.274f

Sonderstellung der Stadt[119]. Jehu erkenne hier Samaria als
einen Stadtstaat sui generis an, mache aber seinen Fortbe-
stand von der Aufrechterhaltung der Personalunion mit Israel
abhängig. Die aristokratische Oberschicht von Samaria sage
mit der Ermordung der Ahabsöhne für ihr Staatswesen der alten Dynastie ab und akzeptiere Jehu als ihren König. Jehus
Einladung zum Baalsfest in Samaria schien zunächst als Bestätigung des sakralen Bestandes des Stadtstaates verstehbar.
Mit der Tötung der führenden kanaanäischen Geschlechter und
der Zerstörung des Baalstempels leitete Jehu die Auflösung
des Stadtstaates Samaria als politischer Größe ein. Samaria
verlor unter der neuen Dynastie die politische Eigenständigkeit und wurde auch kultisch in den Geltungsbereich der Jahwereligion eingegliedert[120].

Ungleich seinem Vorgänger Jerusalem war dem Stadtstaat
Samaria keine derartig unumstrittene Forschungskarriere be-
schieden. Zwar fand auch der Stadtstaat Samaria seinen Platz
in den Geschichten Israels und der RGG[121]. Aber schon in der
Darstellung der Geschichte Samarias von Parrot[122] wird er
ohne Diskussion in die Anmerkungen verbannt. Von Anfang an
meldeten sich, wenn auch vereinzelt, kritische Stimmen, die
an seine Existenz nicht zu glauben vermochten. Deren Tenor
reichte vom milden Zweifel[123] über pauschales Infragestellen
der Argumentationsbasis[124] bis zur detaillierten Auseinandersetzung mit der Konzeption[125]. Die Kritik blieb merkwürdig
isoliert  - vor allem im deutschen Sprachraum - und führte
nicht zu der von den Rezensenten angeregten Diskussion[126],

---

119  Alt KS III S.285
120  KS III S.295
121  Noth 1963[5] S.212; Gunneweg 1972 S.95; Bach RGG[3] V Sp.350f;
     vgl auch Welten 1973 EvTh 33 S.11; Seebass 1974 VT 24 S.478 A 1;
     Jaroš 1979 S.23ff.35
122  Parrot 1957 S.14 A 4,S.28 A 3
123  Wallis 1976 VT 26 S.492
124  Wright 1956 JNES 15 S.125; ders. 1959 BA 22 S.69 A 2
125  De Vaux 1956 RB 63 S.102ff; Buccellati 1967 S.186ff; Timm 1982
     S.142ff
126  Als typisch mag hier eine lapidare Bemerkung Weipperts, in der
     ansonsten recht ausführlichen Besprechung des Werkes von Buccel-
     lati stehen: "hier erscheinen mir Buccellatis Argumente noch nicht
     wirklich durchschlagend, um den Thesen Alts den Boden zu entzie-
     hen." (1973 ZDPV 89, S.93)

die hier nun aufgenommen werden soll.

Die folgende Erörterung wird sich, abweichend von dem Argumentationsgang bei Alt, an den Hypothesen orientieren, die das Fundament der logisch beeindruckenden Konstruktion Stadtstaat Samaria bilden.

Der Stadtstaat Samaria ist auf vier voneinander unabhängigen Thesen gegründet worden, von denen drei (1,2,4) nur auf dem Hintergrund des supponierten Antagonismus Israeliten/Kanaanäer verständlich werden.

I     Jesreel ist unter den Omriden israelitische Hauptstadt neben Samaria.

II    Samaria liegt im Geltungsbereich des kanaanäischen Rechts.

III   Samaria ist Privatbesitz der Omriden und hat eine eigene staatsrechtliche Verfassung.

IV    Samaria hat eine überwiegend kanaanäische Bevölkerung und eine eigene Kulthoheit.

Das Vorgehen Jehus in 2.Kön 10,1ff gab Alt wohl die Anregung für seine Rekonstruktion[127], letztlich wird es von ihm aber nicht als Baustein, sondern als Reflex des bereits entworfenen Modells behandelt. Läßt die Haltbarkeit der vier Thesen sich in Frage stellen, dann fehlt den Verhandlungen Jehus der staatsrechtliche Aspekt[128].

## 9.3.2.1   Die israelitische Hauptstadt Jesreel

Jesreel ist als Aufenthaltsort israelitischer Könige aus 1.Kön 18,45f; 21,1; 2.Kön 8,29; 9,15-17.30; 10,6f bekannt. Dort befand sich ein Palast der Omriden (1.Kön 21,1; 2.Kön 8,29). Die Bevorzugung Jesreels als Wohnsitz in 1.Kön 18,45f und 2.Kön 8,29;9,15ff hängt mit der geographischen Lage der Stadt zusammen. In beiden Situationen lag Jesreel näher an Karmel bzw an Ramoth Gilead. Der Weg nach Samaria führte

---

127  Alt KS II S.124f; KS III S.284
128  Als eigenständiges Argument wird diese Überlieferung von Alt auch nicht behandelt.

über Jesreel[129]. Äußerliche Momente haben hier den Ausschlag
gegeben[130].

Jesreel ist als königliche Residenz belegt, tritt dabei
aber niemals in Opposition zu Samaria. Zudem scheint die Königin Isebel in enger Beziehung zu Jesreel zu stehen. 1.Kön
21,5-15[131] schreibt Isebel nicht nur die Verantwortung für
die Ermordung Naboths zu, sondern läßt durchblicken, daß
Isebel weit mehr als Ahab am Ausbau der Residenz in Jesreel
interessiert war. 1.Kön 21,2 vermerkt, daß Ahab für seinen
Palast in Jesreel noch keinen Gemüsegarten oder mindestens
doch nicht ausreichendes Gartenland besitzt. Der hier offenkundig werdende Mangel verrät, daß der Ausbau der Residenz
wohl erst unter Ahab erfolgte, Jesreel mitnichten unter Omri
so bedeutende Funktionen als Regierungssitz an sich gezogen
hatte, daß für eine ausreichende Versorgung des Hofes mit
Lebensmitteln hier Rechnung getragen werden konnte. Am ein-
fachsten läßt sich der Landbedarf für die Residenz in Jesreel als eine Folge der Heirat des Kronprinzen Ahab mit der
sidonischen Prinzessin Isebel verstehen.

Der vermeintlich genuin israelitische/antikanaanäische
Charakter der Stadt wird fragwürdig, liest man in 2.Kön 10,
11, daß unter den in Jesreel erschlagenen Anhängern des Hauses Ahab auch seine Priester waren[132]. Sollte es sich bei
diesen Priestern um jene Baalspriester handeln, die zur Um-

---

129  Vgl Napir 1959 VT 9 S.376 A 3; Buccellati 1967 S.188
130  Ahab flüchtete vor dem bevorstehenden Unwetter in die nächst-
     gelegene Residenz. Joram war in der Schlacht vor Ramoth Gilead
     verwundet worden und wurde auch in die nächste königliche Resi-
     denz gebracht.
131  Zur Überlieferungsgeschichte des Textes vgl Steck 1968 S.32ff.
     Steck hebt einen älteren Grundbestand mit der Hauptperson Ahab
     von einer jüngeren Isebel-Erzählung ab. Die Einheitlichkeit
     der Erzählung wird aber von vielen Forschern festgehalten,
     vgl Baltzer 1965 WuD 8 S.75ff; Fohrer Elia 1968² S.24ff; Welten
     1973 EvTh 33 S.20f.33; Seebass 1974 VT 24. Da auch Steck die von
     ihm konstruierte jüngere Isebel-Erzählung historisch nahe an die
     berichteten Ereignisse rückt, enthält 1.Kön 21 sicher eine hi-
     storisch zutreffende Erinnerung an eine enge Beziehung Isebels
     zu Jesreel. Das impliziert nicht die Historizität des Gespräches
     zwischen Ahab und Isebel, vgl hierzu Timm 1982 S.111ff.
132  Vgl auch Napier 1959 VT 9 S.366ff. Seine geographische Interpre-
     tation von 2.Kön 10 ist allerdings wenig überzeugend.

gebung Isebels gehörten?[133] Von einem offiziellen jahwistischen königlichen Heiligtum in Jesreel ist nichts bekannt.
Auch ist eindeutig Samaria und nicht Jesreel Sitz der Staats-
verwaltung (1.Kön 22; 2.Kön 10,1ff).

Die Existenz mehrerer königlicher Residenzen ist in den
altorientalischen Reichen nicht ungewöhnlich. Sogar für das
kleine Juda ist zumindest eine weitere königliche Residenz
bekannt[134]. Aus dem Nebeneinander zweier königlicher Wohnsitze folgt nicht automatisch die Einrichtung zweier gleichbe-
rechtiger Verwaltungszentren des Landes[135]. Nur das Vorhandensein von zwei Verwaltungszentren des Reiches belegt auch
die Existenz von zwei Hauptstädten. Die Dualität der Verwaltung ist nicht bezeugt. Alt rechnet selber auch nicht damit[136]. Die Beibehaltung Samarias unter Jehu und seinen Nachfolgern als Regierungssitz mutet merkwürdig an, postuliert
man mit Alt eine israelitische Hauptstadt Jesreel. An und
für sich hätte dann Jehu Jesreel als Hauptstadt und nicht
Samaria beibehalten sollen. Jesreel spielt nicht einmal mehr
als königliche Residenz nach der Revolution Jehus eine Rolle. Indirekt ist dieses ein Hinweis auf die besondere Verbundenheit der Stadt mit dem Haus Ahab und vor allem der Königin Isebel.

## 9.3.2.2    Samaria liegt im Geltungsbereich kanaanäischen Rechts

Alt geht davon aus, daß der Erwerb großer zusammenhängender
Ländereien nur nach kanaanäischem Recht möglich war; da das
israelitische Recht angeblich jegliche Veräußerung von Land
untersage.

---

133  Vgl hierzu 1.Kön 11,18 - im Zuge der Revolution in Juda wird
     auch der Baalspriester Matthan getötet.
134  Vgl Jer 22,13ff und den Artikel über Ramat Rachel = Beth Hakerem
     von Aharoni 1978 EAE IV S.1000
135  Vgl de Vaux 1956 RB 63 S.105
136  Alt (KS III S.280) geht doch davon aus, daß "eine dauernde Ein-
     wirkung der kanaanäischen Führungsschicht auf das ganze Herr-
     schaftsgebiet der Dynastie gegeben" war. Diese Annahme verein-
     bart sich schlecht mit seiner Hypothese von der israelitischen
     Hauptstadt Jereel.

Da der Kauf nach kanaanäischem Recht vor sich ging, lag
der Hügel im Geltungsbereich des kanaanäischen Rechts. Alt
stützt seine Argumentation auf den vermeintlichen Gegensatz
zwischen dem Kauf des Hügels durch Omri und der aus 1.Kön
21,3 bekannten Weigerung Naboths, seinen Weinberg an Ahab
zu verkaufen.Die Verhandlungen Ahabs mit Naboth können jedoch nicht als Kronzeuge für die generell geltende Unveräußerlichkeit israelitischen Bodens herhalten. Ahabs Tausch-
bzw Kaufangebot ist nur sinnvoll, wenn die Möglichkeit bestand, den begehrten Weinberg zu erwerben[137]. Der Verkauf
wird von Naboth ausdrücklich mit dem Hinweis verweigert,
daß der Weinberg zur נחלה gehöre[138]. Aus der Episode folgt
nur, daß eine spezifische Kategorie von Land, das erblich
gebundene Land, nicht frei veräußerbar war. Dahinter steht
weder eine grundsätzliche Unveräußerlichkeit des Erblandes
noch anderen Grundbesitzes. Ahabs, wenn auch mißlungener,
Versuch, den Weinberg legal durch Kauf oder Tausch zu erwerben, bezeugt, daß auch israelitische Grundbesitzer Land
veräußerten[139]. Der von Alt auf der Linie 'Verkauf-Nicht-
verkauf' konstruierte Gegensatz zwischen kanaanäischem und
israelitischem Recht ist aus dieser Episode nicht ableitbar.
Aus der Größe des von Omri erworbenen Besitzes allein kann
nicht zwingend auf einen kanaanäischen Vorbesitzer geschlossen werden[140]. Noch bietet der Name des vormaligen Eigentü-

---

137   Vgl auch Andersen 1966 JBL 85 S.49ff; Timm 1982 S.124ff
138   Zur נחלה vgl Bolle 1940 S.119ff; Bess 1963 S.55ff; von Rad
      1971 S.89; Gerlemann (1977 ZAW 89) kommt hinsichtlich des Be-
      griffes zu dem Ergebnis, daß hiermit nicht ein Grundeigentum,
      sondern ein Wohnsitz bezeichnet werde.
      Vergleichbare Einschränkungen für die Veräußerung von Erbland
      liegen in Mari (Malamat 1962 JAOS 82) und wohl auch in Nuzi
      (H.Lewy 1942 Or 11, Koschaker 1944 ZA 14) vor.
139   Der Frage, in welcher Form das geschah  - z.B. als Adoption (vgl
      die Praxis in Nuzi Cassin 1938) - kann hier nicht nachgegangen
      werden.
140   Jud 17 gibt zu erkennen, daß bereits in der vorstaatlichen
      Zeit mit Großgrundbesitz zu rechnen ist (vgl auch 1.Sam 25).
      Auch der Gileaditer Barsillai (2.Sam 17,27; 19,33) und Machir
      aus Lodebar (2.Sam 17,27) werden ihren Reichtum kaum erst unter
      David erworben haben. Davids Versuch, die Familie Barsillais
      an den Hof in Jerusalem zu binden (2.Sam 19,34-39), deutet an,
      daß Barsillais  Familie bisher keine Bindungen an den königli-
      chen Hof besaß, dh aber, daß sie kaum ihr Vermögen im Dienste

mers שמר Anlaß, ausschließlich an seine kanaanäische Herkunft zu denken[141]. Die Transaktion des Hügels von Samaria enthält keinerlei sichere Hinweise auf die in dieser Region geltende Bodenordnung und Rechtsordnung. Aus der geographischen Lage eines zuvor unbesiedelten Hügels ist die kanaanäische Rechtsordnung nicht erkennbar, allenfalls aus der Rechtszugehörigkeit seines Vorbesitzers, die hier nicht ersichtlich wird[142]. Die in der alttestamentlichen Forschung weit verbreitete These, daß mit der Annexion der kanaanäischen Landesteile in der frühen Königszeit es zu einem Nebeneinander von israelitischem und kanaanäischem Recht komme, harrt bisher noch einer gründlichen Untersuchung, vor allem, was die Frage des Bodenrechtes betrifft.

Die Unterscheidung zwischen israelitischem und kanaanäischem Recht geht auf Alts Studie über 'Die Ursprünge des israelitischen Rechts' zurück[143]. Die hierin herausgearbeitete Polarisierung zwischen kanaanäischem und israelitischem Recht beruht auf Alts Annahme, daß das apodiktische Recht genuin israelitischen Ursprungs sei und im Alten Orient nicht seinesgleichen finde. Alts Ergebnisse werden gewöhnlich in den einschlägigen Untersuchungen undiskutiert als gültig übernommen[144]. Seine Ausgangshypothese - apodiktischer Stil = typisch israelitisch - ist nicht länger haltbar, nachdem die allgemeine Verbreitung von Rechtssätzen apodiktischen Stils im Alten Orient erkannt wurde[145]. Zusätzlich gründet sich die Unterscheidung der beiden Rechtsgemeinschaften auf die

---

des Königs erworben haben wird.

141 Nach Noth (1928 S.177) gehört שמר zu den Danknamen und ist als Kurzform des Namens שמריהו zu betrachten.

142 Der Talkessel war vor der Gründung Samarias – im Gegensatz zum Hügel – besiedelt. Über die Zugehörigkeit der Ortschaft ist nichts bekannt. Vgl Bach 1958 ZDPV 74 S.41ff

143 Alt KS I S.278ff

144 Vgl Baltzer 1965 WuD 8; Waldow 1970 CBQ 32; Boecker 1976 S.77ff

145 Der Kern des Edikts Ammisaduqas besteht aus apodiktischen Rechtssätzen, vgl hierzu Hentschke 1966 ThViat 10 S.115ff; zum apodiktischen Stil altorientalischer Rechtssätze ferner die Untersuchungen von Mendenhall 1970 S.3ff; Kilian 1963. Liedke (1971 S.120ff) weist darauf hin, daß apodiktische Rechtssätze typisch für autoritär gesetztes Recht sind und eine dem Alten Orient geläufige Erscheinung.

bisher nicht bewiesenen Annahmen, daß 1) israelitisches und kanaanäi-
sches Recht sich materialiter fundamental unterscheiden und 2) die dem
israelitischen Staat einverleibten kanaanäischen Regionen ihre eigene
Rechtsordnung behielten.

Die angeblich für Israel so typische Erbgebundenheit von Land findet
sich auch in Nuzi und Mari. Aus Ugarit liegen Urkunden vor, die eine
Erbgebundenheit von Land durchblicken lassen[146]. Klima[147] weist darauf
hin, daß der ugaritische König versuchte, durch die Einfügung gesonderter Klauseln in den Landschenkungsurkunden die Vererbung innerhalb der
Familie sicherzustellen. Königliche Landschenkungen erfolgten an 'PN
und seine Söhne auf ewig'[148]. Ein ähnlicher Hinweis findet sich in neuassyrischen Urkunden über königliche Landschenkungen[149]. Die mittelassy-
rische Zeit kannte beim Landverkauf noch das Einspruchsrecht der Gemeinde, auch wird hier strikt zwischen ererbtem und erworbenem Land unterschieden[150].

Im Alten Orient unterliegt der Grundstückshandel nachweislich Ein-
schränkungen erb- und familienrechtlicher, aber auch politischer Art.
Daher scheint es gewagt, ausgerechnet das kanaanäische Recht als den
Gegentypus des israelitischen Rechts in Bodenfragen zu postulieren.

Es ist ebenso wahrscheinlich, daß kanaanäische Grundstücks-
besitzer nicht völlig frei bei der Veräußerung ihres gesamten Landbesitzes waren, wie daß Israeliten auch über nicht
erbgebundenes Land verfügen konnten.

Der Vorgang der Transaktion enthält kein Indiz dafür, daß
der Hügel kanaanäischer Grund und Boden war. Alts Versuch,
ihn im Wirkungskreis der kanaanäischen Kultur zu verankern,
hat einen kleinen Schönheitsfehler: Der Hügel war bis zum
Bau Samarias unbesiedelt und mangels Kulturträger gegenüber
jeglicher Kultur neutral[151].

---

146  Vgl Haase 1967 ZA 24
147  Klima 1956 ArOr 24 S.362
148  Heltzer 1976 S.48ff
149  Postgate 1969 Pl 9-12,42
150  Diakonoff 1969 S.206ff
151  Eine landwirtschaftliche Nutzung  - z.B. als Weinberg - kann
     nicht ausgeschlossen werden. Aufschluß hierüber könnte der von
     Omri bezahlte Kaufpreis geben. Die Preise für Weinberge, Oliven-
     pflanzungen, Gartenland und sonstige Äcker müssen sich unterschie-

### 9.3.2.3   Privatbesitz - staatsrechtliche Sonderstellung

Aus dem historisch verbürgten Kauf des Baugrundes von Samaria
durch den König Omri zieht Alt zwei Schlußfolgerungen, die
zwar nicht ob ihrer internen Logik, aber hinsichtlich ihrer
historischen 'Schlüssigkeit' fraglich sind.

1) Der Kauf durch den König läßt den Hügel zum Privatbesitz
   des Königs und seiner Sippe werden. Der König und seine
   Nachkommen können über die hier erbaute Stadt unabhängig
   von ihrer eigenen staatsrechtlichen Position als Herr-
   scherfamilie verfügen. Omri erwirbt den Hügel von Samaria
   nicht als König von Israel, sondern als privater Bauherr.

2) Der private Bauherr Omri verleiht nach vollendetem Bau,
   in seiner Eigenschaft als König von Israel, der Stadt
   die politischen Rechte eines Stadtstaates. Der König
   Omri von Israel erhebt sich selbst, den Privateigentü-
   mer dieses Stadtstaates, in den Rang des Stadtkönigs
   von Samaria.

### ad 1)

Die Trennung von Amt und Person ist dem Alten Testament fremd.
In den altorientalischen Sprachen gibt es keinen Begriff,
der jene Funktionen kennzeichnet, die ein Amt ausmachen[152].
Israel ist in der Königszeit dem Charakter nach ein Patrimonialstaat im weiteren Sinne[153]. "Dem patrimonialen Amt
fehlt vor allem die bürokratische Scheidung von 'privater'
und amtlicher Sphäre."[154]  Im Alten Testament finden sich
keine Hinweise auf eine Trennung von Staatsvermögen und Privatbesitz des Königs.

---

den haben und dürften höher gelegen haben als jene jungfräulichen
Bodens. Insgesamt sind im AT nur 6 Landverkäufe verzeichnet (vgl
Stadler 1975 S.32). Denn 1.Kön 9,11 liegt kein Landverkauf vor,
sondern eine Abtretung der Zoll- und Steuerhoheit. Gen 47,19f.22
ist rein fiktiv. Die verkauften Ländereien sind von dem Ausmaß
eines Zeltplatzes, einiger Äcker oder eines ganzen Berges (Samaria). Ohne zusätzliche altorientalische Daten über die nach Art
des Grundstücks gezahlten Preise ist die Verkaufssumme für den
Berg von Samaria nicht interpretierbar.
152   Noth 1958 S.5
153   AJ S.109.197
154   WuG⁵ S.596

Eine Differenzierung zwischen Privatvermögen und Amtsvermögen scheint
im Alten Orient einzig in Ägypten eingetreten zu sein. In Ägypten wurden seit dem Mittleren Reich die Felder Pharaos danach unterschieden,
ob sie zur Versorgung des Hofes oder der Beamtenschaft dienten[155]. Die
Güter, die zur Versorgung des Palastes bestimmt waren, unterstanden
einer eigenen Verwaltung. Die Eigentumsverwaltungen verstorbener Könige
blieben in bestimmtem Umfange auch nach deren Tode erhalten. Teils war
dieses davon abhängig, ob die Paläste in der Folgezeit vom Nachfolger
noch genutzt wurden, in dem Fall wurden auch die Felder der dazugehö-
rigen Gutsanlagen weiter gesondert verwaltet. Ein wesentlicher Faktor
für die Eigenständigkeit der Güterverwaltungen verstorbener Könige war
ihre Aufgabe, für die Versorgung der Totentempel zu sorgen[156].

Die Königin hat auch einen von der Güterverwaltung des Königs ge-
trennten Haushalt mit eigenen Einkünften.

Die sogenannten staatlichen Felder gehörten zur Ausstattung der Ämter[157]. Die Versorgung der hohen Beamten erfolgte im Neuen Reich durch
die Zuweisung von Ländereien[158]. Beim Ausscheiden aus dem Amt fielen
diese Pfründen wieder an den König zurück. Auch von diesen Lehnsfeldern
waren Steuern zu entrichten[159]. Die Abgaben wurden an die jeweils zuständige vorgesetzte Behörde abgeliefert.

Das antike Ägypten war ein patrimonial-bürokratischer Staat[160]. Die
bürokratische Organisationsform unterschied das Pharaonenreich deutlich
von jenen altorientalischen Reichen, die zwar auch patrimonial, doch
auf der Basis traditionaler und nicht bürokratischer Herrschaft verfaßt
waren. Die Trennung des Haushalts der Königin und der betreffenden Güter von der für die königlichen Güter zuständigen Verwaltung bedeutet
nicht, daß die ägyptische Königin Privatbesitzerin dieser Güter ist.
Eine rechtlich relevante Distinktion zwischen staatlichen Feldern und
königlichen Feldern impliziert, daß der Pharao über das Staatsland
nicht mehr frei verfügen kann, dh Schenkungen dürfte er nur noch aus
seinem 'Privatbesitz' vornehmen. Darüber ist aber nichts bekannt. Das
einzige Land, das wirklich der Verfügbarkeit der Könige entzogen war,

---

155  Helck 1958 S.89ff
156  Ders. a.a.O. S.96 A 1
157  Ders. a.a.O. S.108ff
158  Helck 1975 S.249ff
159  Ders. a.a.O. S.246ff
160  WuG⁵ S.607f

war wohl das Land der Totentempel ihrer Vorgänger.

Das Entstehen einer gesonderten königlichen Eigentumsverwaltung ist das Ergebnis eines langen Prozesses der Bürokratisierung der Verwaltung des Landes und wurde erheblich gefördert durch das Interesse der Pharaonen, den wirtschaftlichen Bestand ihrer Totentempel zu sichern.

Als Analogie sind die ägyptischen Eigentumsverhältnisse für diejenigen des alten Israel nicht verwendbar. Die ägyptische Monarchie ist strukturell mit der israelitischen Monarchie nicht vergleichbar. Die Verwaltung des Pharaonenreiches gehört einem anderen Organisationstypus an und hat dazu eine lange altehrwürdige Tradition.

Nach der Reichsteilung ist der אשר על הבית der einzige Minister im Aufgabenbereich Wirtschaft/Finanzen[161]. Die Aufgabe Obadjas in 1.Kön 18,3ff, der dieses Amt unter Ahab innehatte, weist darauf hin, daß dieser Beamte nicht nur für das unter unmittelbarer königlicher Verwaltung stehende Krongut zuständig war, sondern auch für den Eingang der Naturalsteuern[162]. Die Einziehung des Landeigentums einer gestürzten Dynastie durch den neuen König[163] gehörte zu den Begleiterscheinungen jeder israelitischen Revolution. Offensichtlich bestand kein Unterschied zwischen dem Privatbesitz der Dynastie und dem Krongut. Staatsvermögen und Privatvermögen der Könige wurden weder rechtlich noch administrativ unterschieden. Unübersehbar wird dieses im Umgang mit dem geradezu typischen Privatbesitz eines Königs, der allein seiner königlichen Nutznießung unterliegt, dem Harem. Die Übernahme des Harems durch den Usurpator[164] bzw den legitimen Nachfol-

---

161 Vgl hierzu Mettinger 1971 S.87ff
162 Vgl Noth 1927 S.218
163 David hat den Besitz Sauls übernommen (2.Sam 9,7; 12,8). Omri hat wahrscheinlich die Immobilien des Hauses Baesa annektiert, wie der omridische Besitz in Jesreel andeutet. Denn Baesa stammte aus Issachar. Nach der Ausrottung der Omriden ging das königliche Vermögen an Jehu über.
164 2.Sam 12,8 schreibt David die Übernahme des Harems von Saul zu. 2.Sam 16,21f eignet sich Absalom die zurückgelassenen Haremsdamen seines Vaters an. 1.Kön 2,13ff verlangt Adonia von Salomo Abisag von Sunem als Frau, die zum Harem ihres Vaters David gehörte. Salomo interpretiert diese 'Bitte' als den Versuch, ihm die Königswürde streitig zu machen.

ger des Königs stellt ihn rechtlich auf eine Stufe mit dem
Krongut. Auffällig wird diese Praxis besonders bei der legitimen Nachfolge 'König - designierter Thronfolger'.

Lev 18,8//21.11 verbietet den geschlechtlichen Umgang mit dem Weibe des
Vaters. Dieses Gesetz richtet sich mithin u.a. auch gegen die am Königs-
hofe herrschende Praxis, den Harem des verstorbenen Königs durch den
neuen König weiterführen zu lassen. Die Vorstellung, daß der Harem aufs
wohlverdiente Altenteil gesetzt wurde, entspringt wohl nur der frommen
Phantasie einiger Theologen.

Rechtlich verständlich wird diese Praxis, wenn der Harem zu
den Vermögenswerten des Amtes gehörte. Der Harem war für jeden König ein Instrument seiner Außenpolitik. Zu den erhaltenen Tributen zählten auch Haremsdamen[165]. Militärisch weniger erfolgreiche Könige wie Hiskia mußten neben dem materialen Tribut dem Sieger auch ihren Harem ausliefern[166].
Die Verwendung des königlichen Vermögens wie seine Übertragung auf den jeweiligen Nachfolger im Amt sprechen dafür,
daß neuerworbener Landbesitz rechtlich zum 'Amtsvermögen'
des Königs gehörte und nicht eine privatrechtliche Sonderstellung genoß. Einer derartigen Teilung des königlichen Vermögens fehlte überdies die finanzrechtliche Basis, die gesonderte Verrechnung und Investition nach Herkunftsart der
Einkünfte. Omri hätte den Hügel bereits aus seiner Privat-
schatulle bezahlen müssen, wenn er in seinen Privatbesitz
übergehen sollte. Der von Omri gekaufte Hügel wird Teil des
Krongutes gewesen sein. Sein Besitz war rechtlich an das
Herrscheramt gebunden.

Ein Siegelabdruck aus der späten Königszeit könnte auf eine inzwischen
eingetretene Unterscheidung von Privatvermögen und Amtsvermögen des
jeweiligen Königs hinweisen. In Debir, Ramat Rachel und Beth Semes wur-

---

165 Von den fünf aufgezählten Herkunftsvölkern der Haremsdamen in
    1.Kön 11,1 gehören die ersten drei zu den von David unterwor-
    fenen Ländern.
166 ANET S.288

den vier Siegelabdrucke mit der Aufschrift אליקים נער יוכן gefunden.
Albright[167] identifizierte den יוכן der Siegel mit dem König Jojachin,
der nach der ersten Zerstörung Jerusalems deportiert wurde. Eljakim ist
dann der Verwalter von Jojachins Besitz in Juda während dessen Gefangen-
schaft. Diese Interpretation bewegte Zimmerli[168] zu der Vermutung, daß
Jojachin auch nach seiner Deportation noch in Juda als rechtmäßiger König galt.

Trifft die Deutung des Namens auf den gleichnamigen König zu,sowie
die Datierung der Abdrücke in die Zeit zwischen die erste und zweite
Zerstörung Jerusalems, dann wäre in der Tat zu bedenken, ob im Juda des
ausgehenden 6.Jh der Privatbesitz des Königs vom Amtsbesitz getrennt
worden war. Doch bestehen ernstzunehmende Zweifel an dem von Albright
vorgeschlagenen Verständnis der Siegelaufschriften[169].

Eine Beobachtung von F.M.Cross jr[170] läßt die Zuschreibung des Siegels
an einen Beamten des Königs Jojachin fragwürdig werden, denn seiner Meinung nach ist die Siegelaufschrift nach ihren paläographischen Merkmalen beträchtliche Zeit vor Jojachin entstanden.

Mrs.Lapp[171] kommt nach einem Vergleich der Krughenkel mit dem Titel
נער und der Henkel mit dem Titel מלך aufgrund des verwendeten Tonmaterials zu dem gleichen Schluß wie Cross.

Die Identität יוכן = König Jojachin ist nicht gesichert. Avigad[172]
verweist auf zwei judäische Siegelabdrücke aus dem 7.Jh und dem 8.Jh mit
der Aufschrift מלכיהו נער שפט und לבניהי נער חגי , die weder auf einen
israelitischen noch auf einen judäischen König deuten. Zwei ammoniti-
sche Siegel tragen auch den Titel נער [173]. Über die Dienstherren dieser
Verwalter ist ebenfalls nichts bekannt.

Eröffnen die übrigen נער Siegel die Möglichkeit, daß יוכן auch ein
anderer als der König Jojachin war, so machen die an den Eigentümlich-
keiten der Paläographie und des Tonmaterials anknüpfenden Argumente
dieses zur Gewißheit. Der Dienstherr יוכן des Verwalters Eljakim wird
ein vermögender Grundbesitzer gewesen sein[174].

---

167  Albright 1932 JBL 51
168  Zimmerli BK 18,1 S.43f
169  Vgl Stähli 1978 S.182ff
170  Nach einer Mitteilung von Malamat 1975 VTS 28 S.138 A 34
171  Nach einer Mitteilung von Ussishkin 1976 BASOR 223 S.11
172  Avigad 1976 S.294ff
173  Avigad 1964 IEJ 14 S.192f; ders. 1970 S.284ff
174  So auch Gibson 1971 I S.66 A 1

Die Siegelabdrücke sind als Belege für eine sich abzeichnende Trennung von Privatbesitz der Könige und Staatsvermögen nicht verwertbar.

### ad 2)

Die zweite Hypothese ist in der erhobenen Form bereits nicht
mehr gültig, da sich die Trennung zwischen dem König als öffentlicher Instanz und privatem Bauherrn nicht nachweisen
ließ. Sie ist dahin zu modifizieren, daß der öffentliche
Bauherr Omri als König von Israel die von ihm erbaute Stadt
Samaria staatsrechtlich aus seinem Hoheitsgebiet ausgeson-
dert hat und ihr eine stadtkönigliche Verfassung verlieh.
   Zu prüfen ist, ob der Monarch auf Kronland einen eigenen
Staat etablieren und seine Hoheitsrechte sozusagen an sich
selber abtreten konnte.
   Die Souveränität über das Gebiet von Samaria besaß Omri
schon vor dem Kauf des Hügels. Eine Abtretung von Hoheits-
rechten durch Verkauf eines Landesteiles liegt bei der Veräußerung der Landschaft Kabul durch Salomo an Hiram von Tyrus in 1.Kön 9,11ff vor. Diese Transaktion unterscheidet
sich in zwei wesentlichen Punkten von der des Omri. Hiram
erwirbt die politischen Rechte über eine Region, über die er
zuvor nicht verfügte. Konkret bedeutet dieser Vorgang für
die Bewohner, daß sie hinfort Steuern, Zölle, Frondienst,
Wehrdienst etc dem König von Tyrus schuldeten. Die politischen Rechte über die Region Samarias lagen vor dem Kauf bei
Omri. Dazu bedurfte es keines Handels mehr. Hirams Kauf
verändert nicht die bestehenden Eigentumsverhältnisse an
Grund und Boden. Der König von Tyrus wird nicht Grundeigen-
tümer von Kabul, sondern Souverän. König Omri von Israel verändert mit dem Kauf die Eigentumsverhältnisse.
   Die Übernahme Jerusalems durch David ist strukturell mit
dem Kauf Samarias nicht vergleichbar. Der Stadtstaat Jerusalem war ein unabhängiger Staat, der durch Davids Eingreifen seinen staatsrechtlichen Charakter verlor.
   Omris Vorgehen scheint eher vergleichbar mit entsprechenden Unternehmungen assyrischer Herrscher zu sein. Mehrere
assyrische Herrscher gründeten neue Residenzen.

Tukulti-Ninurta I (1246-1206) gründete auf dem Ostufer des Tigris gegenüber von Assur die Stadt Kar-Tukulti-Ninurta[175]. Die Stadt wurde auf Land gebaut, das vorher unbesiedelt war und wüst lag. Kar-Tukulti-Ninurta verlor unter den Nachfolgern des Erbauers rasch an Bedeutung und wurde als Königsresidenz wohl aufgegeben[176].

Im neuassyrischen Reich kommt es unter Assurnasirpal II und Sargon II zur Gründung einer neuen Hauptstadt bei gleichzeitiger Aufgabe der alten Hauptstadt.

Assurnasirpal II (883-859) war ein Zeitgenosse Omris und Ahabs. Während seiner ersten Regierungsjahre residierte er meist in Ninive[177]. Assurnasirpal verfügte auch über einen Palast in Assur[178]. In der Folgezeit baute er Kalach auf, das nach seinen eigenen Worten ein Ruinenhügel war[179]. Kalach wurde von ihm mit Kriegsgefangenen[180] besiedelt und zur Hauptstadt ausgebaut. In der Nähe von Kalach hatte Assurnasirpal die Stadt Imgur-Ellil als Sommerresidenz ausgebaut[181]. In den Inschriften Assurnasirpals wird Kalach nur einmal 'meine Stadt' genannt[182], ebenso wie Assur[183]. Sonst ist immer neutral von der Stadt Kalach die Rede. Die Angabe 'meine Stadt' findet sich in den assyrischen Inschriften ausschließlich in Verbindung mit der jeweiligen Hauptstadt, unabhängig von ihrem Erbauer[184]. Als Indiz eines besonderen Eigentumsverhältnisses kann die Bemerkung nicht gelten. In den Berichten Assurnasirpals finden sich keinerlei Hinweise, die eine besondere staatsrechtliche Position von Kalach etwa als Stadtstaat vermuten lassen. Sein Sohn und Nachfolger Salmanasser III gab Kalach unmittelbar nach dem Tode Assurnasirpals als Hauptstadt auf und regierte Assyrien wieder von Assur aus[185].

---

175  Inschrift 15,41f (Weidner 1959 S.24), Inschrift 16,88ff (Weidner 1959 S.28f), Inschrift 17,41ff (Weidner 1959 S.31).
176  Weidner 1959 S.25 Anmerkung zu Inschrift 15,61f
177  Weißbach RLA I S.218
178  ARA No 551
179  ARA No 489, 492, 506, 511
180  ARA No 489
181  Meissner 1926 S.129
182  ARA No 519
183  ARA No 552
184  ARA No 100, 114, 146, 675, 682, 683
185  Olmstead 1923 S.150

Einen Teil der Feldzüge unternahm Salmanassar von Ninive
aus[186], doch brachte er die Beute jeweils nach Assur[187]. In
seinen letzten Regierungsjahren, als er zunehmend auf politische Widerstände in Assur stieß, residierte Salmanasser
III wieder in Kalach.

Sargon II (722-705) kam als Usurpator auf den assyrischen
Thron. Er ist der einzige assyrische König, der nicht im
Assurtempel in Assur gekrönt wurde. Der zeit seines Lebens
andauernde Widerstand gegen seine Herrschaft, der von der
Assurpriesterschaft getragen wurde, bewog ihn dann zur Gründung einer neuen Hauptstadt[188]. In seinem 9.Regierungsjahre
erwarb Sargon die Ortschaft Magganuba[189], die entvölkert
war und als Ackerland genutzt wurde[190]. Die Eigentümer dieser Felder wurden umgesiedelt[191]. In Magganuba gründete Sargon die neue Hauptstadt Dur Sarruukin, die er mit Kriegsgefangenen besiedelte[192]. Nach dem Tode Sargons wurde Dur
Sarruukin als ständige Residenz aufgegeben, blieb aber Sitz
eines Provinzstatthalters. Sanherib, Sargons Sohn und Nachfolger siedelte, nach Ninive über[193].

Die assyrischen Inschriften lassen nichts durchblicken über
eine etwaige staatsrechtliche Sonderstellung der neugegründeten Hauptstädte. Nach dem Tode ihrer Gründer wurden diese
Städte als Hauptstädte bald wieder aufgegeben. Die Nachfolger regierten Assyrien wieder von Assur bzw Ninive aus. Die
Beibehaltung der königlichen Hauptresidenz in Kalach bzw in
Dur Sarruukin war offenbar für die Position der assyrischen
Könige als Herrscher unerheblich. Man wird daraus schließen
dürfen, daß die assyrischen Könige auch in einer Stadt, die
auf von  ihrem Erbauer für die Krone erworbenem Gelände ge-

---

186   ARA No 623, 643, 646, 653, 656, 668
187   ARA No 632, 643, 682
188   Sargons Bemühungen um die Gunst der Bewohner von Assur (Stadt)
      sind deutlich sichtbar in einem Gottesbrief, den er im Tem-
      pel Assurs öffentlich ausstellte, vgl Oppenheim 1960 JNES 19
      S.133ff.
189   Unger RLA II S.250
190   Postgate 1969 Pl 20-21,27
191   Ders. a.a.O.
192   Winckler 1889 XIV 88ff; ARA II No 86
193   Meissner 1926 S.192

gründet wurde, rechtlich keine andere Position beanspruchen
konnten als in der alten Hauptstadt Assur. Sie haben in den
neuen Hauptstädten nicht als Stadtkönige von Kalach bzw Dur
Sarruukin und Könige von Assyrien regiert.

Bemerkenswert an den Inschriften ist der Nachdruck, mit
dem der rechtmäßige Erwerb des Baulandes herausgestellt wird,
oder seine Herrenlosigkeit.

Die von Alt als Stadtstaat rekonstruierte israelitische
Hauptstadt Samaria ist im Alten Orient ohne Parallele.

Die Voraussetzungen, die Alt für die dritte These historisch eingehen muß, lassen sich nicht nachweisen. Weder ist
für das 9. Jh der König von Israel als Privatperson von dem
König als Inhaber eines öffentlichen Amtes unterscheidbar,
noch ist eine Staatsgründung auf Kronland historisch plausibel.

## 9.3.2.4    Kanaanäische Bevölkerung und Kulthoheit Samarias

Die Annahme, daß König Omri "vorzugsweise oder sogar ausschließlich nur Kanaanäer heranzog"[194] zur Besiedlung Samarias, folgt notwendig aus dem Postulat des kanaanäischen
Stadtstaates Samaria.

Die Eltern der namentlich bekannten 'Kanaanäer aus Samaria' scheint das wenig bekümmert zu haben. Sie gaben ihren
Kindern recht häufig jahwistische Vornamen. Dabei handelte
es sich um so bedeutende Personen wie Ahasja und Joram, die
Söhne und Nachfolger Ahabs, den Prinzen Joas (1.Kön 22,6)
sowie den Finanz- und Wirtschaftsminister Obadja und den
Hofpropheten Zedekia (1.Kön 22,11). Die äußeren Umstände
der Befragung des Jahwepropheten Micha  - Micha erscheint
innerhalb kürzester Zeit vor den beiden Königen am Hofe -
lassen auch ihn als Bewohner von Samaria erscheinen[195].

De Vaux hat in Zusammenarbeit mit K.Kenyon die Stratigra-
phie von Tell el Far'ah (Thirza) und Samaria verglichen[196].

---

194  Alt KS III S.269
195  Vgl Buccellati 1967 S.230
196  De Vaux 1969 S.326ff

Dabei machte er die Beobachtung, daß die Besiedlung von
Thirza abrupt abbricht in dem Moment, in dem die Besiedlung
von Samaria anfängt[197]. Zeitlich parallel zum Aufbau von Samaria finden sich in Thirza unvollendete Bauten. "Il est
vraisemblable que beaucoup d'habitants de Tirṣa, artisans
ou marchands, ont suivi l'exode de la Cour, dont ils ti-
raient leur subsistance. Il est même possible qu'Omri, fon-
dant sa nouvelle capitale sur un site désert, y ait trans-
planté, en tout ou en partie, la population de Tirṣa."[198]
Historisch ist das sehr wahrscheinlich.

Ein Baalstempel in Samaria ist als Basis für den vermeintlich kanaanäischen Charakter der Stadt nicht tragfähig genug.
Seine Errichtung wird im Zusammenhang mit der tyrischen Heirat verständlich und hat in den heidnischen Tempeln, die Salomo seinen ausländischen Frauen baute, eine historische
Parallele. Aus der fehlenden Erwähnung des Jahwetempels ist
nicht die Exklusivität des Baalismus in Samaria ableitbar.
Ein derartiger Verweis fehlt sogar für Jesreel. Dagegen sprechen neben den überlieferten 'Samariern' mit jahwehaltigen
Namen auch die in Samaria vorhandenen jahwistischen Propheten.

1.Kön 22,5ff[199] bittet Josaphat von Juda den König Ahab von Israel,
Jahwe zu befragen wegen des bevorstehenden Feldzuges. Die herbeigeho1-
ten Propheten werden in V.6 hinsichtlich ihrer kultischen Zugehörigkeit
nicht näher qualifiziert. Die Frage des Josaphat läßt sie aber tenden-

---

197  De Vaux 1969 S.326
198  De Vaux 1969 S.327. Am Südrand des Talkessels von Samaria be-
     stand eine größere Siedlung, die mit bzw kurz nach der Gründung
     von Samaria verschwand (Bach 1958 ZDPV 74 S.53). Von daher ist
     denkbar, daß auch Bewohner dieser Siedlung nach Samaria über-
     siedelten.
199  Die Ursprünglichkeit der Person Ahabs in 1.Kön 22 ist umstrit-
     ten, vgl die bei Gray Komm.z.St. referierte Diskussion. Falls
     hier eine in Prophetenzirkeln überlieferte Erzählung von einem
     namenlosen König auf Ahab übertragen worden ist, dann ist die-
     ses recht früh erfolgt (Gray 1970 S.418). Die Identifizierung
     des Königs von Israel deutet an, daß die Traditionen über Ahab
     Anhaltspunkte hierfür boten, beide Erzählungen mit seiner Per-
     son zu verknüpfen. Dieser Vorgang wäre nur schwer vorstellbar,
     wenn zur Zeit Ahabs in Samaria ausschließlich kanaanäische
     Baalspropheten gewirkt hätten.

ziös als nichtjahwistische Propheten (V.7) erscheinen. Ahabs Antwort
(V.8) unterstellt die Zugehörigkeit der herbeigeholten Propheten zum
Jahwismus. Unterstützt wird diese Zuordnung durch das Auftreten  Zede-
kias in V.24, der zu diesem Kreis gehört und explizit beansprucht, im
Besitze des Geistes Jahwe zu sein. Die Jahwepropheten sind hier kulti-
sche Amtsträger im Dienste des Königs[200].

Wo jahwistische Propheten versammelt werden können, dürfte
der zugehörige Jahwetempel nicht allzu fern sein. Von Jehu
wird nur die Zerstörung des Baalstempels berichtet, ein Ver-
merk über den Bau eines Jahwetempels fehlt. Zur Verschwei-
gung eines von Jehu errichteten Tempelbaues in Samaria hatte
die Überlieferung angesichts des jahwistischen Charakters
seiner Revolution wenig Anlaß, der tendenziösen Bearbeitung
der Omri- und Ahabtraditionen entspricht das Verschweigen
eines derartigen Tempels schon eher.

Keine der Thesen, die Alt zur Konstruktion des Stadtstaates
Samaria verwandte, kann einer kritischen Nachfrage standhalten. Auch der Bericht über Jehus Verhandlungen (1.Kön 10)
mit den führenden Staatsbeamten in Samaria sagt nichts über
eine staatsrechtliche Autonomie der Stadt aus. Jehu muß notwendig mit den führenden Männern des Staates in Kontakt treten. Sein Überraschungscoup von Jesreel hatte die Staatsver-
waltung nicht tangiert. Beherrschen konnte er Israel nur,
wenn er auch die obersten Behörden des Landes in seine Gewalt bringen konnte. Die saßen aber in der Hauptstadt. Diese
Führungsschicht konnte dem Prätendenten noch Widerstand ent-
gegensetzen. Mit dem Verzicht darauf erkennt sie Jehu als
König von Israel an.
        Der Titel 'König von Samaria' ist in 1.Kön 21,1 und 2.Kön
1,3 überliefert[201]. In 1.Kön 21,1 ist der Titel 'König von
Samaria' eine Glosse[202], die durch den Zusatz אשר ביזרעאל
in V.1a hervorgerufen wurde. Der Titel reflektiert die poli-

---

200  Vgl Kraus 1962 S.124f
201  Alt verwendet den Titel 'König von Samaria' nicht als Argument
     für seine Stadtstaatthese.
202  Vgl Seebass 1974 VT 24 S.478 A 1

tische Situation nach dem Eingreifen Tiglathpilesers III,
als das israelitische Territorium auf die Umgebung von Samaria reduziert worden war. Seine Verwendung für Ahab und Ahasja ist tendenziös und Teil der abfälligen Beurteilung beider
Könige in den betreffenden Erzählungen.

## Resumée

Die Untersuchung der Verfassung Samarias wies nach, daß die
Stadt nicht als politisch autonomer Stadtstaat unter den Om-
riden verfaßt war. Samaria war die Hauptstadt des Reiches
Israel mit allen entsprechenden Funktionen und Vorteilen,
die einer Hauptstadt in einem monarchisch organisierten
Staat zukommen. Die politische Rolle, die Samaria hierbei
spielt, ist gut vereinbar mit der Position der Stadt als
Hauptstadt des Reiches Israel.

Die vier grundlegenden Thesen Alts lassen sich nahezu
durchgängig in ihre Gegenthesen verwandeln:

I.     Jesreel ist nicht eine zweite israelitische Haupt-
       stadt neben Samaria. Jesreel ist königlicher 'Zweit-
       wohnsitz' und vermutlich von Isebel bevorzugte Resi-
       denz.

II.    Das kanaanäische Recht ist eine der großen Unbekann-
       ten in der israelitischen Sozialgeschichte. Der Gel-
       tungsbereich des kanaanäischen Rechts auf israeliti-
       schem Gebiet liegt so im Dunkeln, daß bisher nicht
       einmal seine Existenz erwiesen ist. Gänzlich speku-
       lativ ist unter diesen Umständen die Lokalisierung
       Samarias im Geltungsbereich kanaanäischen Rechts.

III.   Die Hauptstadt Samaria war kein Privatbesitz der
       Omriden. Der Baugrund von Samaria gehört zum Kron-
       gut. Die Entwicklung der privaten Eigentumsverhält-
       nisse an Grund und  Boden in der Stadt und um die
       Stadt herum bliebe noch zu untersuchen[203].

---

203  Hier stellen sich Fragen wie: Hat der König das Bauland wieder
     reprivatisiert und an die Bewohner verkauft? Oder wohnten
     alle gemeinsam zur 'Untermiete' beim König? Oder gar kosten-

IV.     Samaria hat weder eine überwiegend kanaanäische Bevölkerung noch eigene Kulthoheit. Die Hauptstadt hat
einen beachtlichen Anteil an israelitischen Bewohnern, die den Überlieferungen zufolge die eindeutige
Mehrheit bilden. Samaria fällt in den Geltungsbereich
der Jahwereligion.

---

los? Ein Vergleich mit den entsprechenden Transaktionen
bei der Gründung und dem Ausbau von Achet-Aton wäre sehr
aufschlußreich (vgl hierzu Fairman 1965).

## 9.4   Abschließende Bemerkungen

Die Überlieferungen aus der Königszeit lassen erkennen, daß
die israelitischen Städte keine selbständig handlungsfähigen Militärverbände mehr bilden, sondern in ein territorial
organisiertes Wehrsystem eingegliedert worden sind. Vor allem unter militärischem Aspekt differenzieren sich die Städte
voneinander. Abhängigkeitsbeziehungen bestehen vermutlich
dort, wo sie auch vor der Staatsbildung vorhanden waren, im
Umkreis kanaanäischer Städte. Es gibt keine Anzeichen dafür,
daß traditional egalitäre Beziehungen zwischen israelitischen Siedlungen in der frühen Königszeit durch die Monarchie
in ihren Grundzügen verändert worden sind. Offenbar konnte
die Zentralgewalt ungehindert nur außerhalb der alten Sied-
lungsbereiche  - bei der staatlich gelenkten und kontrollierten Erschließung neuer Siedlungsgebiete -  politisch regulierend in die Beziehungen der Siedlungen eingreifen.

Es lassen sich mehrere, strukturell differente Typen von
Siedlungsbereichen und Siedlungsorganisation erkennen:

1)  Typus 'altisraelitischer Kernbereich' - charakteri-
    siert durch egalitäre Beziehungen der Siedlungen un-
    tereinander. Die Siedlungen sind intern nach dem
    Muster 'primitiver Demokratie' verfaßt. Die Siedlun-
    gen sind zu Beginn der Königszeit unbefestigt.

2)  Typus 'Kolonisation in der vorstaatlichen Zeit' -
    kennzeichnend ist hier die schwerpunktmäßige Zusam-
    mensiedlung der Israeliten in größeren Siedlungen.
    Die Siedlungen gehören auch dem Typus 'primitive Demo-
    kratie' an. Sie sind größtenteils in der vorstaatlichen
    Zeit befestigt. Das interne Organisationsniveau ist
    differenzierter als in den Siedlungen des Typus I.

3) Typus 'Bereich ehemals kanaanäischer Königsstadt' - auffälligstes Merkmal sind hier die Abhängigkeitsbeziehungen der Siedlungen zur ehemaligen Zentralstadt. Vorhandene Abhängigkeiten bleiben zumindest auf der Ebene der Verwaltung erhalten.

4) Typus 'staatliche Kolonisation/zentral organisierte Erschließung von Land' - hier gestaltet eine Zentralgewalt Anlage und Organisation der Siedlungen nach hierarchischen Gesichtspunkten. Es kann eine politische Hierarchie der Siedlungen nach dem Vorbild von Typus 3 entstehen.

5) Typus 'Bereich ehemals kanaanäischer Städte mit demokratischer Verfassung' - der Typus hat Ähnlichkeiten mit Typus 1. Möglicherweise ist er vom ersten Typus durch ein höheres Organisationsniveau und den Ausbau der Befestigungen in vorstaatlicher Zeit zu unterscheiden.

Die Traditionen über altisraelitische Siedlungen in der Königszeit sind spärlich. Es wird aber sichtbar, daß diese Siedlungen sich in bestimmtem Umfange eine interne Selbstverwaltung, soweit hier die frühe Königszeit betrachtet wurde, bewahren konnten.

Das Modell 'Antike Stadtherrschaft' mag die Beziehungen der Siedlungen innerhalb des Bereichs früherer kanaanäischer Königsstädte (Typus 3) präformiert haben. Seine Grundzüge haben vermutlich in den Bereichen des Typus 4 (staatlich erschlossene Regionen) die Entwicklung der Siedlungsverhältnisse geprägt. In diesen Regionen konnte die Zentralinstanz Prinzipien des Typus 'Antike Stadtherrschaft' zur Anwendung bringen. In ihrer reinen Form ist die 'Antike Stadtherrschaft' auch in der frühen Königszeit nicht nachweisbar. Stadtstaatliche Organisation findet sich in dieser Zeit nicht mehr. Auch eine Reorganisation nach dem Muster des Stadtstaates ist nicht belegt.

Die beiden Hauptstädte, Jerusalem und Samaria, erfüllen Kriterien, die konstitutiv für die Vollstadt und mithin für

die Verfassung des Stadtstaates sind, nicht. Sie bilden weder einen autonomen Wehrverband, noch verfügen sie über einen
eigenständigen Lokalkult. Die übrigen Städte des Landes sind
ihnen, soweit das aus den Traditionen ersichtlich ist, nicht
politisch-rechtlich untergeordnet. Die Bewohner der Hauptstadt haben keinen erkennbaren privilegierten Status politisch-rechtlicher Natur, verglichen mit den übrigen Landes-
bewohnern. Die Hauptstadt untersteht offenbar der zentralen
Verwaltung des Hofes und hat keine vom Hof unabhängige Verwaltung. Die 'demokratische Institution' der אנשי העיר
ist weder für Jerusalem noch für Samaria[204] bezeugt in den
Überlieferungen.

---

204  Die starke Position der אנשי העיר in den israelitischen Städten
     könnte mit ein Grund gewesen sein für die Wahl einer nichtisrae-
     litischen Stadt als Hauptstadt im Falle Jerusalems und für die
     Gründung einer neuen Hauptstadt im Falle Samarias.

SCHLUSSBEMERKUNGEN

Rückblickend soll hier der Verlauf der Arbeit - von der
soziologischen Begriffsbildung zur alttestamentlichen Exegese - noch einmal verdeutlicht werden. Daran schließt sich
eine Skizze der Fragestellungen an, die sich unmittelbar aus
den Hauptthesen der Arbeit ergeben.

In der Sicht Webers beherrschen die beiden Idealtypen 'Antike
Stadtherrschaft' und 'Eidgenossenschaft' die Entwicklung der
israelitischen Gesellschaft bis zum Aufkommen des Königtums.
Die Monarchie entsteht aus dem spannungsvollen Miteinander
der beiden konkurrierenden Herrschaftsformen. Als dritte
Größe im Bunde ordnet sich das Königtum, indem es sich Herrschaftsprinzipien der 'Antiken Stadtherrschaft' zu eigen
macht, die 'Eidgenossenschaft' unter. Die Herrschaftsstrukturen der 'Eidgenossenschaft' verändern sich in Richtung auf
die 'Antike Stadtherrschaft'.
    Charakteristisch für den Herrschaftstypus 'Antike Stadt-
herrschaft' sind zwei Momente, die ständische Gliederung der
städtischen Gesellschaft in Patriziat und Plebejat und die
politisch-rechtliche Abhängigkeit der Siedlungen von der
Vollstadt. Inhaltlich ist dieser Typus an der Polis griechisch-römischer Provenienz orientiert.
    Der Idealtypus 'Eidgenossenschaft' ist als Gegentypus zur
'Antiken Stadtherrschaft' konzipiert. Dieser Typus unterscheidet sich von der 'Antiken Stadtherrschaft' durch das
Fehlen einer Zentralgewalt und der hierarchischen Organisation der Gesellschaft. Der Ursprung der israelitischen 'Eidgenossenschaft' liegt in einer religiös-militärischen Vergemeinschaftung landsuchender Elemente. Die 'Eidgenossenschaft' umfaßt heterogene soziale Einheiten, die aber soziologisch nebeneinander gelagert sind. Organisiert ist die
'Eidgenossenschaft' auf der Basis von Verwandtschaftsbezie-

hungen und Nachbarschaftsgemeinschaften. Gemeinschaftshandeln entsteht durch das Aufkommen charismatischer Führung
in Krisensituationen. Inhaltlich ist der Typus 'Eidgenossenschaft', anders als der Typus 'Antike Stadtherrschaft', weitgehend aus alttestamentlichem Material gebildet worden.

Die beiden Herrschaftstypen schließen sich von ihrer logischen Konzeption her aus. Weber bestimmt ihr Verhältnis als
ein gegensätzliches, postuliert aber trotzdem, daß die Herr-
schaftsbereiche der kanaanäischen Stadtstaaten und der Israelitischen Eidgenossenschaft sich in einem erheblichen Anteil ihrer Mitglieder überschnitten. Logisch liegt hier eine
Inkonsequenz vor, ein Opfer, das Weber den seinen beiden
Idealtypen sich nicht immer fügenden alttestamentlichen Überlieferungen zu bringen genötigt ist. Ebenfalls ist die, wenn
auch nur ansatzweise, behauptete Entwicklung eines israelitischen Patriziats im Schoße der Eidgenossenschaft eigentlich
logisch von Webers Konzeption der beiden Typen her ausgeschlossen. Daß er dennoch damit schon in der Frühzeit Israels rechnet, geht auf im Lichte des Idealtypus 'Antike Stadtherrschaft' verzerrt gesehene alttestamentliche Überlieferungen zurück. Die beiden Begriffe sind logisch durchaus voneinander abgesetzt. In ihrer Anwendung hält sich Weber daran
aber nicht. Statt die Idealtypen in der Konfrontation mit
dem historischen Material zu reformulieren, läßt er sie in-
einanderlaufen, ein Umstand, dem ihre Konzeption als antago-
nistische Typen eigentlich vorbeugen sollte. Die 'empirische
Schlamperei' ermöglicht mit die Resistenz vor allem des
Idealtypus 'Antike Stadtherrschaft' gegen widerstrebende alttestamentliche Traditionen. Die Behauptung des Typus 'Antike
Stadtherrschaft' wider die alttestamentliche Tradition stimmt
auffällig überein mit Webers erkenntnisleitendem Interesse.
Seine Sicht des antiken Judentums wird durch den Idealtypus
des 'Pariavolkes' beherrscht. Ausgehend von diesem Typus,
ist Weber bemüht zu zeigen, daß die Entwicklung zum Pariavolk in der Sozialordnung des frühen Israels präformiert
war. Der Typus 'Antike Stadtherrschaft' liefert ihm eine
plausible Hypothese - innerhalb seines Argumentationssy-
stems - für die Entstehung eines israelitischen Plebejats

in der Frühzeit und die hier schon angelegte Entwicklung zur
plebejischen Gesinnungsreligion. Daher ist der Typus 'Antike
Stadtherrschaft' gerade für seine übergreifende Pariathese
unentbehrlich.

Einige alttestamentliche Problembereiche wurden, ausgehend
von der Frage nach der Angemessenheit der Idealtypen 'Antike
Stadtherrschaft' und 'Eidgenossenschaft' als Interpretations-
modelle der israelitischen Gesellschaft, näher in Betracht
gezogen: die Organisation der Israeliten zur Zeit der Landnahme, die israelitische Stadt der Richterzeit, die Grundstrukturen der Gesellschaft des vorstaatlichen Israel, Stadt
und Monarchie.

Die Diskussion der bekanntesten Landnahmetheorien zeigte,
daß sie der gesellschaftlichen Verfassung der sich niederlassenden Israeliten wenig Beachtung schenken. Auch zum Verständnis der Entwicklung der 'Eidgenossenschaft' tragen sie
nicht viel bei. Eine dem Typus 'Eidgenossenschaft' zuzuord-
nende Landnahmetheorie hätte spezifische Voraussetzungen zur
Art und Weise der Aneignung des Landes, der Organisationsform
der Siedler und zur Entstehung eines Gemeinschaftsbewußtseins
zu machen. Die als 'regulierte Anarchie' konzipierte 'Eidgenossenschaft' scheint theoretisch eher ableitbar aus jenen
Landnahmemodellen, die mit einer weitgehend friedlich verlau-
fenen 'Besetzung' des Landes durch getrennt operierende, lok-
ker organisierte Einheiten, die voneinander autonom waren,
rechnen. Die Entwicklung des Gemeinschaftsbewußtseins kann
daher nicht ausschließlich ihren Anfang von dem Siedlungs-
vorgang her genommen haben, sondern muß auf andere Faktoren
rückführbar sein. In Betracht kommt hier die religiös-mili-
tärische Verbandsbildung einer Gruppierung, die innerhalb
des Siedlungsgebietes geographisch wie kräftemäßig eine zentrale Position einnehmen konnte. Diese theoretisch notwendige Annahme wird in ihrer Grundstruktur eingelöst durch die
in der alttestamentlichen Forschung weithin akzeptierte These von den israelitischen Ägyptenflüchtlingen, die sich vor
dem Eindringen in das gelobte Land als religiös-militäri-
scher Verband konstituierten.

Landnahmemodelle, die die gewaltsame Eroberung des Landes

durch militärisch organisierte Stämme oder gar einen 12-Stäm-
mebund postulieren, schließen theoretisch zwar nicht die Bildung einer 'Eidgenossenschaft' aus, verlangen aber zusätzlich Hypothesen, wie den Zerfall der ursprünglichen politischen Organisation, die alle Israeliten oder doch einen erheblichen, geschlossen zusammenwohnenden Teil umfaßte.

Das Fehlen von Feinden könnte z.B. den Zerfall einer derartigen Organisation erklären. Die Eroberungsmodelle haben
eine höhere Affinität zum Typus 'Antike Stadtherrschaft'.
Die Entstehung stadtstaatlich organisierter Gebiete folgt
eher aus einer gewaltsamen Aneignung des Landes durch eine
militärisch durchorganisierte und als Verband exklusiv konstituierte soziale Gemeinschaft, die sich gegen die Vorbewohner scharf abgrenzt.

Das Bild, das die alttestamentlichen Texte von den israelitischen Städten der Richterzeit zeichnen, fügt sich wider-
spruchslos in die Konzeption der 'Eidgenossenschaft' ein.
Die Beziehungen der Städte untereinander sind nicht durch
eine Zentralgewalt reguliert. Gemeinschaftsaktionen mehrerer
Siedlungen entstehen ad hoc angesichts einer äußeren Bedrohung. Konstituierung und Führung solcher Aktionsgemeinschaf-
ten beruht auf charismatischer Autorität. Das öffentliche
Leben der Städte wird von zwei Gruppierungen bestimmt, den
Ältesten und den 'Männern der Stadt'. Älteste und 'Männer
der Stadt' sind keine ständigen Organe oder Körperschaften
im staatlichen Sinne, sondern eine Art Ratsversammlung und
Vollversammlung aller rechtlich freien, ökonomisch selbständigen Männer der Stadt. Innerhalb der städtischen Gesellschaft läßt sich für die Richterzeit eine Ausdifferenzierung
sozioökonomischer Vorrangspositionen nicht feststellen. Kanaanäische Städte, die mit israelitischen Städten in friedlichen Beziehungen leben, weisen eine den israelitischen
Städten vergleichbare Herrschaftsstruktur auf. Beide sind
nach dem Muster der 'primitiven Demokratie' verfaßt. Die
Entstehung zentraler Führungspositionen ist ein Produkt historisch singulärer Machtkonstellationen und für diese Zeit
eine ephemere Erscheinung.

Der Typus 'Antike Stadtherrschaft' erwies sich als nicht

angemessen für die Interpretation der gesellschaftlichen
Verhältnisse israelitischer Städte der Richterzeit sowie der
mit ihnen politisch verbundenen kanaanäischen Städte.

Überdeutlich wird dieses, zieht man zum Verständnis der
Grundstrukturen der richterzeitlichen Gesellschaft Israels
das soziologische Modell der segmentären Gesellschaft heran. Dieser Typus stellt eine von Sigrist erarbeitete Fort-
entwicklung der 'Eidgenossenschaft' Webers dar. Die israelitische Eidgenossenschaft erfüllt alle wesentlichen Kriterien
einer segmentären Gesellschaft. Die für diese Organisationsform typische segmentäre Dynamik ist noch ablesbar an den
genealogischen Überlieferungen und an einer in Jos 22,1o-34
berichteten Tradition über die kultische Verselbständigung
der ostjordanischen Siedler. Auch die Rechtspraxis trägt die
charakteristischen Züge einer Rechtsgemeinschaft ohne Zentralinstanz an sich. Bezeichnend hierfür sind das Vorherr-
schen schiedsrichterlicher Verfahren und das Fehlen eines
Richter-Amtes. Gesellschaftlich bedeutsame Rollen haben
nicht ein Amt als Basis, sondern eine durch hohes soziales
Prestige bedingte soziale Position. Sichtbar werden in den
biblischen Überlieferungen zu dieser Zeit die Positionen des
Anführers im Kriege, des Sprechers und des Richters.

Die Traditionen aus der frühen Königszeit über die israelitischen Städte zeugen von der Wirksamkeit der inzwischen
etablierten monarchischen Instanz. Die Städte haben ihre
militärische und politische Autonomie verloren, konnten aber
einige Reste interner Selbstverwaltung wahren. Die politisch-
rechtlichen Beziehungen der Siedlungen untereinander sind
noch sichtbar von ihrer jeweiligen vorstaatlichen Vergangenheit geprägt. Abhängigkeitsbeziehungen treten in den Quellen nur dort hervor, wo ehemalige kanaanäische Stadtstaaten
lokalisierbar sind, oder aber in Landesteilen, die unter
Leitung der Zentralregierung erschlossen und besiedelt worden sind. Eine Organisation nach dem Vorbild der 'Antiken
Stadtherrschaft' läßt sich auch nicht für die beiden Hauptstädte Jerusalem und Samaria behaupten. Die Verfassung der
beiden Städte trägt der königlichen Residenz Rechnung. Denn
weder für Jerusalem noch für Samaria ist die für eine israe-

litische Stadt typische demokratische Institution der 'Männer der Stadt' überliefert. Beide Städte unterstehen, durch
die Einrichtung eines Amtes des שר העיר , offenbar direkt
der königlichen Verwaltung.

Die Frühgeschichte Israels spiegelt das Bild einer segmentären Gesellschaft wider. Der Idealtypus 'Eidgenossenschaft'
ist eine adäquate Abbildung der Gesellschaftsorganisation
des frühen Israel. Dagegen ist die Wirksamkeit der 'Antiken
Stadtherrschaft' in der vorstaatlichen Zeit Israels nicht
belegbar. Auch die Monarchie übernimmt Herrschaftsprinzipien
der 'Antiken Stadtherrschaft' nicht ungebrochen und verfügt
offenbar nicht über ausreichend politischen Spielraum und
Macht, um sie in allen Regionen gleichmäßig durchsetzen zu
können.

## Ausblick

Die 'Eidgenossenschaft' zieht sich wie ein roter Faden durch
die Gesellschaftsgeschichte des frühen Israel bis in die Königszeit hinein. Anfang und Ende dieses Fadens verlieren
sich jeweils im Dunkel der Überlieferung.

Entstehung und Bestehen der israelitischen Eidgenossenschaft sind mitbedingt durch den Zusammenbruch der ägyptischen Oberherrschaft über Palästina im Laufe des 12. Jh.
Palästina war bis dahin eine ägyptische Provinz gewesen und
in das Fron- und Abgabensystem voll eingegliedert. Eine
nicht unerhebliche Anzahl kanaanäischer Städte hatte unter
der ägyptischen Herrschaft ihre Selbstverwaltung verloren.
Diese Städte waren nach dem Vorbild königlicher Domänen organisiert worden[1]. Das Ende der ägyptischen Herrschaft ließ
in diesen Gebieten einen herrschaftsfreien Bereich entstehen.
Es ist denkbar, daß in den betroffenen Regionen sich Formen
primitiver Demokratie - in Reaktion auf die vormalige Fron-
herrschaft - entwickeln konnten. Die auffällige 'demokratische' Verfassung einiger Städte wie Gibeon oder Beth Semes
verdient unter diesem Aspekt eine nähere Betrachtung.

---

1 Vgl Helck 1962 S.261f

Der Anfang der israelitischen Geschichte ist von einer religiösen Vergemeinschaftung markiert. Die Frage nach der Vermittlung dieses Gemeinschaftsbewußtseins an die späteren Kreise der 'Eidgenossenschaft' ist noch nicht gelöst. Das Problem
der Landnahme könnte von zwei Seiten her gleichzeitig angegangen werden, von der ursprünglichen religiösen Vergemeinschaftung und von der Siedlungsgeschichte der frühen Richterzeit.

Die politische und religiöse Rolle, die der ursprüngliche
Bund in der Gesellschaftsgeschichte Israels spielte, wäre
auf dem Hintergrund der 'Eidgenossenschaft' neu zu untersuchen. Die von Noth entworfene Amphiktyonie könnte  - entklei-
det man sie ihrer staatlichen Momente -  auf dem Boden der
segmentären Gesellschaft als ein fruchtbarer Verstehenstypus
entfaltet werden.

In diesem Zusammenhang ist auch das soziologische Modell
der 'Segmentären Gesellschaft' weiterzuentwickeln. Sinnvoll
wäre eine Konfrontation mit dem Modell der 'primitiven Demokratie'. In Hinblick auf die israelitischen Verhältnisse
wäre eine Untersuchung über die Bedeutung und Relevanz ge-
meinschaftsstiftender und gemeinschaftserhaltender Traditionen in segmentären Gesellschaften wünschenswert.

Soziologisch stellt sich die Frage nach der Bundestheologie neu. Als theologische Reflexion mag die Bundestheologie
ein Produkt späterer Zeit sein[2]. Eine Zusammenschau dieser
theologischen Reflexion mit der soziologischen Basis 'Eidgenossenschaft' könnte der Debatte um die Bundestheologie
neue Impulse geben.

Es ist zu erwarten, daß Überlieferungen aus der Gründungs-
zeit der 'Eidgenossenschaft' in der Königszeit  - in charak-
teristischer Umdeutung -  als Legitimationsbasis der neuen
Herrschaft dienten. In einer segmentären Gesellschaft besteht das Bedürfnis, außerhäusliche Gewalt traditional durch
Berufung auf frühere Führungspersönlichkeiten zu legitimieren, so nicht. Die Monarchie stößt hier auf eine Legitima-

---

2  So Perlitt 1969 S.239ff

tionslücke. Gerade die Traditionen über Mose und Josua entsprechen diesem Interesse. Daher kann in dieser Zeit auch
mit der Neubildung solcher Traditionen oder einer spezifischen Umschreibung alter Traditionen gerechnet werden.

Als Form politischer Vergemeinschaftung hörte die Eidgenossenschaft mit der Einrichtung der Monarchie zu bestehen
auf. Die Strukturen der segmentären Gesellschaft haben dem
entstehenden Staat ihren Stempel aufgedrückt. Die israelitische Monarchie sah sich zu Beginn mit einer antiherrschaft-
lichen Tradition konfrontiert[3], die ihre soziologische Basis
in den segmentären Strukturen der frühisraelitischen Gesellschaft hatte. Es bliebe zu untersuchen, ob sich Strukturen
der segmentären Gesellschaft auch außerhalb des Herrschaftsbereiches durchgehalten haben. Die biblische Überlieferung
- vor allem die prophetische Kritik, die sich an das Volk
richtet - ist auf möglicherweise späte Widerspiegelungen
der 'Eidgenossenschaft' hin neu zu lesen. Ob Webers These
"Aus einer historisch bedingten sozialen Form des politischen Verbandes wurde die berith also nun ein theologisches
Konstruktionsmittel"[4] zutrifft, kann nur eine Analyse der
betreffenden Texte bringen.

Theologisch fand der Widerstand gegen das Königtum seinen
Ausdruck in der Vorstellung vom Königtum Jahwes, das in
einem Teil der Überlieferung als Gegentypus zum menschlichen
Königtum entworfen wurde[5]. Ein so definiertes Königtum Jahwes ist eine theologische Reaktion auf die Herrschaftsan-
sprüche des Monarchen[6]. Hinter der betonten Rede, daß Jahwe
die Herrschaft ausüben solle und nicht ein menschlicher König, verbirgt sich eine theologische Reflexion der Traditionen der vorstaatlichen Gesellschaft Israels angesichts der

---

3  Die Vermittlung der politisch-sozialen Opposition gegen das Königtum "geschah durch Vermittlung derjenigen Intellektuellenschich-
   ten, welche die Erinnerung an die alten Traditionen der vorsalomo-
   nischen Zeiten pflegten und ihnen sozial nahestanden". AJ S.292,
   vgl auch AJ S.295. 318. Crüsemann (1978 S.122ff) hat den historischen Ort dieser traditional legitimierten Resistance herausgearbeitet.
4  AJ S.356f
5  Vgl Crüsemann 1978 S.73ff
6  Zum Alter dieser Traditionen vgl von Rad 1933

vom Königtum ausgehenden gesellschaftlichen Veränderungen.
Dem Argument der königsfreundlichen Partei, in der Richter-
zeit habe die reinste Willkür geherrscht und statt eines
Königs habe man eine Leerstelle gehabt, kann die theologisch
bewußt gewordene Gegenpartei vorhalten, daß in dieser Zeit
Jahwe Israels König gewesen sei und Israel mitnichten eines
menschlichen Königs bedürftig war. Jahwe herrscht über die
Menschen als König[7]. Ein Mensch, der sich als König über
seine Brüder setzt, widerstrebt Jahwe. Jahwe allein ist
König.

---

7  Das Königtum Jahwes spielt auch im Jerusalemer Kult eine Rolle.
   Gewöhnlich werden die Ursprünge dieser Vorstellung in kanaanäischen Traditionen (vgl Kraus BK XV,1 S.197ff) gesucht, die vor
   allem durch jebusitische Überlieferungen vermittelt worden sind
   (vgl H.Schmid 1955 ZAW 67). Es ist auch zu bedenken, daß die kultische Erhöhung Jahwes ein Argument bietet gegen die Rede von der
   politischen Herrschaft Jahwes. Das kultische Königtum Jahwes kann
   dabei durchaus in der Übernahme kanaanäischer Traditionen seinen
   Ursprung haben. Die Rede vom Königtum Jahwes im kultischen Geschehen nimmt  - unabhängig von ihrer Herkunft -  der Rede vom politisch wirksamen Königtum Jahwes die ideologische Spitze. Erst
   die nachexilische  Zeit bietet die Voraussetzungen zur problem-
   losen Integration beider Traditionszweige.

Abkürzungen

Die Abkürzungen im Literaturverzeichnis richten sich nach S.Schwertner, IATG. Internationales Abkürzungsverzeichnis für Theologie und Grenzgebiete (1974). Sofern Abkürzungen im IATG nicht aufgeführt sind, wird dem Abkürzungsverzeichnis der RGG[3] gefolgt.

Monographien werden in der Regel nur mit Autorennamen und Erscheinungsdatum angeführt, Aufsätze mit Autorennamen, Erscheinungsdatum und Angabe der Zeitschrift.

Folgende Abkürzungen wurden zusätzlich verwendet:

ABLAK M.Noth Aufsätze zur biblischen Landes- und Altertumskunde. Bd I und Bd II, 1971. hrg. von H.W.Wolff

AES Archives Européennes de Sociologie

AJ Max Weber Das antike Judentum 1923[2]

ARA D.Luckenbill Ancient Records of Assyria and Babylonia. Chicago. Bd I und Bd II, 1926/27

BBuVZ Das Verhältnis von Bodenbauern und Viehzüchtern in historischer Sicht. Deutsche Akademie der Wissenschaften zu Berlin. Institut für Orientforschung. Veröffentlichung Nr.69, Berlin 1968

EAE M.Avi-Yonah (hrg) Encyclopedia of Archaeological Excavations in the Holy Land. Bd 1 (1975), Bd 2 (1976) M.Avi-Yonah/E.Stern (hrg) Encyclopedia of Archaeological Excavations in the Holy Land. Bd 3 (1977), Bd 4 (1978)

ETT J.Simons Handbook for the Study of Egyptian Topographical Lists relating to Western Asia. Leiden 1937

GASW Max Weber Gesammelte Aufsätze zur Sozial- und Wirtschaftsgeschichte. 1924

KS I-III A.Alt Kleine Schriften zur Geschichte des Volkes Israel. Bd 1 und 2 1953, Bd 3 1959

ThAT E.Jenni/C.Westermann Theologisches Handwörterbuch des Alten Testament. Bd 1 1975[2], Bd 2 1976

WL Max Weber Gesammelte Aufsätze zur Wissenschaftslehre. 1951[2]

WuG Max Weber Wirtschaft und Gesellschaft. 1976[5]

# Literaturverzeichnis

Abel,F.M.    Géographie de la Palestine. Paris Bd I 1933. Bd II 1938

Abramowski,G.    Das Geschichtsbild Max Webers. 1966

Aharoni,Y.    The Negeb of Judah. 1958. IEJ 8. 26-38

-    The Province-List of Judah. 1959. VT 9. 225-246

-    The Land of the Bible. A Historical Geography. London 1967[2]

-    Forerunners of the Limes: Iron Age Fortresses in the Negev. 1967. IEJ 17. 1-17

-    Ramat Rahel. 1978. EAE IV. 1000-1009

Aharoni,Y./
Evenari,M./
Shanan,L./
Tadmor,N.H.    The Ancient Desert Agriculture of the Negev. 1960. IEJ 10. 23-36. 97-111

Ahlström,G.W.    Der Prophet Nathan und der Tempelbau. 1961. VT 11. 113-127

Albright,W.F.    The Sinnôr in the Story of David's Capture of Jerusalem. 1922. JPOS 2. 286-290

-    Excavations and Results at Tell el-Fûl (Gibeah of Saul). 1924. AASOR IV

-    New Israelite and Pre-Israelite Sites: The Spring Trip of 1929. 1929/30. BASOR 35. 1-14

-    The Seal of Eliakim and the Latest Preexilic History of Judah, with some Observations on Ezekiel. 1932. JBL 51. 77-106

-    A New Campaign of Excavation at Gibeah of Saul. 1933. BASOR 52. 6-12

-    Archaeology and the Date of the Hebrew Conquest of Palestine. 1935. BASOR 58. 10-18

-    Further Light on the History of Israel from Lachish and Megiddo. 1937. BASOR 68. 22-26

-    The Israelite Conquest of Canaan in the Light of Archaeology. 1939. BASOR 74. 11-22

-    The List of the Levitic Cities. In L.Ginzberg Jubilee Volume N.Y. 1945. 49-73

-    From Stone Age to Christianity. Baltimore 1946

-    The Biblical Period. In L.Finkelstein (ed) The Jews. N.Y. 1960[3]. 3-69

Alt,A.    Eine galiläische Ortsliste in Jos 19. 1927. ZAW 45. 59-81

-    Das Institut im Jahre 1933. 1934. PJ 30. 1-31

Alt,A.          Der Gott der Väter (1929), KS I (1953). 1-78

—          Die Landnahme der Israeliten in Palästina (1925),
          KS I. 1953. 89-125

—          Erwägungen über die Landnahme der Israeliten in Palä-
          stina (1939), KS I. 1953. 126-175

—          Josua (1936), KS I. 1953. 176-192

—          Das System der Stammesgrenzen (1927), KS I. 1953,
          193-202

—          Die Geschichte von Beth Sean 1500-1000 v.Chr. (1926),
          KS I. 1953. 246-255

—          Megiddo im Übergang vom kanaanäischen zum israeliti-
          schen Zeitalter (1944), KS I. 1953. 256-273

—          Meros. KS I. 1953. 274-277

—          Die Ursprünge des israelitischen Rechts (1934), KS I.
          1953. 278-332

—          Gedanken über das Königtum Jahwes (1945), KS I. 1953.
          345-357

—          Die Staatenbildung der Israeliten in Palästina (1930),
          KS II. 1953. 1-65

—          Das Großreich Davids (1950), KS II. 1953. 66-75

—          Israels Gaue unter Salomo (1913), KS II. 1953. 76-89

—          Das Königtum in den Reichen Israel und Juda (1951),
          KS II. 1953. 116-134

—          Das System der assyrischen Provinzen auf dem Boden des
          Reiches Israel (1929), KS II. 1953. 188-205

—          Die territorialgeschichtliche Bedeutung von Sanheribs
          Eingriff in Palästina (1930), KS II. 1953. 242-249

—          Judas Gaue unter Josia (1925), KS II. 1953. 276-288

—          Bemerkungen zu einigen judäischen Ortslisten des Alten
          Testaments (1951), KS II. 1953. 289-305

—          Festungen und Levitenorte im Lande Juda (1952), KS II.
          1953. 306-315

—          Herren und Herrensitze Palästinas im Anfang des zwei-
          ten Jahrtausends (1941), KS III. 1959. 57-71

—          Jerusalems Aufstieg (1925), KS III. 1959. 243-257

—          Der Stadtstaat Samaria (1954), KS III. 1959. 258-302

—          Archäologische Fragen zur Baugeschichte von Jerusalem
          und Samaria in der israelitischen Königszeit (1955/56),
          KS III. 1959. 303-325

—          Das Taltor von Jerusalem (1928), KS III. 1959. 326-347

—          Der Anteil des Königtums an der sozialen Entwicklung
          in den Reichen Israel und Juda (1955) KS III. 1959.
          348-372

Alt,A.          Micha 2,1-5 ΓΗΣ ΑΝΑΔΑΣΜΟΣ   in Juda (1955), KS III.
                1959. 373-381

-               Das Land Gari (1932), KS III. 1959. 396-409

Amiran,D.K.     The Pattern of Settlement in Palestine. 1953. IEJ 3.
                65-78. 192-2o9. 25o-26o

-               Sites of Settlements in the Mountains of Lower Galilee.
                1956. IEJ 6. 69-77

Amiran,D.H.K./  Sedentarization of Beduin in Israel. IEJ 13. 1963.
Ben-Arieh,Y.    161-181

Andersen,F.I.   The Socio-Juridical Background of the Naboth Incident.
                1966. JBL 85. 46-57

-               Israelite Kinship Terminology and Social Structure.
                1969. BiTr 20. 29-39

Antoni,C.       Vom Historismus zur Soziologie. 1950

Artzi,P.        "Vox Populi" in the El-Amarna Tablets. 1964. RA 58.
                159-166

Auld,A.G.       Cities of Refuge in Israelite Tradition. JSOT 10.
                1978. 26-40

-               The Levitical Cities: Texts and History. ZAW 91. 1979.
                194-206

Avigad,N.       Seals and Sealings. 1964. IEJ 14. 190-194

-               Ammonite and Moabite Seals. In J.A. Sanders (ed) Near
                Eastern Archaeology in the Twentieth Century. Essays
                in Honor of N.Glueck. N.Y. 1970. 284-295

-               New Light on the Na'ar Seals. In F.M.Cross/W.E.Lemke/
                P.D.Miller jr. Essays on the Bible and Archaeology in
                Memory of G.E. Wright. N.Y. 1976. 294-300

-               The Governor of the City. 1976. IEJ 16. 178-182

-               The Chief of the Corvée. 1980. IEJ 30. 170-173

Avi-Yonah,M.    Encyclopedia of Archaeological Excavations in the Holy
                Land (EAE). London. Bd I 1975. Bd II 1976

Avi-Yonah,M./   Encyclopedia of Archaeological Excavations in the Holy
Stern,E.        Land (EAE). London. Bd III 1977. Bd IV 1978

Avi-Yonah,M.    Bethlehem, in EAE I. 198-206

Avitsur,S.      On the History of the Exploitation of Water Power in
                Eretz-Israel. 1960. IEJ 10. 37-45

Avnimelech,M.   The Geological History of the Yarkon Valley and its
                Influence on Ancient Settlements. 1950/51. IEJ 1.
                77-83

Bach,R.                Zur Siedlungsgeschichte des Talkessels von Samaria.
                       1958. ZDPV 74. 41-54

-                      Samaria. In RGG V, Sp. 1350-53

Bächli,O.             Amphiktyonie im Alten Testament. Forschungsgeschicht-
                       liche Studien zur Hypothese von Martin Noth.
                       Basel 1977

Baly,D.                Geographisches Handbuch zur Bibel. 1966

Baltzer,K.             Naboths Weinberg. Der Konflikt zwischen israelitischem
                       und kanaanäischem Bodenrecht. 1965. WuD 8. 73-88

Bardtke,H.             Die Latifundien in Juda während der zweiten Hälfte des
                       achten Jahrhunderts v.Chr. In: 'Hommages à André
                       Dupont-Sommer'. Paris 1971. 235-254

Barth,F.               Nomads of South Persia. The Bassari Tribe of the
                       Khamseh Confederancy. N.Y. 1961

-                      Capital, Investment and the Social Structure of a
                       Pastoral Nomad Group in South Persia. In: R.Firth/
                       B.S.Yamey (eds) Capital, Saving and Credit in Peasant
                       Societies, Chicago 1964. 69-81

Bartlett,J.R.          The Use of the Word ראש as a Title in the Old Testa-
                       ment. 1969. VT 19. 1-10

-                      The Historial Reference of Numbers 21,27-30. 1969.
                       PEQ 101. 94-100

-                      Sihon and Og. 1970. VT 20. 257-277

Bates,D.G.             Differential Access to Pasture in a Nomadic Society:
                       The Yörük of Southeastern Turkey. In: Irons/Dyson-
                       Hudson (eds). 1972. 48-59

Bauer,H./              Historische Grammatik der hebräischen Sprache des
Leander,P.             Alten Testaments. 1922

Baumgartner,H.M.  Seminar: Geschichte und Theorie. 1976
/Rüsen,J.(eds)

Begrich,J.             Sofer und Mazkir. Ein Beitrag zur inneren Geschichte
                       des davidisch-salomonischen Großreiches und des König-
                       reiches Juda. 1940/41. ZAW 58. 1-29

Behrens,H./            Lehrbuch der Schafzucht. 1979
Doehner,H./
Scheelje,R./
Wassmuth,R.

Bendix,R.              Max Weber - Das Werk. Darstellung, Analyse, Ergebnisse.
                       Mit einem Vorwort von René König. 1964

-                      Science and the Purpose of Knowledge. Social Research
                       42. 1975. 331-359

Bendix,R.          Freiheit und historisches Schicksal. 1982

Bengtson,H.        Griechische Geschichte. Handbuch der Altertumswissen-
                   schaft III,4. 1965 3.Aufl.

-                  Grundriß der römischen Geschichte mit Quellenkunde.
                   Handbuch der Altertumswissenschaft. III,5,1. 1967

Bentzen,A.        Zur Geschichte der Sadokiden. 1933. ZAW 51. 173-176

Berger,P.L.       Charisma and Religious Innovation: the Social Location
                  of Israelite Prophecy. 1963. ASR 28. 940-950

Bernhardt,K.H.    Das Problem der altorientalischen Königsideologie im
                  Alten Testament unter besonderer Berücksichtigung
                  der Geschichte der Psalmenexegese. 1961. VTS 8

-                 Nomandentum und Ackerbaukultur in der frühstaatlichen
                  Zeit Altisraels. In: BBuVZ 1968. 31-40

Bess, S.H.        Systems of Land Tenure in Ancient Israel. Ph.Disser-
                  tation University of Michigan 1963

Beyer,W.R.        Der Spiegelcharakter der Rechtsordnung. 1951. ZPhF.B 1.
                  1ff

Beyerlin,W.       Herkunft und Geschichte der ältesten Sinaitraditio-
                  nen. 1961

Biblia Hebraica Stuttgartensia (BHS), hrg von Elliger,K./Rudolph,W.
                  Stuttgart 1977

Bleek,F.          Einleitung in das Alte Testament. 1886[5]

Blenkinsopp,J.    Gibeon and Israel. The Role of Gibeon and the
                  Gibeonites in the Political and Religious History
                  of Early Israel. Cambridge 1972

-                 Did Saul Make Gibeon his Capital? 1974. VT 24. 1-7

Boecker,H.J.      Recht und Gesetz im Alten Testament und im Alten
                  Orient. 1976

Bohannan,L.       Political Aspects of Tiv Social Organisation. In:
                  Middleton/Tait (eds). 1967 3.Aufl. 33-66

Boling,R.G.       And who is Š-k-m? (Judges IX 28). 1963. VT 13.
                  479-482

Bolle,W.          Das israelitische Bodenrecht. 1940

Borée,W.          Die alten Ortsnamen Palästinas (1930). Nachdruck 1968

Borger,R.         Das Problem der 'apīru ("Habiru"). 1958. ZDPV 74.
                  121-132

Bork,F.           Philistäische Namen und Vokabeln. 1940. AfO 13.
                  226-230

Bornkamm,G.            πρέσβυς.    THWNT VI. 1959. 651-683

Bossert,H.Th.         Zur Antlantisfrage. 1927. OLZ 30. 649-655

Bottéro,J.            Le Problème des Habiru à la 4$^e$ Rencontre Assyriologique
(ed)                  Internationale. Cahiers de la Société Asiatique 12.
                      1954. Paris

Botterweck,J./        ירד . ThAT II. Sp. 639-650
Conrad,J.

Braudel,F.            Afterthoughts on Material Civilization and Capitalism.
                      Baltimore 1977

Bressan,G.            El Sinnor (2.Sam 5,6-8). 1954. Bib 35. 223-224

Bright,J.             A History of Israel. London 1962$^2$

Brock-Utne,A.         Genesis 11,1-9 im Lichte der Kulturgeschichte des
                      Nahen Ostens. 1935. ARW 32. 293-310

Brueggemann,W.        Trajectories in Old Testament Literature and the
                      Sociology of Ancient Israel. 1979. JBL 98. 161-185

Buber,M.              Königtum Gottes. 1956$^3$

Buccellati,G.         The Enthronement of the King and the Capital City in
                      Texts from Ancient Mesopotamia. In: Studies presented
                      to A.Leo Oppenheim. Chicago 1964. 54-61

-                     Cities and Nations of Ancient Syria. An Essay on
                      Political Institutions with Special Reference to the
                      Israelite Kingdoms. Studi Semitici 26. Rom 1967

Budde,K.              Die Bücher Richter und Samuel. Ihre Quellen und ihr
                      Aufbau. 1890

-                     Das Buch der Richter. 1897

-                     Die Bücher Samuel. KHC VIII. 1902

Büttner,Th.           Zur Staatengründung von Viehzüchtern im prä-kolonialen
                      Afrika südlich der Sahara. In: BBuVZ 1968. 41-51

Burney,C.F.           The Book of Judges. London 1920$^2$

Busolt,G.             Griechische Staatskunde. Handbuch der Altertumswis-
                      senschaft IV,1.1. Bd 1 1920. Bd 2 1926

Cahnman,W.J.          Der Pariah und der Fremde: eine begriffliche Klärung.
                      1974. AES 15. 166-177

Caspari,W.            Tochter-Ortschaften im Alten Testament. 1921. ZAW 39.
                      174-180

-                     Alter und Anordnung der zehn Gebote. 1921, Reformation.
                      66-68

Caspari,W.          Die Gottesgemeinde am Sinai und das nachmalige Volk
                    Israel. 1922

-                   Orgiastik und alttestamentliche Weissagung. 1922.
                    Neue kirchliche Zeitschrift 33,1. 283-298

-                   Der Gott der Plebejer. 1921. Geisteskampf der Gegen-
                    wart 57. 129-135

-                   Das Alter des palästinensischen Kolonats. 1922. Ar-
                    chiv für Sozialwissenschaft und Sozialpolitik 49.
                    54-107

Cassin,E.           Nouveaux Documents sur les Ḥabiru. 1958. JA 246.
                    225-236

Cassis,H.E.         Gath and the Structure of the "Philistine" Society.
                    1965. JBL 84. 259-271

Causse,A.           Quelques Remarques sur la Psychologie des Prophèthes.
                    1922. RHPhR 2. 349-356

-                   Les Dispersées d'Israel. Paris 1929

-                   La Crise de la Solidarité de la Famille et du Clan
                    dans l'Ancien Israel. 1930. RHPhR 10. 24-60

-                   Les Prophètes et la Crise Sociologique de la Religion
                    d'Israel. 1932. RHPhR 12. 97-140

-                   Du Groupe Ethnique à la Communauté Religieuse. Paris
                    1937

Cazelles,H.         Etudes sur le Code d'Alliance. Paris 1946

-                   David's Monarchy and the Gibeonite Claim. 1955. PEQ 86.
                    165-175

Chiera,E.           Ḥabiru and Hebrews. 1933. AJSL 49. 115-124

Childs,A.           A Study of the Formula "Until this day". 1963. JBL 82.
                    279-292

Christensen,D.L.    The Tribes of Yahweh: A Sociology of the Religion of
/Gottwald,N.K.      Liberated Israel, 1250-1000 B.C.E. N.Y./London 1980.
                    Review JSOT 18. 113-120

Cohen,R./           The Tribe as a Socio-Political Unit: a Cross-Cultural
Schlegel,A.         Examination. In: Helm (ed) 1968. 120-149

Cross,F.M./         The Boundary and Province Lists of the Kingdom of
Wright,G.E.         Juda. 1956. JBL 75. 202-226

Crüsemann,F.        Der Widerstand gegen das Königtum. Die antiköntigli-
                    chen Texte des Alten Testaments und der Kampf um den
                    frühen israelitischen Staat. 1978

-                   Alttestamentliche Exegese und Archäologie. 1979.
                    ZAW 91. 177-193

Dahrendorf,R.  Sozialer Status. In: W.Bernsdorf (ed) Wörterbuch der Soziologie (Reihe Fischer Handbücher) 1972. Bd 3. 1010-1012

Dalman,G.  Zion, die Burg Jerusalems. 1915. PJ 11. 39-84

Diakonoff,I.M.  Agrarian Conditions in Middle Assyria. In: Ders. (ed) Ancient Mesopotamia. Moskau 1969. 204-234

Döbert,R./Nun-  Adoleszenzkrise und Identitätsbildung. 1975
ner-Winkler,G.

Dole,G.E.  Tribe as the Autonomous Unit. In: Helm (ed) 1968. 83-100

Donner,H.  Studien zur Verfassungs- und Verwaltungsgeschichte der Reiche Israel und Juda. Diss.masch. Leipzig 1956

-  Einführung in die biblische Landes- und Altertumskunde. 1976

Dossin,G.  Une Nouvelle Lettre d'El-Amarna. 1934. RA 31. 125-136

-  Benjaminites dans les Textes de Maris. In: Mélanges Syriens offertes à Mr. R.Dussaud. Paris 1939. Bd 2. 981-996

Dougherty,R.P.  Sennacherib and the Walled Cities of Palestine. 1930. JBL 49. 160-171

Dräger,L.  Formen der lokalen Organisation bei den Stämmen der Zentral-Algonkin von der Zeit ihrer Entdeckung bis zur Gegenwart. Berlin DDR 1968

Dreyfuss,F.  Le Thème de l'Héritage dans l'Ancien Testament. 1958. RSPhTh 42. 3-49

Driver,S.R.  Notes on the Hebrew Text and the Topography of the Books of Samuel. Oxford 1966

Durkheim,E.  De la Division du Travail Social. Paris 1902$^2$

-  Les Formes Elémentaires de la Vie Religieuse. Paris 1912

Dus,J.  Mose oder Josua. Zum Problem des Stifters der israe-litischen Religion. 1971. ArO 39. 16-45

Dux,G.  Religion, Geschichte und sozialer Wandel in Max Webers Religionssoziologie. 1971. IJRS 7. 60-94

Ebach,J.  Kritik und Utopie: Untersuchungen zum Verhältnis von Volk und Herrscher im Verfassungsentwurf des Ezechiel (Kap. 40-48). Diss.theol. Hamburg 1972

Ehrenberg,V.  Polis und Imperium. Beiträge zur Alten Geschichte. 1965

Ehrenberg,V.  Wann entstand die Polis? (1937). In: ders. 1965.
83-97

-  Spartiaten und Lakedaimonier (1924). In: ders. 1965.
161-201

-  Der Damos im archaischen Sparta (1933). In: ders. 1965.
202-220

-  Eine frühe Quelle der Polisverfassung (1943). In:
Gschnitzer (hrg) 1969. 26-35

Eichrodt,W.  Theologie des Alten Testaments. Teil I 1967[8]

Eisenstadt,S.N.  Max Webers antikes Judentum und der Charakter der
jüdischen Zivilisation. In: Schluchter (hrg) 1981.134-184

Eising,H.  חיל. ThWAT II,Sp.9o2-911

Eißfeldt,O.  Hexateuch Synopse. 1922

-  Die Quellen des Richterbuches. 1925

-  Die Komposition der Samuelisbücher. 1931

-  Der geschichtliche Hintergrund der Erzählung von Gibeas
Schandtat (1935). Kleine Schriften II, 1963. 64-80

-  Einleitung in das Alte Testament. 1964[3]

-  אזור. ThWAT I. Sp.62-78

Elliger,K.  Josua in Judäa. 1934. PJ 30. 47-71

-  Die dreißig Helden Davids. 1935. PJ 31. 29-75

-  Beth-Semes. BHH I. Sp.229

-  Jabes. BHH II. Sp.790-791

-  Thimna(t). BHH III. Sp.1972

Evans,G.  Ancient Mesopotamian Assemblies. 1958. JAOS 78.
1-11.114f

-  "Coming" and "Going" at the City Gate - a Discussion
of Professor Speiser's Paper. 1958. BASOR 150. 28-33

-  'Gates' and 'Streets': Urban Institutions in Old
Testament Times. 1962. JRH 2. 1-12

Evans-Pritchard,  Nuer Religion. Oxford 1956
E.E.

Even-Shoshan,A.  A New Concordance of the Bible. 3 Bde. Jerusalem 1982

Evenari,M./  The Ancient Desert Agriculture of the Negev.
Aharoni,Y./  1958. IEJ 8. 231-265
Shanan,L./
Tadmor,N.H.

Fairman,H.W.  Town Planning in Pharaonic Egypt. 1965. Town Planning
Review 20. 32-51

Falk,Z.W.          Hebrew Law in Biblical Times. Jerusalem 1964

Feigin,S.          Etymological Notes. 1926. AJSL 42. 53-56

Fendler,M.         Zur Sozialkritik des Amos. Versuch einer wirtschafts-
                   und sozialgeschichtlichen Interpretation alttestament-
                   licher Texte. 1973.EvTh 33. 32-53

Fensham,F.Ch.      The Treaty between Israel and the Gibeonites.
                   1964. BA 27. 96-100

Fleischmann,E.     Max Weber, die Juden und das Ressentiment. In:
                   Schluchter (hrg) 1981. 263-286

Fohrer,G.          Altes Testament, "Amphiktyonie und Bund"? 1966. ThLZ 91.
                   801-816.893-904

    -              Elia. 1968$^2$

Fortes,M.          Die Struktur der unilinearen Deszendenzgruppen (1953).
                   In: K.Eder (hrg) Die Entstehung von Klassengesell-
                   schaften. 1973. 272-287

Fortes,M./Evans-   African Political Systems. London 1940
Pritchard,E.E.

Franken,H.J.       Excavations at Tell Deir 'Allā. Leiden 1962

Frankfort,H.       Kingship and the Gods. Chicago 1962$^4$

Freyer,H.          Soziologie als Wirklichkeitswissenschaft. Logische
                   Grundlegung des Systems der Soziologie. 1930

Frick,F.S.         The City in the Old Testament. Ph.D. Diss. Princeton
                   University 1970 = The City in Ancient Israel. Society
                   of Biblical Literature Dissertation Series 36. 1977

Fried,M.H.         On the Concepts of 'Tribe' and 'Tribal Society'.
                   In: Helm (ed) 1968. 3-20

    -              The Evolution of Political Society. N.Y. 1967

Fritz,V.           Arad in der biblischen Überlieferung und in der Liste
                   Schoschenks I. 1966. ZDPV 82. 331-342

    -              Die sogenannte Liste der besiegten Könige in Jos 12.
                   1969. ZDPV 85. 136-161

    -              Erwägungen zur Siedlungsgeschichte des Negeb in der
                   Eisen-I-Zeit (1200-1000 v.Chr) im Lichte der Ausgra-
                   bungen auf der Ḥirbet-el Mšāš. 1975. ZDPV 41. 30-45

Fuss,W.            II Samuel 24. 1962. ZAW 74. 145-164

Galling,K.        Die Bücher der Chronik, Esra, Nehemia. 1954. ATD 12

Gearing,F.        Sovereignities and Jural Communities in Political
                  Evolution. In: Helm (ed) 1968. 111-119

Geiger,Th.          Vorstudien zu einer Soziologie des Rechts. 1970[2]

Gelzer,M.           Vom römischen Staat. Zur Politik und Gesellschafts-
                    geschichte der römischen Republik. 1943

Gerleman,G.         Nutzrecht und Wohnrecht. Zur Bedeutung von אחזה    und
                    נחלה.  1977. ZAW 89. 313-325

Germer,E.(ed)       Hirtennomaden und Viehzüchter. Museum für Völkerkunde
                    zu Leipzig. Staatliche Forschungsstelle. Leipzig 1973

Gesenius,W.         Hebräische Grammatik. Völlig umgearbeitet von
                    E.Kautzsch. 1909 28.Aufl.

Gesenius,W./        Hebräisches und Aramäisches Handwörterbuch über das
Buhl,F.             Alte Testament. Unveränderter Nachdruck der 1915
                    erschienen 17.Auflage. 1962

Geulen,D.           Das vergesellschaftete Subjekt. 1977

de Geus,C.H.J.      The Tribes of Israel. Amsterdam 1976

Gibson,J.C.L.       Textbook of Syrian Semitic Inscriptions. Vol. I
                    Hebrew and Moabite Inscriptions. 1971

Gilead,D.           Tell Beersheba. EAE I. 160-170

Glück,J.J.          The Conquest of Jerusalem in the Account of II. Sam
                    5: 6-8a. In: Biblical Essays 1966. 98-105

Glueck, N.          Explorations in Eastern Palestine.
                    1934,  I. AASOR 14,1-113
                    1935, II. AASOR 15,1-202
                    1939, III. AASOR 18/19,1-288
                    1951, IV. AASOR 25/28,1-711

   -                Some Ancient Towns in the Plains of Moab. 1943.
                    BASOR 91. 7-26

   -                Report of the Director of the School of Jerusalem.
                    1943. BASOR 92. 4-6

Gottwald,N.K.       Domain Assumptions and Societal Models in the Study
                    of Pre-Monarchic Israel. 1975. VTS 28. 89-100

   -                The Tribes of Yahweh. A Sociology of the Religion
                    of Liberated Israel. 1250-1000 B.C.E. London/N.Y.
                    1980

Grab,H.J.           Der Begriff des Rationalen in der Soziologie Max We-
                    bers. Ein Beitrag zu den Problemen der philosophi-
                    schen Grundlegung der Sozialwissenschaft. 1927

Graetz,H.           Geschichte der Juden. 1874[2]. Bd 1

Gray,J.             I et II Kings. London 1970[2]

Greßmann,H.          Die Anfänge Israels. SAT I 2. 1922[2]
                     Die älteste Geschichtsschreibung und Prophetie
                     Israels. SAT II,1.1921 2.Aufl.

    -                Die Aufgaben der alttestamentlichen Forschung. 1924.
                     ZAW 42. 1-33

Grønbaek,J.H.        Benjamin und Juda. Erwägungen zu 1.Kön XII,21-26.
                     1965. VT 15. 421-436

Gschnitzer,F.(ed)Zur griechischen Staatskunde. 1969

Ders.                Stammes- und Ortsgemeinden im alten Griechenland
                     (1955). In: Gschnitzer (ed) 1969. 271-297

Güdemann,M.          Tendenz und Abfassungszeit der letzten Kapitel des
                     Buches der Richter. 1869. MGWJ 18. 357-368

Gunkel,H.            Die Psalmen. 1968[5]

    -                Genesis. 1969[8]

Gunneweg,A.H.        Geschichte Israels bis Bar Kochba. 1976[2]

Gurvitch,G.          Grundzüge der Soziologie des Rechts. 1974[2]

Guttmann,J.          Soziologie des antiken Judentums. 1925. MGWJ 69.
                     195-223


Haase,R.             Einführung in das Studium keilschriftlicher Rechts-
                     quellen. 1965

    -                Anmerkungen zum ugaritischen Immobilienkauf. 1967.
                     ZA NF 24. 196-210

Habermas,J.          Kultur und Kritik. 1973

Haff,K.              Rechtsgeschichte und Soziologie. 1929. VSWG 22. 1-15

Hahn,H.F.            Old Testament in Modern Research. Philadelphia 1966[2]

Halbe,J.             Das Privilegrecht Jahwes. Ex 34,10-26, Gestalt und
                     Wesen, Herkunft und Wirken in vordeuteronomischer
                     Zeit. 1975

    -                Gibeon und Israel. Art, Veranlassung und Ort der Deu-
                     tung ihres Verhältnisses in Jos 9. 1975. VT 25.
                     623-641

Halligan,J.M.        A Critique of the City in the Yahwist Corpus. Ph.D.
                     Diss. University of Notre Dame 1975

Hallo,W.W.          A Sumerian Amphiktyony. 1960. JCS 14. 88-114

Hammond,M.           The City in the Ancient World. Cambridge Mass. 1972

Haran,M.             The Gibeonites, the Nethinim and the Sons of Solomon's
                     Servants. 1961. VT 11. 159-169

| | |
|---|---|
| Harrelson,W./ Anderson,B.W./ Wright,G.E. | Shechem, the "Navel of the Land". 1957. BA 20. 2-32 |
| Harris,R. | Ancient Sippar. Istanbul 1975 |
| Hasebroek,J. | Staat und Handel im alten Griechenland (1928). Nachdruck 1966 |
| Hauer,C.E. | Jerusalem, the Stronghold and Rephaim, 2.Sam 5,8-25. 1970. CBQ 32. 571-578 |
| - | The Economics of National Security in Solomonic Israel. 1980. JSOT 18. 63-73 |
| Heinrich,K. | Parmenides und Jona. 1966 |
| Helck,W. | Zur Verwaltung des Mittleren und Neuen Reiches. 1958 |
| - | Die Beziehungen zwischen Ägypten und Vorderasien im 3. und 2.Jt.v.Chr. 1962 |
| - | Wirtschaftsgeschichte des alten Ägypten (im 3. und 2.Jahrtausend vor Chr.), Handbuch der Orientalistik, 1.1.5. 1975 |
| Helm,J.(ed) | Essays on the Problem of Tribe. Proceedings of the 1967 Spring Meeting of the American Ethnological Society. N.Y. 1968 |
| Heltzer,M. | Problems of Social History. In: M.Liverani (ed) La Siria del tardo bronzo. Rom 1969. 31-46 |
| - | The Rural Community in Ancient Ugarit. 1976 |
| - | Some Problems of the Military Organization of Ugarit. 1979. Or Ant 18. 245-253 |
| Hempel,J. | Das Ethos des Alten Testaments. 1938 |
| Hensel,H. | Die Sinaitheophanie und die Rechtstraditionen in Israel. Diss.theol. Heidelberg 1971 (Masch.) |
| Hentschke,R. | Erwägungen zur israelitischen Rechtsgeschichte. 1966. ThViat 10. 108-133 |
| Herrmann,S. | Das Werden Israels. 1962. ThLZ 87. 561-574 |
| - | Geschichte Israels in alttestamentlicher Zeit. 1973 |
| Hertzberg,H.W. | Die Bücher Josua, Richter, Ruth, ATD 9. 1969[4] |
| - | Die Samuelbücher, ATD 10. 1968[4] |
| - | Die kleinen Richter. 1954. ThLZ 79. 285-290 |
| Herzog,R. | Seßhaftwerden von Nomaden: Geschichte, gegenwärtiger Stand eines wirtschaftlichen wie sozialen Prozesses und Möglichkeiten der sinnvollen technischen Unterstützung. Forschungsberichte des Landes Nordrhein-Westfalen Nr.1238. Köln/Opladen 1963 |

444                           Literaturverzeichnis

Heuß,A.              Max Weber und das Problem der Universalgeschichte.
                    In: Ders. Zur Theorie der Weltgeschichte. 1968. 49-83

Hintze,O.           Besprechung 'Max Weber Gesammelte Aufsätze zur Reli-
                    gionssoziologie. 1922. Schmollers Jahrbuch 46. 251-258

Hodges,H.           Technology in the Ancient World. Middlesex 1970

Hoffner,H.H.        אלמנה. ThWAT I. Sp.308-313

Holstein,J.A.       Max Weber and Biblical Scholarship. 1975. HUCA 46.
                    159-179

Horst,F.            Bundesbuch. RGG$^3$ I. Sp.1523-1525

-                   Das Eigentum nach dem Alten Testament. In: ders. Gottes
                    Recht. Gesammelte Studien zum Recht im Alten Testament.
                    1961. 203-221 (1949)

Hughes,H.St.        The Historian and the Social Scientist. 1960/61.
                    AHR 66. 20-46

Hulst,A.R.          'am/gōj. 1975. THAT Bd II. Sp.290-326

Humphreys,S.C.      Town and Country in Ancient Greece. In: Ucko,P.J./
                    Ringham,R./Dimbleby,G.W. Man, Settlement and Urbanism.
                    London 1972. 763-768

-                   The Rise and Fall of King Saul: A Study of an Ancient
                    Narrative Stratum in 1 Samuel. 1980. JSOT 18. 74-90

Hungar,K.           Empirie und Praxis. Ertrag und Grenzen der Forschungen
                    Max Webers im Licht neuerer Konzeptionen. 1971

Hylander,I.         Der literarische Samuel-Saul-Komplex (1.Sam 1-15).
                    Uppsala/Leipzig 1932

Ihromi              Die Königinmutter und der 'Amm Ha 'Arez im Reich Juda.
                    1974. VT 24. 421-429

Irons,W.            Variations in Economic Organization: a Comparison of
                    the Pastoral Yomuth and the Bassari. In: Irons/Dyson-
                    Hudson 1972. 88-104

Irons,W./           Perspectives on Nomadism. International Studies in
Dyson-Hudson,N.     Sociology and Social Anthropology. Vol.13. Leiden 1972

Ishida,T.           The House of Ahab. 1975. VT 25. 135-137

Isserlin,B.S.J.     Israelite and Pre-Israelite Place Names in Palestine.
                    1957. PEQ 89. 133-144

Jacobsen,T.         Primitive Democracy in Ancient Mesopotamia. 1943.
                    JNES 2. 159-172

Jacobsen,T.        Early Political Development in Mesopotamia. 1957.
                   ZA NF 18 (52). 91-140

-                  Note sur le Rôle de l'Opinion Publique dans l'Ancienne
                   Mesopotamie d'après un Passage du Poème d'Enmerkar.
                   1964. RA 58. 157-158

Janoska-Bendl,J.   Methodologische Aspekte des Idealtypus. Max Weber und
                   die Soziologie der Geschichte. 1965

Jaroš,K.           Sichem. Eine archäologische und religionsgeschichtliche
                   Studie. Göttingen/Fribourg 1977

-                  Geschichte und Vermächtnis des Königreiches von Israel
                   von 926-722 v.Chr. 1979

Jawad,A.J.         The Advent of the Era of Townships in Northern Meso-
                   potamia. Leiden 1965

Jenni,E./          Theologisches Wörterbuch zum Alten Testament (THAT).
Westermann,C.      Bd I 1975². Bd II 1976

Jepsen,A.          Untersuchungen zum Bundesbuch. 1927

-                  Nabi. Soziologische Studien zur alttestamentlichen
                   Literatur und Religionsgeschichte. 1934

-                  Die "Hebräer" und ihr Recht. 1945-51. AfO 15. 55-68

Jirku,A.           Das weltliche Recht im Alten Testament. 1927

-                  Aufstieg und Untergang der Hyksos. 1932. JPOS 12.
                   51-61

Jones,A.H.         Bronze Age Civilization. The Philistines and the
                   Danites. Washington D.C. 1975

Jones,H.           "Holy War" or "Yahweh War"? 1975. VT 25. 642-658

Jüngling,H.-W.     Richter 19 - Ein Plädoyer für das Königtum. Stilisti-
                   sche Analyse der Tendenzerzählung Ri 19,1-30a;
                   21,25. 1981

Junge,E.           Der Wiederaufbau des Heerwesens des Reiches Juda
                   unter Josia. 1937


Käsler,D.          Einführung in das Studium Max Webers. 1979

Kaiser,O.          Stammesgeschichtliche Hintergründe der Josephsgeschich-
                   te. Erwägungen zur Vor- und Frühgeschichte Israels.
                   1960. VT 10. 1-15

Kallai,Z.          Territorial Patterns, Biblical Historiography and
                   Scribal Tradition - A Programmatic Survey. 1981.
                   ZAW 93. 427-432

Kallai-Klein-      The Town Lists of Judah, Simeon, Benjamin and Dan.
mann,Z.            1958. VT 8. 134-160

Katzenstein,H.J.  The Royal Steward (Asher 'al ha-Bayith). 1960. IEJ 10.
                  149-154

Kegler,J.        Politisches Geschehen und theologisches Verstehen.
                 1977. CThM 8

Kellermann,D.    גור. ThWAT I. Sp.979-991

Kenyon,K.        Royal Cities of the Old Testament. London 1971
    -            Digging Up Jerusalem. London 1974²

Kilian,R.        Literarkritische und formgeschichtliche Untersuchung
                 des Heiligkeitsgesetzes. 1963

Kilmer,A.D.      The Mesopotamian Concept of Overpopulation and its
                 Solution as Reflected in the Mythology. 1972. Or 41.
                 160-177

Kimbrough,ST     Une Conception Sociologique de la Religion d'Israel.
jr.              1969. RHPhR 49. 313-330
    -            A Non-Weberian Sociological Approach to Israelite
                 Religion. 1972. JNES 31. 195-202
    -            Israelite Religion in Sociological Perspective. 1978

Kippenberg,H.G.  Wege zu einer historischen Religionssoziologie.
                 Ein Literaturbericht. 1971. VF 16. 54-82
    -            Religion und Interaktion in traditionalen Gesell-
                 schaften. Ein Forschungsbericht zu neuen Theorien
                 der Religionsgeschichte. 1974. VF 19. 2-24
    -            Religion und Klassenbildung im antiken Judäa. 1978

Kittel,H.J.      Die Stammessprüche Israels. 1959. Diss.theol. Berlin

Klengel,H.       Benjaminiten und Hanäer zur Zeit der Könige von Mari.
                 1958. Diss.phil. Berlin DDR
    -            Zu den šibūtum in altbabylonischer Zeit. 1960. Or 29.
                 357-375
    -            Die Rolle der 'Ältesten' im Kleinasien der Hethiter-
                 zeit. 1965. ZA 57. 223-236
    -            Halbnomadischer Bodenbau im Königreich von Mari.
                 In: BBuVZ 1968. 75-81
    -            Zwischen Zelt und Palast: die Begegnung von Nomaden
                 und Seßhaften im alten Vorderasien. Leipzig 1971

Klengel,H. (hrg) Beiträge zur sozialen Struktur des alten Vorderasiens.
                 Berlin DDR 1971

Klima,J.         Untersuchungen zum ugaritischen Erbrecht.  1956.
                 ArOr 24. 356-374

Klostermann,A.   Die Bücher Samuelis und der Könige. 1887

Knierim,R.   Exodus 18 und die Neuordnung der mosaischen Gerichtsbarkeit. 1961. ZAW 73. 146-170

Knudtzon,J.   Die El-Amarna Tafeln I-II (EA). 1907-15. Anmerkungen
und Register bearbeitet von O.Weber und E.Ebeling.
VAB II,1

Köhler,L.   Der hebräische Mensch. 1953

König,W.   Die Achal-Teke. Zur Wirtschaft und Gesellschaft einer
Turkmenen-Gruppe im 19.Jh. Veröffentlichungen des
Museums für Völkerkunde Leipzig, Heft 12. Berlin DDR
1962

   -   Nomaden in Wüste, Steppe und Gebirge. In: Germer
(1973). 5-14

Kohler,J./   Assyrische Rechtsurkunden in Umschrift und Überset-
Ungnad,A.   zung. 1913

Kornemann,E.   Stadtstaat und Flächenstaat des Altertums und in ihren Wechselbeziehungen. 1908. NJKA 4. 233-253

Korosec,V.   Keilschriftrecht. In: Handbuch der Orientalistik Abt.I.
Ergänzungsband III. Orientalisches Recht. 1964. 49-219

Koschaker,P.   Drei Rechtsurkunden aus Arrapha. 1944. ZA NF 14.
161-221

Kosmala,H.   גבר. ThWAT I. 909-919

Kraeling,C.H./   City Invincible. A Symposium on Urbanization and
Adams,R.M. (eds)   Cultural Development in the Ancient Near East, Held
at the Oriental Institute of the University of
Chicago, December 4-7, 1958. Chicago Ill. 1960

Kramer,F./   Gesellschaften ohne Staat. Band 1 Gleichheit und
Sigrist,Ch.   Gegenseitigkeit. Band 2 Genealogie und Solidarität.
1978

Kramer,S.N.   "Vox Populi" and the Sumerian Literary Documents.
1964. RA 58. 149-156

Kraus,H.-J.   Geschichte der historisch-kritischen Erforschung
des Alten Testaments. 1956

   -   Gottesdienst in Israel. 1962[2]

   -   Psalmen. BK XV,1-2. 1966[3]

Küenzlen,G.   Die Religionssoziologie Max Webers. 1980

Kupper,J.R.   Les Nomades en Mésopotamie au Temps des Rois de Mari.
Bibliothèque de la faculté de Philosophie et Lettres
de l'Université de Liège. 142. Paris 1957

Lagrange,M.L.   Le Livre de Juges. Paris 1903

Landsberger,B.    Ḫabiru und Lulaḫḫu. 1929. KAF 1. 321-334

Lapp,P.W.        Tell el-Fûl. 1965. BA 28. 2-10

Larsen,M.T.      The Old Assyrian City-State and Its Colonies.
                 Copenhagen 1976

Leonhard,R.      Die Transhumanz im Mittelmeergebiet. Eine wirtschafts-
                 geographische Studie über den Seminomadismus.
                 FS Lujo Brentano. 1916. 327-349

van der Leeuw,G. Phänomenologie der Religion. 1970³

Lemche,N.P.      The Greek 'Amphictyony' could it be a Prototyp  for
                 the Israelite Society in the Period of the Judges?
                 1977. JSOT 4. 48-59

Lévy-Bruhl,L.    La Mentalité Primitive. Paris 1925¹. 1933⁸

-                Le Surnaturel et la Nature dans la Mentalité primitive.
                 Paris 1931

-                La Monde Mythique des Australiens et des Papous.
                 Paris 1935

Lewis,B.         Nuer Spokesmen. 1951. Sudan Notes and Records 32. 77-84

Lewis,H.S.       Typology and Process in Political Evaluation. In:
                 Helm (ed) 1968. 101-110

Lewy,H.          The Nuzian Feudal System. 1942. Or 11. 1-40.209-250.
                 297-349

Lewy,J.          Ḫabiru und Hebräer. 1927. OLZ 30. 738-746.825-833

-                Ḫabiru and Hebrews. 1939. HUCA 14. 587-623

-                A New Parallel between Ḫabiru and Hebrews. 1940.
                 HUCA 15. 47-58

Liebeschütz,H.   Max Weber's Historical Interpretation of Judaism. In:
                 Publications of the Leo-Baeck-Institute. Yearbook IX.
                 1964. 41-68

-                Das Judentum im deutschen Geschichtsbild von Hegel bis
                 Max Weber. 1967

Liedke,G.        Gestalt und Bezeichnung alttestamentlicher Rechts-
                 sätze. 1971

Lindars,B.       Gideon and Kingship. 1965. JThS NS 16. 315-326

Liverani,M.      Communauté de Village et Palais Royal dans la Syrie
                 du IIème Millénaire. 1975. JESHO 18. 146-164

Liver,J.         The Literary History of Joshua IX. 1963. JSS 8.
                 227-243

Lohfink,N.    Beobachtungen zur Geschichte des Ausdrucks עַם יהוה.
              In: FS von Rad, Probleme biblischer Theologie, hrg von
              H.W.Wolff. 1971. 275-305

Lotze,D.      ΜΕΤΑΞΥ ΕΛΕΥΘΕΡΩΝ ΚΑΙ ΛΟΥΚΩΝ. Studien zur Rechtsstel-
              lung unfreier Landbevölkerung in Griechenland bis zum
              4.Jh v.Chr. Berlin DDR 1959

Luckenbill,D. Ancient Records of Assyria and Babylonia. (ARA) 2 Bde.
              Chicago Ill. 1926-27

Ludz,P.Ch.    Soziologie und Sozialgeschichte. 1973

Lurje,M.      Studien zur Geschichte der wirtschaftlichen und sozia-
              len Verhältnisse im israelitisch-jüdischen Reiche.
              1927. BZAW 45

Mc Adams,R.   The Evolution of Urban Society. Early Mesopotamia and
              Prehispanic Mexico. Chicago 1971

Mc Carthy,D.J. Der Gottesbund im Alten Testament. Stuttgarter Bibel-
              studien 13. 1966

Mc Kane,W.    The Gibbor Hayil in the Israelite Community. 1959.
              TGUOS 17. 28-37

Mc Kenzie,D.A. The Judge of Israel. 1967. VT 17. 118-121

Mc Kenzie,J.  The Elders in the Old Testament. 1959. Bib 40. 522-540

Macholz,G.Ch. Untersuchungen zur Geschichte der Samuelüberlieferun-
              gen. Diss.theol. Heidelberg 1966 (Masch.)

-             Die Stellung des Königs in der israelitischen Gerichts-
              verfassung. 1972. ZAW 84. 157-182

-             Zur Geschichte der Justizorganisation in Juda. 1972.
              ZAW 84. 314-340

Malamat,A.    Mari and the Bible: Some Patterns of Tribal Organi-
              zation and Institutions. 1962. JAOS 82. 143-150

-             Kingship and Council in Israel and Sumer: A Parallel.
              1963. JNES 22. 247-253

-             Organs of Statecraft in the Israelite Monarchy (1965).
              1970. BA Reader 3. 163-198

-             Tribal Societies: Biblical Genealogies and African
              Lineage Systems. 1973. AES 14. 126-136

-             The Twilight of Judah: in the Egyptian-Babylonian
              Maelstrom. 1975. VTS 28. 123-145

-             Charismatic Leadership in the Book of Judges. In:
              F.M.Cross/W.E.Lemke/P.D.Miller jr.(eds) Magnalia Dei.
              The Mighty Acts of God. Essays on the Bible and
              Archaeology in Memory of G.E.Wright. N.Y. 1976.
              152-168

450          Literaturverzeichnis

Malamat,A.          Charismatische Führung im Buch der Richter. In:
                    Schluchter (hrg) 1981. 110-133

Mandelkern,S.       Veteris Testamenti Concordantiae. Hebraique atque
                    Chaldaicae. Jerusalem/Tel Aviv 1969 8.Aufl.

Markov,G.E.         Probleme der Entstehung des Nomadismus. In: Germer
                    (1973). 15-22

Martindale,D.       Sociological Theory and the Ideal Type. In: L.Gross
                    (ed) Symposium on Sociological Theory, N.Y. 1959.
                    57-91

Matthews,V.H.       Pastoral Nomadism in the Mari Kingdom. American
                    Schools of Oriental Research. Diss.Ser. 3. Cambridge
                    1978

May,H.G.            A Sociological Approach to Hebrew Religion. 1944.
                    JBR 12. 98-106

Mayes, A.D.H.       Israel in the Pre-Monarchy Period. 1973. VT 23.
                    151-170

-                   Israel in the Period of the Judges. London 1974

Mazar,B.            The Cities of the Priests and the Levites. 1960.
                    VTS 7. 193-205

-                   The Military Elite of King David. 1963. VT 13. 310-320

Meissner,B.         Könige Babyloniens und Assyriens. 1926

Mendelsohn,I.       The Disinheritance of Jephtah in the Light of Para-
                    graph 27 of the Lipit-Ishtar Code. 1954. IEJ 4.
                    116-119

Mendenhall,G.E.     Ancient Oriental and Biblical Law (1954). In: BA Reader
                    3. 1970. 3-24

-                   Covenant Forms in Israelite Tradition (1954). In: BA
                    Reader 3. 1970. 25-53

-                   The Hebrew Conquest of Palestine (1962). In: BA Reader
                    3. 1970. 100-120

-                   The Tenth Generation. The Origins of the Biblical
                    Tradition. 1973

Menes,A.            Die vorexilischen Gesetze Israels im Zusammenhang sei-
                    ner kulturgeschichtlichen Entwicklung. 1928. BZAW 50

-                   Tempel und Synagoge. 1932. ZAW 50. 268-276

Mettinger,T.N.D.    Solomonic State Officials. A Study of the Civil Govern-
                    ment Officials of the Israelite Monarchy. Coniectana
                    Biblica. OT Series 5. Lund 1971

Meyer,Eduard       Die Israeliten und ihre Nachbarstämme. 1906

Meyer,Eduard      Kleine Schriften zur Geschichtstheorie und zur wirt-
                  schaftlichen und politischen Geschichte des Altertums.
                  Bd 1. 1910

Meyer,Ernst       Einführung in die antike Staatskunde. 1976

Meyer,P.          Kritik und Ergänzung des Weber'schen Idealtypus -
                  Charismatische Herrschaft -. Erläutert am Beispiel
                  Thomas Müntzer und des Thüringer Aufstandes 1524/25.
                  Diplomarbeit Soziologie Mannheim 1972/73

Middleton,J./     Tribes without Rulers. London 1967 3.Aufl.
Tait,D.(eds)

Mildenberger,F.   Die vordeuteronomistische Saul-Davidüberlieferung.
                  Diss.theol. Tübingen 1962 (Masch.)

Miller,J.M.       The Fall of the House of Ahab. 1967. VT 17. 307-324

Mittmann,S.       Die Steige des Sonnengottes (Ri 8,13). 1965. ZDPV 81.
                  80-87

-                 Beiträge zur Siedlungsgeschichte und Territorial-
                  geschichte des nördlichen Ostjordanlandes. 1970

Möhlenbrink,K.    Die Landnahme-Sagen des Buches Josua. 1938. ZAW  56.
                  238-268

Mommsen,Th.       Römische Geschichte. 1976 (dtv bibliothek)

Mommsen,W.        Max Weber. Gesellschaft, Politik und Geschichte. 1974

Mowinckel,S.      Zur Frage nach dokumentarischen Quellen in Josua
                  13-19. Avhandlinger utgitt av det Norske Videnskas-
                  Akademi i Oslo. II.Hist.Filos.Klasse 1946, 1.

-                 'Rahelstämme' und 'Leastämme'. In: FS Eißfeldt
                  Von Ugarit nach Qumran. 1958. BZAW 77. 129-150

Montgomery,J.A.   A Critical and Exegetical Commentary on the Books
                  of Kings. ICC Edinburgh 1951

Moore,G.F.        A Critical and Exegetical Commentary on Judges.
                  ICC Edinburg 1898 2.Aufl.

Moret,A./         From Tribe to Empire. Social Organization among Pri-
Davy,G.           mitives and in the Ancient East. London 1926

Müller,H.P.       ראש. ThAT II (1976) Sp.701-715

Mulder,M.J.       בעל. ThWAT 1, Sp.706-727

Munz,P.           From Max Weber to Joachim of Floris: The Philosophy
                  of Religious History. 1980. JRH 11. 167-200

Murdock,G.P.      Social Structure. N.Y. 1948

Na'aman,N.      Royal Estates in the Jezreel Valley in the Late Bronze Age and Under the Israelite Monarchy. (hebr.) 1981. EI 15. 140-144

Napir,B.D.      The Omrides of Jesreel. 1959. VT 9. 366-378

Neher,A.      Amos, Contribution à l'Etude du Prophétisme. Paris 1950

Neusner,J.      Max Weber revisited: Religion and Society in Ancient Judaism. Oxford 1981

Nicholson,E.W.      The Meaning of the Expression עם הארץ in the Old Testament. 1965. JSS 10. 59-66

Nielsen,E.      Shechem. Kopenhagen 1959$^2$

Nissen,H.J.      Archäologie und die soziale Struktur innerhalb einer Siedlung. In: D.O.Edzard (hrg) Gesellschaftsklassen im Alten Zweistromland und in den angrenzenden Gebieten. XVIII.Rencontre Assyriologique Internationale, München. 29.Juni bis 3.Juli 1970 (1972)

North,R.      Sociology of the Biblical Jubilee. Rom 1954

Noth,M.      Das Krongut der israelitischen Könige und seine Verwaltung. 1927. ZDPV 50. 211-244

-      Die israelitischen Personennamen. 1928

-      Das System der zwölf Stämme Israels. 1930

-      Erwägungen zur Hebräerfrage. In: FS O.Procksch. 1934. 99-112

-      Überlieferungsgeschichtliche Studien. 1943

-      Überlieferungsgeschichte des Pentateuch. 1948

-      Das Buch Josua. HAT 7, 1953$^2$

-      Amt und Berufung im Alten Testament. 1958

-      Geschichte Israels. Berlin 1963$^5$

-      Das zweite Buch Mose. Exodus. ATD 5. 1959

-      Das vierte Buch Mose. Numeri. ATD 7. 1966

-      Das Amt des "Richters Israels" (1950). In: Gesammelte Studien zum Alten Testament Bd 2. 1969. 71-85

-      Der Beitrag der Archäologie zur Geschichte Israels (1960). ABLAK I. 34-51

-      Nu 21 als Glied der "Hexateuch"-Erzählung (1940/41). ABLAK I. 75-101

-      Der Hintergrund von Ri 17-18 (1962). ABLAK I. 133-147

-      Die Ansiedlung des Stammes Juda (1934). ABLAK I. 183-196

-      Studien zu den historisch-geographischen Dokumenten des Josuabuches (1935). ABLAK I. 229-280

Noth,M.          Die fünf Könige in der Höhle von Makkeda (1937).
                 ABLAK I. 281-293

-                Das Land Gilead als Siedlungsgebiet israelitischer
                 Sippen (1941). ABLAK I. 347-390

-                Israelitische Stämme zwischen Ammon und Moab (1944).
                 ABLAK I. 391-433

-                Die Nachbarn der israelitischen Stämme im Ostjordan-
                 land (1946). ABLAK I. 434-475

-                Jabes-Gilead. Ein Beitrag zur Methode alttestamentli-
                 cher Topographie (1953). ABLAK I. 476-488

-                Gilead und Gad (1959). ABLAK I. 489-543

-                Könige I,1-16. 1968. BK IX,1

-                Gott, König, Volk im Alten Testament. Gesammelte
                 Studien I. 1957. 188-229

Nowack,W.        Richter, Ruth und Bücher Samuelis. 1902. HK I,4

Nübel,H.U.       Davids Aufstieg in der Frühe israelitischer Ge-
                 schichtsschreibung. Diss.theol. Bonn 1959

Oelsner,T.       The Place of the Jews in Economic History as Viewed
                 by German Scholars. In: Yearbook VII. 1962. 183-212.
                 Publications of the Leo-Baeck-Institute

Olmstead,A.T.    History of Assyria. London/N.Y. 1923

Oppenheim,A.L.   The City of Assur in 714 BC. 1960. JNES 19. 133-147

-                Mesopotamia - Land of Many Cities. In: I.M.Lapidus
                 (ed)Middle Eastern Cities. Berkeley 1969. 3-16

Oppenheimer,H.   Die Logik der soziologischen Begriffsbildung mit be-
                 sonderer Berücksichtigung von Max Weber. Heidelber-
                 ger Abhandlungen zur Philosophie und ihrer Geschichte.
                 5. 1925

Orlinsky,H.M.    The Tribal System of Israel and Related Groups in the
                 Period of the Judges. 1962. OrAnt 1. 11-20

Otto,E.          Sozialgeschichte Israels. Probleme und Perspektiven.
                 1981. Biblische Notizen 15. 87-92

Ottoson,M.       Gilead. Tradition and History. Lund 1969

Otzen,B.         בליעל. ThWAT I. Sp.654-658

Paoli,U.E.       Le Développement de la "Polis" Athénienne et ses
                 Conséquences dans la Droit Antique. 1948. RIDA 1.
                 153-161

Parrot,A.        Samaria, die Hauptstadt des Reiches Israel, Babylon
                 und das Alte Testament. Zürich 1957

Parsons,T.        The Structure of Social Action. N.Y./London 1967

–                 Gesellschaften. Evolutionäre und komparative Perspektiven. 1975

Paul,Sh.M.        Studies in the Book of Covenant in the Light of Cuneiform and Biblical Law. 1970. VTS 18

Pedersen,J.       Der Eid bei den Semiten. Straßburg 1914

–                 Israel, its Life and Culture. London/Kopenhagen. Bd I/II 1926. Bd III/IV 1940

Perlitt,L.        Bundestheologie im Alten Testament. 1969

Pfister,B.        Die Entwicklung zum Idealtypus. Eine methodologische Untersuchung über das Verhältnis von Theorie und Geschichte bei Menger, Schmoller und Max Weber. 1928

Piaget,J.         Die Entwicklung des Erkennens. 1975. Gesammelte Werke Bd 8-10

van der Ploeg,J.  Le Sens de gibbôr hail. 1941. RB 50. 120-125

–                 Les Chefs du Peuple d'Israel et leurs Titres. 1950. RB 57. 40-61

–                 Les 'Nobles' Israélites. 1951. OTS 9. 49-64

Porter,J.R.       Moses and Monarchy. A Study in the Biblical Tradition of Moses. Oxford 1963

Postgate,J.H.     Neoassyrian Royal Grants and Decrees. Rom 1969

Prewitt,T.J.      Kinship Structures and the Genesis Genealogies. 1981. JNES 4o.87-98

Pritchard,J.B.    Ancient Near Eastern Texts Relating to the Old Testament. Princeton 1955 2.Aufl. (ANET)

–                 Gibeon's History in the Light of Excavation. 1959. VTS 7. 1-12

–                 Gibeon. Where the Sun Stood Still. The Discovery of the Biblical City. N.J. 1962

Procksch,O.       Fürst und Priester bei Hesekiel. 1940/41. ZAW 58. 99-133

von Rad,G.        מלך und מלכות im Alten Testament. (1933). ThWNT I. 563-569

–                 Das fünfte Buch Mose. Deuteronomium. 1964. ATD 8

–                 Der Heilige Krieg im alten Israel. 1965[4]

–                 Theologie des Alten Testaments. 2 Bde 5.Aufl. 1966/68

–                 Verheißenes Land und Jahwes Land im Hexateuch (1943). In: Gesammelte Studien zum Alten Testament I. 1971[4]. TB 8. 87-100

von Rad,G.          Der Anfang der Geschichtsschreibung im Alten Testa-
                    ment (1944). In: Gesammelte Studien zum Alten Testa-
                    ment I. 1971[4]. TB 8. 148-188

    -               Das erste Buch Mose. Genesis. 1972[9]. ATD 2-4

Radcliffe-          African Systems of Kinship and Marriage (1950).
Brown,A.R. (ed)     4.Nachdruck Oxford 1960

Rahtjen,B.D.        Philistine and Hebrew Amphictyonies. 1965. JNES 24.
                    100-104

Rainey,A.F.         El-Amarna Tablets 359-379. 1970

Ramlot,L.           Les Genéalogies Bibliques. 1960. BVC 60. 53-70

Raphael,F.          Max Weber et le Judaisme Antique. 1970. AES 11.
                    297-336

Redford,D.B.        Exodus I 11. 1963. VT 13. 401-418

Rendtorff,R.        Erwägungen zur Frühgeschichte des Prophetentums in
                    Israel. 1962. ZThK 59. 145-167

    -               Studien zur Geschichte des Opfers. 1967

    -               Beobachtungen zur altisraelitischen Geschichtsschrei-
                    bung anhand der Geschichte vom Aufstieg Davids. In:
                    FS von Rad Probleme biblischer Theologie, hrg von
                    H.W.Wolff. 1971. 428-439

    -               Mose als Religionsstifter? In : Gesammelte Studien zum
                    Alten Testament. 1975. 152-171

    -               Das überlieferungsgeschichtliche Problem des Penta-
                    teuch. 1976. BZAW 147

Reviv,H.            The Government of Shechem in the El-Amarna Period and
                    in the Days of Abimelech. 1966. IEJ 16. 252-257

    -               On Urban Representative Institutions and Self-Govern-
                    ment in Syria-Palestine in the Second Half of the
                    Second Millenium B.C. 1969. JESHO 12. 282-297

    -               Early Elements and Late Terminology in the Descrip-
                    tions of Non-Israelite Cities in the Bible. 1977.
                    IEJ 27. 189-196

    -               Elders and 'Saviors'. 1977. OA 16. 201-204

    -               The Pattern of the Whole-Kingdom's Assembly in Israel.
                    1981. EI 15. 308-311 (hebr)

Richter,W.          Traditionsgeschichtliche Untersuchungen zum Richter-
                    buch. 1963

    -               Zu den Richtern Israels. 1965. ZAW 77. 40-72

    -               Die Überlieferungen um Jephtah Ri 10,17-12,6. 1966.
                    Bib 47. 485-556

Rickert,H.          Die Grenzen der naturwissenschaftlichen Begriffsbil-
                    dung. 1929 5.Aufl.

Riemschneider,M. Die Herkunft der Philister. Acta Antiqua 1956. 17-29

Riesener,I.        Der Stamm עבד  im Alten Testament. 1979. BZAW 149

Ringgren,H.       גרש. ThWAT II. Sp.72-74

Rodd, C.S.        Max Weber and Ancient Judaism. 1979. SJTh 32. 457-469
-                 On Applying a Sociological Theory to Biblical Studies.
                  1981. JSOT 19. 95-106

Roeroe,W.A.       Das Ältestenamt im Alten Testament. Diss.theol. Mainz
                  1976

Rösel,H.          Studien zur Topographie der Kriege in den Büchern
                  Josua und Richter 1975. ZDPV 91. 159-190; 1976. ZDPV 92.
                  10-46

Rosenblum,J.R.    Social Science Concepts of Modernization and Biblical
                  History: the Development of the Israelite Monarchy.
                  1972. JAAR 40. 437-444

Rost,L.           Die Überlieferung von der Thronnachfolge Davids. 1926
-                 Die Vorstufen von Kirche und Synagoge im Alten Testa-
                  ment. 1938
-                 Gruppenbildungen im Alten Testament. 1955. TLZ 80.
                  Sp.1-8
-                 Das Bundesbuch. 1965. ZAW  77. 255-259
-                 Die Bezeichnungen für Volk und Land im Alten Testa-
                  ment (1934). In: Das kleine Credo und andere Studien
                  zum Alten Testament. 1965. 76-101

Roth,G./          Max Weber's Vision of History. Berkeley 1979
Schluchter,W.

Rowley,H.H.       Zadok and Nehushtan. 1939. JBL 58. 113-141
-                 Melchizedek and Zadok (Gen 14 and Ps 110). In:
                  FS Bertolet. 1950. 461-472

Rowton,M.         The Topological Factor in the Ḫapiru Problem. 1965.
                  AS 16. 375-387
-                 The Physical Environment and the Problem of the
                  Nomads. In: XV Rencontre Assyriologique Internationale
                  Liège 1967. 109-121

Ruben,W.          Arische Hirten und vorarische Bauern im alten Indien.
                  In: BBuVZ 1968. 151-162

Rudolph,W.        Der Elohist von Exodus bis Josua. 1938. BZAW 68
-                 Textkritische Anmerkungen zum Richterbuch. In: FS
                  Eißfeldt 1947. 199-212
-                 Die Einheitlichkeit der Erzählung vom Sturz der
                  Athalja. In: FS Bertholet 1950. 473-478

Rudolph,W.        Zum Text der Königsbücher. 1951. ZAW 63. 201-215

-                 Chronikbücher. 1955. HAT 21

-                 Hosea. 1966. KAT XIII,1

Rupprecht,K.      Der Tempel von Jerusalem. Gründung Salomos oder
                  jebusitisches Erbe? 1977. BZAW 144


Sahlins,M.D.      Tribesmen. N.J. 1968

Schaaf,J.J.       Geschichte und Begriff. Eine kritische Studie zur
                  Geschichtsmethodologie von Ernst Troeltsch und
                  Max Weber. 1946

Schäfer,Ch.       Stadt und Eidgenossenschaft im Alten Testament.
                  Eine Auseinandersetzung mit Max Webers Studie
                  'Das antike Judentum'. Diss.theol. Heidelberg 1969

-                 Stadtstaat und Eidgenossenschaft. Max Webers Analyse
                  der vorexilischen Gesellschaft. In: Schluchter (hrg)
                  1981. 78-109

Schapera,I.       Government and Politics in Tribal Societies.
                  London 1956

Scharir-Zade,T.   Grundzüge der Nomadenwirtschaft. Diss. Heidelberg
                  1931

von Schelting,A.  Die logische Theorie der historischen Kulturwissen-
                  schaft von Max Weber und im besonderen sein Begriff
                  des Idealtypus. Archiv für Sozialwissenschaft und
                  Sozialpolitik 1922, 49. 623-752

-                 Max Webers Wissenschaftslehre. 1934

Schinkel,H.G.     Die Beschaffung vegetabilischer Nahrung bei den Noma-
                  den Ost- und Nordostafrikas unter besonderer Berück-
                  sichtigung der Arbeitsteilung. In: BBuVZ 1968.
                  163-183

Schiper,M.        Max Weber on the Sociological Basis of Jewish Religion.
                  JJSoc 1959, 1. 250-260. Übersetzung ins Englische von
                  P.Glikson. Original in polnisch in: Nowe Zycie
                  Warsaw vol I, no. 1-2, Juni/Juli 1924

Schluchter,W.     Max Webers Gesellschaftsgeschichte. 1978. KZS 30.
                  438-467

-                 Die Entwicklung des okzidentalen Rationalismus. 1979

-                 Altisraelitische religiöse Ethik und okzidentaler
                  Rationalismus. In: Schluchter (hrg) 1981. 11-77

- (hrg)           Max Webers Studie über das antike Judentum. 1981

Schmid,H.         Jahwe und die Kulttraditionen von Jerusalem. 1955.
                  ZAW 67. 168-197

Schmid,H.          Mose. Überlieferung und Geschichte. 1968. BZAW 110

Schmid,H.H.        jrs. ThAT I. 1971. Sp.778-781

Schmidt,L.         Menschlicher Erfolg und Jahwes Initiative. Studien
                   zur Tradition, Interpretation und Historie in den
                   Überlieferungen von Gideon, Saul und David. 1970

-                  König und Charisma im Alten Testament. 1982. KuD 28.
                   73-87

Schmitt,G.         Du sollst keinen Frieden schließen mit den Bewohnern
                   des Landes. Die Weisungen gegen die Kanaanäer in
                   Israels Geschichte und Geschichtsschreibung. 1970

Schmökel,H.        Das angewandte Recht im Alten Testament. 1930

Schneider,A.       Die Anfänge der Kulturwirtschaft. Die Sumerische
                   Tempelstadt. Plenge, Staatswissenschaftliche Bei-
                   träge IV. 1920

Schottroff,W.      Der altisraelitische Fluchspruch. 1969

-                  Soziologie und Altes Testament. 1974. VF 19. 46-66

Schröder,O.        Zu den Berliner Amarnatexten. 1915. OLZ 18.
                   Sp. 293-296

Schuchhardt,C.     Ursprung und Wanderung des Wohnturmes. 1929. SPAW.PH.
                   437-469

-                  Hof, Burg und Stadt bei Germanen und Griechen. 1908.
                   NJKA 4. 305-321

Schulte,H.         Die Entstehung der Geschichtsschreibung im alten
                   Israel. 1972. BZAW 128

Schulz,W.          Stilkritische Untersuchungen zur deuteronomistischen
                   Literatur. Diss.theol. Tübingen 1974 (Masch.)

Schunck,K.D.       Ophra, Ephron und Ephraim. 1961. VT 11. 188-200

-                  Benjamin. Untersuchungen zur Entstehung eines israe-
                   litischen Stammes. 1963. BZAW 86

Schwertner,S.      Das verheißene Land. Bedeutung und Verständnis des
                   Landes nach den frühen Zeugnissen des Alten Testa-
                   ments. Diss.theol. Heidelberg 1966 (Masch.)

Seebass,H.         Der Fall Naboth in 1 Reg 21. 1974. VT 24. 474-488

-                  Erwägungen zum altisraelitischen System der 12 Stämme.
                   1978. ZAW 90. 196-220

Sellin,E.          Wie wurde Sichem eine israelitische Stadt? 1922

Sellin,E./         Einleitung in das Alte Testament. 1965.
Fohrer,G.          10.Aufl.

Sellnow,I.        Introduction. In: BBuVZ 1968. 19-29

Service,E.        Primitive Social Organization. N.Y. 1964$^2$

Seyfarth,C./     Max Weber Bibliographie: eine Dokumentation der
Schmidt,G.       Sekundärliteratur. 1977

Shiloh,Y.        Elements in the Development of Town Planning in the
                 Israelite City. 1978. IEJ 28. 36-51

-                The Population of Iron Age Palestine in the Light
                 of Urban Plans, Areas and Population Density. 1981.
                 EI 15. 274-282 (hebr.)

Shmueli,E.       The 'Pariah People' and its 'Charismatic Leadership'.
                 American Academy of Jewish Research 1968 vol 36.
                 167-247

Sigrist,Ch.      Über das Fehlen und die Entstehung von Zentralinstan-
                 zen in segmentären Gesellschaften. 1962. ZE 87.
                 191-202

-                Regulierte Anarchie. Untersuchungen zum Fehlen und
                 zur Entstehung politischer Herrschaft in segmentären
                 Gesellschaften. 1967

Simons,J.        Handbook for the Study of Egyptian Topographical
                 Lists Relating to Western Asia. (ETT) Leiden 1937

-                The Geographical and Topographical Texts of the
                 Old Testament. Leiden 1959

-                Jerusalem in the Old Testament. Researches and
                 Theories. Leiden 1952

Simpson,C.A.     Composition of the Book of Judges. Oxford 1958

Sinclair,L.A.    Gibeah. EAE II. 444-446

-                An Archaeological Study of Gibeah (Tell el-Fûl).
                 1964. BA 27. 52-64

Sloush,N.        Representative Government among the Hebrews and
                 Phoenicians. 1913/14 JQR NS 4. 303-310

Smend,R.         Jahwekrieg und Stämmebund. 1963

-                Gehörte Juda zum vorstaatlichen Israel? In: Fourth
                 World Congress of Jewish Studies. vol I. Jerusalem
                 1967. 57-62

Smith,H.P.       A Critical and Exegetical Commentary on the Books
                 of Samuel. ICC. Edinburgh 1912

Soggin,J.A.      Der judäische 'am-ha'ares und das Königtum in Juda.
                 1963. VT 13. 187-195

-                Charisma und Institution im Königtum Sauls. 1963.
                 ZAW 75. 54-65

Soggin,J.A.      Der offiziell geförderte Synkretismus in Israel
                 während des 10.Jh. 1966. ZAW 78. 179-204

   -             Das Königtum in Israel. Ursprünge. Spannungen. Ent-
                 wicklung. 1967. BZAW 104

   -             The History of Ancient Israel - A Study in Some
                 Questions of Method. 1974. EI 14. 44-51

   -             Rezension N.K.Gottwald The Tribes of Yahweh.
                 A Sociology of the Religion of Liberated Israel.
                 1250-1000 B.C.E. London/N.Y. 1980.
                 1981. Bib 62. 583-590

Sordi,M.        Die Anfänge des aitolischen Koinon. In: Gschnitzer
                 1969. 343-374

Speiser,E.A.    "Coming" and "Going" at the City Gate. 1956.
                 BASOR 144. 20-23

   -             Background and Function of the Biblical Nāśi'.
                 1963. CBQ 25. 111-117

Stadler,G.      Privateigentum in Israel und im Alten Orient.
                 Diss.theol. Mainz 1975

Stähli,H.-P.    Knabe-Jüngling-Knecht. Untersuchungen zum Begriff
                     im Alten Testament. 1978

Steck,O.H.      Überlieferungen und Zeitgeschichte in den Elia-
                 Erzählungen. 1968

Stein,L.        Die Šammar-Ǧerba. Beduinen im Übergang vom Nomadis-
                 mus zur Seßhaftigkeit. Berlin DDR 1967

   -             Das Problem des Landbesitzes bei der Seßhaftwerdung
                 der Šammar-Ǧerba. In: BBuVZ 1968. 215-221

Steuernagel,C.  Josua. HK. 1923$^2$

Stier,H.E.      Grundlagen und Sinn der griechischen Geschichte. 1945

Stoebe,H.J.     Die Einnahme Jerusalems und der Ṣinnor. 1957.
                 ZDVP 73. 73-99

   -             Das erste Buch Samuelis. KAT VIII,1. 1973

Subbotin,V.A.   Die Nomaden und die seßhafte Bevölkerung der Sahel
                 im 19.Jh. In: BBuVZ 1968. 223-228

Swidler,W.W.    Some Demographic Factors Regulating the Formation
                 of Flocks and Camps among the Brahui of Baluchistan.
                 In: Irons/Dyson-Hudson 1972. 69-75

Tait,D.         The Territorial Pattern and Lineage System of
                 Konkomba. In: Middleton/Tait 1967. 3.Aufl. 167-202

Talmon,S.          The Judaean 'Am Ha'Areş in Historical Perspective.
                   In: Fourth World Congress of Jewish Studies. Jeru-
                   salem 1967. I. 71-76

Taubes,J.          Die Entstehung des jüdischen Pariavolkes. In:
                   Engisch,K./Pfister,B./Winckelmann,J. Max Weber.
                   Gedächtnisschrift der Ludwig-Maximilians Universität
                   München zur 100. Wiederkehr seines Geburtstages
                   1964. (1966)

Täubler,E.         Biblische Studien. Die Epoche der Richter. Hrg von
                   H.-J.Zobel 1958

Tenbruck,F.H.      Die Genesis der Methodologie Max Webers. 1959.
                   KZS 11. 573-630

Timm,S.            Die Dynastie Omri. Quellen und Untersuchungen zur
                   Geschichte Israels im 9. Jahrhundert. 1982

Torrance,J.        Max Weber. Methods and the Man. 1974. AES 15.
                   127-165

Tritsch,F.         Die Stadtbildungen des Altertums und die griechische
                   Polis. 1929. Klio 22. 1-83

Troeltsch,E.       Aufsätze zur Geistesgeschichte und Religionssozio-
                   logie. Gesammelte Schriften Bd 4. Hrg von H.Baron
                   1925

Thureau-Dangin,F. Nouvelles Lettres d'El-Amarna. 1922. RA 19. 91-108


Unger,E.           Dûr-Sarruukin. RLA II (1938). 249-252

Ussishkin,D.       Royal Judaen Storage Jars and Private Seal Impressions.
                   1976. BASOR 223. 1-13


de Vaux,R.         Exploration de la Région de Salt. 1938. RB 47.
                   398-425

   -               Rezension von 'A.Alt Der Stadtstaat Samaria'.
                   1956. RB 63. 101-106

   -               Das Alte Testament und seine Lebensordnungen. 2 Bde.
                   1960

   -               Le Sens de l'Expression "Peuple du Pays" dans l'Ancien
                   Testament et le rôle Politique du Peuple en Israel.
                   1964. RA 58. 147-172

   -               Histoire Ancienne d'Israel. vol I. Des Origines à
                   l'Installation en Canaan. Paris 1971

   -               Histoire Ancienne d'Israel. vol II. La Periode de
                   Juges. Paris 1973

   -               La Thèse de l'Amphictyonie Israélite. 1971. HThR 64.
                   415-436

de Vaux,R.          'El-Far'ah', Tell, North. EAE II. 395-404

de Vaux,R./         Les Fouilles de Tell El-Far'ah. Tel Aviv 1969

Vincent,H.          Le Sinnôr dans la Prise de Jerusalem. 1924. RB 33.
                    357-370

Vink,J.G.           The Date and Origin of the Priestly Code in the
                    Old Testament. 1969. CTS 15. 1-144

Virolleaud,Ch.      Les Villes et les corporations du Royaume d'Ugarit.
                    1940. Syria 21. 123-151

Vogel,E.            Bibliography of Holy Land Sites. 1971. HUCA 42.
                    1-96

Vogt,J.             Die römische Republik. 1973$^6$

Wagner,V.           Zur Systematik in dem Codex Ex 21,2-22,16. 1969.
                    ZAW 81. 176-182

v.Waldow,H.E.       Social Responsibility and Social Structure in Early
                    Israel. 1970. CBQ 32. 182-204

Wallis,G.           Die Stadt in den Überlieferungen der Genesis. 1966.
                    ZAW 78. 133-147

-                   Jerusalem und Samaria als Königsstädte. 1976.
                    VT 26. 480-496

Walther,A.          Max Weber als Soziologe. 1926. Jahrbuch für Sozio-
                    logie Bd 2. 1-65

Wanke,G.            nah̲a lā. ThAT II. 1976. Sp 55-59

Watkins,J.W.M.      Idealtypus und historische Erklärung. In: H.Albert
                    (hrg) Theorie und Realität. 1972. 331-358

Watson,W.G.E.       David Ousts the City Ruler of Jebus. 1970.
                    VT 20. 501-502

Wax,M.              Ancient Judaism and the Protestant Ethic. 1959.
                    AJS 65. 449-455

Weber,A.            Kulturgeschichte als Kultursoziologie. 1950

Weber,Max           Das antike Judentum. 1923$^2$

-                   Agrarverhältnisse im Altertum (1909). In: GASW
                    1924. 1-288

-                   Die 'Objektivität' sozialwissenschaftlicher Er-
                    kenntnis. In: WL 1951. 146-214

-                   Kritische Studien auf dem Gebiet der kulturwissen-
                    schaftlichen Logik. In: WL 1951. 215-290

Weber,Max          Soziologische Grundbegriffe. In: WL 1951. 527-565

-                  Über einige Kategorien der verstehenden Soziologie.
                   In: WL 1951. 427-474

-                  Der Sinn der 'Wertfreiheit' der soziologischen und
                   ökonomischen Wissenschaften. In: WL 1951. 475-526

-                  Wirtschaftsgeschichte. Abriß der universalen Sozial-
                   und Wirtschaftsgeschichte. 1958

-                  Die Wirtschaftsethik der Weltreligionen. In: Gesam-
                   melte Aufsätze zur Religionssoziologie I. 1972.
                   6.Aufl. 237-573

-                  Die Wirtschaftsethik der Weltreligionen. In: Gesam-
                   melte Aufsätze zur Religionssoziologie II. 1972.
                   5.Aufl. 1-378

-                  Wirtschaft und Gesellschaft (WuG). 1976[5]

Wehler,H.-U.       Geschichte und Soziologie. 1972
(hrg)

-                  Geschichte als historische Sozialwissenschaft. 1973

Weidner,E.         Die Inschriften Tukulti-Ninurtas I und seiner Nach-
                   folger. Graz 1959. AfO B 12

Weippert,H.        Das geographische System der Stämme Israels. 1973.
                   VT 23. 76-89

Weippert,M.        Die Landnahme der israelitischen Stämme in der
                   neueren wissenschaftlichen Diskussion. 1967

-                  "Heiliger Krieg" in Israel und Assyrien. Kritische
                   Anmerkungen zu G.von Rads Konzept des "Heiligen
                   Krieges in Israel". 1972. ZAW 84. 460-493

-                  Rezension von: G.Buccellati Cities and Nations of
                   Ancient Syria (1967). 1973. ZDPV 89. 84-96

Weiser,A.          Das Buch der zwölf kleinen Propheten. Hosea. Joel.
                   Amos. Obadja. Jona. Micha. 1967. ATD 24,1

Weisman,Z.         Charismatic Leadership in the Era of the Judges.
                   1977. ZAW 89. 399-412

Weißbach           Aššurnâṣirapli. RLA I (1932). 214-220

Wellhausen,J.      Israelitische und Jüdische Geschichte. 1921[8]

Welten,P.          Bezeq. 1965. ZDPV 81. 138-165

-                  Naboths Weinberg (1.Könige 21). 1973. EvTh 33. 18-32

-                  Geschichte und Geschichtsdarstellung in den Chronik-
                   büchern. 1973

Werth,E.           Zur Verbreitung und Entstehung des Hirtennomadentums.
                   In: Der Forschungsdienst, hrg Findeisen. Heft 4.
                   1951

Westermann,C.     Das sakrale Königtum in seinen Erscheinungsformen
                  und seiner Geschichte. 1974. Ges.St. II. 291-308

      -           Genesis. BK I,1 1976$^2$; BK I,2 1977ff

      -           Genesis 1-11. 1976

Whitley,C.F.      The Sources of the Gideon Stories. 1957. VT 7.
                  157-164

Wilcke,C.         Politische Opposition nach sumerischen Quellen:
                  der Konflikt zwischen Königtum und Ratsversammlung.
                  Literaturwerke als politische Tendenzschriften.
                  In: A.Finet (ed) La Voix de l'Opposition en Meso-
                  potamie. Brüssel 1973. 37-65

Wildberger,E.     bhr. ThAT I (1975$^2$). Sp 275-300

      -           Jesaja. BK X,1 1972; BK X,2 1978; BK X,3 Lieferungen
                  13-16 1978f

Wilson,J.A.       The Assembly of a Phoenician City. 1945. JNES 4. 245

      -           Civilization without Cities. In: Kraeling/Adams
                  1960. 124-164

Wilson,R.R.       Between "Azel" and "Azel": Interpreting the Biblical
                  Genealogies. 1979. BA 42. 11-22

Winckelmann,J.    Max Webers Verständnis von Mensch und Gesellschaft.
                  In: Engisch,K./Pfister,B./Winckelmann,J. Max Weber.
                  Gedächtnisschrift der Ludwig-Maximilians-Universität
                  München zur 100. Wiederkehr seines Geburtstages 1964.
                  1966

      -           Exkurs zur werkgeschichtlichen Stellung des "Antiken
                  Judentum". In: Schluchter 1981. 219-223

Winckler,H.       Die Keilschrifttexte Sargons. Bd I. 1889

Wolf,C.U.         Terminology of Israel's Tribal Organization.
                  1946. JBL 65. 45-49

      -           Traces of Primitive Democracy in Ancient Israel.
                  1947. JNES 6. 98-108

Wolff,H.W.        Dodekapropheton I.Hosea. BK XIV,1. 1976$^3$

      -           Dodekapropheton II. Joel. Amos. BK XIV,2. 1975

      -           Das Kerygma des deuteronomistischen Geschichts-
                  werkes. 1961. ZAW 73. 171-186

Wright,G.E.       The Literary and Historical Problem of Joshua 10
                  and Judges 1. 1946. JNES 5. 105-114

      -           Review of 'Der Stadtstaat Samaria' by Albrecht Alt.
                  1956. JNES 15. 124.125

      -           Biblische Archäologie. 1958

      -           Samaria. 1959. BA 22. 67-78

Wright,G.E.        Shechem. Biography of a Biblical City. London 1965

-                 Shechem. In: D.W.Thomas Archaeology and Old Testament
                  Study. Oxford 1967. 355-370

-                 Beth-Shemesh. EAE I (1975). 248-253

-                 Shechem. EAE IV (1978). 1083-1094

Wright,H.T.       The Administration of Rural Production in an Early
                  Mesopotamian Town. University of Michigan. Anthro-
                  pological Papers 38. 1969

Würthwein,E.      Der 'amm ha'arez im Alten Testament. 1936

Wüst,F.R.         Amphiktyonie, Eidgenossenschaft, Symmachie. 1954.
                  Hist.3. 129-153

Wüst,M.           Die Einschaltung in die Jiftachgeschichte Ri 11,13-26.
                  1975. Bib 56. 464-479

-                 Untersuchungen zu den siedlungsgeographischen Texten
                  des Alten Testaments. I. Ostjordanland. Beiträge zum
                  Tübinger Atlas des Vorderen Orients, Reihe B. Gei-
                  steswissenschaften Nr. 9. 1975


Yadin,Y.          The Scroll of the War of the Sons of Light against
                  the Sons of Darkness. Oxford 1962

-                 Warfare in Biblical Lands. N.Y. 1963

Yeivin,S.         Social and Cultural Trends in Jerusalem under the
                  Davidic Dynasty. 1953. VT 3. 149-166

-                 The Origin and Disappearance of the Khab/piru. In:
                  Trudy dradcat' pjatogo mezdunarodnogo kongressa
                  vostokivednov Moskva 9-16 augusta 1960, vol I.
                  Moskau 1962. 439-441

-                 The Benjaminite Settlement in the Western Part of
                  their Territory. 1971. IEJ 21. 141-154

-                 The Israelite Conquest of Canaan. Istanbul 1971


Zajaczkowski,A.   Das Verhältnis der nomadischen Bevölkerung zu den
                  seßhaften Bodenbauern in der Kiptschakischen Steppe
                  (Dest-i Kipcak) bis zum 15.Jh. In: BBuVZ 1968.
                  229-233

Zimmerli,W.       Ezechiel. BK XIII,1.2. 1969

-                 Die landwirtschaftliche Bearbeitung des Negeb im
                  Altertum. 1959. ZDPV 75. 141-154

Zingerle,A.       Max Weber und China. Herrschafts- und religions-
                  soziologische Grundlagen zum Wandel der chinesi-
                  schen Gesellschaft. 1972

-                 Max Webers historische Soziologie. 1981

Zobel,H.-J.      Stammesspruch und Geschichte. 1965. BZAW 95

Nachtrag

Grønbaek, J.H.   Die Geschichte vom Aufstieg Davids (1.Sam 15 - 2.Sam 5).
Tradition und Komposition. Copenhagen 1971

## Bibelstellenregister

(A - in Anmerkung; (A) - in Text und Anmerkung)

# Ortsregister

| | | | |
|---|---|---|---|
| Abel Beth Maacha | 236,378,386 | Beeroth | 197,2o4,2o9, |
| Abel Mehola | 226A138 | | 211,222A121 |
| Achlab | 2o1,222(A)124 | Beerseba | 226A137,375 |
| Achsib | 197,2o1,221,222 | | A29,379 |
| | (A)124 | Besek | 281,284A373 |
| Adam | 197,2o3 | Bethel | 179,181A62, |
| Affuleh | 228(A)142.143 | | 183,348,376 |
| Ai | 181A62,223A126 | | A29,380A4o |
| Aja | 376A29,380 | Bethlehem | 188,192A1o7, |
| Ajalon | 222(A)124 | | 225(A)129,29o, |
| Akko | 2o1,2o4,222 | | 295,350A84 |
| | A121 | Beth Anat | 2o1,2o4,222 |
| Anab | 224A126 | | A121 |
| Anathot | 94A1o5,295 | Beth Hakerem | 4o1A134 |
| Aphek | 2o1,2o6ff, | Beth Haram | 225 |
| | 222A123,223 | Beth Ninib | 225 |
| Arad | 2o3,2o7A57, | Beth Sean | 222(A)124, |
| | 223A126 | | 375A29 |
| Aroer | 2o1,225,376 | Beth Semes | 2o1,2o4,2o9, |
| | (A)29 | | 213(A)85,215, |
| Asdod | 197,2o5,294, | | 294,395A1o2, |
| | 376A29,379A36, | | 4o8,426 |
| | 384,395 | Beth Semes | 222A121 |
| Aseka | 376A29,380A4o | (Naphtali) | |
| Askalon | 197,2o4f,222 | Bozkath | 392 |
| Assur | 297ff,3o2(A)441, | Byblos | 388A72 |
| | 396A1o7,411,412 | Debir | 179,188,197, |
| | (A)188,413 | | 224A126,377 |
| Astharoth | 2o7A57,223(A)125 | | 4o8 |
| Atharoth | 197 | Dibon | 197,376A29, |
| | | | 380A4o |
| Baal Thamar | 226A138 | Dimona | 380(A)4o |
| Babylon | 3oo | Dor | 2o5,2o7f,222 |
| Basan | 223A125,376A29, | | (A)121,223, |
| | 380 | | 376A29 |

BEIHEFTE ZUR ZEITSCHRIFT FÜR DIE ALTTESTAMENTLICHE
WISSENSCHAFT

Konrad Rupprecht

# Der Tempel von Jerusalem

Gründung Salomos oder jebusitisches Erbe?

Groß-Oktav. X, 109 Seiten. 1977. Ganzleinen DM 54,–
ISBN 3 11 006619 X (Band 144)

August Strobel

# Der spätbronzezeitliche Seevölkersturm

Ein Forschungsüberblick mit Folgerungen zur
biblischen Exodusthematik

Groß-Oktav. XII, 291 Seiten. 1976. Ganzleinen DM 110,–
ISBN 3 11 006761 7 (Band 145)

Peter Weimar

# Untersuchungen zur Redaktionsgeschichte
des Pentateuch

Groß-Oktav. X, 183 Seiten. 1977. Ganzleinen DM 82,–
ISBN 3 11 006731 5 (Band 146)

Rolf Rendtorff

# Das überlieferungsgeschichtliche Problem
des Pentateuch

Groß-Oktav. VIII, 177 Seiten. 1977. Ganzleinen DM 87,–
ISBN 3 11 006760 9 (Band 147)

Charles F. Whitley

# Koholeth

His Language and Thought
Edited by Georg Fohrer

Large-octavo. VIII, 199 pages. 1979. Cloth DM 96,–
ISBN 3 11 007602 0 (Volume 148)

Preisänderungen vorbehalten

Walter de Gruyter  Berlin · New York

BEIHEFTE ZUR ZEITSCHRIFT FÜR DIE ALTTESTAMENTLICHE
WISSENSCHAFT

Ingrid Riesener

# Der Stamm ʾabad im Alten Testament

Eine Wortuntersuchung unter Berücksichtigung
neuerer sprachwissenschaftlicher Methoden

Groß-Oktav. VIII, 294 Seiten. 1978. Ganzleinen DM 148,–
ISBN 3 11 007260 2 (Band 149)

# Prophecy

Essays presented to Georg Fohrer on his sixty-fifth birthday
6. September 1980. Edited by J. A. Emerton

Large-octavo. VIII, 202 pages, Frontispiece. 1980. Cloth DM 92,–
ISBN 3 11 007761 2 (Volume 150)

Gerald Sheppard

# Wisdom as a Hermeneutical Construct

A Study in the Sapientializing of the Old Testament

Large-octavo. XII, 178 pages. 1980. Cloth DM 78,–
ISBN 3 11 007504 0 (Volume 151)

J. A. Loader

# Polar Structures in the Book of Qohelet

Edited by Georg Fohrer

Large-octavo. XII, 138 pages. 1979. Cloth DM 69.50
ISBN 3 11 007636 5 (Volume 152)

Walter Beyerlin

# Werden und Wesen des 107. Psalms

Groß-Oktav. XII, 120 Seiten. 1978. Ganzleinen DM 69.50
ISBN 3 11 007755 8 (Band 153)

Preisänderungen vorbehalten

Walter de Gruyter  Berlin · New York

BEIHEFTE ZUR ZEITSCHRIFT FÜR DIE ALTTESTAMENTLICHE
WISSENSCHAFT

Hans Ch. Schmitt

## Die nichtpriesterliche Josephsgeschichte

### Ein Beitrag zur neuesten Pentateuchkritik

Groß-Oktav. XII, 225 Seiten. 1979. Ganzleinen DM 86,–
ISBN 3 11 007834 1 (Band 154)

Georg Fohrer

## Studien zu alttestamentlichen Texten und Themen

Groß-Oktav. X, 212 Seiten. 1981. Ganzleinen DM 84,–
ISBN 3 11 008499 6 (Band 155)

Claus Petersen

## Mythos im Alten Testament

### Bestimmung des Mythosbegriffs und Untersuchung der mythischen Elemente in den Psalmen

Groß-Oktav. XVIII, 280 Seiten, 3 Tabellen. 1982. Ganzleinen DM 88,–
ISBN 3 11 008813 4 (Band 157)

Philip J. Nel

## The Structure and Ethos of the Wisdom Admonitions in Proverbs

Large-octavo. XII, 142 pages. 1982. Cloth DM 74,–
ISBN 3 11 008750 2 (Volume 158)

Georg Fohrer

## Studien zum Buche Hiob (1956–1979)

### Zweite, erweiterte und bearbeitete Auflage

Groß-Oktav. XII, 146 Seiten. 1983. Ganzleinen DM 72,–
ISBN 3 11 008967 X (Band 159)

Preisänderungen vorbehalten

Walter de Gruyter  Berlin · New York